USA
Inmigración
y Orientación

Segunda Edición
en Español, Revisada

**Primera Tradución de la Edición en Inglés
por The Spanish Center, Charlotte, North Carolina**

Libro 1 – USA Inmigración: Iniciarse
Resolviendo el Proceso de Inmigración

Libro 2 – USA Orientación: Establecerse
*Ajustándose a la vida en los
Estados Unidos de América*

Bob y Mary McLaughlin

**Wellesworth Publishing
Satellite Beach, Florida, U.S.A.**

Publicado por:

Wellesworth Publishing
P. O. Box 372444
Satellite Beach, FL 32937-2444
U.S.A.

McLaughlin, Bob
   USA Inmigración y Orientación / Bob y Mary McLaughlin
   Incluye Indice y Referencias Bibliográficas
   1. Estados Unidos – Emigración e Inmigración
   2. Naturalización – Estados Unidos – Libros de
   Bolsillo, Manuales, etc.
   I. McLaughlin, Mary II. Título
JV 6543.M44

ISBN 0-9657571-8-8

Biblioteca del Congreso Tarjeta No. 2003103234
325.73–dc21

Impreso en los Estados Unidos de América
Segunda Edición en Español, Revisada

Contenido

Prólogo

América no es solamente una nación de inmigrantes, sino es también una nación que continuamente vigoriza su espíritu básico con la llegada de todos los inmigrantes que buscan nuevas oportunidades en éste, su nuevo país. Como líder mundial, Los Estados Unidos de América es el hogar deseado por muchas familias que alrededor del globo buscan la libertad así como oportunidades de negocios y de educación, bajo la seguridad ofrecida por una nación de leyes. No podemos aceptar a todos aquellos que deseen entrar por nuestros puertos, y es por ello que hemos desarrollado un complejo cuerpo de leyes, reglas y regulaciones a los fines de admitir inmigrantes quienes sirvan a los intereses nacionales.

Los McLaughlins han presentado el material de una manera muy bien organizada y fácilmente entendible, que puede ser perfectamente utilizado por cualquier persona. El libro explica las leyes de inmigración, su política y práctica de tal manera que la teoría general detrás de la ley puede ser entendida, al mismo tiempo que ofrece información específica sobre las áreas sustantivas de la ley.

Durante mi término como Comisionado del Servicio de Inmigración y Naturalización, uno de nuestros objetivos era simplificar los procedimientos de inmigración, de manera tal que todas las personas pudieran ser capaces de aprovecharse de los beneficios inmigratorios sin necesitar un abogado. Sin embargo, con la promulgación de las medidas de reforma en 1986, 1990 y 1996, las leyes de inmigración se han hecho más complicadas y los procedimientos más complejos, así es que ahora, un abogado de inmigración podría ser más necesario que antes. Mientras un lector con un propósito específico de inmigración debería contactar un abogado de inmigración para pedir su consejo legal, el Libro de McLaughlin esta bien escrito y ofrece al lector una buena idea de donde comenzar y como manejar los cambios y vueltas necesarios para alcanzar los beneficios y oportunidades disponibles.

El tema de inmigración está pasando rápidamente a ser el punto principal en la agenda mundial. Este libro representa un servicio real para muchos interesados en este importante y expandido campo y encontrará, ciertamente, su camino hacia los escritorios de muchos profesionales quienes se especializan en leyes de inmigración. Yo recomiendo "USA, Inmigración & Orientación" al lector y elogio a los McLaughlins por su trato práctico y excelente organización de los procedimientos de las leyes de inmigración.

Gene McNary
Ex-Comisionado, Servicio de Inmigración y Naturalización
Abogado
Saint Louis, Missouri

Prefacio

USA Inmigración y Orientación contiene más de 525 páginas de información vital que incluye los cambios importantes en los procedimientos de 1999, 2000, 2001 y 2002 con el fin de ayudarle a través de los muy complejos procesos inmigratorios a adaptarse a vivir en los Estados Unidos de América.

De hecho, **USA Inmigración y Orientación** en realidad son dos libros por el precio de uno. Ambos libros han sido escritos por personas quienes han vivido personalmente la experiencia de inmigración, y de esta manera la comparten con todos aquellos que tengan necesidades inmigratorias.

El libro ofrece la información que los autores hubieran querido conocer antes, urante y después de las formalidades de inmigración. Sin saber donde buscar, uno fácilmente se puede formar la impresión de que el sistema no tiene respuestas ni tiene compasión. Sí, es complejo y a menudo prolongado. Pero es también meticuloso y justo. Así es que no se desanime ni trate con otras alternativas.

Este Libro es nuestra manera de agradecer a todos aquellos civiles que con paciencia y comprensión convirtieron nuestro proceso de inmigración en una aventura con un final feliz. Incontables horas de intensas entrevistas con miembros experimentados del Servicio de Inmigración y Naturalización (INS) y del Departamento de Estado (DOS) nos confirmó que los funciones de ambos organismos son independientes e interdependientes.

La paciencia y el entendimiento de la que nos han proveído tanto los Oficiales de DOS, como los del BCIS, con la información básica presentada en el Libro I, USA Inmigración: Inicio: El Proceso de Inmigración, en el cual se identifican todas las opciones de las clasificaciones inmigratorias y explica cuales son los requerimientos para calificar por cada una. También coloca en perspectiva el rol que realizan las Agencias Gubernamentales en el procesamiento de las solicitudes para cada clasificación.

Igual énfasis fue puesto en todas aquellos dependencias que pertenecen tanto al sector público como privado, que desempeñan un rol en la adaptación a la vida en los Estados Unidos. Lo que Usted leerá en Libro 2: USA Orientación: Establecerse: Adustandose al la vida en los Estados Unidos es el resultado de todas las explicaciones de pacientes y útiles profesionales y participantes en muchos campos.

Libro 2 expone los aspectos sociales y administrativos de la vida en los Estados Unidos. (La Salud, Banca, Impuestos, Adquisición o Arrendamiento de un inmueble) y muchos otros importantes tópicos son explorados.

Juntos, el Libro 1 y el Libro 2 ofrecen una comprensiva referencia sobre los trincados modos de iniciarse y establecerse en Los Estados Unidos. Ambos libros han sido divididos en cinco partes para ayudarle a concentrarse en sus más importantes necesidades.

Los autores tienen la esperanza que **USA Inmigración y Orientación** le ayude a ahorrar tiempo y frustraciones, así como que usted pueda encontrar e identificar sus prioridades, seleccionar sus clasificación, desarrollar un plan realístico y decidir si usted necesita contratar profesionales que a cambio del pago de sus honorarios, puedan ayudarle con las especificaciones de su caso. Los autores aceptan cualesquier opinión que pueda mejorar ediciones futuras.

Agradecimientos

Para compilar este Libro, los autores se han entrevistado con expatriados de muchos países, funcionarios gubernamentales a lo largo del continente y expertos en muchos otros campos.

Nos gustaría agradecer a todos aquellos quienes han contribuido con información y, en particular, a las siguientes personas y organizaciones sin cuya experiencia este libro no hubiera sido posible.

Bárbara Artz	Madre, Condado Brevard, Florida
Pat Bouchard	Pruitt Bienes Raíces, Melbourne, Florida
Susan Brandt	Departamento de Estado
S. L. Richard Brunton	Contador Público Certificado
John Bulger	Servicio de Inmigración y Naturalización
Giraldo Carratalá	Miami, Florida
Joe Carroll	WKMG-TV
Marisa Carroll	Estudiante, Condado Brevard, Florida
Mary Ann Carroll	Producciones Ribbitt
Edward Chirstensen	Contador Público Certificado
Dan Dease	Xerográfico
Karen Eckert	Servicio de Inmigración y Naturalización
Lissette Garcia	The Spanish Center, Charlotte, North Carolina
Sally Gober	Departamento de Estado
Bill Greer	Space Coast Writers Guild
Victor Guzman	The Spanish Center, Charlotte, North Carolina
John Hogan	Servicio de Inmigración y Naturalización
Stella Jarina	Servicio de Inmigración y Naturalización
Krissa Jensen	San Diego, California
Bill Johnson	Consejo de Educación, Condado Brevard, Florida
Neal Johnson	Melbourne, Florida
James Krampen	Seguro Internacional Especializado de Riesgo
Gary McLaughlin	WWWB-TV, Charlotte, North Carolina
James McLaughlin	Servicios Computall, San Diego, California
Edward Odom	Departamento de Estado
Ingo Pakleppa	San Diego, California
Thomas Petersen	Intermediarios Internacionales de Seguros
Sioly Rodriquez	The Spanish Center, Charlotte, North Carolina
Dale Rumbarger	Departamento de Estado
Joan Smith	Departamento de Estado
Jean Sparks	Instituto de Tecnología de Florida
Carlos y Consuelo Suarez	Satellite Beach, Florida
Samuel Tiranno	Servicio de Inmigración y Naturalización
Evelyn Valladares	The Spanish Center, Charlotte, North Carolina
Rick Wiggins	J PMorgan Chase Finance, Melbourne, Florida
Lemar Wooley	Servicio de Inmigración y Naturalización

Exclusión de Responsabilidad

USA Inmigración y Orientación es vendido bajo el entendido de que el editor y los autores no se encuentran obligados a suministrar consejos legales, financieros o de cualquier otro tipo. Si se requiriera de asistencia formal, entonces se debe solicitar los servicios de un profesional competente.

Los autores de **USA Inmigración y Orientación** han hecho un gran esfuerzo de investigación, refinación y verificación de la información contenida en este libro, para presentarlo lo más completo y exacto como sea posible dentro de la perspectiva del lector.

Dado que los procedimientos de inmigración de los Estados Unidos y muchos aspectos de la vida cotidiana en América están constantemente cambiando, cada situación es única y por tanto abierta a la interpretación; en consecuencia, el editor y los autores no asumen ninguna responsabilidad ni se encuentran obligados de manera alguna por ante ninguna entidad o persona por cual quier pérdida o daño causado, o que se alegue de haber sido causado, directa o indirectamente debido a la lectura y actuación basada en la información contenida en este libro.

Si usted no está de acuerdo con lo expuesto anteriormente, entonces debe regresar este libro al editor, junto con su respectivo recibo de compra, para que le sea reembolsado su precio de compra.

Libro 1

USA Inmigración: Iniciarse

Resolviendo el Processo de Inmigración

Libro 1

Introducción

El Libro 1, **USA Inmigración: Iniciarse,** está dedicado a ayudarle a entender las complejidades de inmigración y a seleccionar cuál es el proceso que satisfaga mejor sus aspiraciones. El Libro 1 también señala cuáles son todas las oficinas gubernamentales que intervienen en la evaluación de su situación para determinar si usted y su país adoptivo se ajustan el uno con el otro.

En el año 2001, el Buró del Censo publicó la encuesta que arrojó como resultado que la población inmigrante excede de 30 millones, o sea, el 11.1% de la población total.

Como una indicación de lo extensa que es la inmigración en EE.UU., he aquí algunas sorpresas estadísticas: el Servicio de Inmigración y Naturalización (INS):

En el Año Fiscal de 2002:   *Ref: INS Statistics, 2002*
  • Contó 35 millones de admisiones de no inmigrantes
  • Estimó 5 millones de extranjeros ilegales (estiman 11 millones en 2001)
  • Naturalizó 589,810
  • 139,779 Peticiones de Inmigración negadas

En el Año Fiscal de 2001:   *Ref: INS News Release, August 30, 2002*
  • Admitió 1,064,318 nuevos inmigrantes (titulares de Tarjetas de Residencia)
    • 411,059 procesados en el exterior por el Departamento de Estado
    • 653,259 procesados por el Buró del BCIS en EE.UU.

Después de muchas reuniones con profesionales serviciales y bien informados del Departamento de Estado (DOS) y de la Inmigración, los autores están complacidos de incluir varias de sus útiles sugerencias en esta primera página.

Siga las siguientes instrucciones:
  • Obedezca el espíritu y la letra de la Ley
  • Desconfíe de cualquiera que le promete obtener una visa para usted
  • Esté bien preparado para todas las entrevistas
  • Haga copia de cada documento que usted presente
  • Agregue toda la documentación posible que pueda apoyar su caso incluyendo evidencia presentada previamente
  • Lea cuidadosamente y cumpla con todos los requerimientos exigidos para cada solicitud
  • Intente procesar su solicitud en temporada baja (evite la estación de verano si es posible)
  • Envíe toda la correspondencia por correo certificado y conserve el recibo de envío respectivo

No:
- Intente vencer al sistema, usted nunca ganaría
- Acepte los consejos de sus amigos, vecinos y personas no profesionales
- Llame al BCIS o al DOS para hacer preguntas cuya respuesta se encuentra en los documentos que usted ya ha obtenido, con lo cual lo único que hace es retrasar el tramitación de otros casos que están en curso

El Libro 1, USA Inmigración: Inicio, se divide en cinco partes que le muestran los propósitos y estructura del proceso inmigratorio así como también todas las opciones disponibles tanto para la estadía temporal o la residencia permanente en EE.UU.

Parte I – Las Leyes de Inmigración

La Parte I explica cómo leyes generales y las leyes de inmigración en particular son legisladas e implementadas en EE.UU. También incluye una explicación detallada de cuál es el rol de los entes principales en esta área: el Departamento de Seguridad de la Patria, el Departamento de Estado y el Departamento del Trabajo.

Parte II – Condición o Estatus Temporal

La Parte II presenta un análisis de las razones y criterios para todas las clasificaciones disponibles de visas temporales o para no inmigrantes.

Esta parte está dividida en seis capítulos dedicados a grupos de clasificaciones similares creados cada uno según necesidades específicas. Se describe paso a paso cómo saber cuál es la clasificación que corresponda según sea el caso.

Parte III Tarjetas de Residencia (Green Cards)

La Parte III contiene cuatro capítulos que explican cómo calificar para una Tarjeta de Residencia o Green Card.
- Por el Patrocinio de una Familia (Family-Sponsored)
- Por Empleo (Employment-Based)
- Por la Lotería de Diversidad (Diversity –DV-Lottery)
- Refugiados/Asilados

Parte IV – Ciudadanía Americana (U.S. Citizenship)

La Parte IV trata de la adquisición, ventajas y responsabilidades de la ciudadanía americana a través de 100 preguntas de un test de prueba para una entrevista de naturalización.

Parte V – Fuentes de Apoyo

La Parte V presenta cuáles son las fuentes de información disponible para aquéllos que deseen investigar aún más sobre aspectos particulares del proceso inmigratorio relevantes a sí mismos.

Parte I

Las Leyes de Inmigración

Las leyes de inmigración de EE.UU. regulan la admisión de extranjeros y la distribución de beneficios para las personas calificadas para ello.

Una breve historia de las leyes de inmigración

La piedra angular de las leyes de inmigración y naturalización, ha sido y aún es, la Ley de Inmigración y Naturalización (INA) del 27 de Junio de 1952 aplicada con todos sus efectos el 24 de Diciembre de 1952. La INA, como será identificada esta ley desde ahora en el presente libro, fue la principal revisión de todas las leyes existentes desde las primeras leyes de 1917, 1924 y 1950.

Desde 1952, una serie de nuevas leyes han servido para enmendar la INA sin rebajarle de su estatus como la ley preeminente americana de inmigración y naturalización.

Algunas de las más notables enmiendas a la INA incluyen:
- Ley de Reforma y Control Inmigratorio de 1986 (IRCA)
- Ley de Inmigración de 1990 (IMMACT90)
- Enmiendas Misceláneas y Técnicas de Inmigración y Naturalización de 1991 (MATINA)
- Ley de Enmiendas y Correcciones Técnicas de 1994
- Ley de Reforma de la Inmigración Ilegal y la Responsabilidad del Inmigrante de 1996 (IIRIRA96)
- Ley de la Competitividad Americana y Mejora de Mano de Obra de 1998
- Ley Competitividad Americana en el Siglo XXI de 2000
- Acta de Seguridad de la Patria del 2002

La Ley Reforma de la Inmigración Ilegal y la Responsabilidad del Inmigrante de 1996 (IIRIRA96) contiene varias determinaciones importantes, algunas de las cuales no pueden ser implementadas. Según se muestra en el Libro I, muchas se encuentran resumidas en el Capítulo 17. Ellas incluyen:
- El incremento de las penalidades por violaciones, y
- La restricción de procedimientos para:
  - verificación de empleo
  - seguridad fronteriza
  - registro de las violaciones donde quiera que ocurran así como de los extranjeros legales
  - educación para los hijos de los inmigrantes ilegales

Los cambios están siendo hechos gradualmente, incluyendo algunos del 1° de Abril e 1997. Algunos de estos cambios se relacionan con remociones y deportaciones.

Igualmente se encuentran en el Capítulo 17, las principales determinaciones de **la Ley de Competitividad Americana y la Mejora de la Mano de Obra** promulgada en respuesta a la crisis de H-1B de 1998. La ley fue diseñada para:

- Proteger a los trabajadores de EE.UU.
- Incrementar temporalmente la cuota anual de trabajadores H-1B hasta 2001
- Incrementar los pagos para H-1B
- Restringir las reglas de reclutamiento para empleados de dependientes H-1B
- Establecer mayores penalidades para empleadores que abusen del programa H-1B
- Designar los pagos por trabajos de entrenamiento para los trabajadores americanos

Los detalles sobre otra pieza importante de la legislación relacionados con la H-1B también son incluidos en el capítulo 17. **La Ley de Competitividad Americana en el Siglo XXI de 2000** incluye componentes tales como:

- Un incremento en el límite anual de H-1B por tres años
- Cambio para otro trabajo H-1B tan pronto como el nuevo empleador presente una solicitud
- Cambio de empleador si una solicitud de Ajuste de Estatus no se adjudica por 180 días
- Números revocados usados nuevamente
- Extensión por más de 6 años si un Ajuste de Estatus ha estado pendiente por 365 o más días
- Exención de límite para instituciones educativas y organizaciones de investigación y médicos J

También, en el capítulo 17, hay detalles del **Acta de Seguridad de la Patria** del 2002 que generó el Departamento de Seguridad de la Patria y combinó 22 agencias guvernamentales incluyendo el INS el 1ro de Marzo del 2003.   *Ref: Pub. L. 107-296*

Por ley el DHS tiene un año desde el momento en que el Departamento se hizo efectivo, para agrupar las 22 agencias en una nueva organización. El presidente George W. Bush anticipó que la mayoría de los componentes se habrían agrupado en el nuevo departamento para el 1ro de Marzo del 2003 y que cualquier traspaso incidental se completaría para el 30 de Septiembre del 2003.

Pendiente de algunas reorganizaciones, el lector debe asumir que los servicios y beneficios de inmigración seguirán estando disponibles de la misma manera que hasta ahora. Aunque el nombre de la agencia cambiará, se espera que los formularios, las clasificaciones migratorias, criterios y aún las tarifas sigan iguales. Esta edición de Inmigración y Orientación de EE.UU. ha sido actualizada extensívamente para reflejar las nuevas asignaciones de responsabilidades que se necesitan al converger tantos departamentos.

Cumplimiento de las leyes de inmigración

La **Directiva de Seguridad de Transporte y Frontera (BTS)** es la rama ejecutiva de la Seguridad de la Patria encabezada por Asa Hutchinson, el vice secretario de la Seguridad de Transporte y Frontera. El BTS tiene la misión de la administración de la frontera poniendo enfasis en la seguridad de dicha frontera.

Seguridad de Transporte y Frontera es responsable de:
- Hacer cumplir las leyes de inmigración:
  - anulando la inmigración illegal
  - llevando a cabo investigaciones cuando se infringe la ley
- Asegurar las fronteras y el sistema de transporte que envuelve 350 puertos oficiales de entradas y aeropuertos.
- Asegurar la integridad de las fronteras de America y la seguridad del sistema de transporte
- Administrar el Sistema de Información de Intercambio de Estudiantes y Visitantes (SEVIS) que recopila información de estudiantes estranjeros no inmigrantes y otros visitantes por intercambio

Los agentes que hacen cumplir la ley pertenecientes a las siguientes agencias deben darle la capacidad al BTS de proveer una defensa coordinada en contra de las entradas ilegales a los EE.UU.:
- Servicio de Aduana de los Estados Unidos
- Unidades de Aplicación de la Ley del INS incluyendo la Patrulla Fronteriza y los agentes de investigación
- Servicio de Inspecció de la Salud de Animales y Plantas
- El Centro de Entrenamiento de Aplicación de la Ley Federal
- La Administración de Seguridad del Transporte
- El Servicio de Protección Federal

La Directiva de **Seguridad de Transporte y Frontera (BTS)** del Departamento de Seguridad de la Patria incluye el **El Buró de Aduana y Protección de la Frontera (BCBP)** (Bureau of Customs and Border Protection) y El **Buró Para el Cumplimiento de Ley de Inmigración y Aduana (BICE)** (Bureau of Immigration and Customs Enforcement).

El **Buró de Aduana y Protección de la Frontera (BCBP)** está encabezado por el Comisionado Robert C. Bonner que reporta al Vice Secretario de Seguridad de Transporte y Frontera. Los 30,000 empleados del BCBP son responsables de proteger la frontera de EE.UU. en los puertos de entrada y en el territorio que media entre puerto y puerto. Por lo tanto se espera que esto facilite el flujo de comercio y viajeros mantenga fuera a elementos peligrosos y sus armas.

Las agencias fronterizas que convergen en este Buró son:
- El servicio de inspección del INS – agentes e investigadores – y sus funciones de detención y deportación
- La Patrulla Fronteriza (Border Patrol)
- El Servicio de Aduana de los Estados Unidos (U.S.Customs Service)
- El Servicio de Inspección de la Salud de Animales y Plantas (Animal and Plant Health Inspection Service - APHIS)

El **Buró para el Cumplimiento de Ley de Inmigración y Aduana (BICE)** (originalmente llamado Buró de Seguridad Fronteriza) hace cumplir la ley después que se cruza la frontera. Agrupa a 14,000 empleados incluyendo 5,500 investigadores criminales, 4,000 empleados del servicio de inmigración y deportación y 1,500 del Servicio de Protección Federal. Su director, el Sub Secretario del Buró es el antiguo Comisionado en Funciones del INS Michael Garcia quien reporta al Vice Secretario de Seguridad de Transporte y Frontera.

El Buró combina las ramas investigativas y del cumplimiento de la ley de:
- El Servicio de Inmigración y Naturalización (INS)
- El Servicio de Aduana de los Estados Unidos, incluyendo las funciones de hacer cumplir las regulaciones en el aire y en el mar (U.S. Customs Service)
- El Servicio de Protección Federal (Federal Protective Service)

Servicios de Inmigración

El **Buró de Servicios de Ciudadanía e Inmigración (BCIS)** es la rama de servicio del Servicio de Seguridad de la Patria que es responsable de administrar las adjudicaciones y beneficios de inmigración. Su director, Eduardo Aguirre, que responde al Segundo Secretario de Seguridad de la Patria, es responsable de proveer información sobre inmigración, beneficios y servicios a más de siete millones de solicitantes cada año.

El Buró maneja:
- El patrocinio de inmigrantes y no inmigrantes
- Ajuste de Estatus
- Permisos y autorización de Trabajo
- Naturalización y Ciudadanía
- Asilados y Refugiados
- Servicios a los nuevos residentes y ciudadanos

El **Defensor del Servicio de Ciudadanía e Inmigración** es una nueva función que tiene como tarea:
- Asistir a las personas y empleadores en la solución de problemas el Buró de Servicios de Ciudadanía e Inmigración (BCIS)
- Localizar areas en las que las personas y los empleadores tengan problemas y tengan proposiciones para aliviarlos

Para ayudarle a entender mejor el proceso inmigratorio, la Parte I muestra cómo las leyes de inmigración y otras leyes americanas son hechas, publicadas y reguladas.

Capítulo 1 – Haciendo y Publicando Leyes de Inmigración
- Origen y promulgación de la ley de inmigración

Capítulo 2 – La Administración de las Leyes de Inmigración
- Agencias que regulan la ley de inmigración

Capítulo 1

Haciendo y Publicando Leyes de Inmigración

Inmigración es una de las áreas de especialización legal que el Congreso de EE.UU. debe atender. Para facilitar el entendimiento del lector de cómo las eyes inmigratorias y otras leyes son creadas e impuestas, se incluye a continuación un resumen del respectivo proceso.

Proyectos de Leyes Públicas y Privadas

El Congreso genera proyectos tanto de leyes públicas como de leyes privadas.

Proyectos Públicos

Los proyectos públicos relativos a materia de orden público se manejan según las características individuales y sólo por clases.

Proyectos Privados

La legislación privada, tal como los proyectos de inmigración y naturalización y los reclamos contra el gobierno, proveen asistencia a los individuos e instituciones sobre todo lo no previsto por las leyes públicas existentes.

En los últimos años ha habido una disminución dramática en los proyectos privados debido a que el Congreso le ha otorgado mayor autoridad a los dependencias ejecutivas para actuar en materia privada.

Cómo un proyecto se convierte en Ley

Las medidas de inmigración y otras privadas son referidas a la Cámara de Representantes y a los sub-comités del Senado para su tramitación.

Después de que un proyecto privado es aprobado por el comité, se registra en los archivos del Congreso. Luego lo firma el Portavoz de la Cámara de Representantes y el Presidente del Senado y posteriormente es enviado al Presidente para su firma o su veto.

Un proyecto puede convertirse en ley sin la firma del Presidente, si no lo veta dentro de los 10 días siguientes a la fecha en que le ha sido presentado para su firma. Sin embargo, si el Congreso lo aplaza antes de los 10 días de que finalice el período, se produce un veto llamado "pocket veto" y el proyecto no se convierte en ley.

En el caso del veto regular, el Presidente regresa el proyecto a la Cámara original con la exposición de sus objeciones. Para anular este veto, se requieren de las dos terceras partes del voto en ambas Cámaras.

Publicación de las Leyes

Una ley **"Slip Law"** se publica a prueba en un folleto por la Oficina de Registro Federal. A las leyes públicas o privadas se les asigna un número y éste es una anotación llevada secuencialmente por el Congreso. Las leyes ya promulgadas son competentes de aplicación en todas las cortes, tribunales y oficinas públicas. *Ref: 1USC 113*

Compilación de Leyes consiste en una codificación cronológica de las leyes promulgadas, agrupadas por volúmenes (cada volumen corresponde a un período de sesiones) que se publican al final de cada uno de estos períodos. Las referidas a las leyes de inmigración se publican en secciones separadas de las otras leyes privadas, éstas últimas constituyen una evidencia legal de las leyes contenidas en ellas.

El Código de EE.UU. (USC) contiene una compilación de las leyes generales permanentes de EE.UU. clasificadas por materias, hasta un total de 50 capítulos. El objetivo del U.S.C. es el de presentar las leyes de una manera concisa y manejable, sin tener que recurrir a los numerosos volúmenes de la compilación jurídica que contiene las enmiendas individuales. El Título 8 del USC está dedicado a los asuntos de inmigración.

El Registro Federal (FR) publica las reglas permanentes y generales de los departamentos y dependencias ejecutivas del Gobierno Federal.

El Código de Normas Federales (CFR) codifica todas las órdenes, normas y reglamentaciones publicadas en el Registro Federal dentro de los 50 Títulos de su estructura que representan a las distintas áreas que se encuentran sujetas a la regulación federal.

Al igual que ocurre con el Código de EE.UU., el Título 8 se dedica a inmigración y contiene todas las normas actualizadas y promulgadas por el Departamento de Seguridad de la Patria. Se revisa al menos una vez por año calendario que comienza el 1° de Enero.

Los empleados del Departamento de Seguridad de la Patria utilizan como guía de consulta el Título 8 del Código de Normas Federales (8CFR), el cual se actualiza con las modificaciones individuales del Registro Federal. Estas dos publicaciones deben consultarse conjuntamente para confirmar cuál es la última versión de cada norma.

El Título 22 del Código de Normas Federales (22 CFR.40. et. al) es conocido como el **Manual de Asuntos Exteriores del Departamento de Estado (State Department Foreign Affairs Manual - FAM)**. El Volúmen 9 (Visas), al cual nos referiremos de ahora en adelante en el presente libro como 9 FAM, constituye la fuente principal de procedimientos y de directrices políticas del Departamento de Estado para que éste pueda cumplir su responsabilidad en la administración de los asuntos de inmigración en el exterior.

El FAM se actualiza regularmente y se comunica a través de Oficios de Actualización (Transmital Letters) que reflejan el cambio en las pautas administrativas en el Departamento de Estado.

Capítulo 2

La Administración de las Leyes de Inmigración

La Ley de Inmigración y Naturalización (INA) que regula la admisión de extranjeros dentro de EE.UU., designa al Secretario de la Seguridad de la Patria y al Secretario de Estado como los principales administradores de las determinaciones contenidas en dicha ley.   *Ref: 8 USC II01 et seq.*

El INA igualmente prevee la exclusión para aquellos extranjeros que solicitan la admisión o la condición de estar en ciertas clasificaciones como inmigrantes o no inmigrantes a menos que se reciba una certificación del Departamento del Trabajo.

Cada uno de los departamentos del gobierno americano que están a cargo de la administración de la inmigración y naturalización de extranjeros, tienen muy bien definidas sus funciones en esta área.

La primera Oficina de Inmigración fue creada en 1864, pero la primera Agencia Federal de Inmigración no se estableció hasta el 3 de Marzo de 1891 cuando el Presidente Benjamín Harrison firmó el Acta de Inmigración de 1891 y lo hizo ley.

La Ley de Naturalización de 1906 creó el Departamento de Inmigración y Naturalización con la responsabilidad de la administración y aplicación de las leyes de inmigración, para la supervisión y naturalización de extranjeros y para el mantenimiento de los archivos de naturalización. Mientras las funciones de inmigración y naturalización fueron separadas en 1913, ambas fueron posteriormente reunidas en 1933 con la creación del Servicio de Inmigración y Naturalización (INS) dentro del Departamento del Trabajo. Finalmente, En 1940 el BCIS se trasladó al Departamento de Justicia donde aún permanece. Por último, en el 2003, la jurisdicción pasó al Departamento de Seguridad de la Patria cuando el Acta de Seguridad de la Patria se convirtió en ley.

Departamento de Seguridad de la Patria

Bajo la dirección del Secretario John Ridge y Segundo Secretario Gordon England, El Acta de Seguridad de la Patria del 2002 reubicó a 170,000 empleados federales de 22 agencias dentro de un solo departamento. La inmigración es su mayor responsabilidad.

De acuerdo al 8 CFR 2.1, el Secretario de Seguridad de la Patria quien podría delegarlas a discresión, ha sido investido con toda la autoridad y funciones del Departamento de Seguridad de la Patria para administrar y hacer cumplir las leyes de inmigración. Esto sustituye la autoridad que antes tenia el Procurador General y el

Comisionado del INS.   *Ref: 68 FR 10921*

La misión del nuevo departamento es la seguridad de los Estados Unidos mientras que continua con la tradición de dar la bienvenida a los inmigrantes.Cada año 500 millones de personas entran a los Estados Unidos, 330 millones de ellos no son ciudadanos de EE.UU.

El recién creado Departamento de Seguridad de la Patria (DHS) incluye el Servicio de Aduana de los Estados Unidos, El Servicio de Inmigración y Naturalización, La Patrulla Fronteriza, El Servicio de Inspección para la Salud de Animales y Plantas, la Administración de Seguridad del Transporte (TSA) que proteje los sistemas de transporte de la nación y el Servicio de Protección Federal que provee seguridad para las instalaciones federales.

Con estos componets tan diversos, el DHS es responsable de la seguridad de las fronteras de los EE.UU. y de manejar el proceso de inmigración. En el pasado, estas dos importantes misiones estaban unidas en una agencia, el Servicio de Inmigración y Naturalización. Sin embargo, bajo el DHS, los servicios de inmigración y las funciones de regulación de las fronteras, estaban asignadas a diferentes agencias del DHS y el INS fue abolido el 1 de Marzo del 2003.

Bajo el DHS, el recién creado Buró de Servicios de Inmigración y Ciudadanía se concentra, exclusivamente, en brindar servicios tales como el procesamiento de solicitudes de ciudadanía y visado, autorización de trabajo y programas de permisos para los nuevos residentes y ciudadanos.

El Buró de Servicios de Inmigración y Ciudadanía fue creado para cumplir con las siguientes responsabilidades:
- Proveer beneficios migratorios a aquellos individuos autorizados a permanecer en los EE.UU. en una forma temporal o permanente incluyendo:
  - otorgamiento de ciudadanía a los elegibles para nacionalizarse
  - autorización para residencia permanente en los EE.UU.
  - proveer a extranjeros elegibles permiso de trabajo
- Establecer politicas y procedimientos nacionales de servicio de inmigración
- Asesorar al Subdirector sobre las generalidades y el desenvolvimiento de todas las funciones transferidas

La seguridad fronteriza y la aplicación de las leyes de inmigración ahora están a cargo de la Dirección de la **Seguridad de la Frontera y el Transporte** (BTS) que absorvió la Patrulla Fronteriza del INS y los oficiales investigadores así como al Servicio de Aduana de EE.UU. Su misión consiste en manejar la entrada y expulsion de inmigrantes ilegales, asegurar las fronteras contra el tráfico de drogas, prevenir el comercio ilícito y la entrada y estadía de criminales extranjeros, terroristas e instrumentos de terrorismo.

La Dirección de la Seguridad de la Frontera y el Transporte incluye El **Buró de Protección de Aduana y Fronteras (BCBP)** (Bureau of Customs and Border Protection) y al **Buró Ejecutivo de Inmigración y Aduana (BICE)** (Bureau of Immigration and Customs Enforcement).

La misión del **Buró de Protección de Aduana y Fronteras (BCBP)** es:
- Vigilar la inmigración illegal y

- Asegurar los puertos de aire, mar y tierra contra:
  - drogas ilegales
  - comercio ilícito
- Entrada de terroristas e instrumentos de terrorismo

La misión del **Buró Ejecutivo de Inmigración y Aduana (BICE)** (Bureau of Immigration and Customs Enforcement) es:

- Aplicar en su totalidad las leyes de inmigración y aduana
- Localizar y expulsar a extranjeros ilegales
- Evitar entradas ilegales
- Protejer edificios federales específicos
- Intercambiar información con el FBI y el Buró de la Seguridad de la Patria

El Departamento de Estado (DOS)

El Departamento de Estado aconseja al Presidente sobre la formulación de la política externa de EE.UU. que en su condición de Jefe de Estado, él es quien tiene la total responsabilidad en esta materia.

El Secretario de Estado es el miembro de más alto rango en el Gabinete y el cuarto en la línea de sucesión presidencial.   *Ref: DOS Fact Sheet, May 26, 1995*

El Buró de Asuntos Consulares del Departamento de Estado, bajo la dirección de uno de los 19 Secretarios Asistentes, es responsable por:

- La administración y aplicación de las leyes de inmigración y naturalización que le corresponde al Servicio Externo del Departamento de Estado
- La protección y bienestar social de los intereses americanos en el extranjero
- La protección y bienestar social de los ciudadanos americanos que viajan o que viven en el extranjero
- La emisión de pasaportes a los ciudadanos americanos
- La emisión de visas y servicios relativos a los nacionales extranjeros que desean visitar o residir en EE.UU. sujeto a la decisión final del Departamento de Seguridad de la Patria
- Las oficinas consulares del Departamento de Estado a través del mundo son por lo general el contacto inicial para los extranjeros que quieren venir a EE.UU. El DOS determina los tipos de visas a ser emitidas a los extranjeros que sean elegibles para ello

El DOS utiliza el Manual de Asuntos Exteriores (FAM) en la aplicación de los procedimientos así como manual de referencia para la interpretación en la administración de las leyes de inmigración, de lo cual es responsable. El 9 FAM trata de toda la materia de inmigración.   *Ref: 22 CFR 40 et al.*

Departamento del Trabajo (DOL)

El Departamento del Trabajo es un componente vital en el proceso inmigratorio.

Debido a que las leyes de inmigración están al servicio de la protección de los trabajadores en EE.UU., el DOL debe determinar si un grupo adecuado de trabajadores está disponible para satisfacer las necesidades comerciales americanas. Cuando EE.UU.

tienen deficiencias de trabajadores calificados, el DOL debe asegurarse que admite trabajadores extranjeros con la calificación y compensación apropiadas.

Las leyes inmigratoria requiere que el DOL se involucre en el tramitación de ciertos casos con clasificaciones temporales o permanentes. Dependiendo de la clasificación, el proceso puede requerir de una Certificación de trabajo o de una Solicitud de Condición Laboral.   *Ref: INA 212(a)(5)(A)*

Para localizar una oficina del Departamento de Empleo y Administración de Entrenamiento, vea www.doleta.gov/regions.

Otras Agencias

Existen otras Agencias del gobierno federal tales como el Servicio de Aduanas, el Servicio Selectivo y la Oficina de Impuestos que tienen un rol que desempeñar, después de haberse completado formalmente el proceso inmigratorio. En el Libro 2 se explican detalladamente sus funciones.

El Proceso de Inmigración – Paso a Paso

En la Parte II del presente libro se describe el rol de estos cuerpos federales en el tramitación de las peticiones y solicitudes tanto para el estatus de no inmigrante como para el estatus temporal; y en la Parte III se muestra los correspondientes a los estatus para inmigrantes o permanentes.

Para ayudar a entender la secuencia regular de cada situación, la información se presenta en el Libro 1 siguiendo un formato cronológico.

Paso 1 – Autorización del Departamento del Trabajo (DOL)

Algunos extranjeros requieren de la aprobación previa del **Departamento del Trabajo de EE.UU.**, para poder calificar en ciertas clasificaciones creadas para inmigrantes temporales o permanentes. Esto usualmente abarca las credenciales de los extranjeros, la disposición del pago promedio para el tipo de trabajo de que se trate, y algunas veces, la imposibilidad del empleador para conseguir trabajadores calificados.

Paso 2 – Autorización de Inmigración – Solicitud Inicial

Usualmente, un posible empleador o un miembro familiar presentará la petición ante el **Buró de Servicios de Ciudadanía e Inmigración** (BCIS) (Bureau of Citizenship and Immigration Services en EE.UU. Sin embargo, en algunos casos, el extranjero puede llenar la solicitud personalmente y, en los casos de candidatos a pedir refugio, podrán llenar y presentar su solicitud ante el BCIS desde fuera de EE.UU. Una solicitud aprobada le concede al extranjero un estatus particular de acuerdo a las leyes inmigratorias.

Para mejorar la eficiencia y proveer un servicio sin pérdida de tiempo, en 1999 el BCIS abrió un moderno Centro de Registros Nacionales en Lee's Summit, Missouri, a fin de centralizar el registro de más de 25 millones de extranjeros.

Paso 3 – *Autorización del Departamento de Estado (DOS) en el Exterior*

Un extranjero puede solicitar una visa al **Departamento de Estado (DOS)** a través de la embajada o consulado de EE.UU. ubicado en su país de origen. Sin embargo, el Cónsul que maneje dicha petición no está comprometido con una solicitud aprobada por el BCIS.

Sólo a los ciudadanos de Canadá y los paises con visa de exensión no se les exige visas del Departamento de Estado.

Cuando una visa es aprobada, significa que el extranjero ya ha sido examinado en el exterior y encontrado elegible para solicitar su admisión en una clasificación específica.

Paso 4 – *Autorización del Buró de Protección de Aduana y Frontera (BCBP) en un Puerto de Entrada*

Cuando un extranjero con visa entra a EE. UU. por cualquiera de sus puertos de entrada, la jurisdicción cambia del Departamento de Estado al Buró de Protección de Aduana y Frontera (**Bureau of Customs and Border Protection**). Entonces, un Inspector de Inmigración debe conformar que el extranjero tiene la visa correcta y que está comprometido a desempeñar las actividades permitidas y consistentes con las limitaciones de su visa.

Si el inspector está satisfecho, le permite la entrada a EE.UU. estableciendo un "estatus" particular:
- Una de las clasificaciones aplicables ya sea permanente o temporal
- El período de tiempo máximo de estadía

Para evitar confusiones, tanto la "visa" emitida en el exterior por el DOS como el "estatus" aprobado por el BCBP dentro de EE.UU. deben estar titulados con el mismo nombre. Por ejemplo, una Visa E emitida en el extranjero tiene los mismos efectos y el mismo nombre que el del Estatus E adquirido al entrar a EE.UU.

Paso 5 – *Extensión o Cambio/Ajuste de Estatus*

Dependiendo de la clasificación, los extranjeros que viven en EE.UU. pueden obtener un cambio o ajuste de su estatus, así como una extensión otorgada por el BCIS, o una extensión de visa dada por el Departamento de Estado sin necesidad de salir de EE.UU., si esos extranjeros se encuentran con estatus cuando lo están solicitando.

Si el estatus concedido es violado y tiene como resultado la deportación, si un extranjero procede de cualquiera de las siguientes maneras:
- Permanece después de la fecha de expiración del estatus aprobado por el BCIS
- Se emplea sin la debida autorización para ello
- Realiza una actividad diferente a la del estatus bajo el cual ella o él fue admitido

Parte II

Estatus Temporal

La mayoría de las clasificaciones o categorías temporales se identifican con simples letras identificadoras que van de la A a la V más las siglas de las palabras tales como NATO y TN (NAFTA). En la Parte II encontrará la lista de todas las letras identificadoras con la clasificación que le corresponda.

Cada clasificación se ha diseñado para combinar tanto las necesidades y objetivos de los extranjeros, empleadores y del gobierno. Algunas clasificaciones permiten trabajar, pero otras no. Así que seleccione su clasificación de manera cuidadosa.

Una vez que usted encuentre cuál es la clasificación que le corresponde, es importante que entienda que las Leyes de Inmigración de EE.UU. establecen que los extranjeros admitidos en el país son considerados inmigrantes hasta que obtengan una visa de no inmigrante aprobada por la Oficina Consular o con la aprobación del inspector de inmigración. Las visas H-1, L y V son visas que no requieren de esa exigencia.   *Ref: INA 214 (b)*

Los solicitantes de visa de entrada deben probar que tienen una residencia y estatus permanente en su país de origen, de manera tal que una vez que finalicen su estadía temporal, ellos tienen compromisos que los oblige a regresar y abandonar EE.UU.   *Ref: DOS Publication 9772, June 1990*

El Departamento de Estado considera que mientras más tiempo un solicitante esté fuera de estatus, mayor es la presunción de inmigración.*Ref: DOS Policy March 20, 1996*

Trate de obtener toda la información que requiera antes de comenzar un proceso de solicitud de inmigración. USA Inmigración y Orientación ofrece toda la información necesaria a través de muchas fuentes, entre ellas el internet. Existe un horario de trabajo en el BCIS o en la Oficina Consular para que usted llame o pregunte personalente la información que necesite.

Cuando llame al BCIS o al Departamento de Estado, tenga su número de documento de identificación o de archivo disponible y también lápiz y papel para tomar todas las notas de las instrucciones que reciba. El estatus de las solicitudes presentadas a los Centros Regional de Servicios está disponible en: https://egov.immigration.gov/graphics/cris/jsps/index.jsp.

Agrupación de las Clasificaciones de No Inmigrantes - Parte II

Es muy importante seleccionar la clasificación que le corresponda. Para hacer su selección más fácil, en la Parte II se encuentran agrupadas las clasificaciones en 6 capítulos. Cada capítulo reúne todas las clasificaciones actuales para no inmigrantes y para inmigrantes temporales que tienen necesidades iguales o parecidas.

Primero, revise la siguiente lista de capítulos y de clasificaciones para no inmigrantes, la cual le ayudará a seleccionar la clasificación que le corresponda y luego busque la clasificación que más se ajuste a su caso.

Capitulo 3 - Clasificaciones para Visitantes (Visitor Clasifications)
- VWP   Programa de Exención de Visa (Visa Waiver Program)
- B   Visitantes Temporales por Negocios o Placer
- *   Programas Alternativos de Inspección
- C-1D   Extranjeros en Tránsito/Tripulación Marítima o Aérea
- *   Libertad Condicional (Parole)
- TWOV   En Tránsito sin Visa

Capitulo 4 - Clasificaciones Educacionales
- F   Estudiante Académico (Academic Student)
- J   Visitante por Intercambio (Exchange Visitor)
- M   Estudiante Vocacional o No Académico

Capitulo 5 - Profesionales de Negocios
- E   Comerciantes o Inversionistas (Treaty Trader or Investor)
- H   Profesionales, Trabajadores Temporales o Entrenamiento
- L   Transferidos dentro de la Compañía
- TN   Profesiónal Tratado NAFTA

Capitulo 6 - Personas Reconocidas Extraordinaria/Internacionalmente
- O   Extranjeros con Habilidades Extraordinarias en Ciencia, Artes, Educación, Negocios y Deportes
- P   Deportistas y Anfitriones Reconocidos Internacionalmente

Capitulo 7 - Clasificaciones para Propósitos Especiales
- I   Representantes de Medios de Comunicación Extranjeros
- K   Novia(o) o Cónyuge de Ciudadano Americano
- Q-1/Q-2   Programa de Intercambio Cultural y Programa Cultural de Entrenamiento en el Proceso de Paz Irlandesa
- R   Extranjero de Ocupaciones Religiosas
- S   Extranjero Testigo e Informante
- T   Víctima del Tráfico Ilícito
- U   Testigo Material/Humanitario
- V   Cónyuge e Hijos Menores del Residente Permanente Legal

Capitulo 8 - Representante de una Organización o Gobierno Extranjero
- A   Oficial Gubernamental de Alta Jerarquía
- C-2/C-3   Extranjero en Tránsito hacia las Naciones Unidas y Oficial de Gobierno Extranjero
- G   Representante de Gobierno en una Organización
-      Internacional
- N   Miembros de Familia de Organizaciones Internacionales
- NATO   Representante de un Estado Miembro

Proceso de Admisión

Como se observa en la Parte I, el proceso usualmente es llevado a cabo en varios pasos. Lo que sigue es una vista general del proceso que debe seguir un candidato para estatus de no inmigrante. Para información detallada, usted debe ir a la sección dedicada a las clasificaciones específicas de no inmigrante que le interese.

A menos que esté solicitando una Visa H-1B, L o V, usted debe estar preparado para probar que no está buscando ser un inmigrante y que lo que necesita es una visa de no inmigrante. Si usted no puede probar su intención de no inmigrante, entonces puede ser necesario ofrecer una fianza al Secretario de la Seguridad de la Patria.

Paso 1 – Pre-Autorización

Algunas clasificaciones requieren aprobación previa antes de presentar una solicitud.

Un empleador tiene que solicitar una aprobación del DOL antes de proceder con las peticiones para la H-1B, H-2 y algunas Visas D. En aquéllos casos, el empleador debe llenar una Solicitud de Condición Laboral (Labor Condition Application – LCA) para los candidatos para una H-1B, una Certificación de Trabajo (Labor Certification) para los candidatos para una H-2 o presentar un testimonio que le permita a un extranjero miembro de una tripulación de un barco trabajar en los puertos de Alaska. En todos los casos, el DOL debe estar convencido de que se necesita admitir a un extranjero para realizar un trabajo temporal, que allí no hay ciudadanos americanos calificados o residentes disponibles, que se pagará de conformidad al promedio de paga y que no afectará adversamente al mercado americano de trabajo.

Los extranjeros que deseen estudiar en EE.UU. también requieren de una solicitud de aprobación. Hay tres clasificaciones de las cuales se puede seleccionar. La primera aceptación es requerida de una institución acreditada en cada caso.

Paso 2 – Autorización del Buró de Servicios de Ciudadanía e Inmigración (Bureau of Citizenship and Immigration Services - BCIS) – Petición Inicial

Si la autorización de DOL no es requerida, éste entonces se convierte en el primer paso. Sin embargo los solicitantes canadienses para un estatus de TN-NAFTA deben saltarse este paso y llenar la solicitud directamente en cualesquier puerto de entrada de EE.UU.   *Ref: Pub. L. 107-296*

El empleador o el patrocinador deben usualmente llenar una petición del Centro de Servicio de Inmigración BCIS regiónal con la documentación específica que corresponda. Los formularios están disponibles y se pueden obtener llamando al (800) 870-3676 o en el internet al www.immigration.gov/graphics/formsfee/forms.

Documentación y Evidencias de Apoyo:
- *Formulario del BCIS*
  - estatus de no inmigrante

- *Tarifas*
  - se establece según la clasificación que está siendo solicitada
- *Pasaporte y fotografías*
  - pasaporte válido por lo menos 6 meses después de la estadía intenta
  - fotografías por lo menos 40 mm de altura por 35 mm de ancho a color – ¾ de perfil frontal, mostrando la oreja derecha sin cubrir la cabeza (excepto para religiosos) con un fondo claro
- *Estatus inmigratorio actual y previo*
  - tal como el I-94
- *Aprobación de DOL*
  - tal como el Certificado de Trabajo o la Solicitud de Condición Laboral
- *Credenciales profesionales*
  - tales como los grados y/o estatus profesional
- *Documentación de apoyo del empleador*
  - carta confirmando el salario, las funciones y el origen de los fondos
- *Prueba de solvencia o apoyo económico*
  - I-134, Declaración Jurada del Apoyo dado por la Familia Patrocinante (Support from Family Sponsor)
  - fondos o dinero propios
- *Documentos civiles incluyendo los de los dependientes*
  - nacimiento
  - matrimonio
  - divorcio
  - fallecimiento del cónyuge
- *Autorización de la policía*
  - verificación de los registros de la policía local que deben incluir huellas dactilares
- *Autorización médica*
  - si la historia es de ineligibilidad médica
  - examen médico consular
- *Evidencia que la estadía en EE.UU. es temporal (intención de salir)*
  - documentos de lazos familiares
  - boleto de regreso
  - intención de no abandonar su residencia en el extranjero

Servicio de Procesamiento Premium

Para solucionar necesidades urgentes de empleo dentro del mercado de trabajo americano disponibles para inmigrantes, un servicio llamado Premium Processing Service (Servicio de Procesamiento Premium) fue creado a mediados de 2001. Los Formularios I-907 con un valor de US $1000 pueden ser llenados tanto para las visas E, H, L, O, P, Q-1, R, y TN nuevas como las que están ya en espera, conjuntamente con las peticiones I-129 y con todas las otras tarifas de tramitación de I-129. Solamente el solicitante, el abogado o su representante pueden buscar este procedimiento de Servicio de Tramitación Premium. La compañía beneficiaria no puede hacerlo.

El BCIS garantiza la adjudicación de la visa requerida dentro de los 15 días calendario para el envío al Centro de Servicio de Tramitación Premium que maneja el caso. Esta notificación podría ser una aprobación, un requerimiento de evidencia o una negación o una notificación de investigación por fraude o falta de representación. Si fuera alguno de esos casos se establece entonces otro nuevo período de 15 días para evidencia adicional. La tarifa de US $1000 será devuelta sólo en aquellos casos que tomen más de 15 días sin que se envíe por correo una notificación de acción. La tarifa del tramitación premium deberá ser pagada con cheque o con giro postal y no incluye el pago de las otras tarifas requeridas.

Si el extranjero requiere llenar en el mismo momento solicitudes para sus dependientes, lo puede hacer con el Formulario I-539 del BCIS de tramitación premium sin cargo adicional.

Los solicitantes que hayan sido designados como sin fines de lucro o sin fines de beneficio económico (non-profit) por la oficina de impuesto IRS deben continuar el servicio establecido.

Preguntas sobre la tramitación premium deberán ser enviadas por correo electrónico al Centro de Servicio regiónal correspondiente. También hay un número telefónico especial y una dirección de correo electrónico que han sido establecidos exclusivamente para los clientes de cada Centro de Servicio de tramitación premium. La Oficina de Asistencia al Usuario de la Oficina de Enlace Comercial (Office of Business Liaison) puede ser contactada al (800) 357-2099 o por fax al (202) 305-2523.

Recomendaciones Generales para la Tramitación

El BCIS ahora acepta copias de ciertos documentos tales como diplomás y certificados, si usted presenta el formulario ya firmado ER 750, el cual certifica que:
- Las copias de los documentos originales son exactas y sin alteración alguna,
- y Usted presentará los originales, si le son requeridos

Para detalles específicos sobre la fotografías que le sean requeridas por el BCIS, consulte la dirección: www.immigration.gov/graphics/lawsregs/handbook/m-378.pdf.

Al ser aprobado, el BCIS emitirá un Formulario I-797, Notificación de Acción al solicitante y notificará al consulado correspondiente si el caso es para ser procesado en el extranjero.

Los extranjeros que no sean elegibles para la entrada como no inmigrantes por ser convictos por droga, tener antecedentes criminales o por otras razones, deberán llenar el Formulario I-192, Solicitud de Permiso Adelantado para Entrada como un No Inmigrante (Application for Advance Permission To Enter as a Nonimmigrant) con un pago de US $195 de tarifa, 90 a 120 días antes de la fecha de entrada ya prevista. Un ejemplo típico es un camionero convicto por drogas quien debe hacer viajes a EE.UU. como parte de su trabajo. Es importante recordar que EE.UU. no reconoce el perdón dado por otro país.   *Ref: INA 212(d)(3)*

Paso 3 – Autorización del Departamento de Estado en el (DOS) Extranjero

Virtualmente todas las clasificaciones de visa de no inmigrantes deben ser procesadas ante las embajadas o consulados de EE.UU. en el extranjero.

Cada extranjero que solicita una visa de no inmigrante debe hacer la solicitud personalmente ante el oficial consular, excepto:

- Los niños menores de 14 años
- A, C-2, C-3, G o NATO
- Solicitud para una visa diplomática u oficial
- B, C-1, H-1 o I
- J-1 quien es una persona con conocimientos o habilidades especializadas en un campo específico
- D miembro de una tripulación marítima o aérea con una carta de un empleador calificado
- Cualquier categoría de no inmigrante en la cual el oficial consular determina que la exención de presentación personal está garantizada*Ref: 9 FAM 41.102*

El Departamento de Estado puede permitirle a los extranjeros que seleccionen cualquier consulado en su país de origen para tramitar la solicitud de visa.

El formulario que es requerido por el DOS es el DS-156, Solicitud de Visa para No Inmigrante, al cual se puede renunciar, si se ha renunciado a la entrevista. Muchos Forumularios del Departamento de Estado están disponibles en: travel.state.gov/visaforms.html.

Documentación y Evidencias de Apoyo:
- *Formulario del DOS*
  - DS-156, Solicitud de Visa de No Inmigrante
- *Tarifas*
  - US $100 no retornable para una Visa Leíble por Máquina (Machine-readable Visa –MRV)
  - esta tarifa quedará exenta por el Secretario de Estado para extranjeros no inmigrantes que realizan actividades caritativas en EE.UU.
  - la trafa de recíprocidad debe ser igual a la tarifa establecida en circunstancias similares en el país de origen del extranjero (A, G, C 2/3, NATO son excepciones) (vea travel.state.gov/reciprocity/index.htm para tarifas recíprocas)
- *Pasaportes y fotografías*
  - pasaporte válido por lo menos 6 meses después de la estadía que se intenta (A, G, C 2/3, NATO son excepciones)
  - cada solicitante debe facilitar la(s) fotografía(s) en la cantidad requerida con medidas de 50 mm (2"), de frente mostrando completamente la cara y con la cabeza sin cubrir (excepto para religiosos) con un fondo claro y con la firma en el reverso   *Ref: 22 CFR 41.105 (a) (3)*
- *Estatus inmigratorio actual y previo*
  - tal como el I-94
- *Aprobaciones académicas previas del BCIS, DOL o DOS*
  - tales como el I-797 del BCIS, Certificación de Trabajo o Solicitud de Certificación Laboral del DOL, el I-20, el DS-2019
- *Credenciales profesionales*
  - tal como títulos y/o estatus profesional

- *Evidencia de apoyo a la solicitud del empleador*
  - carta de confirmación de salario y origen de los fondos
  - puesto
  - período de empleo
- *Evidencia adiciónal*
  - propósito del viaje
  - documentación que explique los planes en EE.UU.
- *Prueba de solvencia o apoyo económico*
  - acuerdo para cubrir los gastos en EE.UU., tales como:
    - I-134, Declaración Jurada de Apoyo de la familia patrocinadora (Family Sponsor)
    - fondos propios
- *Documentos civiles, incluyendo los de los dependientes:*
  - Acta de Nacimiento
  - Acta de Matrimonio
  - Acta de Divorcio
  - Acta de Defunción del cónyuge
- *Autorización de la policía*
  - Certificado de la policía en el caso de que la oficina consular tenga razones para creer que existen antecedes delictivos o criminales (A-1/2, C-3, G-1 a G-4, NATO-1 a NATO-4 y NATO-6 están exentas de este Requisito)
- *Antecedentes Médicos*
  - Si la historia médica es inelegible
  - Si se está solicitando una Visa K
  - Si la entrada es para tratamiento médico   *Ref: 9 FAM 41.108*
- *Evidencia de que la estadía en EE.UU. es temporal (con intención de salir)*
  - vínculos familiares
  - pasaje de regreso
  - intención de no abandonar su país de residencia

A menos que se le haya exceptuado de los requisitos, cada solicitante de una visa de no inmigrante debe ser entrevistado por la oficina consular en el exterior. En base a la documentación presentada, la oficina consular determinará la clasificación de no inmigrante apropiada y la elegibilidad del extranjero para recibir la visa. Las entrevistas para la visa K no son exceptuadas.   *Ref: 9 FAM 41.102*

La información para saber como obtener y renovar visas para no inmigrantes se puede obtener llamando al número telefónico (202) 663-1225. Usted puede hablar con una oficial de información sobre visas, entre las 8:30 am y las 5:00 pm, tiempo del Este, de Lunes a Viernes. También puede aprovechar la ventaja que ofrece el sistema de Auto-Fax llamando al (202) 647-3000.

El Acta Patriótica de los EE.UU. del 2001 requiere que todos los aplicantes de visa sean sometidos a una investigación para determinar si tienen antecedentes criminales. Si el resultado es positivo se le toman las huellas digitales y se le exige un pago de US $85 y se envian al FBI. Si se encuentran antededentes penales en el banco de datos del NCIC, el FBI los enviará al Departamento de Estado para el uso de un Oficial Consular autorizado.   *Ref: 67 FR 8477*

Como parte del proceso de solicitud de visa para no inmigrantes, los Oficiales Consulares de Embajadas y Consulados de EE.UU. en el extranjero identificarán a los indivuduos que deben seguir los requerimientos especiales de registro cuando solicitan su admisión en los EE.UU.

Cuando llegue al consulado o a las oficinas consulares para su entrevista, no sienta temor para preguntar sobre cualquier instrucción que sea confusa o que no sea útil. Esté preparado para dejar sus maletines con seguridad y lleve un buen libro para leer porque la espera es larga.

Razones para la Negación del otorgamiento de la visa

Los extranjeros son inelegibles para obtener una visa, si el consulado cree que existe cualquiera de los siguientes impedimentos:

• Desórdenes mentales o físicos que representen una amenaza	• Relativo a la salud
• Actividad criminal, convictos, prostitución	• Relativo al crimen
• Actividad terrorista, opuesto efectivamente a la política externa o haber sido miembro de cual quier grupo con estos objetivos	• Relativo a la seguridad
• Con posibilidades de convertirse en una carga pública	• Cargas públicas
• Falta de certificación por el Departamento del Trabajo	• Certificación laboral
• Previamente deportado o con ingresos irregulares	• Entradas ilegales e violadores de las normas
• Contrabandista	• Falta de certificación requerido
• Falsificador	• Permanentemente ineligible para la ciudadanía
• Polígamo, abusador internaciónal infantil	• Misceláneos

En el 2001, el Departamento de Estado agregó dos razones adicionales de inegibilidad:
- Un tripulante que intente aterrizar o atracar una nave por huelga o cierre patronal
- Estudiante en un programa de educación para adultos o en una escuela pública elemental o en una escuela pública de secundaria excepto que la estadía sea menor de un (1) año y que haya pagado completamente el reembolso a la institución. *Ref: 66FR 10363*

Los oficiales del Departamento de Estado evitan tratar con las embajadas y consulados americanos en terceros países, tales como México o Canadá, por no tener el tiempo ni los recursos para verificar la información con las autoridades del país de origen. Es mejor entenderse con la embajada o el consulado americano mientras viva o visite su país.

A una tarifa de US $100, la embajada o el consulado americano le colocará en su pasaporte, una Visa Leíble por Máquina (MRV), también llamada laminada o "sticker". Esta contiene:

- El número del pasaporte
- Fecha de nacimiento
- Nacionalidad
- Entrada: M (múltiple) o 01 (solo), 02 (doble) u otros límites numéricos
- Fechas de emisión y expiración

Paso 4 – Aprobación por el BCBP en el Puerto de Entrada

Los inspectores de inmigración del BCBP ubicados en cada puerto de entrada de EE.UU. tienen el derecho y la responsabilidad de asegurarse que todos los reporte médicos y demás documentos requeridos están en orden para ingresar al país bajo la clasificación de inmigrante que haya sido designada en cada caso. Después de todo, son ellos quienes tienen la responsabilidad última en las decisiones sobre su elegibilidad para entrar de acuerdo a la clasificación deseada aunque usted tenga una Visa en sus manos.

Mientras los inspectores de inmigración no tengan preguntas o dudas sobre la labor hecha por las otras dependencias con las cuales usted se haya entendido, ellos deberán estar conformes con que usted haya otorgado todos los documentos necesarios que se le hayan solicitado en todo el proceso. Para facilitar el proceso, usted deberá traer copia u originales de todos los documentos que usted ya haya entregado en los pasos anteriores.

Con la excepción de las entradas con los estatus K y E, los canadienses no requieren de las visas otorgadas por el Departamento de Estado (MRVs).

En los casos especiales, un extranjero puede solicitar que le sea excento de la visa y de pasaporte requeridos bajo el procedimiento INA 212(d)(4)(A) sin la previa aprobación del Departamento de Estado, si la embarcación en la cual viaja el extranjero ha atracado o arribado a un puerto de entrada, el responsable de Distrito del Servicio de Inmigración y Naturalización a cargo del puerto de entrada decide que:

- El extranjero es incapaz de presentar los documentos requeridos debido a una emergencia imprevista y
- El extranjero reclama que le sea reconocida como legítima la circunstancias de emergencia y
- La aprobación de exención deberá ser lo más apropiado de acuerdo a los hechos y circunstancias de que se trate
  Ref: FR Vol. 64, No. 103, May 28,1999; 8 USC 1104 41.2 (j); 22 CFR 41 y 42

Los solicitantes deberán decir la verdad para evitar sospechas, porque en el caso de que los inspectores de inmigración sospechen de fraude pueden ordenar la "Remoción Expedita" que le prohibe al extranjero, por 5 años, la entrada a EE.UU. En algunos Distritos, el inspector de inmigración en el puerto de entrada debe obtener el permiso del oficial de distrito antes de iniciar este procedimiento.

Documentación y Evidencias de Apoyo:
- *Formulario del BCIS*
  - I-94, Registro de Llegadas/Salidas
- *Tarifas*
  - US $6 para el I-94
  - US $3 por pasajero en vuelos comerciales y por mer (excepto los Grandes Lagos)
- *Pasaportes y fotografías*
  - pasaporte válido por lo menos 6 meses después de la estadía intenta
  - fotografías por lo menos 40 mm de altura por 35 mm de ancho a color – ¾ de perfil frontal, mostrando la oreja derecha sin cubrir la cabeza (excepto para religiosos) con un fondo claro
- *Estatus inmigratorio actual y previo*
  - tal como el I-94, Registro de Llegadas/Salidas
- *Autorizaciones previas del DOL y DOS*
  - Solicitud de Condición Laboral o Certificado de Trabajo
  - Visa Leíble por Máquina (MRV) emitida por el DOS y en el pasaporte
- *Credenciales profesionales*
  - tal como un diploma universitario
- *Documentación de apoyo del empleador*
  - carta certificando salario, funciones y origen de los fondos
- *Prueba de solvencia o apoyo económico*
  - I-134, Declaración Jurada del Apoyo de la familia patrocinante
  - fondos propios
- *Documentos civiles incluyendo los de los dependientes*
  - acta de nacimiento, matrimonio o divorcio
  - acta de defunción del cónyuge
- *Autorización de la policía*
- *Autorización médica*
  - si el historial médico es inelegible
  - examen médico consular
- *Evidencia de que la estadía en EE.UU. es temporal (con intención de salir)*
  - lazos familiares
  - boletos de regreso
  - intención de no dejar el país de residencia

Formalidades para la Entrada

Su visa I-94 o pasaporte deberán estar sellados para una simple entrada o para múltiples entradas dependiendo de cómo un ciudadano americano es tratado en circunstancias similares en su país de origen, lo cual puede diferir de los téminos de la visa emitida por el Departamento de Estado.

Los ciudadanos de Iran tienen solamente visas para una simple entrada que son canceladas al ingresar al país. Sin embargo, los nacionales de otros países con visas de una simple entrada se les permite visita a Canadá o México por un período no mayor de 30 días sin que les cancele su I-94.

Hay una tarifa de US $6 para el I-94 aunque esta tarifa está exenta de pago para algunos extranjeros como por ejemplo los diplomáticos. Algunos aeropuertos ahora emiten formularios automatizados de Llegadas/Salidas que llevan ya impreso el I-94.

En la entrevista con el inspector del BCBP:
- Dígale todo lo que usted esta tratando de realizar en EE.UU.
- Tenga el pasaporte, el acta de nacimiento y el I-94 en sus manos
- Tenga todos los otros documentos requeridos inmedíatamente disponibles
- Un licencia de conducir no es una prueba aceptable para el estatus inmigratorio

Un extranjero que solicita una visa o su admisión dentro de EE.UU. se le exige que posea un pasaporte que:
- Autorice al extranjero a regresar a su país de origen y
- Sea válido por lo menos 6 meses más allá de la fecha de expiración del período inicial de admisión del solicitante o del período de estadía contemplado en EE.UU., o
- Sea emitido por un país que EE.UU. haya aceptado que esos pasaportes serán válidos para entrar nuevamente hasta por 6 meses después de haber expirado   *Ref: FR Volume 63, Number 196, October 9,1998*

Razones de Inadmisibilidad
Hay un número de razones de inadmisibilidad que incluyen:
- Estar presentes en EE.UU. sin haber sido admitido o estar bajo libertad condicional
- Estar presente en EE.UU. ilegalmente por más de 180 días después del 1° de Abril de 1997
- Incitar a actividades terroristas que causen muerte o serios daños humanos
- Falta de legalidad en la declaración jurada de soporte de la familia patrocinante del inmigrante
- Enfermeras sin tener el certificado emitido por la Comisión de Graduados emitida por las Escuelas Extranjeras de Enfermería o su equivalente aprobado
- Intentar inmigrar sin la vacunación requerida
- No cumplir con los procedimientos exigidos
- Declarar falsamente ser ciudadanos americanos
- Violar los nuevos términos de la visa de estudiante
- Acompañar a otros extranjeros inadmisibles alegando razones médicas
- Votar en elecciones americanas
- Renunciar a la ciudadanía americana para evitar el pago de impuestos
  Ref: INS Fact Sheet, March 26, 1997

Si usted necesita entrar a EE.UU. a pesar de su inadmibilidad como no inmigrante, un Formulario I-192, Solicitud de Permiso Adelantado para Entrar como un No Inmigrante, con el pago de una tarifa adiciónal de US $195 más US $50 adicionales por huellas dactilares, deberá ser llenado con el Director de Distrito y aprobado antes de su ingreso al país. El trámite puede tomar 4 meses. El Formulario I-601 deberá solamente ser usado para los casos de visa para inmigrantes. Esté preparado para presentar pruebas tales como:
- Evidencia de huellas dactilares
- Una lista de convicciones y disposiciones
- Una carta de su empleador con las razones de su entrada a EE.UU.

- Una carta de autorización de su médico si usted ha consumido narcóticos
- Cartas de referencia

Desde el 1° de Abril de 1997, los extranjeros que se han quedado entre 6 meses a 1 año sin estatus y que deseen entrar a EE.UU. se les niega la admisión durante 3 años, mientras que aquellos que han estado fuera de estatus por un año o más son excluidos por 10 años para ser admitidos.   *Ref: IIRIRA96.301*

Todos los cambios de dirección debe ser reportados al BCIS dentro de los 10 días siguientes. Ni una carta ni el Formulario AR-11 pueden ser usados. El Formulario AR-11 debe ser ordenado a través del Internet o por teléfono y podrá ser entregado en la oficina local del BCIS o enviado por correo a: P.O. Box 7134, London, KY 40742-7134.

Estrategia de Registro Especial de Entrada-Salida

A la luz de los recientes hechos y la preocupación por la seguridad que generaron, el Congreso ha ordenado que se implemente un programa detallado de entrada-salida antes del año 2005 para reforzar la seguridad del país a la vez que se protejan los derechos de las personas que vienen al país.

A finales del 2002, se inició un estrategia de Registro Especial para inscribir a ciertos extranjeros que deseaban ser admitidos así como a los que ya se encontraban en el país.

Sistema de Registro de Seguridad Nacional de Entrada-Salida (NSEERS)

El Sistema de Registro de Seguridad Nacional de Entrada-Salida (NSEERS), fué introducido en el 2002 para enfrentar varios objetivos importantes de seguridad nacional incluyendo el uso de bancos de datos nacionales para controlar a criminales buscados, terroristas conocidos, visitantes con visa vencida y para confirmar entradas y salidas. También está destinado controlar más de cerca a los visitantes extranjeros, donde viven y que hacen.

Primera Fase del Registro Especial – Personas Inscritas en el Puerto de Entrada

La primera fase de Registro Especial seleccionó a los individuos a los que debían tomarsele las huellas digitales, fotografiarlos y entrevistarlos bajo juramento en los puertos de entrada a los EE.UU.

Como parte del proceso de solicitud de visa para no inmigrantes, los oficiales consulares en las embajadas y consulados de EE.UU. en el extranjero seleccionan a los indivuduos que tienen que seguir el proceso de Registro Especial de los EE.UU.

¿Quién tiene que inscribirse?
- Los ciudadanos de 14 años o más de Irán, Irak, Libya, Sudan y Siria son inscritos cada vez que entren sin importar dualidad de nacionalidades
- Los varones de 16 a 45 años de Pakistán, Arabia Saudita y Yemén
- Los no inmigrantes que designe el Departamento de Estado
- Cualquier otro no inmigrante identificado por oficiales de inmigración para Registro Especial en aereopuertos, puertos marítimos y terrestres

                                                   Ref: 8 CFR 264.1(f)(2)

Igualmente los oficiales de inmigración en los puertos de entrada pueden identificar a no inmigrantes para registrarse cada vez que solicitan admisión en los EE.UU. por un período temporal si estos presentan una combinación de criterio basado en la inteligencia y son señalados como un alto riesgo para la seguridad nacional. Aquellos que son identificados son enviados a un area especial de registro.

El registro toma la forma de una entrevista bajo juramento con un inspector de inmigración. El proceso incluye la toma de información biométrica específica, huellas digitales y fotos. Se registran los itinerarios y las direcciones.

A partir del 1ro de Octubre del 2002 se le exige a los registrados los siguientes requerimientos:

- Sin permanece en los EE.UU. por 30 días o más, debe presentarse en persona en un distrito de inmigración del Registro Especial o suboficina entre los 30 y 40 días después de su entrada en los EE.UU. para probar que está cumpliendo con sus planes o intenciones del viaje hechas al entrar
- Si permanece por más de un año, tiene que presentarse en persona en una oficina de Registro Especial en un plazo de 10 días de la fecha en que fué admitido la última vez en los EE.UU. para probar que aún está cumpliendo con sus planes o intenciones del viaje hechas al entrar
- Si cambia su dirección, empleo o escuela después de permanecer en EE.UU. por más de 30 días tiene que informarlo al BCIS por escrito dentro de los 10 días posteriores al cambio
- Al abandonar los EE.UU. debe presentarse en persona ante un oficial inspector de inmigración en el puerto designado de salida para documentar dicha salida y debe salir el mismo día
- Si no informa de su partida podría no ser admitido al venir a los Estados Unidos a menos que un oficial consular o de inmigración acepte las razones por la cuales salió sin reportarlo

Fase Dos del Registro Especial – Llamada al Registro

En la Segunda Fase de Registro Especial, los nacionales seleccionados y los ciudadanos de países designados que habrían sido admitidos previamente en los EE.UU. fueron llamados para registrarse en una oficina de inmigración o sub-oficina.

Ref: INA 263(a) and 265(b)

Los cuatro grupos llamados son:

- Grupo 4 – Bangladesh, Egipto, Indonesia, Jordania y Kuwait
- Grupo 3 – Pakistan y Arabia Saudita
- Grupo 2 – Afganistan, Argelia, Bahrain, Eritrea, Líbano, Marruecos, Corea del Norte, Omán, Qatar, Somalia, Tunesia, Emiratos Arabes Unidos y Yemén
- Grupo 1 – Irán, Irak, Libya, Sudán y Siria

Las llamadas solicitaba el registro de los varones de 16 años o más que son nacionales o ciudadanos de estos países y:

- Fueron admitidos en los EE.UU. antes de Septiembre 30 del 2002 y
- Estaban aún en los EE.UU. en la fecha tope de su residencia, después de finales del 2002 y principios del 2003, la cúal varía de acuerdo al país
- Cumplió con la fecha tope de registro de principios del 2003 aplicable a su grupo

A los que se registran se les entrega un Registro de Entrada-Salida I-94 que tiene un Número de Identificación de Huellas (FIN) para mostrar que están registrados.

Los registrados están también sujetos a:
- Presentarse en una oficina de Registro Especial para una entrevista, tomarse huellas y foto antes del fin del plazo de su grupo de principios del 2003
- Presentarse para una entrevista anual en una oficina de Registro Especial dentro de los 10 días del cumplimiento de su plazo si permanece en los EE.UU.
- Presentar un Formulario AR-11 al BCIS dentro de los 10 días después de haber camiado su dirradió, empleo o institución educacional
- Presentarse ante un oficial de inmigración en el puerto de entrada en el día de su salida del país

Estaban exentos los ciudadanos de EE.UU., residentes legales permanentes, refugiados, asilados, solicitantes de asilo, no inmigrantes con estatus A o G y aquellos bajo libertad condicional en los EE.UU.

El grupo de no inmigrantes sujeto a registrarse fué estimado en 7,200 por el BCIS. La mayoría estudiantes, viajeros con extensiones por negocios o individuos que estaban visitando a sus familiares durante largos períodos.

Paso 5 – Solicitud de Empleo

Las reglas para la aceptación del empleo varían de clasificación a clasificación. Sin embargo, como un principio general, el empleo debe ser temporal y en ciertos casos, no puede sustituir a un ciudadano americano o un residente legal permanente y el extranjero debe ser remunerado de conformidad al salario prevaleciente para el tipo específico de trabajo en el área.

Para evitar confusiones, lea los parámetros de empleo de la clasificación seleccionada y hable de sus conclusiones con el DOL y/o el BCIS.

El IIRIRA96 y la subsecuente legislación H-1B han cambiado alguna de las prácticas de empleo de la visa H-1B para proteger a los trabajadores americanos mientras que le permite a los empleadores satisfacer las necesidades urgentes de vacantes laborales con trabajadores extranjeros capacitados.

Como ejemplo, la legislación de 1996, entre otras cosas:
- Incrementó las multas por contratar trabajadores ilegales
- Estableció tres programas pilotos de confirmación para elegibilidad laboral
- Estableció una línea telefónica gratuita o medios electrónicos para facilitar la confirmación de la identidad de los extranjeros y la autorización para ser empleado

La ley de 1998:
- Incrementó la cuota anual para profesionales temporales por 3 años
- Requirió que los empleadores dependientes de los trabajadores con visas H-1B intenten contratar trabajadores americanos calificados antes de contratar trabajadores extranjeros

- Introdujo una tarifa adiciónal de US $500 (ahora US $1000). Un programa de entrenamiento para estudiantes con bajos ingresos y severas penalidades por infracciones

Las leyes de 2000:
- Incrementaron la cuota anual de profesionales extranjeros capacitados
- Permitieron a los extranjeros una mayor flexibilidad para cambiar de empleo
- Incrementaron la tarifa suplementaria a US $1000

Normalmente un Formulario I-765, Solicitud para la Autorización de Empleo, se presenta al Centro de Servicio regiónal de BCIS que tenga jurisdicción en su localidad. En 1997, el INS comenzó a emitir el Formulario I-766, tarjetas de Autorización de Empleo (EAD), que fueran menos falsificables. Los Formularios I-688A e I-688B están siendo eliminados progresivamente.

Paso 6 - Solicitud para Renovación o Cambio de Estatus

Solicitud ante el BCIS dentro de EE.UU.

Los extranjeros que viven legalmente en EE.UU. como no inmigrantes deben renovar su estatus temporal o cambiarlo a otra clasificación sin salir del país. Usualmente esto se hace ante el BCIS. Con frecuencia, también se utilizan los Formularios I-539, Solicitud de Extensión/Cambio de Estatus de No Inmigrante, o el Formulario I-129, Solicitud de un Trabajador No Inmigrante, dependiendo de la clasificación y si la solicitud se hace en nombre del inmigrante o de su dependiente.

La solicitud para renovación o cambio de estatus puede ser presentada y el extranjero permanecer en EE.UU. durante el período de gracia que sigue al período de admisión. Sin embargo el extranjero no puede trabajar hasta que sea recibida la aprobación.

Para evitar problemas innecesarios, asegúrese de:
- Usar los formularios que no estén vencidos
- Llenar completa y correctamente todas los formularios
- Anexar los documentos y tarifas correctas
- Firmar todos los documentos que requieren de ser firmados
- Responder todas las preguntas y cuando no aplique respuesta, responda N/A
- Hacer una lista y marcar cada punto que debe ser recordado
- No esconder información o presentar documentos o información falsa
- Hacer y guardar fotocopias de todos los documentos presentados
- Enviar todo por correo certificado y conservar el recibo respectivo

Centros de Servicio Regionales del BCIS – Dónde presentar la solicitud

Generalmente, un extranjero que presente una solicitud de extensión de estatus o un cambio a otra clasificación temporal o permanente, debe presentar la solicitud ante el Centro Servicio regiónal del BCIS que tenga jurisdicción sobre su lugar de residencia. Sin embargo, ciertos tipos de transacciones deben ser presentadas en un Centro de Servicio específico. Por ejemplo, la mayoría de los Permisos para Entrar Nuevamente deben ser presentados en el Centro de Servicio en Nebraska.

Se incluye la siguiente lista, solo a título de referencia. Antes de presentar cualquier documento, revise la dirección del BCIS, porque ésta varía de acuerdo al beneficio solicitado.

Vermont Service Center
75 Lower Welden Street
Saint Albans, VT 05479-0001
(802) 527-4913

Con jurisdicción en: Connecticut, Delaware, District of Columbia, Maine, Maryland, Massachusetts, New Hampshire, New Jersey, New York, Pennsylvania, Puerto Rico, Rhode Island, Vermont, U.S. Virgin Islands, West Virginia.

Texas Service Center
4141 St. Augustine Road   7701 Stemmons Freeway
Dallas, TX 75227   Dallas, TX 75247
(214) 381-1423

Con jurisdicción en: Alabama, Arkansas, Florida, Georgia, Kentucky, Lousiana, Mississippi, New México, North Carolina, Oklahoma, South Carolina, Tennessee, Texas.

California Service Center
P.O. Box 30111
24000 Avila Road
Laguna Niguel, CA 92607-0111
(949) 831-8427

Con jurisdicción en: Arizona, California, Guam, Hawaii, Nevada

Nebraska Service Center
100 Centennial Mall North, Room B-26
Lincoln, NE 68508
(402) 323-7830

Con jurisdicción en: Todos los otros estados

Nota: A excepción de los casos de solicitud NAFTA hecha por los canadienses en un puerto de entrada de EE.UU., todas las solicitudes de visa TN (NAFTA) para mexicanos o canadienses, deben ser presentadas ante el Director del Centro de Servicio de Nebraska.

Una solicitud de visa L para No Inmigrante o de Trabajador Extranjero Inmigrante, debe ser enviada por correo postal al Centro de Servicio de Vermont si el beneficiario va estar localizado dentro de la jurisdicción de este Centro o del Centro de Servicio ubicado en Texas. De lo contrario, las solicitudes deben ser presentadas ante cualquiera de los Centros de Servicios ubicados en California o Nebraska, como se indica arriba.

Revalidación de Visa por el Departamento de Estado (DOS)

Después de que el BCIS le ha extendido su estadía y en el caso de haber salido por negocios o en viaje de placer por más de 30 días a un lugar contiguo a EE.UU. o Canadá, su visa va a necesitar renovación antes de intentar entrar a EE.UU. Dependiendo de cual sea el trato que su país de origen le otorgue a los ciudadanos americanos, su visa original puede ser restringida a un número limitado de entradas y cortos períodos de validez. Si es así, usted necesita renovar su visa. Las visas que son emitidas por el Departamento de Estado no pueden ser emitidas en el puerto de entrada por las autoridades del BCIS. Solamente en los casos de estatus E se requiere que los canadienses mantengan sus visas temporales para entrar nuevamente a EE.UU.

La solicitud para renovar la visa puede hacerse en la embajada o consulado de EE.UU. en su país de origen. Para los nacionales de los Países del Tercer Mundo (TCNs) las citas pueden ser hechas en el consulado de EE.UU. en México o en Canadá llamando al (900) 443-3131. Por rezones de seguridad, la revalidación automática de la visa para no inmigrantes, ya no esta disponible para los extranjeros de paises que apoyan el terrorismo cuando estos tratan de regresar a los EEUU con un Formulario I-94, I-20 o DS-2019 después de una visita de no mas de 30 días a otros paises de Norte América o islas adjacentes, excluyendo a Cuba.   *Ref: 67 FR 10322*

Las clasificaciones A, G, E, H, I, L, O, P y NATO pueden ser renovadas por el DOS en EE.UU. utilizando el correo, pero no las visas de turista y estudiante.*22 CFR 4.111(b)*

Las solicitudes llenas pueden ser enviadas por correo a:
   U.S. Department of State/Visa
   P.O. Box 952099
   St. Louis, MO 63195-2099
   Fax (202) 663-1608

También puede utilizarse con mensajero al:
   U.S. Department of State/Visa
   1005 Convention Plaza
   St. Louis, MO 63101-1200
   Fax (202) 663-1608

Las que hayan sido previamente rechazadas se devolverán al Departamento de Estado para ser procesadas como nuevas solicitudes en un proceso de re-emisión. La nueva solicitud deberá incluir un nuevo Formulario DS-156, Solicitud de Visa de No Inmigrante y una fotografía cuadrada de 50 mm (2") con todo el paquete completo de la solicitud enviado por correo a:
   Department of State
   CA/VO/P/D
   2401 E Street N.W.
   Washington, DC 20522-1016

No es posible obtener un procedimiento expedito o un reporte de estatus. Si usted no tiene tiempo para renovar su visa en EE.UU., usted debe ir, entonces, personalmente a presentar su aplicación ante el consulado americano situado en su país de origen.

Documentación y Evidencias de Apoyo:
- *Formulario del DOS*
  - DS-156, Solicitud de Visa de No Inmigrante
- *Tarifas*
  - US $100 no retornable para una Visa Leíble por Máquina (MRV)
  - la tarifa de reciprocidad debe ser igual a la tarifa establecida en circunstancias similares en el país de origen del extranjero

- *Pasaporte y fotografía*
  - pasaporte válido por lo menos 6 meses después de la estadía que se intenta
  - fotografía cuadrada de 50 mm (2") de frente con la cabeza sin cubrir (excepto para religiosos) con un fondo claro
- *Estatus inmigratorio actual y previo*
  - I-94 actualizada (no copia)
  - copia del I-171C (visas H o L) o del I-797, Notificación de Acción de la Petición
- *Documentación de apoyo del empleador*
  - carta detallada indicando:
    - el cargo del empleado
    - itinerario de viaje

Cuando se cobra una tarifa por reciprocidad de visa, incluya dos cheques certificados o giros postales (money orders), uno por la solicitud de visa y otro por el cargo de reciprocidad. No se aceptan cheques personales. Para mayor información, llame al (202) 663-1213 para hablar con un funcionario, de 2 a 4 pm, de lunes a viernes.

Un extranjero que viva en EE.UU. o Canadá puede llamar al número central y deberá pagar una tarifa por solicitar información sobre visas o por fijar una cita para una entrevista con el oficial consular en cualesquiera de los consulados americanos que se encuentran a lo largo de la frontera con México o con Canadá.

El sistema opera a través de un contratista en Canadá y puede ser ubicado llamando a:
- (900) 443-3131 para fijar una cita desde EE.UU.
- (900) 656-2222 para solicitar ayuda al operador sobre información de visa, desde EE.UU.
- (900) 451-2778 para fijar una cita desde Canadá
- (900) 451-6663 para ser asistido por el operador sobre información de visa, desde Canadá
- (900) 451-6330 para información registrada sobre visas desde Canadá
- (888) 840-0032 para hacer una entrevista (hay un pago por el servicio)
- (888) 611-6676 para cancelar una cita (llamada gratuita)

Los operadores están disponibles para hacer entrevistas, desde las 7:00 am hasta 10:00 pm, tiempo del Este, de lunes a viernes. Las citas también pueden ser concertadas a través de internet al www.nvars.com con un costa de CAN $10 que se cargan a su tarjeta de crédito.

El contratista le enviará un Formulario DS-156, una hoja de informacón y las instrucciones sobre lo que necesitará en la entrevista y la confirmación de los detalles de la entrevista. Solamente es necesario contactar al consulado para solicitar aquella información que no pueda ser facilitada por el contratista.

El procesamiento de Nacionales de un Tercer País (TCN) no está ya disponible en los puestos fronterizos de Canadá y México para los ciudadanos de los siete países que apoyan el terrorismo. Estos países son Corea del Norte, Cuba, Siria, Sudan, Iran, Irak y Libia. Los ciudadanos de estos países tienen que presentar un Formulario adicional DS-157 y presentarse a una entrevista.

Los Puestos Fronterizos son:

Tijuana, México

El Consulado General de EE.UU. está localizado en Tapachula 96, 22420 Tijuana, Baja California Norte, al otro lado de San Diego, California. Teléfono: 52 66 81-7400.

Matamoros, México

El consulado americano está localizado en Tamaulipas, Calle Primera 2002, Matamoros, México, al lado de la frontera con Brownsville, Texas. Teléfono: 52 88 12-4402. Las citas no se hacen para este Consulado.

Ciudad Juárez, México

El Consulado General de EE.UU. se encuentra en Chihuahua, Avenida López Mateos 924N 32000, Ciudad Juárez al lado de la frontera en El Paso, Texas. Los mexicanos no necesitan visa para ir al consulado. Teléfono: 52 16 11-3000.

Vancouver, B.C., Canadá

El Consulado General está localizado en 1095 West Pender Street, Piso 21, Vancouver, BC V6E 2M6. Teléfono (604) 685-4311.

Calgary, Alberta Canadá

El Consulado General está ubicado en 615 Macleod Trail, S.E. Room 1050, Calgary, AB T2G 4T8. Teléfono (403) 266-8962.

Toronto, Ontario, Canadá

El Consulado General está ubicado en 360 University Avenue, Toronto, ON M5G 1S4. Teléfono (416) 595-1700.

Ottawa, Ontario, Canadá

Las visas son emitidas por la Sección Consular de la Embajada americana situada en 490 Sussex Drive, Ottawa, ON K1N 1G8. Teléfono (613) 238-4470.

Montréal, Quebec, Canadá

El consulado americano está localizado en 1155 St. Alexandre St. Montreal, QC, H2Z 1Z2. Teléfono (514) 398-9695, extensión 402.

Québec City, Québec Canadá

El Consulado General se encuentra localizado en 2, Place Terrasse Dufferin, Québec, QC G1R 4T9. Teléfono (418) 692-2095 o 692-4640.

Halifax, Nueva Escocia, Canadá

El Consulado General de EE.UU. se encuentra localizado en 2000 Barrington Street, Suite 910, Cogswell Tower, Halifax, NS B3J 3K1. Teléfono (902) 429-2480, o (902) 429-2485.

Las visas aprobadas fuera de distrito generalmente están listas para ser retiradas a una hora específica en el día laboral siguiente.

La información general está disponible en el Servicio Consular para ciudadanos americanos, teléfono de información (800) 529-4410 a donde podrá llamar desde EE.UU. o Canadá.

Capítulo 3

Clasificaciones para Visitantes

Los nacionales extranjeros encuentran que la ley de EE.UU. regula su entrada al país como visitantes según el tiempo y propósito de su visita. A la mayoría de los visitantes, más no a todos, se les exige visa.

En general, son visitantes todos aquellos extranjeros que vienen a EE.UU.
- Por un período corto de tiempo
- No se convierten en residentes ni temporales ni permanentes

En este Capítulo se exponen todos los casos de visitantes tales como visitantes por vacaciones, por viajes de negocios y aquellos que se encuentran en tránsito. Para saber cual es la opción que le corresponde según su situación, tiene que revisar lo siguiente:
- El propósito de su viaje
- La duración de su viaje
- Su país de origen

Quienes vienen de vacaciones, abandonan el país después de establecer el período de tiempo de las mismas, son fáciles de caracterizar como visitantes. Ellos tienen diferentes opciones dependiendo de cuánto tiempo permanecerán en el país y de cuál es su país de origen.

Las personas en viaje de negocios son más difíciles de categorizar y requieren de mayores formalidades de visa y de estatus.

Los extranjeros que pasan a través del país constituyen un tercer grupo. Su estatus depende de la razón por las cuales pasan en tránsito y de lo que pretendan hacer mientras están en EE.UU.

Los canadienses y mexicanos están exentos de visa en ciertas circunstancias.

Visitantes de varios otros países, también pueden venir a EE.UU. sin una visa, en el caso de que su país de origen participe en el programa de promoción turística a EE.UU. llamado Programa de Exención de Visa.

VWP

Programa de Exención de Visa

El Programa de Exención de Visa (Visa Waiver Program-VWP) permite a los nacionales de los países designados participantes del mismo, solicitar la admisión a EE.UU. por 90 días o menos como visitantes no inmigrantes por negocios o por placer, sin obtener primero una visa para no inmigrante B-1/B-2 de un consulado americano.
Ref: INA 217

El Secretario de la Seguridad de la Patria, en consulta con el Secretario de Estado, está autorizado para operar un programa que le exonere a un extranjero la necesidad de visa, si cumple con los siguientes requisitos:
- Desea entrar como un visitante por negocios o por placer
- La estadía debe ser por 90 o menos días
- Debe ser naciónal de un país miembro del programa piloto
- No ser inadmisible   *Ref: H.R. 3767; 9 FAM 31.2 (l)*

El resto de las otras entradas requieren de visa.

El Programa Piloto de Exención de Visa se hizo permanente el 30 de Octubre de 2000 cuando el Presidente Clinton firmó la legislación que establece:
- La identidad de los solicitantes exentos será verificada contra la inadmisibilidad en una base electrónica de datos automatizada
- Si existen razones de inadmisiblidad se hará una solicitud de visa ante una oficina consular en el extranjero
- La información de cada solicitante deberá ser guardada por 10 años

A partir del 1ro de Enero del 2003 los viajeros de países con el Programa de Visa de Exención (Waiver) que llegan o salen de EE.UU., por puertos de aire y mar, no serán admitidos a menos que vengan en naves que transmitan información electrónica detallada de entrada y salida de control del pasajero para el BCBP a través del banco de datos del Sistema Inter-agencia de Inspección de Fronteras (IBIS). El propósito de este proceso es el de salvaguardar el cumplimiento de las leyes de EE.UU. y reducir la abilidad de extranjeros inadmisibles para entrar en país.
Ref: Pub. L. 106-396; 67 FR 63246

Los extranjeros que entran bajo el Programa Permanente de Exención de Visa son llamados Exentos de Visa (Visa Exempt). Puesto que están limitados a 90 días, puede ser preferible entrar con una visa si existe la posibilidad de requerir una extensión o cambio a otro estatus.

Las sub-categorías regulares son:
- WB – Exención de Visa, Negocios
- WT – Exención de Visa, Turista

Para calificar, un país deberá:
- Tener un promedio menor del 2% de rechazo a las solicitudes de sus nacionales para visas de no inmigrante en el período de los 2 últimos años fiscales
- Haber tenido un promedio menor del 2.5% de rechazo a las solicitudes de sus nacionales para visas de no inmigrantes en cualquier año fiscal
- Tener un programa de pasaportes leíbles por máquina (operando para el 1° de Octubre de 2003)
- Extender un privilegio recíproco a ciudadanos americanos

En 2002, la entrada estaba disponible para los siguientes países:

Alemania	Francia	Nueva Zelandía
Andorra	Irlanda	Portugal**
Australia	Islandía	Reino Unido*
Austria	Italia	San Marino
Bélgica	Japón	Singapur **
Brunei	Liechtenstein	Suecia
Dinamarca	Luxemburgo	Suiza
Eslovenia	Mónaco	Uruguay**
España	Netherlands	
Finlandía	Noruega	

* El Reino Unido incluye solamente los ciudadanos británicos que no se le hayan restringido el derecho permanente de residencia en Inglaterra, Escocia, Gales, Irlanda del Norte, las Islas del Canal de la Mancha y la Isla de Man.

** Eliminado el 15 de Abril del 2003   *Ref: 68 FR 10954*

Bajo el Programa de Exención de Visa de Guam, los ciudadanos de países calificados pueden visitar Guam hasta por 15 días sin una visa de visitante para no inmigrante.   *Ref: Pub.L.99-396*

Proceso de Admisión

Paso Unico – La Aprobación del BCBP en el Puerto de Entrada

El pasaporte es necesario y a menos que usted entre por tierra desde Canadá o México, usted deberá demostrar en el momento de su entrada, que tiene el pasaje o ticket de regreso.

Un Formulario I-94W, Registro de Llegadas/Salidas debe ser llenado y sellado por un Inspector de Inmigración del BCBP en el puerto de entrada Americano. El I-94W puede ser estampado con Entradas Múltiples.

Otros pasajeros con Exención de Visa que arriban a los puertos de entrada también obtienen una I-94W.

Documentación y Evidencias de Apoyo:
- *Formulario del BCIS*
  - I-94W, Registro de Llegada/Salida, llena y firmada

- *Tarifa*
  - US $6
- *Pasaporte*
  - válido por los menos 6 meses después de la estadía que se intenta
- *Prueba de solvencia o apoyo económico*
  - prueba de solvencia financiera
- *Condiciones especiales:*
  - entrar a EE.UU. por negocios o por placer
  - estar exento del derecho de exclusión o de deportación
  - no ser una amenaza para la asistencia social, para la salud o para la seguridad de EE.UU.
  - no haber tenido ningún problema con las condiciones de admisión de cualquier exención de visa
  - no ser inelegible bajo INA
  - no cambiar de estatus, trabajo o estudio
- *Evidencia de que la estadía en EE.UU. es temporal (con intención de salir)*
  - si entra por aire o por mar:
    - tener el boleto de regreso emitido por un transportista que haya firmado un acuerdo con el gobierno de EE.UU. para participar en el programa de exención
    - llegar a EE.UU. a bordo de tal transportista
      Ref: 8 CFR 217, 60 FR 15855, April 1, 1995

Desde el 17 de Marzo del 2003 a los ciudadanos de la mayoría de los paises, exceptuando a Canadá y los países con visa de exensión, se les exige visas del Departamento de Estado.

Los ciudadanos canadienses no requieren de pasaportes ni de visas de turista B-2 para entrar hasta por períodos de 6 meses. Sin embargo, el gobierno canadiense y los oficiales de aduana de EE.UU. recomiendan que todos los canadienses lleven sus pasaportes en todas sus visitas a los EE.UU.

Los mexicanos con la tarjeta de identificación de cruce de fronteras (Border Crossing ID card) no necesitan pasaporte ni visa cuando solicitan la admisión como visitantes temporales por negocios o placer.   *Ref: DOS TL: Visa 94, 9-30-94*

El Secretario de la Seguridad de la Patria puede extender el período voluntario de salida para extranjeros no inmigrantes admitidos bajo el programa de visa que requieran tratamiento médico en EE.UU. El limite annual de exonerados es de 300.
Ref: H.R. 2961

Las declaraciones deben ser presentadas a la central del BCIS desde una oficina distrital:
- Del médico y de las instalaciones de cuidados de la salud respecto a diagnósticos médicos y servicios de salud privados
- De la capacidad de pago del extranjero sin asistencia pública

Los extranjeros que entren con el estatus WB pueden aceptar honorarios mediante invitación escrita.

B

Visitantes Temporales por Negocios o Placer

La clasificación B está reservada para aquellos quienes tienen su hogar en un país extranjero donde regresarán después de una corta estadía en EE.UU., siendo la misma por:

- Negocios- para atender reuniones, compra de bienes, negociar contratos, actuar como representante de un empleador extranjero
- Placer- para turismo, visitar amigos o a la familia o excursiones

Ref: ER 806 3-8-94

Las sub-categorias son:

- B-1 – Visitante Temporal por Negocios
- B-2 – Visitante Temporal por Placer

Ref: INA 101(A)(15)(B); 9 FAM 41.12, 41.31

Los visitantes pueden ser admitidos por asuntos profesionales o comerciales pero no para trabajar o emplearse en EE.UU. Así que su salario o compensación debe ser ganada y pagada en el exterior. Los estudiantes con visas B-1 y B-2 quienes están realizando actividades académicas deben recibir los honorarios por intercambio de servicios que beneficien a la institución académica en la cual estudía pero no pueden recibir ningún pago en más de cinco instituciones durante un período previo de seis meses.

Ref: INS Memorandum, November 30, 1999

Los canadienses o mexicanos tiene un especial estatus. Ellos están protegidos bajo cuatro clasificaciones para no inmigrantes del Acuerdo de Libre Comercio de Norte América (NAFTA) que incluye una Visa B para el visitante temporal por negocios o placer.

Canadienses por Temporada (Snowbirds)

Un período máximo de admisión de 6 meses es la norma general para los canadienses retirados que pasan el invierno en los EE.UU. Los que deseen permanecer más tiempo pueden solicitar una extensión al estar en los EE.UU.

Visitantes canadienses en los EE.UU.

Para entrar a los EE.UU. un ciudadano canadiense tiene que probar identidad y ciudadanía. Un certificado de nacimiento o ciudadanía o un pasaporte es prueba de ciudadanía y una licencia de conducción, tarjeta de salud u otra identificación oficial con fotografía puede probar la identidad.

Los requerimientos de identificación de las autoridades de EE.UU. al entrar al país son más estrictos e impredecibles. El Departamento Canadiense de Asuntos Exteriores y Comercio Internacional recomienda que todos los canadienses lleven un pasaporte en todas sus visitas a los EE.UU. Un ciudadano canadiense que llegue a los

EE.UU. desde el hemisferio Occidental tiene que presentar un pasaporte. Vea: www.immigration.gov/graphics/lawenfor/bmgmt/inspect/docrequirements.htm.

B-1 Visitante por Negocios

A los extranjeros con estatus B no se les permite emplearse durante su estancia en EE.UU. Sin embargo, cierto entrenamiento, supervisión y actividades de ventas pueden ser permitidas.

En avisos publicados separadamente por INS y DOS el 19 de Septiembre de 2001, se ha confirmado que el extranjero puede entrar con una visa de no inmigrante B-1 para:

- Realizar actividades incidentales para negocios internacionales y comercio
- Entrenar o supervisar a otros en edificios o trabajo de construcción pero no para realizar esos trabajos por sí mismos
- Instalación, servicio o reparación de equipos comerciales o industriales o de maquinaria comprada a una compañía en el exterior de EE.UU., si el o ella posee conocimientos especializados al respecto y
- Si la compensación no tiene su origen en EE.UU.

Debido a que la instalación y equipo de servicio es permitido bajo la visa B-1 y no lo relativo a construcción y edificios, el BCIS y el DOS están considerando una definición más formal del trabajo de edificación y construcción.   *Ref: 66 FR 48223*

En un Memorándum del 21 de Junio de 2001, DOS provee un examen más minucioso de los visitantes por negocios de Países Exonerados de Visa.

B-2 Visitante por Placer

Una B-2 es usualmente la clasificación apropiada cuando una visa de turista se hace necesaria. Se usa cuando un extranjero entra para actividades de carácter recreaciónal incluyendo turismo, diversión, visitas a amigos o familiares, descanso, tratamiento médico y actividades de naturaleza fraternal, social o de servicio.
    Ref: 9 FAM 41.31 (2)

Cuando se invita a un amigo o a un familiar a visitar EE.UU., el BCIS sugiere enviar una carta personal de invitación y una I-134, Declaración Jurada de Apoyo de la persona en el extranjero. Estos y otros documentos personales que prueban los lazos con el país de origen deben ser entregados ante el consulado americano más cercano.

Intentar el Estatus de Estudiante está permitido para extranjeros que entran a EE.UU. con estatus B-2 para visitar escuelas que pueden ser de su interés. En estos casos, si su B-2 esta emitida con la nota "Posible Estudiante" ("Intending Student") y después de haber sido aceptado por una escuela acreditada, usted deberá solicitar un cambio de estatus para una de las clasificaciones de estudiante sin abandonar EE.UU. La aprobación del BCIS tiene que recibirse antes de matricularse.

Tratamiento Médico para Visitantes en EE.UU. está permitido. Deberá solicitar a su médico en EE.UU. que envíe una correspondencia en la cual se indique que usted estará bajo tratamiento y otra carta de su especialista en su país de origen confirmando que tal tratamiento no está disponible allá. También, deberá probar que usted tiene los fondos necesarios para pagar su tratamiento y gastos de estadía.

Las becas médicas están permitidas con Visas B-2. Usted debe observar que no puede ser remunerado ni atender pacientes.

Buscar empleo en EE.UU. está permitido aunque usted va a estar bajo un examen más minucioso si existe la presunción de que no dejará EE.UU., al final de su período de admisión. Los factores considerados para saber si va a ser admitido incluyen:

- Apoyo financiero
- Intención de salir del país
- Compromiso de permanecer según los términos de su admisión

Las pruebas que podrían ser exigidas incluyen:

- Su arrendamiento o propiedad en su país de origen
- Estados de cuentas bancarias
- Recibos de Servicio de Agua y Electricidad
- Carta de su Empleador

Podría aceptar honorarios como retribución compensatoria por una actividad que, legalmente, no requiere pago. Si se hace un acuerdo antes de la llegada, el estatus sería B-1 y este requiere una carta de invitación de la institución la cual describirá el tipo de evento, la fecha y la localidad donde se efectuará. También se permitirán honorarios si la participación es acordada después de la llegada en el estatus B-2. Podrán ser sufragados gastos ocasionales tales como viajes y suministros. Tales actividades están limitadas a 9 días para cada una de las organizaciones dentro de un período de 6 meses. Esto fué propuesto, originalmente, por el INS el 30 de Mayo del 2002. *Ref: 67 FR 37727*

Proceso de Admisión

Paso 1 – Aprobación del Departamento de Estado (DOS) en el Exterior

Si usted no es un canadiense, mexicano o procede de un País Exento de Visa, usted deberá solicitar una visa ante la embajada o el consulado de EE.UU. que tenga jurisdicción en el lugar de su residencia permanente. A pesar de permitírsele que solicite la visa ante cualquier oficina consular en el exterior, esto lo hace más difícil de calificar para la visa fuera de su país de residencia permanente.

Ref: DOS Publication 10311, November 1995

Los visitantes por Negocios o Placer usualmente obtienen su visa en los consulados americanos en su País de Origen. La visa puede ser válida para períodos de hasta 10 años para extranjeros que:

- Sean nacionales de países que ofrecen un tratamiento recíproco a los ciudadanos americanos
- Posean un pasaporte válido
- Sean visitantes de buena fe que seguirán entrando a EE.UU.por períodos indefinidos de tiempo *Ref: 9 FAM 41.112*

Documentación y Evidencias de Apoyo:

- *Formulario del DOS*
  - DS-156, Solicitud de Visa de No Inmigrante
- *Tarifas*
  - US $100 no retornable para una Visa Leíble por Máquina (MRV)
  - la tarifa de reciprocidad debe ser igual a la tarifa establecida en

circunstancias similares en el país de origen del extranjero
- *Pasaporte y fotografía*
  - pasaporte válido por lo menos 6 meses después de la estadía que se intenta
  - fotografía cuadrada de 50 mm (2") de frente con la cabeza sin cubrir (excepto para religiosos) con un fondo claro
- *Documentación de Apoyo del Empleador*
  - carta confirmando el puesto, monto y origen del salario
- *Condiciones especiales*
  - ser clasificable como visitante bajo la ley americana
  - propósito del viaje
- *Prueba de solvencia o apoyo económico*
  - cartas confirmando su solvencia financiera, si es aplicable
  - cartas de invitación de su familia o amigos anfitriones
  - confirmación de participación en excursiones planeadas
- *Evidencia adicional*
  - ser clasificable como visitante bajo la ley americana
  - propósito del viaje
- *Evidencia de que la estadía en EE.UU. es temporal (con intención de salir)*
  - lazos familiares
  - empleo en el extranjero
  - copia de los boletos de regreso
  - itención de no abandonar el país de residencia

Los Formularios DS-156 y cualquier evidencia adiciónal entregada por el extranjero será retenida en los archivos de la oficina consular.   *Ref: 9 FAM 41.113*

Una Visa Leíble por Máquina (MRV) válida para solicitar al BCBP entrar a EE.UU. por un período de hasta 10 años es colocada en el pasaporte del solicitante o en algunas circunstacias, en el Formulario OF 232, Sello de Visa de No Inmigrante.

Los miembros de misiones observadores ante las Naciones Unidas que solicitan una Visa B-1 reciben una exoneración de solicitud de visa y pago de tarifas.
Ref: 65 FR 52306

Paso 2 – Aprobación del BCBP en el Puerto de Entrada

Las solicitudes para entrar deberán ser hechas en el puerto de entrada antes de la fecha de expiración de la visa.

El titutlar de una visa es objeto de inspección por un Inspector de Inmigración quien tiene la autoridad de determinar cuánto tiempo un visitante puede quedarse o puede negar la admisión. Para no correr este riesgo, un visitante deberá llevar consigo la evidencia original presentada cuando la visa fue emitida por el consulado americano en el exterior, a menos que la entrada este basada en un Programa de Excención de Visa de 90 días.

Un visitante por placer es automáticamente admitido por seis mesas como conveniencia administrativa. Sin embargo, un Inspector de Inmigración tiene el poder discreciónal para admitirle por 12 mesas. Sería aconsejable pagar US $6 por una I-94 como prueba de la aprobación del período de entrada.

El BCIS ahora permite la entrada, en estatus B-2, para aquellos que son socios del extranjero, desde hace un largo tiempo. Tales acompañantes deberán:

- No planear emplearse
- Tener una fecha predeterminada de salida
- Tener la residencia adonde regresar, fuera de EE.UU.
- Usualmente haber solicitado extensiones por más de 6 meses

Es importante decir la verdad acerca de sus razones para evitar los riesgos de una cancelación que automáticamente significa una prohibición de entrada por 5 años. Es aceptable estar buscando trabajo pero es más importante probar que usted no intenta trabajar, que usted tiene una residencia permanente en el extranjero y que tienen intenciones de dejar EE.UU. a la expiración de la fecha de su estatus de visitante.

Para más información sobre las inspecciones ver: www.immigration.gov/graphics/howdoi/legadmit.htm.

No es aceptable decir que usted esta de vacaciones cuando realmente intente contraer matrimonio. Esto es visto como un fraude y acarrea consecuencias muy serias. Por otra parte, si usted repentinamente tiene cambios de planes como contraer matrimonio, usted debe ser capaz de cambiar su estatus sin dejar EE.UU. Sin embargo, debe ser un imprevisto y usted deberá probarlo.

Opción 1 - Mexicanos y Canadienses

Los nacionales mexicanos ahora pueden gozar de un I-94, Registro de Llegadas/Salidas en vez de un I-444, Permiso a Visitantes de la Frontera Mexicana (Mexican Border Visitors Permit), para visitas de hasta 6 meses. Un pasaporte vigente, una Visa Láser del Departamento de Estado o "Mica" deberán ser presentados.

Bajo los términos de NAFTA, tanto los ciudadanos mexicanos como canadienses y residentes permanentes puede aplicar directamente en el puerto de entrada americano sin obtener autorización de empleo y sin restricciones numéricas siempre y cuando:

- Ellos cumplan las otras medidas inmigratorias aplicables a la entrada temporal
- Su entrada no efecta adversamente:
  - el establecimiento de cualquier disputa laboral en el lugar de empleo
  - el empleo de cualquier persona involucrada en una disputa laboral

Documentación y Evidencias de Apoyo:

- *Prueba de ciudadanía*
  - pasaporte u otras pruebas de ciudadanía
- *Evidencia de Apoyo del Empleador (B-1) que demuestre:*
  - como es el compromiso comercial
  - descripción del propósito de la visita
  - la actividad comercial con un enfoque internacional
  - la persona de negocios no busca entrar al mercado local, lo que incluye probar que:
    - la fuente primaria de la remuneración para la actividad comercial propuesta, viene de fuera de EE.UU.
    - los directores de la empresa así como su ubicación y centro de

beneficios se encuentran fuera de EE.UU. (la prueba es normalmente una declaración oral o si se requiere, una carta del empleador atestiguando)   *Ref: NAFTA Annex 1603*

Opción 2- Para los que no están en la categoría-NAFTA

En el último día de la fecha de expiración de la visa, usted debe solicitar en el puerto de entrada americano un permiso para entrar a EE.UU.

La decisión de si va a ser admitido depende del Inspector de Inmigración, quien puede rechazar su admisión si descubre algo contrario a lo declarado.

Las razones para la exclusión incluyen:
- Descubrir documentos que indiquen que el aplicante está planeando contraer matrimonio y vivir en EE.UU.
- Haber sido un convicto criminal
- Anteriores violaciones inmigratorias
- Ciertas enfermedades

Documentación y Evidencias de Apoyo:
- *Formulario del BCIS:*
  - I-94, Registro de Llegadas/Salidas
- *Tarifa*
  - US $6
- *Pasaporte*
  - válido por lo menos 6 meses después de la estadía que se intenta
- *Aprobación previa de DOS:*
  - Visa Leíble por Máquina Lectora (MRV) en el pasaporte
- *Credenciales profesionales*
  - las calificaciones no serán objeto de prueba
- *Evidencia de apoyo de la solicitud*
  - carta del empleador explicando su papel en el proyecto, origen del salario (B-1) o
  - una carta de invitación (B-2)
- *Prueba de solvencia o apoyo económico*
  - I-34, Declaración Jurada de Apoyo familiar o del patrocinante
  - fondos propios
- *Evidencia de que la estadía en EE.UU. es temporal (con intención de salir)*
  - lazos familiares
  - empleo en el extranjero
  - copia de los boletos de regreso
  - intención de no abandonar el país de residencia

Si su admisión es aprobada, su I-94 Registro de Llegadas/Salidas será validado por un máximo de seis meses. La tarifa por la emisión de una visa B es aproximadamente equivalente a la que se le cargan a los ciudadanos americanos en su país de origen. Un I-797 no es emitido. Un extranjero puede solicitar por escrito las razones legales y de hecho de la negativa a su admisión y una copia deberá ser enviada al abogado del extranjero para su revisión.

Paso 3 – Revalidación/Extensión o Cambio de Estatus por el BCIS dentro de EE.UU.

Usted debe llenar una solicitud ante el Centro de Servicio regiónal del BCIS que tenga jurisdicción sobre su lugar de residencia, por lo menos 45 días antes de que expire su estadía, para:

- Solicitar una extensión del estatus B
- Cambiar el estatus a otra clasificación
  Ref: INS Instructions-Form I-539, DOS Publication 10311, November, 1995

Puede ser posible obtener un cambio de estatus sin abandonar el país, dependiendo de las circunstancias. Una vez que haya presentado la solicitud para su extensión, usted debe permanecer en el estatus hasta que sea tomada una decisión.

Documentación y Evidencias de Apoyo:
- *Formulario del BCIS:*
  - I-539, Solicitud de Extensión/Cambio de Estatus de No Inmigrante
  - suplemento para dependientes
- *Tarifa*
  - US $140
- *Estatus inmigratorio actual y previo*
  - I-94, Registro Llegadas/Salidas de No Inmigrante original
- *Evidencia de apoyo de la solicitud*
  - carta detallada del empleador con la explicación escrita de la razón para solicitar la extensión
  - cualquier otra documentación de apoyo para extender la visa de Visitante por Placer
- *Prueba de solvencia o apoyo económico*
  - Prueba de apoyo económico
- *Evidencia de que la estadía en EE.UU. es temporal (con intención de salir)*
  - lazos familiares
  - copia de los boletos de regreso
  - lazos firmes con su país de origen que demuestren que usted no tiene intención de abandonar su país de residencia

Las solicitudes de Tarjeta de Residencia (Green Card) o de Certificación Laboral, no son consideradas como razones válidas para la extensión. En otras palabras, a usted se le permite permanecer normalmente en el país mientras se procesa la extensión solicitada. Mientras no haya reglas formales de cuán a menudo un extranjero puede entrar con una Visa B, es importante que éste mantenga su residencia en el exterior.

Programas Alternativos de Inspección

Entrada Libre por Tierra, Aire y Mar

Los programas de entrada libre están disponibles para que la entrada a EE.UU. tenga menores riesgos y que los extranjeros viajen más rápido y fácilmente sin sacrificar la seguridad de a bordo.   *Ref: 64 FR 45162*

Los Mexicanos

La Combinación Mexicana B-1/B-2/ Tarjeta de Cruce Fronterizo

Los ciudadanos mexicanos pueden usar una tarjeta de cruce fronterizo o un pasaporte válido con visa americana para entrar en los EE.UU. como visitante. Si son elegibles para recibir una visa B-1 o B-2, podrían solicitar un Formulario DSP-150 combinado con una tarjeta B-1/B2/BCC. Es el estilo de las tarjetas de crédito y contiene una imagen digitalizada del solicitante y un identificador biométrico leíble por máquina. A partir del 1ro de Octubre del 2002 el viejo estilo de tarjeta I-583 ya no es válido.

Las solicitudes para su reemplazo se hacen ante la embajada americana en Ciudad de México o ante cualquiera de los nueve consulados americanos situados a través de todo México. Los solicitantes deben:
- Ser ciudadanos de México o residir en México
- Tener la intención de entrar a EE.UU., como visitantes temporales por negocios o por placer y por períodos de estadía que no excedan de 6 meses
- Ser elegible para recibir un visa B-1/B-2 o
- Haber recibido una exoneración de una razón de ineligibilidad por lo menos 10 años

Documentación y Evidencias de Apoyo:
- *Formularios*
  - DS-156, Solicitud de Visa de No Inmigrante
- *Tarifa*
  - US $100 (US $13 para menores hasta 15 años)
- *Evidencia de la ciudadanía y residencia mexicana*
  - pasaporte mexicano o
  - Certificado de Nacionalidad Mexicana (CMN), y además:
    - una foto de identificación, o
    - una visa americana válida o vencida BCC o B-1/B-2/BCC (sin anular)

- *Fotografía y huellas dactilares tomadas al momento de la solicitud*
  - imagen fotográfica digitalizada
  - huella impresa digitalizada del dedo índice del solicitante

Más información se puede encontrar en la embajada americana en Ciudad de México llamando al número 01-900-849-4949 o http:/www.usembassy.mexico.gov.

Canadienses

Tarjeta de Cruce Fronterizo – (BCC - Border Crossing Card)

La Tarjeta Canadiense de Cruce Fronterizo (BCC) I-185 ha sido anulada.

Ref: 67 FR 71443

Los visitantes canadienses pueden viajar a los EE.UU., generalmente, sin visa. También pueden hacerlo con un Formulario I-194, Visa de Excension por Motivos de Inadmisibilidad, que es válida por hasta cinco años. El I-194 sirve como notificación de aprobación por adelantado de permiso para entrar como un no inmigrante.

Permiso Terrestre para Barcos Canadienses

El programa I-68 está disponible para ciudadanos americanos, personas con Tarjeta de Residencia (Green Card) y ciudadanos o residentes Canadienses para que puedan entrar en naves de recreo en visitas de menos de 72 horas dentro de las 25 millas de aguas juridiccionales. *Ref: 8 CFR Part 235.1 (e)*

Cada aplicante debe comparecer en persona ante un Oficial de Inmigración en el puerto de entrada dentro de la jurisdicción del lugar donde se intente atracar. Si es aprobado, se le entrega un Formulario I-68, Permiso Marítimo de Entrada con la Frontera Canadiense, mostrando una foto y las huellas digitales del solicitante. La renovación de solicitud no puede hacerse por correo.

Los ciudadanos estadounidenses y canadienses, titulares de Tarjetas de Residente y los residentes canadienses de la Mancomunidad Británica así como los nacionales de los países en el Programa de Visas de Excención que no tengan el I-68 tienen que presentarse en el puerto de entrada para una inspección o usar gratis, en el puerto, puesto de abastecimiento de gasolina o parque estatal, un teléfono con video en una Estación de Control en un Area Asignada (OARS), para comunicarse con un Inspector de Inmigración. También se le puede permitir la entrada con evidencia de registro en cualquier otro Programa Alternativo de Inspección del BCIS tal como INSPASS.

El BCBP se reserva el derecho de conducir las inspecciones. Sin embargo, se exige una inspección antes de su regreso a Canadá.

Documentación y Evidencias de Apoyo:
- *Formulario del BCIS*
  - I-68, Permiso Terrestre Fronterizo para Barcos Canadienses
- *Tarifas*
  - US $16 a US $32 para esposo, esposa o hijos menores

- *Declaraciones testimoniales de apoyo*
  - Evidencia de estatus de ciudadanía
  - Copia del I-68, si ha sido emitido previamente

Canadienses que Conmutan Permanentemente

Los canadienses titulares de Tarjetas de Residencia (Green Cards) que trabajan en EE.UU. pueden vivir en Canadá si ellos obtienen el estatus de Trabajador Canadiense Permanente.

Programas de Servicios de Inspección Automatizados (AIP) (Automated Inspection Services Programs)

Los ciudadanos americanos, los titulares de Tarjetas de Residencia (Green Cards) y los ciudadanos de Canadá así como aquellos Inmigrantes que provengan del Canadá quienes son ciudadanos de los países de la Mancomunidad Británica son elegibles para aplicar por los Programas de Servicios de Inspección Automatizados. Grupos adicionales calificados, que estén anotados en el programa específico, pueden participar.

Los participantes son sujetos de revisiones periódicas.

Los Programas AIP, también conocidos como Sistema de Servicio Portuario al Pasajero (Port Passenger Service System (PORTPASS)), están disponible en ciertos puertos de entrada identificados para proveer acceso a EE.UU. de grupos de bajo riesgo que cruzan la frontera. Previo a su aprobación, los participantes extranjeros son personalmente inspeccionados, identificados y verificados por un Inspector de Inmigración y pueden entrar a EE.UU. a través del paso por la Línea Dedicada al Trabajador; o, a través de un Puerto con Permiso Automatizado. Un uso exitoso de PORTPASS constituye en una completa inspección y aplicación para entrada. Los ciudadanos americanos quienes califican están sujetos a todas las reglas, procedimientos y condiciones.   *Ref: 8 CFR 235.7*

El criterio para la designación de un puerto de entrada con el acceso PORTPASS es:
- Grupo identificable de bajo riesgo para cruzar la frontera
- La implementación del PORTPASS no afectará significativamente el flujo del tráfico
- El puerto de entrada tiene un número suficiente de personal del BCIS para realizar las primeras y segundas funciones de inspección DCL

Proceso para la Solicitud

Los participantes de cada programa deben presentar por separado un Formulario I-823, Solicitud de Servicios de Inspección Alternativa, que deberán hacer personalmente o por correo, ante el puerto de entrada principal con jurisdicción sobre el puerto a través del cual el solicitante intenta entrar.

Los documentos de evidencia originales deberán ser presentados en cualquier momento, para ajustarse a los siguientes términos previos a su emisión:

- La ciudadanía americana o la residencia permanente legal, o ser No Inmigrantes elegibles
- Prueba de empleo o residencia
- Licencia de conducir actualizada, registro y seguro del vehículo

Una entrevista puede ser concertada previamente a su aceptación. La aprobación es válida por un año, a menos que sea revocada.

Las tarjetas deben ser solamente usadas para el propósito por el cual fueron autorizadas. Los titulares de las tarjetas no están exonerados de un revisión normal cuando entran para cualquier otro propósito.

Todos los solicitantes a los que les ha sido negado el permiso para participar en los Programas DCL o APP o les ha sido revocada su participación, deben esperar 90 días antes de hacer nuevamente la solicitud.

Programa de Permiso Portuario Automatizado (APP)

Un APP tiene horas de operación limitadas y está localizado en un lugar remoto de la frontera. Este programa se limita a la frontera Norte de EE.UU.   *Ref: 8 CFR 235.7*

Para entrar a EE.UU. durante las horas en las cuales no hay personal en el puerto, solamente puede hacerse a través de un puerto designado por el BCIS para proveer el acceso al país americano como una persona identificada de bajo riesgo para cruzar la frontera a través del uso de la automatización.

Además de los nacionales calificados ya mencionados, también pueden participar ciertos No Inmigrantes.

Las solicitudes deben ser hechas personalmente o por correo en el puerto de entrada que tenga jurisdicción sobre el APP por cuyo acceso se solicita la entrada.

Documentación y Evidencias de Apoyo:
- *Formularios del BCIS*
  - I-823, Solicitud de Servicios Alternativos de Inspección
  - I-823, Solicitudes Suplementarias del Permiso Portuario Automatizado
- *Tarifas*
  - ninguna
- *Declaraciones testimoniales de apoyo*
  - inspecciones de todo el vehículo
  - acuerdos para revisar las bases de datos sobre información criminal
  - uso de DCL limitado al vehículo autorizado
  - acuerdo para todas las tarifas incluso la correspondiente a las huellas dactilares
  - todos los mecanismos de identificación e inspección permanecen como propiedad del gobierno americano
  - prueba de que el oficial tiene permiso para el registro del vehículo

Programa de Línea para Trabajadores que Conmutan - SENTRI (Dedicated Commuter Lane Program - DCL)

Este Programa es una línea especial de paso, establecida en el puerto de entrada en forma separada del flujo normal del tráfico de la frontera, destinado al paso de personas que viven en Canadá y trabajan en EE.UU., o sea que van y vienen (se llaman en inglés Permanent Commuters en español les hemos llamado **Trabajadores que Conmutan**). Esto permite la inspección acelerada de los viajeros de bajo riesgo. Este programa está limitado a la frontera norte de EE.UU. y a la frontera California-México.

El periodo de matrícula para SENTRI e INPASS fué extendido por dos años el 28 de Febrero del 2003.   *Ref: 68 FR 10143*

SENTRI es en el mundo, la primera Línea Automatizada al Trabajador que conmuta, es decir, es un paso exclusivo para la entrada de personas que viven en Canadá y trabajan en EE.UU.; y también posee una tecnología avanzada para la Identificación Automática de Vehículos (AVI) que permite aplicar la ley según las necesidades fronterizas mientras realiza el control del tráfico de manera más eficiente, reduciendo así la congestión. Con SENTRI DCL, los oficiales de la inmigración pueden, en menos de 3 minutos, inspeccionar y autorizar ciertos viajeros de bajo riesgo que cruzan la frontera en los puertos de entrada seleccionados.

El sistema fue introducido en 1995 en Otay Mesa (San Diego), California y subsecuentemente en El Paso, Texas; Buffalo, New York y Detroit, Michigan.

Además de los nacionales calificados antes mencionados, el Programa Línea para Trabajadores que Conmutan está también disponible para ciertos ciudadanos de México y ciertos No Inmigrantes.

Como un ejemplo de cómo trabaja el programa de entrada expedita, cuando un viajero participante de SENTRI cruza la frontera, un transmisor localizado en el vehículo del participante activa el sistema para automáticamente validar dicho vehículo y sus respectivos ocupantes y los compara con la base de datos contenida en el computador. Esta data incluye fotografías digitalizadas de los ocupantes pre-autorizados del vehículo. Una vez que llega a la cabina, el conductor desliza su tarjeta electrónicamente codificada PortPass a través de la línea magnética de la lectora de tarjetas. Si tanto el inspector como el equipo electrónico dan su aprobación, la luz de tráfico verde se enciende, la puerta se levanta, el triturador de cauchos se retrae y el conductor puede manejar hacia EE.UU.

Documentación y Evidencias de Apoyo:
- *Formularios del BCIS*
  - I-823, Solicitud de Servicios Alternativos de Inspección
  - I-823B, Solicitud Suplementaria para Participantes de Línea para Trabajadores que Conmutan
- *Tarifas*
  - US $25 por la solicitud inicial
  - US $50 por las huellas dactilares

- US $80 por la tramitación final (US $160 por el esposo, esposa e hijos menores)
- US $42 por cada vehículo adicional
- *Declaraciones testimoniales de apoyo:*
  - inspecciones de todo el vehículo
  - acuerdos de revisión de información criminal en la base de datos
  - todos los equipos identificadores y de inspección son propiedad del gobierno de EE.UU.
  - prueba de que el oficial tiene permiso para registrar el vehículo

Las solicitudes deberán presentarse personalmente o por correo en el puerto de entrada que patrocina el DCL. La tarifa de reemplazo es de US $25 por la tarjeta y US $42 por el dispositivo de señal.

Usted puede llamar al (877) 265-1335 para más información sobre el Programa SENTRI.

Sistema de Servicio Rápido al Pasajero - Tierra y Aeropuertos (INSPASS - Passenger Accelerated Service System - Land and Airport)

El INSPASS es un sistema automatizado para inspección inmigratoria que elimina la entrevista personal de inspección para aquellos viajeros por negocios y reduce el tiempo de tramitación. El INSPASS no le elimina al viajero su responsabilidad de llevar documentos válidos de viaje tales como el pasaporte o la visa, si le son requeridos. El equipo de INSPASS es parecido a un cajero bancario automático. Todas las personas que utilizan los equipos de inspección automatizada están sujetos a revisiones repentinas conforme a revisiones discrecionales para asegurarse que las leyes de EE.UU. son respetadas, así como para garantizar la calidad del control.

El INSPASS ha sido instalado en un número de aeropuertos incluyendo Detroit, JFK en New York, el Pearson Internatiónal en Toronto así como en Newark, Miami, Los Angeles, San Francisco, Washington-Dulles y Vancouver donde se realizan unas 20,000 inspecciones cada mes. INSPASS está siendo instalado progresivamente en otros aeropuertos y puertos terrestres fronterizos.

El INSPASS está disponible en los puertos terrestres fronterizos participantes para todos los titulares de una Tarjeta de Paso de Frontera Mexicana.

Los viajeros aéreos insertan su tarjeta ya inscrita, y alínean su mano en la mano geométrica de la lectora biométrica en un equipo de INSPASS. Si la identidad es validada, se emite una I-94 y la puerta se abre. Si la revisión no es exitosa, el viajero es referido al Inspector de Inmigración más cercano.

La inscripción se hace en el Formulario I-823 y debe ser presentada por correo o fax. Sin embargo, las personas menores de 14 años no pueden ser inscritas en el Programa INSPASS. Es necesario ser entrevistado en una oficina de registro de INSPASS donde se emita la tarjeta. El oficial de tramitación entra todo los datos, toma una fotografía digital, huellas dactilares, la geometría de la mano y otras biometrías; luego le será emitida su Tarjeta PortPass.

Cada aeropuerto sirve como centro de inscripción. Los solicitantes de INSPASS pueden solicitar dicha tarjeta en un puerto de entrada personalmente o por correo. Para más detalles, visite: www.immigration.gov/graphics/lawenfor/bmgmt/inspect/faqs.htm.

Documentación y Evidencias de Apoyo:
- *Formularios del BCIS*
  - I-823, Solicitud - Servicios Alternativos de Inspección
  - I-823, Suplemento para los Participantes de INSPASS en Aeropuertos
- *Tarifas*
  - Ninguna
- *Evidencia de apoyo adicional*
  - los participantes del Programa de Exoneración de Visa completan el formularios sobre el registro de enfermedades, arrestos, convictos, espionaje, sabotaje, secuestros de niños de padres americanos

Programa de Linea de Preferencia de NEXUS – Entrada expedita a los EE.UU. yCanadá

El programa alternativo de Inspección NEXUS fue establecido para permitir que los viajeros ya investigados sean procesados por los oficiales de Inmigración en la aduana con pocas o ningunas demoras. El programa NEXUS utiliza lineas de preferencia y se espera que sea extendido a todos los puntos de alto volumen de entrada en el 2003. La solicitud se hace con el Formulario I-823N disponible en www.ccra-adrc.gc.ca . Requiere un chequeo de seguridad, una entrevista y huellas digitales. La solicitud cuesta US $50 y es válida por cinco años. Más información en el teléfono (866) 639-8726.

Línea de Acceso al Puesto de Control de Pre-Registro (PAL – Checkpoint Pre-enrolled Access Lane)

El BCIS ha establecido un programa PAL que le permite a los ciudadanos americanos y residentes a usar una línea específicamente designada para cruzar a través del Puesto de Patrulla Fronteriza en la Carretera Interestatal I-5 en San Clemente, California. Se debe llenar un Formulario I-866. Para mayor información, visite www.immigration.gov/graphics/lawenfor/bmgmt/pal.htm.

C-1/D

Extranjeros en Tránsito/Miembros de Tripulación Maritima o Aérea

Estas dos categorías de visa pueden ser emitidas separadamente como una clasificación C-1 o D, o alternativamente, como la clasificación conjunta C-1/D.

En términos generales, la porción D facilita la entrada a EE.UU. y controla las actividades de los miembros de tripulaciones de barcos de cruceros, de cargo marítimo y de aviones, mientras que la C-1 permite el tránsito dentro del país, a éstos y a otros visitantes extranjeros

Las clasificaciones individuales son:
- C -1 – Extranjero en Tránsito
- D   – Miembro de Tripulación Marítima o Aérea   *Ref: INA 101(a)(15)(C)*

Específicamente, la clasificación C-1 es usada para visitantes con reservaciones confirmadas anteriormente y deben parar en EE.UU. para:
- Cambiar de avión o de barco
- Pasar a través de EE.UU. con permiso para entrar a un tercer país y salir de EE.UU. en unos pocos días
- Hacer una visita costera de crucero o de un barco de carga

El estatus D es para los miembros de buena fé que pertenecen a tripulaciones marítimas o aéreas. Entre estos extranjeros se incluyen:
- Quien viene a EE.UU. a través de un puerto aéreo o terrestre para recoger carga o pasajeros
- Aquéllos cuyo trabajo es requerido para las operaciones normales de un barco o de un avión

Proceso de Admisión

El BCIS y los Oficiales Consulares emiten una Clasificación Conjunta C-1/D para ajustar a los miembros de la tripulación que por sus asignaciones deben pasar cortos períodos de tiempo en EE.UU. y deben salir del país a través de un lugar diferente al que hicieron su entrada.

Cada vez que un miembro de una tripulación de un barco de carga entra a un puerto de EE.UU., se le clasifica en el estatus C-1/D y se le emite un nuevo I-95, Permiso Terrestre para Tripulantes (I-95 Crewman's Landing Permit), el cual es válido por un máximo de 29 días. Los barcos de crucero son inspeccionados totalmente y una nueva lista de la tripulación es hecha cada 90 días y el BCIS es informado de los cambios que tenga dicha lista, cuando ello ocurra. Los miembros de tripulación sólo tienen derecho a entrar excepto que tengan un permiso previo para trabajar en carga y descarga.

Paso 1 – Autorización del Departamento del Trabajo (DOL)

Este paso se aplica solamente a los extranjeros miembros de tripulación que intentan realizar trabajos de carga y descarga en los puertos de EE.UU. Los demás pueden saltarse este paso.

La carga y descarga de naves en los puertos americanos tradicionalmente ha sido realizada por trabajadores de carga. Hasta la implementación de la IMMACT90, el BCIS le había permitido a los extranjeros miembros de una tripulación hacer esta clase de trabajo porque se consideraba que estaba dentro de la esfera del trabajo permitido. La IMMACT90 limitó esta práctica para proveer una mayor protección a los trabajadores americanos de carga.

La utilización de trabajadores extranjeros para esta actividad se rige por las prácticas prevalecientes en el puerto americano. En ciertas circunstancias, a los empleadores se les exige presentar testimonios ante el Departamento del Trabajo (DOL) y entonces solicitar el permiso al BCIS para usar como trabajadores a miembros extranjeros de una tripulación a fín de que realicen actividades específicas de carga y descarga en los puertos.

Antes de tomar este tipo de trabajo, es aconsejable determinar si el mismo se permite bajo las prácticas prevalecientes, o se requiere presentar testimonios ante la Oficina de Administración de Entrenamiento y Empleo del Departamento del Trabajo (ETA). Mayor información puede ser obtenida en la Oficina Regiónal de ETA que tenga jurisdicción sobre el estado en el cual el puerto está localizado. Ver Apéndice G para números telefónicos.

El Formulario ETA 033, Testimonio del Empleador para usar Miembros Extranjeros de Tripulaciones para Actividades de Carga y Descarga en Puertos Americanos, del DOL, aún existe pero actualmente no está siendo usado. Si fuera usado, se aplicaría solamente en los puertos de los 48 estados donde predomina el principio de que los trabajadores americanos no pueden ser desplazados y los trabajadores extranjeros miembros de tripulaciones solamente pueden realizar determinadas actividades de carga y descarga, si el trabajo fuese permitido por las prácticas prevalecientes en el puerto durante el período precedente de 12 meses.

Ref: 60 FR 12, 1995

El proceso ha sido modificado para los puertos en Alaska. La ley de 1993 de Autorización de la Guardia Costera, reformó la INA y estableció una nueva excepción para Alaska con la prohibición general en la realización de trabajos de carga y descarga por extranjeros miembros de una tripulación en puertos americanos.

Mientras la excepción de Alaska intenta proveer una preferencia para contratar solamente estibadores americanos más que extranjeros, la prohibición no se aplica cuando un empleador ha tenido éxito en su solicitud al DOL, después de presentar testimonio con la respectiva documentación para la realización de específicos trabajos de carga y descarga en una localidad particular del Estado de Alaska. El proceso testimonial es administrado por ETA y se hizo efectivo el 7 de Octubre de 1996.

Ref: 20 CFR, part 655, Subpart F and G

La información sobre los requerimientos exigidos en el Formulario ETA 9033-A bajo la excepción de Alaska fue publicada en el Registro Federal el 19 de Enero de 1995 (60 FR 3950). La ETA estima que los empleadores estarán presentando 350 testimonios por año bajo la excepción de Alaska.

Alaska es atendido por la Oficina de la Región 6 (seis) de la ETA en Seattle, Washington. La información para la presentación de testimonios puede ser obtenida llamando al (415) 975-4617.

Documentación y Evidencias de Apoyo:
- *Formulario del DOL*
  - ETA 9033-A, Testimonios de Empleadores que usan Extranjeros Miembros de Tripulaciones para Actividades de Carga y Descarga en localidades del Estado de Alaska
- *Testimonio de apoyo del empleador:*
  - El empleador deberá:
    - hacer un requerimiento de buena fé para ayudar y emplear calificados y disponibles estibadores americanos de compañías estibadoras y operadores privados de muelles, antes de utilizar estibadores extranjeros miembros de tripulación para realizar la actividad específica que se declara
    - presentar una notificación de presentación del testimonio a todas las compañías estibadoras y operadores privados de muelles; así como a las organizaciones laborales reconocidas como sindicatos de estibadores americanos
    - no usar extranjeros miembros de tripulación para realizar trabajos de carga y descarga con el propósito de influenciar la elección de un sindicato de trabajadores en el Estado de Alaska

Se permiten las siguientes excepciones:
- El uso de una correa transportadora de carga automatizada o de un sistema de aspirado, a menos que el Administrador haya determinado que no es una práctica prevaleciente en una localidad específica
- La carga y descarga de carga de riesgo

Paso 2 – Autorización del Departamento de Estado (DOS) en el Exterior

Usualmente el personal de la nave extranjera los arreglos para la emisión de la visa C-1/D. La solicitud debe ser hecha ante la embajada o consulado de EE.UU. en el exterior.

El requerimiento de la comparecencia personal ante el oficial consular puede ser exonerado en el caso de que un tripulante aéreo esté solicitando una Visa C-1 o D si la solicitud se soporta con una carta del transportista empleador certificando que el tripulante está empleado como un tripulante aéreo, y el oficial consular considere que la presencia personal no es necesaria.

Paso 3 – Aprobación del BCBP en el Puerto de Entrada

Visitantes en Tránsito

Solamente ciertos puertos americanos se encuentran designados para procesar solicitudes de entrada para Visa C-1 con estatus de Visitante en Tránsito. Antes de arribar a EE.UU., usted debe llenar un I-94, Registro de Llegadas/Salidas, si usted:

- No es un ciudadano americano o residente permanente, y
- Usted está en tránsito para otro país, y
- Usted no tiene una visa americana válida
- Usted tiene un boleto de viaje común u otra evidencia de los arreglos de su salida

El talonario del I-94 (Departure Record) debe mantenerse con su pasaporte hasta que usted salga de EE.UU.   *Ref: INA 238 (d)*

Miembros de Tripulación

Las solicitudes de los miembros de una tripulación para entrar e EE.UU. en el estatus C-1/D se hacen utilizando el Formulario I-418, Lista de Pasajeros-Tripulación. Un I-95, Permiso de Aterrizaje de un Tripulante - Terrestre o Aéreo (I-95 Crewman's Landing Permit - Land or Sea) es emitido. La tripulación aérea puede utilizar la Organización Internaciónal de Aviación Civil (ICAO) o Formulario de Aduanas 7507, Declaración General, en lugar del Formulario I-418.   *Ref: 9 FAM 41.42*

La tripulación de carga recibe un I-95 cada vez que viene al puerto, mientras que toda la tripulación de los barcos de crucero son inspeccionados cada tres meses y la compañía del crucero reporta los nuevos cambios interinos de los miembros de la tripulación.

Miembros de una Tripulación realizando trabajos de carga y descarga -

Antes que el trabajo sea realizado, el BCBP debe estar al tanto de la aprobación del Departamento del Trabajo.

El período máximo de admisión es de 29 días y no es renovable.   *Ref: INA 248*

Paso 4 – Cambio de Estatus

Un extranjero no puede cambiar de una clasificación a otra.   *Ref: INA 248*

Libertad Condicional

La Libertad Condicional es una medida extraordinaria utilizada con discresión que autoriza a un extranjero aparentemente inadmisible a entrar a los EEUU sin visa por un período específico de tiempo, debido a una emergencia forzosa. La Libertad Condicional es un poder a discresión.

La Libertad Condicional no confiere beneficios migratorios ni constituye una admisión formal a los EEUU. Los recipientes de Libertad Condicional deben abandonar el país al término de la misma o ajustarse al estatus de inmigrante. Los extranjeros pueden solicitar su extensión de estatus de Libertad Condicional pero las peticiones son otorgadas de acuerdo a cada caso por un período específico de tiempo.

Debido a los términos de su estatus migratorio, muchos no-ciudadanos que viven en los EEUU no pueden viajar al extranjero y regresar a los EEUU sin una autorización por adelantado de Libertad Condicional.

La Libertad Condicional incluye los siguientes tipos:
- Libertad Condicional Anticipada
- Libertad Conditional Humanitaria
- Libertad Condicional por Benficio Público Significativo
- Inspección Diferida
- Libertad Condicional en Puerto de Entrada
- Libertad Condicional de Ultramar   *Ref: INA 212(d)(5)*

Libertad Condicional Anticipada

La Libertad Condicional anticipada podría aplicarse a los extranjeros que viven fuera de los EEUU y necesitan ingresar al pais antes de la aprovación final de su solicitud migratoria. Podría aplicarse también a aquellos que viven en los EE.UU. cuya solicitud migratoria este siendo revisada y necesiten salir brevemente de los EE.UU. y regresar sin abandonar su solicitud pendiente.

La Libertad Condicional Anticipada no garantiza la admisión ya que la decision final la tiene el Inspector de Inmigración en el puerto de entrada.

La Libertad Condicional Anticipada la necesitan los extranjeros que tienen que:
- Viajar al extranjero por una emergencia de negocios o por razones personales
- Una solicitud pendiente de Ajuste de Estatus
- Haberle sido conferidos beneficios bajo el Programa de Reunificación Familiar
- Haberle sido conferido el estatus de Protección Temporal (TPS)
- Solicitud de Asilo pendiente
- Estatus de Asilado o Refugiado que necesite solicitar una visa de inmigrante en Canadá

La Libertad Condicional Anticipada no está disponible para extranjeros que:
- Estén ilegalmente en los EEUU (Arriesgan una prohibición de tres o diez años cuando intenten regresar a los EEUU)
- Sea el beneficiario de una cuenta privado
- Este bajo procedimiento de deportación
- Haya sido admitido como un no inmigrante
- Haya sido admitido como Refugiado o se le haya otorgado Asilo (Necesita un Documento de Viaje para regresar a los EEUU después de un viaje al extranjero)
- Esté sujeto al Requerimiento de Residencia de Dos Años (HRR) para Intercambio de Visitantes J-1

Dentro de EE.UU.

La mayoría de los extranjeros que tienen solicitudes pendientes para beneficios de inmigración tales como Ajuste de Estatus o Cambio de necesitan adquirir la Libertad Condicional Anticipada mediante la presentación del Formulario I-131, Solicitud de un Documento de Viaje para evitar la abolición de su solicitud al tratar de regresar a los EE.UU. después de un viaje al extranjero. Los extranjeros con estatus H-1, L-1, V o K 3/4 y sus dependientes que estan solicitando Ajuste de Estatus no necesitan una Libertad Condicional Anticipada cuando regresan a los EE.UU.

Documentación y Evidencias de Apoyo:
- *Formulario del BCIS*
  - I-131, Solicitud de un Documento de Viaje
- *Tarifa*
  - US $110 para el I-131
- *Fotografías*
  - dos fotografías por lo menos 40 mm de altura por 35 mm de ancho a color – ¾ de perfil frontal, mostrando la oreja derecha, con la cabeza sin cubrir con un fondo claro
- *Prueba de solvencia o apoyo económico*
  - declaración de cómo serán pagados los gastos médicos, arrendamiento, alojamiento, transporte y otros gastos de subsistencia
- *Documentación de Apoyo*
  - Evidencia que demuestre la necesidad de Libertad Condicional Anticipada
  - Cualquier documento emitido por el BCIS mostrando el estatus actual
  - Copia de los recibos de presentación de Ajuste de Estatus, Asilo o Refugio, como appliqué
  - Notificación de cita Consular si está viajando a Canadá, si aplica

Las solicitudes de Libertad Condicional deben reflejar fuentes potenciales de apoyo fianciero.

La solicitud debe ser enviada a la Oficina de Distrito del BCIS o a la Sub-Oficina que tenga jurisdicción en el lugar donde resida el extranjero en EE.UU. o al Centro de Servicio donde el caso esta pendiente. La autorización de Libertad Condiciónal con un I-512 puede ser emitida por el Director de Distrito.

Las solicitudes para el Formulario I-571, Documento de Viaje para Refugiados, debe ser enviado al Centro de Servicios de Nebraska.

El extranjero principal tiene que regresar dentro de los 4 meses contados a partir de la fecha de emisión de la autorización de Libertad Condiciónal. Sin embargo, el extranjero que deba permanecer fuera del pais por razones de calificació profesional u ocupació tiene que regresar dentro del año de la fecha en que le fué ortogada la autorizacón del Libertad Condicional, incluyendo multiples solicitudes.

Un solicitante que esté bajo los procedimientos de exclusión, deportación o remoción, al salir del país, pierde cualquier protección derivada de una petición pendiente de la Tarjeta de Residencia (Green Card). Sin embargo, el salir de EE.UU. antes de que se tome una decisión acerca de la solicitud para el Permiso para una nueva entrada o de documentos de viaje para refugiados, no afectará la solicitud.

Los solicitantes que sean beneficiarios de una cuenta privada o están bajo procedimiento de deportación deben inscribirse en:
Office of International Affairs
Parole and Humanitarian Assistance Branch
425 I Street, N.W.
Attn: International Affairs
Washington, DC 20536

Debido a que el procedimiento de inscripción varía grandemente a través del sistema del BCIS, los solicitantes deben comunicarse con la oficina local del BCIS para confirmar los requerimientos de inscripción.

Los extranjeros que estén detenidos y sujetos a una orden de remoción pueden presentar una requisición por escrito para ser liberados alegando que no existe la probabilidad de ser removidos en un futuro razonablemente cercano, de acuerdo a la sentencia de la Corte Suprema en el caso de Zadvydas contra Davis. Cualquier extranjero detenido que piense que puede ser elegible para ser libertado alegando las razones de la decisión Zadvydas deberá presentar por escrito una requisición de liberación, acompañando de documentación de apoyo y dirigirla a:
Post-Order Detention Unit
801 I Street N.W. Unit 900
Washington, DC 20536   *Ref: 66 FR 44646*

Fuera de EE.UU.
Al aplicar para Libertad Condicional Anticipada para entrar a los EE.UU. desde el extranjero, Ud. debe presentar:

Documentación y Evidencias de Apoyo:
- *Formularios del BCIS*
  - I-131, Solicitud de un Documento de Viaje
  - I-134, Declaración Jurada de Sustento, o
  - I-864, Declaración Jurada de Sustento (Solicitantes de la Tarjeta de Residencia)
- *Tarifa*
  - US $110 para el I-131

- *Fotografías*
  - dos fotografías por lo menos 40 mm de altura por 35 mm de ancho a color – ¾ de perfil frontal, mostrando la oreja derecha, con la cabeza sin cubrir con un fondo claro
- *Prueba de solvencia o apoyo económico*
  - declaración de cómo serán pagados los gastos médicos, arrendamiento, alojamiento, transporte y otros gastos de subsistencia
- *Documentación de Apoyo*
  - detalles del porque no puede obtener una visa para EE.UU.
  - detalles de los esfuerzos por obtener una exención de inadmisibilidad
  - copia de cualquier decision o detalles de petición de inmigración pendiente
  - descripción completa de las razones de emergencia y la duración por la que solicita la Libertad Condicional
  - evidencia de como sufragará los gastos de atención médica, vivienda, transportación y otros gastos de subsistencia.

El BCIS informará a la oficina consular si un panel de medicos debe realizar un examen medico.

Un permiso para entrar nuevamente será válido por dos años y un documento de viaje para refugiados será válido por un año. Ninguno tiene período de extensión. Un extranjero que presente un documento de viaje para refugiados válido y sin vencer, o quien le haya sido permitido llenar una solicitud de este tipo de documento y esta solicitud ha sido aprobada, será examinado bajo las regulaciones de la ley.

En casos especiales, la solicitud de libertad condicional puede ser hechoa para entrar a EE.UU. con múltiples entradas por un año, esto es abandonar y regresar todas las veces que sea necesario.

Las solicitudes se deben enviar a:
> Bureau of Citizenship and Immigration Services
> Office of International Affairs and Parole
> 425 I Street, Room 1203
> Washington, DC 20536

Debe señalarse que un solicitante fuera de los EE.UU. que desea venir para solicitar un Ajuste de Estatus puede pedir la autorización de Libertad Condicional en el Centro de Servicios de Texas. El director del Centro de Servicios de Texas puede emitir una Autorización para Libertad Condicional, Formulario I-512 para permitir que al extranjero se le otorgue la Libertad Condicional en los EE.UU. El extranjero tendrá 60 días, desde la fecha en que es emitida la Libertad Condicional, para presentar la solicitud de Ajuste de Estatus.

Libertad Condicional Humanitaria

El Procurador General puede otorgarle temporalmete y analizando cada caso, Libertad Condicional a un extranjero para entrar a EE.UU., que de otra manera no podría, por razones humanitarias urgentes o forzosas. La Libertad Condicional Humanitario es una medida extraordinaria usada con mucha discreción.

La Libertad Condicional Humanitaria debe ser la última option para personas que:
- Tienen razones humanitarias urgentes tales como emergencias médicas
- No son elegibles para una visa de otra manera
- No pueden optar por una exención

La Libertad Condicional Humanitaria puede ser solicitada por las partes interesadas en los EE.UU. o en el extranjero en nombre de las personas que estan fuera de los EE.UU. La petición puede ser solicitada por cualquier persona en el Formulario I-131, Solicitud de Documento de Viaje con un honorario de $110. El BCIS informa que la Libertad Condicional Humanitaria se otorga, generalmente, entre 60 y 90 días y puede ser consedida por un período de hasta un año. La persona no tiene necesidad de viajar si no es elegible.

La Libertad Condicional Humanitaria está a veces disponible en el caso de:
- Niños adoptados
- Beneficiarios de Visa de Inmigrante o Desabilitados que han pasado la edad (21 años)

Las solicitudes deben ser remitidas a:
Office of International Affairs
Parole and Humanitarian Assistance Branch
ULLICO Building, 3rd Floor
425 I Street N.W.
Washington, DC 20536

Un oficial consular que entienda que hay circunstancias extraordinarias o una preocupación humanitaria grave para conceder la Libertad Condicional Humanitaria debe enviar un cablegrama o fax a esta oficina.

Un examen médico es llevado a cabo por el medico de la oficina consular sólo cuando el BCIS lo solicita.

Documentación y Evidencias de Apoyo:
- *Formularios del BCIS y DOS*
  - I-131, Solicitud de Documento de Viaje
  - I-134, Declaración Jurada de Apoyo Económico
  - DS-2053, Examen Médico para Inmigrante or Solicitante de Refugio (Si es requerido por el BCIS)
- *Tarifas*
  - US $110 para el I-131
  - DS-2053 tarifa, en cuanto sea applicable
- *Documentos de Apoyo*
  - justificación para petición de Libertad Condicional
  - certificación y resultado del chequeo de antecedentes penales del extranjero principal y sus dependientes, efectuado por el CLASS (copia impresa no incluida con carta de transportación)
  - información de los oficiales y/o agencies involucrados en la petición
  - información de la persona o agencia que tiene la responsabilidad financiera

- itinerario de viaje esperado
- certificación del oficial pertinente del Departamento de Estado

Cuando la persona ha hecho la solicitud directamente al BCIS, el Oficial Consular tiene que verificar la disponibilidad de los fondos financieros necesarios.

Despues de recibir la aprobación del BCIS, la oficina Consular emite una carta de transportación que va acompañada de una copia del cablegrama de la Visas Noventa y Uno del Departamento de Estado, para ser presentada al BCBP en el puerto de entrada a los EE.UU.

Libertad Condicional por Beneficio Público Significativo

El Secretario de la Seguridad de la Patria puede otorgar Libertad Condicional a un extranjero que esté solicitando su admisión en lo EE.UU., analizando cada caso, basado en un beneficio público significativo. Los terminos son, regularmente, más limitantes que los de la Libertad Condicional Humanitaria.

La Libertad Condicional por Beneficio Público Significativo puede ser otorgada en casos de un interes evidente para el gobierno de los EE.UU. donde exista la necesidad de admitir a una persona lo mas pronto posible. Esta opción no sustituye el proceso normal de solicitud de refugio excepto en casos de razones apremiantes de interes público.   *Ref: 9 FAM 42.1 N4.3*

Los casos más frecuentes del SPBP son solicitados a través del Departamento de Justicia por las agencias que hacen cumplir la ley (LEAs) o agencias de inteligencia que necesitan la presencia de un extranjero en coneccion con casos legales o investigaciones. La opción del SPBP puede usarse en casos de secuestrados de niños para que puedan asistir a las audiencias sobre custodia en los casos Hague.

Las oficinas consulares tienen que enivar sus solicitudes al Departamento de Estado del país pertinente con copia al Centro de Dirección del BCIS. La oficina regional coordinará con otras agencias del gobierno interesadas. El Sub-Secretario de Estado para Servicios de Visado envia una recomendación a la oficina del BCIS para Asuntos Internacionales (IAO), a la Rama de Asistencia Humanitaria de Libertad Condicional (PHAB) para una decision.

Al ser aprobado por el BCIS, la Rama de Asistencia Humanitaria de Libertad Condicional del BCIS informa al puerto de entrada y al Director de Distrito que el BCIS ha sido autorizado. Las cartas de transportación son emitidas por los consulados con una copia del cablegrama de las Visas Noventa y Uno del Departamento de Estado para ser presentadas en el puerto de entrada a los EE.UU.

Documentación y Evidencias de Apoyo:
- *Formularios del BCIS y DOS*
  - I-131, Solicitud de Documento de Viaje
  - I-134, Declaración Jurada de Apoyo Económico
  - DS-2053, Examen Médico para Inmigrante or Solicitante de Refugio (Si es requerido por el BCIS)

- *Tarifas*
  - US $110 para el I-131
  - DS-2053 tarifa, en cuanto sea applicable
- *Documentos de Apoyo*
  - justificación para la solicitud de Libertad Condicional
  - certificación y resultado del chequeo de antecedentes penales del extranjero principal y sus dependientes, efectuado por el CLASS (copia impresa no incluida con carta de transportación)
  - información de los oficiales y/o agencies involucrados en la petición
  - información de la persona o agencia que tiene la responsabilidad financiera
  - itinerario de viaje esperado
  - certificación del oficial pertinente del Departamento de Estado

Inspección Diferida

La inspección diferida puede ser otorgada por un Inspector de Inmigración en el puerto de entrada. El extranjero puede recibir Libertad Condicional si en un examen preliminar y una revisión de sus documentos quedaran preguntas acerca de su admisibilidad que pudieran ser respondidas mejor en el punto de destino.

Libertad Condicional en el Puerto de Entrada

La Libertad Condicional en el puerto de entrada puede ser autorizada cuando el extranjero llega. Esta opción se aplica a una gran variedad de situaciones y es usada a discreción bajo la supervision del Inspector de Inmigración, usualmente para permitir cortos períodos de entrada. Ejemplos incluyen el permitir la entrada a extranjeros que no pudieron obtener los documentos necesarios en el periodo de tiempo requerido o que de otra manera no serían admitidos, para asistir a un funeral o, en el caso de trabajadores de emergencia tales como bomberos, para ayudar en un estado de emergencia.

Libertad Condicional de Ultramar

La Libertad Condicional de Ultramar es autorizada en un Distrito del BCIS o en una de sus suboficinas cuando el extranjero está aun fuera del país. Está diseñada para brindar períodos largos de admisión a los EE.UU. En años recientes, la mayoría de los extranjeros que el BCIS ha procesado a través de la Libertad Condicional de Ultramar, han llegado bajo legislaciones especiales o acuerdos migratorios internacionales.

TWOV

En Tránsito Sin Visa

El estatus de En Tránsito sin Visa o TWOV (pronunciado por los oficiales de inmigración como TROVE) está reservado para los viajeros, para los miembros de una tripulación aérea o marítima, quienes son extranjeros en tránsito viajando sin una visa de no inmigrante y sólo paran en EE.UU. con el propósito de cambiar aviones o barcos y dirigirse a un lugar remoto en el extranjero.

La INA autoriza al Departamento de Estado y al BCBP a exonerar las regulaciones de pasaporte y de visa de no inmigrante a aquellos extranjeros que transitan de manera inmediata y contínua a través de EE.UU. en ruta a otros países en el extranjero y están usando un medio transportista que se encuentra dentro del Acuerdo de Tránsito Inmediato y Continuo (TWOV) - Formulario I-426, según acuerdo con el BCBP.

La participación del país está basada en factores tales como abusar del privilegio TWOV, la tasa de rechazos de no inmigrantes, la estabilidad de su país, si sus ciudadanos están relacionados con terroristas, narcóticos o actividad criminal internacional, la existencia de una proclamación Presidencial restrictiva y problemas de seguridad. La lista cambia periódicamente.   *Ref: 8 CFR 212*

Proceso de Solicitud

La solicitud de del estatus de En Tránsito sin Visa (TWOV) puede solamente ser hecha en ciertos puertos de entrada terrestre o marítimos de EE.UU.

Antes de entrar a EE.UU. cada miembro de familia debe completar su propio Formulario I-94T, Registro de Llegadas/Salidas - En tránsito sin Visa, si:
- no son ciudadanos americanos o residentes permanentes, y
- están en tránsito a otro país fuera de EE.UU., y
- no tienen una visa americana válida, y
- no necesitan ser admitidos en EE.UU.

Los extranjeros con este estatus no son admitidos, y no pueden abandonar el área de seguridad de la estación terrestre. Sin embargo, pueden estar al cuidado de un representante de la aerolínea o del barco por 8 horas o hasta el momento de su salida, lo que primero ocurra.

El talón del Formulario I-94T debe ser anexado al pasaporte del extranjero hasta que éste salga de EE.UU. El transportista entrega el Registro de Salidas I-94T completo al BCBP.

Capítulo 4
Clasificaciones Educacionales

Tres clasificaciones están disponibles para los estudiantes extranjeros que quieren estudiar en EE.UU. En gran parte, los estudiantes buscan la educación post-secundaria. En el año 2002, se matricularon 582,966 estudiantes en colegios y universidades americanas.   *Ref: Open Doors 2002, Institute of Internacional Education*

La clasificación adecuada se determina en parte por quien paga y cuán formal es el entrenamiento. En consideración a la clasificación seleccionada, hay reglas estrictas que aseguran que las expectativas educacionales del estudiante encuentren un mínimo de obstáculos administrativos y financieros.

F es el estatus estudiantil más flexible, ya que le permite al estudiante que tenga solvencia financiera tomar todas las ventajas que ofrece el sistema educativo americano, al mismo tiempo que le provee acceso a una carrera orientada a las oportunidades de empleo. La descripción de esta clasificación se encuentra en las páginas siguientes.

J es la más compleja de las clasificaciones estudiantiles, permite a un estudiante con recursos limitados participar en un programa de intercambio de visitantes aprobado del Departamento de Estado de los EE.UU. El estudiante o visitante por intercambio puede aprovecharse del apoyo financiero del país de origen o de EE.UU. El estatus J es frecuentemente ofrecido con la provisión de que el estudiante practique en casa sus habilidades, por un mínimo de 2 años después de su graduación. Los detalles se explican más adelante en este libro.

M es el último estatus formal estudiantil, ha sido establecido para permitir entrenamiento vocacional no académico o entranamiento en otro idioma diferente al inglés. Los detalles sobre esta visa se encuentran en la sección M.

Sistema de Información para Estudiantes e Intercambio de Visitantes (SEVIS)

En Mayo del 2002, como parte de los continuos esfuerzos por mejorar la seguridad del país, se introdujo un nuevo sistema lograr un mejoramiento significativo en la abilidad de controlar a los estudiantes extranjeros mientras están en los EE.UU.

Ordenado por el Acta Patriótica de los EE.UU., el BCIS introdujo su nuevo sistema de control sobre estudiantes extranjeros llamado Sistema de Información para Estudiantes e Intercambio de Visitantes, (SEVIS) a fin de automatizar el proceso de documentación para reportar y guardar datos de estudiantes académicos F, estudiantes vocacionales M y visitantes por intercambio J.   *Ref: Pub. L. 107-56*

SEVIS es un sistema de internet que permite el oportuno tráfico electrónico de información entre la institución educacional o Visitante de Intercambio y el Oficial de la Escuela Designado por el Director del Programa (PDSO) o uno de los nueve Oficiales de Escuela Designados (DSOs) y el BCIS y el Departamento de Estado, relacionada con los estudiantes pasados, presentes y futuros y sus dependientes durante su estadía.

El DSO tiene que firmar y llenar el Formulario I-20 o DS-2019 para cada estudiante que pretenda continuar o visitante de intercambio y sus dependientes. El PDSO o DSO tiene que ser ciudadano o residente legal permanente y ser nombrado por la persona a cargo de la escuela o el sistema escolar.

SEVIS está diseñado para recopilar la siguiente información sobre los estudiantes:
* Matrícula en la escuela
* Fecha de comienzo del siguiente término o curso
* Incumplimiento de matrícula dentro de los 30 días de la fecha tope
* Abandono de un curso escolar completo sin autorización
* Otros incumplimientos para mantener el estatus
* Graduación antes de fecha autorizada por el programa
* Cambio de nombre legal, dirección o dependientes
* Acción disciplinaria impuesta por la escuela como resultado de una convicción criminal

A las escuelas y los programas de intercambio de visitantes se les exige que usen SEVIS para emitir documentación y reportar la información pertinente al BCIS y al Departamento de Estado. Se espera además que SEVIS aumente su responsabilidad e implemente normas razonables y claras que regulen el mantenimiento, extensión y restitución del estatus de estudiante. Se espera que cubra sus propios gastos mediante honorarios pagados por los estudiantes y visitantes por intercambio. En tanto que no ha habido un pago para los I-20s y los DS-2019s, se esta considerando uno y los estudiantes deben indagar si se ha hecho efectivo.

A las escuelas y los programas de intercambio se le dió hasta el 15 de Febrero del 2003 para que se unieran al SEVIS y comenzaran a emitir documentos del SEVIS aunque podían continuar utilizando documentos que no fueran del SEVIS, anteriormente emitidos, hasta el 1ro de Agosto del 2003. Para inscribirse y obtener una Identificación y Palabra Clave temporales (User ID y Password) vea el www.immigration.gov/sevis. La oficina del SEVIS tiene el teléfono (800) 892-4829.

Hasta que el SEVIS pudo hacerse completamente functional, el Acta de Seguridad Fronteriza le pedía al Departamento de Estado que estableciera un temporal sistema electrónico conocido como "Sistema de Auntenticación Interino para Estudiantes e Intercambio" (ISEAS) cuyos requerimientos operar como un banco de datos temporal con el fin de controlar el proceso de adjudicación y otorgamiento de visas y facilitar la recopilación y transmission de información perteneciente a los solicitantes de visas de estudiante y de intercambio de visitantes.   *Ref: 67 FR 76307*

Certificación de instituciones educacionales
SEVIS requiere la certificación de cada institución educacional que reciba alumnos extranjeros. El BCIS se le exige la revisión de todas las escuelas en un término de dos años para asegurarse que estén calificadas y económicamente solventes. Después deben ser revisadas cada dos años.

Todas las escuelas que estuvieran previamente autorizadas para aceptar estudiantes con visa tienen que obtener la autorización antes del 15 de Febrero del 2003 para continuar estando calificadas. Las escuelas que participaban en el programa de matrícula preliminar tienen hasta el 14 de Mayo del 2004 para completar el proceso de revisión. A otras escuelas, incluyendo las escuelas de vuelo con estatus M (Pub. L. 107-71), que no eran elegibles para matrícula preliminar, se les consedió hasta el 15 de Noviembre del 2002 para solicitar su certificación mediante la Regulación de Certificación Interina que incluía una visita al plantel. Las escuelas que se atrazaran en su solicitud corrían el riesgo de perder la fecha fijada y la capacidad de entregar electrónicamente la información sobre los nuevos estudiantes y a la vez la posibilidad de matricular nuevos estudiantes.

A las escuelas elementales y secundarias privadas se les permitió solicitar el SEVIS si estaban previamente aprobadas por el BCIS durante tres años y son miembros del Consejo Americano de Escuelas Privadas (CAPE) o la Asociación Americana de Escuelas Cristianas (AACS). Las escuelas pos secundarias, de idiomas y vocacionales podían tambien solicitarlo si estaban acreditadas por una agencia de acreditación del Departamento de Educación.

La solicitud de F y M participación en el SEVIS se hace electrónicamente mediante el Formulario I-17 y US $580 se paga se paga a través de pay.gov. La aprovación del Departamento de Estado del nuevo programa J de Intercambio de Visitantes se obtiene presentando el Formulario DS-3036.

Como opera el SEVIS

Después de Agosto 1ro del 2003, la información de todos estudiantes actuales y los que continúan, debe ser introcida en el SEVIS y todos los I-20 y DS-2019 que no sean del SEVIS,perderán sus validez. La información de los no inmigrantes F, J y M tiene que estar en el sistema SEVIS para esa fecha. Después del 1ro de Agosto del 2003 sólo serán válidos los I-20 y los DS-2019 del SEVIS.

Para asegurar integridad del sistema los consulados de EE.UU. en el extranjero introducirán la información el SEVIS y le comunicarán a la escuela o al administrador de visitantes por intercambio que se ha consedido una visa. El BCIS también informará a la escuela o al programa de intercambio de visitantes el momento en que el extranjero ha sido admitido en el puerto de entrada. El BCIS tiene que ser notificado de un incumplimiento de matrícula dentro de los 30 días de la fecha tope de matrícula. Los estudiantes y visitantes por intercambio tienen que informarle a sus DPOs de cualquier cambio de dirección o nombre legal dentro de los diez días y esta información tiene que ser introducida en el SEVIS.

Un estudiante que es transferido a otra escuela of termina el entranmiento opcional después de completar el curso, tiene cinco meses para empezar estudios en la escuela a la que es transferido. Sólo la escuela responsable por el estudiante o visitante de intecambio tiene acceso a la información del SEVIS.

Requerimientos de Pos aprovación

Una vez que la escuela es aprovada para el uso de SEVIS, se le pide que lo use para el intercambio de información y retención. Se debe usar también para generar, electrónicamente, cualquier nuevo Formulario I-20 o DS-2019 tanto para nuevos estudiantes como para visitantes por intercambio y para aquellas que extiendan sus programas de estudio. El estudiante o dependiente tiene que presentar un I-20 o DS-2019 del SEVIS emitido en su nombre por una escuela aprovada por el BCIS o un Programa de Intercambio de Visitantes aprobado por el Departamento de Estado.

F

Estudiante Académico

El estatus F está reservado para aquéllos quienes tomarán un curso académico en una escuela autorizada que permita el ingreso de estudiantes extranjeros. Estos deben tener su hogar en un país extranjero al cual regresarán cuando completen sus estudios.

Los estudiantes pueden ser admitidos para estudiar en un nivel elemental hasta niveles de post-grado y doctorado. Sin embargo, hay severas restricciones en los estudios pre-universitarios como se explica en el *Paso 4 - Mantenimiento del Estatus.*

La clasificación F puede incluir un esposo (a) e hijos solteros menores de 21 años de edad.   *Ref: INS ER 806 3-8-94*

Las sub-categorías son:
- F-1 – Estudiante de un programa académico o de lenguaje
- F-2 – Esposo (a) e hijos menores del extranjero con clasificación F-1
- F-3 – Estudiante que conmuta en la frontera – Canadá o México
      Ref: 9 FAM 41.12; INA 101 (a)(15)(F); 67 FR 54941

Para ser elegible, un estudiante debe:
- Matricularse en una institución acreditada por el BCIS
- Hablar perfectamente inglés o estar comprometido a tomar cursos para alcanzar un excelente nivel de proficiencia
- Demostrar poseer suficientes recursos financieros para completar los estudios sin tener que trabajar
- Mostrar que no tiene intención de abandonar su país de residencia
- Estar estudiando a tiempo completo en un nivel de pre-grado (normalmente, un mínimo de unas 12 horas académicas por semestre)

Los estudiantes extranjeros pueden ser admitidos para estudiar a medio tiempo solamente cuando el consejero estudiantil lo recomiende por razones académicas, de enfermedad o por la necesidad de mejorar el inglés. El inglés como segunda lengua (ESL) sitúa al estudiante en un nivel apropiado; lectura, escritura y conversación son practicados.

Los estudiantes F-3 que cruzan la frontera puede matricularse tiempo completo o parcial en una escuela F aprobada. En el 2002 las regulaciones fueron enmendadas para permitirle a los ciudadanos mejicanos y canadienses F-3 que viven cerca de la frontera con EE.UU., que puedan viajar regularmente a las instituciones educacionales de EE.UU. dentro de una distancia de 75 millas de dicha frontera.   *Ref: 67 FR 54941*

En el nivel para graduados la definición de tiempo completo se le deja a la decisión de la escuela ya que la labor de tesis o disertación puede constituir un trabajo de tiempo completo incluso si no son tomadas horas crédito.

La ayuda financiera puede que no esté disponible para los estudiantes internacionales. Sin embargo, ellos pueden calificar para becas académicas o atléticas. Por las regulaciones de la visa, las presiones académicas y un competitivo mercado laboral, los estudiantes internacionales no deben contar con que financiarán su educación con un empleo de medio tiempo.

Una cónyuge dependiente y los hijos menores de 21 años quienes sean admitidos en el estatus F-2 pueden estudiar de tiempo completo o de medio tiempo, pero no pueden recibir ayuda financiera o aceptar un empleo.

Proceso de Admisión

Paso 1 – Aceptación en una Institución Acreditada por el BCIS

La solicitud para una escuela para participar en le SEVIS se hace electrónicamente mediante el formulario y se paga a traves de pay.gov. La tarifa es de $167 más $350 por una visita al plantel, para un total de $517.

Un estudiante deberá ser aceptado por una institución SEVIS acreditada antes de presentar una solicitud a la embajada americana o al consulado en el extranjero.

Documentación y Evidencias de Apoyo:
- Solicitud de Admisión
- Transcripción escolar
- Diplomás, reportes oficiales (traducidos al inglés)
- Promedios estandarizados de prueba – SAT o ACT
- Evidencia de la suficiencia en Inglés tal como el TOEFL
- Fotografía reciente

Documentación Adicional que pudiera ser requerida:
- Tarifa de la Solicitud/ Depósito para la Matrícula
- Solicitud y depósito de vivienda
- Recomendaciones personales
- Información médica

Con la aceptación del estudiante, la escuela:
- Debe emitir una carta de aceptación
- Debe emitir un SEVIS I-20, Certificado de Elegibilidad (conocido comúnmente conocido como I-20)
- Transmite electrónicamente evidencia de aceptación a DOS
- Introduce determinada información en el sistema SEVIS de datos electrónico

De acuerdo a las reglas del SEVIS, a cada extranjero principal y sus dependientes se le llena su propio Formulario I-20 y un número de indentificación personal que les permite ingresar a EE.UU. 30 días antes de que comienzen sus estudios. Los I-20 que no son del SEVIS son cancelados a partir del 1ro de Agosto del 2003 y no serán aceptados después. Todos los estudiantes deben protegidos por un seguro médico y pueden becisitar presentar una prueba de vacunación.

Paso 2 – Aprobación del Departamento de Estado (DOS) en el Exterior

La solicitud se presenta ante el funcionario en la embajada de EE.UU. o en el consulado americano que se encuentren en el país de residencia del estudiante extranjero.   *Ref: 9 FAM 41.61*

Documentación y Evidencias de Apoyo:
- *Formulario del DOS*
  - DS-156, Solicitud de Visa de No Inmigrante
- *Tarifas*
  - US $100 no retornable para una Visa Leíble por Máquina (MRV)
  - la tarifa de reciprocidad debe ser igual a la tarifa establecida en circunstancias similares en el país de origen del extranjero
- *Pasaporte y fotografía*
  - pasaporte válido hasta por 6 meses después de estadía que se intenta
  - fotografía cuadrada de 50 mm (2") de frente con la cabeza sin cubir (excepto para religiosos) con fondo claro
- *Aprobación previa*
  - I-20, Certificado de Elegibilidad, emitido por la universidad
- *Evidencia adicional*
  - prueba de un adecuado nivel en el Inglés
- *Prueba de soporte o solvencia financiera*
  - evidencia de recursos financieros suficientes para cubrir los gastos de estudios durante todo el período del plan académico sin trabajar, incluyendo:
    - apoyo financiero escolar
    - fondos personales y familiares
    - asistencia pública (los ingresos laborales obtenidos anticipadamente no se consideran recursos)
- *Evidencia de que la estadía en EE.UU. es temporal (con intención de salir)*
  - prospectos de empleo a su regreso
  - los detalles sobre familiares inmedíatos que le esperan al regresar a casa
  - relación del estudiante con las organizaciones de su comunidad
  - lazos financieros y activos en el país del extranjero
  - razones por las cuales en su país no tiene la misma calidad de educación

El Oficial Consular no debe otorgar una visa hasta que no reciba y examine la información de aceptación electrónica presentada por la institución autorizada. De acuerdo a las reglas del SEVIS, DOS tiene que notificar al BCIS cuando una visa es emitida para un nuevo estudiante o por una renovación.

A pesar de que normalmente no es exigido, el Cónsul tiene el derecho de solicitar que el estudiante presente un Estatus de Manutención y una Fianza de Salida por adelantado en la oficina local del BCIS.

Dependiendo del país de origen del estudiante, será necesario solicitar una visa de múltiples entradas para facilitar viajes periódicos de regreso. La emisión de la visa de múltiples o de una sola entrada, va a depender del trato que el país del estudiante le ofrezca a los ciudadanos americanos en circunstancias similares en dicho país.

Algunas embajadas y consulados americanos le permiten al estudiante hacer la solicitud por correo.

Paso 3 – Aprobación del BCBP en el Puerto de Entrada

Como en cualquiera de las otras clasificaciones de estatus, en los casos de visas estudiantiles el BCIS tiene la obligación de revisar toda la información presentada, incluyendo las pruebas de solvencia financiera y las visas obtenidas ante la embajada o consulado de EE.UU. en el exterior. El inspector de inmigración puede rechazar la solicitud en el caso de que encuentre que la documentación presentada no está acorde con los requerimientos de ley. Si es aceptado, el BCBP debe informarselo a la escuela.

Un estudiante potencial puede entrar como un visitante con visa B-2 para comparar y buscar la información escolar, teniendo una nota de "intención de estudiar" ("intending student") en su I-94. Sin embargo, ningún inmigrante B puede matricularse en una escuela hasta que el estudiante haya solicitado y recibido aprobación del BCIS para un Cambio de Estatus a F-1.   *Ref: 67 FR 18062*

Los canadienses con toda la documentación necesaria que le haya entregado la institución académica de que se trate, podrá solicitar directamente la visa estudiantil en el puerto de entrada americano. El resto de los estudiantes deberán solicitar su respectiva visa estudiantil después de haber tenido previamente una visa MRV, estampada en el pasaporte otorgada por la embajada o consulado de EE.UU. en su país de origen.

Si la SEVIS I-20 o la evidencia de soporte financiero no está disponible, el inspector de inmigración puede permitir la entrada temporalmente. Si la confirmación de la admisión ha sido recibida de la institución académica, debe llenarse el Formulario I-515 de Notificación al Estudiante o Visitante por Intercambio y el Formulario I-515A, Notificación de la Admisión por 30 días emitida al estudiante quien tendrá 30 días para presentar la documentación que falte ante la oficina del BCIS.

Documentación y Evidencias de Apoyo:
- *Aprobación previa*
  - SEVIS I-20, Certificado de Elegibilidad, emitida por la universidad con la aprobación del DOS engrapada al pasaporte
- *Evidencia adicional*
  - copias de la documentación presentada al DOS incluyendo la prueba de solvencia financiera y de la intención de regresar al país de origen al completar los estudios

Los estudiantes extranjeros normalmente obtienen una Visa I-94, Registro de Llegadas/Salidas en el puerto de entrada. Esta visa les permite la entrada por la Duración de Estatus (D/S) o por un período específico de tiempo. Bajo la Duración de Estatus, ellos deben permanecer en EE.UU. por el período completo de su inscripción en el programa académico, más cualquier período de entrenamiento práctico autorizado, más un período de gracia de 60 días para salir del país.

De acuerdo al SEVIS, el BCIS debe notificar a la institución cuando el nuevo estudiante es admitido. Si el estudiante no se matricula, la institución tiene que notificarselo al BCIS dentro de los 30 días posteriores al tiempo límite de matrícula.

Paso 4 – Mantenimiento del Estatus

Un estudiante debe completar el programa académico previo a la fecha de expiración de la visa I-20 emitida por el Oficial Escolar Designado (DSO-Designated School Official). Sin embargo, un estudiante que sea elegible para regresar a la escuela deberá tomar las vacaciones de verano en EE.UU., entre semestres. El estudiante tiene 60 días para marcharse después de su graduación o entrenamiento de práctica autorizado.

La ley La Responsabilidad del Inmigrante y Reforma Inmigratoria de 1996 incluye varias determinaciones para ser implementadas progresivamente que afectarán a los estudiantes extranjeros:

- Exclusión por violació de sus estatus F-1
- No le permite estudiar por más de 12 meses en escuelas públicas elementales o de secundaria
- Pérdida de estatus al ser transferido de una escuela secundaria privada a una pública

Un cónyuge que desea comenzar educación post secundaria tiene que solicitar un F-1. Sin embargo, le cónyuge y los menores (menos de 21 años) que son admitidos con estatus F-2 pueden estudiar tiempo completo o parcial en una escuela elemental, intermedia o secundaria.

El estudiante debe informarle al DSO acerca de un cambio de nombre o dirección dentro de los 10 días y el DSO debe informar al BCIS en 21 días.

El DSO puede autorizar una reducción en las materias del curso por hasta 12 meses y debe informaselo al BCIS en 21 días.

El DSO puede considerar reincorporar al estudiante si no a estado sin estatus por más de cinco meses. Se tiene que presentar un Formulario I-539 con un honorario de $120 y la recomendación del DSO al BCIS.

Paso 5 – Empleo/Entrenamiento

El Congreso ha decidido que los estudiantes extranjeros **No Graduados** necesitan tiempo para adaptarse a la vida estudiantil en EE.UU. y por lo tanto no pueden emplearse fuera del campo universitario durante el primer año académico incluso si el empleo es un requisito para obtener su grado.

Por otra parte, los estudiantes ya **Graduados** pueden comenzar inmedíatamente a trabajar fuera del campo universitario si es un requerimiento para obtener su grado. En otras palabras, ellos deben completar el primer año académico incluso de estudio antes de comenzar a trabajar.

El papel del Departamento de Estado en el proceso laboral para los estudiantes extranjeros ha cambiado. El procedimiento de reclutamiento y llenado de Formularios

ETA 9034, al cual estaba atado el empleador ha sido eliminado.

El nivel de compromiso del Buró de Servicios de Cuidadanía e Inmigración (BCIS) depende de si la oportunidad de trabajo es dentro del campo universitario o fuera del mismo y cual es la relación con los estudios que cursa el estudiante o con su situación financiera.

Las oportunidades de trabajo y el proceso de calificación se encuentran en las siguientes tres categorías:

- **Empleo dentro del Campo Universitario** proveyendo un servicio a los estudiantes
- **Empleo fuera del Campo Universitario** directamente relacionado a su área de estudio
- **Otros Empleos fuera del Campo Universitario** en casos de problemas económicos o de una beca de trabajo en organismos internacionales

Empleo dentro del Campo Universitario

Los estudiantes con visa F-1 pueden aceptar un empleo en el campo universitario con la condición de que el Oficial Escolar Designado (DSO) haya determinado que el estudiante está calificado y tiene un buen promedio académico. El BCIS no se involucra en el proceso de calificación laboral. El empleo no puede comenzar antes de 30 días del comienzo de las clases.

Para permitir el trabajo en el campo universitario, el empleo debe:

- Ser de 20 horas o menos por semana cuando la escuela está en actividad escolar, pero debe ser de tiempo completo cuando no hay clases
- Ser tradicionalmente realizado por estudiantes
- No desplazar a residentes americanos
- Ser dentro del área universitaria, y que se trate de firmas comerciales ubicadas en el recinto universitario que provean servicio para los estudiantes, tal como las librerías o la cafetería o
- Estar en una localidad fuera del campo universitario en un programa curricular universitario o
- Relacionado con proyectos de investigación contratados a niveles de postgrado

El empleo en el campo universitario, no debe:

- Ser con compañías comerciales situadas en la universidad, tales como construcción de edificios para la universidad, lo cual no le provee un servicio directo al estudiante
- Ser un trabajo continuado, a menos que:
  - tenga la intención de inscribirse en el próximo periodo académico, o
  - sea autorizado para entrenamiento práctico

Empleo fuera del Campo Universitario

Esta categoría comprende dos opciones.

La primera opción incluye una oportunidad de empleo para entrenamiento práctico directamente relacionado con el área de estudio del estudiante. La segunda opción incluye trabajo que pueda estar relacionado con un interés importante del estudiante tal como encontrarse en problemas económicos o de una beca de trabajo en organismos internacionales.

Los estudiantes F-1 que acepten el empleo fuera del campo universitario, tal y como se indica antes, deben observar varias condiciones importantes que varían significativamente de acuerdo con la categoría del empleo. Si el estudiante falla en el mantenimiento de su estatus, estas oportunidades de empleo automáticamente son canceladas.

En la mayoría de los casos, los estudiantes antes de aceptar la oportunidad de empleo, deben:
- Haber completado por lo menos un año académico completo
- Tener la aprobación de su Oficial Escolar Designado (DSO) (Consejero Externo Estudíantil)
- Tener un buen promedio académico
- Estar tratando de realizar un curso completo de estudios
- Demostrar que el empleo no interferirá con la carga académica
- Aceptar un empleo con límite de 20 horas semanales o menos cuando la escuela está en actividad de clases o de tiempo completo durante las vacaciones o días festivos
- No desplazar a residentes americanos

El proceso que obligaba al empleador a presentar una declaración formal laboral ante el DOL ha sido eliminado.

Primera Opción – Entrenamiento práctico relacionado a la principal área de estudio del estudiante

El entrenamiento práctico se permite a estudiantes con visa F-1 (con excepción de los estudiantes en entrenamientos de programas para aprender inglés) que han sido legalmente inscritos de tiempo completo en una institución aprobada por el BCIS, sea un colegio, universidad, conservatorio o seminario por al menos 9 meses. Un estudiante con visa F-1 elegible puede solicitar autorización de trabajo para entrenamiento práctico en una posición directamente relacionada con su área de estudio.

Hay dos tipos de entrenamiento práctico disponibles:

Programas Curriculares de Entrenamiento Práctico

Un estudiante F-1 puede ser autorizado por el Oficial Escolar Designado o por su Consejero Estudíantil Internacional, para participar en un programa curricular de entrenamiento práctico que sea una parte integral del curriculum establecido.

Este entrenamiento se ha definido para estar alternando trabajo/estudio, becas de trabajo, preparadores educativos o cualquier otro tipo de práctica que sea ofrecida por los empleadores patrocinantes a través de los acuerdos de cooperación con el organismo académico.

La autorización de empleo en entrenamientos curriculares prácticos, es posible si se dan cualquiera de las siguientes condiciones:
- El empleo es una parte integral o muy importante en el curriculum del estudiante
- El empleo es requerido para la obtención del grado académico

- Hay créditos del curso disponibles para empleo
- Está listado dentro del programa universitario y ha sido supervisado por un miembro de la facultad
- Se aplica a un estudiante de tiempo completo
- Es aprobado por el Oficial Escolar Designado (DSO)
- No se le permite el regreso a casa

Las excepciones para emplearse antes de finalizar un año académico solamente se aplican para aquellos estudiantes inscritos en estudios para graduados cuyo programa curricular les exije trabajar de manera inmediata en entrenamientos de práctica.

Estos estudiantes deben presentar una solicitud de autorización para seguir el entrenamiento exigido, ante el Oficial Escolar Designado (DSO) el que, después de ser autorizado deberá:

- Determinar si el empleo está directamente relacionado con la asignatura principal en el area de estudios
- Actualizar los datos del estudiante en el SEVIS I-20
- Entregarle un nuevo SEVIS I-20 al estudiante

Un estudiante puede comenzar su entrenamiento curricular al recibir el SEVIS I-20 con la aprobación del DSO. No se acepta más el Formulario I-538.

Un estudiante que completa el entrenamiento de práctica curricular de un año mientras se prepara para obtener un título no es elegible para un entrenamiento académico de post completamiento.

Entrenamiento Práctico Opcional

Como todos los demás programas, el de entrenamiento práctico opcional requiere que la oportunidad de empleo esté directamente relacionada con un el área de estudios del estudiante.

El período total de autorización para entrenamientos prácticos opcionales no excederá de un máximo de 12 meses. Los entrenamientos de tiempo parcial de 20 horas por semana o menos deberán ser deducidos del tiempo de entrenamiento práctico al 50% del tiempo completo.

A diferencia del programa curricular de entrenamiento práctico, las reglas para el entrenamiento opcional no requieres que el trabajo sea parte integral de lo establecido en el curriculum académico, pero el procedimiento de aplicación es más largo y complejo.

Hay un período de gracia de 60 días siguientes a la fecha de graduación del estudiante, en el cual puede permanecer en EE.UU. y solicitar esta opción de entrenamiento. Pero ésta puede tomar entre 4 y 6 semanas para obtener la aprobación.

El estudiante puede permanecer en los EE.UU. por hasta cinco meses después de terminar el entrenamiento práctico opcional o antes de comenzar las clases en la nueva escuela (a la que es transferido). Un estudiante que se regrese a su país por cinco o más meses y retorne a un nuevo curso de estudios, obtiene 12 meses adicionales de autorización de trabajo en el entrenamiento.

No es requisito tener un ofrecimiento de empleo, pero es muy necesario, porque el tiempo autorizado para el entrenamiento práctico opcional comienza a correr una vez que es emitida la tarjeta EAD.

Una solicitud para entrenamiento práctico de post-grado debe ser llenada en los 90 días previos al completamiento total del año académico pero la fecha de comienzo no puede ser anterior al completamiento de, por lo menos, un año académico.

Los estudiantes que han recibido una año o más de entrenamiento práctico curricular de tiempo completo no son elegibles para entrenamientos prácticos de post completamiento.

Los estudiantes F-1 deben solicitar autorización al BCIS para terminar el entrenamiento, en el caso de que sean transferidos a otra institución académica.

El empleo temporal para entrenamiento práctico debe ser autorizado:
- Durante las vacaciones anuales del estudiante o durante los períodos que la institución no imparte clases si el estudiante está correctamente inscrito, es elegible y tiene la intención de registrarse para el próximo término o semestre
- Mientras la institución esté en clases, el entrenamiento no puede exceder de 20 horas por semana
- Después de terminar todos los requerimientos de los cursos de licenciatura, maestrías o doctorados (se excluye la tesis)
- Dentro de los 14 meses que siguen a la finalización de los cursos de estudios

El proceso de autorización se lleva a cabo en dos partes.

La **petición inicial** de autorización para aceptar entrenamiento práctico debe hacérsele al Oficial Escolar Designado (DSO) de la institución académica que el estudiante está autorizado para asistir.

Para hacer la recomendación para el entrenamiento práctico el DSO debe:
- Actualizar los datos del estudiante en el SEVIS al ser recomendado para recibir entrenamiento práctico opcional
- Imprima y firme la página de empleo I-20 del SEVIS y entregesela al estudiante

La **segunda parte** del proceso requiere que el estudiante solicite al Centro de Servicios regional del BCIS con jurisdicción sobre la localidad de la institución académica, un Documento de Autorización de Empleo (EAD) para el entrenamiento práctico opcional.   *Ref: 8 CFR 274a*

Nota: El siguiente paso no es requerido en el entrenamiento práctico curricular.

Documentación y Evidencias de Apoyo:
- *Formulario del BCIS*
  - I-765, Solicitud de Autorización de Trabajo
- *Tarifa*
  - US $120

- *Recomendación previa del DSO*
  - I-20 ID endosado por el DSO dentro de los 30 días posteriores para el empleo de Tiempo completo o parcial con las fechas de comienzo y finalización

El BCIS deberá adjudicar el I-765 y emitir un EAD basado en la recomendación del DSO a menos que el estudiante sea encontrado inelegible. El empleo no puede comenzar hasta que no reciba el I-766 o Documento de Autorización de Empleo I-688D.

El solicitante no tiene derecho a apelar la negativa.   *Ref: 60 FR 21973*

Cualquier autorización de empleo que sea parte de un programa académico, será automáticamente suspendida bajo la certificación dada por DOL al BCIS de que existe una huelga o la posibilidad de disputa laboral en el lugar del empleo.

El cónyuge y los hijos de un estudiante F-1 no pueden aceptar empleo.

Segunda Opción – Empleo para Entrenamiento No Práctico

Los estudiantes F-1 pueden solicitar autorización para trabajar en entrenamientos diferentes a el entrenamiento práctico, relacionados con su área de estudio. Estas oportunidades de empleo se encuentran en las categorías de:
- Severos problemas económicos
- Beca de Trabajo con una Organización Internacional

La petición inicial de autorización para aceptar empleo tiene que hacersela al Oficial Designado de la Escuela (DSO) a la que el estudiante está autorizado a asistir.

Los estudiantes tienen que presentar el Formulario I-765, Solicitud de Autorización de Empleo al centro de Servicio del BCIS que tenga jurisdicción sobre su lugar de residencia. Los estudiantes también tienen que presentar el I-20 del SEVIS con la página de empleo, las observaciones del DSO y la certificación.

Severos problemas económicos

Si no hay oportunidades de empleo disponibles en los otros programas o ellos son insuficientes, un estudiante con visa F-1 elegible puede solicitar autorización para trabajar fuera del campo universitario basandose en problemas económicos causados por circunstancias imprevistas que van más allá del control del estudiante, tales como:
- Pérdida de la asistencia financiera o del empleo en el campo universitario
- Fluctuaciones actuales
- Incremento imprevisto en los gastos de manutención y de matrícula
- Cambios inesperados en la condición financiera de la fuente de apoyo del estudiante
- Existencia de otros gastos sustanciales e inesperados

En casos de severa penuria económica, el DSO tiene que certificar que el estudiante ha probado que:
- Necesita un empleo debido a circusntancias imprevistas más allá del control del estudiante y
- No hay empleos autorizados dentro o fuera del recinto escolar o son insuficientes para llenar las necesidades que han surgido como resultado de dichas circunstancias imprevistas

Beca de trabajo en una organización internacional
Un estudiante con visa F-1 y de buena fe, a quien se le ha ofrecido un empleo en una reconocida organización internacional dentro de lo establecido en la Ley de Inmunidad para las Organizaciones Internacionales (59 Stat.669) puede solicitar una autorización de empleo.

Se requiere certificación escrita de la organización internacional para demostra que el empleo propuesto esta dentro del patrocinio de la organización.

Documentación y Evidencias de Apoyo:
- *Formulario del BCIS*
  - I-765, Solicitud de Autorización de Trabajo
- *Tarifa*
  - US $120
- *Recomendación previa del DSO*
  - SEVIS I-20 endosada por el DSO dentro de los últimos 30 días para el empleo a tiempo completo o parcial con las fechas de comienzo y finalización
- *Documentación de apoyo – serios problemas económicos*
  - declaración jurada detallando las circunstancias imprevistas que causan la solicitud
  - evidencia de indisponibilidad o insuficiencia de las oportunidades de empleo dentro o fuera en el área de estudio
- *Documentación de apoyo – práctica profesional con una organización internacional*
  - una carta emitida por la organización internacional certificando que el empleo propuesto se encuentra dentro de la esfera de su patrocinio

El SEVIS ha eliminado el uso del Formulario I-538 de certificación del DSO.

Si el empleo es autorizado, el funcionario adjudicante emitirá un EAD para su endoso y una notificación al estudiante que le permite el empleo fuera del campo universitario. La autorización de empleo será concedida en intervalos de un año hasta la fecha señalada para que el estudiante finalice su curso académico. No se permite la apelación a la negativa.

La autorización de empleo fuera del campo universitario puede ser renovada por el BCIS solamente si el estudiante mantiene su estatus y un buen promedio académico. Sin embargo, en el caso de que el estudiante no cumpla con este requisito, dicha autorización queda automáticamente cancelada.   *Ref: Service Law Books*

Debido a la devaluación de la moneda de algunos países que ocasiona serios problemas económicos a los estudiantes extranjeros, el BCIS temporalmente ha emitido reglas que facilitan la autorización de trabajo para los estudiantes originarios de Indonesia, Malasia, Las Filipinas, Corea del Sur y Tailandía. Se elimina el límite de las 20 horas y se reduce el mínimo de la carga académica.

Paso 6 – Restitución/Revalidación/Extensión/Cambio de Estatus
Solicitud al BCIS dentro de EE.UU.

Una solicitud de restitución, revalidación o cambio de estatus deberá presentarse al Centro de Servicio regional del BCIS. Sin embargo, el DSO en el SEVIS de la escuela, puede otorgar un extension mediante la actualización de los datos del estudiante en el SEVIS y entregarle un nuevo Formulario SEVIS I-20. El DSO puede otorgar una extensión en cualquier momento antes de la fecha de finalización marcada en el I-20 original de SEVIS del estudiante.

Un estudiante F-1 con Estatus de Permanencia (D/S) no tiene que solicitar una extensión de permanencia si está logrando progresos normales en el completamiento de su objetivo educacional.

El DSO de la escuela actualizará elelctrónicamente en el SEVIS los datos del estudiante, cambio de nombre o dirección , extensiones en el programa y cambios en el programa de estudios.

Ningún inmigrante B puede matricularse en una escuela hasta que el estudiante haya solicitado y recibido aprobación del BCIS para un Cambio de Estatus a F-1

Ref: 67 FR 18062

Documentación y Evidencias de Apoyo:
- *Formulario del BCIS*
  - I-539, Solicitud de Extensión/Cambio de Estatus de No Inmigrante
- *Tarifa*
  - US $140
- *Pasaporte*
  - pasaporte válido por lo menos 6 meses después de la estadía que se intenta
- *Aprobación previa*
  - I-20 original emitida por la institución académica
- *Estatus inmigratorio actual y previo*
  - I-94, Registro de Llegadas/Salidas original
  - I-102, Solicitud de Reemplazo de Documento Inicial de Llegadas/Salidas, del No inmigrante, si aplica
- *Prueba de solvencia o apoyo económico*
  - evidencia de apoyo económico

Cambio de Programa o de Institución Académica

Un estudiante con un buen promedio académico y con los recursos financieros apropiados puede ser transferido a otra institución académica. Un nuevo SEVIS I-20 debe ser obtenido de la nueva institución y enviada al BCIS con copia a la antigua institución. El estudiante tiene que notificar al DSO de la escuela a la que es transferido dentro de los 15 días del comienzo del programa.

El DSO informará al Centro de Servicio regional del BCIS dentro de 30 días. No se requiere notificación cuando hayan cambios en la especialidad, siempre y cuando se mantenga el mismo curso académico.

Fuera de Estatus antes de finalizar el Programa de Estudios

Un estudiante puede quedar fuera de estatus antes de terminar sus estudios, deberá presentar evidencia para probar que:

- La violación del estatus se debió sólo a circunstancias fuera de su control,
- Si no recibe la restitución, podría enfrentar problemas severos
- El estudiante sigue o seguirá un curso completo de estudios en la institución listada en la SEVIS I-20
- El estudiante no está empleado sin autorización fuera del campo universitario, o
- Cualquier empleo fuera del campo no autorizado tenía relación con su beca o su pensión o su mesada
- No fue desplazado ningún residente americano
- El estudiante no está involucrado en procedimientos de deportación

Un estudiante que ha estado fuera de estatus por menos de cinco meses puede ser capaz de recuperar su estatus, saliendo y entrando nuevamente a EE.UU. utilizando para ello una visa F-1 e SEVIS I-20 válidas validadas por el DSO.

Cambio para una Visa F-1 o de una Visa F-1

Las personas con visas H-4 que deseen cambiarse a F-1 deben:

- Solicitar por correo su cambio de estatus ante el Centro de Servicio regional del BCIS que corresponda o
- Solicitar al consulado americano en México o Canadá con el I-20, prueba de apoyo económico y otros documentos para el F-1

Las personas con visas F-1 que quieran cambiarse al estatus H-1 no quedarán fuera de estatus si su entrenamiento práctico expira mientras esté pendiente la solicitud para H-1. Sin embargo, debe esperarse recibir la H-1 antes de comenzar a trabajar.

Los estudiantes con visa F-1 que estén casados con una persona titular de una Tarjeta de Residencia (Green Card Holder) pueden permanecer en EE.UU. todo el tiempo que dure su estadía en la institución académica, sin embargo su cónyuge deberá llenar un I-130, Petición de un Familiar Extranjero (Tarjeta de Residencia - Green Card) ante el BCIS.

Revalidación de la visa por el Departamento de Estado (DOS)

Un estudiante que no puede completar el programa para la fecha final de terminación indicado en el I-20 puede solicitar la aprobación del Oficial Escolar Designado o del Consejero Estudiantil para Extranjeros conjuntamente con la del Departamento de Estado para extender su estadía.

Una requisición para extender una F-1 puede tramitarse por el Departamento de Estado en el país del estudiante, pero no dentro de EE.UU. Sin embargo, la renovación en Canadá o México es permitida. Es aconsejable revisar si se requiere una visa canadiense para visitante para entrar a Canadá.

Una solicitud deberá presentarse dentro de los 30 días de expiración del I-20 y deberá serle concedido al estudiante si:
- Hace la aplicación en el período señalado
- Ha mantenido su estatus sin violaciones
- Puede demostrar que la extensión requerida es por razones académicas o médicas

Durante todo el tiempo que el I-94 sea válido, el estudiante puede entrar nuevamente a EE.UU., sin importar si la renovación de la F-1 es aprobada en el exterior.

Documentación y Evidencias de Apoyo:
- *Pasaporte*
  - válido por lo menos 6 meses después de la estadía que se intente
- *Aprobación previa*
  - SEVIS I-20 válido
- *Evidencia escolar que apoye la solicitud*
  - carta de su departamento explicando por qué necesita la extensión
- *Prueba de solvencia o apoyo económico*
  - prueba de recursos financieros

Es aconsejable conservar el I-94 para entrar nuevamente cuando salga de EE.UU., en caso de que el Departamento de Estado niegue la solicitud. Esta también puede ser usada si la visa es otorgada.

Cambio de Estatus a H-1B al finalizar los Estudios - Efecto del Cupo en el H-1B

Al finalizar el programa o curso de estudios, los extranjeros no inmigrantes con visa F-1 pueden buscar empleo con un estatus H-1B. Sin embargo, hay un límite anual del número de visas H-1B emitidas para el año fiscal por el BCIS, las solicitudes en nombre de extranjeros con F-1 que deseen trabajar en una fecha del año fiscal del BCIS, no serán procesadas si el límite de emisión de H-1B se ha alcanzado.

Una nueva regla implementada el 15 de Junio de 1999, le permite al BCIS extender el período de duración de estatus para ciertos extranjeros no inmigrantes con visa F-1, quienes permanecerán con ese estatus mientras el BCIS decide sobre la petición de cambio a H-1B para comenzar a trabajar en el siguiente año fiscal. A tales extranjeros con F-1 y sus dependientes con visa F-2 no se les exigirá salir de EE.UU. para evitar que pierdan el estatus y puedan permanecer en EE.UU. esperando por el número de visas H-1B que se harán disponibles al comienzo del próximo año fiscal que empieza el 1° de Octubre.   *Ref: 64 FR 32146*

Emplearse o efectuar otras actividades inconsistentes con los términos del estatus F-1 no está permitido sin la autorización del BCIS, hasta que un número de Visas H-1B se hagan disponibles y el BCIS haya aprobado el cambio de estatus para una fecha posterior al 1° de Octubre.

Las peticiones para restitución de H-1B, extensiones de estadía y peticiones hechas en nombre de una extranjero con visa H-1B por un nuevo u otro empleador, no se cuentan dentro del límite.

J

Visitante por Intercambio

El estatus J está reservado para personas de otros países para participar en programas de intercambio educativos, culturales, de trabajo, de estudio o de entrenamiento que se encuentran contemplados bajo la Ley Fulbright-Hays de 1961. El objetivo establecido es:

- La mejora del entendimiento reciproco entre el pueblo americano y los ciudadanos de otros países a través de los intercambios educativos y culturales

Las sub-categorias son:

- Visa J-1 – Visitante en Régimen de Intercambio
- Visa J-2 – Cónyuge e hijos del visitante con estatus J-1

Ref: 9 FAM 41.12: INA 101(a)(15)(J)

Aspectos de Fondo

Esta ley, asi como el INA, proporcionan estatus de no inmigrante a aquéllas personas que teniendo residencia en un país extranjero y sin intención de abandonarlo, aspiran a entrar temporalmente en EE.UU. por haber sido seleccionados para participar en un Programa de Intercambio de Visitantes.

Cada año alrededor de 175,000 extranjeros entran en EE.UU. a través de este programa, que forma parte de los esfuerzos diplomáticos del gobierno americano para promover el desarrollo de las relaciones pacíficas y del mutuo entendimiento con otros países. Al finalizar sus programas, los visitantes deben regresar a sus países de origen dentro de un período de 30 días con la finalidad de intercambiar la experiencias y entrenamiento adquiridas con sus compatriotas.

Funcionamiento del Programa

En Octubre de 1999 entró en vigor la Ley de Reestructuración y Reforma de Relaciones Exteriores de 1998 que dispone el traslado al Departamento de Estado del antiguo programa de intercambio de visitantes que pertenecía la Agencia de Información de EE.UU. (USIA). En consecuencia las funciones relacionadas al Programa de Intercambio le fueron delegadas al Sub-Secretario de Estado de Asuntos Públicos. La competencia para la concesión de la exención de requisitos fue transferida al Secretario Adjunto para Asuntos Consulares del Departamento de Revisión y Exenciones de la Oficina Legislativa, de Regulaciones y de Asesoramiento que pertenece a la Dirección de Visas del Departamento de Asuntos Consulares. Ahora bien, la participación esta supeditada a la acreditación y completa participación del SEVIS.

Ref: Pub. L. 105-277, 107-56

Los participantes en el Programa de Intercambio puede ser estudiantes, médicos y practicantes, profesores y maestros; estudiantes de investigación así como visitantes internacionales que vienen por razones de viaje, como observadores, como consultores, investigadores, en entrenamiento, en divulgación y demostración de habilidades y conocimientos especializados o participantes en un programa especializado persona a persona.

A pesar del gran número de compañías que participan como patrocinantes, el estatus J se reagrupa en este capítulo junto con otras clasificaciones educativas, a causa del gran contenido educativo del mismo. Sin embargo y a título de ejemplo de sus múltiples versiones, el estatus J puede solicitarse dentro de las siguientes clasificaciones:

	22 CFR	Duración Máxima del Programa
• Educación		
• profesores e investigadores académicos	(62.20)	3 años
• estudiantes de corto plazo	(62.21)	6 meses
• estudiantes universitarios	(62.23)	duración del estatus o sin grado- 24 meses
• profesores	(62.24)	3 años
• estudiantes de la escuela secundaria	(62.25)	1 año
• Otros empleos		
• especialistas	(62.26)	1 año
• médicos extranjeros	(62.27)	7 años
• consejeros de campo	(62.30)	4 meses
• niñeras	(62.31)	1 año
• Otros visitantes		
• entrenadores	(62.22)	18 meses
• visitantes internacionales	(62.28)	un año
• visitantes gubernamentales	(62.29)	18 meses
• estudiantes trabajando/estudiando en verano	(62.80)	4 meses

Cada clasificación contiene varios sub-grupos. Por ejemplo, la clasificación de niñeras incluyen dos programas distintos. El programa original provee un máximo de 45 horas para el cuidado de los niños por semana y no menos de 6 horas de créditos académicos por semestre. Un segundo programa llamado EduCare, provee un máximo de 30 horas para el cuidado infantil y la niñera debe tomar un mínimo de 12 horas de créditos académicos semestrales. Ambos programas están limitados a un año. En cada uno tiene día y medio libres por semana y dos semanas de vacaciones pagas.

Un estimado de 100,000 Visitantes por Intercambio están sujetos actualmente a las determinaciones estatutarias de 8 USC 212 (e) que establece el regreso a su país de origen o de última residencia en los últimos dos años, una vez que ha finalizado su programa de intercambio y que sus estatus J-1 o J-2 ha expirado. Exenciones a esta disposición pueden solicitarse, aunque no fácilmente. Para detalles adicionales ver el Paso 8.

Es obligatorio un seguro médico. Algunas becas de estudio incluyen cobertura médica para el titular de la visa J-1, en aquellos casos los dependientes deben tener igualmente cobertura médica. Si la beca no incluye el seguro médico, entonces el extranjero deberá proveerse de uno.

Proceso de Admisión

Paso 1 – Obtención de la Aprobación de los Programas

Las instituciones educativas americanas, las dependencias gubernamentales americanas, las organizaciones privadas americanas o extranjeras que desean solicitar aprovación para el programa de intercambio de visitantes tiene que suscribirse en la página www.immigration.gov/sevis para obtener una identificación temporal y una palabra clave (ID y password). También tiene que enviar por correo un Formulario DS-3036, Solicitud de Programa de Intercambio de Visitantes con un honorario de $799 y la documentación de apoyo requerida. El DOS actualizará el SEVIS al recibir la solicitud.

Los patrocinadores designados actuales también tienen suscribirse al SEVIS para continuar patrocinando a los no inmigrantes como visitantes por intercambio. Deben de haber presentado el Formulario DS-3036 para inscribirse en el SEVIS no más tarde de la fecha tope del 15 de Febrero del 2003.

La información está disponible en la oficina de ayuda del SEVIS en el teléfono (800) 892-4829 o escribiendo a:
Department of State
Program Designation
301 4th Street S.W.
Washington, DC 20547
La solicitud debe ser acompañada de:
- La actividad y habilidad del programa de intercambio a ser completado y propuesto por el solicitante
- Evidencia del estatus legal y de la responsabilidad financiera de la organización
- Acreditación, si es una institución post-secundaria
- Evidencia de la licenciatura, si así la ley lo requiere
- Certificación de que el Director Ejecutivo y el Oficial Responsable son ciudadanos americanos

La información sobre el programa está disponible en la linea de fax del Departamento de Estado a través del número (202) 205-8237 de su máquinba de fax.

Paso 2 – Autorización de la Agencia Patrocinante Aprobada

Para participar en el programa, un extranjero debe ser aceptado por una de las aproximadamente 1400 agencias patrocinantes designadas, a través de la emisión del Formulario DS-2019, Certificación de Elegibilidad para Visitante por Intercambio (J-1) (Form DS-2019 Certificate of Eligibility for (J-1) Exchange Visitor).

A partir del 15 de Febrero del 2003 cada programa de intercambio de visitante aprovado por el Departamento de Estado para Intercambio de Visitantes J, debe emitir un DS-2019 del SEVIS a cada extranjero principal J-1 y a cada cónyuge J-2 y a cada hijo menor solicitantes. Mientras el SEVIS no estaba en completas funciones, las escuelas y los programas de patrocinio tenian que inscribir electrónicamente a los solicitantes de visas en ambos: el SEVIS y ISEAS.

El Consejo de Credentiales para Graduados de Educación de la Medicina (The Accreditation Council for Graduate Medical Education - ACGME) es responsable de acreditar los programas de post-M.D. de EE.UU. para entrenamiento medico. Vea www.acgme.org.

Los médicos extranjeros graduados deben tener una certificación válida de la Comisión Éducativa para Médicos Extranjeros Graduados Educational (Educational Commission for Foreign Medical Graduates - ECFMG). See www.ecfmg.org.

Cada programa que se aprueba tiene un Oficial de Escuela Designado (DSO) o un oficial responsable nombrado para ayudar en el proceso de inmigración.

Paso 3 – Autorización del Departamento de Estado en el Exterior

Después de haber sido aceptado en uno de los programas autorizados y haber recibido el DS-2019, Certificado de Elegibilidad y el I-797, un extranjero que vive en el exterior puede solicitar en la embajada de EE.UU. o en el consulado americano ubicado en su país.   *Ref: 9 FAM 41.62*

Documentación y Evidencias de Apoyo:
- *Formularios del DOS*
  - DS-156, Solicitud de Visa de No Inmigrante
  - DS-158, Información del Contacto y Historial de Trabajo para solicitud de Visa de No inmigrante
- *Tarifas*
  - US $100 para una Visa Leíble por Máquina (MRV), exonerada en esta clasificación
  - la tarifa de reciprocidad debe ser igual a la tarifa establecida en circunstancias similares en el país de origen del extranjero
- *Pasaporte y fotografía*
  - pasaporte válido por lo menos 6 meses después de la estadía que se intenta
  - fotografía cuadrada de 50 mm (2") de frente con la cabeza sin cubrir (excepto para religiosos) con un fondo claro
- *Aprobación previa*
  - DS-2019, Certificados de Elegibilidad para Estudiantes con estatus J-1 y los dependientes J-2
- *Evidencia adicional*
  - prueba de suficiente preparación escolar a menos que el programa de intercambio haya sido designado para ubicar a participartes de habla no inglesa
  - prueba de suficientes conocimientos de inglés
- *Prueba de solvencia o apoyo económico*
  - fondos suficientes para cubrir todos los gastos mientras participa en el programa de intercambio o
  - fondos provistos por una organización patrocinante en forma de becas o de otro estipendio
- *Evidencia que la estadía en EE.UU. es temporal*

- prueba de lazos familiares en el país de origen y de la intención de alir después de completar el programa

Si usted trae a su cónyuge e hijos con usted, la documentación adicional correspondiente es requerida.

Documentación y Evidencias de Apoyo:
- *Pasaporte y fotografía*
  - pasaporte de los dependientes
  - fotografía cuadrada de 50 mm (2") de frente con la cabeza si cubrir (excepto para religiosos) contra un fondo claro
- *Documentos civiles*
  - prueba del matrimonio
  - prueba del parentesco con cada niño

Si el extranjero es considerado como un posible candidato y tiene toda la documentación necesaria en orden, el consulado le estampará la visa en el pasaporte.

A pesar de ésto, los ciudadanos canadienses no necesitan pasaporte o visa. El Gobierno Canadiense recomienda que los canadienses tengan sus pasaportes.

Paso 4 – Autorización del BCBP en el Puerto de Entrada

Un extranjero debe solicitar la entrada ante el BCIS en el puerto de entrada.

Documentación y Evidencias de Apoyo:
- *Pasaporte y fotografía*
  - pasaporte válido estampado con una visa J válida
- *Aprobación previa del DOS y del programa*
  - DS-2019 generado por el SEVIS, Certificado de Elegibilidad para Estudiante de Intercambio (J-1)
  - Visa de lectora (MRV) emitida por DOS y estampada en el pasaporte
- *Prueba de solvencia o apoyo económico*
  - evidencia de apoyo económico

La visa J-2 deberá serle otorgada al cónyuge e hijos menores.

El BCIS emitirá un I-94, Registro de Llegadas/Salidas y y copiará el número del I-94 en el DS-2010 del SEVIS y lo devolverá al extranjero. Estas deberán ser guardadas con el pasaporte como prueba del estatus J-1.

El Inspector de Inmigración del BCBP es quien determina si la visa está sujeta al Requerimiento de Residencia de Dos 2 años (HRR). Los principales indicadores se basan en si la financiación del programa de intercambio proviene del país de origen o de EE.UU. También, si el país de origen carece de las habilidades del visitante por intercambio, entonces éste se encuentra bajo el Requerimiento de Residencia de Dos años que deberá prestar en su país. Sin embargo, la eliminación de este requisito se otorga si el extranjero trabaja en un tercer país para un empleador de su propio país, tal como una dependencia gubernamental.

Un extranjero puede ser admitido 30 días antes del comienzo del program y usualmente es admitido por el período de tiempo necesario para completar el programa.

Verifique el período de tiempo máximo de participación en el programa por cada clasificación del estatus de Visitantes por Intercambio. Se le concede un período de 30 días para salir del país después de haber completado con éxito el programa.

Los ciudadanos canadienses y los inmigrantes que hayan ingresado al Canadá quienes son sujetos británicos o ciudadanos de países de la Comunidad Británica o son ciudadanos irlandeses, no necesitan obtener la Visa J de una oficina consular americana. Las personas de aquéllos países deben presentar la prueba de la ciudadanía o el estatus de inmigrante arribado al Canadá, la evidencia del soporte financiero y el DS-2019 directamente del Inspector de inmigración en el puerto de entrada.

Si el DS-2019 o la evidencia de la prueba financiera no están disponibles, el inspector permitirá la entrada temporalmente. Al confirmarse la admisión por parte del ente escolar o académico, debe llenarse el Formulario I-515, Notificación al Estudiante o al Visitante por Intercambio y el Formulario I-515, Notificación para 30 días de Admisión, será emitido al visitante por intercambio quien tendrá 30 días para presentar la documentación al buró del BCBP.

Paso 5 – Mantenimiento del Estatus

Un Visitante por Intercambio debe completar el programa para el cual fue admitido previamente a la fecha de expiración de su estatus. Sin embargo, un estudiante elegible para reingresar al instituto académico, deberá tomar vacaciones por un verano entre semestres, en EE.UU.

Los patrocinantes deben notificar por escrito a los administradores del programa en el Departamento de Estado, si se han retirado o si han completado un programa de 30 o más días antes de la fecha de finalización en su DS-2019, o si el programa ha sido cancelado.

El visitante por intercambio tiene que notificar al DSO dentro de los 10 días, de un cambio de nombre o dirección. El DSO tiene 21 días para actualizar SEVIS.

Los hijos dependientes J-2 pueden matricularse para estudiar tiempo completo en una escuela elemental, intermedia o secundaria. Los cónyuges J-2 no pueden matricularse en cursos de educación post secundaria sin obtener el estatus F-1 o J-1. El extranjero principal J-1 no puede aceptar empleo a menos que obtenga aprovación anticipada. Vea el siguiente paso 6.

Paso 6 – Empleo/Entrenamiento

Hay varias formas disponibles para empleo o para entrenamiento.

Opción Uno – Empleo del Estudiante

Una solicitud de empleo puede ser hecha por escrito dirigida al oficial responsable o al consejero estudiantil internacional, quien deberá evaluar el empleo propuesto en relación a su programa académico y su situación personal. Si es aprobado, el empleo podrá ser permitido por una vez y hasta por un año.

El estudiante con visa J-1 empleado está limitado a 20 horas semanales de trabajo, excepto durante los recesos escolares y las vacaciones anuales.

Hay tres tipos de empleo estudiantil:
- **Becas, pensiones o bolsas de trabajo** requeridas como empleo, usualmente ocurren dentro del campo universitario cuando la instituto académico es el empleador. Sin embargo, es posible obtener un empleo en un laboratorio de investigación privado o público, si un profesor lo supervisa en su trabajo lo que podría tomarse en cuenta más adelante en su trabajo.
- **En el campo universitario**, en trabajos no relacionados con los estudios son permitidos y en los cuales la escuela no es el empleador ni el trabajo está relacionad con el programa académico.
- **Fuera del campo universitario**, los trabajos son permitidos en casos de serias, urgentes e imprevistas circunstancias económicas que se presentan después de su llegada a EE.UU.

Opción Dos – Entrenamiento Académico

El entrenamiento académico es el nombre utilizado para ciertos tipos de empleo relacionados con el estudio. Ofrece una variedad de situaciones laborales que complementan un programa académico, durante y después del programa de estudios.

El entrenamiento académico está dividido **en entrenamiento antes de completar el programa de estudios** y **después de completar el programa de estudios**.

Entrenamiento antes de completar el programa de estudios

Usted puede interrumpir los estudios para trabajar a tiempo completo mientras está escribiendo su tesis. El límite es de 18 meses o por el tiempo que usted haya sido estudiante de tiempo completo, lo que suceda primero, a menos que el empleo sea un requerimiento de grado.

Entrenamiento después de completar el programa de estudios

Usted será elegible para un entrenamiento académico si usted presenta una oferta de empleo por escrito dentro de 30 días después de finalizar su programa. El límite es de 18 meses o del tiempo que sea estudiante de tiempo completo, lo que primero suceda.

Después de recibir un doctorado, usted es elegible para cualquier entrenamiento de post-doctorado menor o cualquier entrenamiento académico previo al recibir su certificado de doctorado.

Los entrenamientos académicos permiten trabajos de medio tiempo, cuando las clases están en sesión y de tiempo completo durante los períodos de vacaciones y en otras oportunidades como cuando se está escribiendo la tesis.

Para ser elegible para un empleo:
- La proposición inicial deberá ser como estudio más que como entrenamiento académico
- Usted debe tener un buen promedio académico en la institución académica indicada en su DS-2019
- El trabajo propuesto debe estar directamente relacionado con su principal campo de estudio
- Usted debe tener el permiso para permanecer en EE.UU. a través de todo su entrenamiento
- Usted debe mantener un seguro médico personal y para sus dependientes

a través de su entrenamiento académico

El empleo debe estar autorizado por todo el período de tiempo necesario para completar los objetivos y metas del entrenamiento, de tal manera que:

- El período de tiempo sea aprobado tanto por el Decano o Consejero y oficial responsable
- El empleo no puede exceder del período de:
  - el curso completo de estudios o de 18 meses, lo que suceda primero o
  - de 36 meses en los casos de doctorado
- Cualquier entrenamiento académico después de terminado el programa deberá ser reducido al período establecido para los entrenamientos académicos
- Cualquier entrenamiento académico después de terminado el programa implica que debe ser pagado
- La oferta de empleo es presentada por escrito al oficial responsable dentro de los 30 días de la finalización del programa

Si la autorización de empleo no es obtenida antes de dejar el país, puede ser difícil entrar nuevamente a EE.UU.

Los estudiantes con visa J-1 en programas para no graduados son también elegibles para entrenamientos académicos.

Para calificar, es necesario:

- Obtener una oferta escrita del posible empleador incluye:
  - su puesto
  - breve descripción de sus objetivos y metas de su trabajo
  - fecha y ubicación del empleo
  - número de horas semanales
  - el nombre y la dirección de su supervisor de entrenamiento
- Tenga una carta escrita de su consejero académico recomendando su entrenamiento académico a su Oficial Responsable de J-1, en la cual establezca que:
  - las metas y objetivos de un programa específico de entrenamiento
  - una descripción detallada del programa de entrenamiento
  - como se relaciona el programa de entrenamiento con los estudios
  - por qué es parte integral o critica del programa académico
  - aprobación del consejero por el período de tiempo necesario para completar los objetivos y metas del entrenamiento
- Si esta conforme, acuerdo por escrito del oficial responsable de su J-1
- El oficial responsable debe emitir, por una sola vez, una nueva DS-2019 por un máximo de 18 meses de entrenamiento de post-doctorado

Un máximo de 36 meses de entrenamiento práctico está permitido incluyendo los períodos previos y posteriores a la finalización del programa.

Opción Tres – Otras Opciones de Empleo

Como se indica en la introducción de esta Sección de Visa para Visitantes por Intercambio, hay varias opciones para una persona que quiera entrar a EE.UU. temporalmente para obtener experiencia de trabajo. El rango va desde médicos graduados y profesores hasta niñeras y consejeros de campo. Cada uno tiene sus propias reglas y restricciones relativas al empleo.

Los empleos para el estatus J pueden ser ofrecidos a cambio del pago de una tarifa, por todas las organizaciones de colocaciones autorizadas para emitir una DS-2019 que permite a un estudiante, a un recién graduado o a un joven profesión obtener el estatus temporal J-1. Las siguientes direcciones de Internet son ofrecidas sin recomendaciones como un servicio para aquellos quienes desean considerar el uso de una agencia de colocaciones:

AIESEC: www.us.aiesec.org/index.asp
Association for International Practical Training: www.aipt.org/index.html
CDS International: www.cdsintl.org/cdsctpinusaprogram.html
Institute of International Education: www.iie.org

Empleo del Cónyuge

El cónyuge puede trabajar con una Visa J-2 durante la estadía de su cónyuge J-1 después de presentar una solicitud y recibir el permiso del Centro de Servicio Regional del BCIS. El proceso toma unas 4 semanas.

Un estudiante J-1 debe actualizar el Formulario DS-2019 y una nueva le será emitida para el cónyuge.

Documentación y Evidencias de Apoyo:

- *Formulario del BCIS*
  - I-765, Solicitud de Autorización de Trabajo
- *Tarifas*
  - US $120
- *Fotografías*
  - 2 fotografías
- *Aprobación previa del programa*
  - DS-2019
- *Estatus inmigratorio actual y previo*
  - copia de las tarjetas I-94 del extranjero y dependientes
- *Evidencia de apoyo requerido para los dependientes*
  - carta explicando por qué el empleo es solicitado y que no es para apoyar al cónyuge con estatus J-1
- *Evidencia adicional*
  - Carta del Consejero Estudíantil para Extranjeros confirmando que el estudiante está matriculado y desempeñándose satisfactoriamente para obtener su grado
- *Prueba de solvencia o apoyo económico*
  - origen y montos del apoyo económico del cónyuge del extranjero y evidencia de que el ingreso laboral no es requerido para apoyar al J-1

Paso 7 – Cambio de Programas

Si un estudiante decide cambiar de instituto académico antes de graduarse y antes de que expire su visa J-1, su decisión dependerá de si su I-94 muestra una fecha específica de expiración o de duración de estatus (D/S).

Si su I-94 muestra una Duración de Estatus (D/S Duration of Status), el proceso consta de tres parte:

Parte Uno – Preparación del Formulario
- Llenar y firmar la página blanca del Formulario DS-2019

Parte Dos – Abandonar otro Programa
- Tenga presente que el oficial responsable de la J-1 completa y firma la esquina baja derecha de todas las tres copias de su DS-2019 que le permite el segundo patrocinio escolar

Parte Tres – Notificando al BCIS
- Lleve el Formulario DS-2019 al Oficial Internacional de la segunda institución, quien:
  - enviará por correo la copia amarilla al BCIS
  - regresará la copia rosada a usted

Si su I-94 muestra una fecha de expiración específica, usted debe enviar por correo la solicitud al Centro de Servicios regional del BCIS que tenga jurisdicción sobre la nueva escuela.

Documentación y Evidencias de Apoyo:
- *Formulario del BCIS*
  - I-539, Solicitud de Extensión/Cambio de Estatus de No Inmigrante
- *Tarifa*
  - US $140
- *Aprobación Previa*
  - ambos lados de la página blanca del DS-2019
- *Estatus inmigratorio actual y previo*
  - copias de los DS-2019 previos
  - copias del frente y del reverso del I-94, Registro de Llegadas/Salidas del extranjero y de sus dependientes J-2

El trabajo para la nueva institución no puede comenzar hasta que los documentos sean recibidos del BCIS.

Paso 8 – El Requerimiento de Residencia de Dos Años (HRR)

Opción 1 - Prestando servicio por Dos Años de Residencia (HRR)

Como previamente se expuso, después de que se haya obtenido el estatus J, el BCIS decide quien está sujeto a los dos años de residencia. Esto es para asegurarse que los participantes en el programa de visitantes por intercambio compartan con sus compatriotas sus conocimientos, experiencia e impresiones obtenidas durante su estancia en EE.UU.　　　　*Ref: 9 FAM 41.53; INA 101(a)(15)(H); 8 USC 212 (e)*

Los Visitantes por Intercambio están sujetos al requerimiento de regresar a su país por 2 años (HRR), si:
- Reciben financiamiento del gobierno americano o de uno extranjero, para sus estudios o entrenamiento en EE.UU.
- Se han registrado en programas de estudios o entrenamiento en áreas

consideradas de importancia en sus países de origen, y que se encuentran en la "lista de especialidades" que el administrador del programa mantiene en consulta con los gobiernos extranjeros
- Entraron a EE.UU. con el propósito de realizar entrenamiento o de educación para médicos graduados

Un extranjero no está sujeto a un programa de Residencia de 2 años (HRR) cuando se demuestra lo siguiente:
- Por decisión del oficial de inmigración acerca del DS-2019 inicial, estableciendo que el extranjero no está sujeto al programa HRR (ver en la esquina izquierda de la parte de abajo del DS-2019 y la visa estampada en el pasaporte)
- La participación del J-1 no fue fundamentada ni total ni parcialmente, ni directa o indirectamente, para el propósito de intercambio, ni por el gobierno del país de origen ni por el gobierno americano
- Las especialidades en el programa de entrenamiento del extranjero que se han descrito en el DS-2019 no se encuentran en la lista de necesidades urgentes de su país de origen (de acuerdo a la Lista de Especialidades para Visitantes por Intercambio del Gobierno de EE.UU.)
- El J-1 no participó en un programa de entrenamiento o de educación para médicos graduados
- El J-2 no es para los dependientes de un Visitante por Intercambio sujeto al programa HRR

Si un extranjero está sujeto a los dos años de HRR:
- Se le permiten visitas a EE.UU., pero los períodos de estadía serán substraídos del período de programa de residencia HRR
- El tiempo de residencia en un tercer país no se considerará dentro de los 2 años de HRR
- Trabajando para un empleador del país de origen en un tercer país, tal como el gobierno, no se considerará dentro del programa de dos años HRR
- No es posible cambiar de estatus al de residente permanente, o al de no inmigrante H-1 o al estatus L hasta que se pruebe que se ha renunciado a los dos años de HRR o que se hubiere ya servido el mismo *Ref: 9 FAM 40.202*

Es aconsejable proveer prueba documental de haber residido y trabajado en el país de origen por dos años completos para cumplir con los requisitos del HRR.

Opción 2 – Exención al Requerimiento de Residencia de Dos Años (HRR)

Los visitantes por intercambio sujetos al Requerimiento de Residencia de Dos Años en el Pais de Origen por dos años, pueden solicitar una exención amparados en una de las cinco condiciones siguientes:
- Una declaración de No Objeción del país de origen del visitante
- Una solicitud de una dependencia interesada del gobierno de EE.UU.
- Una solicitud hecha por un estado en nombre del visitante por intercambio que busca entrenamiento o educación para médicos graduados en EE.UU.
- Un temor razonable de persecución si retorna al país de origen
- Obstáculos excepcionales para el cónyuge o hijos del visitante, que sean ciudadanos americanos

La División del Departamento de Estado para la Revisión de Exenciones hace recomendaciones al BCIS sobre las exenciones para 2 años HRR.

Los solicitantes pueden obtener información general solicitándola por escrito a través del fax No. (202) 647-3000. La División Pública de Información puede ser contactada a través del (202) 663-1225.

El 17 de Marzo de 1997, la USIA reformó su lista de especialidades, de de los cuales, se carece en un país en particular. Las estudiantes con estatus J-1 que se encuentren estudiando una de las áreas incluidas en dicha lista, no podrán cambiar de estatus antes de servir los 2 años de HRR o de obtener una exención. La lista está disponible en la siguiente dirección del internet: dosfan.lib.uic.edu/usia/GC/gc_docs/j-exchange.htm.

Los solicitantes deberán ser advertidos que las exenciones no son fácilmente otorgadas, a pesar de que la ley permite una solicitud cada 6 meses. Con una exitosa tasa del 91% en 1997, se lograron cinco alternativas que deben ser seguidas para obtener una exención de Requerimiento de Residencia. Estas son:

Alternativa 1 – Sin Obligación de Regresar – NORI (No Obligation to Return)

Consiste en una declaración de "no objeción" emitida por el gobierno del país de origen del visitante, usualmente a través de su consulado. En 1997, el 68% de las 5752 solicitudes de exención cayeron dentro de esta alternativa. El proceso deberá comenzar 6 meses antes de que expire el estatus J. La NORI es un importante aspecto del proceso de exención pero también se requiere de documentación de apoyo.

NORI es emitida rutinariamente por la mayoría de los países europeos, pero su valor es limitado. Por otra parte, los ciudadanos de India han encontrado que es una exitosa propuesta de acercamiento.

El proceso NORI incluye:
- Obtener una solicitud para NORI del consulado americano en el país de origen
- Completar el formulario por cuadruplicado ante notario y devolverla al consulado
- El consulado lo endosa y le regresa el formulario al extranjero para que obtenga una declaración o autorización para NORI de tres oficinas gubernamentales de su país de origen, tales como:
  - Oficina local de pasaportes
  - Gobierno estatal
  - Ministerio de Educación federal
  - Ministerio de Salud (en el caso de los médicos)
  - Policía
  - Autoridades de Impuestos
- Cada oficina envía una declaración para NORI al extranjero y al consulado de su país en EE.UU. para que sea remitida a su embajada en EE.UU.
- La embajada envía una declaración para NORI al administrador del programa
- El administrador del programa hace una recomendación al BCIS
- El BCIS finalmente emite la exención

Nadie puede apelar la negativa a la solicitud de exención fundamentada en una declaración de "no objeción".

Alternativa 2 – Oficina de Gobierno Interesada

Una Oficina de Gobierno Interesada (IGA - Interested Government Agency) tal como la NASA, la CIA, el Departamentos de Comercio, Salud o Defensa que deseen emplear una extranjero con estatus J-1 sujeto al Requerimiento de Residencia de Dos Años para trabajar en asuntos relacionados con seguridad, investigación u otros trabajos, deberán solicitar una exención del Requerimiento de Residencia. Esta alternativa ha sido encontrada en un 15% de todas las solicitudes de exención en 1997.

Las solicitudes deben ir acompañadas con documentación convincente y lo suficientemente sustentada que demuestre:

- Que su investigación u otro trabajo será para dirigir el desarrollo de un producto o tecnología que le dará a EE.UU. una ventaja tecnológica o abrirá un mercado

El proceso de petición por la Agencia de Gobierno Interesada (IGA) incluye:

- La IGA examina el caso y decide si solicitará una exención ante el administrador del programa
- El extranjero completa y presenta una Carpeta con toda la información del Programa para el Visitante por Intercambio
- El administrador del programa remite su recomendación directamente a la oficina del BCIS local
- El BCIS envía al solicitante un Formulario I-797C Notificación de Acción (Notice of Action) con acuse de recibo y señala que toma de 30 a 60 días procesar el caso
- El BCIS envía la carta final al solicitante (el BCIS usualmente acepta una recomendación para exención)

Un empleador puede escribir una carta de apoyo al extranjero como beneficiario de una petición con una agencia gubernamental interesada. La Agencia de Gobierno Interesada IGA puede entonces actuar como patrocinante para una exención. Sin embargo, cartas al administrador del programa o representantes del Congreso, solamente sirven para retardar el proceso.

Una universidad debe demostrar, a través de una extensa documentación, que EE.UU. podrían obtener una ventaja significativa, generalmente en términos de una contribución al campo de la educación o para finalizar exitosamente un proyecto que es de gran interés para el Departamento de Educación.

Este proceso puede tomar de cuatro a seis meses, una vez que todos los papeles y documentación necesaria han sido presentados a la Agencia de Gobierno Interesada.

El Departamento de Desarrollo Urbano y Residencial (HUD – Department of Housing and Urban Development) anunció que no aceptará recomendación de exención para médicos sujetos al Requerimiento de Residencia de Dos Años para estatus J-1.

Ref: HUD, December 13, 1996

Alternativa 3 – La Reforma Estatal de Enmienda Conrad – Programa State 30

La Reforma Estatal de Enmienda Conrad de 30 Exenciones para Médico Extranjeros Graduados, permite a cada estado participante obtener una exención de Requerimiento de Residencia de Dos Años con la finalidad de traer 30 médicos a aquéllas áreas en donde exista carencia de los mismos. El programa fué extendido hasta el 2004 y la cuota a 30.   *Ref:Pub.L 107-273*

Casi el 10% de las solicitudes para exenciones hechas en 1997, fueron en nombre de Médicos Extranjeros Graduados (FMGs) quienes entraron a EE.UU. para un programa de educación o entrenamiento médico y estaban sujetos al Requerimiento de Residencia (HRR) en su país de origen.

Actualmente, la Comisión Regional de los Apalaches (Appalachian Regional Commission) es como una agencia de gobierno interesada en nombre de médicos graduados buscando una exención del Requerimiento de Residencia. El Departamento de Agricultura puso término a su programa de exención en el 2002. Si la excención es aprobada, los doctores proveen cuidados médicos generales a americanos que viven en áreas con carencia de profesionales de la salud y sin un adecuado acceso a servicios médicos y en donde hay pocos doctores, tales como las áreas rurales o ciudades del interior. Sin embargo, solamente 20 exenciones pueden ser permitidas para cada estado cada año, de allí el nombre de Programa Conrad 30.   *Ref: Pub. L. 103-416*

Las solicitudes deben venir del Departamento de Salud de cada estado designado a través de una carta dirigida al administrador del programa, en la cual establece que es de interés público que el extranjero permanezca en EE.UU. y debe enviarse conjuntamente con la información anexa. Los médicos deben demostrar la buena fe de la oferta del empleo de tiempo completo en un centro médico designado por la Secretaría de Servicios Humanos y de Salud que tenga una carencia de profesionales médicos y presente un contrato firmado, por medio del cual el médico acuerda prestar sus servicios por un mínimo de 3 años. El organismo estatal podría confirmar que intentará renovar el contracto después del período inicial de 3 años.   *Ref: 22 CFR 514.44 (e)*

Documentación Requerida
- Un Contrato de Empleo con una duración de 3 años por lo menos con 40 horas a la semana de cuidados generales médicos en un Area con Carencias de Profesionales de la Salud (Health Professional Shortage Area "HPSA") designada para cuidados generales, o en Area Destinada Médicamente (Medically Underserved Area "MUA") designada o cuidado psiquiátrico en un Area con Carencia de Profesionales para la Salud ("MHPSA")
- Dos declaraciones escritas en las cuales debe indicarse:
  - que el centro está localizado en un área designada HPSA, MHPSA o MUA y que allí se proveen servicios de cuidado médico para pacientes elegibles e indigentes, sin seguro (Medicaid o Medicare)
  - Que el médico graduado no tenga pendiente de aprobación ninguna solicitud estatal o federal y que no intente que otra agencia haga en su nombre, otra solicitud

Alternativa 4 – Temor de Persecución

Menos del 1% de todas las solicitudes para exención fueron fundamentadas en el miedo a la persecución que tenga el visitante si tuviera que regresar a su país, por razones de raza, religión u opiniones políticas.

El Formulario I-612 del BCIS tiene que ser presentado para una recomendación.

Si el BCIS encuentra una probabilidad de persecución, el formulario es remitido a la Oficina de Democracia, Derechos Humanos y del Trabajo del Departamento de Estado para su recomendación. La decisión depende directamente del riesgo de persecución.

Obstáculos extremos para un residente permanente o un ciudadano americano, cónyuge o hijos puede constituir una razón para una exención. Los obstáculos económicos o de reubicación no son necesariamente suficientes.

Residentes calificados de la República Popular de China pueden tener la ventaja de una exención colectiva.

Alternativa 5 – Dificultades Excepcionales

El 6% de todas las solicitudes de exención se basan en dificultades excepcionales para los cónyuges y/o hijos del extranjero que sean residentes permanentes o ciudadanos americanos.

Esta alternativa también requiere la presentación del Formulario I-612 del BCIS. Si se determina que existen dificultades excepcionales, el BCIS, el cual se remite a la División de Revisión de Exenciones del Departamento de Estado.

Si el financiamiento dado por el gobierno americano se utilizo para el estatus de Visitante por Intercambio, se solicitará la opinión de la agencia que otorgó el financiamiento. Queda entonces bajo la responsabilidad de la División para la Revisión de Exenciones, evaluar todos los méritos del programa, política y las consideraciones de relaciones extranjeras contra las dificultades excepcionales que pudieran sucederle a los cónyuges y/o hijos del extranjero que sean residentes permanentes o ciudadanos americanos, si el programa de 2 años-HRR fuera impuesto. Las decisiones se hacen caso por caso. Las consideraciones incluyen:

- El monto y fuente del financiamiento
- Condiciones generales del país de origen
- La ausencia de objeciones
- La condición médica crónica del cónyuge y/o hijos
- La seguridad del cónyuge y/o hijos en el país de origen
- La existencia de una orden de custodía infantil
- El servicio militar que podría evitar que el cónyuge acompañe al solicitante
- El estatus marital e hijos del solicitante

Cuando solicite una exención considere que:

- No es necesario tener ya un trabajo en EE.UU. para aplicar por la exención
- Cuando un extranjero a quien se le ha otorgado una exención para HRR, vuelve a renovar la J-1, nuevamente queda sujeto a todas las reglas del programa de 2 años HRR
- El reembolso de los fondos del HRR tal como los pagos universitarios, no constituyen razones para una exención
- Por la complejidad del proceso, es aconsejable solicitar la asistencia del Oficial Estudiantil Internacional

Documentos y Evidencias de Apoyo:
- *Formularios del DOS y BCIS*
  - DS-3035, Solicitud de Revisión de Visa de Exención J-1
  - I-612, Solicitud de Exención del Requerimiento de Residencia de Dos Años (Se usa sólo con las alternativas 4 y 5)
- *Tarifas*
  - US $230 for DS-3035 (Pagadero al Departamento de Estado)
  - US $195 para el I-612 (Pagadero al BCIS)
- *Estatus nmigratorio actual y previo*
  - I-94, Registro de Llegadas/Salidas (I-94 Arrival/Departure Record) si lo Solicita en EE.UU.
- *Documentación adicional*
  - evidencia documentada relativa a persecución o a obstáculos excepcionales
- *Documentación civil*
  - pueba del nacimiento, si el cónyuge o los hijos son ciudadanos americanos por nacimiento o
  - prueba de ciudadanía americana, del cónyuge o hijos nacidos en otro país, tal como:
    - matrimonio
    - terminación del matrimonio
    - acta de nacimiento
    - declaración de fechas y puertos de entrada de todas las entradas y salidas hechas por el cónyuge o los hijos a EE.UU.
    - certificado de naturalización del cónyuge o los hijos (si ocurrió dentro de los 90 días de haber presentado el Formulario I-612)

Antes de solicitar otros cambios de estatus en el Programa de Visitantes por Intercambio, los solicitantes deben investigar si se han implementado tarifas adicionales.

El Departamento de Estado tiene un servicio de información sobre los resultados de las solicitudes para las exenciones de HRR, a través del número telefónico (202) 663-1600 o en el Internet en: http://63.70.23.80. La linea de información del BCIS es (800) 375-5283.

Las solicitudes se hacen vía correo certificado con acuse de recibo a:
U.S. Department of State
Waiver Review Division
P.O. Box 952137
St. Louis, MO 63195-2137

La correspondencia para exenciones debe dirigirse a:
U.S. Department of State
Waiver Review Division
(Box 952137)
1005 Convention Plaza
St. Louis, MO 63101-1200

La documentación necesaria que no incluye honorarios de procesamiento se debe enviar a:

U.S. Department of State
Visa Services
Waiver Review Division
2401 E Street, N.W.
Washington, DC 20522-0106

Paso 9 – Restitución/Revalidación/Extensión o Cambio de Estatus

Solicitud al Departamento de Estado de EE.UU.

Cuando se solicita una restitución, una revalidación o una extensión, el Departamento de Estado debe estar convencido y satisfecho de que usted no va a intentar abandonar el Programa de Visitante por Intercambio.

Si su I-94 Registro de Llegadas/Salidas muestra la duración del estatus (D/S) en vez de una fecha específica de expiración, usted puede extender su DS-2019 en EE.UU.

Después de confirmar la necesidad de su restitución o extensión, el oficial responsable por la J-1 tomará su DS-2019 y enviará la copia amarilla, por correo al administrador del programa y le regresará la rosada a usted.

Solicitud al BCIS dentro de los EE.UU

De acuerdo a las instrucciones del Formulario I-539, si su I-94 Registro de Llegadas/Salidas muestra una DS-2019 fecha de expiración específica en vez de la Duración del Estatus o D/S, usted debe enviar por correo una solicitud de extensión, directamente al Centro de Servicio Regional del BCIS que tenga jurisdicción sobre el lugar de su residencia, dentro de los 45 días antes de que la fecha de su estadía expire.

Documentación y Evidencias de Apoyo:
- *Formulario del BCIS*
  - I-539, Solicitud de Extensión/Cambio de Estatus de No Inmigrante
- *Tarifa*
  - US $140
- *Estatus inmigratorio actual y previo*
  - DS-2019 original emitida por su Programa Patrocinante

Retener la copia del DS-2019 designado para la visa J-1.

Una solicitud para una exención del programa de 2 años-HRR podría conducir al Departamento de Estado y al Patrocinante para creer que los extranjeros intentan abandonar el programa de intercambio. De allí, que pudiera no ser exitosa una solicitud de extensión del estatus J-1.

Si su aplicación es aprobada, usted recibirá por correo una notificación de aprobación, la cual deberá mantenerse con su I-94 y con la copia de su DS-2019. Todos estos documentos en conjunto demostrarán su estatus.

Revalidación de la Visa por el Departamento de Estado (DOS)

Su permiso de estadía en EE.UU. finaliza en la fecha señalada en la tarjeta I-94, Registro de Llegadas/Salidas. Sin embargo, si su tarjeta tiene estampada la Duración del Estatus o D/S, usted debe permanecer hasta 30 días después de la fecha colocada en el Número 3 de su DS-2019.

Para extender su permiso de estadía en EE.UU., usted debe:
- Contactar a su Oficial Responsable de visa J-1 al menos 3 meses antes de la fecha de expiración en su DS-2019.
- Tener un progreso académico satisfactorio y adecuados fondos o
- Haber terminado su programa de estudios y querer participar en un programa académico o
- Estar participando en un programa de entrenamiento académico autorizado y requerir la extensión para la finalización del mismo (dentro del límite de tiempo establecido)

Entrar y Salir de EE.UU.

Saliendo y entrando nuevamente al país usando su nuevo DS-2019, extenderá su permiso de estadía. Esto no es una opción si usted está en Canadá, México o el Caribe por períodos que no sean mayores de 30 días, por lo que la inspector del BCBP sólo mantendrá intacta su nueva DS-2019.

Si usted sale de EE.UU., necesitará tener una visa J-1 válida en su pasaporte. Si la suya ha expirado, usted necesitará solicitar una nueva ante la embajada americana o consulado en el exterior.

Documentación y Evidencias de Apoyo:
- *Formulario del DOS*
  - DS-156, Solicitud de Visa de No Inmigrante
- *Tarifas*
  - US $100 no retornable para una Visa Leíble por Máquina(MRV)
  - la tarifa de reciprocidad debe ser igual a la tarifa establecida en circunstancias similares en el país de origen del extranjero
- *Pasaporte y fotografías*
  - pasaporte válido por lo menos 6 meses después de la estadía que se intenta
  - fotografía cuadrada de 50 mm (2") de frente con la cabeza sin cubrir (excepto para religiosos) con un fondo claro
- *Aprobación previa*
  - DS-2019
- *Evidencia adicional*
  - pasaportes de los dependientes
- *Prueba de solvencia o apoyo económico*
  - prueba del financiamiento y recursos financieros
- *Documentos civiles*
  - prueba de matrimonio y parentesco con los hijos

Solicitud al BCIS para el Cambio de Estatus a J dentro de EE.UU.

Si usted y sus dependientes están solicitando un cambio para el estatus J, usted debe enviar por correo su solicitud al Centro de Servicio regional del BCIS con jurisdicción sobre su localidad.

Documentación y Evidencias de Apoyo:
- *Formulario del BCIS*
  - I-539, Solicitud de Extensión/Cambio de Estatus de No Inmigrante
- *Tarifa*
  - US $140
- *Aprobación previa*
  - DS-2019, Certificado de Elegibilidad - Visitante por Intercambio(J-1)
  - I-94, original, Registro de Llegadas/Salidas para el extranjero y sus dependientes (si no está disponible, presente el Formulario I-102 Solicitud de I-94 con un honorario de US $100)

Retenga su copia de la DS-2019. El BCIS emite una I-797, Notificación de Acción que sirve como evidencia del cambio de estatus.

Solicitud al BCIS para Cambio de Estatus de J dentro de EE.UU.

Una petición para cambiar de estatus a una H-1 o Tarjeta de Residencia (Green Card) debe ser hecha tan pronto como sea recibida una recomendación favorable sobre la requisición de exención para los 2 años de HRR. No es necesario esperar por la exención final del BCIS. Se advierte que los procesos de LCA o la Certificación Laboral toman un tiempo largo en muchos estados.

Un extranjero puede solicitar una H-1B o residencia permanente mientras sirve el HRR. Si es aprobada , la visa puede ser emitida el día en que comienzan los 2 años. Esto es particularmente aconsejable para aquellos quienes pueden obtener visas permanentes sin el Certificado Laboral tal como la preferencia basada en la familia. Usted puede hacer su solicitud ante la embajada o el consulado de EE.UU. en su país de origen.

Es posible aceptar una posición universitaria sobre la base de terminar los primeros 18 meses con la visa J-1 para entrenamiento práctico, entonces regresar a casa por 2 años antes de regresar a EE.UU. El solicitante debe asegurarse de que:
- El empleador esta dispuesto a mantener el puesto por 2 años y patrocinar al extranjero para solicitar una visa H-1 y luego regresar a los EE.UU., o
- Si una solicitud de exención para HRR ha sido presentada y hay una seguridad razonable de que será emitida, el empleador puede patrocinarlo para solicitar una visa H-1

Un extranjero con visa J-1 para Visitante por Intercambio sujeto al Requerimiento de Residencia en el extranjero quien no haya recibido la exención no es elegible para cambiar al estatus H-1 B, L o V.

Un extranjero con visa J-1 para Visitante por Intercambio, cuyo estatus fue con el propósito de recibir entrenamiento médico para graduados es inelegible para cambio de estatus a menos que la exención sea obtenida bajo el Programa Conrad 30.

Cambio de estatus a H-1B después de Terminar los Estudios – Efectos de la cantidad para H-1B

Al completar todos los programas de estudios, un extranjero con visa de no inmigrante J-1 puede buscar empleo con un estatus H-1B siempre y cuando no estén sujetos a un programa de HRR. Sin embargo, hay un límite anual en el número de visas H-1 B emitidas para cada año fiscal, por tanto la petición hecha en el nombre del extranjero con visa J-1, no puede ser procesada para comenzar a trabajar en la misma fecha en que comienza el año fiscal, si ya ha sido agotada la cantidad anual de visas H-1B.

Una nueva regla implementada el 15 de Junio de 1999 permite al BCIS extender el período de duración del estatus de ciertos extranjeros con visa para no inmigrantes J-1, mientras el BCIS procesa su petición para el cambio de estatus al H-1B con fecha de comienzo del trabajo en el año fiscal siguiente. El empleo o cualquier otra actividad inconsistente con los términos de la visa J-1 no se permite sin la autorización del BCIS hasta que el número de visas H-1B esté disponible y el BCIS haya aprobado el cambio de estatus para una fecha posterior al 1° de Octubre, fecha de comienzo el año fiscal.

Ref: 64 FR 32146

A los extranjeros con visa J-1 y sus dependientes con visa J-2, no les será exigido abandonar el país para que no pierdan su estatus y pueden permanecer en EE.UU. esperando que nuevamente haya disponibilidad de visas H-1B el 1° de Octubre del próximo año fiscal.

Ref: 64 FR 32146

M

Estudiante Vocacional o No Académico

El estatus M está reservado para "aquéllos que estudiarán cursos no académicos o vocacionales y que teniendo su hogar en el extranjero, regresarán a su país una vez que finalicen sus estudios. Esta clasificación puede incluir al cónyuge o a los hijos tenidos fuera del matrimonio menores de 21 años".   *Ref: INS ER 806 3-8-94*

A pesar de que el estatus M es para estudios académicos menos formales, exige muchos de los prerequisitos y limitaciones que aplican al estatus F. Un extranjero es admitido inicialmente como máximo un año con posibles extensiones en el caso de que los estudios se extiendan más tiempo.

Un estudiante M-1 no debe cambiar a una clasificación de estatus H, aunque el entrenamiento recibido le ayude a calificar para dicho estatus. Sin embargo, con la transferencia a otra escuela durante los primeros 6 meses, se permite el cambio al estatus F-1.

Las sub-categorías son:
- M-1 – Estudiante Vocacional u otro Estudiante No Académico Reconocido
- M-2 – Cónyuge e hijos del extranjero clasificado M-1
- M-3 – Estudiante que Conmuta en la Frontera – Canadá o México
  Ref: 9 FAM 41.12; INA 101(a)(15)(M); 67 FR 54941

Proceso de Admisión

Paso 1 – Aceptación por una Institución Acreditada

El proceso de solicitud es similar al establecido para la F-1

Un estudiante debe ser aceptado por una institución aprobada por el SEVIS antes de presentar una solicitud de visa ante la embajada americana o consulado de EE.UU. en el extranjero. Un I-20 del SEVIS es emitido para el estudiante y cada dependiente

Documentos requeridos por la institución incluyen:
- Solicitud de admisión
- Diplomas, reportes oficiales (traducidos al inglés)
- Transcripciones escolares
- Fotografía reciente
- Evidencia de competencia en el idioma inglés, tal como el TOEFL

La documentación adicional que pudiera ser requerida:
- Tarifa de la Solicitud/ Depósito para la Matrícula

- Solicitud y depósito de vivienda
- Recomendaciones personales
- Información médica

Bajo aceptación, la escuela emite:
- La carta de aceptación
- Un Formulario I-20 del SEVIS, Certificado de Elegibilidad a cada extranjero principal y dependientes con su número propio de identidad

Todos los estudiantes deben estar protegidos con un seguro médico. Si ellos eligen no tomar el seguro disponible en la institución académica, entonces deberán estar asegurados por cual quiera otra compañía. Los estudiantes también deben presentar la prueba de inmunización requerida.

En el 2002, las regulaciones fueron enmendadas para permitirles a los nacionales Mexicanos y Canadienses M-3 que viven cerca de la frontera y estudian tiempo completo o partial, que puedan viajar regularmente hacia una institución educacional de EE.UU., dentro de las 75 millas de dicha frontera.   *Ref: Pub. L. 107-274*

Paso 2 – Autorización para la Solicitud Inicial

Opción 1 – Por el BCIS en los Estados Unidos

Un estudiante quien ya se encuentre en EE.UU. con un estatus inmigratorio legal, puede aplicar ante la oficina del BCIS local que tenga jurisdicción sobre el área donde la institución esté localizada.

Documentación y Evidencias de Apoyo:
- *Formulario del BCIS*
  - I-539, Solicitud de Extensión/Cambio de Estatus de No Inmigrante
- *Tarifa*
  - US $140
- *Pasaporte*
  - pasaporte válido por lo menos 6 meses después de la estadía que se intenta
- *Aprobación previa*
  - SEVIS I-20, Certificado de Elegibilidad para No Inmigrante (M-1) de la institución académica
- *Prueba de solvencia o apoyo económico*
  - el solicitante debe tener suficientes fondos para pagar los gastos de estudios así como su propia manutención durante el programa

Opción 2 – Por el Departamento de Estado (DOS) en el Exterior

La solicitud debe ser hecha ante la embajada o consulado de EE.UU. El Oficial Consular no puede emitir un visa M-1 hasta no recibir la información electrónica aprobada presentada por la institución reconocida. DOS debe notificar a la escuela cuando se le otorga una visa a un nuevo estudiante o se le renueva.   *Ref: 9 FAM 41.61*

Documentación y Evidencias de Apoyo:
- *Formulario del DOS*
  - DS-156, Solicitud para Visa de No Inmigrante

- *Tarifas*
  - US $100 no retornable para una Visa Leíble por Máquina (MRV)
  - la tarifa de reciprocidad debe ser igual a la tarifa establecida en circunstancias similares en el país de origen del extranjero
- *Pasaporte y fotografía*
  - pasaporte válido lo menos 6 meses después de la estadía que se intenta
  - fotografía cuadrada de 50 mm (2") de frente con la cabeza sin cubrir (excepto para religiosos) con un fondo claro
- *Aprobación previa*
  - SEVIS I-20 - Certificado de Elegibilidad para No Inmigrante (M-1) emitido por la institución académica
- *Evidencia del extranjero para cumplir con lo requerido*
  - prueba de competencia en el idioma inglés
- *Prueba de solvencia o apoyo económico*
  - evidencia de recursos financieros adecuados para cubrir los gastos para el programa completo:
  - ayuda financiera escolar
  - fondos personales y familiares
  - asistencia gubernamental
- *Evidencia de que la estadía en EE.UU. es temporal (con intención de salir)*
  - evidencia de buena fe que el estudiante intenta regresar a su país de origen

Paso 3 – Autorización del BCBP en el Puerto de Entrada

Un estudiante potencial puede entrar como un visitante con visa B-2 para comparar y buscar la información escolar, teniendo una nota de "intención de estudiar" ("intending student") en su I-94. Sin embargo, ningún inmigrante B puede matricularse en una escuela hasta que el estudiante haya solicitado y recibido aprobación del BCIS para un Cambio de Estatus a M-1. Un estudiante M-1 y el cónyuge M-2 e hijos menores pueden venir 30 días antes de comenzar los estudios.   *Ref: 67 FR 18062*

Documentación y Evidencias de Apoyo:
- *Pasaporte*
  - pasaporte válido por lo menos 6 meses después de la estadía que se intenta (ciudadanos canadienses exento)
- *Aprobación previa*
  - Un SEVIS I-20 de la institución académica
  - Visa del DOS
- *Evidencia adicionales*
  - copia de toda la documentación presentada previamente en el consulado americano en el extranjero
- *Prueba de solvencia o apoyo económico*
  - el solicitante debe tener suficientes fondos para pagar los gastos de estudios así como su propia manutención durante el programa

El Inspector de Inmigración debe:
- Emitir y fechar un I-94 al estudiante y cada miembro de la familia
- Admitir al cónyuge e hijos menores que sean elegibles para el estatus M-2

- Enviar el Formulario I-20 al BCIS para su tramitación
- Notificar a la institución cuando el estudiante y cada miembro de la familia es admitido
- Informar que no se permite el empleo no autorizado

Si el estudiante deja de matricularse, la institución tiene que avisarle al BCIS dentro de los 30 días posteriores a la fecha tope.

Si el SEVIS I-20 o la evidencia de la solvencia financiera no está disponible, el inspector del BCBP puede permitir la entrada temporal. Si se ha recibido la confirmación de la admisión por parte del ente escolar, Formulario I-515, Notificación al Estudiante o Visitante por Intercambio éste debe ser completado así como el Formulario I-515a, Notificación de 30 días para la Admisión emitida al estudiante quien tendrá 30 días para presentar la documentación faltante ante la oficina del BCBP.

Documentación y Evidencias de Apoyo:
- *Pasaporte*
  - pasaporte válido por lo menos 6 meses después de la estadía que se intenta
- *Aprobación previa*
  - SEVIS I-20 del extranjero principal
- *Evidencia adicional*
  - copias de toda la documentación presentada previamente ante el consulado americano en el exterior
- *Prueba de solvencia o apoyo económico*
  - evidencia de recursos financieros para cubrir todo el programa completo

Cada no inmigrante M-1 o M-2 tiene que presentar un SEVIS I-20 original emitido en su nombre por la escuela actual. El estudiante es admitido por un período de tiempo fijo, el necesario para completar el curso y el entranamiento de práctica después del completamiento de los estudios así como 30 días adicionales para salir de los EE.UU. pero que no exceda un total de un año.

Paso 4 – Mantenimiento del Estatus

Un estudiante debe completar el programa vocacional o no académico, previamente a la fecha de la expiración del estatus. Sin embargo, un estudiante que sea elegible para regresar a la institución académica, debe tomar, entre semestres, unas vacaciones de verano en EE.UU. Los dependientes pueden matricularse en escuelas elementales o secundarias.

La Ley de Reforma de la Inmigración Ilegal y de la Responsabilidad del Inmigrante de 1996 incluye varias regulaciones que afectan a los estudiantes extranjeros.

El DSO puede reducir el curso de estudios por hasta cinco meses y debe actulizar el SEVIS.

El cónyuge M-2 no se puede involucrar en un estudio a tiempo completo en una institución post secundaria pero los niños M-2 puede hacerlo en una escuela elemental, intermedia o secundaria. Los dependientes M-2 no pueden trabajar.

Paso 5 – Autorización de Empleo por el BCIS

Un empleo de medio tiempo está permitido en el campo universitario, pero un empleo fuera de campo está restringido al entrenamiento práctico requerido por el certificado o grado, con el permiso del BCIS. Los estudiantes deben solicitar un entrenamiento práctico para completar su programa.

El período máximo de tiempo para el entrenamiento es de un mes por cada 4 meses de estudios de tiempo completo, a un máximo de 6 meses más 30 días para salir del país.

Obtener una autorización laboral ahora es un proceso de 2 partes.

Parte Uno – Oficial Escolar Designado

Certificación del Oficial Escolar Designado para la institución académica (DSO) es requerida.

El requerimiento anterior para presentar un Formulario I-538 adjunto un Formulario I-20 ha sido completamente eliminado. Es ahora una función electrónica cuando el DSO introduce la información de certificación en SEVIS.   *Ref: 67 FR 76256*

Parte Dos – Solicitud al BCIS

El estudiante solicita personalmente ante la oficina local de BCIS, un Documento de Autorización Laboral (EAD - Employment Authorization Document) hasta 90 días antes de finalizar programa.

Documentación y Evidencias de Apoyo:
- *Formulario del BCIS*
  - I-765, Solicitud de Autorización de Trabajo
- *Tarifa*
  - US $120
- *Autorización requerida*
  - un SEVIS I-20 endosado para entrenamiento práctico por el DSO

El BCIS emite al estudiante:
- I-766, Autorización
- I-20, Endoso

El empleo sin autorización expone al extranjero a ser deportado.

Paso 6 – Cambio de Institución Académica por el BCIS en EE.UU.

Al ser transferido de escuela, el estudiante tiene que notificarselo a la escuela actual que actualizará el SEVIS para mostrar que el estudiante esta siendo transferido. El estudiante debe presentar el Formulario I-539 al BCIS en ese momento. El estudiante tiene 15 días para informar al DSO después de recibir la aprovación del BCIS.

La escuela a la que es transferido tiene que generar un I-20 SEVIS y el estudiante puede comenzar las clases mientras espera la adjudicación del BCIS.

Documentación y Evidencias de Apoyo:
- *Formulario del BCIS*
  - I-539, Solicitud de Extensión/Cambio de Estatus de No Inmigrante
- *Tarifa*
  - US $140
- *Aprobación previa*
  - I-20 de la nueva institución academica
- *Estatus inmigratorio actual y previo*
  - el anterior Formulario I-20 del estudiante
- *Evidencia adicional*
  - I-94 para el estudiante y su familia

La presentación electrónica del I-539 se espera para el 2005.

Paso 7 – Revalidación/Extensión/Cambio de Estatus

Solicitud al BCIS dentro de EE.UU.

Un estudiante con visa M-1 no puede perder su estatus. La visa M-1 le permite estar legalmente en EE.UU. por todo el tiempo que ha estado cumpliendo con todos los requerimientos para mantener el estatus. Para extender su estadía, los estudiantes M-1 deberán hacer la solicitud ante la oficina del BCIS que tenga jurisdicción sobre su escuela, entre los 15 a 60 días antes de que expire su estadía.

El estudiante tiene que solicitar una extensión con el Formulario I-539 y debe incluir al cónyuge e hijos en la solicitud. El tiempo acumulado de las extensiones está limitado a tres años desde el día de comienzo original de estudiante M-1 más 30 días para salir de los EE.UU.

Ningún visitante B puede matricularse en la escuela antes de la oprobación de cambio de estatus por el BCIS.

Documentación y Evidencias de Apoyo:
- *Formulario del BCIS*
  - I-539, Solicitud de Extensión/Cambio de Estatus de No Inmigrante
- *Tarifa*
  - US $140
- *Aprobación previa*
  - nuevo I-20, en el caso de que sea aplicable
- *Estatus inmigratorio actual y previo*
  - el anterior I-20 del estudiante
- *Evidencia adicional*
  - I-94 para los dependientes, si existen

El estudiante no debe enviar su I-94 o su pasaporte al BCIS.

Revalidación de la visa por el Departamento de Estado en el exterior

El Departamento de Estado no hace renovaciones de visa M en EE.UU. Sin embargo, las renovaciones pueden ser hechas ante la embajada o consulado de EE.UU. en el exterior, si se le presentan los mismos documentos requeridos para la entrada inicial.

Capítulo 5

Profesionales de Negocios

Varias opciones de visa está disponibles para los profesionales empresarios o de negocios que deseen trabajar en EE.UU. sobre una base temporal. Algunas clasificaciones le permiten una estadía de varios años.

El Capítulo 5 se enfoca en cuatro de las clasificaciones menos estrictas que permiten la entrada a empresarios, transferidos y entrenamiento así como a profesionales quienes se benefician del acuerdo NAFTA. Se encuentran incluidos:
- E   Representantes Comerciales o Inversionistas
- H   Profesionales, Trabajadores Temporales o en entrenamiento
- L   Transferencias entre Compañías
- TN Tratado NAFTA – Profesionales

Para seleccionar la calificación más apropiada, usted debe considerar:
- La duración y propósito de su estadía
- Sus planes de inmigración futuros
- Sus credenciales profesionales y de experiencia
- Disponibilidad de trabajadores americanos con similares calificaciones y
- La disposición de los empleadores americanos para asumir el complejo, tarifas y proceso extendido de aplicación para la visa.

Dependiendo de la duración de la estadía en EE.UU. o de otras circunstancias, los solicitantes mexicanos y los canadienses podrán entrar al país americano para realizar actividades de comercio, por cortos períodos de tiempo sin obtener una visa formal (Ver Capítulo 1).

Los Capítulos 6, 7 y 8 describen las clasificaciones con menos restricciones o con un criterio más especializado para la entrada.

E

Comerciantes o Inversionistas

El estatus E está disponible solamente para aquellos extranjeros que son nacionales de países que tienen un tratado comercial y de navegación con EE.UU. Estos tratados algunas veces son llamados tratados de amistad o tratados de inversión bilateral.

Para calificar, el extranjero debe venir a realizar un tratado substancial de bienes o servicios principalmente entre su país y EE.UU.

Las sub-categorías son:

- E-1 – Representante Comercial, cónyuge e hijos
  - la persona representa una compañía que va a celebrar un tratado con EE.UU. (la oficina de EE.UU. debe tener muchos negocios o tratados con el país de origen de la persona) o
- E-2 – Inversionista por Tratado, cónyuge e hijos
  - la persona está dirigiendo y desarrollando negocios en los cuales ellos han invertido un cantidad muy importante de capital.
      Ref: INS ER 806 3-8-94; INA 101(a)(15)(E)(i)(ii); 9 FAM 41.12

Mientras no existe una pauta financiera firme sobre el monto de la inversión requerida, US $100,000 es a menudo usado como una referencia.

El estatus E no debe ser confundido con un estatus inmigratorio basado en empleo como la Tarjeta de Residencia (Green Card) que se provee a los extranjeros dispuestos a invertir entre US $500,000 y un millón de dólares americanos en una compañía americana. Tal como se describe en la Parte III del Libro 1.

Para calificar por el estatus de Representante Comercial (E-1) en EE.UU.:
- Usted debe:
  - ser nacional del país del tratado
  - tener la misma nacionalidad que la compañía comercial con la que está tratando
  - estar empleado en una posición ejecutiva o supervisión o
  - poseer habilidades altamente especializadas esenciales para la eficiente operación de la compañía
- Su firma comercial debe:
  - tener un volumen considerable y continuo de comercio internacional de bienes, servicios y tecnología, y más del 50% de sus negocios deben ser entre EE.UU. y su país de origen
  - presentar evidencia que demuestre su comercio substancial a través de tres o más de los siguientes documentos:
    - facturas de desembarco

- recibos de aduana
- cartas de crédito
- documentación del seguro de los bienes importados
- transportador de inventarios
- catálogos comerciales
- contratos de ventas

Para calificar para el estatus de Inversionista por Tratado (E-2) en EE.UU.:
- Usted debe:
  - ser un nacional del país con el tratado
  - venir a EE.UU. a desarrollar y a dirigir la operación
  - tener control de los fondos y de la inversión que debe ser a riesgo
  - en una sociedad, presentar copia de los acuerdos de la misma con la declaración de la parte proporcional de la propiedad
- Su inversión debe:
  - ser un nuevo o pre-existente negocio americano
  - ser sustancialmente suficiente para asegurar una operación exitosa de la empresa
  - ser una operación real comercial y no especulativa o banal (los fondos no comprometidos no se toman en cuenta)
  - tener un impacto significativo en EE.UU. y no debe ser marginal, generando solamente un sistema de vida para el inversor y su familia
  - no tener préstamos garantizados con los activos de la empresa
  - estar apoyada por:
    - documentos constitutivos estatutarios de la empresa
    - pagos de la renta del negocio o equipo de oficina
    - licencia comercial
    - títulos de las acciones
    - facturas de publicidad
    - reportes anuales
    - certificación de la utilidad neta hecha por contadores profesionales certificados
    - cuentas bancarias comerciales para las operaciones de rutina y depósito

Ambas categorías están disponibles para los canadienses y mexicanos según los términos de NAFTA.   *Ref: DOS Publication 10074, August, 1995*

Proceso de Admisión

Paso 1 – Autorización por el Departamento de Estado (DOS) en el Exterior

La oficina consular debe aprobar la calificación del extranjero según lo previsto en el INA 101 (a)(15)(E).   *Ref: 9 FAM 41.51*

Si usted está viviendo fuera de EE.UU., no se le exige al empleador presentar una petición al BCIS para solicitar un original E-1 o E-2.

Ref: INS Instructions – Form I-129

El Departamento de Estado aconseja que los solicitantes de visa preseten su solicitud ante la embajada o consulado de EE.UU. con jurisdicción sobre el lugar de su residencia permanente a pesar de que ellos también pueden solicitarla en un tercer país. Después de una breve suspensión a finales de 2001 por razones de seguridad, se restableció el programa Nacional de un Tercer País.

Algunas de las oficinas fronterizas canadienses y mexicanas manejan casos E. A pesar de que todos los nacionales canadienses requieren una visa E, el consulado americano en Toronto es el único consulado en Canadá que procesa solicitudes para la visa E para los ciudadanos canadienses e inmigrantes también llegados al Canadá.

Ref: 9 FAM 41.2 (m)

El consulado americano en Ciudad de Juárez solamente acepta casos de residentes de Chihuahua y aquellos con empresas comerciales en Nuevo México o del Oeste de Texas (West Texas). El consulado americano en Tijuana no aceptará solicitudes para visas E de personas que no residan legalmente en México.

El DOS también aconseja que ninguna de las oficinas participantes acepten solicitudes de visa E TCN, a los solicitantes que no sean residentes en sus distritos consulares.   *Ref: DOS Publication - TCN Present in EE.UU.*

Documentos y Evidencias de Apoyo:
- *Formulario del DOS*
  - DS-156, Solicitud de Visa de No Inmigrante
  - DS-156E, Solicitud de no inmigrantes bajo el Tratado de Comerciante/Inversionista
- *Tarifa*
  - US $100 no retornable por una Visa Leíble por Máquina (MRV)
  - la tarifa de reciprocidad debe ser igual a la tarifa establecida en circunstancias similares en el país de origen del extranjero
- *Pasaporte y fotografía*
  - pasaporte válido por lo menos 6 meses después de la estadía que se intenta
  - fotografía cuadrada de 50 mm (2") de frente con la cabeza sin cubrir (excepto para religiosos) con un fondo claro
- *Estatus inmigratorio actual y previo*
  - I-94, Registro de Llegadas/Salidas, por ejemplo
- *Credenciales profesionales*
  - diploma universitario
  - documentación de apoyo
- *Evidencia de apoyo requerida*
  - una muy detallada carta explicativa de la compañía
  - formularios requeridos por la oficina consular para asegurarse que la compañía cumple con los requisitos de ley

- *Prueba de solvencia financiera*
    - extensa documentación para demostrar la solvencia financiera tal como una carta del banco
    - carta del empleador donde se confirme el salario, la función y el origen de los fondos
- *Autorización médica*
    - si la historia médica es inelegible
- *Evidencia que la estadía en EE.UU. es temporal (intención de salir)*
    - lazos familiares
    - copia de los boletos de regreso
    - intención de no abandonar el país de residencia en el extranjero

La tarifa de reciprocidad establecida por la emisión de la E-1 o la E-2 es aproximadamente la misma tarifa que se le establece a los ciudadanos americanos en el países de origen del extranjero.   *Ref: DOS Publication 10311, November, 1995*

Paso 2 – *Autorización del BCBP en el Puerto de Entrada*

La inicial E-1 o E-2 es válida máximo por 2 años, contados desde la fecha de entrada. Los titulares pueden residir en EE.UU. por todo el tiempo que ellos mantengan su estatus con la copañía. Los extranjeros con estatus E-1 o E-2 pueden traer a su cónyuge e hijos solteros menores de 21 años de edad. De acuerdo a la legislación de 2002, el cónyuge puede aceptar empleo.   *Ref: Pub. L. 107-124*

Opción 1 – Sólo para NAFTA
- Bajo los términos de NAFTA, los ciudadanos de Canadá y México pueden solicitar la visa directamente en el puerto de entrada de EE.UU. sin obtener una autorización para trabajar y sin las restricciones numéricas con tal de que:
    - tengan toda la documentación necesaria y hayan obtenido una ante la embajada o consulado de EE.UU. en su país de origen.
    - tengan un tratado sustancial sobre bienes y servicios principalmente entre su país y EE.UU.
    - establezcan, desarrollan, administren o provean asesoramiento o servicios técnicos principales para la operación de una inversión, en la cual se encuentre comprometido un monto importante de capital
    - tengan un cargo de supervisión o ejecutivo o estén involucrados de una manera esencial al proyecto   *Ref: NAFTA Annex 1603*

Opción 2 – Fuera de NAFTA
La fecha de expiración de la visa emitida por la oficina consular en la exterior, es el última fecha para aplicar en el puerto de entrada americano para obtener permiso para entrar a EE.UU.

La decisión de su admisión depende del Inspector de Inmigración. Si la admisión es aprobada, el oficial le validará su I-94 Registro de Llegada/Salida y estampará la nota por la duración de la estadía permitida.

Documentación y Evidencias de Apoyo:
- *Autorización previa del DOS*
  - Visa Leíble por Máquina emitida por el DOS (MRV) y colocada en el pasaporte
- *Documentos de evidencia requeridos*
  - carta del empleador confirmando la función, puesto, monto y origen del salario
  - los detalles de cómo la empresa califica para el estatus E
- *Evidencia de que la estadía en EE.UU. es temporal (con intención de salir)*
  - lazos familiares
  - copia de los boletos de regreso
  - intención de no abandonar la residencia en el exterior

Paso 3 – Renovación/Extensión o Cambio de Estatus

Solicitud ante el BCIS dentro de EE.UU.

El extranjero solicitante debe hacer su solicitud entre los 60 días antes y un año después de la fecha de expiración. Al extranjero se le permite permanecer en el país mientras su extensión es procesada.

El empleador del extranjero solicitante debe solicitar ante el Centro de Servicio regional en Texas o en California dependiendo de la localización de la empresa:
- Una extensión del estatus E o
- Un cambio de otro estatus al estatus E   *Ref: INS - Form I-129*

La decisión de negar u otorgar una solicitud solamente corresponde al BCIS, el cual emite un I-797, Notificación de Acción, aprobación de la extensión o del cambio del estatus. Las extensiones son por períodos hasta de 2 años sin número máximo.

Documentación y Evidencias de Apoyo:
- *Formularios del BCIS*
  - I-129, Petición de un Trabajador No Inmigrante
  - Página Suplementaria de la Clasificación E
  - I-126, Reporte del Estatus por el Representante Comercial o el inversionista
  - I-907, Solicitud de Procesamiento Premium, si se solicita (proceso más rápido)
- *Tarifa*
  - US $130 para el Formulario I-129
  - US $1000 para el I-907, si se solicita
- *Pasaportes y fotografías*
  - pasaporte válido por lo menos 6 meses después de la estadía que se intenta y con la visa actual para la misma clasificación (puede ser un pasaporte anterior)
  - fotografía de lo menos 40 mm de altura por 35 mm de ancho a color mostrando la oreja derecha, con la cabeza sin cubrir con un fondo claro
- *Estatus inmigratorio actual y previo*
  - copia del I-94, Registro de Llegadas/Salidas

- *Credenciales profesionales*
  - evidencia de la calificación profesional, habilidades, entrenamiento y educación del aplicante
- *Evidencia emitida por el empleador*
  - carta del solicitante explicando las razones para el cambio de estatus
- *Prueba de solvencia o apoyo económico*
  - el tratado sustancial en el caso de una petición de E-1
  - inversión sustancial en el caso de una petición de E-2
  - la no disponibilidad de trabajadores americanos en el caso de un empleado para gerencia/no ejecutivo
  - propiedad y nacionalidad tal como:
    - lista de los inversionistas con sus nacionalidades
    - títulos de las acciones
    - certificado de propiedad emitido por una embajada extranjera
  - carta confirmando salario, funciones y origen de los fondos
- *Documentos civiles que confirman la relación con los dependientes acompañantes*
  - nacimiento
  - matrimonio
  - divorcio o defunción del cónyuge
- *Autorización médica*
  - si la historia médica es inelegible
- *Evidencia de que la estadía en EE.UU. es temporal (con intención de salir)*
  - lazos familiares
  - boletos de regreso
  - intención de no abandonar la residencia en el exterior

Dependientes

Los dependientes del titular del estatus E debe presentar una solicitud de cambio o extensión de sus estatus, ante el Centro de Servicio regional del BCIS que tenga jurisdicción sobre su estado. Ellos pueden estudiar de tiempo completo o de medio tiempo. El cónyugue del extranjero puede obtener autorización de empleo como resultado de un proyecto de ley para proveer autorización de empleo para los cónyuges de los no inmigrantes bajo el tratado de comerciantes y el tratado de inversionistas que fué convertido en ley el 16 de Enero del 2002.   *Ref: Pub. L. 107-124*

Documentación y evidencias de apoyo para los dependientes de E-1 y E-2:

- *Formulario del BCIS*
  - I-539, Solicitud de Extensión/Cambio de Estatus de No Inmigrante
- *Tarifa*
  - US $140
- *Pasaportes y fotografías*
  - pasaporte válido por lo menos 6 meses después de la estadía que se intenta y con la visa actual para la misma clasificación (puede ser un pasaporte anterior)
  - fotografía de lo menos 40 mm de altura por 35 mm de ancho a color mostrando la oreja derecha , con la cabeza sin cubrir con un fondo claro

- *Actual y Previo estatus inmigratorio*
  - copia del I-94, Registro de Llegadas/Salidas
- *Credenciales profesionales*
  - evidencia de la calificación profesional, habilidades, entrenamiento y educación del solicitante
- *Evidencia emitida por el empleador*
  - carta del solicitante explicando las razones para el cambio
- *Documentación de apoyo emitida por el extranjero solicitante*
  - la petición presentada por el extranjero solicitante o la evidencia de que está en proceso su petición
  - una copia del I-94, Registro de Llegadas/Salidas del extranjero solicitante o una notificación de aprobación mostrando el estatus otorgado
- *Prueba de solvencia o apoyo económico*
  - documentación relativa emitida por el extranjero solicitante
- *Documentos civiles que confirman la relación con el extranjero solicitante*
  - nacimiento
  - matrimonio
  - divorcio
  - defunción del cónyuge
- *Evidencia de que la estadía en EE.UU. es temporal (con intención de salir)*
  - lazos familiares
  - copia de los boletos de regreso
  - intención de no abandonar la residencia en el exterior

Revalidación de Visas por el Departamento de Estado (DOS)

Después de que el BCIS ha extendido su estadía, su visa puede necesitar ser renovada antes de intentar entrar nuevamente a EE.UU. después de un viaje de negocios en el exterior. Dependiendo de cómo sean tratados los ciudadanos americanos en su país de origen en similares circunstancias, su visa original puede haber sido emitida con restricciones sobre el número de entradas a EE.UU. y su período de validez quizás sea de 6 meses a un año.

La solicitud para la renovación de la visa debe ser hecha ante la embajada o consulado de EE.UU. en su país de origen. Las revalidaciones también pueden ser hechas ante el consulado americano en México o Canadá, llamando al (900) 443-3131 para una cita.

No es posible obtener una tramitación o reporte de estatus expedito. Si usted no tiene tiempo de renovar su visa en EE.UU., usted debe solicitar personalmente ante la oficina consular del país de su país.

Como un servicio a los extranjeros en algunas clasificaciones, tales como la E, el Departamento de Estado renueva visas por correo dentro de EE.UU., si el tiempo lo permite. Para mayor información sobre revalidaciones y imprimir el Formulario DS-156, consulte: www.travel.state.gov/revals.html.

Documentación y Evidencias de Apoyo:

- *Formulario del DOS*
  - DS-156, Solicitud de Visa de No Inmigrante
  - DS-156E, Solicitud de no inmigrantes bajo el Tratado de Comerciante/Inversionista
- *Tarifa*
  - US $100 no retornable para una Visa Leíble por Máquina (MRV)
  - la tarifa de reciprocidad debe ser igual a la tarifa establecida en circunstancias similares en el país de origen del extranjero
- *Pasaporte y fotografía*
  - pasaporte válido por lo menos 6 meses con la visa anterior
  - fotografía cuadrada de 50 mm (2") de frente con la cabeza sin cubrir (excepto para religiosos) con un fondo claro
- *Estatus inmigratorio actual y previo*
  - original I-94, Registro de Llegadas/Salidas (no copia) o
  - I-797, Notificación de Acción, aprobación de la petición
- *Documentación de apoyo del empleador*
  - declaración financiera, impuestos y Formularios W-2 (E-2) para 10 o menos empleados
  - carta detallada y firmada en papel membretado, indicando:
    - el empleado
    - su posición e itinerario de viaje

Cuando se pague una tarifa por la reciprocidad de visa, incluya dos cheques certificados o giros postales, uno por la solicitud de la visa y el otro por la tarifa de reciprocidad. No se aceptan cheques personales.

Las solicitudes deben ser enviadas en sobre acolchado y cerrado (padded envelope) e inclur otro sobre igual pero ya con las estampillas de correo colocadas, para que sea usado para devolverle por correo la respuesta a su solicitud. Si se utiliza correo expreso, se requiere un recibo aéreo. El proceso puede tomar de 6 a 8 semanas. Llame al (202) 663-1213 para mayor información.

Las solicitudes ya completas deben ser enviadas por correo a:
U.S. Department of State/Visa
P.O. Box 952099
St. Louis, MO 63195-2099

También pueden ser enviadas por correo expreso a:
U.S. Department of State/Visa (Box 2099)
1005 Convention Plaza
St Louis, MO 63101-1200

H

Profesionales, Trabajadores Temporales o Entrenamiento

El estatus H contiene una amplia gama de empleo, entrenamiento y necesidades de residencia que va desde un profesional experimentado a uno en entrenamiento. Está reservado solamente para "aquéllos que vienen a EE.UU. a trabajar en un empleo temporal."   *Ref: ER 806 3-8-94*

Las sub-categorías son:
- H-1B – Profesionales u otros trabajadores especializados
  - ocupaciones especializadas y modelos de moda
- H-1C – Enfermeras en Areas de Salud con carencia de profesionales
  - enfermeras profesionales registradas (similares a la antigua H-1 A)
- H-2A – Servicios temporales para trabajo general - Servicios Agrícolas
- H-2B – Servicios temporales para trabajo general – Servicios No Agrícolas
  - especialidad en déficit de existencias
  - servicios de temporada no disponibles en EE.UU.
- H-3 – Entrenamiento Ocupacional/Visitante de Educación Especial
  - H-3 - En entrenamiento
  - en un programa de entrenamiento ocupacional formalmente establecido
  - en un programa no disponible en el país de origen
  - destrezas para ser usadas fuera de EE.UU.
  - H-3 - Visitante por Intercambio de Educación Especial
    - participante en una programa de visitantes por intercambio estructurado para educación especial, proveyendo entrenamiento práctico y experiencia en la educación de niños con discapacidad mental, física o emocional
- H-4 – Dependientes
  - H-4, Cónyuge e hijos solteros menores de 21 años del extranjero solicitante clasificado H-1, H-2 o H-3
    Ref: 9 FAM 41.12 / 53; INA 101 (a)(15)(H)

Un No Inmigrante con estatus H-1 B puede ser admitido hasta por 3 años inicialmente, y normalmente se extiende por otros 3 años o por todo el tiempo tal y como se indica en las siguientes páginas. Después de que expira el término completo de la H-1B incluyendo las extensiones, los extranjeros deben permanecer fuera de EE.UU. por un año antes de regresar con una H-1B por un nuevo período, a menos que ellos tengan una extensión especial de un año tal y como se indica en las páginas siguientes. Sin embargo, la entrada con otro estatus tal como H, L, V o residente permanente, es posible.

Con excepción de extranjeros en estatus H-1, L y V, los no inmigrantes viven en

EE.UU. con el riesgo de perder su estatus cuando ellos soliciten una Tarjeta de Residencia (Green Card). La doctrina de intentar una dualidad prevista por el INA permite a los extranjeros con visas de no inmigrantes H-1, L y V, buscar simultáneamente la residencia permanente o el estatus de inmigrante sin poner en peligro su estatus de no inmigrante. La doctrina del intento dual no se aplica a los extranjeros con estatus TN - NAFTA. Los procesos para la L, V y TN se explican más adelante.

El requerimiento de que un no inmigrante con estatus H-1 con residencia en un país extranjero tuviera la intención de marcharse de EE.UU., fue eliminado desde el 1° de Octubre de 1991 según la Sección 205 (e) de IMMACT90.   *Ref: Pub. L. 101-649*

Un extranjero totalmente calificado puede entrar con su cónyuge e hijos solteros. A pesar de que los dependientes no pueden emplearse, ellos pueden trabajar como voluntarios sin compensación, con organizaciones de servicio público tal como la Cruz Roja Americana.

Ley de la Competitividad Americana y Mejoras Laborales de 1998

Cuando la cuota anual de 65,000 visas H-1B fue alcanzada cuatro meses y medio antes de que finalizara el año fiscal de 1998, el Congreso aceptó H-1B con una duración a corto plazo, por la Ley de la Competitividad Americana y Mejoras Laborales de 1998 (ACWIA - American Competitiveness and Workforce Improvement Act) que se incluyó en el Presupuesto (Omnibus Budget Bill) firmado por el Presidente Clinton el 21 de Octubre de 1998. Se adicionó una tarifa de US $500 y un incremento en las cuotas anuales hasta un máximo de 115,000 en los años fiscales de 1999 y 2000.

Ley de la Competitividad Americana en el Siglo XXI de 2000

Después del cupo anual revisado de 115,000 visas emitidas en Marzo de 2000, el Congreso desarrolló otra pieza legislativa, la Ley de la Competitividad Americana en el Siglo XXI de 2000 para beneficiar áreas como la de información tecnológica, cuidado de salud y educación. Fue firmada por el Presidente Clinton el 17 de Octubre de 2000.
Ref: S.2045; Pub. L. 106-313

La ley dispuso de un cupo anual de 195,000 para los años fiscales de 2001, 2002 y 2003. Quedan exentos:
- Cualquier persona empleada o con un ofrecimiento de empleo por una institución de educación superior o relacionado con una entidad sin fines de lucro
- Un empleado de una organización sin fines de lucro o de una organización gubernamental de investigación
- Médicos quienes hayan recibido la exención del programa de 2 años HRR y cambiado al estatus H-1B
- Personas que han sido consideradas dentro del cupo en los pasados 6 años
- Los beneficiarios de aplicaciones múltiples, sólo si han sido considerados por primera vez

Notas: - las personas que se han cambiado a empleos no exentos se convierten en en sujetos de la cuota
- todos los casos presentados antes del 1° de Septiembre de 2000 son considerados dentro de la cuota para el año 2000

La ley también incluye:
- Extensiones por un año con un límite de más de 6 años:
  - si la Certificación Laboral o una petición I-40 basada en empleo ha sido presentada en un año
  - hasta la adjudicación de la solicitud de Ajuste de Estatus para un trabajador con visa H-1B quien es beneficiario de una petición basada en empleo y sujeto al límite por país
- Trabajadores con H-1B pueden cambiarse de empleo tan pronto como su nuevo empleador presente una petición I-129W (la autorización termina si la petición es negada)
- Trabajadores con H-1B pueden cambiar a otro empleo en el mismo estatus ocupacional o uno similar si el empleo para el cual hizo la petición original tiene el Ajuste de Estatus pendiente por más de 180 días
- La extensión de la autoridad por el testimonio y provisiones de investigación del Departamento del Trabajo
- Reutilización del número de las visas revocadas
- Incorporación de la Ley de Cuentas y Mejoras de Infraestructura y los Servicios de Inmigración para eliminar los atrasos y reducir el tiempo de procesamiento a 180 días para las Tarjetas de Residencia (Green Cards), y a 30 días para los estatus temporales.   *Ref: Pub. L. 106-313*
- La Legislación de 2000 incrementó la tarifa al empleador de US $500 a US $1000 y exceptuó a los siguientes empleadores siempre y cuando lo soliciten antes del 1° de Octubre de 2003:
  - una institución de educación primaria o secundaria
  - una institución de educación superior
  - una entidad afiliada o relacionada con una sin fines de lucro
  - una entidad sin fines de lucro que esté comprometida en el establecimiento de curricula de estudiantes registrados relacionados con entrenamiento clínico
  - una organización de investigación sin fines de lucro
  - una organización gubernamental de investigación
      Ref: H.R.5362; Pub.L.106-311

La tarifa adicional de US $1000 se aplica al otorgamiento inicial del estatus H-1B, una extensión de estadía o un cambio de empleador. Las tarifas, que llegarin a los $212 millones para el 1ro de Octubre del 2002, son depositadas en la cuenta del solicitante no inmigrante para una H-1B y usadas para entrenamiento de abilidad técnica de trabajadores americanos. Las solicitudes para los otorgamientos según la Ley de Inversión Laboral se hacen al Departamento del Trabajo. Para mayores detalles consulte www.doleta.gov o (877) US2-JOBS.

Empleadores que dependen de H-1B
A pesar de que las reglas para los empleadores con una porción relativamente pequeña de no inmigrantes H-1B en su fuerza de trabajo básicamente se mantienen sin cambios, el 20 de Diciembre de 2000 el DOL publicó las más restrictivas reglas de implementación del ACWIA para empleadores con una alta proporción de inmigrantes H-1B empleados dentro de su fuerza de trabajo.

Se consideran empleadores que dependen de H-IB aquellos que tengan:
- 25 o menos empleados de tiempo completo en EE.UU., de los cuales 8 o más

son no inmigrantes H-1B, o
- de 26 a 50 empleados a tiempo completo en EE.UU., de los cuales 13 o más son no inmigrantes H-1B, o
- Al menos 51 empleados de tiempo completo en EE.UU., de los cuales el 15% o más son H-1B no inmigrantes   *Ref: ACWIA.412(b)(3)(A)*

Proceso de Admisión

Calificar para el estatus de H-1 o de H-2 es un proceso de múltiples pasos que requiere la cooperación de los Departamentos Federales de Justicia, de Estado y del Trabajo para que colectivamente se establezca la elegibilidad de un trabajador para su admisión. Los extranjeros con estatus H-3 y H-4 no requieren de la autorización del Departamento del Trabajo.

Paso 1 – Solicitud Global (Blanket Application)

Una Solicitud Global está disponible para los extranjeros que solicitan sus visas en grupo ante el mismo consulado, o si ellos no necesitan visas, entrarán por el mismo puerto de entrada y deberán ser incluidos en una sola petición presentada por el empleador o el agente, en las siguientes clasificaciones si la fechas de empleo son las mismas y ellos son:
- H-1B, miembros del mismo grupo de entretenimiento, o del mismo equipo atlético y acompañando extranjeros o
- H-2A/B, tienen la misma certificación laboral realizando deberes iguales o
- H-3, recibiendo el mismo entrenamiento

Paso 2 – Calificando – Criterio de Entrada

Las calificaciones necesarias varían de acuerdo a las sub-categorías.

H-1B – Extranjeros en Ocupaciones Especializadas y como Modelos de Moda

El solicitante (empleador) debe establecer que el puesto es especializado y que el beneficiario (el trabajador extranjero) califica para la H-1B. Para calificar para un puesto especializado H-1B, el beneficiario debe seguir uno de los siguientes criterios:
- Ser titular de una licenciatura o grado superior de una acreditada institución o universidad, o el equivalente al grado extranjero
- Mantener un título Universitario común en la industria en puestos similares de los que el empleador normalmente requiere para cubrir el puesto
- Mantener una licencia, registro o certificación dada por el estado y no restringida
- Tener una educación, entrenamiento y experiencia equivalente y reconocida a través de puestos de responsabilidad adquiridos progresivamente
- Que la naturaleza de los deberes sea tan especializada, compleja o única que el conocimiento requerido para ejercer los deberes sea usualmente asociado con una licenciatura o grado superior

El beneficiario también puede ser requirido demostrar:
- Conocimientos teóricos y prácticos altamente especializados

- Membresía en organizaciones profesionales
- La fuente de los premios; incluyendo la reputación, tamaño y los requerimientos vigentes para la membresía, necesarios para la organización de la premiación

H-1C – Enfermeras Registradas

La clasificación H-1C fue creada según la Ley de Asistencia en Enfermería para las Areas en Desventaja de 1999 (NRDAA – Nursing Relief for Disadvantaged Areas) que fue implementada el 19 de Abril de 2000 por cuatro años. Esta clasificación permite la entrada de enfermeras registradas para asistir en cuidados de salud dentro las áreas desatendidas por carestía de profesionales de la salud.

Ref: INA101(a)(15)(H)(i)(c); Pub.L.106-95

Los lineamientos únicos para la H-1C incluyen:
- Admisión hasta por 3 años
- La clasificación finaliza en 4 años, a menos que la extienda el Congreso
- Un límite es de 500 visas por año
- Un límite de 50 visas para los estados con 9 millones (25 visas para otros estados)
- Los hospitales elegibles deben tener como mínimo:
  - 190 camas de cuidado intensivo
  - 35% de pacientes con Medicare (ayuda para ancianos)
  - 28% de pacientes con Medicaid (sistema estatal de ayuda médica)

H-2A - Trabajadores Temporales para Servicios Agrícolas - No hay disponibilidad de trabajadores americanos

Esta categoría contempla los trabajadores extranjeros que se necesitan para realizar labores agrícolas o de servicios de naturaleza estacional o temporal.

H-2B - Otros Trabajadores Temporales - No hay disponibilidad de trabajadores americanos

Esta es una categoría amplia para cubrir extranjeros en ocupaciones no agrícolas tales como instructores de deportes y atletas profesionales de ligas menores, músicos por instrumento, asistentes de establos, trabajadores de huevas de pescado y carne de cangrejo y trabajadores de servicio doméstico. Otros pueden ser no especializados. Los trabajadores temporales con H-2B deben ser requeridos para cumplir con un proyecto específico de no más de un año con un objetivo definido. El reparto anual de las 60,000 visas H-2B, también puede ser utilizado para la planeada clasificación temporal Q-2.

Paso 3 – Autorización del Departamento del Trabajo

El paso 3 se aplica solamente a los candidatos H-1 y H-2 quienes deben primero obtener una oferta de empleo y la aprobación del Departamento del Trabajo antes de que sea presentada una petición al BCIS. Sin embargo, las visas H-2A tienen un proceso de un solo paso combinado DOL/INS, efectivo desde el 27 de Septiembre de 2002.

Pueden ser requeridos más de un extranjero en una misma solicitud, si ellos:
- Hacen el mismo trabajo bajo los mismos términos y condiciones
- Tienen la misma ocupación

El 14 de Enero de 2002, el DOL implementó un nuevo proceso electrónico LCA para la presentación de solicitudes, lo qual se puede hacer a través del internet www.lca.doleta.gov. El sistema determinará en minutos si el LCA presentado es certificado o denegado.

Al recibir el LCA certificado, el empledor tiene que imprimir y firmar el Formulario ETA 9035E y presentar una copia con la petición de visa.

El nuevo formulario de tres páginas ETA 9035 debe ser usado para presentar los casos H-1B por correo o fax. Está disponible en: www.ows.doleta.gov/foreign/preh1bform.asp, o puede solicitarse vía fax al teléfono (800) 397-0478 o por correo a:

> ETA-H-1B
> P.O. Box 13640
> Philadelphia, PA 19101

Documentación y Evidencias de Apoyo:
- *Formulario del DOL*
  - ETA 9035, Solicitud de Condición Laboral (sólo formulario de 3 páginas)
- *Credenciales profesionales del empleado*
  - Grado de Licenciatura en un área muy bien definida, o
  - un Grado de Asociado más 3 años de experiencia equivalente para cada año de escolaridad requerida en un área muy bien definida será suficiente
- *Evidencia de apoyo a la solicitud del empleador - Testimonio en Formulario ETA 9035*
  - información del empleo – pregunta 7
    - código del grupo ocupacional de 3 dígitos del Diccionario de Titulos Ocupacionales (convertido a la base de datos O*Net On Line – Ver Apéndice E)
  - declaración de salarios – pregunta 8 (a)
    - el salario requerido será pagado por el período total del empleo
    - se pagará el mayor salario actual o el prevaleciente
    - origen de los salarios en orden de prioridad:
      - determinación SWA (Agencia Estatal de Empleo)
      - fuente autorizada independiente
      - otra fuente legítima de información salarial
  - declaración sobre las condiciones de trabajo – pregunta 8 (b)
    - la contratación del extranjero no afectará de manera adversa las condiciones de trabajo de los otros trabajadores del área
  - declaración de que no hay huelgas o paros - pregunta 8 (c)
    - declaración que no hay huelgas o paros por disputas laborales en la clasificación ocupacional en el lugar del empleo
  - declaración de las condiciones laborales – pregunta 8 (d)
    - si no hay representantes de cierres con notificaciones apostadas de presentarse en un total de 10 días
- *Evidencia adicional – sólo para las enfermeras profesionales registradas*
  - la enfermera:
    - ha recibido la educación de enfermería apropiada en EE.UU. o Canadá, o una licencia no restringida de práctica completa

- dependiendo de la regulación final de IIRIRA96.343, el BCIS y DOS han acordado exonerar del requerimiento de certificación
  Ref: INS 10/14/98
- si es completamente calificada y elegible, practicará como una enfermera registrada en el lugar del empleo intentado
  - el empleador:
    - obedecerá con todas sus limitaciones, las leyes estatales que regulan los servicios de las enfermeras
- *Evidencia adicional - Médicos extranjeros atendiendo pacientes directamente*
  - los médicos deben tener:
    - una licencia o autorización requerida por el estado donde se emplea
    - una total y no restringida licencia para practicar medicina en un país extranjero, o
    - ser médico graduado de una universidad en EE.UU. o de un país extranjero
    - la residencia médica finalizada en EE.UU. (Ver excepción)
  - el empleador debe confirmar que:
    - ésta es una institución educativa sin fines de lucro o de investigación, y el médico enseñará o conducirá una investigación o
    - el doctor extranjero ha pasado el Examen de Licencias Federales (FLEX – Federation Licensing Examination) o un equivalente aceptado por el Departamento de Salud y Servicios Humanos de EE.UU. y es:
      - competente hablando y escribiendo el idioma inglés, o
      - es médico graduado en una escuela acreditada por el Departamento de Educación

Si el No Inmigrante H-1B está de acuerdo, un empleador que es su escuela u otra institución educativa puede pagarle un salario anual diferido en 12 meses de acuerdo a las prácticas establecidas para los salarios que se aplican igualmente a los trabajadores americanos en las misma clasificación ocupacional.

Médicos Canadienses

Desde que el Departamento de Educación de EE.UU. ha acreditado a todas las escuelas canadienses y americanas, a los canadienses no se les requiere haber completado una residencia médica en EE.UU. Sin embargo, ellos deben haber aprobado los exámenes de FLEX, NBME o el USMLE. El LMCC canadiense es aceptado en algunos estados.

Reglas adicionales para empleadores dependientes de H-1B

La Ley de la Competitividad Americana y Mejoras Laborales de 1998 (ACWIA) básicamente deja el viejo proceso para H-1B y le permite a los empleadores tener una limitada fuerza de trabajo con estatus H-1B. Sin embargo estableció reglas más estrictas para los empleadores dependientes de H-1B quienes deben dar testimonio de que ellos:

- No cambiarán a trabajadores americanos empleados similarmente dentro de los 90 días antes o después de presentar una petición H-1B
- No colocarán ningún no inmigrante H-1B con otro empleador o en otro sitio de trabajo del empleador a menos que el empleador haya hecho una

inquisición de buena fe o si el otro empleador ha cambiado o intentado cambiar un empleado americano similarmente empleado dentro de los 90 días de la colocación

- Dió o dará pasos de buena fé de acuerdo a los tamaños normales de la industria para reclutar trabajadores americanos con compensación igual a la que le fue ofrecida al trabajador no inmigrante H-1B (no se aplica a "trabajadores prioritarios")   *Ref: ACWIA.212 (n)(1)*

Algunos puntos adicionales son agregados en la legislación bajo la sección 212 (n)(2)(C), en los cuales los empleadores dependientes de H-1B enfrentan nuevos castigos, después de notificarle y darle la oportunidad de ser escuchados, si:

- La Secretaría del Trabajo encuentra una falla o una falla sustancial que cumple una condición, o una falta de representación de hecho, el Secretario de la Seguridad de la Patria puede:
  - imponer un máximo de US $1000 de multa, y
  - no aprobar peticiones de H-1B para aquel empleador por lo menos por un año
- La Secretaría del Trabajo encuentra una falla deliberada que sigue a una condición o una falta deliberada de representación de hechos materiales en una solicitud:
  - una multa civil de hasta US $5000 por violación será impuesta, y
  - el Secretario de la Seguridad de la Patria no aprobará peticiones H-1B del empleador por lo menos por 2 años
- La Secretaría encuentra una falla que sigue a una condición o una deliberada falta de representación de hechos materiales resultando en el despido de un trabajador americano dentro de los 90 días de la presentación de cualquier petición de visa y si el empleador conocía y tenía razones para conocer del despido:
  - una multa que no excede de US $35,000 puede ser impuesta, y
  - el Secretario de la Seguridad de la Patria no le aprobará peticiones por 3 años
- Es también una violación si el empleador:
  - discrimina a un empleado o un ex-empleado que coopera o busca cooperar en la investigación de una posible violación
  - requiere que un no inmigrante H-1B pague una multa por renunciar al empleo previamente a la fecha acordada mutuamente
  - requiere que un no inmigrante H-1B reembolse al empleador parte de la tarifa pagada por la petición, un máximo de US $1000 de multa deberá ser impuesta y el monto pagado retornado al inmigrante
  - colocar un no inmigrante H-1B como un empleado de tiempo completo o de medio tiempo en un estatus no productivo, o no pagarle al no inmigrante los salarios completos debido a una decisión del empleador, o debido a la falta de permiso o licencia del no inmigrante (esta cláusula no se aplica a los factores no relacionados con el trabajo tales como la solicitud voluntaria del no inmigrante por una ausencia o una inhabilidad para trabajar)
  - la falla en el ofrecimiento de los beneficios y elegibilidad para los mismos a un no inmigrante en la misma base y criterio ofrecido a los trabajadores americanos

Proceso de Arbitraje
En un esfuerzo para asegurar un tratamiento equitativo, la nueva legislación ha establecido una detallado procedimiento de arbitraje con varios elementos importantes que incluyen:
- El Secretario de la Seguridad de la Patria establecerá un proceso de arbitraje para la quejas concernientes a las fallas o falta de representación del empleador
- El Secretario de la Seguridad de la Patria podrá solicitar al Servicio de Conciliación y Mediación Federal una cita con un árbitro para iniciar un procedimiento de arbitraje
- Si el árbitro concluye que hay una falla o una falta de representación, el Secretario de la Seguridad de la Patria puede imponer correctivos administrativos de hasta US $5000 por la violación y no aprobará peticiones hasta por 2 años
- Un empleador bajo prueba puede ser sujeto de una fortuita investigación por un período de 5 años después de fallas deliberadas que siguen a una condición o de falta deliberada de representación de hechos materiales
- Tales acciones solamente pueden ser fijadas por una Corte de Apelaciones de EE.UU.

Mecanismos por Imposición
El DOL no requiere pruebas de que el empleador ha sido incapaz de encontrar trabajadores americanos a menos que el empleador sea un dependiente de H-1B. A pesar de que el trabajo no tiene que ser promocionado fuera de la compañía:
- El empleador:
  - tiene que colocar una declaración en el lugar de trabajo para indicar la presencia de un empleado H
  - tiene que pagar el mejor precio promedio prevaleciente a la fecha
- Los compañeros de trabajo:
  - deben reportar las violaciones hechas al estatus H ante el Departamento del Trabajo
- El DOL:
  - puede iniciar investigaciones independientes

H-1C – Enfermeras Registradas (RNs)
Los proveedores de cuidados de salud pueden solicitar hasta por 500 enfermeras en un año, en una nueva temporada de cuatro años (2000-2004) del programa H-1C para enfermeras en áreas de salud con carencia profesionales. Una enfermera debe tener:
- Haber estudiado en EE.UU., o
- Tener una total y no restringida licencia para practicar la enfermería en el país donde obtuvo el título como enfermera
- Tener una total y no restringida licencia en el estado donde se emplea o
- Haber pasado un examen aprobado por el Departamento de Salud y Servicios Humanos, ofrecido por la Comisión de Escuelas de Enfermería de Extranjeros Graduados (CGFNS)
- Estar completamente calificada y autorizada para trabajar como una enfermera registrada en el lugar donde intenta emplearse

Documentación y Evidencias de Apoyo:
- *Formulario del DOL*
  - ETA 9081, Declaración de Enfermeras No Inmigrantes H-1C
- *Tarifa*
  - US $250 pagaderos al Departamento del Trabajo de EE.UU.
- *Declaración del Empleador*   *Ref: Pub. L. 106-95*
  - los servicios califican en la definición requerida para servicios
  - el empleo no afectará adversamente los salarios ni las condiciones laborales de otras enfermeras contratadas similarmente
  - el extranjero será pagado según el promedio de salario de las otras enfermeras empleadas similarmente
  - está tomando pasos para reclutar y retener enfermeras americanas
  - no hay huelgas ni paros laborales pendientes
  - notificación al sindicato o al resto del personal, de que ha sido empleada
  - no empleará más del 33% de sus Enfermeras Registradas con visas H-1C
  - no asignará la H-1C a otro centro de trabajo   *Ref: 65 FR 51138*

Enviar las declaraciones a:
Chief, Division of Foreign Labor Certifications
Office of Workforce Security
Employment and Training Administration
U.S. Department of Labor
200 Constitution Avenue, N.W., Room C-4318
Washington, DC 20210

H-2A - Trabajadores Temporales para Servicios Agrícolas
Un empleador que anticipa una carencia de trabajadores americanos de H-2A requeridos para realizar trabajos agrícolas o de naturaleza temporal, deberá solicitar una certificación laboral agrícola para extranjeros temporales del Administrador Regional (RA) de la región en que está localizado el futuro empleo.
Ref: INA 101(a)(15)(H)(ii)(a)

La mayoría de las peticiones H-2 A son presentadas antes que el solicitante haya identificado o llamado a trabajadores H-2 A (beneficiarios). En el año 2000, el número total de empleadores que utilizaron trabajadores H-2A fue aproximadamente de 4400.

Las regulaciones H-2A en el 20 CFR 655.101 requieren de la presentación simultánea de una solicitud H-2A ante la Oficina Regional del Departamento del Trabajo (DOL) y la Agencia Estatal de Empleo (SWA) en el área donde se intenta el empleo. La mayoría de los estados han transferido las funciones H-2A a una localidad centralizada dentro del estado para coordinar mejor los esfuerzos programáticos entre el Estado y la Oficina Regional del Departamento del Trabajo.   *Ref: 66 FR 19984*

La petición para una H-2 A puede ser presentada por el empleador o su agente o una asociación americana de productores agrícolas como una asociación patronal de la Certificación Laboral.

Bajo la Enmienda Connelly, la solicitud debe ser hecha no menos de 45 días calendario antes de la primera fecha en que se necesita y el Administrador Regional (RA) debe tomar la decisión de otorgarla o negarla dentro de los 30 días calendarios antes de la fecha en que se requiere. El empleador debe mostrar que la orden de trabajo y su promoción han sido colocadas antes de la emisión del Certificado Laboral. La orden de trabajo inicia una búsqueda estatal e interestatal de potenciales trabajadores americanos.   *Ref: Pub. L. 106.78*

Anualmente la ETA revisa los Efectos Adversos de los Salarios (AEWR). La H-2A debe ser pagada el más alto de los AEWR, el salario prevaleciente aplicable por hora o el salario federal legal o salario mínimo estatal. La vivienda debe estar disponible 20 días antes de su ocupación y los gastos de traslado y alimentación predeterminados deben ser pagados.   *Ref: 20 CFR 655.102(b)(9)*

Según la Carta de Administración General de ETA (GAL) No. 3-01, del 28 de Marzo de 2001, las manadas de ovejas y cabras y cocineros en los campos laborales agrícolas son tratados por a la SWA, bajo las regulaciones para las H-2A. También bajo la ETA GAL 1-01, del 22 de Marzo de 2001, el empleador debe notificar por escrito a la SWA, dentro de las 48 horas de haber sido puesto en conocimiento del retiro del empleado o de la terminación del empleo por alguna causa.

La Certificación Laboral es otorgada solamente para el número de trabajadores con H-2A que cubran las oportunidades laborales del empleador para las cuales no hay trabajadores americanos disponibles. Si una Certificación Laboral es negada, el RA también niega la solicitud debido a la falta de Certificación Laboral. El Administrador Regional toma la determinación de otorgarla o negarla 20 días antes de la fecha en que se necesita.   *Ref: 57 FR.181*

Documentación y Evidencias de Apoyo para H-2A:
- *Formulario del DOL*
  - ETA 750, Solicitud para Certificación de Empleo para un Extranjero (Application for Alien Employment Certification)
- *Tarifas*   *Ref: 8 CFR 103.7*
  - US $150 para la Certificación Laboral de 10 o menos empleos o
  - US $250 para la Certificación Laboral de 10 a 99 empleos o
  - US $1000 máximo (empleador o asociación comjunta de empleador)
  - Pagadero dentro de los 30 días del otorgamiento de la Certificación Laboral
- *Declaración del empleador*   *Ref. 20 CFR 655.90*
  - reclutamiento de trabajadores americanos
  - vivienda gratis
  - alimentación y transporte
  - compensación laboral
  - herramientas y suministros
  - garantía de empleo ¾ de los días del contrato laboral
  - exactitud de los registros
  - no reemplazo de trabajadores en huelga o paro laboral

La regulación bajo la cual el INS habría delegado la autorización para adjudicación de la petición H-2A en el DOL fué suspendida el 24 de Setiembre del 2002. Como consecuencia, la proposición de combinar la Certificación Laboral del DOL con la petición de INS también fué cancelada.   *Ref: 67 FR 59779*

H-2B - Otros Trabajadores Temporales - No hay disponibilidad de trabajadores americanos.

Las necesidades del empleador deben ser por:
- Una única vez
- Necesidad temporal
- Necesidad de carga máxima
- Necesidad intermitente

Como regla general, la necesidad del empleador debe ser de un año o menos y la solicitud de la Certificación Laboral no puede exceder de 12 meses. Sin embargo, si hay circunstancias inesperadas y las necesidades del empleador exceden un año, una nueva certificación es requerida por cada período mayor de 1 año a un máximo de 3 años.

Las solicitudes de certificación deberán ser presentadas ante la Agencia Estatal de Empleo (SWA) sirviendo en el área de empleo entre 60 y 120 días antes de que sea requerida la Certificación Laboral. La SWA preparará una requisición de empleo y la ubicará dentro del sistema regular por 10 días. Los solicitantes que vengan por su propia cuenta y aquéllos presentados ante la SWA serán referidos al empleador.

El empleador debe anunciar el empleo por 3 días en un periódico conocido y de circulación general o en una publicación de negocios, profesional o étnica para atraer a los trabajadores americanos antes de considerar a los extranjeros.

La oficina de la SWA remitirá la solicitud al administrador regional de la Administración de Entrenamiento y Empleo (ETA).

El Oficial de Certificación regional deberá determinar si se otorga la Certificación Laboral temporal, según:
- La disponibilidad de trabajadores americanos para los empleos temporales
- Si el empleo de un extranjero afecta negativamente los salarios y condiciones laborales de los trabajadores americanos en empleos similares
- Si la oportunidad de trabajo contiene restricciones que excluyen a trabajadores americanos   *Ref: 20 CFR 655.3*

El Oficial de Certificación, quien toma la decisión sobre la certificación laboral temporal, envía al empleador la solicitud de certificada conteniendo la Certificación Laboral temporal estampada y otros documentos incluyendo el Formulario de Determinación Temporal. Estos documentos deben ser presentados ante el BCIS.

En 1995, solamente 2398 visas fueron emitidas.

Documentación y Evidencias de Apoyo:
- *Formulario del DOL*
  - ETA 750, Parte A, Solicitud para Certificación de Empleo para un Extranjero (Application for Alien Employment Certification)
- *Evidencia de apoyo a la solicitud del empleador*
  - documentación de cualquier esfuerzo por reclutar trabajadores americanos
  - declaración explicando:
    - por qué el empleo es temporal
    - por qué la necesidad tiene la clasificación de:

- una única vez
- necesidad temporal
- necesidad de máxima carga
- necesidad intermitente
- *Documentación para Ingenieros Aeroespaciales*
  - orden de trabajo de la SWA
  - anuncio del empleador en una periódico o publicación de ingeniería
  - oferta de reubicación para ingenieros desempleados
  - identificación de localidades laborales para ingenieros extranjeros
  - contrato del empleado
  - todas las certificaciones de las requisiciones de puesto con autorización interestatal e intraestatal
- *Documentación para los trabajadores de la construcción*
  - representantes sindicales contactados para determinar la disponibilidad de trabajadores americanos cuando 10 o más trabajadores son requeridos para la misma ocupación en 6 meses
- *Documentación para Caldereros:*
  - en situaciones de emergencia, las solicitudes para caldereros deben ser enviadas directamente a la Oficina Nacional del Departamento del Trabajo de EE.UU., Washington
  - en situaciones normales, las solicitudes son procesadas como todas las visas H-2

H-3 - Empleado en Entrenamiento Temporal, y
H-3 - Visitante por Intercambio de Educación Especial
No se requiere una Declaración de Departamento del Trabajo

H-4 - Cónyuge e Hijos Menores de Edad
La declaración del Departamento del Trabajo no es requerida pero el cónyuge que trabaje debe completar su proceso de admisión antes que su cónyuge e hijos menores de edad sean admitidos.

Paso 4 - Autorización del BCIS - Petición Inicial

Después de recibir la aprobación del Departamento del Trabajo, el empleador debe presentar una petición ante el Centro de Servicio Regional del BCIS que tenga jurisdicción sobre el estado en el cual el extranjero estará trabajando. Si es aprobada, el BCIS emite una I-797, Notificación de Acción, la cual es requerida por el DOS.

En Diciembre de 1999, los cuatro centros de servicio del BCIS detuvieron por poco tiempo el procesamiento de la visas H-1B y pudiendo así entonces auditar el número de casos que estaban siendo procesados y se actualizaron dichos centros. Se espera que estos paros periódicos puedan repetirse.

Los médicos pueden ser admitidos en estatus H-1B si su primera entrada es para enseñar o conducir una investigación en o para una agencia o institución educativa pública sin fines de lucro o de investigación, en la cual no presta atención ni cuidados a los pacientes, excepto que sea necesario hacerlo incidentalmente para enseñar o investigar. Los doctores pueden también ser admitidos directamente para atender pacientes según los casos que sean sometidos a la aprobación del Centro de Servicio

Regional del BCIS. En tales casos, el médico debe tener una licencia del estado o una autorización y estar graduado.

Una segunda petición simultánea H-1B puede ser presentada mientras la primera está en trámite. El cónyuge e hijos menores de edad son procesados con el extranjero solicitante como visas H-4.

Todas las peticiones H-1C deben ser presentadas ante el Centro con el Formulario I-129, solicitud para Trabajador No Inmigrante (Petition for Nonimmigrant Worker). Las solicitudes deben ser presentadas ante el Centro de Servicios del BCIS en Vermont con una copia a la Oficina Nacional de ETA en la dirección indicada en el Paso 3.

Documentación y Evidencias de Apoyo:
- *Formularios del BCIS*
  - I-129, Petición de un Trabajador No Inmigrante
  - Página Suplementaria de la Clasificación H la cual confirma:
    - que el empleo es por primera vez para el extranjero
    - detalles acerca del negocio
    - detalles acerca del extranjero y su calificación
    - acuerdo de proveer transporte si el extranjero es despedido prontamente
    - compensación de acuerdo al promedio actual de salarios en el área para ese tipo de empleo
    - las fechas del empleo   *Ref: INS ER-721 EFC*

  - I-129 W, Recolección de la información y Exención de Tarifa de Presentación (Versión 12/18/00) (Complete la Parte B si reclama exención)   *Ref. ACWIA*
  - I-907, Solicitud de Procesamiento Premium, si se solicita
- *Tarifas*
  - US $130 para el I-129
  - US $1000 para pago suplementario de la H-1B (excepto organizaciones exentas)
  - US $1000 para el I-907, si se solicita
- *Autorización previa de DOL*
  - copia del Formulario ETA 9035, Notificación de Aceptación del Departamento del Trabajo
- *Evidencia de apoyo a la solicitud del empleador*
  - carta describiendo detalladamente el tipo de empleo y su patrocinio
  - contrato describiendo quién controla el trabajo del extranjero y si éste controla el trabajo de otros
  - reporte anual de la compañía
  - acuerdo para pagar el boleto de regreso del extranjero a su hogar
  - evidencia del estatus sin fines de lucro de la organización, en el caso de que se solicite la exención de tarifa
- Credenciales profesionales del empleado
  - Curriculum Vitae, experiencia laboral, diplomas, membresías profesionales y calificaciones, si aplica

El empleador debe estar preparado para tener disponible la documentación adicional para presentarla ante el Departamento del Trabajo como se indicó previamente. También, para presentar la documentación adicional al BCIS para la **H-1B Enfermeras Profesionales Registradas y Médicos practicantes**:

- Carta del centro de salud al Departamento del Trabajo conteniendo:
  - declaración de que el empleo será para una enfermera registrada o un médico
  - prueba de las credenciales profesionales del extranjero

El solicitante debe presentar una documentación adicional para H-3 personal en entrenamiento temporal, incluyendo:

- Descripción por escrito la cual debe detallar:
  - duración de las diferentes fases de entrenamiento incluyendo trabajos en el salón de clase
  - los instructores profesionales que proveen el entrenamiento
  - el trabajo de curso y lectura requeridos durante el entrenamiento
  - por qué el entrenamiento no está disponible en su país de origen
  - el empleo que el extranjero desempeñará en su país de origen al finalizar el período de entrenamiento.

El empleador debe presentar documentación especial para **H-3 Visitantes por Intercambio para Educación Especial**:

- Descripción por escrito del programa de entrenamiento
- Descripción por escrito del personal profesional del centro
- Descripción por escrito de la participación del extranjero en el programa de entrenamiento
- Evidencia de que el extranjero está terminando un curso para obtener una licenciatura o un grado superior o ha tenido un entrenamiento de enseñanza para niños con discapacidad física, mental o emocional

Previa aprobación, el BCIS:

- Emitirá un I-797 o Notificación de Acción aprobada al solicitante con el talón I-94 para ser separado y retenido por el trabajador
- Enviará un telegrama notificando la aprobación del consulado americano, si el solicitante tramitará su visa fuera de EE.UU.
- Concederá la aprobación por un período inicial de tres años

Después de recibir la aprobación del BCIS, el solicitante deberá enviar la notificación de aprobación al extranjero, para que éste solicite la visa en la embajada o consulado americano de su país. La obtención de la visa H-1B tomará unas cuantas semanas después de que la Solicitud de la Condición Laboral (LCA) sea aprobada por el Departamento del Trabajo. Sin embargo, el extranjero no podrá trabajar hasta que el empleador cuente con todas las licencias necesarias.

El empleador que suponga que la visa le fue negada por un error en la ley, deberá solicitar una reconsideración con la oficina regional del BCIS. El hecho de solicitarla no autoriza el empleo.

Paso 5 - Autorización del Departamento de Estado (DOS) en el Exterior

Para finalizar el procedimiento de la visa, la primera vez que una visa H es emitida, usualmente significa ir a la embajada o consulado de EE.UU. en su país o a un tercer país tal como Canadá o México, a menos que esté exento de visa.

Después de que el extranjero recibe la aprobación del y de la oficina consular, éste debe solicitar una cita ante la embajada o el consulado americano, para el procesamiento ante el Departamento de Estado, donde presente los documentos de acuerdo a los requerimientos de la clasificación requerida. Si califica, le será emitida una visa para ser presentada ante el puerto de entrada en EE.UU. Los canadienses no requieren visa.

Los Visitantes por Intercambio que tuvieron visa J y que están sujetos al programa de los 2 años de residencia en su país son inelegibles para solicitar la visa H.
Ref: 9 FAM 41.53

En el consulado, esté preparado para las preguntas del oficial consular sobre su residencia en su país, su trabajo y su empleador, su situación financiera y sus planes futuros de inmigración. Hable con la verdad y trate de enfocar sus respuestas sobre las preguntas que le hagan. Dado que el oficial consular es el responsable de evaluar las credenciales del solicitante, es importante que usted lleve copia de toda la documentación de prueba para su entrevista Una evaluación de sus credenciales reportada por la agencia, puede ser muy útil, pero para el oficial consular es sólo otro papel.

La visa emitida por el Departamento de Estado es presentada ante el puerto de

entrada americano. Una visa de entrada por una sola vez, generalmente le permite a un extranjero hacer un viaje de menos de 30 días a Canadá o a México. Sin embargo, las visas para los iraníes son canceladas en la entrada.

Algunas visas H-1 emitidas en el exterior no permiten entradas ilimitadas a EE.UU. pero la solicitud debe ser para múltiples entradas, presentándola ante en el consulado de EE.UU. cerca de la frontera canadiense o la mexicana.

H-1B – Extranjeros en Ocupaciones Especiales y Modelos de Moda

Documentación y Evidencias de Apoyo:
- *Formulario del DOS*
  - DS–156, Solicitud de Visa de No Inmigrante
- *Tarifa*
  - US $100 no retornable para una Visa Leíble por Máquina (MRV)
  - la tarifa de reciprocidad debe ser igual a la tarifa establecida en circunstancias similares en el país de origen del extranjero
- *Pasaporte y fotografía*
  - pasaporte válido por lo menos 6 meses después de la estadía que se intenta
  - fotografía cuadrada de 50 mm (2") de frente con la cabeza sin cubrir (excepto para religiosos) con un fondo claro
- *Aprobaciones previas del BCIS y DOL*
  - copia certificada de la petición del empleador en el Formulario ETA 9035

Solicitud sobre Condición Laboral (LCA Labor Condition Application) incluyendo copia de la certificación de DOL
- • original del I-797, Notificación de Acción para cada solicitante
- • *Estatus inmigratorio actual y previo*
  - • I-94, Registro de Llegadas/Salidas, de cuándo fue la última vez que entró, si aplica
  - • visa previa, si aplica puede ser en un pasaporte anterior
- • *Credenciales profesionales*
  - • grado universitario u otra certificación profesional (incluyendo el diploma de enfermería para enfermeras)
- • *Evidencia de apoyo a la solicitud del empleador*
  - • carta del empleador dando la información sobre el puesto del empleo, salario, fecha de comienzo en la compañía
  - • carta del supervisor inmediato confirmando la necesidad de viajar al exterior por negocios de la compañía, si se requiere una visa de entradas múltiples
  - • copias de todos los documentos presentados por el empleador ante el BCIS
  - • formularios requeridos para garantizar que la empresa cumple con los requerimientos
- • *Documentación de evidencia adicional*
  - • copias certificadas de toda su documentación en el caso de que su cónyuge e hijos estén solicitando por separado
  - • prueba de CGFNS u otra certificación (enfermeras)   *Ref: 67 FR 77158*
- • *Prueba de solvencia o apoyo económico*
  - • toda la documentación necesaria para demostrar la solvencia financiera del extranjero tal como una carta del banco
- • *Evidencia de que la estadía en EE.UU. es temporal (con intención de salir)*
  - • lazos familiares
  - • copia de los boletos de regreso
  - • intención de no abandonar su residencia en el exterior
- • *El pago debe ser con cheque bancario o con giros postales* (money order)

La MRV y la tarifa de reciprocidad de visa deben pagarse por separado a nombre del "Department of State" (Departamento de Estado)
Ref: DOS instructions, January 3, 1995

H-2A – Trabajadores Temporales para Servicio Agrícola
El proceso para obtener la visa es similar al del H-1. Sin embargo, la evidencia requerida de DOL es la aprobación del ETA 750, Parte A y las credenciales profesionales que se mantienen con los requerimientos del empleo.

H-2B - Otros Trabajadores Temporales - No hay disponibilidad de trabajadores americanos
El proceso para obtener una visa es similar al del H-1. Sin embargo, la evidencia requerida de DOL es la aprobación del ETA 750, Parte A y las credenciales profesionales que se mantienen con los requerimientos del empleo.

H-3 - Entrenamiento Temporal, y
H-3 - Visitante por Intercambio para Educación Especial
El proceso de obtener una visa es similar al del H-1 sin la aprobación del DOL y el detalle de las calificaciones profesionales.

Solamente a 50 niños por año con incapacidades físicas, mentales o emocionales les será permitido el estatus especial H- 3. La duración máxima es de 18 meses.

H-4 - Cónyuge e Hijos Menores de Edad
La tramitación se hace con la del extranjero solicitante.

Procesamiento de Visa en un Tercer País en Canadá y México

Puede elegir obtener el procesamiento de su visa ante el consulado canadiense o mexicano, para ello es necesario obtener una cita llamando al número 900 para citas centrales o por internet al www.nvars.com. Los operadores del servicio 900 están disponibles entre las 9 am y 10 pm en tiempo del este, para hacer citas ante cualquier consulado americano en Canadá o México. El servicio fue suspendido temporalmente a finales de 2001 por razones de seguridad. Las citas se fijan normalmente con 2 o 3 semanas de anticipación. Los retardos en obtenerlas a través de los operadores han sido ampliamente reportados.

Los números telefónicos son:
- Desde los Estados Unidos:
  - para hacer una cita: (900) 443-3131, o
                                            (888) 840-0032
                                            (se require pagar)
  - información general sobre visas: (900) 656-2222
  - para hablar con un funcionario de visa:(202) 663-1225 (en horas
                                            de oficina)
                                            (202) 663-1213
- Desde Canadá:
  - para hacer una cita: (900) 451-2778
  - información general sobre visas: (900) 451-6330
  - para hablar con un operador: (900) 451-6663

Usted puede cancelar una cita llamando al (888) 611-6676 (tenga el pasaporte a la mano).

El contratista enviará los formularios apropiados y las instrucciones detalladas sobre la entrevista y le confirmará su cita. También le puede aconsejar si ciertos tipos de solicitantes pueden encontrar dificultades cuando ellos soliciten sus visas.

Los consulados americanos (para obtener las visas H-1B) están localizados en Ciudad Juárez, Tijuana y Matamoros, México y en Halifax City, Montréal, Ottawa, Toronto, Calgary y Vancouver, Canadá.

Paso 6 – Autorización del BCBP en un Puerto de Entrada

Después de estar autorizado en el consulado, el último paso es traer toda la documentación al puerto de entrada y tener el pasaporte sellado como no inmigrante legal.

Una persona puede entrar a EE.UU. hasta 10 días antes de la fecha de inicio a fin de conseguir vivienda y hacer todos los arreglos necesarios en su nueva localidad.

Los canadienses que no tienen estatus en EE.UU. pueden solicitarlo directamente en el puerto de entrada americano, después de recibir la aprobación de la petición inicial del Departamento del Trabajo y la autorización del BCIS (la aprobación del DOL y la aprobación de la petición inicial del BCIS). Los canadienses con estatus H-1B pueden vivir en Canadá y venir de su residencia a su trabajo en EE.UU.

Documentación y Evidencias de Apoyo:
- *Pasaporte*
  - pasaporte válido por lo menos 6 meses después de la estadía que se intenta
- *Aprobaciones previas de INS / DOL / DOS*
  - INS I-797, Notificación de Acción (aprobada)
  - Certificación Laboral o Solicitud de Condición Laboral del DOL
  - Visa Leíble por Máquina (MRV) del DOS en el pasaporte
- *Estatus inmigratorio actual y previo*
  - tal como el I-94
- *Credenciales profesionales*
  - copias de los documentos presentados al DOS y al DOL
- *Evidencia de Apoyo*
  - carta del empleador confirmando las funciones
- *Prueba de solvencia o apoyo económico*
  - carta del empleador confirmando el monto y origen del salario y período del empleo
- *Evidencia de que la estadía en EE.UU. es temporal (con intención de salir)*
  - todas excepto la H-1
  - intención de no abandonar su residencia en el extranjero (H-2, H-3, H-4)

Como se indicó previamente, el BCIS permite tener una H-1 con la doble intención de permanecer en EE.UU. si se tiene pendiente una solicitud de Tarjeta de Residencia (Green Card) mientras mantiene un estatus temporal H-1. Así que no es necesario demostrar todo el tiempo que usted está dispuesto a mantener su residencia en el extranjero durante su estadía temporal en EE.UU. y, consecuentemente, ya no existe la presunción de inmigrar porque el solicitante de la visa H-1 está tomando ventaja de su estatus para ello.   *Ref: INA 214; 8 USC 1184*

Sin embargo, las reglas son muy diferentes para un extranjero con estatus H-2 o 3.

Al cónyuge o a los hijos menores de edad que tienen una visa H-4 no se les permite trabajar en ningún empleo en EE.UU. Hacerlo es una violación de su estatus inmigratorio y podría resultar en deportación y/o la negación de futuras visas, incluyendo la Tarjeta de Residencia (Green Card).

Seis años es el tiempo total acumulado permitido a los extranjeros para permanecer en el estatus H. Sin embargo, hay ciertas excepciones:
- Las enfermeras pueden permanecer por un total de 5 años
- Los extranjeros que trabajan en un proyecto de investigación y desarrollo cooperativo dirigido del Departamento de Defensa de EE.UU., pueden permanecer por un total de 10 años

- Los trabajadores temporales que realizan servicios agrícolas u otros servicios no disponibles en EE.UU. pueden permanecer por un total de 3 años
- Los visitantes por intercambio para educación especial pueden permanecer por un total de 18 meses
- El personal en entrenamiento en un programa educativo, puede permanecer 2 años
- Ciertos extranjeros que están en proceso de obtener la Tarjeta de Residencia (Green Card)
- Los que están incorporados en la Ley de la Competitividad Americana en el Siglo XXI de 2000

Un empleado que renuncia o sea despedido, debe abandonar el país, a menos que tenga estatus en otra clasificación. Sin embargo, una historia publicada el 16 de marzo de 2001, citada por la portavoz de la INS, Eyleen Schmidt, dice que la INS podría examinar cada caso para determinar cuánto tiempo una persona despedida con H-1B puede permanecer para buscar otro empleo.

Los músicos canadienses y la tripulación que le acompañe, que tengan compromisos dentro de 50 millas de la frontera EE.UU.- Canadá, pueden solicitar directamente ante el puerto de entrada la admisión en la clasificación H-2 hasta por 30 días. Las solicitudes deben hacerse por el Centro de Servicios regional, si el compromiso está más allá de las 50 millas de la frontera y demora más de 30 días. La Certificación del Departamento del Trabajo no es requerida.

Una regla interina del INS efectiva desde el 1o de Julio de 1999, eliminó el requerimiento para los no inmigrantes con visa H-1B y sus familiares dependientes para obtener una autorización de libertad condicional para viajar fuera de EE. UU. mientras tenían pendientes un Ajuste de Estatus.   *Ref: 64 FR 29208*

Paso 7 – Renovación/Extensión o Cambio de Estatus

Las renovaciones, modificaciones, cambios de empleador o empleos adicionales no cuentan en contra de la cuota anual de las H-1B.

Un extranjero tiene 30 días de gracia para salir de EE.UU. después de la expiración de su visa H-1B inicial. Una solicitud para renovación I-129 debe ser presentada dentro de los 10 días siguientes a la finalización de la primera H-1B y el beneficiario debe tener un estatus de inmigrante válido cuando se presente la solicitud y en la fecha en la cual el cambio solicitado se haga efectiva. El extranjero no tiene permiso para trabajar hasta que una nueva solicitud se haga efectiva. La aprobación de una Certificación Laboral o la presentación de una petición de preferencia por un extranjero con estatus H-2 o H-3 será una razón por si misma para negarle la extensión de estadía.

Los cambios de estatus de F-1 y J-1 para una H-1B pueden ser procesados siempre y cuando la fecha en la cual la H-1B se hace efectiva esté dentro del período de duración legal del estatus. Su estatus se extiende si está pendiente una H-1B o hasta el 1° de Octubre si se cubrió el cupo anual. Mientras la solicitud esté pendiente, ellos pueden permanecer en EE.UU., pero no pueden trabajar.

Cuando no es posible salvar la diferencia entre el fin del primer estatus y el comienzo del nuevo por razones que van más allá del control del solicitante, como en

1998 y 1999 cuando el cupo de H-1B fue excedido antes de finalizar el año fiscal, se puede obtener un estatus de visitante B-2. El BCIS dice que en tales circunstancias, la solicitud pendiente H-1B no elimina la elegibilidad para un estatus de visitante.

Los candidatos para los estatus H-1 y H-2 primero deben obtener una aprobación del Departamento del Trabajo antes de presentar una solicitud al BCIS. Las solicitudes originales del H-2A tienen ahora un período de remisión de dos semanas lo que elimina la anterior necesidad de solicitar una extension tan corta ante el INS. Las solicitudes de extension más prolongadas se hacen al DOL.

Las extensiones del DOL no son usualmente permitidas si el total del período del trabajo incluyen períodos anteriores y la extensión requerida excede los 12 meses o si la extensión de corto plazo ha sido otorgada por el BCIS. Las extensiones para períodos más largos que no excedan de 3 años, pueden ser otorgadas por el DOL, solamente en circunstancias extraordinarias.

Aprobación del Departamento del Trabajo

La autorización de trabajo aplica a los extranjeros con estatus H-1 o H-2. Si usted está solicitando el estatus H-3 o H-4, vaya directamente a solicitarlo al BCIS dentro de EE.UU.

H-1B - Extranjeros en Ocupaciones Especiales y como Modelos de Moda

Como en el caso de la petición inicial, el empleador debe presentar una renovación de la Solicitud de Condición Laboral (LCA) ante la oficina regional del Departamento del Trabajo antes de que sea presentada la renovación de la H-1B. La renovación de la LCA será válida por el período de tiempo requerido para la petición del BCIS con un máximo de 3 años adicionales o por un total de 6 años. Las enfermeras están limitadas a un total de 5 años.

Documentación y Evidencias de Apoyo:
- *Formulario del DOL*
  - ETA 9035, Solicitud de Condición Laboral
- *Declaración del empleador para apoyar la solicitud*
  - de que ha ofrecido el salario prevaleciente para el tipo de trabajo en el área geográfica que pueda probarse a través de:
    - la información salarial del Departamento de Trabajo del estado o
    - un análisis independiente del salario, realizado por una compañía
    - una encuesta de salarios relevante en la industria
  - que el empleo de un H-1B no afectará adversamente las condiciones laborales de los trabajadores empleados en trabajos similares dentro del área donde se solicita el empleo
  - que en el lugar del empleo, no hay huelgas o paros laborales en la ocupación en la cual será empleado el H-1B
  - una copia de la declaración laboral que será proveída para todos los H-1B afectados
  - la notificación de presentación proveída por el agente contratista, si hay alguno
  - si no hay agente contratista, una notificación debe ser colocada por 10 días de trabajo consecutivos en dos localidades, incluyendo el lugar de trabajo en el caso de que no exista otra localidad, para advertir a otros

empleados que se está presentando una Solicitud de Condición Laboral (Labor Condition Application) para un posible trabajador con H-1B
- *Credenciales profesionales del empleado*
  - Licenciatura en un área definida y limitada o
  - un Grado de Asociado, más 3 años de experiencia equivalente por cada ño requerido de escolaridad en un área limitada y definida pueden ser suficientes

H-2A - Trabajadores Temporales de Servicio Agrícola
H-2B - Otros Trabajadores Temporales – No hay disponibilidad de trabajadores americanos

El empleador debe llenar el Formulario ETA 750, Parte A en la oficina local del Servicio de Empleo del estado para solicitar la Certificación Laboral Temporal. La solicitud de un H-2A puede ser hecha por el empleador o agente del empleador o por una asociación de productores agrícolas de EE.UU. nombrada como empleador conjunto en la Certificación Laboral.

El Servicio de Empleo del Estado instruirá al posible empleador sobre los pasos a seguir (tal como avisos en revistas de negocios y periódicos) para atraer trabajadores americanos antes de considerar al extranjero. Si es satisfactorio, el DOL emitirá la certificación.

Solicitud ante el BCIS dentro de los Estados Unidos

Los extranjeros en todas las clasificaciones deben solicitar ante el Centro de Servicios regional del BCIS que tenga jurisdicción sobre su lugar de residencia. Para evitar quedar fuera de estatus, se debe presentar una solicitud antes de que expire el período de gracia después de la graduación (60 días para las visas F-1 y 30 días para las visas J-1) Los solicitantes deben permanecer en EE.UU., durante este período de espera pero no pueden trabajar hasta que la H-1 sea recibida.

Los extranjeros que no son de alguno de los países participantes en el Programa de Exención de Visas pueden presentar una solicitud para renovación entre 45 días y 4 meses previos a la expiración, ante el Centro de Servicios regional del BCIS con jurisdicción sobre su lugar de residencia.

Documentación y Evidencias de Apoyo:
- *Formulario del BCIS*
  - I-129, Petición de un Trabajador No Inmigrante
  - Página Suplementaria de la Clasificación H
  - I-129, Solicitud de Exención de Tarifa de Presentación para Trabajador No Inmigrante (si reclama el estatus de organización exenta) (Versión 12/18/00)
  - I-907, Solicitud de Procesamiento Premium, si se solicita
- *Tarifas*
  - US $130 para el I-129
  - US $1000 tarifa suplementaria para la H-1B (excepto organizaciones exentas)
  - US $1000 para el I-907, si se solicita
- *Estatus inmigratorio actual y previo*
  - copia del I-94, Registro de Llegadas/Salidas

- *Previa aprobación del DOL*
  - copia actualizada de la siguiente documentación emitida por el Departamento del Trabajo:
    - Formulario ETA 9035 (H-1) Solicitud de Condición Laboral,
    - Formulario ETA 750 (H-2A) Certificación Laboral o
    - carta de Certificación de DOL sobre el equipo global
    - documentación de apoyo requerida
- *Evidencia de apoyo a la solicitud del empleador*
  - carta del solicitante explicando las razones para la extensión
  - prueba de apoyo financiero
  - evidencia de que el estatus es sin fines de lucro, en el caso de que se solicite la exención de la tarifa suplementaria

El BCIS emite un I-797, Notificación de Acción (aprobada), el cual sirve de evidencia de la extensión o cambio de estatus.

Dependientes

Los familiares deben presentar el Formulario I-539 para una extensión ante el Centro de Servicios regional del BCIS que tenga jurisdicción sobre el estado donde se encuentren. Un cónyuge con estatus H-4 puede requerir el permiso para convertir una H-4 a una H-1 y obtener permiso para trabajar después de obtener una oferta de empleo y una LCA, Solicitud de Condición Laboral.

Documentación y Evidencias de Apoyo:

- *Formulario del BCIS*
  - I-539, Solicitud de Extensión/Cambio de Estatus de No Inmigrante
- *Tarifa*
  - US $140
- *Aprobaciones del BCIS previas*
  - Formulario I-797 original (permiso del trabajo del cónyugue H-1B)
- *Pasaportes y fotografías*
  - pasaporte válido por, al menos, seis meses, posteriores a la estadia planeada
  - fotografías de pasaporte
- *Evidencia de Apoyo del extranjero principal*
  - carta del cónyuge H-1 apoyando la solicitud
  - copia notarizada de las primeras 5 páginas del pasaporte del cónyugue H-1 (incluyendo la visa actual)
- *Evidencia de Apoyo del Empleador*
  - carta confirmando funciones, cantidad de fuente salarial y período de empleo del extranjero principal
- *Prueba de Apoyo Económico o Solvencia*
  - declaración del banco con prueba de fondos para mantener al conyugue H-4
  - cheques de pago recientes
- *Documentos civiles*
  - copia notarizada del certificado de matrimonio y traducción si no está en ingles
  - fotografías de la boda e invitación

Los dependientes de los extranjeros H pueden estudiar en EE.UU. a tiempo completo o a tiempo parcial.

Revalidación de Visa por el Departamento de Estado (DOS)

Después de que el BCIS ha extendido su estadía, su visa puede necesitar ser renovada antes de intentar entrar otra vez en EE.UU. después de un viaje de negocios o personal por el exterior. Dependiendo de cómo sean tratados los ciudadanos americanos en su país de origen en circunstancias similares, su visa original puede haber sido emitida con restricciones en el número de entradas en EE.UU. y con períodos de validez de quizás 6 meses o un año.

Las solicitudes para la renovación de visas pueden ser hechas ante la embajada o consulado americano en su país de origen. A pesar de que los canadienses no necesitan visas, otros pueden buscar las revalidaciones ante el consulado de EE.UU. en México o en Canadá, llamando al teléfono (900) 443-3131 para una cita.

Como un servicio a los extranjeros, en algunas clasificaciones tales como la H, el Departamento de Estado hace renovaciones de visas por correo, si el tiempo lo permite. La información completa sobre revalidaciones está disponible en la página de Internet: www.travel.state.gov/revals.html en donde usted puede obtener el Formulario DS-156 requerido.

No es posible obtener un procesamiento expedito o reportes del estatus, si usted no tiene tiempo para obtener la renovación de su visa en EE.UU. puede solicitarla personalmente ante el consulado americano en su país de origen.

Documentación y Evidencias de Apoyo:
- *Formulario del DOS*
  - DS-156, Solicitud de Visa de No Inmigrante
- *Tarifas*
  - US $100 no retornable para una Visa Leíble por Máquina (MRV)
  - la tarifa de reciprocidad debe ser igual a la tarifa establecida en circunstancias similares en el país de origen del extranjero
- *Pasaporte y fotografía*
  - pasaporte válido por lo menos 6 meses después de la estadía que se intenta
  - fotografía cuadrada de 50 mm (2") de frente con la cabeza sin cubrir (excepto para religiosos) con un fondo claro
- *Estatus inmigratorio actual y y previo*
  - I-94 actualizado y en original (sin copias)
  - copia del I-171C (visas H o L) o la Notificación de Aprobación de la Petición
- *Documentación de apoyo emitida por el empleador*
  - carta detallada identificando:
    - al empleado
    - su posición
    - itinerario de viaje

Cuando se pague una tarifa de reciprocidad de visa, incluya dos cheques certificados o giros postales, uno para la aplicación de visa y uno por el cargo de reciprocidad. No se aceptan cheques personales.

Las solicitudes enviadas a través del Servicio Postal de EE.UU. deben ser enviadas por correo en un sobre acolchado con estampillas e incluir otro sobre igual con estampillas colocadas, para su retorno postal. En el caso de que el retorno se haga por correo privado, se requiere de la factura aérea. El procesamiento puede tomar de 6 a 8 semanas. Las solicitudes completas pueden ser enviadas por correo a:

    U.S. Department of State/Visa
    P.O. Box 952099
    St. Louis, MO 63195-2099

Las solicitudes también pueden ser enviadas por correo privado a:

    U.S. Department of State/Visa (Box 2099)
    1005 Convention Plaza
    St. Louis, MO 63101-1200

La información registrada puede ser obtenida llamando al (202) 663-1213. Es posible hablar con un funcionario de lunes a viernes. El número de fax: (202) 663-1608.

Paso 8 – Reteniendo el Estatus H

Titulares de la visa H-1 deben:
- Obtener otra visa H-1 para trabajar en un segundo empleo de tiempo completo o de medio tiempo
- Obtener una nueva visa H-1 si cambia de empleador (no es necesario estamparla)

Titulares de la visa H-1 no deben:
- Establecer una compañía en la cual ellos mismos sean los empleadores
- Trabajar como contratista o por cuenta propia
- Patrocinar a sus padres
- Siempre obtener la devolución de su I-94, cuando el BCIS apruebe su solicitud
- Ser colocados en ausencia sin pago
- Permanecer en EE.UU. por más de 30 días después de terminar el empleo, si no tienen otro estatus legal
- Entrar otra vez a EE.UU. como un H-1B por un año después de 6 años en estatus H-1B

El empleador debe:
- Presentar una carta explicativa de cuándo el empleado es promocionado, siempre que los empleos sean similares (se aconseja asesoría legal)
- Presentar una carta explicativa ante el BCIS cuando la compañía cambia de propietarios si no hay cambios en el estatus del empleado y los dueños sucesores asumen todas las responsabilidades, derechos, activos y privilegios de los dueños anteriores (se aconseja asesoría legal)

Una regulación interina del INS, puesta en efecto el 1ro de Julio de 1999, eliminó el requisito de los no inmigrantes H-1B y sus familiares dependientes de obtener una Libertad Condicional Anticipada antes de salir de los Estados Unidos mientras tienen pendiente el Ajuste de Estatus.

L

Transferidos dentro de la Compañía

El estatus L está designado para facilitar la transferencia temporal de gerentes, ejecutivos y nacionales extranjeros especializados de compañías a EE.UU. Esto también permite al cónyuge e hijos solteros menores de 21 años, acompañar al transferido.

La clasificación incluye:
- L-1 – Transferidos dentro de la compañía
  - Este estatus permite el empleo temporal de ejecutivos, gerentes y personal especializado para que continúen su trabajo con una firma o corporación internacional
    - L-1 A, Gerente/Ejecutivo "a cargo de una función esencial"
    - L-1 B, Extranjeros con conocimientos especializados
- L-2 – Cónyuge e hijos del extranjero clasificado L-1
  Ref: 9FAM 41.12; INS ER 806 3-8-94

Para ser elegible, un nacional extranjero debe:
- Haber sido empleado en el exterior por una compañía internacional por al menos de seis mesas contínuo dentro de los 3 años inmediatamente anteriores a la fecha de la solicitud para ser admitido
- Estar buscando la admisión temporal para ser empleado por una matriz/filial/sucursal o subsidiaria de ese empleador extranjero
- Ser empleado en una cargo gerencial o ejecutivo o en una posición que requiera un conocimiento especializado   *Ref: INA 101 (a)(15)(L)*

A pesar de que originalmente su objetivo era hacia las grandes corporaciones americanas multinacionales, la L-1 permite la entrada de ejecutivos o gerentes de compañías extranjeras con al menos 4 empleados de tiempo completo en el exterior. Las visas son válidas hasta por 7 años y permiten al extranjero trabajar en una sucursal de su antigua compañía extranjera en EE.UU. Aquéllas corporaciones con visas de transferencia no requieren una inversión inicial en EE.UU., solamente la incorporación de la compañía subsidiaria y los arreglos adecuados para el local de la compañía.

Mientras esta clasificación está abierta a los extranjeros calificados en todo el mundo, está también disponible para los canadienses y mexicanos según los términos de la NAFTA.   *Ref: DOS Publication 10074, August 1995; NAFTA Annex1603*

La aprobación de un Certificado Laboral permanente o la presentación de una solicitud de preferencia no debe ser la razón para negar una petición L, una solicitud de extensión de una solicitud de visa L o la solicitud de admisión del extranjero, o para ajustes estatus o la extensión de la estadía. El extranjero puede venir legítimamente a EE.UU. como un no inmigrante bajo la clasificación L y salir voluntariamente al finalizar su estadía autorizada y al mismo tiempo, legalmente haber intentado buscar una residencia permanente en EE.UU.

Esto puede ser posible para los gerentes o ejecutivos de compañías multinacionales y "Trabajadores Transferidos con Prioridad" (Priority Worker Trasnferees) para ajustar su estatus a inmigrante después de que la compañía americana ha operado por al menos un año y la importancia de su rol pueda ser demostrada.

Proceso de Admisión

Paso 1 – Presentación de una Petición Global

Una petición global simplifica el proceso de presentación de un número de trabajadores L-1 en el futuro. Esta debe ser presentada por una corporación multinacional, ante el Centro de Servicios regional del BCIS que corresponda, la cual haya tenido oficinas en EE.UU. por un año o más o cumpla con otros requerimientos financieros y organizacionales.

Este proceso está disponible para profesionales y ejecutivos L-1A que realizan functiones vitales.

Este proceso está disponible también para profesionales con conocimientos especializados L-1B, quienes:
- Serán empleados en puestos que requieren aplicaciones teóricas y prácticas de un cuerpo especializado con conocimientos superiores
- Realizará su ocupación a tiempo completo, y
- Requiere de completar un curso específico de educación culminando en la licenciatura de una especialidad ocupacional específica

Después de recibir la aprobación de una solicitud global, el empleador puede solicitar empleados individuales para entrar como un gerente/ejecutivo L-1A o un profesional con conocimientos especializados L-1B bajo la solicitud global.

Paso 2 – Petición Inicial

Opción 1 – Autorización del BCIS en EE.UU. - No solicitantes de NAFTA

Oficinas existentes en EE.UU.

Las subsidiarias americanas de compañías extranjeras deben presentar una solicitud en el Formulario I-129 ante el Centro de Servicios regional del BCIS que corresponda, para determinar si el extranjero es elegible para la clasificación L y el peticionario es una organización calificada. Esto incluye prueba de la existencia de la subsidiaria en el país donde el extranjero vive actualmente.

Documentación y Evidencias de Apoyo:
- *Formularios del BCIS*
  - I-129, Petición de un Trabajador No Inmigrante
  - Página Suplementaria de la Clasificación L
  - I-907, Solicitud de Procesamiento Premium, si se solicita
- *Tarifas*
  - US $130 para el I-129
  - US $1000 para el I-907, si se solicita

- *Evidencia de apoyo a la solicitud del empleado*
  - prueba de las credenciales profesionales relativas al empleo, grados y/o certificados
  - seis mesas de empleo continuo dentro de los tres años previos a la petición si cubre a la familia, si no un año
  - que el año anterior de empleo en el exterior haya sido desempeñando un puesto gerencial, ejecutivo o involucrado en conocimientos especializados
  - la educación, entrenamiento y empleo previos, califican al extranjero para desarrollar los servicios intentados en EE.UU.
- *Evidencia de apoyo a la solicitud del empleador*
  - la organización empleadora está calificada como se define en el 8 CFR 214.2 (1)(1)(ii)(G)
  - todos los documentos de impuestos para confirmar el control y la propiedad
  - descripción detallada del empleo
  - los extranjeros estarán empleados como gerentes, ejecutivos o en ocupaciones que requieran conocimientos especializados

Si entra como un profesional con conocimientos especializados:
- Copia del grado obtenido en EE.UU. o su equivalente en el extranjero o
- Evidencia de que la educación y experiencia del beneficiario son equivalentes al grado americano

Si presenta la solicitud bajo una solicitud global, ésta debe estar acompañada por:
- Una copia de la notificación de aprobación de la solicitud global
- Una carta del empleador extranjero detallando:
  - fechas de empleo
  - deberes laborales
  - calificaciones
  - salario de los últimos 3 años

El Formulario I-129S es presentado por empleadores con una exención global aprobada para clasificar empleados fuera de EE.UU. como ejecutivos, gerentes o profesionales con conocimientos especializados.

Si el trabajador extranjero está viviendo en el exterior, la solicitud debe ser presentada ante el consulado americano si se requiere de visa. Si no se requiere visa, la solicitud se presenta ante el BCIS. Use el Formulario I-129 para el cambio de estatus o la extensión de la estadía de un empleado que ya está en EE.UU.

Oficinas Nuevas en los Estados Unidos.
Si un beneficiario viene a ser empleado como ejecutivo o gerente en una oficina nueva en EE. UU., el solicitante debe presentar evidencia de que:
- Existen suficientes recintos físicos
- El beneficiario tiene seis mesas contínuo de los 3 años requeridos
- El beneficiario estará empleado como un ejecutivo o gerente con autoridad sobre la nueva operación
- Dentro de un año, la operación sustentará un puesto gerencial o ejecutivo con la siguiente evidencia:

- el alcance, estructura y objetivos de la entidad
- el tamaño de la inversión en EE.UU. y la habilidad para remunerar al beneficiario y comenzar a hacer negocios en EE.UU.
- estructura organizacional de la entidad extranjera

Si el beneficiario viene a ser empleado en una posición de conocimientos especializados en la nueva oficina en EE.UU., el solicitante deberá presentar evidencia de que:

- Existen recintos físicos suficientes
- La entidad comercial en EE.UU. es o será una organización calificada
- El empleador tiene la habilidad suficiente para remunerar al beneficiario y comenzar a hacer negocios en EE.UU.

Opción 2 – Aprobación del Departamento de Estado (DOS) en el exterior. No solicitantes de NAFTA

El oficial consular debe estar satisfecho de que el extranjero califica bajo la INA 101 (a)(15)(L).   *Ref: 9 FAM 41.54*

Las entrevistas para visas son necesarias y deben ser programadas llamando al número (900) para una cita, le puede tomar hasta 3 semanas para obtenerla.

Los solicitantes, incluyendo los hijos menores de edad, deben asistir a la entrevista. A pesar de que las entrevistas son en inglés, se pueden utilizar traductores externos en ciertas situaciones.

Dependiendo del consulado, la visa puede estar lista al siguiente día laboral de la entrevista.

Documentación y Evidencias de Apoyo:
- *Formulario del DOS*
  - DS-156, Solicitud de Visa de No Inmigrante
- *Tarifas*
  - US $100 no retornable para una Visa Leíble por Máquina (MRV) pagada en la oficina en la cual se emite las visas MRV (los nacionales de NAFTA del Canadá y México están exentos de este pago)
  - la tarifa de reciprocidad debe ser igual a la tarifa establecida en circunstancias similares en el país del extranjero
- *Pasaporte y fotografía*
  - pasaporte válido por lo menos 6 meses después de la estadía
  - fotografía cuadrada de 50 mm (2") de frente con la cabeza sin cubrir (excepto para religiosos) con un fondo claro
- *Estatus inmigratorio actual*
  - evidencia del estatus inmigratorio en el país en el cual el consulado esté ubicado
- *Estatus inmigratorio previo*
  - pasaporte, visas, I-120, I-797, I-94, Documento de Autorización de Empleo

- *Autorizaciones previas del BCIS*
  - el original del I-797, Notificación de Acción (aprobada), de la petición y copia de cualquiera de:
    - el I-129 que presentado en su nombre ante el BCIS, o
    - la petición aprobada, I-129 presentada ante el consulado
- *Evidencia de apoyo a la solicitud del empleado*
  - evidencia del empleo previo con la compañía subsidiaria en su país de origen o en el exterior
- *Evidencia de apoyo a la solicitud del empleador*
  - prueba de que el empleador existe en el extranjero

Ref:DOS Calgary Appointment Letter

Paso 3 – Autorización del BCBP en un Puerto de Entrada

Un extranjero puede ser admitido para un trabajo a tiempo completo o a tiempo parcial y ser remunerado desde la oficina matriz en el exterior o por la subsidiaria americana. Puede ser muy útil verificar cuál es el método de pago más conveniente para el pago de impuestos.

Las visas L-2 pueden ser obtenidas por el cónyuge y los hijos menores de edad permitiéndoles entrar a EE.UU. con el extranjero solicitante. Pueden ir a la escuela y/o participar en organizaciones voluntarias. De acuerdo a la legislación de 2002, el cónyuge puede aceptar empleo.

Una petición para L-1 puede ser aprobada inicialmente para gerentes y ejecutivos hasta por 3 años, con la posibilidad de extensiones de 2 años hasta un total de 7 años. Los empleados L-2 con conocimientos especializados se les puede aprobar por 3 años y extendérseles hasta un total de 5 años.

En el caso de nuevas empresas en EE.UU., la L-1 será limitada a un año inicialmente con extensiones, dependiendo del éxito del nuevo negocio.

Opción 1 – No NAFTA

Documentación y Evidencias de Apoyo:
- *Pasaporte*
  - pasaporte válido por lo menos 6 meses después de la estadía que se intenta
- *Autorizaciones previas del BCIS y el DOS*
  - I-129, Petición de un Trabajador No Inmigrante
  - I-797 INS, Notificación de Acción (aprobada)
  - Visa Leíble por Máquina (MRV) del DOS en el pasaporte
- *Evidencia requerida:*
  - copias de la evidencia del empleador para el DOS
  - copias de la evidencia del empleado para el DOS
- *Evidencia de que la estadía en EE.UU. es temporal (con intención de salir)*
  - intención de no abandonar la residencia en el exterior

Opción 2 – Sólo para NAFTA

Según los términos de la NAFTA, los ciudadanos de Canadá y de México pueden solicitar visas directamente en el puerto de entrada de EE.UU. sin obtener autorización de empleo y sin la restricción numérica siempre y cuando cumplan con las otras medidas de inmigración aplicables a la entrada temporal.   *Ref: NAFTA Anexo 1603*

Documentación y Evidencias de Apoyo:
- *Formulario del BCIS*
  - I-129, Certificado de Elegibilidad
- *Tarifa*
  - US $96

El Inspector de Inmigración del BCBP:
- emitirá un I-94, Registro de Llegadas/Salidas
- sellará el pasaporte
- enviará la solicitud al Centro de Servicios regional del BCIS

El Centro de Servicio:
- asignará un número
- emitirá un I-797

La tarifa de US $100 para la visa MRV es exonerada para los canadienses y mexicanos de acuerdo con el acuerdo NAFTA.

El cónyugue de un extranjero puede obtener permiso para trabajar como resultado de un proyecto de ley que otorga autorización para trabajar a los cónyuges de los no inmigrantes por transferencias entre compañías, convertido en ley el 16 de Enero del 2002.   *Ref: Pub. L. 107-125*

Paso 4 – Revalidación/Extensión o Cambio de Estatus

Solicitud ante el BCIS dentro de los Estados Unidos

Cualquier extranjero con estatus legal que busque un cambio de estatus al de L-1 debe solicitarlo antes de que expire su período de gracia para evitar quedarse fuera de estatus. Ellos pueden permanecer en EE.UU. durante el período de espera pero no pueden trabajar hasta que reciban la L-1.

Los extranjeros que no son de un país participante en el Programa de Exención de Visa pueden presentar una solicitud para la renovación de la L-1A y la L-1B, entre 45 días y 4 meses, ante el Centro de Servicios regional del BCIS que tenga jurisdicción sobre el lugar de su residencia.

Las solicitudes deben ser enviadas por correo al Centro Servicios regional del BCIS que tenga jurisdicción sobre el lugar de su residencia.

Documentación y Evidencias de Apoyo:
- *Formularios del BCIS*
  - I-129, Petición de un Trabajador No Inmigrante
  - Página Suplementaria de la Clasificación L
  - I-907, Solicitud de Procesamiento Premium, si se solicita

- *Tarifas*
  - US $130 para el I-129
  - US $1000 para el I-907, si se solicita
- *Estatus inmigratorio actual y previo*
  - Copia del I-94, Registro de Llegadas/Salidas
- *Evidencia de apoyo a la solicitud del empleador*
  - carta explicativa de las razones para la extensión
- *Prueba de solvencia o apoyo económico*
  - prueba de la situación financiera

Los dependientes del extranjero con visa L deben presentar su extensión o cambio de estatus ante el Centro de Servicios regional del BCIS que tenga jurisdicción sobre el lugar de su residencia.

Documentación y Evidencias de Apoyo:
- *Formulario del BCIS*
  - I-539, Solicitud de Extensión/Cambio de Estatus de No Inmigrante
- *Tarifa*
  - US $140

El BCIS emite un I-797, Notificación Acción (aprobada), el cual sirve de evidencia para la extensión o el cambio de estatus.

Los dependientes pueden estudiar a tiempo completo o a tiempo parcial en EE.UU.

Revalidación de la Visa por el Departamento de Estado (DOS)

Después que el BCIS haya extendido su estadía, su visa puede necesitar ser renovada antes de intentar entrar otra vez a EE.UU., después de un viaje de negocios o placer. Dependiendo de cómo son tratados los ciudadanos americanos en su país de origen en circunstancias similares, su visa original puede haber sido emitida con restricciones en el número de entradas a EE.UU. y su período de validez, quizás sea de 6 meses o de un año.

La solicitud para la renovación de la visa pueden ser presentada ante la embajada o consulado de EE.UU. en su país de origen. Las revalidaciones pueden ser hechas también ante el consulado americano en México o en Canadá, solicitando una cita a través del número telefónico (900) 443-3131.

No es posible obtener el procesamiento expedito o un reporte de estatus. Si usted no tiene tiempo de obtener la renovación de su visa en EE.UU., usted deberá aplicar personalmente ante la oficina consular del país de origen.

Como un servicio a los extranjeros en algunas clasificaciones tales como la L, el Departamento de Estado renueva visas por correo en EE.UU., si el tiempo lo permite. La información completa sobre revalidaciones está disponible en la página de Internet http:/travel.state.gov/revals.html y ahí usted puede obtener el Formulario DS-156 requerido para ello.

Documentación y Evidencias de Apoyo:
- *Formulario del DOS*
  - DS-156, Solicitud de Visa de No Inmigrante

- *Tarifas*
  - US $100 no retornable para una Visa Leíble por Máquina (MRV)
  - la tarifa de reciprocidad debe ser igual a la tarifa establecida en circunstancias similares en el país de origen del extranjero
- *Pasaporte y fotografía*
  - pasaporte válido por lo menos 6 meses después de la estadía que se intenta
  - fotografía cuadrada de 50 mm (2") de frente con la cabeza sin cubrir (excepto para religiosos) con un fondo claro
- *Estatus inmigratorio actual y previo*
  - Estatus actual I-94 (no copia)
  - Copia de I-171C (visas H o L) o del I-797, Notificación de Acción (aprobada)
- *Documentación de evidencia del empleador*
  - carta detallada identificando:
    - al empleado
    - su posición
    - itinerario de viaje

Cuando se pague la tarifa de reciprocidad por la visa, incluya dos cheques certificados o giros postales, uno por la solicitud de la visa y el otro por el cargo de reciprocidad. No se aceptan cheques personales.

Las solicitudes se envían a través del Servicio Postal de EE.UU. en un sobre acolchado en el cual se incluye un sobre para su retorno con estampillas de correo. Si se usa un correo privado, se requiere de la factura aérea. El procesamiento puede tomar entre 6 a 8 semanas. Usted puede llamar al (202) 663-1213 para más información.

Las solicitudes completas deben ser enviadas por correo a:
>U.S. Department of State/Visa
>P.O.Box 952099
>St. Louis, MO 63195-2099

Las solicitudes completas también pueden ser enviadas por correo expreso (courier) a:
>U.S. Department of State/Visa (Box 2099)
>1005 Convention Plaza
>St. Louis, MO 63101-1200

Paso 5 – Reteniendo el Estatus L

Usted puede permanecer en EE.UU. después de la expiración de su visa original hasta finalizar los 30 días de gracia pero no puede trabajar hasta que la renovación sea recibida.

El período total de una estadía temporal para un ejecutivo o gerente es 7 años y para personal con conocimientos especializados, el máximo tiempo de estadía es de 5 años incluyendo todo el tiempo que haya tenido el estatus H.

Después de alcanzar esos límites, el extranjero debe residir y estar físicamente presente fuera de EE.UU. por al menos un año antes de ser readmitido en estatus H o

L. Sin embargo, la entrada en otro estatus de visa, tal como la F-1, es permitido.

Los dependientes de extranjeros con visa L pueden estudiar a tiempo completo o a tiempo parcial en EE.UU.

Pérdida del Estatus

Un extranjero cuya visa original expira antes que presente la solicitud para su renovación, queda fuera de estatus y éste debe solicitar dicha renovación fuera del país, dentro de los 120 días siguientes a la expiración.

Los extranjeros quienes pierden su estatus L-1 también pierden el derecho a trabajar y a permanecer en EE.UU. Sin embargo, si usted permanece en EE.UU. después de la expiración de la visa original y hasta que finalice su período de gracia, usted no puede trabajar hasta que la renovación sea recibida.

Si una petición para una visa diferente le es negada mientras usted aún está trabajando con una L-1 válida, la negación no afecta ninguna petición de extensión para su L-1 actual, si es que aún puede ser extendida.

Si la compañía en EE.UU. o en el extranjero cesa en sus operaciones, la visa L-1 automáticamente queda anulada y el permiso de trabajo termina.

Los no inmigrantes con visa L-1 y los miembros familiares dependientes no corren el riesgo de perder su estatus cuando ellos viajan al extranjero, mientras tengan pendiente un Ajuste de Estatus. Una regla interina del INS efectiva al 1° de Julio de 1999 ha eliminado el requerimiento de obtener el estatus de Libertad Condicional.

TN

Profesional
Tratado NAFTA

El estatus TN está reservado para ciudadanos de Canadá y México que son profesionales de negocios, los cuales entran a EE.UU. temporalmente bajo los términos del Tratado de Libre Comercio Norteamericano (NAFTA) para ejercer una de las profesiones listadas en el Acuerdo NAFTA en el Apéndice 1603.D.1. del Capítulo 16.

Los residentes legales que no son ciudadanos de Canadá y México y los médicos que trabajan en cuidado clínico o primario, no califican.   *Ref. INS ER 806 3-8-94*

Las clasificaciones del NAFTA incluyen:
* B-1   – Visitante por negocios
* E-1/ E-2 – Comerciante o inversionista de Tratado
* L-1   – Transferido dentro de la compañía
* TN   – Profesional de Negocios

Las sub-categorías del TN incluyen:
* TN   – Tratado NAFTA – Profesional
* TN-1   – Ciudadano canadiense
* TN-2   – Ciudadano mexicano
* TD   – Dependiente de Comerciante - Cónyuge o hijo menor de edad del Profesional NAFTA
    Ref: INA 214(e)(2); 9FAM 41.12; NAFTA Annex 1603

El cónyuge e hijo menor de 21 años de un TD puede asistir a la escuela a tiempo completo o a tiempo parcial sin necesidad de tener una visa de estudiante. Al cónyuge del TD no se le permite trabajar, pero puede solicitar una visa de trabajo temporal, estudiar o hacer trabajo voluntario, o vivir en una comunidad en la frontera, e ir a trabajar a Canadá o a México.

Las TNs son emitidas cada año y pueden ser renovadas indefinidamente. La única ventaja en convertirse a un estatus H-1 con sus límites absolutos es que usted puede tener una solicitud de Tarjeta de Residencia (Green Card) pendiente al mismo tiempo en que usted tiene el estatus temporal. La intención dual se permite únicamente estando en estatus H-1 y V, pero no en estatus TN.

El trabajo puede ser a tiempo completo o a tiempo parcial.

Canadá y México permiten la entrada a trabajadores de EE.UU. en la mismas condiciones que los trabajadores canadienses y mexicanos entran a EE.UU. bajo los términos de NAFTA; a los canadienses no se les exige Certificación Laboral.

Sin embargo, la Sección D del Anexo 1603 de NAFTA permite que EE.UU.

establezca un límite numérico anual de 5500 Profesionales de Negocios Mexicanos por un período de transición de hasta 10 años.

La tarifa de US $100 para la Visa Leíble por Máquina (MRV) está exenta en esta clasificación.

Proceso de Admisión

Paso 1 – Calificando – Listado de Profesiones NAFTA

Profesionales NAFTA

Profesión	Requisitos educacionales mínimos y credenciales alternativas
General	
Contador	Grado de Bachillerato o Licenciatura; o C.P.A. (Contador Público Certificado), C.A.(Contador Titulado), C.G.A., o C.M.A
Arquitecto	Grado de Bachillerato o Licenciatura; o licencia del estado o provincia
Analista de sistema de computación	Grado de Bachillerato o Licenciatura; o diploma de educación post-secundaria o Certificado de educación post-secundaria, y tres años de experiencia
Mediador de reclamos de seguros de siniestros (empleado por una compañía de seguros ubicada en territorio de la parte o un mediador de reclamos independientes)	Grado de Bachillerato o Licenciatura, y entrenamiento completado exitosamente en áreas de mediación de seguros relacionadas con seguros de siniestros; o tres años de experiencia en mediación de reclamos y entrenamiento completado exitosamente en áreas de mediación de seguros relacionadas con reclamos de siniestros.
Economista	Grado de Bachillerato o Licenciatura
Ingeniero	Grado de Bachillerato o Licenciatura; o licencia del estado o provincia
Ingeniero Forestal	Grado de Bachillerato o Licenciatura; o licencia del estado o provincia
Diseñador Gráfico	Grado de Bachillerato o Licenciatura; o Diploma de post-secundaria o Certificado de post-secundaria, y tres años de experiencia

Administrador Hotelero	Grado de Bachillerato o Licenciatura en Administración de hoteles/ restaurantes; o diploma post-secundario o certificado post-secundario en administración de hoteles/restaurantes y tres años de experiencia en administración de hoteles/ restaurantes
Diseñador Industrial	Grado de Bachillerato o Licenciatura; o diploma de educación post-secundaria o certificado de post-secundaria y tres Años de experiencia; Grado de Bachillerato o Licenciatura en Diseño Industrial; o diploma de post-secundaria o certificado de educación post-Secundaria, y tres años de experiencia.
Topógrafo	Grado de Bachillerato; o licencia federal, del estado o provincia
Arquitecto Paisajista	Grado de Bachillerato o Licenciatura
Abogado (incluyendo Notarios en la Provincia de Quebec)	LL.B.(Bachiller en Leyes), J.D.(Doctor en Jurisprudencia), LL.L., B.C.L.(Bachiller en Ley Civil), o grado de licenciatura (cinco años); o membresía en un bara de abogados estatal o provincial
Bibliotecario	M.L.S. o B.L.S. (para el cual se requería otro grado de bachiller o licenciatura)
Consultor Administrativo	Grado de Bachillerato o Licenciatura; o experiencia profesional equivalente según esté establecido en una declaración o credencial profesional que certifique 5 años de experiencia como consultor administrativo o cinco años de experiencia en una especialidad relacionada con un acuerdo de consultoría
Matemático (incluyendo estadista)	Grado de Bachillerato o Licenciatura
Administrador de Campos/Conservacionista de Campos	Grado de Bachillerato o Licenciatura
Asistente de Investigaciones (trabajando en una institución de estudio post-secundarios)	Grado de Bachillerato o Licenciatura
Técnico Científico/ Tecnólogo	Con (A) conocimiento teórico en cualquiera de las siguientes disciplinas: agricultura, ciencias, astronomía, biología, química, ingeniería, silvicultura, geología, geofísica, meteorología o física; y (B) la habilidad de

	resolver problemas prácticos en cualquiera de esas disciplinas, o la habilidad de aplicar los principios de esas disciplinas a la investigación básica o aplicada
Trabajador Social	Grado de Bachillerato (Baccalaurate Degree) o Licenciatura
Silviculturista (incluyendo ingeniero forestal)	Grado de Bachillerato (Baccalaurate Degree) o Licenciatura
Escritor de Publicaciones Técnias	Grado de Bachillerato o Licenciatura; o diploma de educación post-secundaria o certificado de educación post-secundaria, y tres años de experiencia
Planificador Urbano (incluyendo geógrafo)	Grado de Bachillerato o Licenciatura
Consejero vocacional	Grado de Bachillerato o Licenciatura

Profesionales Médicos y afiliados

Odontólogo	D.D.S., D.M.D., Doctor en Odontología, o Doctor en Cirugía Dental; o licencia del estado o provincia
Dietista	Grado de Bachillerato (Baccalaurate Degree) o Licenciatura; o licencia del estado o provincia
Técnico de Laboratorio Médico (Canadá)/ Técnico Médico (México y EE.UU)	Grado de Bachillerato (Baccalaurate Degree) o Licenciatura; o diploma de educación post-secundaria o certificado de educación post-secundaria, y tres años de experiencia
Nutricionista	Grado de Bachillerato (Baccalaurate Degree) o Licenciatura
Terapista Ocupacional	Grado de Bachillerato (Baccalaurate Degree) o Licenciatura; o licencia del estado o provincia
Farmacéutico	Grado de Bachillerato (Baccalaurate Degree) o Licenciatura; o licencia del estado o provincia
Médico (en el área de la enseñanza o investigación únicamente)	M.D. (Doctor en Medicina); o licencia del estado o provincia
Fisioterapista/ Terapeuta Físico	Grado de Bachillerato (Baccalaurate Degree) o Licenciatura; o licencia del estado o provincia
Psicólogo	Licencia del estado o provincia; o Grado de Licenciatura
Terapista Recreacional	Grado de Bachillerato (Baccalaurate Degree) o Licenciatura

Enfermera registrada	Licencia del estado o provincia; o Grado de Licenciatura
Veterinario	D.M.V., D.M.V. o Doctor en Veterinaria; o licencia del estado o provincia

Científico

Agricultor (incluyendo agrónomo)	Grado de Bachillerato (Baccalaurate Degree) o Licenciatura
Criador de Animales	Grado de Bachillerato (Baccalaurate Degree) o Licenciatura
Científico de Animales	Grado de Bachillerato (Baccalaurate Degree) o Licenciatura
Apicultor	Grado de Bachillerato (Baccalaurate Degree) o Licenciatura
Astrónomo	Grado de Bachillerato (Baccalaurate Degree) o Licenciatura
Bioquímico	Grado de Bachillerato (Baccalaurate Degree) o Licenciatura
Biólogo	Grado de Bachillerato (Baccalaurate Degree) o Licenciatura
Químico	Grado de Bachillerato (Baccalaurate Degree) o Licenciatura
Científico de Productos Lácteos	Grado de Bachillerato (Baccalaurate Degree) o Licenciatura
Entomólogo	Grado de Bachillerato (Baccalaurate Degree) o Licenciatura
Epidemólogo	Grado de Bachillerato (Baccalaurate Degree) o Licenciatura
Geneticista	Grado de Bachillerato (Baccalaurate Degree) o Licenciatura
Geólogo	Grado de Bachillerato (Baccalaurate Degree) o Licenciatura
Geoquímico (incluyendo Oceanógrafo en México y EE.UU.)	Grado de Bachillerato (Baccalaurate Degree) o Licenciatura
Horticultor	Grado de Bachillerato (Baccalaurate Degree) o Licenciatura
Meteorologista	Grado de Bachillerato (Baccalaurate Degree) o Licenciatura

Farmacólogo	Grado de Bachillerato (Baccalaurate Degree) o Licenciatura
Físico (incluyendo Oceanógrafo en Canadá)	Grado de Bachillerato (Baccalaurate Degree) o Licenciatura
Cultivador de Plantas	Grado de Bachillerato (Baccalaurate Degree) o Licenciatura
Científico de Aves de Corral	Grado de Bachillerato (Baccalaurate Degree) o Licenciatura
Científico de Suelos	Grado de Bachillerato (Baccalaurate Degree) o Licenciatura
Zoólogo	Grado de Bachillerato (Baccalaurate Degree) o Licenciatura

Profesor

Colegio	Grado de Bachillerato (Baccalaurate Degree) o Licenciatura
Seminario	Grado de Bachillerato (Baccalaurate Degree) o Licenciatura
Universidad	Grado de Bachillerato (Baccalaurate Degree) o Licenciatura

Ref: NAFTA Appendix 1603.D.1

Se está considerando incluir Actuario y Patólogo de Plantas. También, como se indicó anteriormente, no todas las profesiones NAFTA requieren al menos un Grado de Bachillerato. Algunas requieren sólo dos años de educación post-secundaria y experiencia laboral.

Paso 2 – Autorización del Departamento de Trabajo – Mexicanos únicamente

NAFTA incluye una provisión que le permite a un país exigir a un negociante, que busca entrar temporalmente, obtener una visa o su equivalente antes de entrar. Esta provisión aplica a los nacionales Mexicanos.   *Ref: NAFTA Annex 1603*

El empleador debe presentar evidencia de que el Formulario ETA 9035 ha sido presentado ante el Departamento de Trabajo para todos los profesionales del Apéndice 1603.D.1 NAFTA.

Paso 3 – Autorización del BCIS antes de Entrar – Mexicanos únicamente

Después de haber obtenido autorización del Departamento de Trabajo, los ciudadanos mexicanos que están solicitando una clasificación inicial TN, deben presentar una solicitud al Director del Centro de Servicios del Norte (Director of the Northern Service Center) entre 45 días y cuatro meses antes de que comience el empleo propuesto.

Documentación y Evidencias de Apoyo:
- *Formularios del BCIS*
  - I-129, Petición de un Trabajador No Inmigrante
  - I-907, Solicitud de Procesamiento Premium, si se solicita
- *Tarifas*
  - US $130 para el I-129
  - US $1000 para el I-907, si se solicita
- *Pasaporte o prueba de ciudadanía*
  - prueba de ciudadanía mexicana
- *Evidencia de apoyo a la solicitud del empleador*
  - lista de tareas laborales
  - evidencia de que el solicitante para el trabajo cumple con los requisitos educacionales y de experiencia
- *Evidencia de apoyo a la solicitud del empleado*
  - evidencia que satisface todos los requisitos de licenciatura
  - certificación de solicitud de la condición laboral o atestación laboral
- *Evidencia adicional*
  - confirmación de que el trabajo está en la lista NAFTA
- *Evidencia de que la estadía en EE.UU. es temporal (con intención de salir)*
  - evidencia de confirmación de residencia en el extranjero sin intención de abandonarla

Bajo el Apéndice NAFTA 1603.D.4, EE.UU. aprueba tantas como 5500 peticiones iniciales de negociantes mexicanos. El BCIS emite un I-797 o Notificación de Acción.

Paso 4 – *Autorización del Departamento de Trabajo en el Extranjero – Mexicanos únicamente*

El funcionario consular tiene una petición aprobada del BCIS de acuerdo a la clasificación como profesional NAFTA y debe estar satisfecho de que el extranjero es clasificable y que la estadía propuesta es temporal y que luego saldrá de EE.UU.

Ref: 9 FAM 41.59

Paso 5 – *Autorización del BCBP en un Puerto de Entrada*

A los canadienses no se les exige presentar un Formulario I-129; éstos hacen su solicitud en un puerto de entrada de EE.UU.

Para el TN se hace la petición en un puerto de entrada a EE.UU. de Tipo A o en un aeropuerto de EE.UU. que maneje tráfico extranjero o en un aeropuerto extranjero que maneje formalidades de prevuelos y preautorizaciones. Los abogados de inmigración a veces son contratados para asistir a sus clientes TN para entrar a EE.UU.

El Funcionario de Libre Comercio tiene el derecho de hacer todas las preguntas o tomar una acción para verificar los registros del solicitante. Tal como en otras clasificaciones NAFTA y según el espíritu de los procedimientos de autorización del Departamento de Trabajo, se le puede negar autorización de empleo a un extranjero cuya entrada podría afectar negativamente:

- Establecimiento de cualquier disputa laboral en progreso en el lugar de trabajo
- Empleo de cualquier persona que esté involucrada en la disputa

Si el estatus TN es rechazado, es la responsabilidad del BCBP el informar al extranjero y a su gobierno las razones.

Documentación y Evidencias de Apoyo:

- *Formularios del BCIS*
  - no existe un formulario de solicitud TN
  - I-94, extranjero principal y dependientes
- *Tarifas*
  - US $50 para entrar (extranjero principal únicamente)
  - US $6 para el I-94 para el extranjero principal y cada dependiente
- *Pasaporte*
  - pasaporte válido por al menos seis meses después de la estadía que se intenta, o
  - prueba de ciudadanía
- *Aprobaciones previas del BCIS y del DOS*
  - I-797, Notificación de Acción
  - DOS Visa Leíble por Máquina (MRV) en el pasaporte, si requerida
  - I-94, si se tuvo anteriormente
- *Credenciales profesionales*
  - diploma y licencia profesional, según el caso
  - evaluaciones de credenciales
- *Evidencia de apoyo a la solicitud del empleado*
  - prueba de que el solicitante cumple con los requisitos educacionales y de experiencia de la categoría laboral (Se pueden requerir las calificaciones)
- *Evidencia de apoyo a la solicitud del empleador*
  - contrato de empleo firmado con el futuro empleador, incluyendo:
    - descripción del trabajo que demuestre que el trabajo está dentro de una clasificación NAFTA
    - salario
    - estatus Temporal
    - marco de tiempo – límite de un año
- *Prueba de solvencia o apoyo económico*
  - prueba financiera

Un cónyuge dependiente que no sea ciudadano mexicano o canadiense entra como un TD pero sigue el proceso que se sigue para entrar como un H-4. Esto requiere:

- Una visa de no inmigrante
- Evidencia de la aprobación de la solicitud del TN
- I-94, Registro de Llegadas/Salidas con fechas válidas

Paso 6 – Revalidación/Extensión o Cambio de Estatus
Solicitud ante el BCIS dentro de los Estados Unidos

Los ciudadanos canadienses y mexicanos pueden solicitar la renovación de su estatus TN por correo con el Director del Centro de Servicios del BCIS en Nebraska entre 45 días y cuatro meses antes de que se requiera la extensión de la estadía. Los TNs también pueden ser renovados en la frontera.

Documentación y evidencias de apoyo para el extranjero principal:
- *Formularios del BCIS*
  - I-129, Petición de un Trabajador No Inmigrante
  - I-907, Solicitud de Procesamiento Premium, si se solicita
- *Tarifas*
  - US $130 para el I-129
  - US $1000 para el I-907, si se solicita

El cónyuge dependiente e hijos menores que están físicamente presentes en EE.UU. y que solicitan una extensión de su estadía o cambio de no inmigrante a TN, deben presentar el Formulario I-539 ante el Director del Centro de Servicios del Norte (Director of Northern Service Center).

Documentación y evidencias de apoyo para dependientes que soliciten una extensión o cambio al estatus TD:
- *Formulario del BCIS*
  - I-539, Solicitud de Extensión/Cambio de Estatus de No Inmigrante
- *Tarifa*
  - US $140 para cada dependiente
- *Estatus inmigratorio actual y previo*
  - I-129 del Profesional TN

Si el extranjero no está solicitando una extensión de estadía como un TD al mismo tiempo que el profesional está haciendo la solicitud, o está solicitando un cambio de estatus de no inmigrante a TD después de que el no inmigrante TN obtiene el estatus, el extranjero debe presentar una copia del Formulario TN I-94, Registro de Llegadas/Salidas del No Inmigrante, para establecer que el TN mantiene un estatus válido de no inmigrante.

El BCIS emite un I-797, Notificación de Acción, que sirve de evidencia para el cambio de estatus.

Cuando las tareas son modificadas, el extranjero puede solicitar por correo otro TN en la frontera o hacer una lista de las tareas en una solicitud de extensión.

Capítulo 6

Personas Reconocidas Extraordinaria e Internacionalmente

Existen dos clasificaciones que son iguales a los criterios de residencia permanente.

Las clasificaciones O y P están reservadas para personas que son nacional o internacionalmente reconocidas en su campo.

El estatus O está disponible para solicitantes "extraordinarios." Para calificar, éstos deben tener:
- Habilidad extraordinaria en el campo de la ciencia, artes, educación, negocios o deportes, o
- Logros extraordinarios en la industria del cine o televisión

El estatus P está disponible para solicitantes "sobresalientes." Para calificar, éstos deben ser:
- Deportistas y anfitriones internacionalmente reconocidos
- Vistos como "sobresalientes" por un "período de tiempo sostenido y sustancial"

O

Extranjeros con Habilidades Extraordinarias
en la Ciencia, Artes, Educación, Negocios y Deportes

Esta nueva clasificación fue creada en la Ley de Inmigración y Naturalización de 1990 y pasó de H-1B para permitirle a un empleador solicitar y clasificar a un extranjero como trabajador no inmigrante que puede entrar a EE.UU. temporalmente para realizar servicios o trabajo como un O-1.

Esta clasificación está reservada para "aquéllos que tienen habilidades extraordinarias en la ciencia, artes, educación, negocios y deportes, como demuestren los reconocimientos nacionales o internacionales, y cuya entrada esté vista por el Secretario de la Seguridad de la Patria como un beneficio sustancial para EE.UU."

Esta clasificación también puede incluir aquéllos que acompañan y asisten al extranjero, así como un cónyuge e hijos solteros menores de 21 años."

Ref: 9 FAM 41.12; INS ER 806 3-8-94

Las sub-categorías son:
- O-1 – Extranjeros con habilidades extraordinarias en la ciencia, artes, educación, negocios o deportes
- O-2 – Extranjero acompañante para asistir al extranjero en su actuación deportiva o artística
- O-3 – Cónyuge o hijo del O-1 o del O-2   *Ref: INA 101(a)(15)(O)(i),(ii),(iii)*

Los solicitantes en las áreas de la ciencia, artes, educación, negocios o deportes deben ser capaces de probar su "habilidad extraordinaria" al:
- Cumplir con altos estándares
- Tener un nivel de experiencia alcanzado por una persona que es una en un porcentaje bajo y quien a llegado al tope de su área
- Tener documentación suficiente de reconocimiento nacional o internacional

Los solicitantes en cine y televisión deben ser capaces de probar un registro demostrado de "logros extraordinarios" al demostrar su distinción.

Los extranjeros acompañantes pueden ser admitidos en estatus O-2 para asistir en la actuación artística o deportiva del extranjero O-1; sin embargo, si su entrada es para ayudar a un extranjero en la industria del cine o televisión, entonces deben:
- Tener la habilidad y experiencia necesaria con el extranjero, y
- Tener una relación pre-existente y de largo tiempo con el extranjero

- Realizar un papel que es esencial para completar con éxito la producción, si se está llevando a cabo tanto dentro como fuera de EE.UU.

Como en muchas otras categorías, el INA requiere que los extranjeros admitidos en estatus O mantengan su residencia en el extranjero a la cual tienen la intención de regresar.

Proceso de Admisión

Paso 1- Estableciendo Elegibilidad

Extranjeros en la Ciencia, Artes, Educación, Negocios o Deportes

A los extranjeros con habilidades extraordinarias en la ciencia, artes, educación, negocios o deportes se les exige:

- Una consulta con una organización laboral o grupo de amigos que representen su área de especialización ocupacional que contenga:
  - una descripción de su habilidad y logros en el área
  - una descripción de las tareas a ser realizadas
  - una determinación de si la posición requiere los servicios de un O-1, extranjero con habilidades extraordinarias

Los estándares para determinar "Habilidad Extraordinaria" son muy detallados e incluyen el haber recibido un reconocimiento internacional mayor. Tres de las siguientes pruebas de evidencia son requeridas:

- Reconocimientos o premios nacionales o internacionales
- Involucramiento en el área de logros sobresalientes
- Publicación de material acerca del extranjero y su trabajo
- Panelista o juez del trabajo de otros en el campo de especialización del extranjero
- Contribución de trabajo erudito o contribuciones en el área de especialización
- Autor de artículos profesionales eruditos publicados
- Empleo en organizaciones con reputación distinguida

Ref: Code of Federal Regulations

Extranjeros en la Industria del Cine o Televisión

A los extranjeros con logros extraordinarios en la industria del cine o televisión se les exige:

- Un reporte de consulta de un sindicato apropiado que represente a sus compañeros de trabajo, y
- Un reporte de consulta de una organización administrativa en su área de experiencia que contenga:
  - una descripción de su habilidad y logros
  - una descripción de las tareas a ser realizadas
- Una determinación de si la posición requiere un O-1 extranjero de "logros extrordinarios o de habilidades extraordinarias en las artes" tales como:
  - haber recibido o ser nominado a premios internacionales de prestigio

tales como un Emmy, Grammy o premios del gremio de Directores, o
- tres de las siguientes piezas de evidencia documentada:
  - actuación de líder en producciones con reputación distinguida
  - reconocimientos publicados nacional o internacionalmente
  - actuación de líder o rol protagónico para organizaciones con reputación distinguida
  - registro publicado de éxitos taquilleros, establecidos en el área, investigación, desarrollo de productos y logros ocupacionales
  - reconocimientos significativos por logros de líderes en el área
  - registro de recibir salarios altos en comparación con otros en el área
  - u otra evidencia comparable

Paso 2 – Autorización del BCIS en EE.UU. – Solicitud Inicial

Un trabajador americano o extranjero puede presentar una solicitud con el Centro Regional de Inmigración en EE.UU.

Documentación y Evidencias de Apoyo:
- *Formularios del BCIS*
  - I-129, Petición de un Trabajador No Inmigrante
  - Página Suplementaria de las Clasificaciones O y P
  - I-907, Solicitud de Procesamiento Premium, si se solicita
- *Tarifas*
  - US $130 para el I-129
  - US $1000 para el I-907, si se solicita
- *Aprobación previa del BCIS*
  - consulta por escrito con un grupo de compañeros
- *Evidencia de apoyo a la solicitud del empleado*
  - el extranjero ha recibido un premio mayor internacionalmente reconocido, tal como un Premio Nobel o copias de evidencia de al menos tres de lo siguiente:
    - recibo de premios reconocidos nacional o internacionalmente o premios por excelencia en su área ocupacional
    - membresía en asociaciones en el área que requieran logros sobresalientes como así lo juzguen los expertos internacionales
    - material publicado en publicaciones profesionales o de negocios periódicos acerca del extranjero y su trabajo en el área
    - participación en un panel o individualmente como juez del trabajo de otros en el área de un campo relacionado
    - contribuciones de investigaciones científicas o eruditas de mayor importancia en el área
    - autor de artículos eruditos en el área en periódicos profesionales u otros medios de comunicación importantes, o
    - evidencia de que el extranjero recibe altos salarios u otras altas remuneraciones por servicios

- *Evidencia apoyo a la solicitud del empleador*
  - copia del contrato con el extranjero o los términos de un acuerdo verbal
  - copias de evidencia de los servicios a ser prestados:
    - es un proyecto científico o educacional específico, conferencia, convención, disertación, o exhibición patrocinada por organizaciones o establecimientos científicos o educacionales, o
    - consiste en un proyecto de negocios específico que requiere de un ejecutivo, administrador, o técnico especializado debido a la complejidad del proyecto

La ley exige que el BCIS consulte con el sindicato y los grupos de administradores en la industria de la televisión y el cine antes de decidir si se emitirá la visa. La respuesta del sindicato o grupo de compañeros al BCIS debe ser dada en 15 días. Únicamente después de que sea recibida, el solicitante puede presentar una solicitud formal de visa.

La solicitud no debe ser presentada después de cuatro meses antes de que el empleo comience y debe ser presentada al menos 45 días antes de que el empleo comience.

El BCIS se reserva el derecho a pedir que el solicitante suministre más información o se presente para una entrevista.

El BCIS emite un I-797, Notificación de Acción, la cual debe ser enviada al DOS.

Paso 3 – *Autorización del Departamento de Estado (DOS) en el Extranjero*

Después de recibir la notificación de aprobación del BCIS, los solicitantes deben normalmente hacer la solicitud en la embajada o consulado de EE.UU. que tenga jurisdicción sobre su lugar de residencia permanente. Aunque los solicitantes de visas pueden hacer la solicitud en cualquier oficina consular de EE.UU. en el extranjero, puede ser más difícil calificar para la visa fuera del país de residencia permanente.

Documentación y Evidencias de Apoyo:
- *Formulario del DOS*
  - DS-156, Solicitud de Visa de No Inmigrante
- *Tarifas*
  - US $100 no retornable para Visa Leíble por Máquina (MRV)
  - la tarifa de reciprocidad debe ser igual a la tarifa establecida en circunstancias similares en el país de origen del extranjero
- *Pasaporte y fotografía*
  - pasaporte válido por lo menos seis meses después de la estadía que se intenta
  - fotografía cuadrada de 50 mm (2") de frente con la cabeza sin cubrir (excepto para religiosos) con un fondo claro

- *Aprobación previa del BCIS*
  - I-797, Notificación de Acción
- *Evidencia de que la estadía en EE.UU. es temporal (con intención de salir)*
  - no tiene intención de abandonar la residencia en el extranjero

La emisión de la visa no garantiza la entrada a EE.UU. La decisión es tomada por el Inspector de Inmigración del BCBP en un puerto de entrada.

Paso 4 – Autorización del BCBP en un Puerto de Entrada

El Formulario I-129 puede ser enviado por correo o a algunos puertos de entrada de EE.UU. cuando se entra al país. Puesto que una solicitud enviada por correo puede tomar hasta dos meses, usted debe seleccionar un punto de entrada que admita solicitantes de la "O."

Documentación y Evidencias de Apoyo:
- *Formulario del BCIS*
  - I-129, Petición de un Trabajador No Inmigrante
- *Tarifa*
  - US $130 (cuando se hace la petición en la frontera)
- *Aprobación previa del DOS*
  - Visa Leíble por Máquina (MRV) del DOS en el pasaporte

Los solicitantes de la "O-2" deben:
- Tener una larga relación profesional con el extranjero O-1
- Poseer habilidades que no pueden ser reemplazadas de manera rápida, y
- Demostrar que tienen residencia extranjera la cual no tienen intención de abandonar

Existe un límite de tres años para la primera entrada.

Paso 5 – Revalidación/Extensión o Cambio de Estatus

Solicitud ante el BCIS dentro de EE.UU.

Una petición solicitando extensión de estadía o cambio a estatus O puede ser presentada ante el Centro de Servicios regional del BCIS que tenga jurisdicción sobre su localidad.

Documentos y evidencias de apoyo por el extranjero principal:
- *Formularios del BCIS*
  - I-129, Petición de un Trabajador No Inmigrante
  - Página Suplementaria de las Clasificaciones O y P
  - I-907, Solicitud de Procesamiento Premium, si se solicita
- *Tarifas*
  - US $130 para el I-129
  - US $1000 para el I-907, si se solicita

- *Pasaporte*
  - pasaporte válido por lo menos seis meses después de la estadía que se intenta
- *Estatus inmigratorio actual y previo*
  - copia del I-94, Registro de Llegadas/Salidas del No Inmigrante
- *Evidencia de apoyo a la solicitud del empleador*
  - carta del solicitante que explique las razones para la extensión

Cuando haya un cambio en las circunstancias de empleo, usted también debe presentar la evidencia requerida ante el Centro de Servicios regional del BCIS.

Documentación y Evidencias de Apoyo del Extranjero Principal:
- *Formularios del BCIS*
  - I-539, Solicitud de Extensión/Cambio de Estatus de No Inmigrante
  - Página Suplementaria de Clasificaciones O y P
- *Tarifa*
  - US $140

El BCIS emite un I-797, Notificación de Acción que sirve de evidencia para una extensión o cambio de estatus.

Revalidación de la Visa por el Departamento de Estado (DOS)

Después de que el BCIS ha extendido su estadía, es posible que su visa necesite ser renovada antes de intentar reentrar a EE.UU. después de viajar al extranjero por negocios o por placer. Dependiendo de cómo los ciudadanos americanos son tratados en su país de residencia en circunstancias similares, su visa original puede haber sido emitida con restricciones en el número de entradas a EE.UU. y su período de validez, quizás seis meses o un año.

La solicitud de renovación de visa puede ser hecha en una embajada o consulado de EE.UU. en su país de residencia. Las revalidaciones pueden también ser hechas en un consulado de EE.UU. en México o en Canadá llamando al (900) 443-3131 para concertar una cita.

Como no es posible obtener procesamiento o reportes de estatus expresos, usted debe presentar su solicitud en persona al funcionario consular del país de destino si usted no tiene tiempo de obtener la renovación de su visa en EE.UU.

Si el tiempo lo permite, y como un servicio a los extranjeros en pocas clasificaciones tales como la O, el Departamento de Estado renueva visas por correo en EE.UU. Para información más detallada sobre revalidaciones, por favor vea la página web del Departamento de estado: www.travel.state.gov/revals.html. Usted puede abrir el archivo con el Formulario DS-156 requerido.

Documentación y Evidencias de Apoyo:
- *Formulario del DOS*
  - DS-156, Solicitud de Visa de No Inmigrante
- *Tarifas*
  - US $100 no retornable para una Visa Leíble por Máquina (MRV)

- la tarifa de reciprocidad debe ser igual a la tarifa establecida en circunstancias similares en el país de origen del extranjero
- *Pasaporte y fotografía*
  - pasaporte válido por lo menos seis meses después de la estadía que se intenta
  - fotografía cuadrada de 50 mm (2") de frente con la cabeza sin cubrir (excepto para religiosos) con un fondo claro
- *Estatus inmigratorio actual y previo*
  - I-94 original actual (no copias)
  - copia del I-171C (H's o L's) o I-797, Notificación de Acción de la petición
- *Documentación de apoyo del empleador*
  - carta detallada que indique:
    - el empleado y su posición
    - itinerario de viaje

Cuando una tarifa es cargada por reciprocidad de visa, incluya dos cheques certificados o giros postales para la solicitud de visa y el cargo por reciprocidad. No se aceptan cheques personales.

Las solicitudes enviadas a través del Servicio Postal de EE.UU. deben ser enviadas por correo en un sobre con relleno que contenga un sobre con relleno para devolverle la correspondencia. Si se pide el regreso por correo expreso, se requerirá una cuenta de correo aéreo expreso. El procesamiento puede tomar de seis a ocho semanas. Para más información, puede llamar al (202) 663-1213, en donde la información se obtiene de una grabación.

Las solicitudes completas pueden enviarse por correo a:
U.S. Department of State/Visa
P.O. Box 952099
St. Louis, MO 63195-2099

También se pueden enviar las solicitudes completas por correo expreso a:
U.S. Department of State/Visa (Box 2099)
1005 Convention Plaza
St. Louis, MO 63101-1200

P

Deportistas y Anfitriones Reconocidos Internacionalmente

Esta clasificación fue creada en la Ley de Inmigración y Naturalización de 1990 y se pasó de la visa H-1B.

Esta clasificación es para el uso de deportistas y anfitriones que han alcanzado reconocimiento internacional y permite la admisión temporal de grupos de anfitriones, deportistas individuales o en equipo y personas acompañantes que permiten la actuación en un evento específico.

Está reservada para "aquéllos reconocidos a nivel internacional, entrando en un programa de intercambio recíproco o entrando en un programa cultural único. Esta clasificación puede incluir también un cónyuge o hijos solteros menores de 21 años de edad."   *Ref: INS ER 806 3-8-94*

Las sub-categorías son:
- P-1 – Deportistas reconocidos internacionalmente o miembro de un grupo de anfitriones reconocidos internacionalmente
- P-2 – Artista o anfitrión en un programa de intercambio recíproco
- P-3 – Artista o anfitrión en un programa cultural único
- P-4 – Cónyuge o hijo de P-1, P-2, o P-3
                                              Ref: INA 101(a)(15)(P)(I),(ii),(iii),(iv)

La clasificación P-1 está dividida en tres categorías por separado:
- Deportistas individuales reconocidos internacionalmente
- Equipos de deportistas reconocidos internacionalmente
- Grupos de anfitriones reconocidos internacionalmente

Se propuso un límite anual de 25,000 visas para visas P-1 y P-3.

Proceso de Admisión

Paso 1 – Estableciendo Elegibilidad

Los deportistas individuales deben demostrar su "reconocimiento internacional" al venir a EE.UU. con una reputación internacional para participar en un evento que también tenga una reputación distinguida.

Para que un equipo completo sea admitido, éste debe mostrar evidencia de que ha alcanzado reconocimiento internacional en un deporte.

Una petición P-1 para un deportista, requiere:
- Un contrato formal con un equipo en una liga de EE.UU. o en un deporte individual basado en reconocimiento internacional en ese deporte, y
- Dos de las siguientes piezas de evidencia documentada:
  - participación anterior en una liga mayor de deportes de EE.UU.
  - participación anterior en una competencia internacional con un equipo nacional
  - participación anterior en una competencia intercolegial de EE.UU.
  - declaración de una liga o cuerpo regulador detallando cómo el extranjero o su equipo es reconocido internacionalmente
  - declaración de los medios de comunicación o experto en deportes detallando cómo el extranjero o su equipo es reconocido internacionalmente
  - honores o premios significativos en el deporte

Una petición P-1 para un grupo de anfitriones requiere:
- Evidencia de haber actuado juntos por al menos un año
- Un listado de todos los miembros y la fecha en que se unieron al grupo
- Evidencia de reconocimiento internacional, tal como una nominación a premios o por tres de las siguientes piezas de evidencia documentada de:
  - actuaciones pasadas y futuras en eventos con una reputación distinguida
  - reconocimiento internacional y aclamaciones por logros sobresalientes
  - actuaciones pasadas y futuras para organizaciones con reputación distinguida
  - éxitos mayores críticamente aclamados
  - reconocimiento significativo de organizaciones, críticos, expertos o dependencias gubernamentales
  - salarios o remuneraciones altas

Una clasificación P-1 puede ser asignada a un grupo de anfitriones que actúan como grupo pero no a una persona que actúa aparte de su grupo. Excepto para miembros de circos, el 75% de los miembros deben haber sido una parte integral del grupo por al menos un año.

Se pueden hacer excepciones en casos donde exista un acceso limitado para medios de comunicación de noticias o donde existan condiciones geográficas especiales.

Una clasificación P-2 puede ser asignada a personas y grupos de artistas y anfitriones que participan en un programa recíproco temporal entre organizaciones extranjeras y de EE.UU.

Una clasificación P-3 puede ser asignada a artistas y anfitriones que actúan en un programa que es culturalmente único.

Paso 2 – Autorización del BCIS en EE.UU. – Solicitud Inicial

El Formulario I-129 es usado por un empleador que solicita extranjeros para que vengan a trabajar o prestar temporalmente servicios a EE.UU. como un P-1 o P-2.

Para trabajadores no inmigrantes P-3, siempre se requiere una solicitud tanto para la visa inicial o entrada por un nuevo empleo o empleo concurrente, y cualquier extensión o cambio de estatus.

Documentación y Evidencias de Apoyo:
- *Formularios del BCIS*
  - I-129, Petición de un Trabajador No Inmigrante
  - I-907, Solicitud de Procesamiento Premium, si se solicita
- *Tarifas*
  - US $130 para el I-129
  - US $1000 para el I-907, si se solicita

Un empleador de EE.UU. puede presentar una solicitud para clasificar a un extranjero en una clasificación P-2 si:
- Son miembros del mismo grupo (los acompañantes de los extranjeros deben ser solicitados por separado)
- Acompañarán al mismo extranjero o grupo P-2 para el mismo período de tiempo, en la misma ocupación, y en la(s) misma(s) localidad(es)

Extranjero P-2 que viene temporalmente a actuar como artista o anfitrión, individualmente o como parte de un grupo, bajo un programa de intercambio recíproco entre una organización en EE.UU. y una organización en otro país.

La solicitud debe ser presentada por la organización patrocinante o empleador en EE.UU. con:
- Consultación por escrito con una organización de trabajo adecuada
- Una copia del acuerdo de intercambio recíproco entre organizaciones de EE.UU. patrocinadoras de los extranjeros, y las organizaciones en un país extranjero que recibirán a los artistas o anfitriones americanos
- Una declaración de la organización patrocinadora describiendo el intercambio recíproco, incluyendo el nombre de la organización que los recibirá en el extranjero, duración de su estadía, actividades que realizarán y los términos y condiciones de su empleo
- Copias de evidencia de que los extranjeros y los artistas o anfitriones de EE.UU.son artistas experimentados con habilidades comparables y que los términos y condiciones de empleo son similares

Personal de apoyo P-2
El personal de apoyo acompañante son extranjeros altamente calificados que vienen temporalmente como parte esencial e integral en la competencia o actuación de un P-2, o porque realizan servicios de apoyo que no pueden ser realizados por un trabajador de EE.UU. y que son esenciales para la actuación exitosa o servicios del P-2. Los extranjeros deben tener experiencia previa significativa con el extranjero P-2.

La petición debe ser presentada en relación al empleo del extranjero P-2 con:
- Consultación por escrito con una organización laboral de la habilidad en la cual el extranjero estará utilizando
- Una declaración que describa las habilidades esenciales anteriores y actuales del extranjero, así como su experiencia como un P-2

- Declaraciones juradas de personas con conocimientos reales de que el extranjero ha adquirido experiencia significativa realizando las habilidades y servicios esenciales de soporte para el P-2
- Una copia de cualquier contrato por escrito con el extranjero o resumen de los términos del contrato verbal con el cual el extranjero será empleado

Paso 3 – Autorización del Departamento de Estado (DOS) en el Extranjero

Después de recibir la notificación de aprobación de la petición al BCIS, los solicitantes deben hacer la solicitud en la embajada o consulado de EE.UU. que tenga jurisdicción sobre su lugar de residencia permanente. Aunque los solicitantes de las visas pueden hacer la solicitud en cualquier oficina consular de EE.UU. en el extranjero, será más difícil calificar para la visa fuera del país de residencia permanente.

Ref: 9 FAM 41.56

Documentación y Evidencias de Apoyo:
- *Formulario del DOS*
  - DS-156, Solicitud de Visa de No Inmigrante
- *Tarifas*
  - US $100 no retornable para Visa Leíble por Máquina (MRV)
  - la tarifa de reciprocidad debe ser igual a la tarifa establecida en circunstancias similares en el país de origen del extranjero
- *Pasaporte y fotografía*
  - pasaporte válido por lo menos seis meses después de la estadía que se intenta
  - fotografía cuadrada de 50 mm (2") de frente con la cabeza sin cubrir (excepto para religiosos) con un fondo claro
- *Aprobación previa del BCIS*
  - I-797, Notificación de Acción
- *Evidencia de apoyo*
  - motivo del viaje
- *Evidencia de que la estadía en EE.UU. es temporal (con intención de salir)*
  - no intención de abandonar la residencia en el extranjero

La emisión de la no garantiza la entrada a EE.UU. y la decisión es tomada por el Inspector de Inmigración del BCBP en el puerto de entrada.

Paso 4 – Autorización del BCBP en un Puerto de Entrada

El Formulario I-129 puede ser enviado por correo o presentado en algunos puertos de entrada de EE.UU. al entrar al país. Puesto que las solicitudes enviadas por correo al Centro de Servicios regional del BCIS pueden tomar hasta dos meses, usted debe seleccionar un punto de entrada que admita a los solicitantes.

Documentación y Evidencias de Apoyo:
- *Formularios del BCIS*
  - I-129, Petición de un Trabajador No Inmigrante (cuando la solicitud se

hace en la frontera)
- Página Suplementaria de las Clasificaciones O y P
- *Tarifa*
  - US $130
- *Pasaporte*
  - pasaporte válido por al menos seis meses después de la estadía programada
- *Aprobación previa del DOS*
  - Visa Leíble por Máquina (MRV) del DOS en el pasaporte
- *Estatus de inmigración actual y previo*
  - copia del I-94, Registro de Llegadas/ Salidas del No Inmigrante
- *Evidencia adicional*
  - grupo de amigos
  - organización laboral
- *Evidencia de apoyo a la solicitud del empleador*
- *Evidencia de que la estadía en EE.UU. es temporal (con intención de salir)*
  - no hay intención de abandonar la residencia en el extranjero

Duración Máxima de la Estadía:
- Deportistas individuales P-1: hasta 10 años basado en la tendencia de firmar contratos a largo plazo
- Equipos: Un año
- P-2 y P-3: el tiempo tomado para el evento o eventos hasta un máximo de un año
- P-4: la misma duración de tiempo como la del extranjero principal

Paso 5 – Revalidación/Extensión o Cambio de Estatus
Solicitud ante el BCIS dentro de EE.UU.

La solicitud de extensión de estadía o cambio a estatus P ante el Centro de Servicios regional del BCIS, que tenga jurisdicción sobre su lugar de residencia, se puede hacer por correo.   *Ref: INS Recorded Information Service*

Documentación y Evidencias de Apoyo:
- *Formularios del BCIS*
  - I-129, Petición de un Trabajador No Inmigrante
  - Página Suplementaria de las Clasificaciones O y P
  - I-907, Solicitud de Procesamiento Premium, si se solicita
- *Tarifas*
  - US $130 para el I-129
  - US $1000 para el I-907, si se solicita
- *Pasaporte*
  - pasaporte válido por lo menos seis meses después de la estadía que se intenta
- *Estatus inmigratorio actual y anterior*
  - copia del I-94, Registro de Llegadas/Salidas del No Inmigrante

- *Evidencia de apoyo a la solicitud del empleador*
  - carta del solicitante explicando las razones para la extensión

Cuando haya habido un cambio en las circunstancias del empleo, se debe presentar la evidencia requerida para una nueva petición.

Los Dependientes deben presentar el Formulario I-539 para solicitar un cambio de estatus o extensión de la estadía al Centro de Servicios regional del BCIS.

Documentación y evidencias de apoyo de los dependientes:
- *Formulario del BCIS*
  - I-539, Solicitud de Extensión/ Cambio de Estatus de No Inmigrante
- *Tarifa*
  - US $140

El BCIS emite un I-797, Notificación de Acción, que sirve como evidencia de la extensión o cambio de estatus.

Revalidación de la Visa por el Departamento de Estado (DOS)

Después de que el BCIS ha extendido su estadía, su visa puede necesitar ser renovada antes de que intente entrar nuevamente a EE.UU. después de viajar por el exterior por negocios o por placer. Dependiendo de cómo los ciudadanos de EE.UU. sean tratados en su país de residencia en circunstancias similares, su visa original puede haber sido emitida con restricciones en el número de entradas a EE.UU. y su período de validez, quizás seis meses o un año.

La solicitud para renovación de visa puede ser hecha en una embajada o consulado de EE.UU. en su país de residencia. Las revalidaciones también se pueden hacer en el consulado de EE.UU. en México o Canadá llamando al (900) 443-3131 para concertar una cita.

Puesto que no es posible obtener procesamiento o reportes de estatus expresos, usted debe hacer la solicitud en persona ante la oficina consular del país de destino si usted no tiene tiempo de renovar su visa en EE.UU.

Como un servicio a los extranjeros en unas pocas clasificaciones tal como la P, el Departamento de Estado renueva visas por correo en EE.UU., si el tiempo lo permite. Para información completa acerca de revalidaciones, vea la página web del Departamento de Estado www.travel.state.gov/revals.html, de donde usted puede obtener el Formulario DS-156.

Documentación y Evidencias de Apoyo:
- *Formulario del DOS*
  - DS-156, Solicitud de Visa de No Inmigrante
- *Tarifas*
  - US $100 no retornable para una Visa Leíble por Máquina (MRV)
  - la tarifa de reciprocid debe ser igual a la tarifa establecida en circunstancias similares en el país de origen del extranjero

- *Pasaporte y fotografía*
  - pasaporte válido por lo menos seis meses después de la estadía que se intenta
  - fotografía cuadrada de 50 mm (2") de frente con la cabeza sin cubrir (excepto para religiosos) con un fondo claro
- *Estatus inmigratorio actual y previo*
  - I-94 actual original (no copias)
  - Copia del I-797, Notificación de Acción
- *Documentación de apoyo del empleador*
  - Carta detallada identificando:
    - al empleado
    - su posición
    - itinerario de viaje

Cuando una tarifa es cargada por reciprocidad de visa, incluya dos cheques certificados o giros postales, uno por la solicitud de la visa y otro por el cargo de reciprocidad. Los cheques personales no pueden ser aceptados.

Las solicitudes enviadas a través de un Servicio Postal de EE.UU. deben ser enviadas en un sobre relleno más un sobre relleno con estampilla para retorno de correspondencia. Si se pide retorno de correspondencia por correo expreso, se necesita tener una cuenta de correo aéreo. El procesamiento puede tomar de seis a ocho semanas. Se puede obtener información grabada por el teléfono (202) 663-1213

Las solicitudes completas pueden ser enviadas a:
U.S. Department of State/Visa
P.O. Box 952099
St. Louis, MO 63195-2099

Las solicitudes completas también se pueden enviar por correo expreso al:
U.S. Departmente of State/ Visa (Box 2099)
1005 Convention Plaza
St. Louis, MO 63101-1200

Capítulo 7

Clasificaciones de Propósitos Especiales

Muchas clasificaciones están disponibles para el uso de extranjeros con calificaciones y necesidades de visas espeíficas.

Las categorías disponibles incluyen:
- I – Representantes de Medios de Comunicación Extranjeros
- K – Novia(o) o Cónyuge de Ciudadano Americano
- Q – Programa de Intercambio Cultural y Programa Cultural y de Entrenamiento en el Proceso de Paz Irlandesa
- R – Extranjero en Ocupaciones Religiosas
- S – Extranjero Testigo e Informante
- T – Víctima del Tráfico Ilícito
- U – Testigo Material/Humanitario
- V – Cónyuge e Hijos Menores del Residente Permanente Legal

I

Representantes de Medios de Comunicación Extranjeros

El estatus I es asignado, en base a la reciprocidad, a un extranjero que es un representante de la prensa, radio, cine y otros medios de información extranjeros, y quien busca entrar a EE.UU. únicamente para realizar actividades de dicha naturaleza, y el cónyuge e hijos de dicho representante si lo acompañan o tienen la intención de unirse a éste posteriormente.

La clasificación es:
- I – Representante de Medios de Información, cónyuge e hijo menor
  Ref: INA 101(a)(15)(I)

Los dependientes de extranjeros I pueden estudiar en EE.UU. a tiempo completo o parcial.

Proceso de Admisión

Paso 1 – *Autorización del Departamento de Estado (DOS) en el Exterior*

La solicitud debe ser hecha ante una embajada o consulado de EE.UU. en su país de residencia. Los canadienses están exentos de visa.

Documentación y Evidencias de Apoyo:
- *Formulario del DOS*
  - DS-156, Solicitud de Visa de No Inmigrante
- *Tarifas*
  - US $100 no retornable para una Visa Leíble por Máquina (MRV)
  - la tarifa de reciprocidad debe ser igual a la tarifa establecida en circunstancias similares en el país de origen del extranjero
- *Pasaporte y fotografía*
  - pasaporte válido por lo menos seis meses después de la estadía que se intenta
  - fotografía cuadrada de 50 mm (2") de frente con la cabeza sin cubrir (excepto para religiosos) con un fondo claro
- *Evidencia de apoyo a la solicitud del empleador*
  - carta con el logo de la compañía que:
    - esté firmada por el oficial responsable de la compañía
    - describa su trabajo y su negocio de manera detallada

- justifique la necesidad de la visa
- lo identifique a usted
- nombre sus dependientes, si alguno

Cualquier cambio en la página de la visa necesita la emisión de una visa diferente. Muy pocas visas son emitidas en esta clasificación. Si existe un cargo por reciprocidad de visa, se debe hacer un cheque por separado.

Paso 2 – Autorización del BCBP en un Puerto de Entrada

La admisión de un extranjero de la categoría definida en INA 101(a)(15)(I) constituye un acuerdo del extranjero de no cambiar el medio de información o de empleador hasta que tenga permiso de hacerlo del Director de Distrito que tenga jurisdicción sobre su lugar de residencia. Un extranjero clasificado como un no inmigrante de medios de información, puede estar aturoizado para entrar por lo que dure el empleo.

Ref: 8 CFR 214(i)

Documentación y Evidencias de Apoyo:

- *Aprobación anterior del DOS*
- Visa Leíble por Máquina (MRV) del DOS

La Visa Leíble por Máquina emitida por el Departamento de Estado en el extranjero está sujeta a verificación electrónica por el BCIS en los puertos de entrada de EE.UU. donde se emita el I-94.

Los tenedores de visas I son admitidos en EE.UU. por la duración de su asignación.

Paso 3 – Revalidación/Extensión

Revalidación de visa por el Departamento de Estado (DOS)

Se puede obtener información completa del Departamento de Estado acerca de las revalidaciones a través de la página web www.travel/state.gov/revals.html, de donde puede obtener el Formulario DS-156. Para más información, llame al (202) 663-3111.

Las solicitudes completas pueden ser enviadas por correo a:
U.S. Department of State/Visa
P.O. Box 952099
St. Louis, MO 63195-2099
Fax: (202) 663-1608

Las solicitudes completas también se pueden enviar por correo expreso a:
U.S. Department of State/Visa (Box 2099)
1005 Convention Plaza
St. Louis, MO 63101-1200
Fax: (202) 663-1608

Las aplicaciones pueden ser depositadas en un buzón de correo en 526 N.W. 23rd Street en Washington o llevadas en persona entre las 11:00 am y las 12:00 del mediodía de lunes a viernes. Para el retorno de pasaportes, se requiere que envíe un sobre con su dirección y con una estampilla.

La solicitud también puede ser hecha en un consulado de EE.UU. en la frontera de Canadá o de México. Las citas deben hacerse por adelantado llamando al servicio 900 del Departamento de Estado al (900) 443-3131 desde EE.UU. Se puede exigir una prueba del estatus de inmigración en esos países.

Documentación y Evidencias de Apoyo:

- *Formulario del DOS*
  - DS-156, Solicitud de Visa de No Inmigrante
- *Tarifas*
  - US $100 no retornable para una Visa Leíble por Máquina (MRV)
  - la tarifa de reciprocidad debe ser igual a la tarifa establecida en circunstancias similares en el país de origen del extranjero
- *Pasaporte y fotografía*
  - pasaporte válido por lo menos seis meses que contenga la visa actual para la misma clasificación (puede estar en un pasaporte anterior)
  - fotografía cuadrada de 50 mm (2") de frente con la cabeza sin cubrir (excepto para religiosos) con un fondo claro
- *Estatus inmigratorio actual y previo*
  - I-94 original emitido por el BCIS cuando entró por última vez a EE.UU. o, si expiró, un I-797 válido, Notificación de Acción para cada solicitante
- *Aprobaciones del BCIS anteriores*
  - una petición válida de empleo I-797 que muestre:
  - el empleador actual del solicitante
  - extensión o estadía temporal aprobada por el BCIS
- *Evidencia de apoyo a la solicitud del empleador*
  - Carta con el logo de la compañía que:
  - esté dirigida a la Oficina de Visas del Departamento de Estado
  - esté firmada por el oficial responsable de la compañía
  - describa el trabajo y el negocio en detalle
  - justifique la necesidad de la visa
  - lo identifique a usted y nombre a sus dependientes, si alguno
- *Evidencia adicional*
  - copias certificadas de toda la documentación del extranjero principal si su cónyuge e hijos están haciendo la solicitud por separado
  - prueba de su relación con los dependientes acompañantes
- *Prueba de solvencia o ayuda económica*
  - arreglos para cubrir los gastos en EE.UU.
- *Evidencia de que la estadía en EE.UU. es temporal (con intención de salir)*
  - prueba de la intención de salir después de completar la asignación
  - no hay intención de abandonar la residencia en el extranjero

K

Novia(o) o Cónyuge de Ciudadano Americano

Esta sección describe el estatus de no inmigrate original K-1 y el nuevo K-3.

El estatus K-1 continúa permitiendo a un ciudadano americano patrocinar un cónyuge extranjero y a sus hijos para que entren a EE.UU., obtener autorización de empleo, casarse en 90 días, y solicitar una Tarjeta de Residencia (Green Card) condicional.

El estatus K-3 fue introducido cuando la Ley de Equidad Legal de Inmigración para Familias (LIFE) se convirtió en ley el 21 de Diciembre de 2000. Esta clasificación de no inmigrante sólo permite la entrada a cónyuges extranjeros de ciudadanos americanos e hijos del cónyuge extranjero como no inmigrantes K-3 o K-4. Como beneficiarios de peticiones pendientes de visas, éstos pueden ser admitidos y permanecer en EE.UU. hasta que ajusten su estatus.   *Ref: Pub. L. 106-553*

Las sub-categorías son:
- K-1 – Novia(o) de ciudadano(a) americano(a)
- K-2 – Hijo(s) o Novia(o) de ciudadano(a) americano(a) viviendo en el exterior
- K-3 – Cónyuge de ciudadano americano con una petición de familiar inmediato pendiente
- K-4 – Hijo(s) de cónyuge K-3

Vea también:
- Visa V – Cónyuge e Hijos extranjeros de Residentes Permanentes – este capítulo
- Familiar inmediato de ciudadano americano – Parte III
- Segunda Preferencia, cónyuge e hijos de Residentes Permanentes – Parte III

Proceso de Admisión

Paso 1 – Autorización del BCIS en EE.UU. – Petición Inicial

Opción 1 – Antes de casarse en EE.UU. – Novia(o) Viviendo en el Exterior

Un ciudadano americano que desea casarse con un extranjero que vive en el exterior y trae a dicho extranjero para vivir en EE.UU., debe llenar un Formulario I-129F para obtener una K-1 en el Centro de Servicios regional del BCIS que tenga jurisdicción sobre su lugar de residencia antes de que el extranjero entre a EE.UU. La notificación de aprobación del BCIS es enviada a la embajada o consulado de EE.UU. en el país de residencia del extranjero de 30 a 90 días. La aprobación del BCIS es válida por cuatro meses y puede ser revalidada por un oficial consular.

La novia o novio del ciudadano americano envía el Formulario I-134, Declaración Jurada de Ayuda, a la novia o novio extranjero para que lo presente ante el consulado.

Documentación y Evidencias de Apoyo:
- *Formularios del BCIS*
  - I-129F, Petición de una Novia(o) Extranjero (Rev. 3/29/01)
  - G-325A, Información Geográfica para el solicitante y novia o novio
  - I-134, Declaración Jurada de Ayuda
- *Tarifa*
  - US $110 para el I-129F
- *Prueba de nacimiento del ciudadano americano*
  - acta de nacimiento en EE.UU., o
  - acta de Naturalización o Ciudadanía, o
  - FS-240, Reporte de Nacimiento en el Extranjero de un Ciudadano Americano, o
  - pasaporte americano sin expirar
- *Fotografías*
  - fotografías por lo menos 40 mm de altura por 35 mm de ancho a color – ¾ de perfil frontal, mostrando la oreja derecha
- *Evidencia de apoyo de la solicitud*
  - prueba de consentimiento, si requerida, por edad
- *Documentos civiles*
  - copia del certificado de divorcio o de defunción de matrimonio anterior
  - prueba de cambios de nombre

Si los documentos no están disponibles, es posible sustituirlos con:
- Registros de la iglesia, escuela o censo
- Declaraciones juradas

La petición puede ser negada si el extranjero solicitante:
- Tiene una enfermedad contagiosa o desorden físico o mental
- Es un drogadicto
- Ha cometido actos criminales serios
- Ha entrado ilegalmente a EE.UU.
- No es elegible para la ciudadanía

Opción 2 – *Después del matrimonio – Cónyuge Extranjero Viviendo en el Exterior*

Si su cónyuge extranjero está viviendo en el extranjero, ahora existe un proceso de dos pasos que le permite la entrada más rápidamente. Para comenzar con el proceso de obtener la residencia permanente para el cónyuge extranjero, el ciudadano americano llena un I-130, Petición de un Familiar Extranjero, ante el Centro de Servicios regional del BCIS que tenga jurisdicción en su lugar de residencia en EE.UU.

Para acelerar el proceso, mientras se espara por la finalización de la petición

I-130, se puede buscar entrar temporalmente (como no inmigrante) en la forma de K-3 para el cónyuge y como K-4 para los hijos del cónyuge con el Formulario I-129F, Petición de Novia o Novio Extranjero. El formulario está sujeto a cambios.

La visa K-3 de no inmigrante está disponible únicamente para el extranjero que vive en el exterior y quien:
- Está casado(a) con ciudadano(a) americano(a)
- Cuyo cónyuge americano ha presentado:
  - I-130, Petición de un Familiar Extranjero
  - I-129F, Petición de una Novia(o) Extranjero
- Busca entrar a EE.UU. para esperar la disponibilidad de una visa de inmigrante

Al ciudadano americano solicitante no se le exige llenar un Formulario I-130, Solicitud de Visa de Inmigrante, de parte de los hijos del extranjero K-3 con estatus de no inmigrante K-4 puesto que los K-4 dependen del K-3 para su estatus. No obstante, el solicitante puede llenar un Formulario I-130 para los hijos puesto que éstos perderían su estatus K-4 cuando su padre K-3 se convierte en un Residente Permanente Legal. Los no inmigrantes no pueden cambiar de otro estatus de no inmigrante a estatus K en EE.UU. puesto que esa no es la intención del K-3.

Documentación y Evidencias de Apoyo:
- *Formularios del BCIS*
  - I-130, Petición de un Familiar Extranjero
  - I-129F, I-129F, Petición de una Novia(o) Extranjero (formulario sujeto a cambio)
  - G-325A, Información Biográfica para el Solicitante y Cónyugue
- *Tarifas*
  - US $130 para el I-130
  - US $110 para el I-129F
- *Pasaporte*
  - pasaporte válido por lo menos seis meses después de la fecha fijada para la entrada
- *Documentos civiles*
  - acta de matrimonio
  - prueba de terminación del matrimonio anterior
- *Fotografía*
  - una fotografía de ¾ de frente a color del esposo, esposa e hijos, tomada en los últimos 30 días

Si existe más de un beneficiario, únicamente se debe presentar el I-129F.

Las solicitudes para estatus K-3/K-4 deben ser enviadas a:
Bureau of Citizenship and Immigration Services
P.O. Box 7218
Chicago, IL 60680-7218

Una vez que el Formulario actual I-129F es aprobado, el BCIS notificará al consulado americano en el extranjero, como se especifique en la petición. Si el matrimonio tuvo lugar en el extranjero, el BCIS notificará a un consulado en el país donde el matrimonio tomó lugar.

Los extranjeros solicitando estatus K-3/K-4 no están exentos de las restricciones de tres a diez años como resultado de la presencia ilegal extendida en EE.UU.

El estatus K-3 o K-4 termina 30 días después de que:
- Vence el período autorizado para la admisión
- El Formulario I-130 es negado
- La solicitud de visa de no inmigrante es negada
- La solicitud de Ajuste de Estatus es negada

Paso 2 – *Autorización del Departamento de Estado (DOS) en el Extranjero*

Opción 1 – *Antes del matrimonio – Después de la aprobación del BCIS – Por el Departamento de Estado (DOS)*

Bajo el FMA 9 41.2(k), al extranjero que está clasificado bajo el INA 101(a)(15)(K), se le exige tener una visa. Después de recibir notificación de la aprobación de la petición inicial del BCIS, el consulado de EE.UU. enviará a la novia o novio del extranjero un paquete que explica cuáles documentos deben ser enviados para su procesamiento. Cuando sea posible, se deben presentar los originales, incluyendo los documentos presentados ante el BCIS.

Documentación y Evidencias de Apoyo:
- *Formularios del DOS*
  - DS-156, Solicitud de Visa de No Inmigrante
  - DS-156K, DS-156K, Solicitud de Visa para novio(a) de un no inmigrante
  - G-325A, Información Biográfica del solicitante y su novia(o)
- *Tarifas*
  - US $100 no retornable para una Visa Leíble por Máquina (MRV)
  - la tarifa de reciprocidad debe ser igual a la tarifa establecida en circunstancias similares en el país de origen del extranjero
- *Pasaporte y fotografía*
  - pasaporte válido por ol menos seis meses después de la estadía que se intenta
  - una fotografía cuadrada de 50 mm (2") de frente del esposo, esposa e hijos,tomada en los últimos 30 días
- *Aprobación previa del BCIS*
  - I-129F, Petición de una Novia(o) Extranjero
- *Prueba de solvencia o ayuda económica*
  - I-134, Declaración Jurada de Ayuda, recibida del ciudadano americano
  - cartas del empleador y banco del ciudadano americano
- *Documentos civiles*
  - acta de nacimiento
  - acta de divorcio y defunción del matrimonio anterior
- *Autorización de la policía*
  - certificado de todas las residencias desde el 16° cumpleaños del extranjero

- *Autorización médica*
    - resultados del examen médico, radiografías del tórax y examen de sangre por un doctor del DIS
- *Evidencia adicional*
    - evidencia de relación válida con el solicitante americano
    - ambas personas están legalmente dispuestas y capaces de casarse en EE.UU.
    - ambas personas se han conocido personalmente durante los últimos dos años, a menos que el Secretario de la Seguridad de la Patria exhonere este requisito

La novia o novio extranjero debe ser entrevistado por un oficial consular. Si es aprobada, la visa K-1, válida por seis meses, es emitida para ser presentada en un puerto de entrada de EE.UU. La visa no renovable es válida únicamente por 90 días desde la fecha de entrada a EE.UU.

Opción 2 – Después del Matrimonio – Por el Departamento de Estado (DOS) en el Extranjero

La Ley LIFE requiere que el solicitante presente un Formulario I-129F, Solicitud de Novia o Novio en EE.UU. con el propósito de obtener estatus de no inmigrante K-3 para su cónyuge. La solicitud debe ser aprobada antes de la emisión de la visa de no inmigrante por el oficial consular en el extranjero. En general, las solicitudes de visas deben ser presentadas en el país de residencia del cónyuge extranjero.

El solicitante es clasificable como cónyuge no inmigrante K-3 cuando todos los requisitos se cumplen:
- El oficial consular está satisfecho con que el extranjero ha cumplido todos los requisitos aplicables para recibir una visa de no inmigrante K-3 o K-4
- El oficial consular ha recibido una solicitud I-129F aprobada por el BCIS que fue presentada en EE.UU. por el ciudadano americano cónyuge del extranjero
- Si el matrimonio tomó lugar fuera de EE.UU, el extranjero hace la solicitud en el país donde el matrimonio tomó lugar o en un puesto consular designado para aceptar solicitudes de visas de inmigrante para nacionales de ese país
- Si el matrimonio tomó lugar en EE.UU., el extranjero hace la solicitud en su país de residencia

Para obtener clasificación como K-4, el extranjero debe establecer que es hijo de un extranjero con derecho a ser clasificado como K-3.

El hijo solicitante K-4 es clasificable si:
- El oficial consular está satisfecho con que el extranjero es el hijo de un extranjero K-3 y que lo está acompañando o pretende unirse al extranjero principal
- El extranjero ha cumplido todos los requisitos aplicables para recibir una visa de no inmigrante

La ley LIFE no estipula la emisión de visas para los hijos del cónyuge o del solicitante.

Cuando los solicitantes están siendo procesados para su visa K-3 de no inmigrante, se les pedirá si desean determinar del Centro Nacional de Visas si una visa de inmigrante aprobada I-130 ha sido recibida del BCIS. En caso afirmativo, el solicitante debe pedir que la visa de inmigrante aprobada sea enviada al puesto consular al cual la solicitud de la visa de inmigrante debe ser presentada. Unicamente después de que la I-130 aprobada ha sido recibida en el puesto consular, el extranjero puede presentar una solicitud de visa de inmigrante.

El Departamento de Estado está autorizando la emisión de visas de entradas múltiples de diez años a beneficiarios de visas K-3 y K-4; sin embargo, un período de validez más corto puede ser necesario en casos de estar fuera de la edad, acercándose al 21° cumpleaños del menor, razones de seguridad o limitaciones de exenciones de inelegibilidad.

Los solicitantes de visas K-3 y K-4 serán procesados a través del procedimiento modificado de visas de inmigrante aplicable a novias o novios. En general, este procedimiento exige un examen médico y revisiones de obediencia a la ley del extranjero. El extranjero está exento de la certificación laboral y requisitos de vacunación.

El nuevo estatus K de no inmigrante terminará después de que la petición o solicitud de visa de un familiar o que la solicitud de estatus de inmigrante basado en tal petición, sea negada. En tales casos, el estatus K de no inmigrante terminará a los 30 días después de la negación y el extranjero debe salir de EE.UU. Estas peticiones o solicitudes son negadas cuando la apelación administrativa aplicable ha sido exhausta o el período para apelar ha caducado. El matrimonio fraudulento también resulta en la terminación del estatus K. Otra modificación del LIFE provee una excepción de matrimonio de buena fe según la regla general de que el extranjero no puede ajustar su estatus mientras esté en proceso de exclusión, deportación o remoción. *Ref: 66 FR 19390*

Documentación y Evidencias de Apoyo:
- *Formularios del BCIS y DOS*
  - I-693, Examen Médico
  - DS-156, Solicitud de Visa de No Inmigrante
- *Tarifa*
  - US $100 no retornable para una Visa Leíble por Máquina (MRV)
- *Pasaporte y fotografía*
  - pasaporte válido por lo menos seis meses después de la estadía que se intenta
  - fotografía cuadrada de 50 mm (2") de frente sin cubrir la cabeza (excepto para religiosos) con un fondo claro
- *Documentos de apoyo*
  - Aprobación del BCIS del Formulario I-129F, Solicitud de Novia o Novio Extranjero
  - Certificado de matrimonio
  - prueba de terminación del matrimonio anterior
- *Prueba de ayuda económica*
  - I-864, Declaración Jurada de Ayuda
- *Autorización de la policía*
- *Autorización Médica*

Para casos en los que no se pide entrada K-3, muchas embajadas o consulados de EE.UU. en el extranjero permitirán la presentación de documentos con ellos:

- Si su matrimonio toma lugar en el extranjero
- Si ambos están presentes, y
- Si el consulado actúa por el BCIS
- Sin importar si el ciudadano reside en el distrito consular

Un solicitante de visa de inmigrante o visa de no inmigrante K que no es admisible y busca una exención de inadmisibilidad, debe presentar una solicitud con el Formulario I-601 en la oficina consular que esté considerando la solicitud de la visa. El oficial consular enviará el Formulario I-601 al BCIS para que éste tome la decisión.

Ayuda Económica

El ciudadano americano patrocinador será notificado posteriormente por el Departamento de Estado sobre cuándo presentar un I-864 que garantice la ayuda económica.

Los patrocinadores deben estar al tanto de que un nuevo Formulario I-864, Declaración Jurada de Ayuda, ha sido introducido para asegurar que el futuro inmigrante tiene los medios adecuados de ayuda económica y no representará una carga pública. A partir del 1° de Junio de 2002, se está cargando una tarifa de US $65 por revisión del I-864 y asistencia del Centro Nacional de Visas o a través de un centro de llamadas. La obligación financiera de la Declaración Jurada de Ayuda permanece en su lugar hasta que el inmigrante patrocinado se convierte en ciudadano americano, es acreditado con 40 trimestres de trabajo calificado, sale de EE.UU. o fallece.

El ingreso del patrocinador debe ser igual o exceder a 125% de la Línea de Pobreza Federal, ajustada anualmente, para el tamaño de la familia del patrocinador que incluye al patrocinador y otras personas que están relacionadas y viviendo con el patrocinador, así como inmigrantes previamente patrocinados y el inmigrante futuro y sus dependientes. La Línea de Pobreza Federal es ajustada cada año. Vea www.aspe.hhs.gov/poverty.

En el año 2003, a un ciudadano americano que vivía solo y patrocinaba un cónyuge extranjero sin dependientes, tenía que probar que tenía un ingreso annual de por lo menos US $15,150 si vivía en los 48 estados contíguos o en el Distrito de Columbia, más en Alaska y Hawai. Las cifras son actualizadas anualmente.   *Ref: INA 213A*

Paso 3 – Autorización del BCBP en un Puerto de Entrada

Opción 1 – Antes del matrimonio en EE.UU.

Siguiendo la aprobación del consular K-1 en el exterior, el novio o novia del extranjero debe solicitar ante un Inspector de Inmigración del BCBP a la entrada a un puerto de entrada de EE.UU. En ese momento se puede obtener un permiso de trabajo válido por 90 días. Luego, se debe solicitar un número de Seguro Social en la Oficina de Seguridad Social lo más pronto posible.

El novio o novia del extranjero que vive en el exterior y que entra como K-1 no puede comenzar el proceso K en un puerto de entrada o cambiar para otra clasificación después de haber entrado.   *Ref: INA 248*

Opción 2 – Después de casarse en el Exterior

Los extranjeros que lleguen a puertos de entrada de EE.UU. con visas K-3 válidas serán inspeccionados y, si son admisibles, serán admitidos a EE.UU. por un período de dos años. Igualmente, los extranjeros que lleguen con visas K-4 válidas serán admitidos por un período de dos años o hasta el día antes de su 21° cumpleaños, cual sea más corto. Los extranjeros K-3 y K-4 están autorizados para permanecer en EE.UU. por el período de tiempo especificado en su I-94. A su llegada, ellos pueden solicitar autorización de empleo.

Documentación y Evidencias de Apoyo:
- *Formulario del BCIS*
  - I-765, Solicitud de Autorización de Trabajo
- *Tarifa*
  - US $120
- *Aprobaciones previas*
  - Aprobaciones del BCIS y del DOS

El estatus K3/K4 terminará 30 días después de la negación de uno de los siguientes:
- I-130 presentado de parte del extranjero por el ciudadano americano que hace la solicitud
- Una solicitud de una visa de inmigrante por el solicitante
- La solicitud I-485 de Ajuste de Estatus del extranjero
- El divorcio del K-3 del ciudadano americano se hace definitivo
- El matrimonio de un extranjero en estatus K-4

Si cualquiera de éstos sucede, el extranjero no será más autorizado para residir y trabajar y debe salir de EE.UU. en 30 días después de que la apelación administrativa aplicable a esa solicitud o petición ha sido agotada.

El estatus K-4 termina el día antes de que el extranjero cumple 21 años de edad o se casa.

Paso 4 – Revalidación / Extensión o Cambio de Estatus

Siguiente al período de admisión de dos años, y 120 días antes de expirar su estadía autorizada, el no inmigrante K-3 o K-4 puede presentar un Formulario I-539, Solicitud de Extensión de Estadía, ante el BCIS para un incremento adicional de dos años únicamente si el extranjero ha presentado el Formulario I-485, Solicitud de Ajuste de Estatus.

Los documentos de autorización de empleo emitidos a extranjeros K-3/K-4 pueden ser renovados únicamente al mostrar que el solicitante tiene una aprobación pendiente de una solicitud o petición, equivalente a mostrar la requerida para una extensión de la estadía.

A los extranjeros clasificados como K-3 o K-4 que buscan renovar su autorización de empleo, se les exigirá que muestren que todavía están esperando el proceso de inmigración y que todavía cumplen con la clasificación necesaria de no inmigrante al tener una solicitud I-130 pendiente o, si aprobada, una aprobación pendiente de la solicitud I-485 de Ajuste de Estatus. Esto puede ser presentado conjuntamente con una solicitud de extensión de la estadía.

El extranjero debe continuar casado con el cónyuge ciudadano americano. No se permite apelar a las negaciones de los I-539.

Las extensiones de estatus K-4 deben ser presentadas conjuntamente con la solicitud del padre K-3, de lo contrario, el extranjero debe esperar la aprobación del I-130 original.

El estatus K-3 o K-4 del extranjero será determinado después de dos años si el extranjero no presenta una solicitud de extensión de estadía.

Los extranjeros que desean extender su período de estadía como K-3 o K-4 deben mostrar:
- Un Formulario I-130, solicitud presentada por el cónyuge ciudadano americano del extranjero quien presentó el I-129F
- Una solicitud de visa de inmigrante basada en un Formulario I-130
- Un Formulario I-485, Solicitud de Ajuste de Estatus, basada en un Formulario I-130

Documentación y Evidencias de Apoyo:
- *Formularios del BCIS*
  - I-539, Solicitud de Extensión/Cambio de Estatus de No Inmigrante
  - I-765, Solicitud de Autorización de Trabajo
- *Tarifas*
  - US $140 para el I-539
  - US $120 para el I-765
- *Documentación de apoyo*
  - aprobación pendiente del I-130 o I-485
  - continuidad del matrimonio

Las solicitudes deben ser enviadas a:
> Bureau of Citizenship and Immigration Services
> P.O. Box 7218
> Chicago, IL 60680-7218

Si el BCIS tiene la intención de negar la visa, al solicitante se le enviará una notificación y se le dará 30 días para presentar información adicional en refutación.

Paso 5 – Ajuste de Estatus por el BCIS en EE.UU.

El cónyuge e hijos de un ciudadano americano permanecen elegibles para presentar una solicitud de residencia permanente en cualquier momento si el ciudadano americano solicitante original presenta el Formulario I-130 y el beneficiario presenta el Formulario I-485, Solicitud de Ajuste de Estatus Permanente.

Mientras esté pendiente, el cónyuge del ciudadano americano y su hijo pueden permanecer en EE.UU., sin incrementar su presencia ilegal y obtener autorización de empleo al presentar el Formulario I-765, Solicitud de Autorización de Empleo y la tarifa y permiso para viajar fuera de EE.UU.

Si está casado menos de 24 meses, el ajuste de estatus está sujeto al requisito de residencia condicional. En tales casos, la petición para remover el estatus condicional debe ser presentada en 90 días del aniversario de dos años de recibir el estatus de residencia permanente condicional. Los extranjeros que ajusten estatus por más de dos años después del matrimonio original no están sujetos a los requisitos de residencia condicional.

Los no inmigrantes K-3 y K-4 no tienen que esperar por un número de visa para estar actualizados y pueden solicitar Ajuste de Estatus con el Formulario I-485 en cualquier momento después de la aprobación de la solicitud I-130 como familiares inmediatos de ciudadanos americanos. Ambos pueden ser presentados conjuntamente para el K-4. Los extranjeros que entran como K-1/K-2 serán tratados de la misma forma que los K-3/K-4 y se les exigirá presentar el Formulario I-864, Declaración Jurada de Contrato de Ayuda entre el Patrocinador y el Miembro de la Familia al momento de hacer el ajuste.

Un extranjero que es admitido en EE.UU. como extranjero K-3/K-4 no puede hacer el ajuste al estatus de residente permanente de ninguna otra manera que como cónyuge o hijo del ciudadano americano quien originalmente presentó la solicitud de estatus para ese extranjero K-3/K-4.

Si ambos han estado viviendo legalmente en EE.UU., tan pronto como sea posible después de que se casen, deben ir a la oficina local del BCIS para presentar una solicitud de ajuste de estatus a Residente Permanente o titular de la Tarjeta de Residencia. Un hijo menor soltero admitido con el cónyuge extranjero también puede solicitar basándose en la solicitud de ajuste del padre.

Los extranjeros que entraron como no inmigrantes K-1 o K-2 y quienes posteriormente presentaron una solicitud de ajuste de estatus, se les continuará exigiendo obtener libertad condicional para evitar el abandono de la solicitud del ajuste de su estatus a su salida. Esto es porque los extranjeros K-1/K-2 tienen solamente un período de admisión de 90 días previo al requerido para casarse con el ciudadano solicitante y presentar una solicitud de ajuste. Los extranjeros K-1/K-2 no tendrán estatus al cual recurrir después de presentar la solicitud de ajuste.

Los extranjeros que están presentes en EE.UU. en la clasificación K-3/K-4 pueden viajar fuera de EE.UU. y regresar usando su visa de no inmigrante K-3/K-4, aún si han solicitado ajuste de estatus. La definición de un no inmigrante K-3/K-4 no exige que dicho extranjero tenga residencia en el exterior a la cual no tengan intención de abandonar. El BCIS no asumirá que su salida constituya abandono de su solicitud de Ajuste de Estatus.

Documentación y Evidencias de Apoyo:
- *Formularios del BCIS*
  - I-130, Solicitud de un Familiar Extranjero
  - I-485, Solicitud de Ajuste de Estatus
  - I-765, Solicitud de Autorización de Trabajo
  - G-325A, Información Biográfica del solicitante y cónyuge
- *Tarifas*
  - US $130 por el I-130
  - US $255 por el I-485 (US $160 por dependientes menores de 14 años)
  - US $120 por el I-765

- • US $50 por toma de huellas dactilares
- *Pasaporte y fotografías*
  - • pasaporte válido por al menos seis meses
  - • dos fotografías idénticas por lo menos 40 mm de altura por 35 mm de ancho a color – ¾ de perfil frontal, mostrando la oreja derecha
- *Estatus de inmigración actual y previo*
  - • copia del I-94
- *Prueba de solvencia o apoyo económico*
  - • I-864, Declaración Jurada de Ayuda
  - • carta del empleador
- *Documentos civiles*
  - • acta de matrimonio
  - • prueba de terminación de matrimonio(s) anterior(es)
  - • acta de nacimiento
- *Autorización de la policía*
- *Autorización médica*

Paso 6 – Entrevista para la Tarjeta de Residencia

A usted lo deben llamar para la entrevista de la Tarjeta de Residencia en seis meses.

En la entrevista, es normal esperar que le hagan preguntas para confirmar los detalles de su relación con, y conocimiento de, el pasado de su cónyuge. Podría ser de utilidad proveer fotografías o cartas que se han escrito el uno al otro. El examinador se debe asegurar de que usted:
- • Está de acuerdo de que toda la información es correcta, o
- • Corrija su petición para reflejar hechos actuales
- • Tenga estatus legal en EE.UU.
- • Tenga toda la prueba necesaria de apoyo económico
- • Resuelva cualquier duda de último momento acerca de si:
  - • su matrimonio fue realizado para ayudar al cónyuge extranjero a evadir las leyes de inmigración
  - • ustedes han estado viviendo juntos desde que se casaron, o
  - • ustedes tienen razones válidas para no vivir juntos

La Ley de Fraude Matrimonial de 1986 señala multas de hasta US $250,000, cinco años de prisión para ambas partes y deportación del extranjero si se casan fraudulentamente para obtener la Tarjeta de Residencia.

En la entrevista de la Tarjeta de Residencia, el cónyuge extranjero recibirá aprobación condiciónal válida por dos años y se le sellará su pasaporte para permitirle que viaje internacionalmente hasta que la Tarjeta de Residencia llegue por correo. El ajuste debería ser hecho el mismo día.

No se exigirá examen médico a un solicitante por Ajuste de Estatus que entró a EE.UU. como cónyuge o novia(o) no inmigrante de un ciudadano americano o hijo de dicho extranjero si el solicitante fue examinado por un médico antes de, y como condición de, la emisión de la visa de no inmigrante. El examen médico debe haberse realizado como máximo un año antes de la solicitud de ajuste de estatus.

Si su caso está "cerrado" (aprobado), el examinador colocará un sello temporal I-551 en de la Tarjeta de Residencia en su pasaporte y usted tendrá estatus condicional de Tarjeta de Residencia, la cual debe ser confirmado en dos años.

Si su caso "continúa" porque falta algo o está incompleto, usted debe presentar toda la documentación adicional requerida ante la oficina donde la entrevista se realizó. Si usted no recibe una notificación de la decisión por escrito, averigue con el BCIS.

Excepto para algunas personas en EE.UU. el 21 de Diciembre de 2000 que tenían una solicitud en proceso de la Tarjeta de Residencia para el 30 de Abril de 2001, los extranjeros Fuera de Estatus no deben pagar la multa de US $1000 con el suplemento A del Formulario I-485 para ajustar estatus en EE.UU. según el INA 245(i). Esta regla podría cambiar nuevamente.

Paso 7 – Remoción del Estatus Condicional

90 días antes del segundo aniversario de la fecha de la concesión de la Tarjeta de Residencia, es necesario que se solicite la remoción del estatus condicional.

Se debe presentar una petición en el Centro de Servicios regional del BCIS que tenga jurisdicción sobre su lugar de residencia.

Documentación y Evidencias de Apoyo:
- *Formulario del BCIS*
  - I-751, Petición de Remoción de las Condiciones de Residencia
- *Tarifa*
  - US $145
- *Pasaporte y fotografía*
  - pasaporte válido por lo menos seis meses
  - fotografía reciente
- *Estatus inmigratorio actual*
  - I-551, Tarjeta de Residencia Permanente
- *Evidencia de apoyo de la solicitud*
  - copias de documentos que indiquen que su matrimonio fue realizado de buena fé y no para evadir las leyes de inmigración
  - declaración jurada de por lo menos dos personas que tengan conocimiento personal de su matrimonio y relación contínua
  - renta o contratos de hipoteca que muestren propiedades
- *Prueba de solvencia o apoyo económico*
  - registros financieros que muestren la propiedad conjunta de activos
- *Documentos civiles*
  - acta de nacimiento de hijo(s) nacido(s) en el matrimonio

Si usted decide no presentar la solicitud, usted perderá su Tarjeta de Residencia en el segundo aniversario de la fecha en la cual a usted se le concedió el estatus; sin embargo, si usted está fuera de EE.UU. al momento de su segundo aniversario, usted debe presentar la solicitud a los 90 días de su regreso.

Q-1/Q-2

Participante de Programa de Intercambio Cultural (Q-1)

y

Participante del Programa Cultural y de Entrenamiento en el Proceso de Paz Irlandesa (Q-2)

El estatus Q ha sido temporalmente dividido en dos partes para permitir la participación en dos programas especiales.

Las sub-categorías son:
- Q-1 – Participante en un Programa de Intercambio Cultural Internacional
- Q-2 – Participante en el Programa Cultural y de Entrenamiento en el Proceso de Paz Irlandesa
- Q-3 – Dependiente del Participante en el Programa Cultural y de Entrenamiento en el Proceso de Paz Irlandesa
  Ref: INA 101(a)(15)(Q)(i),(ii) y (iii);Pub.L.105-319

Q-1 – Participante en un Programa de Intercambio Cultural Internacional
El estatus Q-1 es para "una visa de intercambio que permite la admisión por 15 meses para participar en programas culturales internacionales." Es posible regresar por un período más largo después de haber estado ausente un año de EE.UU.
Ref: 9 FAM 41.12

La clasificación Q-1 fue agregada a la Ley de Inmigración y Naturalización en 1990 para:
- Enaltecer el conocimiento y la apreciación de diferentes culturas del mundo por los americanos al:
  - realizarse en una escuela, museo, negocio u otro establecimiento
  - exponer al público a la historia y tradiciones de una cultura extranjera
  - ser parte de un programa estructurado
  - proveer entrenamiento práctico y empleo
  - permitir a los trabajadores, tales como los de Disney, traer nacionales

extranjeros a EE.UU. temporalmente para trabajar en lugares tales como Epcot Center en Florida

El Visitante por Intercambio prospectivo debe tener por lo menos 18 años de edad y ser capaz de poder hablar efectivamente acerca de su país de residencia. Pero no es necesario que el Visitante por Intercambio obtenga ningún beneficio cultural al exponerse a los americanos.

Q-2 – Participante en el Programa Cultural y de Entrenamiento en el Proceso de Paz Irlandesa

La clasificación Q-2 fue agregada temporalmente a la Ley de Inmigración y Naturalización al incorporar el Decreto de Programa Cultural y de Entrenamiento en el Proceso de Paz Irlandesa de 1998 o Programa de Visas Walsh, el cual se convirtió en ley el 30 de Octubre de 1998 y fue creado para:

- Promover iniciativas entre comunidades y entre fronteras para establecer ayuda de base firme en la coexistencia pacífica al largo plazo
- Desarrollar habilidades de trabajo y de resolución de conflictos en un ambiente diverso, cooperativo, pacífico y próspero   *Ref: H.R. 4293*

La participación se limita a los extranjeros que:

- Tienen 35 años de edad o menos y quienes desean entrar a EE.UU. con sus cónyuges e hijos por un período no mayor de 36 meses
- Provienen de áreas en desventaja de los seis condados de Irlanda del Norte y de los condados de Louth, Monaghan, Cavan, Leitrim, Sligo y Donegal en la República de Irlanda en donde sufren por la violencia entre los sectores y por el desempleo estructural, y quienes pueden regresar a sus hogares en mejores condiciones de contribuir con el proceso de regeneración económica y de paz Irlandesa

El 4 de Octubre del 2002, el presidente Bush firmó un proyecto que extendió El Proceso Cultural de Paz Irlandés y El Programa de Entrenamiento hasta el 2006.

Proceso de Admisión

Paso 1 – Autorización del BCIS en EE.UU. – Solicitud Inicial

Tanto el empleador americano como un empleador extranjero pueden hacer una solicitud que debe ser presentada ante el Centro de Servicios regional del BCIS correspondiente. La solicitud de un empleador extranjero debe estar firmada por un miembro de alta jerarquía de la administración de EE.UU. y quien haya trabajado para la organización en el último año.

Documentación y Evidencias de Apoyo:
- *Formularios del BCIS*
  - I-129, Petición de un Trabajador No Inmigrante
  - Página suplementaria de las clasificaciones Q y R
  - I-907, Solicitud de Procesamiento Premium (proceso más rápido), si se solicita

- *Tarifas*
  - US $130 para el I-129
  - US $1000 por el I-907, si se solicita
- *Evidencia de apoyo de la petición*
  - evidencia de que el programa de intercambio cultural existe y se mantiene
  - un empleado calificado ha sido designado y actuará como administrador del programa y como intermediario del BCIS
  - la compañía ha conducido negocios en EE.UU. por al menos dos años
  - la compañía ofrecerá los mismos salarios y condiciones de trabajo como las que provee a los trabajadores americanos empleados en condiciones similares
  - la compañía emplea por lo menos cinco trabajadores americanos de tiempo completo
- *Prueba de solvencia o apoyo económico*
  - la habilidad de compensar a los participantes
- *Evidencia adicional*
  - el empleo o entrenamiento se hace en un lugar público en donde la cultura del extranjero puede ser compartida con los americanos
  - los americanos obtendrán un beneficio cultural obvio
  - el componente cultural provee una visión global del país de residencia del extranjero

El BCIS emite un I-797, Notificación de Acción, al empleador o agente y está sujeto a la aprobación del DOS.

La admisión Q-2/3 está limitada a no más de 4000 extranjeros incluyendo a los cónyuges e hijos menores en casa tres años de programas consecutivos. Cada admisión reducirá por uno el número de no inmigrantes H-2B permitidos en un cierto año. El BCIS es responsable de otorgar la autorización de empleo, supervisar dicho estatus y reportarlo al Congreso.

Paso 2 – *Autorización del Departamento de Estado (DOS) en el Extranjero*

Después de recibir la notificación de aprobación del BCIS, los solicitantes deben hacer la solicitud normalmente en la embajada o consulado de EE.UU. que tenga jurisdicción sobre el lugar de su residencia permanente. Aunque los solicitantes de visas pueden hacer la solicitud en cualquier oficina consular de EE.UU. en el extranjero, puede ser más difícil calificar para la visa estando fuera del país de residencia permanente.

El Departamento de Estado es responsable de administrar, diseñar, hacer las políticas, procedimientos y coordinar el programa Q-2 y Q-3 con las agencias gubernamentales de EE.UU., Irlanda e Irlanda del Norte. Se puede contactar al Administrador del Programa, Northrop Grumman, al teléfono (877) 925-7484 o por Internet: www.WalshVisa.net.

Los solicitantes Q-2 y Q-3 deben hacer la solicitud en la embajada de EE.UU. en Dublin o en el consulado de EE.UU. en Belfast.

Documentación y Evidencias de Apoyo:
- *Formularios del DOS*
  - DS-156, Solicitud de Visa de No Inmigrante
  - Certificación por escrito previa del Administrador del Programa Q-2/3
- *Tarifas*
  - US $100 no reembosables para Visa Leíble por Máquina (MRV)
  - la tarifa de reciprocidad debe ser igual a la establecida en circunstancias similares en el país de residencia del extranjero
- *Pasaporte y fotografía*
  - pasaporte válido por lo menos 6 meses después de la estadía que se intenta
  - fotografía cuadrada de 50 mm (2") de frente con la cabeza sin cubrir (excepto para religiosos) con un fondo claro
- *Aprobación previa del BCIS*
  - I-797, Notificación de Acción
- *Evidencia de que la estadía en EE.UU. es temporal (intención de salir)*
  - intención de no abandonar su residencia en el extranjero

La emisión de una visa no garantiza la entrada a EE.UU.

Paso 3 – Autorización del BCBP en un Puerto de Entrada

El Inspector de Inmigración del BCBP tiene la autoridad de negar la admisión o determinar el período para el cual el extranjero está autorizado para permanecer en EE.UU. hasta un máximo de 15 meses para los Q-1 y de 36 meses para los Q-2 y Q-3.

Un acompañante o cónyuge o hijos que se unirán posteriormente, pueden entrar en estatus Q-3. Mientras no exista tal provisión para los Q-1, sus dependientes pueden solicitar admisión en estatus de Visitante B-2 o cualquier otra clasificación para la cual califican.

Documentación y Evidencias de Apoyo:
- *Aprobaciones previas*
  - Visa Leíble por Máquina (MRV) del DOS en el pasaporte
  - certificación por escrito del Administrador del Programa (Q-2/3)

El Inspector de Inmigración del BCBP validará un registro de Llegadas/Salidas I-94 como prueba de estatus. Esto servirá como autorización de empleo.

Paso 4 – Revalidación/Extensión o Cambio de Estatus

Solicitud ante el BCIS dentro de EE.UU.

Si el extranjero ha estado en estatus Q-1 por 18 meses, no se permite la revalidación a menos que el extranjero haya residido fuera de EE.UU. durante el año inmediatamente anterior.

Una solicitud de extensión de estadía por un empleado **Q** puede ser enviada por correo al Centro de Servicios regional del BCIS que tenga jurisdicción sobre su localidad.

La estadía de extranjeros **Q-2** y **Q-3** no puede ser extendida después de un total de 36 meses incluyendo el período de estadía original autorizado.

Documentación y Evidencias de Apoyo del Extranjero Principal:

- *Formularios del BCIS*
  - I-129, Petición de un Trabajador No Inmigrante
  - I-907, Solicitud de Procesamiento Premium, si se solicita (Q-1)
- *Tarifas*
  - US $130 para el I-129
  - US $1000 para el I-907, si se solicita
- *Pasaporte*
  - pasaporte válido por lo menos seis meses después de la estadía que se intenta
- *Estatus inmigratorio actual y previo*
  - copia del I-94, Registro de Llegadas/Salidas de No Inmigrantes
- *Evidencia de apoyo a la solicitud del empleador*
  - carta explicando las razones de la extensión

Los dependientes deben hacer una solicitud de extensión de estadía con el Centro de Servicios regional del BCIS que tenga jurisdicción sobre el lugar de residencia.

Documentación y Evidencias de Apoyo:

- *Formulario del BCIS*
  - I-539, Solicitud de Extensión/Cambio de Estatus de No Inmigrante
- *Tarifa*
  - US $140
- *Evidencia de apoyo a la solicitud del empleador*
  - copias de la documentación actual del extranjero principal

Todos los cheques y giros postales deben ser hechos en bancos u otras instituciones financieras en EE.UU. y deben ser pagaderos en dólares americanos.

En caso de que ocurra un cambio en las condiciones del empleo, presente la evidencia pertinente. El BCIS emite un I-797, Notificación de Acción, como evidencia de la extensión de cambio de estatus.

Revalidación de la Visa por el Departamento de Estado (DOS)

Después de que el BCIS ha extendido su estadía, su visa puede necesitar ser renovada antes de que intente entrar nuevamente a EE.UU. después de haber viajado por el exterior por negocio o por placer. Dependiendo de cómo los ciudadanos americanos sean tratados en su país de residencia, su visa puede ser emitida con restricciones en el número de entradas a EE.UU. así como su período de validez.

Los extranjeros pueden solicitar un cambio de estatus o extensión de estatus Q en un consulado de EE.UU. en México o Canadá llamando al teléfono 900 del servicio de citas del Departamento de Estado para concertar una cita. Las revalidaciones Q no se tramitan en EE.UU.

Documentación y Evidencias de Apoyo:

- *Formularios del DOS*
  - DS-156, Solicitud de Visa de No Inmigrante
- *Tarifa*
  - US $100 no reembolsables para Visa Leíble por Máquina (MRV)
- *Pasaporte y fotografía*
  - pasaporte válido por lo menos seis meses después de la estadía que se intenta
  - fotografía cuadrada de 50 mm (2") de frente con la cabeza sin cubrir (excepto para religiosos) con un fondo claro
- *Aprobación previa del BCIS*
  - solicitud I-129 aprobada
  - Formulario I-797 original
  - credenciales profesionales
- *Evidencia de que la estadía en EE.UU. es temporal (intención de salir)*
  - intención de no abandonar su residencia en el extranjero

R

Extranjero en Ocupaciones Religiosas

El estatus R incluye a ministros religiosos, trabajadores religiosos profesionales y otros miembros de denominaciones religiosas que tengan una organización sin fines de lucro y de buena fé en EE.UU.

El estatus R es para aquéllos que han sido miembros de una organización religiosa en los últimos dos años y que planifican realizar actividades de un trabajador religioso.   *Ref: INS ER 806 3-8-94*

Las sub-categorías son:
- R-1 – Extranjero en una Ocupación Religiosa
- R-2 – Cónyuge o hijo del R-1   *Ref: INA 101(a)(15)(R(I),(ii)*

La admisión inicial del trabajador religioso, cónyuge e hijos menores de 21 años es por tres años con una extensión de estadía por un máximo de cinco años.
                                                      Ref: Nebraska Service Center

El cónyuge e hijos menores de trabajadores religiosos son elegibles para visas de clasificación R-2 que son válidas para estudiar pero no para trabajar.

Las clasificaciones de trabajadores religiosos caen en tres categorías:
- Capacidad profesional
  - ocupaciones para las cuales se requiere grado de bachiller (baccalaurate degree) o su equivalente en el extranjero
- Una actividad relacionada con una función religiosa tradicional tal como:
  - trabajador litúrgico
  - instructor religioso
  - consejero religioso
  - cantor
  - catequistas
  - trabajador en hospitales religiosos o instalaciones religiosas de ciudado de la salud
  - misionero
  - traductor religioso
  - radiodifusor religioso
- Vocación religiosa
  - un llamado a la vida religiosa demostrado por el compromiso practicado en la organización religiosa, tal como el tomar los votos
  - monjas y monjes
  - hermanos y hermanas religiosas

Para calificar, es necesario venir a trabajar únicamente por un período de tiempo específico:

- Como ministro de esa organización
- En capacidad profesional para esa organización
- En una vocación u ocupación religiosa para la organización o su afiliada sin fines de lucro

EL término "ministro" significa una persona religiosa reconocida autorizada para realizar adoración religiosa y otros deberes religiosos. Debe haber una conexión razonable entre las actividades realizadas y el llamado religioso del ministro. Esto no es aplicable a predicadores que no están autorizados a realizar deberes de ministro.

La afiliación entre el trabajador religioso y la organización religiosa significa no solamente una organización que está estrechamente asociada con la organización religiosa, sino que también esté exenta de impuestos.

Proceso de Admisión

Paso 1 – *Autorización del Departamento de Estado (DOS) en el Extranjero*

Puesto que no se exige una solicitud al BCIS, usted puede hacer la solicitud en un consulado o en un puerto de entrada, si está exento de visa.

Si no está exento de visa, el extranjero puede solicitar la visa R-1 en la embajada o consulado de EE.UU. que tenga jurisdicción en su lugar de residencia en el extranjero o en cualquier otro consulado de EE.UU. en el extranjero.   *Ref: 9 FMA 41.58*

Documentación y Evidencias de Apoyo:
- *Formulario del DOS*
  - DS-156, Solicitud de Visa de No Inmigrante
- *Tarifas*
  - US $100 no reembolsables para Visa Leíble por Máquina (MRV)
  - la tarifa de reciprocidad debe ser igual a la establecida en circunstancias similares en el país de origen del extranjero
  - la presentación de la visa para el extranjero involucrado en actividades caritativas puede estar exenta por el Secretario de Estado
- *Pasaporte y fotografía*
  - pasaporte válido por lo menos seis meses después de la estadía que se intenta
  - fotografía cuadrada de 50 mm (2") de frente con la cabeza sin cubrir (excepto para religiosos) con un fondo claro
- *Credenciales profesionales*
  - si el solicitante es un ministro, éste está autorizado para realizar cultos religiosos en esa denominación y las tareas están descritas en detalle o

- si el solicitante es un profesional religioso, éste debe tener por lo menos grado de bachiller (baccalaurate degree) o su equivalente, y dicho grado es exigido para la entrar en la profesión religiosa, o
- Si el solicitante vá a trabajar en una vocación u ocupación no profesional, éste está calificado si el tipo de trabajo que realizará se relaciona con una función religiosa tradicional
- *Evidencia de apoyo a la solicitud del empleador*
  - carta de un oficial autorizado sobre la unidad específica de la organización empleadora que certifique:
    - si la membresía religiosa del solicitante se mantuvo, del todo o en parte, fuera de EE.UU., las organizaciones religiosas extranjeras y de EE.UU. pertenecen a la misma organización religiosa
    - el extranjero pertenecía a la organización religiosa por lo menos dos años antes de hacer la solicitud de la visa R
    - el nombre y la ubicación de la denominación específica de la organización religiosa o afiliada para la cual el solicitante proveerá sus servicios
    - si el extranjero trabajará para una organización que está afiliada a una denominación religiosa, una descripción de la naturaleza de la relación entre las dos organizaciones
- *Prueba de solvencia o apoyo económico*
  - carta de un oficial autorizado de la organización empleadora que certifique los arreglos de la remuneración, incluyendo la cantidad y fuente del salario, otros tipos de compensación tal como comida y hospedaje, y cualquier otro beneficio con valor monetario, y una declaración de que dicha remuneración será por concepto de los servicios prestados
  - evidencia de los activos de la organización religiosa y sus métodos operativos
  - los papeles de incorporación de la organización según la ley estatal aplicable
  - prueba del estatus de exención de impuestos o elegibilidad de estatus para exención de impuestos
- *Evidencia de que la estadía en EE.UU. es temporal (intención de salir)*
  - ningún requisito de que los solicitantes de visas R tengan residencia en el extranjero la cual no tienen intención de abandonar, pero
  - deben tener la intención de salir de EE.UU. al final del estatus legal

Ref: DOS, August 1995

Paso 2 – Autorización del BCBP en un Puerto de Entrada

Los extranjeros pueden hacer la solicitud directamente en un puerto de entrada, si están exentos de visa.

Si se emite una visa, ésto no garantiza la entrada a EE.UU. porque el BCIS tiene la autoridad de negar la admisión o determinar el período por el cual el extranjero está autorizado a permanecer en EE.UU.

Los trabajadores religiosos pueden ser admitidos en EE.UU. por un período inicial de tres años con extensiones de estadía de un máximo de cinco años.

Documentación y Evidencias de Apoyo:
- *Pasaporte*
  - pasaporte válido por lo menos seis meses después de la estadía que se intenta
- *Aprobación previa del DOS*
  - Visa Leíble por Máquina (MRV) en el pasaporte
- *Evidencia de apoyo a la solicitud del empleador*
  - carta del oficial autorizado de la organización que empleará al extranjero, confirmando:
    - que las organizaciones religiosas extranjeras y de EE.UU. pertenecen a la misma denominación religiosa
    - que inmediatamente antes de la solicitud de la visa de no inmigrante o de la solicitud de admisión el extranjero tenía los dos años de membresía requeridos
    - cómo el trabajo del extranjero religioso califica
- *Prueba de solvencia o apoyo económico*
  - las especificaciones de la remuneración por los servicios que prestará el extranjero con la cantidad y fuente de cualquier salario, incluyendo:
    - hospedaje
    - comida
    - vestido
    - cualquier otro beneficio cuyo valor monetario de haya fijado
    - una copia del certificado de exención de impuesto que muestre que la organización religiosa que empleará al extranjero es:
      - una organización de buena fé sin fines de lucro en EE.UU. exenta de impuestos de acuerdo con la sección 501(c)(3) del Código de Ingresos Internos de 1986

El Inspector de Inmigración del BCBP validará un registro de Llegadas/Salidas I-94 para denotar la duración de la estadía permitida.

Los solicitantes deben estar preparados para regresar directamente a su país de residencia si el BCIS les niega la entrada a EE.UU.

Paso 3 – Renovación/Extensión o Cambio de Estatus

Solicitud ante el BCIS dentro de EE.UU.

Aquéllos que desean permanecer después del tiempo permitido en su I-94 deben hacer una solicitud con el Centro de Servicios regional del BCIS. La decisión de conceder la solicitud es tomada únicamente por el BCIS.

Documentación y Evidencias de Apoyo:
- *Formularios del BCIS*
  - I-129, Petición de un Trabajador No Inmigrante
  - Página suplementaria de las clasificaciones Q y R
  - I-907, Solicitud de Procesamiento Premium (proceso más rápido), si se solicita
- *Tarifas*
  - US $130 para el I-129
  - US $1000 para el I-907, si se solicita
- *Pasaporte*
  - pasaporte válido por lo menos seis meses después de la estadía que se intenta
- *Estatus inmigratorio actual y previo*
  - I-94, Registro de Llegadas/Salidas
- *Credenciales profesionales*
  - prueba de membresía en la organización religiosa
- *Evidencia de apoyo a la solicitud del empleador*
  - evidencia de las calificaciones para el empleo
  - carta de empleo que indique la naturaleza, duración y remuneración del empleo
- *Evidencia adicional*
  - prueba del estatus de exención de impuestos de la organización
- *Prueba de solvencia o apoyo económico*
  - varios comprobantes de pago recientes
  - prueba financiera de que usted no será una carga pública
- *Evidencia de que la estadía en EE.UU. es temporal (intención de salir)*
  - prueba de la intención de salir de EE.UU. al completar la asignación

Los dependientes deben solicitar una extensión de su estadía con el Centro de Servicios regional del BCIS que tenga jurisdicción sobre su lugar de residencia.

Documentación y Evidencias de Apoyo:
- *Formulario del BCIS*
  - I-539, Solicitud de Extensión/Cambio de Estatus de No Inmigrante
- *Tarifa*
  - US $140
- *Evidencia de apoyo de la solicitud*
  - copias de documentación actual del extranjero principal

Revalidación de la Visa por el Departamento de Estado (DOS)

Después de que el BCIS ha extendido su estadía, usted puede necesitar renovar su visa antes de intentar entrar nuevamente a EE.UU. después de haber viajado por el exterior. Dependiendo de cómo los ciudadanos americanos sean tratados en su país de residencia en circunstancias similares, su visa puede ser emitida con restricciones en el número de entradas a EE.UU. y su período de validez, quizás seis meses o un año.

Los extranjeros en EE.UU. pueden solicitar una extensión de su estatus R para un cambio de estatus a R en un consulado de EE.UU. en México o Canadá.

Se debe hacer una cita a través del servicio 900 del Departamento de Estado.

Dependiendo del consulado involucrado, la visa será emitida el mismo día o al siguiente día laboral.

Documentación y Evidencias de Apoyo:
- *Formulario del DOS*
  - DS-156, Solicitud de Visa de No Inmigrante
- *Tarifa*
  - US $100 no reembolsables para Visa Leíble por Máquina (MRV)
- *Pasaporte y fotografía*
  - pasaporte válido por lo menos seis meses después de la estadía que se intenta
  - fotografía cuadrada de 50 mm (2") de frente con la cabeza sin cubrir (excepto para religiosos) con un fondo claro
- *Aprobación previa del BCIS*
  - copia de la solicitud I-129
  - I-797 original
- *Evidencia de que el empleado apoya la petición*
  - evidencia de las calificaciones para el empleo
  - prueba de membresía en la organización religiosa
- *Evidencia de apoyo a la solicitud del empleador*
  - prueba del estatus exento de impuestos de la organización
  - carta de empleo indicando la naturaleza, duración y remuneración del empleo
- *Prueba de solvencia o apoyo económico*
  - varios comprobantes de pago recientes
- *Evidencia de que la estadía en EE.UU. es temporal (intención de salir)*
  - prueba de que existe la intención de salir de EE.UU. al completar la asignación

S

Extranjero Testigo e Informante

El Decreto de Control de Crimen Violento y de Ejecución de Leyes de 1994 (Violent Crime and Law Enforcement Act) creó la clasificación S de visa de no inmigrante, lo cual añadió al INA la sección 101(a)(15)(S). Luego fue modificada por la Ley de Inmigración Ilegal y Responsabilidades del Inmigrante de 1996 (Illegal Inmigratión and Inmigrant Responsibility Act). La clasificación S se volvió permanente cuando el Presidente Bush firmó un proyecto de ley el 1° de Octubre de 2001.

Ref: 67 FR 67108; Pub. L. 105-277, 107-45

Las sub-categorías son:
- S-5 – Extranjero Testigo o Informante en un Asunto Criminal
- S-6 – Extranjero Testigo o Informante en un Asunto Contra el Terrorismo
- S-7 – Familiares Calificados   *Ref: 9 FAM 41.83; 8 CFR 214.2(t)*

El estatus **S-5** provee la admisión de un extranjero como no inmigrante S cuando una autoridad de leyes federales o estatales ("LEA") está interesada y hace la solicitud, si el Secretario de la Seguridad de la Patria considera que el extranjero:
- Posee información crucial y confiable en referencia a una organización o empresa criminal
- Está dispuesto a proporcionar información al LEA federal o estatal, y
- Es esencial para el éxito de una investigación o procesamiento criminal o autorizados   *Ref: INA 101 (a)(15)(S)(i); IIRIRA96.621*

En esta clasificación hay 200 visas disponibles por año fiscal.

El estatus **S-6** provee la admisión de un extranjero como no inmigrante S cuando una autoridad de leyes federales ("LEA") está interesada y si el Secretarío de Estado y el Secretarío de Seguridad de la Patria consideran conjuntamente que el extranjero:
- Posee información crucial y confiable a cerca de una organización, empresa u operación terrorista
- Esta dispuesto a proporcionar o ha proveído dicha información a una LEA federal   *Ref: INA 101(a)(15)(s)(ii); IIRIRA96.621*

El estatus derivativo **S-7** está disponible para el cónyuge acompañante o que se unirá posteriormente, hijas e hijos casados y solteros, y padres de extranjeros S-5 o S-6 si el Secretario de Estado y el Secretario de la Seguridad de la Patria así lo consideran apropiado.

Proceso de Admisión

Paso 1 – Autorización de la Solicitud Inicial por el BCIS en EE.UU.

La solicitud S-5 es presentada por una autoridad de leyes federales o estatales (LEA) interesada en casos de extranjeros testigos o informantes en un asunto criminal.

La solicitud S-6 la presenta una autoridad de leyes federales o estatales (LEA) interesada en casos de extranjeros testigos o informantes en un asunto contra el terrorismo.

El estatus derivativo S-7 debe ser identificado por la LEA en la solicitud del Formulario I-854.

Las certificaciones deben ser hechas por el gobierno en casos federales o por los niveles jerárquicos más altos de la LEA para casos estatales.

La solicitud completa se presenta ante el:
- Assistant Attorney General (Asistente al Procurador General)
- Criminal Division (División Criminal)
- Department of Justice (Departamento de Justicia)

Cuando sea necesario, un panel de representantes consejeros de otras dependencias gubernamentales, tal como el FBI, revisará la solicitud y determinará cuáles casos deben ser enviados al Secretario de la Seguridad de la Patria de manera prioritaria. Solamente las solicitudes certificadas adecuadamente que estén dentro del número límite, son enviadas para su aprobación.

La autoridad de exonerar la exclusión es delegada al Secretario. A su aprobación, el Secretario notificará a la División Criminal, al Secretario de Estado y a los funcionarios del BCIS correspondientes.

Documentación y Evidencias de Apoyo:
- *Formulario del BCIS*
  - I-854, Extranjero Testigo Inter-Agencia y Registro de Informante
- *Documentación de apoyo:*
  - declaración firmada por el extranjero y cualquier beneficiario de 18 años de edad o más que certifique que entiende que está limitado a los términos de la clasificación S de no inmigrante como la forma exclusiva de quedarse permanentemente en EE.UU.
  - no se han hecho o se harán promesas de que el extranjero pueda permanecer en EE.UU. en cualquier otro estatus
  - la LEA suministrará evidencia que establezca:
    - la naturaleza de la cooperación del extranjero y la necesidad de su presencia en EE.UU.
    - todas las bases posibles de exclusión
    - todos los factores y consideraciones que garantizan el ejercicio favorable de autoridad discrecionaria exonerada de parte del

extranjero
- la evidencia puede ser en forma de declaraciones juradas, memorandos o documentos similares

Paso 2 – Autorización del Departamento de Estado (DOS) en el Extranjero

El oficial consular procesará la solicitud de visa según las guías e instrucciones proporcionadas por la Oficina de Visas del Departamento de Estado. La visa puede ser autorizada por el período necesario indicado en la certificación del Secretario de la Seguridad de la Patria, pero por arriba del límite de tres años establecido por ley.

Ref:9 FAM 41.83; Pub.L.107-45

Paso 3 – Autorización del BCBP en un Puerto de Entrada

La LEA responsable coordinará la admisión del extranjero en la clasificación S de no inmigrante con el Secretario en lo que respecta a la fecha, hora, lugar y modo de llegada. La admisión será por un período no mayor de tres años.

El extranjero S puede solicitar autorización de empleo llenando el Formulario I-765, Solicitud de Autorización de Trabajo, más una tarifa.

Documentación y Evidencias de Apoyo:
- *Pasaporte*
  - pasaporte válido por lo menos seis meses después de la estadía que se intenta
- *Aprobación previa del DOS*
  - Visa Leíble por Máquina (MRV) en el pasaporte
- *Evidencia adicional*
  - copias de documentos requeridos por el Secretario de la Seguridad de la Patria y el Secretario de Estado
- *Evidencia de que la estadía en EE.UU. es temporal*
  - evidencia de la intención de salir de EE.UU.

Paso 4 – Cambio de Estatus

El cambio de estatus de S a otra clasificación de no inmigrante no está permitido; sin embargo, los extranjeros en otras clasificaciones de no inmigrantes pueden cambiar a las clasificaciones de Extranjero Testigo o Informante llenando el Formulario I-539, Solicitud de Extensión/Cambio de Estatus de No Inmigrante, más una tarifa y el Formulario I-854.

Paso 5 – Ajuste de Estatus

A los extranjeros principales y sus dependientes se les permite cambiar a estatus permanente si la información substancial del extranjero contribuyó a la diposición exitosa de una investigación criminal o resultó en la prevención de terrorismo o el castigo de un terrorista. La solicitud es hecha llenando el Formulario I-854 con el Formulario I-485 de Ajuste de Estatus.

Ref: 8 CFR 245.11

T

Víctima del Tráfico Ilícito

El 28 de Octubre de 2000, el Acta de Protección de Víctimas del Tráfico Ilícito del 2000 fue convertido en ley por el Presidente Clinton como un componente del Acta de Víctimas del Tráfico Ilícito y Protección Contra la Violencia de 2000 (VTVPA), el cual incluyó la creación de la nueva clasificación T de no inmigrante como un beneficio al extranjero que califica a causa de dicho tráfico.

Ref: 66 FR 39513; 67 FR 4784 ; INA 101(a)(15)(T); Pub. L. 106-386

Las sub-categorías son:
- T-1 – Víctima de una forma severa de tráfico ilícito de personas
- T-2 – Cónyuge del T-1
- T-3 – Hijo del T-1
- T-4 – Padre del T-1   *Ref: 66 FR 53711; 67 FR 4784*

Una regla conjunta del INS y el DOS del 24 de Julio de 2001 permite que, por medio de la clasificación T de no inmigrante, ciertas víctimas del tráfico ilícito sean protegidas de ser deportadas.

Un extranjero puede permanecer en EE.UU. si el Secretario de la Seguridad de la Patria determina que el extranjero es víctima de una forma severa de tráfico ilícito de personas y

- Está físicamente presente en EE.UU., Samoa americana, la República de las Islas de Mariana del Norte, o en un puerto de entrada de EE.UU. debido a dicho tráfico
- Ha ayudado en la investigación o castigo del tráfico, a menos que sea menor de 15
- Sufriría privaciones económicas severas si fuese deportado de EE.UU.

Proceso de Admisión
Paso 1 – Apoyo de una Agencia Federal para el Cumplimento de la Ley (LEA)

Cualquier agencia federal de leyes puede solicitar la presencia contínua de un extranjero en EE.UU. para investigar y castigar a los traficantes si el extranjero es víctima de una forma severa de tráfico de personas y un testigo potencial de dicho tráfico. La agencia puede solicitar que un extranjero se le permita permanecer temporalmente en EE.UU.

La presentación del Suplemento B sirve de evidencia principal para probar que un extranjero es víctima de una forma cruel de tráfico humano. Sólo las Agencias Federales para el Cumplimiento de la Ley (LEAs) que estén investigando o procesando judicialmente actos de tráfico humano, puede llenar la deposición de la LEA.

Una agencia del cumplimiento de la ley que crea encontrar una víctima que pueda ser elegible para el estatus T-1 debe comunicarse con la oficina local de una LEA, tal como el FBI, la oficina de un procurador de EE.UU. o la Sección Criminal de la División de los Derechos Civiles. La deposición de la LEA debe incluir una descripción del hecho criminal sobre el cual está basada la solicitud. El completamientode una deposición se deja a la discreción de la LEA. Como alternativa de la deposición el solicitante tiene que comunicarse con el Departamento de Justicia, linea de quejas de la División de Derechos Civiles con el teléfono (888) 428-7581, para presentar una queja y ser referido al LEA.

Paso 2 – Autorización del BCIS

Los solicitantes individuales pueden hacer su solicitud sin el patrocinio de una Agencia Federal del Cumplimiento de la Ley, aunque se recomienda encarecidamente que lo hagan. Estas solicitudes se envian al Centro de Servicios de Vermont. Si la deposición de la LEA no esta incluida, el BCIS hará una evaluación por su cuenta.

Documentación y Evidencias de Apoyo:
- *Formularios del BCIS*
  - I-914, Solicitud de estatus T para no inmigrantes
  - Suplemento A, Solicitud para miembros de familiares inmediatos de T-1, si aplica
  - Suplemento B, Declaración de un Oficial del Cumplimiento de la Ley para víctimas de Tráfico Humano, si se obtiene una deposición de la LEA
- *Tarifas*
  - US $200 por el solicitante principal
  - US $50 por cada miembro familiar dependiente
  - US $400 como máximo por familia
  - US $ 50 es la tarifa de huellas digitales para todos los solicitantes entre 14 y 79 años
- *Documentación de Apoyo*
  - 3 fotografías a color
  - toda evidencia que justifique la elegibilidad
  - la evidencia de la LEA, si es proveida, debe establecer:
    - que el extranjero es víctima de tráfico humano y
    - la naturaleza de la cooperación del extranjero y la necesidad de su presencia en los EE.UU.

A todos los solicitantes no inmigrantes T se les deben tomar las huellas dactilares con el propósito de conducir un chequeo de sus antecedentes penales. El BCIS podría citar al solicitante para una entrevista.

El Secretario de la Seguridad de la Patria puede, a fin de evitar consecuencias económicas negativas, permitirle al cónyuge, hijos y padres del extranjero menor de 21 años, o al cónyuge e hijos de un extranjero mayor de 21 años, para que permanezca como acompañante o que se una porteriormente.

Cuando sea adecuado, el DHS concederá presencia contínua a través de los siguientes mecanismos:

- Libertad Condicional
- Estado de Remoción (Stay of Removal)
- Acción Diferida
- Visa T para No inmigrantes

El BCIS decide la autorización de la presencia contínua de extranjeros víctimas del tráfico que están ilegalmente presentes en EE.UU. si éstos don testigos potenciales del tráfico de personas.

La presencia física incluye:

- Aquellos personas que han sido detenidas en una forma cruel de tráfico humano
- Han sido liberadas recientemente de alguna forma cruel de tráfico humano
- Han sido sometidas en el pasado a formas crueles de tráfico humano y permanecen en los EE.UU. por razones directamente relacionadas con el tráfico humano original
- Los extranjeros que hayan escapado de los traficantes antes que la autoridades se involucraran, tienen que probar que no tuvieron la oportunidad de abandonar los EE.UU.

A las víctimas que se le conceda el estatus T-1 se les dará autorizacion para trabajar al presentar la solicitud I-765.

Es responsabilidad del extranjero el demostrar un medio utilizado en particular, por ejemplo la fuerza y un fin en particular, como por ejemplo la esclavitud involuntaria.

Ninguna persona será elegible para ser admitida a EE.UU. si existe una razón substancial para creer que la persona ha cometido una forma severa de tráfico de personas. También se puede deportar a personas que se involucren en ese tipo de conducta después de haber sido admitidas o que se confirme ser culpables antes de ser admitidas.

El número de extranjeros a quienes se les puede emitir una visa no renovable por 3 años no debe exceder los 5000 en cualquier año fiscal se les haya consedido o no estadía continuada. Si la cuota se agota, los solicitantes que hayan sido aprobados pueden ser puestos en lista de espera y permanecer en los EE.UU. hasta el año fiscal siguiente.

Las limitaciones numéricas sólo se aplicarán a extranjeros principales pero no a sus cónyuges, hijos, o padres extranjeros de dichos hijos. El Secretario de la Seguridad de la Patria les dará autorización de empleo a esos extranjeros y puede exhonerar la inadmisibilidad si es del interés público o nacional.

Los solicitantes pueden pedir T-2, T-3 y T-4 para familiares dependientes en el momento de la solicitud original o presentar separadamente el Formulario I-914 con documentos adjuntos y honorarios en una fecha posterior. Los solicitantes de estatus de dependientes tienen que incluir honorios y fotografías.

Los solicitantes víctimas de formas crueles de tráfico humano a los que se les ha consedido estadía continuada o que han solicitado de buena fe el estatus T para no inmigrantes, son elegibles para recibir ciertos tipos de ayuda pública en la misma medida que los refugiados.

Paso 3 – Ajuste de Estatus

El Secretario de la Seguridad de la Patria puede ajustar el estatus de un extranjero bajo esta sección a estatus de extranjero legalmente admitido para residencia permanente si el extranjero:

- Es admissible
- Ha estado físicamente presente en EE.UU. por al menos tres años de haber sido admitido en esta clasificación
- Tiene buena moral
- Ha accedido a cooperar en la investigación y castigo de actos de tráfico
- Sufriría excesiva opresión que involucraría daños crules e inaceptables si fuera expulsado de los EE.UU.

La solicitud se debe hacer dentro de un período de los 90 días precedents a la expiración del estatus T de tres años. En caso que le fuese denegado, el solicitante puede apelar en la Oficina Aministrativa de Apelaciones.

U

Testigo Material/Humanitario

El 28 de Octubre de 2000, el Acta de Protección de Protección a Mujeres Maltratadas de 2000 fue firmada y promulgada Ley por el Presidente Clinton como un componente del Acta de Protección a las Víctimas del Tráfico y Violencia de 2000. Incluyó la creación de esta clasificación U de no inmigrante, la cual facilita el reporte de crímenes por extranjeros que son víctimas de abuso físico o mental con estatus ilegal.

Para mantener los intereses humanitarios de EE.UU., la categoría U le permite a los oficiales de las leyes regularizar el estatus de aquéllos que cooperen en las investigaciones o castigos de tales actividades criminales. A las víctimas se les ofrece protección mientras las agencias que hacen cumplir las leyes detectan, investigan, y enjuician los casos de violencia doméstica, violaciones sexuales, tráfico de extranjeros y otros crímenes descritos en el INA.

Ref: 66 FR 38153; INA 101(a)(15)(U); Pub.L. 106-386

Las sub-categorías son:
- U-1 – Víctimas de actividades criminales
- U-2 – Cónyuge del U-1
- U-3 – Hijo del H-1
- U-4 – Padre del H-1   *Ref: 66 FR 53711*

Proceso de Admisión

Paso 1 – Autorización del BCIS

Para calificar para la categoría U, el extranjero debe presentar una solicitud con el Secretario de la Seguridad de la Patria y establecer que:
- El extranjero hà sufrido maltrato físico o mental substancial como resultado de haber sido víctima de cualquiera de las 26 actividades criminales enlistadas
- Según lo certifique un oficial de inmigración o ejecutor de leyes, el extranjero (o si el extranjero es un niño menor de 16 años, el padre del niño, guardián o amigo):
  - posee información acerca de la actividad criminal involucrada
  - sirve de ayuda o está dispuesto a ayudar a un oficial de leyes a nivel federal, estatal, o local, fiscal, juez o autoridades locales, en la investigación y enjuiciamiento de la actividad criminal.
- La actividad criminal violó las leyes de EE.UU. y ocurrió en EE.UU.

Mientras que un extranjero esté en estatus U, no puede ser deportado.

Si el Secretario de la Seguridad de la Patria determina que la persona sufrirá de privaciones económicas y el oficial ejecutorio de leyes certifica que la investigación o enjuiciamiento se deteriorará sin la asistencia de la persona, el cónyuge, hijo o padres del extranjero principal pueden acompañar o se unirán posteriormente al extranjero principal.

El número de extranjeros a quienes se les puede emitir visas u otro estatus no debe exceder de 10,000 en cualquier año fiscal. El número límite sólo aplicará para los extranjeros principales y no para los cónyuges, hijos, o padres de dicho extranjero. El Secretario de la Seguridad de la Patria le otorgará autorización de empleo a estos extranjeros y puede exonerarlos de no ser admisibles si es por el interés público o nacional.

Paso 2 – Ajuste de Estatus

El Secretario de la Seguridad de la Patria puede ajustar el estatus de un extranjero bajo esta sección a la de extranjero legalmente admitido para residencia permanente si:

- El extranjero ha estado físicamente presente en EE.UU. por lo menos tres años de haber sido admitido en esta clasificación
- La presencia contínua del extranjero en EE.UU. está justificada por razones humanitarias, para asegurar la unión familiar o por ser de interés público
- Es necesario otorgar un permiso para evitar que el cónyuge, hijo o padre de un extranjero que no recibió una visa de no inmigrante sufra de privaciones económicas

V

Cónyuge e Hijos Menores del Residente Permanente Legal

El 21 de Diciembre de 2000, el Acta de Equidad Familiar de Inmigración Legal (LIFE) fue promulgada ley por el Presidente Clinton e incluía la creación de esta nueva clasificación V de no inmigrante para permitir a los cónyuges e hijos menores solteros de titulares de Tarjetas de Residencia (Green Cards) en lista de espera, entrar a EE.UU. hasta que obtuvieran una visa de residencia permanente.

Ref: INA 101(a)(15)(V); LIFE Act, Section 1102; Pub. L. 106-553

Las sub-categorías son:
- V-1 – Cónyuge de un Residente Permanente Legal
- V-2 – Hijo de un Residente Permanente Legal
- V-3 – Hijo de un V-1 o V-2 con Estatus Derivativo

Criterios de Entrada

Los cóyuges e hijos solteros del extranjero deben establecer que son beneficiarios de un Formulario I-130, Petición de un Familiar Extranjero presentado de su parte para el 21 de Diciembre de 2000, y cualquiera de lo siguiente:
- La petición I-130 ha estado pendiente por tres años o más, o
- La petición I-130 ha sido aprobada y han transcurrido tres años o más desde que se presentó la petición y, cualquiera de lo siguiente:
  - no está disponible dentro del número límite, un número de visa de inmigrante a nivel mundial o por país, o
  - un número de visa de inmigrante está disponible pero la solicitud está pendiente

Los extranjeros elegibles pueden entrar, trabajar y continuar residiendo en EE.UU. mientras esperan por la aprobación de la visa de Segunda Preferencia basada en la familia. El hijo de un cónyuge, hijo beneficiario que ha sido pedido, es elegible si está acompañando o se unirá posteriormente al extranjero.

Su estadía autorizada será suspendida si:
- Su período de estadía autorizado vence
- Su Formulario I-130 es negado
- Su solicitud de visa de inmigrante
- Su solicitud de Ajuste de Estatus es negada

Un extranjero no es elegible para la categoría de preferencia F2A si el matrimonio calificante termina, el hijo alcanza la edad de 21 años o se retira la petición I-130. El extranjero no será considerado de estar en la clasificación válida V 30 días después; sin embargo, la esposa e hijo de un residente permanente legal abusivo puede ser elegible para solicitar una auto-petición.

El período de admisión autorizada terminará 30 días después de que:
- La solicitud de residencia permanente es negada, o
- La petición subsecuente de visa de inmigrante es negada, o
- La petición de Ajuste de Estatus es negada

Proceso de Admisión

Paso 1 – Procesamiento

El procesamiento es posible en EE.UU. o en el extranjero, dependiendo del lugar donde viva el cónyuge y los hijos menores solteros, así como de su estatus de inmigración.

Opción 1 – Procesamiento por el BCIS en EE.UU.

Si ya están presentes en EE.UU., los extranjeros elegibles pueden obtener estatus V de no inmigrante mientras permanezcan en EE.UU.

Documentación y Evidencias de Apoyo:
- *Formularios del BCIS*
  - I-539, Solicitud de Extensión/Cambio de Estatus de No Inmigrante
  - I-539, Suplemento A, Instrucciones para Solicitar Cambio de Estatus V de No Inmigrante
  - I-693, Examen Médico de Extranjeros que Buscan Ajustar su Estatus
  - I-765, Solicitud de Autorización de Trabajo, si es necesaria
- *Tarifas*
  - US $140 para el I-539
  - US $120 para el I-765
  - US $50 para toma de huellas dactilares
- *Prueba de solicitud de petición de inmigrante*
  - I-797, Notificación de Acción, o
  - notificación de Aprobación de Recibo de la oficina local del distrito, o
  - correspondencia con el BCIS
- *Prueba financiera*
  - I-134, Declaración Jurada de Ayuda, puede ser requerida

Las solicitudes deben ser enviadas a:
> Bureau of Citizenship and Immigration Services
> P.O. Box 7216
> Chicago, IL 60680-7216

El período máximo de admisión en estatus V es de dos años, pero puede ser extendido si el extranjero continúa siendo elegible.

El Procurador General autorizará a un extranjero admitido como V para que pueda trabajar en EE.UU. y le otorgará al extranjero un Documento de Autorización de Empleo (EAD) para igualar al período de estadía autorizada como V.

Los estatus V-2 y V-3 terminan al casarse o en el día antes del 21° cumpleaños, al mismo tiempo que se termina la elegibilidad para Ajuste de Estatus F2A.

Un extranjero a quien se le concedió estatus V de no inmigrante en EE.UU. por el BCIS necesitará obtener una visa V de una oficina consular en el extranjero para ser inspeccionado y admitido en EE.UU. como no inmigrante V después de haber viajado por el extranjero. Existen ciertas excepciones para un extranjero que está en procesos de inmigración o sujeto a una Orden Final de Deportación, Remoción o Exclusión.

Opción 2 – Procesamiento por el Departamento de Estado (DOS) en el Extranjero

Los cónyuges elegibles e hijos solteros menores de 21 años fuera de EE.UU. pueden solicitar una visa V de no inmigrante en una oficina consular de EE.UU. en el extranjero y para admisión en EE.UU. en estatus V de no inmigrante si son beneficiarios de una petición I-130 para una preferencia de visa de inmigrante F2A.

El extranjero debe presentarse personalmente ante un oficial consular y verificar con juramento o afirmación las declaraciones contenidas en el Formulario DS-230 y todos los documentos de apoyo.

Para el 15 de Marzo de 2001, el Departamento de Estado comenzó a notificar a todas las personas con F2A con fechas prioritarias que tenían por lo menos tres años, acerca de la disponibilidad de las visas V.

Documentación y Evidencias de Apoyo:
- *Formularios del DOS*
  - DS-156, Solicitud de Visa de No Inmigrante
  - DS-3052, Formulario de Solicitud de Visa V de No Inmigrante
- *Tarifa*
  - US $100 no reembolsables para Visa Leíble por Máquina (MRV)
- *Pasaporte y fotografía*
  - pasaporte válido por lo menos seis meses
  - fotografía cuadrada de 50 mm (2") de frente con la cabeza sin cubrir (excepto para religiosos) con un fondo claro
- *Evidencias de Apoyo*
  - examen médico
  - declaración policial de registros criminales y nombre revisado por el FBI

De no obtener la aprobación del DOS, los solicitantes deben hacer sus solicitudes en los puestos consulares designados mientras que el puesto de procesamiento tramita la petición de la visa. El Departamento de Estado ha dado instrucciones a sus oficiales consulares para que emitan visas a los solicitantes calificados para el período de validez máximo usual de diez años, o un período más corto hasta que el hijo alcance la edad de 21 años.   *Ref: 22 CFR 41.86*

Paso 2 – Autorización del BCBP en un Puerto de Entrada

El extranjero que obtuvo una visa V de no inmigrante de una oficina consular en el extranjero puede ser inspeccionado y admitido en EE.UU. en estatus V de no inmigrante siempre y cuando el extranjero posea una visa V válida vigente y permanezca elegible para el estatus V de no inmigrante.

Paso 3 – Extensión de Estadía

Si el período de admisión está a punto de vencer, se puede buscar una extensión de dos años.

Documentación y Evidencias de Apoyo:
- *Formularios del BCIS*
  - I-539, Solicitud de Extensión/Cambio de Estatus de No Inmigrante
  - I-539, Suplemento A, Instrucciones para Presentar el Estatus V de No Inmigrante
  - I-765, Solicitud de Autorización de Trabajo, si es necesario
- *Tarifas*
  - US $140 para el I-539
  - US $120 para el I-765

Las solicitudes deben enviarse a:
Bureau of Citizenship and Immigration Services
P.O. Box 7216
Chicago, IL 60680-7216

No se permiten extensiones si el extranjero ha sido naturalizado; en tales casos, la petición I-130 será automáticamente actualizada para un familiar inmediato y el cónyuge e hijo pueden solicitar el Formulario I-485, Ajuste de Estatus y Formulario I-765 para obtener autorización de empleo. El nuevo Formulario I-130 debe ser presentado para un hijo con estatus derivativo V-3.

Paso 4 – Ajuste de Estatus

El Procurador General puede ajustar el estatus de un extranjero que está físicamente presente en EE.UU. si el extranjero:
- Solicita un Ajuste de Estatus
- Satisface los requisitos
- Es elegible para ser admitido en EE.UU.
- Paga una tarifa de solicitud que no exceda los US $200
- Paga una suma igual a US $1000, si es requerida, y si es elegible

Los extranjeros admitidos en estatus V, tal como los H-1B y L, no están sujetos a las restricciones de intención dual y son elegibles para Libertad Condicional. Sin embargo, si el Formulario I-485, Ajuste de Estatus, está pendiente, no es necesario obtener Libertad Condicional antes de viajar al exterior por la Sección 1102(d) del Acta LIFE.   *Ref: 66 FR 19392 and 46704*

Capítulo 8

Representante de una Organización o Gobierno Extranjeros

Varias clasificaciones son usadas por los oficiales, las familias y los empleados de gobiernos extranjeros y organizaciones internacionales, incluyendo:

- A – Oficial Gubernamental de Alta Jerarquía
  - embajador, diplomático u oficial consular
  - familia y empleados
- C-2–Extranjero en Tránsito hacia las Naciones Unidas y
- C-3–Oficial de Gobierno Extranjero
  - familia y empleados
  - empleado personal en tránsito
- G – Representante de Gobierno en una Organización Internacional
  - representante principal del gobierno o de otro gobierno
  - representante de un gobierno no reconocido o no miembro
  - representante o empleado de una organización internacional
  - familia y empleados
- N – Miembros de Familia de Organizaciónes Internacionales
  - hija o hijo soltero de un oficial o empleado actual o anterior de una organización internacional
  - cónyuge sobreviviente de un oficial fallecido de una organización internacional
  - empleado u oficial retirado de una organización internacional
  - cónyuge inmigrante de un oficial o empleado retirado de una organización internacional
- NATO - Representante de un Estado Miembro
  - representante principal permanente
  - ejecutivos NATO de alta jerarquía
  - otros oficiales NATO, representantes, expertos y empleados oficinistas oficiales
  - civiles acompañantes
  - familia y empleados

A

Oficial Gubernamental de Alta Jerarquía

Un estatus es una clasificación muy formal para el uso de representantes de gobiernos extranjeros. Está reservado para "embajadores, ministros públicos, diplomáticos, u oficiales consulares asignados para representar un país en EE.UU." La familia, servidumbre o asistentes, y sus familiares inmediatos, también están incluídos.
Ref: INA 101(a)(15)(A)

Las sub-categorías son:
- A-1 – Embajador, Ministro Público, Diplomático y Oficial Consular, o Familiar Inmediato
- A-2 – Otro Oficial o Empleado de un Gobierno Extranjero, o Familiares inmediatos (en base a la reciprocidad)
- A-3 – Asistente, Sirviente, o Empleado Personal de las clases A-1 y A-2 o Familiares Inmediatos (en base a reciprocidad).
Ref: 9 FAM 41.12, 41.21, 41.22

El Departamento de Estado (DOS) y el BCIS tienen la responsabilidad conjunta de abjudicar las solicitudes relacionadas con no inmigrantes A.

Proceso de Admisión

Paso 1 – *Autorización del Departamento de Estado (DOS) en el Extranjero*

La agencia patrocinante usualmente maneja el procesamiento de estas visas.

Las solicitudes de entrada en esta clasificación pueden ser hechas en una embajada o consulado de EE.UU. en el extranjero. Los canadienses no tienen que ir a la embajada o consulado de EE.UU.

Documentación y Evidencias de Apoyo:
- *Formularios del DOS y BCIS*
  - DS-1648, Solicitud de Visa A, G o NATO
  - DS-156, Solicitud de Visa de No Inmigrante, o
  - I-566, Registro Inter-agencia de Solicitudes Individuales de Cambio/Ajuste o Autorización de Empleo de Dependientes
- *Tarifa*
  - US $100 para Visa Leíble por Máquina (MRV), exenta de tarifa

- *Pasaporte y fotografía*
  - pasaporte válido por lo menos seis meses después de la estadía que se intenta
  - fotografía cuadrada de 50 mm (2") de frente con la cabeza sin cubrir (excepto para religiosos) con un fondo claro
- *Estatus inmigratorio en un Tercer País*
  - evidencia de estatus de inmigración actual en el tercer país
- *Estatus inmigratorio actual y previo*
  - documentos vencidos relacionados con las visitas anteriores a EE.UU:
    - pasaportes con visas
    - Formularios I-20, I-797, tarjetas I-94, documentos de   autorización de empleo
- *Evidencia de apoyo a la solicitud del empleador*
  - carta original de la embajada/misión/organización internacional empleadora describiendo la naturaleza de su trabajo y duración de la estadía en EE.UU.
- *Documentos civiles*
  - prueba de la relación de los dependientes solicitando estatus de visas derivativas
  - actas de nacimiento y matrimonio
  - papeles de adopción

Paso 2 – Autorización del BCBP en un Puerto de Entrada

La entrada es concedida por el BCIS basada en la aprobación del DOS.

Documentación y Evidencias de Apoyo:
- *Aprobación previa del DOS*
  - Visa Leíble por Máquina (MRV) en el pasaporte

Paso 3 – Extensión/Cambio de Estatus en EE.UU.

La extensión o cambio de otro estatus de no inmigrante a estatus A-1 o A-2 es un proceso de dos partes. Excepto por los solicitantes A-3, primero haga la solicitud con el Departamento de Estado a través de la misión diplomática u organización internacional, y luego con el BCIS.

Primera Parte – DOS:

Documentación y Evidencias de Apoyo:
- *Formularios del BCIS y DOS*
  - I-566, Registro Inter-agencia de Solicitudes Individuales de Cambio/ Ajuste o Autorización de Empleo del Dependiente
  - DS-1648, Solicitud de Visa A, G o NATO
  - DS-394, Notificación de Estatus de Empleo de Gobierno Extranjero, o
  - DS-1497, Notificación de Citas con el Oficial Diplomático Extranjero
- *Estatus de inmigración actual y previo*
  - I-94, Registro de Llegadas/Salidas

Segunda Parte – BCIS:

Después de que reciba su I-566 con una aprobación favorable del DOS, presente su solicitud ante la oficina del BCIS que tenga jurisdicción sobre su lugar de residencia.

Solicite un estatus A-3 directamente con el Centro de Servicios regional del BCIS.

Si usted es un residente permanente que desea estar empleado en una ocupación A mientras retiene su estatus de residencia permanente, contacte la oficina del BCIS que tenga jurisdicción sobre su lugar de residencia para los procedimientos del INA 247(b).

Documentación y Evidencias de Apoyo:

- *Formularios del BCIS*
  - I-539, Solicitud de Extensión/Cambio de Estatus de No Inmigrante
  - I-407, Abandono de Estatus por Extranjero Residente Permanente Legal
- *Tarifa*
  - US $140 para el I-539
- *Aprobación previa del DOS*
  - I-566 original certificado por el Departamento de Estado con recomendación del DOS indicando que la solicitud ha sido concedida
- *Estatus inmigratorio actual y previo*
  - I-94, Registro de Llegadas/Salidas (no inmigrante)
  - I-551 (Tarjeta de Residencia) (inmigrante)
- *Evidencia adicional* - solicitantes A-3 únicamente:
  - copia del I-94 del empleador o notificación de aprobación mostrando estatus G
  - carta original del empleador describiendo sus obligaciones y declarando que tiene intención de emplearlo
  - I-566 original, certificado por el DOS e indicando el estatus diplomático acreditado de su empleador

El BCIS emite un I-797, Notificación de Acción, como evidencia del cambio de estatus.

Revalidación de la Visa por el Departamento de Estado

Después de que el BCIS ha extendido su estadía, su visa pudiera ser renovada antes de intentar entrar nuevamente a EE.UU. después de haber viajado por el extranjero. El número de entradas puede estar restringido, dependiendo de cómo los ciudadanos americanos son tratados en su país de residencia. Como un servicio a los extranjeros en unas pocas clasificaciones, tal como la A, el Departamento de Estado procesa renovaciones de visa A en EE.UU.

Los formularios pueden ser solicitados escribiendo a:
Departament of State
Visa Office
Room L703
2401 E. Street N.W.
Washington, DC 20522-0106

Documentación y Evidencias de Apoyo:
- *Formulario del DOS*
  - DS-156, Solicitud de Visa de No Inmigrante
- *Tarifa*
  - la tarifa de la Visa Leíble por Máquina (MRV) es exonerada
- *Pasaporte y fotografía*
  - pasaporte válido por lo menos seis meses después de la estadía que se intenta
  - fotografía cuadrada de 50 mm (2") de frente con la cabeza sin cubrir (excepto para religiosos) con un fondo claro
- *Estatus inmigratorio actual y previo*
  - I-94 original actual (no copias)
- *Documentación de apoyo del empleador*
  - carta detallada que identifique al empleado, puesto e itinerario de viaje

Paso 4 – Solicitud de Autorización de Empleo para el Dependiente

Primera Parte – DOS

En todos los casos, la misión diplomática del extranjero u organización internacional envía una solicitud a la Oficina de Protocolo del Departamento de Estado, la cual la procesa y envía directamente al Centro de Servicios del BCIS en Nebraska.

Documentación y Evidencias de Apoyo:
- *Formulario del BCIS*
  - I-566, Registro Inter-agencia de Solicitud Individual de Cambio/Ajuste o Autorización de Empleo del Dependiente
- *Pasaporte*
  - pasaporte válido por lo menos seis meses después de la estadía que se intenta
- *Evidencia adicional*
  - notificación diplomática solicitando autorización de empleo
  - oferta de empleo del empleador (cuando sea requerida bajo los términos de acuerdo de facto, nombre de los dependientes, descripción de la posición, salario ofrecido, deberes, y verificación de que el dependiente califica)
  - I-765 completo y firmado por el solicitante
  - no se exigen tarifas de presentación o toma de huellas dactilares
  - dos fotografías con el nombre y la misión en el dorse de cada foto
  - fotocopia clara de la fotografía del solicitante del pasaporte, MRV, identificación del DOS, u otro documento de identidad de EE.UU. o del estado involucrado
  - copia del I-94, Registro de Llegadas/Salidas – frente y reverso

Si está solicitando una extensión por primera o segunda vez de un EAD, proporcione fotocopias de las declaraciones de impuesto del IRS anteriores de los dependientes. El Centro de Servicios de Nebraska suministra información acerca de cómo llenar una solicitud con precisión para presentarla ante una embajada u organización internacional en el cuadro de dirección del I-765.

Ref: 8 CFR 214.2(a) (6) y 214.2(g) (6)

Segunda Parte – BCIS:

Solicitud de autorización de empleo con el Centro de Servicios de Nebraska.

Paso 5 – Cambio a Otro Estatus por el DOS e BCIS en EE.UU.

Para cambiar de estatus A a otro estatus de inmigrante o no inmigrante, usted debe presentar el Formulario I-566, Registro de Inter-Agencia de Solicitud Individual de Cambio/Ajuste o Autorización de Empleo de Dependiente, con el Departamento de Estado.

Después de haber obtenido autorización del DOS, revise el proceso de solicitud para la clasificación de su escogencia, según se detalla a lo largo de este libro.

C-2/C-3

Extranjero en Tránsito hacia las Naciones Unidas (C-2)
y
Oficial de Gobierno Extranjero (C-3)

Las siguientes sub-categorías son para los representantes de gobiernos extranjeros y extranjeros que vienen a las Naciones Unidas, sus familias y empleados.

- C-2 – Extranjero en Tránsito para la Sede Distrital Principal de las Naciones Unidas según el 11. (3),(4), o (5) del Acuerdo de la Sede Distrital Principal con las Naciones Unidas
- C-3 – Oficial de Gobierno Extranjero, Familiares Inmediatos, Asistentes, Sirvientes o Empleados Personales en Tránsito

Ref: INA 101(a)(15)(C)(ii),(iii);9 FAM 41.12, 41.23

Proceso de Admisión

Paso 1 – Autorización del Departamento de Estado (DOS) en el Extranjero

Las solicitudes de entrada en esta clasificación se pueden hacer en una embajada o consulado de EE.UU. en el extranjero. Mientras que el Formulario DS-156 es usado, algunos oficiales consulares no exigen su uso. Los extranjeros en tránsito en las Naciones Unidas a quienes se les emite una visa C-2, están sujetos a restricciones de viaje impuestas por el Procurador General.   *Ref: 9 FAM 41.71*

El procesamiento de estas visas y asuntos relacionados es usualmente manejado directamente por la agencia patrocinadora. La tarifa de US $100 de la Visa Leíble por Máquina (MRV) es exonerada en esta clasificación.

Paso 2 – Autorización del BCBP en un Puerto de Entrada

La entrada es concedida por el BCIS, basado en la aprobación del DOS.

Documentación y Evidencias de Apoyo:
- *Aprobación previa del DOS*
  - Visa Leíble por Máquina (MRV) del DOS en el pasaporte

G

Representante de Gobierno en una Organización Internacional

El estatus G está reservado para aquéllos que están acreditados por su gobierno para representarlo en una organización internaciónal tal como las Naciones Unidas (United Nations), el Banco Mundial (World Bank) o la Cruz Roja (Red Cross). Esta clasificación puede incluir a los empleados, el cónyuge, hijos solteros menores de 21 años, sirvientes y asistentes.   *Ref: INS ER 806 3-8-94*

Las sub-categorías son:

- G-1 – Representante Residente Principal Miembro de un Gobierno Extranjero Reconocido en una Organización Internacional, Empleados o Familiares Inmediatos
- G-2 – Otro Representante Miembro de un Gobierno Extranjero Reconocido en una Organización Internacional o Familiar Inmediato
- G-3 – Representante no Miembro de un Gobierno Extranjero no Reconocido en una Organización Internacional, o Familiar Inmediato
- G-4 – Oficial o Empleado de una Organización Internacional o Familiar Inmediato
- G-5 – Asistente, sirviente o empleado personal de un G-1 a través de un G-1 o familiar inmediato   *Ref: INA 101(a)(15)(G);9FAM 41.12,41.21,41.24*

El Departamento de Estado (DOS) y el Servicio de Inmigración y Naturalización (INS) tienen la responsabilidad conjunta de adjudicar las solicitudes.

Proceso de Admisión

Paso 1 – *Autorización del Departamento de Estado (DOS) en el Extranjero*

La agencia patrocinante usualmente maneja el procesamiento de estas visas y asuntos relacionados con ellas. Las solicitudes de entrada en esta clasificación pueden ser hechas en una embajada o consulado de EE.UU. en el extranjero.

Documentación y Evidencias de Apoyo:
- *Formularios del DOS*
  - DS-156, Solicitud de Visa de No Inmigrante o
  - DS-1648, Solicitud de Visa A, G o NATO
  - I-566, Registros de Inter-Agencias de Solicitudes Individuales de Cambio/Ajuste o Autorización de Empleo del Dependiente

- *Tarifa*
  - la tarifa de la Visa Leíble por Máquina (MRV) es exonerada
- *Pasaporte y fotografía*
  - pasaporte válido por lo menos 6 meses después de la estadía que se intenta
  - fotografía cuadrada de 50 mm (2") de frente con la cabeza sin cubrir (excepto para religiosos) con un fondo claro
- *Estatus inmigratorio en un Tercer País*
  - evidencia de estatus de inmigración actual en un tercer país si la solicitud la hace un naciónal del tercer país (TCN) cuando el programa está en vigencia
- *Estatus inmigratorio actual y previo*
  - documentos (vencidos) relacionados con visitas anteriores a EE.UU.
    - pasaportes y visas
    - Formularios I-20, I-797, tarjetas I-94, Documentos de Autorización de Empleo
- *Evidencias de apoyo del empleador*
  - carta original de la organización internacional empleadora que describa:
    - la naturaleza de su trabajo
    - duración de su estadía programada en EE.UU.
- *Evidencia adicional*
  - "Carta Howe" (Howe Letter) de las Naciones Unidas o carta de solicitud de visa similar G-4 de otras organizaciones que califican, tal como el Banco Mundial
  - contrato de empleo (solicitantes G-5) que describa:
    - naturaleza del empleo
    - duración de la estadía programada en EE.UU.
- *Documentos civiles*
  - prueba de la relación de los dependientes solicitando estatus derivativo de visa
  - acta de matrimonio
  - acta (s) de nacimiento
  - documentación de adopción

La "Carta Howe" obtuvo su nombre del anterior Jefe de la División de Transportes de las Naciones Unidas, quien emite las cartas de solicitud de visas G-4. Las cartas deben ser enviadas a la sección consular antes de su cita programada.

Paso 2 – Autorización del BCBP en un Puerto de Entrada

La entrada es concedida por el BCIS basado en la aprobación del Departamento de Estado. La Visa Leíble por Máquina está sujeta a verificación electrónica por el BCIS en un puerto de entrada de EE.UU.

Documentación y Evidencias de Apoyo:
- *Aprobación previa del DOS*
  - Visa Leíble por Máquina (MRV) en el pasaporte

Paso 3 – Extensión/Cambio de Estatus en EE.UU.

La extensión o cambio de otro estatus de no inmigrante al estatus G, es un proceso de dos partes. Excepto por los solicitantes de G-5, es necesario presentar su solicitud primeramente ante el Departamento de Estado a través de la organización internacional. Luego, su solicitud debe ser presentada ante el BCIS.

Parte Uno - DOS:

Documentación y Evidencias de Apoyo:
- *Formularios del DOS*
  - I-566, Registro Inter-agencia de Solicitudes Individuales de Cambio/Ajuste o Autorización de Empleo para Dependiente
  - Si solicita ser el extranjero principal:
    - DS-1648, Solicitud de Visa A, G o NATO
    - DS-394, Notificación del Gobierno Extranjero en relación al estatus de empleo o
    - DS-1497, Notificación de la cita con el Diplomático Extranjero
- *Estatus inmigratorio actual y previo*
  - I-94, Registro de Llegadas/Salidas

Parte Dos – BCIS:

Después de recibir su I-566 con una respuesta favorable del DOS, presente su solicitud ante el BCIS que tenga jurisdiccón en su localidad.

Si está solicitando un estatus G-5, hagalo directamente en el Centro de Servicio del BCIS apropiado.
Si usted es un residente permanente y desea trabajar en una ocupación G, mientras mantiene su estatus de Residente Permanente, contacte la oficina del BCIS que tenga jurisdicción en su localidad para realizar el trámite bajo el INA 247(b).

Documentación y Evidencias de Apoyo:
- *Formularios del BCIS*
  - I-539, Solicitud de Extensión/Cambio de Estatus de No Inmigrante
  - I-407, Abandono de Estatus por Extranjero Residente Permanente Legal
  - I-566 original certificado por el Departamento de Estado con recomendación del DOS indicando que la solicitud ha sido concedida
- *Tarifa*
  - US $140 para el I-539
- *Estatus inmigratorio actual y previo*
  - I-94, Registro de Llegadas/Salidas (no inmigrante)
  - I-551 (Tarjeta de Residencia) (inmigrante)
  - aprobación previa del DOS
- *Evidencia de apoyo sólo a la solicitud G-5 del Empleador.*
  - copia del I-94 del empleador o notificación de aprobación mostrando estatus G
  - carta original del empleador describiendo sus obligaciones y declarando que tiene intención de emplearlo

El BCIS emite un I-797, Notificación de Acción, como evidencia del cambio de estatus.

Revalidación de la Visa por el Departamento de Estado

Después de que el BCIS ha extendido su estadía, su visa pudiera ser renovada antes de intentar entrar nuevamente a EE.UU. después de haber viajado por el extranjero. El número de entradas puede estar restringido, dependiendo de cómo los ciudadanos americanos son tratados en su país de residencia, y su período de validez.

Como un servicio a los extranjeros en unas pocas clasificaciones, tal como la A, el Departamento de Estado procesa renovaciones de visa A en EE.UU. Los formularios pueden ser solicitados escribiendo a:

> Department of State
> Visa Office
> Room L703
> 2401 E Street N.W.
> Washington, DC 20522-0106

Documentación y Evidencias de Apoyo:

- *Formulario del DOS*
  - DS-156, Solicitud de Visa de No Inmigrante
- *Tarifa*
  - Visa Leíble por Máquina (MRV), exenta de tarifa
- *Pasaporte y fotografía*
  - pasaporte válido por lo menos 6 meses después de la estadía que se intenta
  - fotografía cuadrada de 50 mm (2") de frente con la cabeza sin cubrir (excepto para religiosos) con un fondo claro
- *Estatus inmigratorio actual y previo*
  - I-94 original actual (no copias)
- *Documentación de apoyo del empleador*
  - carta detallada que identifique:
    - el empleado
    - puesto
    - itinerario de viaje

Su solicitud completa deberá ser enviada por correo a:

> Department of State
> Visa Office
> Room L703
> 2401 E. Street N.W.
> Washington, DC 20522-0106

Paso 4 – Solicitud de Autorización de Empleo para el Dependiente

El proceso para obtener autorización de empleo como dependiente G fue modificado en 1998. En todos los casos, el proceso de la autorización de empleo para el extranjero tiene que empezar con la organización internacional del extranjero que envía una solicitud a la Oficina de Protocolo del Departamento de Estado, o a la Missión de EE.UU. a las Naciones Unidas (USUN) para los extranjeros dependientes de las Naciones Unidas.

El DOS o USUN procesará la solicitud y la enviará directamente al Centro de Servicios del BCIS en Nebraska.

Primera Parte – DOS o USUN

Documentación y Evidencias de Apoyo:
- *Formulario del BCIS*
  - I-566, Registro Inter-agencia de Solicitud Individual de Cambio/ Ajuste o Autorización de Empleo del Dependiente
- *Pasaporte*
  - pasaporte válido por lo menos seis meses después de la estadía que se intenta
- *Evidencia adicional*
  - notificación diplomática solicitando autorización de empleo
  - oferta de empleo del empleador (cuando sea requerida bajo los términos del documento del acuerdo, nombre de los dependientes, descripción del puesto, salario ofrecido, deberes y verificación de que el dependiente califica)
  - I-765 completo y firmado por el solicitante
  - no se requieren tarifas de presentación o toma de huellas dactilares
  - dos fotografías con el nombre y la misión en el reverso de cada foto
  - fotocopia clara de la fotografía del solicitante del pasaporte, MRV, identificación del DOS u otro documento de identidad de EE.UU. o del estado involucrado
  - copia del I-94, Registro de Llegadas/Salidas – al frente y al reverso

Si está solicitando una extensión o solicitando otra vez un EAD, presente fotocopias de las declaraciones de impuesto del IRS anteriores de los dependientes. El Centro de Servicios de Nebraska suministra información acerca de cómo llenar una solicitud con precisión para presentarla ante una embajada u organización internacional en el cuadro de dirección del I-765. *Ref: 8 CFR 214.2(a)(6) y 214.2(g)(6)*

Segunda Parte – BCIS:

Solicitud de autorización de empleo con el Centro de Servicios de Nebraska.

Paso 5 – Cambio a Otro Estatus por el DOS e BCIS en EE.UU.

Para cambiar de estatus A a otro estatus de inmigrante o no inmigrante, usted debe presentar el Formulario I-566, Registros Inter-Agencia de Solicitud Individual de Cambio/Ajuste o Autorización de Empleo de Dependiente con el Departamento de Estado. Después de haber obtenido autorización del DOS, revise el proceso de solicitud para la clasificación de su elección, según se detalla a lo largo de este libro.

N

Miembros de Familia de Organizaciones Internacionales

El estatus N está reservado para los padres, hijos o hermanos de un extranjero con estatus especial de inmigrante SK-3 bajo la sección 101(a)(27)(I) y generalmente se refiere a los oficiales o empleados de organizaciones internacionales. Puede estar disponible para oficiales retirados y empleados a quienes previamente se les otorgó el estatus G-4.   *Ref: INS ER 806 3-8-94*

Las sub-categorías son:
- N-8 – Padres de un extranjero con estatus especial de inmigrante según el INA 101(a)(27)(I)(I) sólo si y mientras el extranjero sea un menor de edad
- N-9 – Hijos o padres de un extranjero con estatus especial de inmigrante según el INA 101(a)(27)(I)(ii),(iii),(iv)

Ref:INA101(a)(15)(N)(I),(ii);9 FAM 41.82

La clasificación incluye:
- Los hijos solteros de un oficial o empleado actual o anterior de una organización internacional
- El cónyuge de un oficial fallecido de una organización internacional
- Un oficial o empleado retirado de una organización internaciónal
- El cónyuge inmigrante de un oficial o empleado retirado de una organización internacional   *Ref: INA 101(a)(27)(I)(I),(ii),(iii),(iv)*

Proceso de Admisión

Paso 1 - *Autorización del Departamento de Estado (DOS) en el Exterior*

La agencia patrocinante usualmente maneja el procesamiento de estas visas y asuntos relacionados con éstas.

Las solicitudes para la entrada en esta clasificación pueden ser hechas en una embajada o consulado de EE.UU. en su país de residencia.

Documentación y Evidencias de Apoyo:
- *Formularios del DOS*
  - DS-156, Solicitud de Visa de No Inmigrante
- *Tarifas*
  - US $100 no reembolsables para Visa Leíble por Máquina (MRV)

- la tarifa de reciprocidad debe ser igual a la establecida en circunstancias similares en el país de origen del extranjero
- *Pasaporte y fotografía*
  - pasaporte válido por lo menos seis meses después de la estadía que se intenta
  - fotografía cuadrada de 50 mm (2") de frente con la cabeza sin cubrir (excepto para religiosos) con un fondo claro
- *Evidencia de apoyo a la solicitud del empleador*
  - carta del empleador principal del extranjero en papel con el logotipo de la compañía que:
    - esté firmada por el oficial responsable de la compañía
    - describa su trabajo y su negocio detalladamente
    - justifica la necesidad de la visa
    - lo identifique a usted
    - nombra a sus dependientes

Al recibir la documentación correcta, el consulado en el exterior emitirá una Visa Leíble por Máquina. Si se carga una tarifa por reciprocidad de visa, usted debe hacer un cheque adicional.

Paso 2 - Autorización del BCBP en un Puerto de Entrada

Muy pocas visas son emitidas en esta clasificación.

La Visa Leíble por Máquina emitida por el Departamento de Estado en el exterior está sujeta a verificación electrónica por el BCIS en los puertos de entrada de EE.UU.

Documentación y Evidencias de Apoyo:
- *Aprobación previa del DOS*
  - Visa Leíble por Máquina (MRV) en el pasaporte

Los titulares de visas N son admitidos en EE.UU. por el tiempo que dure su misión.

Un I-94, Registro de Llegadas/Salidas, se emite por el BCIS en un puerto de entrada.

NATO

Representante de un Estado Miembro

El estatus NATO está reservado para representantes y personal de estados miembros de la NATO (OTAN).

Las sub-categorías son:

- ***NATO-1*** – Representante Principal Permanente de un Estado Miembro de la NATO (incluyendo cualquier subsidiaria), Residente en EE.UU. y Miembros del Personal Oficial Residente, Secretario General, Asistente del Secretario General, y Secretario Ejecutivo de la NATO, y otros Oficiales Permanentes de la NATO de Rango Similar, o Familiares Inmediatos
  Ref: Article 12, 5 UST 1094 and Article 20, 5 UST 1098

- ***NATO-2*** – Otros Representantes de Estados Miembros de la NATO (incluyendo cualquier subsidiaria) incluyendo sus Consejeros y Técnicos Expertos de las Delegaciones, Familiares Inmediatos, Dependientes de Miembros de una Fuerza Entrando según el Acuerdo de Estatus de Fuerzas o según las estipulaciones del Protocolo del estatus de las Oficinas Militares Internacionales y Miembros de tal Fuerza, sólo si se le han emitido visas.
  Ref: Article 13, 5 UST 1094 and Article 1, 4 UST 1794

- ***NATO-3*** – Personal Oficial de Oficina Representante que Acompaña al Estado Miembro de la NATO (incluyendo cualquier subsidiaria) o Familiares Inmediatos   *Ref: Article 14, 5 UST 1096*

- ***NATO-4*** – Oficial de la NATO (Diferente al Clasificable como NATO-1 o Familiares Inmediatos   *Ref: Article 18, 5 UST 1098*

- ***NATO-5*** – Experto, Diferente a Oficiales de la NATO Clasificables como NATO-4, empleados en Misiones de parte de la NATO, y sus dependientes
  Ref: Article 21, 5 UST 1100

- ***NATO-6*** – Miembro de un Componente Civil que Acompaña a una Fuerza Entrando según las estipulaciones del Acuerdo de Estatus de Fuerzas de la NATO, Miembro de un Componente Civil Asignado a o Empleado por las Oficinas Principales Aliadas según el Protocolo de Estatus de las Oficinas Militares Internacionales establecidas Conforme al North Atlantic Treaty y sus Dependientes   *Ref: Article 1, 4 UST 1974; Article 3, 5 UST 877*

- ***NATO-7*** – Asistente, Sirviente o Empleado Personal de la clasificación NATO-1 hasta la NATO-6, o Familiares Inmediatos
  Ref: Article 12-2- 5 UST 1094-1098; 9 FAM 41.21, 41.25

Proceso de Admisión

Paso 1 - *Autorización del Departamento de Estado (DOS) en el Exterior*

Las visas en esta clasificación son preparadas por el gobierno del país de residencia directamente con sus oficiales diplomáticos. Presente el Formulario DS-1648, Solicitud de Visa A, G o NATO pero la tarifa de US $100 para Visa Leíble por Máquina es extansa.   *Ref: 5 UST 1094-1098*

Paso 2 - *Autorización del BCBP en un Puerto de Entrada*

La entrada es otorgada por el BCIS basado en la aprobación del DOS.

Documentación y Evidencias de Apoyo:
- *Aprobación previa del DOS*
  - Visa Leíble por Máquina (MRV) en el pasaporte

Paso 3 - *Extensión/Cambio de Estatus*

Revalidación de la Visa por el Departamento de Estado

Usted puede necesitar renovar su visa antes de entrar nuevamente en EE.UU. Después de haber viajado por el exterior. Dependiendo de cómo los ciudadanos Americanos sean tratados en su país de residencia en circunstancias similares, su visa original puede haber sido emitida con restricciones en el número de entradas a EE.UU. y en su período de validez.

Como un servicio a los extranjeros en la clasificación NATO, el Departamento de Estado procesa renovaciones de visas NATO en EE.UU. Los formularios pueden ser solicitados escribiendo a:

Department of State
Visa Office
Room L703
2401 E Street N.W.
Washington, DC 20522-0106

Documentación y Evidencias de Apoyo:
- *Formulario del DOS*
  - DS-156, Solicitud de Visa de No Inmigrante
  - DS-1648, Solicitud de Visa A, G o NATO
- *Tarifa*
  - la tarifa de la Visa Leíble por Máquina (MRV) es exonerada
- *Pasaporte y fotografía*
  - pasaporte válido por lo menos seis meses después de la estadía que se intenta
  - fotografía cuadrada de 50 mm (2") de frente sin cubrir la cabeza (excepto para religiosos) con un fondo claro

- *Estatus inmigratorio actual y previo*
  - I-94 actual original (no copias)
- *Documentación de apoyo del empleador*
  - carta detallada que identifique:
    - al empleado
    - su posición
    - itinerario de viaje

Su solicitud completa debe ser enviada por correo a:
Department of State
Visa Office
Room L703
2401 E Street N.W.
Washington, DC 20522-0106

Paso 4 - Solicitud de Autorización de Empleo para Dependiente

El proceso para obtener una autorización de empleo como un dependiente de NATO fue modificado en 1998.

En todos los casos, el proceso de autorización de empleo debe comenzar con la misión diplomática del extranjero que presenta una solicitud al Comandante Aliado Supremo de la NATO, Atlantic (SACLANT).

Parte Uno - SACLANT

La parte uno trata de la presentación inicial ante SACLANT.

Documentación y Evidencias de Apoyo:
- *Formularios del BCIS*
  - I-566, Registro Inter-agencia de Solicitudes Individuales de Cambio/Ajuste o Autorización de Empleo para Dependiente
  - I-765 firmado por el solicitante
- *Pasaporte*
  - pasaporte válido por lo menos seis meses después de la estadía que se intenta
- *Evidencia adicional*
  - nota diplomática solicitando autorización de empleo
  - oferta de empleo del empleador (cuando sea requerida según los términos de acuerdos de hecho (dicha declaración debe identificar al dependiente con su nombre, describir la posición y salario ofrecidos, detallar los deberes, y verificar que el dependiente posee las calificaciones necesarias
  - no existe tarifa por solicitud o por toma de huellas dactilares
  - dos fotografías a color con el nombre del solicitante y su misión al reverso de cada una
  - fotocopia nítida de la fotografía del solicitante en el pasaporte, MRV, documento de identificación del DOS u otro documento de identificación aceptable emitido por el estado emisor o gobierno de EE.UU.

- copia del I-94, Registro de Llegadas/Salidas – frente y reverso

Si está solicitando una extensión o resolicitando un EAD, usted debe proporcionar fotocopias de las declaraciones de impuesto del IRS de años anteriores en los cuales trabajó el dependiente. El Centro de Servicios de Nebraska referirá asuntos concernientes a una solicitud a la embajada u organización internacional en el recuadro de direcciones del I-765.   *Ref: 8 CFR 214.2(a) (6) and 214.2(g) (6)*

Parte Dos - BCIS

Las solicitudes relacionadas con autorizaciones de empleo para dependientes de no inmigrantes NATO deben ser presentadas ante Centro de Servicios del BCIS en Nebraska.

Parte III

Tarjetas de Residencia
(Green Cards)

A los titulares de tarjetas de residencia también se les conoce como residentes permanentes legales. El verdadero nombre de la Tarjeta de Residencia es Tarjeta de Residencia Permanente (anteriormente Tarjeta de Recibo de Registro del Extranjero) o Formulario I-551. Para reducir la falsificación de documentos y ayudar a los empleadores y agencias del gobierno a identificar tarjetas válidas, el BCIS ha comenzado a producir en sus Centros de Servicios una nueva tarjeta plástica muy resistente parecida a una tarjeta de crédito; también hay un centro de producción en Corbin, Kentucky. Esta tarjeta tiene al frente una fotografía digital y las huellas dactilares y un holograma con la Estatua de la Libertad. La franja de memoria óptica hecha con láser al dorso de la tarjeta no puede ser alterada y debe ser leída por un lector de tarjetas especial del BCIS y contiene la fotografía, firma, fecha de nacimiento, huellas dactilares, nombre y número de registro de su titular.

Aunque la tarjeta de residencia debe ser renovada cada diez años, le ofrece a su titular el privilegio de vivir y trabajar en los EE.UU. mientras mantenga la residencia permanente de EE.UU. La tarjeta de residencia le permite a sus titulares gozar de muchos de los beneficios que tienen los ciudadanos americanos, pero también exige responsabilidades importantes, tales como una buena conducta.

Un extranjero que no es elegible para la ciudadanía no es elegible para una tarjeta de residencia; sin embargo, aquéllos que reciben una tarjeta de residencia, pueden solicitar la ciudadanía americana después de cinco años en muchos casos o en tres años si se casan con un ciudadano americano.   *Ref: 9 FAM 40.81*

Un no inmigrante A o G no es elegible para obtener una visa de inmigrante hasta que se ejecuta una exención de todos los derechos, privilegios, excepciones e inmunidades que atañen a su estatus de inmigración.   *Ref: 9 FAM 40.203*

Criterios de Entrada

El proceso de obtener una tarjeta de residencia puede parecer largo y frustrante, pero es completo y justo. Sus oportunidades de tener éxito dependen de:
- Sus calificaciones o relación familiar
- Los parámetros de la clasificación de su elección
- La oferta de trabajadores americanos disponibles en su ocupación
- Si hay otras condiciones especiales que influyan en la entrada

Cómo se Divide la Parte III

La Parte III presenta una introducción detallada sobre la Tarjeta de Residencia. Los cuatro capítulos contenidos en ella ofrecen explicaciones de paso-a-paso de cada una de las opciones principales para obtener una Tarjeta de Residencia.

Capítulo 9 – Preferencias Patrocinadas por Familiares
* Cuatro opciones de preferencias

Capítulo 10 – Preferencias Basadas en Empleo
* Cinco opciones de preferencias

Capítulo 11 – Lotería de Diversidad (DV)
* Lotería mundial anual para ciudadanos de países no incluídos

Capítulo 12 – Refugiado/Asilado
* Extranjeros con un miedo bien fundado de persecusión

Visión General

El número de visas permanentes emitidas cada año es controlado por el Congreso y su distribución depende de un número de variables.

Los inmigrantes ilimitados obtienen residencia permanente sin un límite numérico y no son contados contra las cuotas anuales. Esto incluye:
* Familiares inmediatos de un ciudadano americano de 21 años de edad o más (cónyuge, hijos menores y padres)
* Residentes que regresan – residentes legales anteriores que regresan después de más de un año de estar en el exterior
* Inmigrantes solicitando readquisición de la ciudadanía americana
* Refugiados y asilados
* Extranjeros en el Programa de Legalización de Amnistía (vea LIFE – Tarjetas de Residencia o Green Cards)
* Extranjeros a quienes se les suspendió su deportación o registro
* Hijos nacidos de un residente permanente durante una visita temporal al exterior
* Un número de visas no especificadas para extranjeros calificados

Los Inmigrantes limitados están sujetos a ciertas leyes transitorias. En el año fiscal 2002, los números de visas de inmigrantes disponibles eran:
* Patrocinadas por la familia: no menos de 226,000 y no más de 480,000 visas de inmigrantes por año
* Basadas en empleo: por lo menos 140,000   *Ref: INA 201*
* Lotería de Diversidad (Tarjeta de Residencia): 50,000 números de visas de inmigrantes anualmente

En el año 2001, el **límite por país** para inmigrantes con preferencias de países independientes fue establecido en 7% ó 25,620 y 2% ó 7,320 para áreas independientes, México fue el país con más nacimientos en 1997 con 146,865.

El INA 203(d) provee a los cónyuges e hijos de inmigrantes con preferencias para tener derecho a el mismo estatus y el mismo orden de consideración si está acompañando o si tiene la intención de estar junto al extranjero principal.

Inmigración en el año fiscal 2001:
- 1,064,318 personas
- 443,964 familiares inmediatos de ciudadanos americanos
- 232,143 preferencias de familias
- 179,195 preferencias de empleo
- 108,506 refugiados y asilados convirtiéndose en residentes permanentes
- 42,015 Programa de Diversidad *Ref: INS News Release, August 30, 2002*

En 1997, los países con más nacimientos fueron, en este orden, México, Filipinas, China, Vietnam e India. California fue el estado en donde más personas querían residir, seguido por Nueva York, Florida, Texas y Nueva Jersey.

Los tres grupos ocupacionales más largos fueron:
- Profesionales, especialistas y técnicos
- Ocupaciones de Servicios
- Ejecutivas, administrativas y gerenciales

Proceso de Admisión

Los siguientes capítulos detallan los diferentes requisitos y procesos asociados con la obtención de una Tarjeta de Residencia.

Todas las maneras de obtener una Tarjeta de Residencia requieren que el futuro inmigrante cumpla con ciertos requisitos y tengan una razón para venir que sea consistente con el espíritu y letra de la Ley de Inmigración y Naturalización.

Como se indicó anteriormente, la residencia permanente es concedida generalmente como resultado de:
- Un miembro familiar que presenta una solicitud o
- Un empleador (futuro) que presente una solicitud o
- Ser seleccionado en una lotería anual de inmigración o
- Haber recibido estatus de asilado o refugiado

Frecuentemente, los solicitantes viven y trabajan o estudian en EE.UU. con visas de no inmigrante cuando su Tarjeta de Residencia está en trámite y es necesario que hagan un ajuste de estatus a inmigrante en un buró del BCIS en EE.UU. si fuese necesario. Los otros que viven fuera de EE.UU., tienen que acudir a una embajada o consulado de EE.UU. en el exterior.

Paso 1 – Certificación Laboral

Las clasificaciones de Segunda (EB2) y Tercera (EB3) Preferencia basadas en empleo requieren que un empleador solicite la Certificación Laboral. En esos casos, el Departamento de Trabajo debe estar convencido de que existe una necesidad de admitir a un extranjero para llevar a cabo un trabajo para el cual no hay ciudadanos americanos o residentes trabajadores calificados disponibles. Es posible una exención para la Segunda Preferencia.

En el año fiscal 1995, las ocupaciones que recibieron mayores aprobaciones de certificación laboral fueron: cocinero de comida extranjera, ingeniero de sistemas, analista de programación, miembro de la facultad de colegios superiores o universidades, analista de sistemas y cocinero.

Paso 2 – Autorización del BCIS en EE.UU – Solicitud Inicial

Muchos visitantes por intercambio J-1 deben obtener una exención o vivir dos años en un hogar americano antes de que puedan solicitar un ajuste de estatus. También, los extranjeros que no son admisibles deben presentar el Formulario I-601, Solicitud de Exención basado en la exclusividad más US $195 en el Centro de Servicios o consulado de EE.UU. correspondiente.

Un cónyuge e hijo que no tengan otra manera de obtener derecho a estatus de inmigrante y a la emisión inmediata de una visa, tienen derecho al mismo estatus y al mismo orden de consideración si están acompañando o tienen la intención de unirse a su cónyuge o padres. La familia de un solicitante o futuro empleador puede presentar una solicitud en el BCIS de EE.UU. de parte de un extranjero que vive en EE.UU. o en el exterior.

Todas las fotografías requeridas por el BCIS deben cumplir con los requisitos estrictos. Vea www.immigration.gov/graphics/lawsregs/handbook/m-378.pdf para más detalles.

La fecha en la cual es presentada una solicitud de una Tarjeta de Residencia se conoce como Fecha Prioritaria. Esta es la fecha en que una solicitud está apropiadamente llenada, firmada y aceptada para su presentación en el primer paso del proceso. Las Fechas Prioritarias tienen el mayor impacto en los solicitantes patrocinados por su familia y las EB3 para Otros Trabajadores.   *Ref: 8 CFR 204.5 (d)*

Todos los solicitantes de visas de inmigrante son tramitados en el orden de su Fecha Prioritaria dentro de su clasificación. Dependiendo de la clasificación y calificaciones involucradas, el proceso podría tomar desde pocas semanas hasta varios años. Este es especialmente cierto para nativos de la India y China quienes tienen más de la mitad de las visas H-1B y para quienes el ajuste es más lento, al igual que lo es para solicitantes de México y Filipinas.

No se requieren pagar por la toma de huellas dactilares si el trámite se hará en un consulado de EE.UU. en el exterior; sin embargo, el BCIS ahora requiere que se pague una tarifa de US $50 junto con la solicitud, en vez de la tarjeta de huellas dactilares, Formulario FD-258 para todos los casos de ajuste de estatus en EE.UU. Al solicitante se le avisará cuándo y dónde se le tomarán sus huellas dactilares.

Después de la aprobación, al solicitante se le envía un I-797, Notificación de Acción.

El Centro Nacional de Visas del Departamento de Estado en Portsmouth, New Hampshuire, es notificado y éste retiene todas las solicitudes aprobadas de visas de inmigrantes hasta que la fecha prioritaria del extranjero está a punto de actualizarse y el extranjero es notificado.

Peticiones Patrocinadas por Familiares – Capítulo 9

El Formulario del BCIS, I-130, Petición de un Familiar Extranjero, es presentado en la oficina local del BCIS por el miembro familiar que reside en EE.UU., junto con US $130 para gastos de presentación y la documentación.

Existen cuatro categorías de preferencias:
- Primera (F1), Segunda (F2), Tercera (F3) y Cuarta (F4) Preferencias

La preferencia adecuada se determina por:
- La ciudadanía del solicitante
- La relación, edad y estado civil del beneficiario

Peticiones Basadas en Empleo – Capítulo 10

Uno de los tres formularios es presentado en el Centro de Servicios regional del BCIS que tenga jurisdicción sobre la localidad en referencia.

El Formulario I-140 del BCIS, Petición de Trabajador Inmigrante Extranjero, es presentada generalmente por el empleador junto con US $135 para gastos de presentación para las tres siguientes categorías de preferencias:
- Primera (EB1), Segunda (EB2) y Tercera (EB3) Preferencias

El Formulario I-360 del BCIS, Petición de Asiático-americano, Vuida(o), o Inmigrante Especial, es presentado junto con US $130 para gastos de presentación para la siguiente categoría de preferencia:
- Cuarta Preferencia (EB4)

El Formulario I-526 del BCIS, Petición de Inmigrante por un Empresario Extranjero, es presentado junto con US $400 para gastos de presentación para la siguiente categoría de preferencia:
- Quinta Preferencia (EB5)

La preferencia apropiada se determina por:
- La naturaleza del empleo
- Las calificaciones del profesional o del beneficiario
- El estatus especial del beneficiario
- El estatus de una empresa multinacional

Lotería de Diversidad (DV Lottery) – Capítulo 11

La lotería mundial anual es llevada a cabo por el Departamento de Estado para ciudadanos de países no incluídos. Para la solicitud inicial, no es necesario presentar ningún formulario del BCIS o del DOS.

Refugiado/Asilado – Capítulo 12

El Formulario I-589 del BCIS, Solicitud de Asilo y Retención de Deportación, puede ser presentado para estatus de asilo por un extranjero que tenga un miedo bien fundamentado de persecusión, en un puerto de entrada de EE.UU. o en un buró del BCIS en EE.UU. El Formulario I-590, Registro para Clasificar como Refugiado, puede ser presentado por un extranjero que también tenga un miedo bien fundamentado de persecusión, en un buró del BCIS o consulado o embajada de EE.UU. en el exterior.

Paso 3 – Trámite

Todas las solicitudes patrocinadas por familias y aquéllas solicitudes de empleadores basadas en empleo que tengan lazos familiares con el extranjero, necesitan estar acompañadas de una declaración jurada de apoyo económico. Se puede encontrar información en la página de Internet del BCIS: www.immigration.gov/graphics/formsfee/forms/index.htm y en la página de Internet del Departamento de Estado www.travel.state.gov/i864gen.html.

Como se indicó en el Paso 2, todas las visas de inmigrantes aprobadas por el BCIS son retenidas por el Centro de Nacional de Visas del Departamento de Estado hasta que están dentro del año para ser actualizadas y esté disponible un número de visa. En ese momento son enviadas a la embajada o consulado de EE.UU. en el exterior para abjudicación por un funcionario consular y se le envía al solicitante o a su abogado el Paquete 3, el cual también puede obtenerse en la Internet en: www.travel.state.gov/nvc.html. Si el solicitante está ajustando su estatus en EE.UU., se le notificará al buró del BCIS correspondiente. Para asegurar que se haga la notificación, es muy importante avisar cualquier cambio de dirección al Centro Nacional de Visas. Su dirección es:

National Visa Center
32 Rochester Avenue
Portmouth, NH 03801-2909

Los cambios de dirección también pueden ser enviados por fax al (603) 334-0759. Se puede obtener información acerca del estatus de los casos a través de un sistema automatizado de 24 horas llamando al (603) 334-0700.

Si usted toma el Paso 3 para solicitar un ajuste de estatus del BCIS en EE.UU. o para una visa de inmigrante en una embajada o consulado de EE.UU. en el exterior, no le será tramitada hasta que esté disponible un número de visa de inmigrante y que su fecha prioritaria, la fecha de presentación de su solicitud aprobada, sea anterior a la de la fecha de corte visas del Departamento de Estado para su clasificación o "actual."

Ref: INA 245

Para saber si su fecha prioritaria se ha actualizado, usted puede llamar al servicio de mensajes grabados del Departamento de Estado, los cuales indican las Fechas Prioritarias (fechas de corte) para el mes siguiente. Este servicio es actualizado cada mes y se puede accesar llamando al (202) 663-1541. Las Fechas Prioritarias también están disponibles por Internet en: www.travel.state.gov/visa_bulletin.html. Los registros de solicitantes de visas individuales con derecho a una clasificación de inmigración y sus fechas prioritarias se mantienen en los puestos en donde se emitirá la visa.*Ref: 9 FAM*

Opción 1 – Ajuste de Estatus por el BCIS en EE.UU.

Los extranjeros que viven en EE.UU. normalmente pasan por las formalidades de ajuste de estatus para la residencia permanente a través del BCIS en EE.UU, aunque también está disponible el trámite consular. Las solicitudes patrocinadas por familias y Lotería de Diversidad son presentadas en las oficinas locales del BCIS, otras en los Centros de Servicio. Después que a un extranjero se le ha prohibido la entrada por 3 o 10 años, es demasiado tarde para una exención.

Después de que la solicitud inicial es aprobada y a usted le avisan que hay un número de visa inmediatamente disponible, el próximo paso es presentar una solicitud para estatus de residencia permanente con el Formulario I-485 (fechado 7 de Febrero de 2000) con el director que tenga jurisdicción sobre el lugar de residencia del solicitante. Cada solicitante presentará una solicitud por separado. Presente el Formulario I-485 con un honorario de US $255 y acompañado del I-130 y US $130 y el Formulario I-765 y US $120 para gastos de presentación y US $50 para toma de huellas dactilares.

Un extranjero que ha sido beneficiario de Certificaciones Laborales aprobadas e I-140's de dos compañías diferentes, puede usar la prioridad anterior cuando presente un I-485, Ajuste de Estatus, si el primer empleador no ha retirado la solicitud anterior.   *Ref: 9 CFR 204.5(e)*

Si la solicitud de Ajuste de Estatus es aprobada, el director registrará la admisión legal del solicitante a partir de la fecha de la aprobación. El solicitante será notificado acerca de la decisión y, si la solicitud es negada, se le indicarán las razones. El BCIS indica que la tasa de visas negadas es del 7%. No se podrá apelar sobre la negación de la visa, pero el extranjero puede renovar su solicitud.

Un solicitante de ajuste de estatus debe hacerse un examen médico por un médico asignado, a menos que se examine para entrar con visa K (novia/o). También, las entrevistas no pueden ser exoneradas para solicitantes patrocinados por la familia.

Los solicitantes que han estado más del tiempo permitido en su estatus temporal y que todavía están físicamente presentes en EE.UU. están fuera de estatus. No pueden pagar la multa de US $1000 con el Suplemento A del Formulario I-485 y deben hacer el trámite en su país a menos que prueben que estuvieron en EE.UU. el 21 de Diciembre de 2000 y tenían una solicitud de Tarjeta de Residencia en proceso para el 30 de Abril de 2001. Los extranjeros que están fuera de estatus pueden pedir ajuste de estatus en EE.UU. si tienen lazos familiares estrechos o tienen problemas económicos.

Con el número del recibo de solicitud se puede chequear el estatus de un caso Ajuste de Estatus llamando al Centro Nacional de Servicio al Usuario del BCIS al (800) 375-5283 o en la pagina del Internet: https://immigration.gov/graphics/cris/jsps/index.jsp. El servicio está disponible en Español e Inglés.

Libertad Condicional

Si usted vive en EE.UU, a usted se le puede prohibir viajar si:
- Después de que su Fecha Prioritaria se ha actualizado, y
- Usted ha presentado un I-485 para Ajuste de Estatus, y

- Antes que se procese su Tarjeta de Residencia

En ese momento, la salida del solicitante que no está en proceso de expulsión, deportación, o traslado, será vista como abandono a su solicitud y puede ser causal de terminación, a menos que el BCIS le haya concedido anteriormente al solicitante Libertad Condicional Avanzada por tal ausencia y haya sido inspeccionado a su regreso.

Si usted tiene que salir o entrar nuevamente al país antes de que se procese su Tarjeta de Residencia debido a razones de emergencia, negocios, personales o humanitarias, usted debe obtener un Formulario I-512 llenando un I-131 más US $110 para gastos de presentación y US $50 adicionales para la toma de huellas dactilares en la oficina del BCIS o en el centro de ayuda para hacer las solicitudes (ASC).

El Formulario I-512 puede ser emitido a:
- Un miembro de la profesión o una persona que tenga habilidad excepcional en las ciencias o artes y a quien se le ha concedido salida voluntaria
- Una persona que tenga estatus válido de refugiado o asilado
- Un extranjero que busca salir temporalmente para negocios de emergencia de buena fe, o por razones personales o humanitarias
- Un residente permanente legal que, por razones de emergencia, debe salir antes de que se complete una acción en su solicitud para entrar nuevamente

Como aviso de precaución, los extranjeros que están sujetos a deportación renuncian a sus derechos para una audiencia de deportación y de riesgo a ser expulsaods si obtienen Libertad Condicional Avanzada y salen del país antes de que su caso de deportación sea resuelto.

La autorización para libertad condicional a través del Formulario I-512 puede ser emitida a un extranjero principal por el Director de Distrito que tenga jurisdicción sobre el lugar en donde el extranjero principal reside en EE.UU. y enviado éste. El formulario de páginas múltiples I-512 de Libertad Condicional Avanzada es sellado y emitido antes de la salida. El hecho de que el extranjero salga antes de que se tome una decisión acerca de su solicitud hecha en una solicitud hecha en un documento de viaje de un refugiado, no afectará dicha solicitud.

El I-512 se puede emitir para múltiples solicitudes válidas de libertad condicional en EE.UU., usualmente para un extranjero que sale de EE.UU. frecuentemente por viajes de negocios.

La sección de notas del I-512 establece el tiempo en el cual el extranjero puede estar en libertad condicional y las condiciones de estar nuevamente en ese estatus. Si está marcado para solicitudes múltiples, generalmente para un extranjero principal que sale de EE.UU. por viaje de negocios, será sellado en el puerto de entrada con la fecha de llegada y regresado al extranjero para su uso futuro.

Se requerirá que el extranjero principal regrese en cuatro meses a partir de la fecha de emisión de la autorización de libertad condicional, excepto que sea necesario que el extranjero que está en el exterior por motivos de su profesión u ocupación regrese dentro del tiempo necesitado para dicho propósito no exceda un año desde la fecha de emisión de la autorización de libertad condicional.

Al regreso, todas las copias del formulario son selladas con un sello de libertad condicional y retenidas por el viajero, a excepción de una copia que es enviada al archivo "A" del viajero.

Un solicitante que sea elegible y que esté fuera de EE.UU. y desee venir para solicitar los beneficios bajo la sección 202 de la Pub. L. 105-100, puede pedir autorización de libertad condicional al presentar el Documento de Viaje o I-131 (Travel Document) en el Centro de Servicios de Texas, más una fotocopia del I-485 que será presentada al entrar a EE.UU. Si el Director del Centro de Servicios de Texas está satisfecho con el hecho de que el extranjero será elegible para ajuste de estatus y presentará la solicitud, entonces emitirá una Autorización de Libertad Condicional con el Formulario I-512 que le permitirá al extranjero entrar a EE.UU. bajo libertad condicional por un período de 60 días. El extranjero tiene 60 días, desde la fecha que se le concedió la libertad condicional, para presentar la solicitud de Ajuste de Estatus.

Entrevistas

El BCIS está tramitando los casos de Ajuste de Estatus de visas basadas en empleo basándose en exenciones para las entrevistas.

La entrevista se hace con el propósito de asegurarse que:
- Usted está de acuerdo con que toda la información en la solicitud es correcta, o
- Usted modifica su solicitud para indicar hechos recientes
- El examinador puede responder a preguntas o dudas de última hora, tales como:
  - prueba de comprobante del salario ofrecido
  - evidencia de apoyo económico o autorización legal de empleo
  - Usted tiene estatus legal de inmigración en EE.UU.

Si usted no puede convencer satisfactoriamente al examinador de que tiene estatus legal, entonces debe cumplir con las siguientes condiciones para permanecer y ajustar su estatus en EE.UU.:
- Un familiar o empleador debe presentar la solicitud para que usted sea elegible para una visa de inmigrante
- Una visa de inmigrante debe estar inmediatamente disponible
- Si estaba fuera de estatus en EE.UU. para el 21 de Diciembre de 2000 y tenía pendiente una solicitud de Tarjeta de Residencia para el 30 de Abril de 2001 y pagó una multa de US $1000

Si su caso está "cerrado," el examinador colocará un sello temporal de Tarjeta de Residencia en su pasaporte; sin embargo, si su caso "continúa," usted debe presentar toda la documentación faltante necesaria en la oficina donde se efectuó la entrevista dentro de un período de 12 semanas, de lo contrario, el caso será automáticamente negado. La notificación de la decisión es enviada por correo. Un extranjero que reside en EE.UU. no necesita tener pasaporte.

Opción 2 – Por el Departamento de Estado (DOS) en el Exterior

Los extranjeros que tienen documentos calificados, es decir, aquéllos que reportan que han obtenido todos los documentos especificados por el funcionario consular para cumplir con los requisitos del INA 222(b), pueden solicitar formalmente una visa de inmigrante.   *Ref: 9FAM 40.1(g)*

La solicitud de la residencia permanente de extranjeros (beneficiarios) que viven fuera de EE.UU. es tramitada normalmente por un funcionario consular en una embajada o consulado de EE.UU. en su país de residencia o en un tercer país tal como Canadá o México.

Usted puede hablar con un Funcionario de Información de Visas de lunes a viernes, llamando al (202) 663-1225, de las 8:30 am a las 5:00 pm, hora del Este, o al (202) 663-1213 entre las 2:00 pm y las 4:00 pm hora del Este.

A partir del 1° de Junio de 2002, los Formularios I-864, Declaración Testimonial de apoyo económico, enviados desde el Centro Nacional de Visas (NVC) hacia al exterior, deben estar acompañados por US $65 para gastos de tramitación para cubrir el costo incurrido por el NVC al llamar a los centros de asistencia para patrocinadores, co-patrocinadores y patrocinadores conjuntos. La tarifa de US $65 se aplica a cada I-864 presentado por un patrocinador/solicitante, pero no hay cargos extras por un I-864a presentado por un co-patrocinador o por Formularios I-864 de duplicidad, tales como para padres u otros miembros de una familia. Si se necesitara más de un I-864, se cargará una tarifa por cada declaración testimonial por separado.   *Ref: Pub. L. 106-113*

Al extranjero se le enviará el "Paquete III", el cual indica cuáles documentos deberán ser presentados. Luego, al extranjero se le enviará el "Paquete IV" del Centro Nacional de Visas para confirmar la entrevista de la visa y notificar que son necesarios los examenes médicos y las huellas dactilares. Los formularios también están disponibles en: www.travel.state.gov/visaforms.html.

El Acta Patriótica del 2001 exige que todos los solicitantes de visa sean sometidos a chequeo de antecedents para determinar si tienen ficha o historial criminal. Si hubiese un resultado positivo, se le exige al solicitante el tomarle las huellas digitales y que pague un honorariode $85 y estos son remitidos al FBI. Si se encuentran antecedentes en el banco de datos del NCIN, el FBI lo remitirá al Departamento de Estado para uso de un Oficial Consular autorizado.   *Ref: 67 FR 8477*

Los médicos panelistas que realizan examenes médicos para verificar que se ha cumplido con los nuevos requisitos de vacunas o que el solicitante no puede recibir vacunas contra: paperas, sarampión, rubeola, polio, tetano, y difteria, tos ferina, gripe, gripe tipo B (Hib), hepatitis B, varicela, y neumococos.

En vez de ajustar su estatus con el BCIS, los extranjeros en EE.UU. con I-485 pendientes pueden dirigir sus archivos para ser tramitados por el consulado al llenar el Formulario I-824 más US $140 por gastos de tramitación.

Muchas de las entrevistas consulares son breves, rutinarias y se hacen en dos partes en el mismo día. La primera entrevista se realiza por una persona que revisa los documentos para asegurarse que el extranjero tiene todos los documentos necesarios y que la información de los formularios está correcta.

La segunda entrevista con un Funcionario de Servicios Extranjeros de EE.UU. o funcionario consular generalmente ocurre un poco después. El solicitante debe jurar que toda la información suministrada es correcta. El Funcionario puede hacer preguntas adicionales y debe estar satisfecho con que el extranjero haya cumplido los requisitos del estatus requerido. Tenga evidencia disponible de la disposición de cualquier caso ante un juez o jurado, incluyendo los originales o las copias certificadas de la agencia de ejecución de leyes o registros de arrestos, cargos, acusaciones, convicciones, multas, encarcelamiento, liberación, absolución, etc.

En ciertos puestos extranjeros, se requiere hacer un pago por adelantado de US $335 por el trámite de visa de inmigrante antes de que a usted se le asigne una cita para hablar con un funcionario consular. Los primeros diez puestos representaron aproximadamente 40% de todas las solicitudes de visas de inmigrantes. Inicialmente, el Centro Nacional de Visas establecía las citas para Montreal, Canadá, Freetown, Sierra León y Tirana, Albania. Los consulados designados establecían las otras.

Documentación y Evidencias de Apoyo:

- *Tarifas*
  - US $335 para tramitación de visa
  - US $65 para revisión de Declaración Testimonial de apoyo económico
- *Autorización de la policía*
  - copia del certificado de la policía
  - copia certificada de registros de encarcelamiento
- *Evidencia adicional*
  - copia certificada de registros militares
  - otros documentos que el cónsul considere necesarios
- *Documentos civiles*
  - documentos que establezcan la relación de cónyuge e hijos para con el extranjero
  - registros de nacimiento
- *Autorización médica*
  - examen por un médico autorizado
  - prueba de sangre y rayos X   *Ref: 9 FAM 42.66*

No se requieren los pasaportes de:
- Ciertos familiares de ciudadanos americanos o residentes permanents legales
- Residentes que regresan
- Personas sin estatus
- Personas de países o nacionales comunistas
- Extranjeros miembros de las Fuerzas Armadas de EE.UU.

No se requieren visas de:
- Extranjeros miembros de las Fuerzas Armadas de EE.UU.
- Extranjeros que entran de Guam, Puerto Rico o de las Islas Vírgenes
- Niños nacidos después de la emisión de la visa de uno o los dos padres
- Indios americanos nacidos en Canadá   *Ref: 9 FAM 42.1*

Los solicitantes que tengan éxito deben regresar después para recoger su visa de inmigrante y un sobre sellado con todos los documentos relevantes que deben ser llevados al puerto de entrada.

Paso 4 - Autorización del BCBP en un Puerto de Entrada

Un extranjero que viva y realice su trámite en EE.UU. no tiene que seguir este paso. Los solicitantes deben traer al puerto de entrada, en seis meses, sus visas y documentos emitidos por la embajada o consulado de EE.UU. en el exterior. Un Inspector de Inmigración del BCBP tiene el derecho y la responsabilidad de revisar nuevamente toda la doumentación y decidir si conceder o no la residencia permanente y admitir al solicitante.   *Ref: IIRIRA96.631*

Los solicitantes deben completar el Formulario I-89, el cual provee una copia de sus firmas y huellas dactilares. La documentación incluye información acerca de la Tarjeta de Residencia, registros médicos y otros registros. Las huellas dactilares para autorización de la policía no se toman en el puerto de entrada. El solicitante debe tener también un pasaporte válido y mantenerlo así.

Bajo el INA 289, los Indios americanos nacidos en Canadá que posean al menos 50% de sangre India Americana, pueden solicitar una Tarjeta de Residencia llenando el formulairo I-181 en el puerto de entrada. La documentación requerida para los candidatos indios, métis e inuits, debe incluir el formulairo largo de certificado de nacimiento, una carta de la junta del grupo que establezca la cantidad de sangre y una tarjeta gubernamental del estatus. Los cónyuges con menos de 50% de sangre India Americana no califican. Se aconseja visitar o llamar con anterioridad al puerto de entrada.

Paso 5 - Obteniendo y Manteniendo su Tarjeta de Residencia

Hasta hace poco, todas las Tarjetas de Residencia venían de Arlington, Texas. Ahora, la distribución se cambió a los Centros de Servicio de Inmigración; las tarjetas toman hasta un año en llegar y son válidas por diez años. Si hay una demora, usted puede averiguar presentando el Formulario G-731, disponible en el BCIS o llamando al Centro de Servicio de Inmigración responsable para saber sobre el estatus de su tarjeta.

Para evitar el riesgo de perder su Tarjeta de Residencia, usted debe:
- Manifestar contínuamente su intención de residir permanentemente en EE.UU.
- Mantener en EE.UU. su residencia principal
- Reportar cualquier cambio de dirección al BCIS en 10 días
- Mantener cuentas bancarias en EE.UU.
- Registrarse con el BCIS en 10 días después de haber cumplido 14 años de edad
- Registrarse con el Servicio Selectivo en 30 días después de haber cumplido 18 años de edad (hombres únicamente)
- Presentar su declaración de impuesto en EE.UU. por sus ingresos mundiales y pagar todos los impuestos que deba

Usted no debe:
- Estar involucrado en actividades ilegales tales como uso de drogas
- Haber sido convicto de crimen
- Falsificar documentos
- Ser un riesgo o carga pública
- Dejar el empleo por el cual obtuvo su Tarjeta de Residencia muy pronto después de haber haberlo empezado   *Ref: INA 241(a)*

Su Tarjeta de Residencia le permite solicitar:
- Cualquier trabajo en EE.UU. que no requiera la ciudadanía
- Patrocinio de un cónyuge e hijos solteros menores de 21 años para la Tarjeta de Residencia
- Naturalización después de cinco años (tres años para cónyuges de ciudadanos americanos)
- Beneficios de jubilación o incapacidad del Seguro Social
- Gastos educativos de residente después de cierto tiempo
- Becas y préstamos estudiantiles
- Ayuda financiera del gobierno para la educación
- Algunos beneficios, tales como Medicaid y desempleo y algunos beneficios de Seguridad Suplementaria en los Ingresos (SSI)

Obteniendo un Reemplazo de la Tarjeta de Residencia

Las Tarjetas de Residencia I-551 emitidas antes de 1989 son válidas por 10 años solamente y tienen que ser reemplazadas al expirar. También, las Tarjetas de Residencia I-551 emitidas antes de 1979 que expiraron el 20 de Marzo de 1996 tienen que ser reemplazadas.

Sin la Tarjeta Verde vigente ustes puede tener dificultades al tratar de entrar a un país extranjero o al regresar a los EE.UU.

Si su Tarjeta Verde expiró o expirará en los próximos seis meses, Usted debe hacer la solicitud en persona en el Centro Local de Solicitudes del BCIS (ASC). Vea www.immigration.gov/graphics/fieldoffices/ascs/asc.htm para una lista actualizada de centros de ASC del BCIS.

Para reemplazar una tarjeta vencida, perdida o robada, usted debe presentar una solicitud en una oficina de Distrito o Sub Oficina del BCIS.

Mientras espera por la llegada de la nueva tarjeta, el BCIS adjuntará sellos temporales de revalidación a su tarjeta vieja para extender su validez.

Los solicitantes para renovación que recibieron su Tarjeta Verde antes de cumplir 14 años tienen que tomarse las huellas digitales.

Documentación y Evidencias de Apoyo:
- *Formularios del BCIS*
  - I-90, Solicitud de Reemplazo de Tarjeta de Residencia
  - I-751, Petición para eliminar las Condiciones de la Residencia (Residentes Condicionales)

- *Tarifas*
  - US $130 (puede estar exento de presentarse si el solicitante está enfermo o no puede caminar)
  - US $145 para el I-751
  - US $50 para las huellas digitales (solicitantes que cumplen 14 años)
- *Fotografías*
  - dos fotografías idénticas por lo menos 40 mm de altura por 35 mm de ancho a color – ¾ de perfil frontal, mostrando la oreja derecha
- *Aprobación previa*
  - Tarjeta de Residencia I-151 original
  - una fotocopia del frente y el reverse de la Tarjeta de Residencia vencida
- *Documentos de Apoyo*
  - indentificación Emitida por el Govierno

Si usted tiene programado viajar, necesita presentar un I-131, Permiso para Entrar Nuevamente debido a las demoras en la producción de tarjetas de reemplazo.

Ausencias de EE.UU.

Cada vez que usted sale del país:
- Lleve consigo su tarjeta de Residencia para mostrarla al BCIS cuando entre a EE.UU.
- Mantenga buenos registros de las fechas y las razones de todos los viajes al extranjero para solicitudes y entrevistas de naturalización a futuro
- Entre otra vez legalmente por un puerto de entrada

Si usted trata de entrar a EE.UU. con su Tarjeta de Residencia y se sospecha de que no está viviendo actualmente en EE.UU., el BCIS puede someterlo a procedimientos de expulsión, el primer paso de la cancelación de su Tarjeta de Residencia. Se aconseja buscar la ayuda de un consejero competente.

El IIRIRA96.110 exigió al Procurador General que implementase un sistema de control automatizado de entrada y salida para registrar las salidas de cada extranjero y compararla con el registro de llegadas del extranjero a EE.UU. Este proceso ha sido puesto en práctica para los estudiantes y ciertos extranjeros, fundamentalmente, de países del medio oriente. Se requieran más visas en los puertos de entrada que antes.

El tenedor de una Tarjeta de Residencia no se considerará que está buscando admisión, a menos que éste:
- Haya abandonado o rechazado su estatus
- Haya estado ausente mas de 180 días (vea hasta 180 días siguientes)
- Haya realizado actividades ilegales después de salir de EE.UU.
- Haya salido de EE.UU. bajo un proceso legal
- Haya cometido una ofensa criminal
- Esté intentando entrar en un momento o lugar diferente al designado por los funcionarios de inmigración o no haya sido admitido después de la inspección

Ref: AERIER

Las reglas varían dependiendo del tiempo que usted esté fuera de EE.UU; sin embargo, no espere poder visitar EE.UU. una vez al año y mantener el estatus de su Tarjeta de Residencia. El BCIS recomienda que no adopte patrones de vida, tales como dos meses dentro de EE.UU. y cuatro fuera, lo que indica que EE.UU. no es su lugar de residencia permanente. También, espere escrutinios más estrictos si su situación económica no coincide con sus patrones de viaje.

Hasta 180 días

No se considerará que los titulares de Tarjetas de Residencia estén buscando admisión a menos que hayan estado ausentes por un período contínuo mayor de 180 días.   *Ref: AERIER*

Como titular de una Tarjeta de Residencia, usted puede ausentarse de EE.UU. hasta seis meses, pero debe demostrar que no ha abandonado su residencia en EE.UU.; de lo contrario, le tocará al BCIS demostrar que usted ha abandonado su residencia.

Para evitar problemas, algunos abogados de inmigración recomiendan que sus viajes al exterior no duren más de cuatro meses.

El límite de viaje de la Tarjeta de Residencia no aplica al cónyuge o hijos de un miembro de las Fuerzas Armadas de EE.UU. o un empleado civil del gobierno de EE.UU. Trabajando en el exterior.   *Ref: DOS Pub. 20520, June, 1995*

Entre seis meses y dos años

Después de haber estado ausente por seis meses o más, usted debe probar que usted no ha abandonado su residencia en EE.UU.

Si usted está planeando estar fuera de EE.UU. entre seis meses y dos años, y no ha estado fuera de EE.UU. por más de cuatro de los últimos cinco años, es mejor solicitarle al BCIS un permiso para entrar nuevamente con el Formulario I-131 más US $110 para gastos de presentación y con por lo menos 30 días antes de salir de EE.UU. El permiso es válido por dos años. Mientras no sea renovable, puede ser usado para entradas múltiples. También es posible obtener un permiso adicional para entrar nuevamente después de regresar a EE.UU. con la presentación de una prueba de su intención de mantener su residencia permanente en EE.UU. Aunque el permiso para entrar nuevamente demuestra su intención de no abandonar su estatus de residencia permanente, no garantiza la retención de su Tarjeta de Residencia. Como se indicó anteriormente, el Formulario I-131 también es usado para Libertad Condicional Avanzada.   *Ref: 8 USC 1023(c)*

Existe un requisito especial para extranjeros que son empleados del gobierno de EE.UU. y organizaciones internacionales, quienes por razones de negocios deben permanecer fuera de EE.UU. por más de un año y quienes pueden estar fuera del país por un tiempo que será contado en los requisitos de naturalización para residencia en EE.UU.

Los extranjeros que trabajan en el exterior deben presentar el Formulario N-470, Solicitud para Conservar la Residencia para Propósitos de Naturalización, más US $95 si:

- Han sido residentes permanentes legales por lo menos un año

- Tienen intenciones de solicitar la ciudadanía americana

Más de Dos Años

Si usted no puede regresar a EE.UU. en seis meses como titular de su Tarjeta de Residencia o en dos años con un permiso para entrar nuevamente, usted puede presentar un Formulario DS-117, Solicitud para Determinar el Estatus del Residente que Regresa y una tarifa de US $360 para una visa especial de Residente Inmigrante de Regreso (SB-1) en la embajada o consulado de EE.UU. en el extranjero con al menos tres meses de anticipación. Usted debe presentar evidencia convincente de por qué fue necesario extender su ausencia. La SB-1 es emitida a discreción del funcionario consular basado en la prueba de que:

- Usted era un residente permanente legal cuando usted salió de EE.UU.
- Usted intentó regresar a EE.UU. cuando salió de EE.UU y sostuvo esta intención
- Usted está regresando de una visita temporal al exterior
- Si su estadía fue prolongada o causada por razones fuera de su control por las cuales usted no fue responsible (por ejemplo incapacidad médica, empleo con una compañia americana, acompañando a un cónyugue americano, etc.)
- Usted es elegible para la visa de inmigrante en todos los otros casos

Si no se puede obtener una visa SB-1, puede ser necesario solicitar una visa de no inmigrante.   *Ref: INA 101(a)(27)(A); DOS Pub. 20520, June 1995*

El Secretario de la Seguridad de la Patria puede ejercer autoridad según el INA 212(c) para exonerar ciertos criterios de inelegibilidad para ciertos extranjeros que regresan. Estar ausente por dos años significa que usted es tratado como no residente para propósitos de impuestos, lo cual también influye en su período de espera para la naturalización.

Viajero Permanente

Un extranjero residente que tiene una Tarjeta de Residencia I-151 puede residir fuera de EE.UU., como por ejemplo en Canadá, y trabajar en EE.UU. Igualmente, un viajero permanente I-515 puede tener una Tarjeta de Residencia, vivir fuera de EE.UU. y viajar permanentemente para trabajar en EE.UU. En ambos casos, es necesario llevar la documentación formal que debe ser renovada cada seis meses por el BCIS.

Otras opciones para las Tarjetas de Residencia

La Ley de Inmigración Legal y Equidad Familiar (LIFE) – Legalización y Unidad Familiar

Bajo la Ley LIFE de 2000, un extranjero puede ser elegible para ajuste de estatus de residencia permanente legal si:

- Presentó un reclamo por escrito al Procurador General antes del 1° de Octubre de 2000 para membresía en una de las siguientes demandas:
  - Servicios Sociales Católicos (CSS) vs. Meese
  - Liga de Ciudadanas Latinoamericanas Unidas (LULAC) vs. el BCIS
  - Zambrano vs. el BCIS
- Entró a EE.UU. antes del 1° de Enero de 1982 y residió contínuamente en

EE.UU. en estatus ilegal hasta el 4 de mayo de 1988 (incluye extranjeros que entraron como no inmigrantes con visas A, G, F, J o estatus de asilado y que permanecieron con estatus ilegal)

- Estuvo contínuamente presente en EE.UU. desde el 6 de Noviembre de 1986 hasta el 4 de Mayo de 1988
- No es admisible para residencia permanente bajo cualquiera de los requisitos de la ley
- Tiene habilidades básicas en inglés, historia y ciudadanía gubernamental
- Presenta una solicitud de ajuste de estatus bajo la legalización del LIFE
- Tiene un diploma de bachiller o de GED o asiste a una institución de aprendizaje acreditada en EE.UU.

Cada extranjero que cumple con estas condiciones debe presentar un I-485 por separado entre el 1° de Junio de 2001 y el 4 de Junio de 2003; sin embargo, si el solicitante es mayor de 65 años de edad o está incapacitado, éste puede estar exento de los requisitos. Presente su solicitud en:

Bureau of Citizenship and Immigration Services
P.O. Box 7219
Chicago, IL 60607-7219

Excepto cuando un niño es menor de 14 o mas de 79 años por razones de salud, todos los extranjeros que presenten un Ajuste de Estatus bajo la legalización del LIFE, deben ser entrevistados y se les tomarán sus huellas dactilares. Los solicitantes serán entrevistados por un Funcionario de Inmigración según lo determine en Director del Centro de Servicios de Missouri.

Se le puede conceder una autorización de empleo a un extranjero que haya presentado su solicitud para ajuste, asi como el de su cónyugue e hijo menor en incrementos que ne exceden el año y pueden regresar a EE.UU. después de viajes cortos, casuales e inocentes al extranjero de no más de 30 dias o 90 días acumulados.

Si se concede la solicitud, cualquier proceso o expulsión pendiente será terminado en la fecha de la aprobación; sin embargo, si es negada, se puede levantar una orden de exclusión, deportación o expulsión.

Documentación y Evidencias de Apoyo:

- *Formularios del BCIS*
  - I-485, Solicitud de Registro de Residencia Permanente o Ajuste de Estatus
  - I-485, Suplemento D, Suplemento de Legalización de Vida
  - G-325A, Hoja de Información Geográfica
  - I-693, Reporte de Examenes Médicos
  - I-765, Solicitud de Autorización de Trabajo, si se requiere
  - I-131, Solicitud de un Documento de Viaje (Libertad Condicional)
- *Tarifas*
  - US $255 para el I-485
  - US $120 para el I-765
  - US $110 para el I-131
  - US $50 para huellas dactilares

- *Documentación de apoyo*
  - 2 fotografías
  - evidencia de haber presentado demandas legales tipo CSS, LULAC o Zambrano
  - evidencia de residencia contínua en estatus ilegal

El **cónyuge o hijos solteros menores de 21** años pueden beneficiarse bajos las disposiciones del **Family Unity de las modificaciones de la Ley LIFE**. Cada solicitante debe establecer:
- Entrada a EE.UU. antes del 1° de Diciembre de 1988
- Residencia en EE.UU. para el 1° de Diciembre de 1988
- Que existe una relación actual con el extranjero legalizado con la LIFE

El formulario, tarifas y documentos, son presentados por cada persona que reclame elegibilidad. Si es aprobada, se concede un período de espera autorizado por el Procurador General bajo los beneficios del Family Unity de las modificaciones de la Ley LIFE.

Documentación y Evidencias de Apoyo:
- *Formularios del BCIS*
  - I-817, Solicitud de Salida Voluntaria Según el Programa de Unidad Familiar
  - I-765, Solicitud de Autorización de Trabajo (un año de validez)
  - I-131, Solicitud de un Documento de Viaje (Libertad Condiciónal)
- *Tarifas*
  - US $140 para el I-817
  - US $120 para el I-765
  - US $110 para el I-131
  - US $50 para huellas dactilares
- *Evidencias de apoyo:*
  - 4 fotografías
  - residencia en EE.UU. para el 1° de Diciembre de 1988
  - entrada a EE.UU. antes del 1° de Diciembre de 1988
  - membresía del cónyuge o de los padres en el CSS, LULAC o Zambrano
  - presentación del I-485 para el cónyuge o los padres, si se presentó después del 1° de Junio de 2002

Ajuste de Estatus de Cietos Extranjeros de Vietnam, Cambodia y Laos

Hasta 5000 extranjeros de Vietnam, Cambodia y Laos solicitan Ajuste de Estatus. Para ser elegible tiene que tener la Libertad Condicional de los EE.UU. en o antes del 1ro de Octubre de 1997 del acuerdo al Programa de Partida Organizado o de un campo de refugiados en el Asia Oriental o de un campo de personas desplazadas en Tailandia.

Los solicitantes tienen que estar presentes físicamente en los EE.UU. y hacer la solicitud entre el 27 de Enero del 2003 y el 25 de Enero del 2006 en el Centro de Servicios de Nebraska en Lincoln, Nebraska. Los solicitantes que hayan obtenido Libertad Condicional Avanzada pueden viajar al extranjero.   *Ref: Pub. L. 106-429*

Capítulo 9

Preferencias Patrocinadas por Familiares

Las Tarjetas de Residencia (Green Cards) están disponibles en números limitados, para familiares calificados de ciudadanos americanos o residentes permanentes basado en un sistema de cuotas establecido por el Congreso.

La inmigración patrocinada por familiares tiene dos categorías básicas: ilimitada y limitada.

Las Tarjetas de Residencia ilimitadas patrocinadas por familiares están disponibles para familiares inmediatos de ciudadanos americanos y residentes que regresen.

Existen cuatro categorías de Preferencias patrocinadas por familiares. Cada una tiene su propios criterios y período de espera. La determinación de cuál categoría de preferencia es apropiada depende completamente de la relación entre el solicitante americano y el beneficiario y el estado inmigratorio del beneficiario. Los períodos de espera son desde Marzo, 2003.

Categorías de Preferencias	Números disponibles al año	Números adicionales	Elegibilidad y Período de espera
Patrocinadas por familiares, sin límite			
Familiares Inmediatos de Ciudadanos Americanos	Sin límite	Sin límite	Cónyuge, viuda(o), hijos solteros menores de 21 años de ciudadano americano, padre de ciudadano americano Fecha prioritaria - actual
Residentes que regresan	Sin límite	Sin límite	Residentes permanentes legales que

regresan despúes
de una visita
temporal en el
exterior de más de
un año.
Fecha prioritaria –
Actual

Patrocinada por familiares, Limitadas

Primera (F1):	23,000	Números de Cuarta Preferencia no usados	Hijas e hijos solteros de ciudadanos americanos Período de espera: 3 3/4 años
Segunda (F2):	114,200	Números de Primera Preferencia no usados	Cónyuges, hijos, hijas e hijas casados de residentes permanentes
(F2A):	77% de limitación de Segunda Preferencia	75% exento del límite por país	Cónyuges e hijos de residentes permanentes Período de espera: 5 años (México: 7)
(F2B):	23 % de limitación de Segunda Preferencia		Hijas e hijos solteros, de21 años o mas, de Residentes Permanentes Período de espera: 8½ años
Tercera (F3):	23,400	Números de Primera y Segunda pref. no usados	Hijas e hijos casados de ciudadanos americanos Período de espera: 6 años
Cuarta (F4):	65,000	Números de las primeras tres preferencias no usados	Hermanos y hermanas de ciudadanos americanos adultos Período de espera: 12 años (Filipinas: 21½ años)

Ref: INA 203

Los familiares de ciudadanos americanos no se cuentan en cuotas.

La sección 201 de la Ley de Inmigración y Naturalización (INA) establece un límite de preferencia para visas familiares de 226,000.

Criterios de Entrada

Patrocinio por ciudadanos americanos

Un ciudadano americano puede patrocinar:
- Hijos y hijas
- Cónyuge
- Hermanos y hermanas
- Padres

Patrocinio por residentes permanentes

Un titular de una Tarjeta de Residencia puede patrocinar únicamente:
- Cónyuge e hijos solteros
- Segundo o subsecuente cónyuge si:
  - han transcurrido cinco años desde que obtuvo la Tarjeta de Residencia a través de un cónyuge anterior, o
  - puede probarse que el matrimonio anterior no ocurrió para evadir ninguna ley de inmigración, o
  - el matrimonio anterior se terminó por la muerte de un cónyuge anterior
- Si no dependen de beneficios públicos

El 6 de Agosto del 2002 La Ley de Protección del Estatus del Niño encaró el problema de los menores dependientes de solicitantes del I-130 que van creciendo, (e.g. alcanzan la edad de 21 años y pierden sus beneficios migratorios antes de que su Tarjeta de Residencia sea aprobada), a menudo, debido a retrazos en el procesamiento. La edad del dependiente en el momento de la solicitud del I-130 es determinante en cuanto a su clasificación y no la edad en que este lo reciba. Las nuevas regulaciones son:
- Los familiares directos de ciudadanos de EE.UU. menores de 21 años, no serán ya rebajados a Preferencia 1 al alcanzar los 21 años
- Los solicitantes 2A que no se casen no serán rebajados a la más demorada 2B, si son menores de 21 años en la fecha en que la solicitud es presentada
- Los solicitantes 2A cuyo progenitor se haga ciudadano antes de que sus peticiónes sean procesadas, son procesados con Preferencia 1 basado en sus edades en la fecha en que dicho progenitor se haga ciudadano
- Cuando por causa de un divorcio un solicitante de Preferencia 3 es reclasificado a un 2A o Preferencia 1, la determinación por la edad es basada en la fecha de anulación del matrimonio
- Un solicitante 2B se convierte en Preferencia 1 automaticamente al convertirse en ciudadano el progenitor. (a menos que solicite permanecer como 2B debido a un fecha de procesamiento anterior) *Ref: Pub. L. 107-208*

Puesto que todas las clasificaciones de no inmigrantes, excepto las visas H-1, L y V, requieren que la intención del extranjero sea la de salir de EE.UU. cuando su estatus expira.

Los cónyuges extranjeros e hijos que son víctima de crueldad, abuso o bigamia pueden ser elegibles para solicitar Tarjetas de Residencia según la Ley de Protección a Mujeres Inmigrantes Abusadas de 2000.   *Ref: H.R. 3244*

Proceso de Admisión

Paso 1 – Autorización del BCIS en los EE.UU. – Petición Inicial

Un ciudadano o residente permanente de EE.UU., de 21 años de edad o más, puede presentar el Formulario I-130, Petición de un Familiar Extranjero, para establecer la relación y elegibilidad de ciertos familiares del extranjero que deseen inmigrar a EE.UU. Un extranjero que no es elegible para ser ciudadano americano, tampoco es elegible para una Tarjeta de Residencia.   *Ref: INA 212(a)(8)(A)*

Documentación y Evidencias de Apoyo:
- *Formulario del BCIS*
  - I-130, Petición de un Familiar Extranjero
- *Tarifa*
  - US $130
- *Pasaporte y fotografías*
  - pasaporte válido por lo menos seis meses
  - 2 fotografías por lo menos 40 mm de altura por 35 mm de ancho a color de cada uno de los miembros familiares, tomadas en los últimos 30 días
- *Estatus inmigratorio actual del solicitante*
  - I-551, Tarjeta de Residencia Permanente, o
  - Certificado de Naturalización (Formulario N-550)
- *Documentos civiles*
  - acta de nacimiento del solicitante,
  - FS-240, reporte de nacimiento en el extranjero de un ciudadano americano o acta de nacimiento para cada familiar del extranjero
  - acta de matrimonio
  - documentos de terminación del matrimonio
  - substitutos posibles, incluyendo registros de iglesias o declaraciones juradas
- *Evidencia adicional*
  - G-325A, Información Biográfica para cada familiar del extranjero (no es necesario repetir la información en el I-130)

Como se indicó anteriormente, también es posible presentar un I-485 y un I-765 con un I-130 en la oficina local del BCIS. El extranjero será entrevistado localmente y podría empezar a trabajar inmediatamente si la aprobación hace que un número de visa esté disponible; de otro mode, la presentación se haría en el Centro de Servicios regional del BCIS.

Los ciudadanos americanos que reciden en Canadá y que deseen solicitar una Tarjeta de Residencia para miembros de su familia, tienen que presentar su I-130 en el Centro de Servicio del BCIS en Nebraska.

Paso 2 - Tramitación

Opción 1 – Ajuste de estatus por el BCIS en EE.UU.

Después de que una petición inicial es aprobada por el BCIS y una visa de inmigrante está inmediatamente disponible, es posible que el beneficiario no inmigrante legal residiendo en EE.UU. pueda ajustar su estatus a residente permanente sin salir del país si usted:

- Está haciendo la solicitud conjuntamente con una petición de un familiar, un joven inmigrante especial o inmigrante militar especial la cual, si es aprobada, haría un número de visa inmediatamente disponible
- Se le concedió asilo o estatus de refugiado y es elegible para ajuste
- Es elegible por tener ciudadanía o nacionalidad cubana
- Ha residido contínuamente en EE.UU. desde 1972
- Ha mantenido un estatus legal
- Es el viudo(a) de un miembro del servicio militar de EE.UU. y ha estado casado(a) por lo menos dos años

El beneficiario debe hacer la solicitud con la oficina local del BCIS que tenga jurisdicción sobre su lugar de residencia. Si usted se muda, su archivo permanece en esa oficina.

Los extranjeros que viven en EE.UU. que no han mantenido su estatus legal, deben pagar una multa de US $1000 con el Suplemento A del Formulario I-485 para su trámite en EE.UU únicamente si estuvieron en EE.UU. el 21 de Diciembre de 2000 y tenían una solicitud de Tarjeta de Residencia para el 30 de Abril de 2001.

El ajuste para residencia permanente no está permitido por los términos del estatus bajo el cual usted entró a EE.UU. como no inmigrante.

Documentación y Evidencias de Apoyo:

- *Formularios del BCIS*
  - I-485, Solicitud de Registro de Residencia Permanente o Ajuste de Estatus
  - I-765, Solicitud de Autorización de Trabajo, si se requiere
  - G-325A, Hoja de Información Biográfica
- *Tarifas*
  - US $255 para el I-485 si el solicitante tiene 14 años de edad o mas
  - US $160 para el I-485 si el solicitante tiene menos de 14 años de edad
  - US $120 para el I-765
- *Pasaportes y fotografías*
  - pasaporte válido por seis meses después de la estadía que se intenta
  - dos fotos idénticas a color tomadas en los últimos 30 días
    - de un máximo de 50 mm (2") cuadradas
    - sin enmarcar, impresas en papel fino
    - brillantes, sin retocar
    - ¾ de frente mostrando la oreja derecha y cabeza descubierta
    - un número o nombre impreso sutilmente en lápiz al reverso

- *Aprobación previa*
  - copia de la aprobación de notificación de que un número de visa está inmediatamente disponible
- *Estatus inmigratorio actual y previo*
  - copia del I-94, Registro de Llegadas/Salidas
  - otra evidencia de estatus
- *Evidencia adicional*
  - documentos de apoyo para categorías especiales, si aplica
  - copia de la K-2, notificación de aprobación para la Novia(o) y acta de matrimonio
  - carta o I-94 mostrando la fecha de la aprobación de estatus de asilado
  - prueba de residencia contínua desde 1972
  - prueba de ciudadanía o nacionalidad cubana
  - prueba de ser cónyuge o hijo de otro solicitante de ajuste
  - otra prueba de elegibilidad
- *Prueba de solvencia o apoyo económico*
  - I-864, Declaración Jurada
- *Documentos civiles*
  - copia del acta de nacimiento
  - acta de matrimonio
- *Autorización médica*
  - reporte del examen médico en el I-693, a menos que:
    - haya tenido residencia contínua desde 1972, o
  - se haya realizado un examen médico oficial de no inmigrante en los últimos 12 meses
- *Autorización de la policía*

Después de presentar un I-765, Solicitud de Autorización de Trabajo, se emitirá un I-766 (EAD) para permitirle al extranjero que trabaje temporalmente mientras espera la entrevista para la Tarjeta de Residencia. Algunas oficinas del BCIS le darán permiso de trabajo tan pronto como se presenta el I-485, Ajuste de Estatus; otras no concederán dicho permiso hasta que se sostenga la entrevista para la Tarjeta de Residencia varios meses después. Para aquéllos que están trabajando con una H-1B, es importante que busquen una extensión para evitar salirse del estatus.

Dependientes

El cónyuge o hijos menores pueden calificar para ajuste de estatus para residencia permanente en EE.UU. siempre y cuando:

- La relación con el extranjero principal haya existido cuando se hizo la solicitud de la Tarjeta de Residencia
- La novia(o) entró a EE.UU. en estatus K y se casó en 90 días
- Están en estatus en EE.UU.
- No están sujetos a el requisito de 2 años de HRR de una J-1 o J-2
- Se tramitan con el extranjero principal

Mientras que los dependientes de un ciudadano americano no están sujetos al límite de visa de inmigrante y no tienen que esperar por un número de visa, éstos pueden todavía esperar por una fecha prioritaria.

Opción 2 – Por el Departamento de Estado (DOS) en el Extranjero

Una vez que un número de visa está inmediatamente disponible y su petición es aprobada por el BCIS en EE.UU., usualmente será referida a la embajada o consulado de EE.UU. en su país de residencia para su tramitación, si usted no está viviendo en EE.UU.

Bajo circunstancias urgentes, los consulados pueden usar "discreción consular" y ayudar a las personas con premura, si están autorizados para ello, por ejemplo, para permitir a un menor que está próximo a cumplir sus veintiún años de edad que cruce la frontera con su familia antes del día de su cumpleaños.

Autorización de la Policía

Un paso crítico en el proceso es el tener su registro policial revisado a la satisfacción de un consulado de EE.UU. El Acta Patriótica de los EE.UU. del 2001 requiere que todos los aplicantes de visa sean sometidos a un chequeo que determine si tienen antecedentes o ficha criminales. Si tiene antecedentes , se le toman las huellas digitales y un pago de $85 que serán remitidos al FBI. Si se encuentran antecedentes en el banco de datos del NCIN, el FBI lo remitirá al Departamento de Estado para ser usado por un Oficial Consular autorizado.   *Ref: 67 FR 8477*

Examen Médico

También, antes de la entrevista final para la Tarjeta de Residencia por un funcionario consular, todos los solicitantes deben pasar un examen físico, prueba de tuberculina (TB) (2 años o más) y examen de sangre (15 años o mas) por médicos designados por el gobierno de EE.UU. en su país de residencia. Usted debe pagar por los examenes médicos. Se les dará los resultados en el Formulario I-693 para que los lleve en un sobre cerrado a su entrevista final en la embajada o consulado de EE.UU.

Entrevista Consular

Su entrevista no será fijada con un funcionario consular hasta que usted haya recibido la autorización médica y de la policía.

Documentación y Evidencias de Apoyo:

- *Formularios del DOS, BCIS y IRS*
  - DS-168
  - DS-230
    - parte I (datos biográficos) y
    - parte II (declaración juramentada)
  - I-864, Declaración Jurada de Apoyo Económico
  - Formulario 9003 del IRS, preguntas adicionales a ser completadas por todos los solicitantes para residencia permanente en EE.UU.
- *Tarifas*
  - US $335 para procesamiento de visa
  - US $65 para revisión de declaración jurada de apoyo económico
- *Pasaporte y fotografías*
  - pasaporte válido por lo menos seis meses después de la estadía que se intenta

- dos fotografías idénticas cuadradas de 50 mm (2") de frente por cada persona
- *Estatus inmigratorio actual y previo*
  - copia del I-94, si está en estatus dentro de EE.UU.
- *Aprobación previa*
  - notificación de aprobación de que un número de visa está inmediatamente disponible
- *Evidencia de apoyo financiero del empleador*
  - carta de empleo, si aplica
- *Documentos civiles*
  - acta de matrimonio
  - original del todos los documentos civiles requeridos para comprobar la relación con el solicitante patrocinado por familiares
  - copia certificada de las actas de nacimiento del formulario largo para cada solicitante
  - sentencia de divorcio o certificado de defunción del cónyuge, si aplica
- *Prueba de solvencia o apoyo económico*
  - evidencia de apoyo económico, incluyendo, como se requiera:
    - I-864, Declaración Testimonial, más US $65
    - evidencia de sus activos
    - declaraciones de impuestos
    - registros bancarios
    - prueba de que el extranjero no será una carga públic

Ref: 9 FAM 40.41

Un memorándum del INS de 1999 identificó aquéllos beneficios que una persona puede recibir sin ser una carga pública, los cuales incluye Medicaid, Programa de Seguro de Salud para Niños, cuidado prenatal, cuidado clínico gratuito y a bajo costo, programas alimenticios, asistencia habitacional y entrenamiento de trabajo. Sin embargo, también se considerarán recibos de dinero en efectivo.

- *Autorización de la policía*
  - certificado de todos los países donde el solicitante ha residido por seis meses o más, incluyendo:
    - todos los arrestos y sus razones
    - disposición de cada caso
    - registros de la corte y prisión
    - registros militares, si aplica
- *Autorización médica*
  - I-693
- *Evidencia adicional*
  - traducción certificada de todos los documentos que no estén en el idioma inglés

El Centro Nacional de Visas ha comenzado a enviar por correo el Formulario I-864 al solicitante , quien debe enviarlo luego al futuro inmigrante; sin embargo, si el extranjero está haciendo el trámite en Cuidad Juarez, Manila o Santo Domingo, se debe retornar el I-864 al Centro Nacional de Visas, para su revisión.

El establecimiento de una entrevista para la Tarjeta de Residencia no garantiza la emisión de una visa. A los solicitantesse les aconseja no renunciar a sus trabajos, vender sus propiedades o hacer arreglos de viaje hasta que se les haya emitido una visa.

Los cónyuges y familiares no pueden trabajar en EE.UU. mientras que esté pendiente un trámite consular en el extranjero. Por otro lado, los cónyuges pueden obtener autorización de empleo inmediatamente a su solicitud cuando el extranjero principal es elegible para ajuste final de estatus en EE.UU.

Paso 3 – Autorización del BCBP en un Puerto de Entrada

Todos los documentos recibidos de la embajada o consulado de EE.UU. deben ser presentados al Inspector de Inmigración en el puerto de entrada.

En línea con su responsabildiad de tomar una determinación final acerca de la elegibilidad de entrada, el BCIS puede examinar cualquier documento presentado por un inmigrante en otro de los pasos.

Mientras espera por la Tarjeta de Residencia (Green Card), el cónyuge del titular de una Tarjeta de Residencia que no ha sido admitido para residencia temporal o permanente, puede obtener permiso para visitar a su cónyuge que está en EE.UU. por tiempos cortos y debe estar preparado para suministar prueba convincente de su intención de salir al final del período aprobado.

Si el cónyuge, hijos e hijas de un residente legal permamente son admitidos condicionalmente por dos años, el Secretario de la Seguridad de la Patria notificará al cónyuge, hijo o hija, sobre los requisitos para eliminar el estatus condicional. El residente permanente legal y su cónyuge o hijo o hija deben presentar al Secretario de la Seguridad de la Patria una petición conjunta para eliminar su estatus condicional. Si el Secretario de la Seguridad de la Patria no notifica, la ejecución de esta sección no será afectada.   *Ref: INA 216; 8 USC 1186a*

Capítulo 10

Preferencias Basadas en Empleo

Las Tarjetas de Residencia (Green Cards) están disponibles, en números limitados, para extranjeros calificados basados en un sistema de cuotas establecido por el Congreso. Cada una de las cinco categorías de Preferencias basadas en empleo tiene sus criterios únicos como se explica en las siguientes secciones.

Los números disponibles son un porcentage del nivel de empleo mundial. En el año fiscal 2001, el límite de inmigrantes con preferencias basadas en empleo fue de 192,074 bajo el INA 201.

Categorías de Preferencias	Números Disponibles Anualmente	Números Adicionales	Elegibilidad y Tiempo de Espera
Primera (EB1):	28.6%	Número de Cuarta y Quinta Preferencia no usados	Trabajadores Prioritarios Período de espera - Actual
Segunda (EB2): *Certificación Laboral Requerida*	28.6%	Número de Primera Preferencia no usados	Profesionales con licenciaturas, maestrías o doctorados, o Personas con Habilidades Excepcionales o cuyos Servicios son Solicitados por Empleadores Americanos Período de Espera-Actual
Tercera (EB3): *Certificación Laboral Requerida*	28.6% (10,000 para Otros Trabajadores)	Número de Primera y Segunda Preferencia no usados	Trabajadores con Habilidades, Profesionales Período de Espera-Actual

		Otros Trabajadores Período de espera-Actual
Cuarta (EB4):	7.1%	Ciertos Inmigrantes Especiales o Ciertos Ministros Religiosos, Profesionales y Otros Trabajadores Religiosos – Período de espera - Actual
Quinta (EB5):	7.1% (3000 en centros regionales, y no menos de 3000 en áreas rurales designadas o de alto desempleo)	Creación de Empleo (Inversionistas) Período de espera-Actual

Pudieran existir períodos de espera más largos para solicitantes de India, México y Filipinas.

Criterios de Entrada

Actualmente, el número de visas de trabajo es un mínimo establecido en 140,000. El nuevo año fiscal comienza en Octubre.   *Ref: INA 201*

La determinación de cuál categoría de preferencia es apropiada depende de:
- Las calificaciones del beneficiario
- Las necesidades del empleador y los parámetros del trabajo
- Las habilidades disponibles en el mercado laboral local

Proceso de Admisión

Paso 1 – Autorización de la Oferta de Trabajo en EE.UU.

En la mayoría de los casos basados en empleo, el futuro empleador americano debe presentar una oferta de trabajo indicando que el extranjero será empleado en EE.UU. dentro de los parámetros de la categoría de preferencia escogida.

Paso 2 – Certificación Laboral

Los solicitantes de Primera, Cuarta y Quinta Preferencia no hacen este paso. Las extranjeros inmigrantes de Segunda y Tercera Preferencia deben cumplir con los criteros estrictos del Departamento de Trabajo y deben combinar este paso con el Paso 3.

Función del Departamento del Trabajo (DOL)

Cualquier extranjero que busca ser admitido o estatus de inmigrante con el fin de empleo permanente basado en la Segunda o Tercera Preferencia será excluído, a menos que el Secretario del Trabajo haya primero certificado al Secretario de Estado y al Secretario de la Seguridad de la Patria que:

- No existen suficientes trabajadores americanos que son capaces, calificados y están dispuestos y disponibles al momento de la solicitud de la visa y admisión a EE.UU. y en el lugar donde el extranjero trabajará, y
- El empleo del extranjero no afectará adversariamente los salarios y condiciones laborales de trabajadores americanos similarmente empleados

Ref: INA 212(a)(5)(A)

Función del Empleador

- El DOL necesita que los empleadores de extranjeros no inmigrantes sigan un programa preciso para obtener la Certificación Laboral

El empleador debe:

- Participar en un reclutamiento de buena fe
- No hacer los requisitos del trabajo muy estrictos o a la medida del extranjero
- Buscar en el mercado laboral trabajadores americanos calificados y disponibles
- Ofrecer condiciones laborales y salarios que sean realistas y propiados para el trabajo
- Revisar a todos los solicitantes y no haber sido capaces de encontrar un trabajador americano dispuesto a hacer el trabajo
- Demostrar que el futuro trabajador extranjero cumple con los requisitos de entrenamiento o experiencia requeridos para el trabajo   *Ref: 20 CFR 656*

Hay tres maneras de que las solicitudes de de Certificación Laboral en Segunda y Tercera Preferencias sean autorizadas: El tipo de ocupación y las circunstancias involucradas en la solicitud ayudan a determinar cuál opción es la que aplica.

Opción 1 – Certificación Laboral por el BCIS

El BCIS está obligado a tramitar las solicitudes de Certificación Laboral de:

- Listado A, Grupos I y II, ocupaciones para las cuales no hay suficientes trabajadores americanos
- Ganaderos de ovejas (pueden también ser procesados para Certificación Laboral por el Departamento de Estado en el extranjero) *Ref: 20 CFR 656*

Un extranjero en EE.UU. que está en estatus y calificado en uno de estos grupos ocupacionales, puede solicitar a la Oficina de Distrito del BCIS una Certificación Laboral. Una solicitud de un ganadero de ovejas también se puede solicitar en una embajada o consulado de EE.UU. en el extranjero. La solicitud es concedida o negada por el BCIS en EE.UU. o la oficina consular donde se presentó la solicitud.

Ocupaciones del Listado A

El listado A es una lista de ocupaciones para las cuales su Director, el Servicio de Empleo de EE.UU. ha determinado que *no existen* suficientes trabajadores americanos que son capaces y calificados y están dispuestos y disponibles y que los salarios y condiciones laborales de los trabajadores americanos similarmente empleados no serán afectados de forma adversa por el empleo de extranjeros en dichas ocupaciones.

El Listado A está conformado por dos grupos de ocupaciones precertificadas (Grupo I y Grupo II) que están sujetas a revisión de vez en cuando, basado en las condiciones laborales del mercado.   *Ref: 20 CFR 656.10 and 656.22*

El **Grupo I** incluye Terapeutas Físicos y Enfermeras profesionales

El **Grupo II** incluye Extranjeros (excepto extranjeros en las Artes Escénicas) con habilidad excepcional en la ciencia o en el arte, incluyendo profesores de colegios superiores o universitarios con habilidad excepcional que han estado practicando la ciencia o arte durante el año anterior a la solicitud y cuya intención es la de practicar el mismo arte en EE.UU.   *Ref: 20 CFR 656.22*

Ganaderos de Ovejas
Los ganaderos de ovejas deben haber sido empleados en dicha actividad por lo menos 33 de los 36 meses pasados en EE.UU.   *Ref: 20 CFR 656.21*(b)

Opción 2 – *Certificación Laboral por el Departamento de Trabajo*

El DOL procesa las solicitudes de Certificaciones Laborales de:
- Las ocupaciones de manejo especial
- Ocupaciones del Listado B para las cuales hay suficientes trabajadores americanos

Ocupaciones de manejo especial
Esta categoría incluye:
- Profesor de colegio superior o universidad
- Un extranjero con habilidades excepcionales en las artes escénicas
                              Ref: 20 CFR 656.20

Ocupaciones del Listado B
El listado B es una lista de 49 ocupaciones, a partir del 1° de Abril de 2001, para las cuales el Director del Servicio de Empleo de EE.UU., ha determinado que existen suficientes trabajadores americanos que son capaces y calificados, están dispuestos y disponibles y que los salarios y condiciones laborales de los trabajadores americanos similarmente empleados *estarán* adversamente afectados al emplear a tales extranjeros.   *Ref: 20 CFR 656.11*

Un empleador puede solicitar al Departamento de Trabajo una Certificación Laboral del Listado B de parte del extranjero. La solicitud es concedida o negada por el Departamento de Trabajo.

Si el DOL no aprueba una solicitud de Certificación Laboral:
- No se podrá presentar una solicitud adicional por seis meses
- Se puede presentar una apelación

Las fechas de procesamiento de las Certificaciones Laborales varían ampliamente, dependiendo de donde esté ubicada la compañía empleadora y podría tomar hasta tres años en algunas áreas.

Si un extranjero cambia de ubicación o recibe otra oferta de empleo antes de que la solicitud de ajuste de estatus sea aprobada, se puede comenzar un nuevo proceso de Certificación Laboral. *Ref: TL: VISA-48, 10-1-91*

La completa descripción del empleo según el Artículo 13 del formualerio ETA 750A tiene que aparecer en el aviso. Cualquier persona puede mostrar documentos de evidencia en la solicitud al Departamento del trabajo y Seguirdad Laboral o al Oficial de Certificación Regional

Opción Tres – Exención de Interés Nacional

Solamente en el caso de la Segunda Preferencia es posible obtener una Exención de Interés Nacional por el Secretario de la Seguridad de la Patria y de esta manera evitar el proceso de certificación laboral. Si se tiene éxito, no es necesario obtener una certificación laboral o tener un trabajo en espera.

Paso 3 – Autorización del BCIS en los EE.UU. – Petición Inicial

En el caso de las solicitudes de residencia permanente basada en Segunda y Tercera Preferencia, una de las tres siguientes opciones debe ser completada antes de que la solicitud de residencia permanente basada en Segunda o Tercera Preferencia sea tramitada.

Las solicitudes para ocupaciones del Listado A, ganadero de ovejas y Exenciones de Interés Nacional, son presentadas en el BCIS y no en el DOL, simultáneamente con la petición descrita en este paso. Esta petición debería ser presentada en el Centro de Servicios regional que tenga jurisdicción sobre el lugar donde el extranjero estará empleado. Las solicitudes para ganaderos de ovejas pueden ser presentadas en el BCIS o el DOL en el extranjero. Los formularios del BCIS son necesarios, dependiendo en cuál de las siguientes preferencias se busque.

Primera (EB1), Segunda (EB2) y Tercera (EB3) Preferencias
- Formulario I-140 del BCIS, Petición de Trabajador Inmigrante Extranjero
- Tarifa de US $135

Cuarta Preferencia (EB4)
- Formulario I-360 del BCIS, Petición de Asiático-americano, Vuida(o), o Inmigrante Especial
- Tarifa de US $130

Quinta Preferencia (EB5)
- Formulario I-526 del BCIS, Petición de Inmigrante por un Empresario Extranjero
- Tarifa de US $400

En algunos casos, puede ser necesario proporcionar al BCIS las credenciales de evaluación para establecer el equivalente de su título extranjero. En el Apéndice D hay una lista de evaluadores.

A final del año 2000, la legislación del presupuesto dió autorización al BCIS para tramitar más rápidamente peticiones basadas en empleo para las cuales se pagan US $1000.

Dependientes – Estatus Derivativo

El hijo menor de edad o cónyuge de un inmigrante con visa basada en empleo, tiene derecho a un estatus derivativo correspondiente a la clasificación y fecha de prioridad del beneficiario de la petición siempre y cuando el beneficiario:

- Tenga una visa válida, si está haciendo la solicitud en EE.UU.
- Está incluído en la petición del extranjero principal
- Estaba casado antes de presentar el I-485, Solicitud de Registro de Residencia Permanente o Ajuste de Estatus
- Está acompañando o acompañará al solicitante principal
- No está sujeto a el requisito HRR de dos años o a una visa J-1 o J-2

Un solicitante de Tarjeta de Residencia basada en empleo que se casa después de presentar una solicitud de Tarjeta de Residencia, debe incluir en la petición al cónyuge antes de la entrevista para la Tarjeta de Residencia; de otro modo, el cónyuge tendrá que esperar, más de cuatro años, para entrar como un solicitante de Segunda Preferencia patrocinada por familiares.

Los cónyuges que están en EE.UU. con estatus de no inmigrantes legales pueden:

- No estar automáticamente permitidos para permanecer en EE.UU.
- No trabajar solamente porque están en la lista de espera de una Tarjeta de Residencia
- Pedir una visa H-1, L o V de no inmigrante como lo permitan los términos de Intento Dual para permitirles permanecer y trabajar en EE.UU. mientras esperan su Tarjeta de Residencia

Paso 4 – Tramitación

Opción 1- Ajuste de Estatus por el BCIS en EE.UU.

Una vez que un número de visa está inmediatamente disponible basado en la aprobación de su solicitud, el trámite final en EE.UU. lo hace el BCIS, si usted está viviendo en EE.UU. Por consiguiente, para hacer el ajuste de una categoría de no inmigrante a un estatus de residencia permanente, usted debe presentar la solicitud en la oficina local del BCIS que tenga jurisdicción sobre su lugar de residencia.

En un cambio producido en el 2002, el Formulario I-486 para Ajuste de Estatus y los honorarios, pueden ser presentados en tanto que el Formulario I-140 esté pendiente si una visa está disponible inmediatemente. Una copia del Formulario I-797, Notificación de Procesamiento, también se tiene que presentar para demostrar la aceptación del Formulario I-140. Los Formularios I-765 para Permiso de Trabajo y el I-131 para Libertad Condicional Anticipada, pueden ser presentados mientras el I-485 está pendiente.   *Ref: 67 FR 49561*

Los extranjeros que viven en EE.UU. que han mantenido estatus legal, pueden pagar una multa de US $1000 con el Suplemento A del Formulario I-485 para hacer el trámite en EE.UU. únicamente si estuvieron en EE.UU. el 21 de Diciembre de 2000 y tenían una solicitud de Tarjeta de Residencia pendiente para el 30 de Abril de 2001.

Documentación y Evidencias de Apoyo:
- *Formularios del BCIS*
  - I-485, Solicitud de Registro de Residencia Permanente o de Ajuste de Estatus
  - I-765, Solicitud de Autorización de Trabajo, si se requiere
- *Tarifas*
  - US $255 para el I-485 si el solicitante tiene 14 años de edad o más
  - US $160 para el I-485 si el solicitante tiene menos de 14 años de edad
  - US $120 para el I-765, si se requiere
  - US $50 para huellas dactilares
- *Pasaporte y fotografías*
  - pasaporte válido por lo menos seis meses después de la estadía que se intenta
  - dos fotografías idénticas por lo menos 40 mm de altura por 35 mm de ancho a color – ¾ de perfil frontal, mostrando la oreja derecha
- *Aprobación previa*
  - copia de la notificación de la solicitud de visa de inmigrante, haciendo inmediatamente disponible un número de visa
- *Estatus inmigratorio actual y previo*
  - copia del I-94, si aplica
- *Prueba de solvencia o apoyo económico*
  - I-864, Declaración Jurada de Apoyo Económico (introducida si un familiar o un representante de un familiar presentó la solicitud)
  - evidencia de sus propios activos
- *Documentos civiles*
  - acta de nacimiento del extranjero principal y de sus dependientes – formulario largo
  - acta de matrimonio, si aplica
- *Autorización de la policía*
- *Evidencia de apoyo a la solicitud del empleador*
  - carta de empleo

Puesto que la ley requiere que todos los residentes temporales excepto aquéllos con visa H-1 y estatus L con intención de salir de EE.UU. al final del período para el cual han sido admitidos, es difícil justificar el mantener la residencia Americana si está pendiente una solicitud para la Tarjeta de Residencia.

El BCIS aceptará solicitudes de Ajuste de Estatus por parte de los extranjeros sujetos al Requerimiento de Residencia de Dos Años en el país siempre que el Departamento de Estado (antiguo USIA) recomiende una excensión. Una copia de dicha recomendación de acompañar la solicitud de Ajuste de Estatus.*Ref: INS Memorandum*

Opción 2- Por el Departamento de Estado (DOS) en el Extranjero

Una vez que un número de visa está inmediatamente disponible y su solicitud ha sido aprobada por el BCIS en EE.UU., será referida a una embajada o consulado de EE.UU. en su país de residencia para ser tramitada por un funcionario consular, si usted no está viviendo en EE.UU.   *Ref: INA 203(b)*

Los beneficiarios con peticiones I-140 que han solicitado Ajuste de Estatus, pueden presentar el Formulario I-824, Solicitud de Acción en una Petición o Solicitud Aprobaba más US $140 para gastos de presentación y transferencia de su solicitud al extranjero para su trámite. Normalmente, un extranjero que está solicitando una visa de inmigrante acude a una oficina consular que tenga jurisdicción sobre su lugar de residencia en el extranjero. Sin embargo, los puestos pueden aceptar casos a su discreción de solicitantes que no son considerados residentes en su distrito consular, especialmente donde los solicitantes no tienen hogar o están enfrentando problemas serios como resultado de largas demoras.   *Ref: State Cable i80792*

Los funcionarios consulares no readjuricarán la solicitud presentada ante el BCIS, sino que revisarán la solicitud para determinar si:
- La evidencia de apoyo es consistente con la aprobación
- Hubo una mala representación de un hecho material, y
- El extranjero cumple con los requisitos del empleo ofrecido, si aplica
Ref: TL:VISA-54,2-28-92

Una visa de inmigrante puede no ser emitida a solicitantes de Segunda y Tercera Preferencias hasta que el funcionario consular reciba la Certificación Laboral del Secretario del Trabajo.   *Ref: INA 203(b), 212(a)(5)(A); TL:VISA-54, 2-28-92*

Sin importar si están mencionados en la petición, el hijo o cónyuge de un inmigrante basado en empleo tiene derecho a un estatus derivativo correspondiente a la clasificación y a la fecha de prioridad del beneficiario de la petición. *Ref: INA 203(d)*

Examen médico

Antes se haga la entrevista con un funcionario de inmigración para la Tarjeta de Residencia (Green Card), todos los solicitantes deben pasar una prueba física, prueba de piel de Tuberculina (TB) (dos años y más) y una prueba de sangre (15 años o más) por médicos designados por el gobierno de EE.UU. en su país de residencia. Todos los chequeos médicos son pagados por el solicitante. A usted se le dará los resultados en el Formulario I-693 para ser llevados en un sobre sellado a su entrevista final en la embajada o consulado de EE.UU.

Entrevista Consular

Su entrevista no será establecida con un funcionario consular hasta que usted haya recibido la autorización médica y de la policía. Si la entrevista para la Tarjeta de Residencia basada en empleo no es dispensada, las preguntas que se le hagan podrán basarse en si su estatus de empleo es exactamente el mismo que en el momento de que la solicitud fue presentada y acerca de la veracidad de las declaraciones en su solicitud. La entrevista puede ser muy breve.

El establecimiento de la entrevista para la Tarjeta de Residencia no garantiza la emisión de la visa. A los solicitantes se les aconseja que no renuncien a sus trabajos, salgan de sus propiedades o hagan preparativos de viajes hasta que la visa sea realmente emitida.

Documentación y Evidencias de Apoyo:
- *Formularios del DOS*
  - paquetes III & IV del Departamento de Estado, que incluyen:
    - DS-230, Partes I y II
    - G-325-A, Hoja de Información Biográfica
- *Tarifas*
  - US $335 para trámite de visa
  - US $65 para Declaración Jurada de Apoyo Económico, si se requiere el I-864
- *Pasaporte y fotografías*
  - pasaporte válido por lo menos seis meses después de la estadía intenta
  - dos fotografías idénticas cuadradas de 50 mm (2") de frente
- *Aprobación previa*
  - copia de la notificación de aprobación de la solicitud de visa de inmigrante, haciendo inmediatamente disponible un número de visa
- *Estatus inmigratorio actual y previo*
  - copia de el I-94, si aplica
- *Prueba de solvencia o apoyo económico*
  - evidencia de ayuda
  - I-864, Declaración Jurada de Apoyo (introducida si un familiar o un representante de un familiar presentó la petición)
  - oferta notariada de empleo
  - evidencia de sus propios activos
- *Documentos civiles*
  - acta de nacimiento del extranjero principal y de sus dependientes – formulario largo
- *Autorización de la policía*
  - prueba de autorización de la policía
- *Autorización médica*
  - I-693, prueba de autorización médica

Al beneficiario se le da un paquete de documentos sellado para que los lleve al Inspector de Inmigración en el puerto de entrada.

Paso 5 - Autorización del BCBP en un Puerto de Entrada

La emisión de una visa no garantiza la entrada a EE.UU. puesto que el Inspector de Inmigración revisa todos los documentos antes de tomar una determinación final.

Paso 6 - Reteniendo su Tarjeta de Residencia (Green Card)

No existe un tiempo prescrito durante el cual usted debe permanecer con el empleador que lo patrocinó para su Tarjeta de Residencia; sin embargo, recuerde que usted obtuvo su Tarjeta de Residencia basado en una aceptación de puesto específico "permanente." Al abandonar esa posición muy pronto, el BCIS podría considerar su solicitud como engañosa. Es recomendable buscar la opinión de un consejero competente antes de considerar cualquier cambio pronto de trabajo.

Primera Preferencia (EB1)
Basada en Empleo

Trabajadores Proritarios

Extranjeros con Habilidades Extraordinarias, Profesores e Investigadores Sobresalientes, Ciertos Ejecutivos y Administradores Multinacionales

Esta es la élite de las Preferencias basadas en empleo. No requiere Certificación Laboral y, en algunos casos, no requiere una oferta de trabajo. Sin embargo, en todos los casos, requiere evidencia extensiva e irrebatible de que el extranjero la merece.

Las sub-categorías son:
Primera Preferencia (EB1) Trabajadores Prioritarios

A Extranjeros con Habilidades Extraordinarias (EB11)
B Profesores e Investigadores Sobresalientes (EB12)
C Ciertos Ejecutivos y Administradores Multinacionales
(EB13)   *Ref: INA 203(b); TL:VISA-55, 3–13-92*

Criterios de Entrada

A) Extranjeros con Habilidades Extraordinarias en la Ciencia, Arte, Educación, Negocios y Deportes (EB11)
El extranjero solicitante debe:
* Tener la habilidad extraordinaria en la ciencia, arte, educación o deportes, demostrada con reconocimiento nacional o internacional
* Venir a trabajar en el área de la habilidad extraordinaria

El 8 CFR 204.5(h)(2) define "habilidad extraordinaria" como el nivel de experticia que indica que la persona es una en un porcentaje pequeño que ha llegado a la cima del área de experiencia.   *Ref: TL: VISA-54, 2-28-92*

B) Profesores/Investigadores Sobresalientes (EB12)
El solicitante extranjero debe:
* Tener por lo menos tres años de experiencia en un área enseñanza o investigación académica
* Tener un puesto o puesto con trayectoria en una universidad o institución de educación superior para enseñar en el área académica, o
* Estar en un puesto comparable en una universidad o institución de

educación superior para enseñar en el área académica, o
- Estar en un puesto comparable para realizar actividades de investigación para un empleador privado que emplee por lo menos tres personas a tiempo completo en actividades de investigación y que hayan alcanzado logros documentados en un campo académico
- Tener la oferta escrita de empleo requerida
- Haber alcanzado logros documentados en el campo académico
- Ser reconozido internacionalmente como sobresaliente en el área específica

C) Ciertos Ejecutivos y Administradores Multinacionales (EB13)
El solicitante extranjero debe:
- Haber sido empleado por lo menos un año en los tres años precedentes a la presentación de esta solicitud por una compañía o corporación u otra entidad legal
- Buscar entrar a EE.UU. para continuar prestando sus servicios al mismo empleador o a una subsidiaria o afiliada en capacidad de administrador o ejecutivo
- Haber sido empleado por un año en los últimos tres años por una compañía o corporación
- No venir a abrir una nueva oficina (el requisito mínimo es un año)

Proceso de Admisión

Paso 1 - Autorización de la Oferta de Empleo en EE.UU.

A) Extranjeros con Habilidades Extraordinarias (EB11)
- Requiere evidencia de empleo pre-acordado en EE.UU., o
- Busca continuar trabajando en el área de habilidad extraordinaria
- Puede presentar una solicitud con el BCIS por su propia cuenta
Ref: TL: Visa-54, 2-28-92

B) Profesores e Investigadores Sobresalientes (EB12)
- El futuro empleador americano debe suministrar por escrito:
  - una oferta de trabajo que indique que el extranjero:
    - será empleado en EE.UU.
    - ocupará un puesto en el área académica en capacidad de enseñanza o de investigación
  - una descripción clara de las áreas que deben ser realizadas
Ref: TL: Visa-54, 2-28-92

C) Ciertos Ejecutivos y Administradores Multinacionales (EB13)
- El futuro empleador americano debe presentar por escrito:
  - una oferta laboral indicando que el extranjero:
    - será empleado en EE.UU.
    - en capacidad de administrador o ejecutivo
    - una desuna descripción clara de las funciones a realizar
Ref: TL: Visa-5; 2-28-92

Paso 2 - Autorización del BCIS en EE.UU. - Petición Inicial

Mientras que cualquier persona, incluyendo al beneficiario, puede presentar una solicitud de Primera Preferencia A, solamente un empleador americano puede presentar una petición de Primera Preferencia B o C.

El Formulario I-140, Petición de Trabajador Inmigrante Extranjero, debe ser presentado en el Centro de Servicios regional del BCIS que tenga jurisdicción sobre el lugar en donde el extranjero será empleado como un extranjero de Primera Preferencia que califica bajo el INA 203(b)(1) bajo una de las tres sub-categorías:

- A - Extranjeros con Habilidades Extraordinarias
- B - Profesores e Investigadores Sobresalientes
- C - Ciertos Administradores y Ejecutivos Multinacionales
Ref: INA 203(b), en parte; TL: VISA-55, 3-13-92

Si está nombrado o no en la solicitud, el hijo o cónyuge tienen derecho a un estatus derivativo correspondiente a la clasificación y fecha de prioridad del beneficiario de la solicitud.   *Ref: 9 FAM 42.32*

Documentación y Evidencias de Apoyo:
- *Formularios del BCIS*
  - I-140, Petición de Trabajador Inmigrante Extranjero
- *Tarifa*
  - US $135 para el I-140
  - US $50 para huellas dactilares
- *Documentos civiles*
  - no es necesario el acta de nacimiento (puesto que usted no está basándose en un lazo familiar)
- *Evidencia del empleador*
  - toda la documentación de apoyo necesaria como la requerida en las cartas del empleador en la Primera Preferencia B y C
- *Prueba de solvencia o apoyo económico*
  - toda la evidencia de apoyo financiero
  - I-864, Declaración Jurada de Apoyo Económico (introducida si un familiar o un representante de un familiar presentó la petición)
- *Criterios profesionales*
  - toda la evidencia profesional calificante, como sea requerida, en las siguientes páginas bajo A, B, o C

El BCIS debe aprobar las peticiones I-140 para extranjeros para el estatus de Trabajadores Prioritarios de Primera Preferencia basada en el empleo en las siguientes sub-categorías:

A) Extranjeros con Habilidades Extraordinarias en la Ciencia, Artes, Educación, Negocios y Deportes (EB11)   *Ref: INA 203(b)(1)(A)*

Cualquier persona puede presentar de parte de un extranjero que esté solicitando una Primera Preferencia A. No es necesario presentar la oferta de empleo.

El extranjero debe:
- Tener logros reconocidos a través de documentación extensiva
- Incluir con la petición evidencia convincente de que viene para continuar trabajando en el área de especialización, tal como:
  - carta(s) del futuro empleador
  - evidencia de compromisos adquiridos anteriormente, tales como contratos, o
  - una declaración del beneficiario detallando los planes para continuar trabajando en EE.UU.   *Ref: TL: VISA-54, 2-28-92*

Evidencia de apoyo adicional:
- Un logro adquirido tal como un reconocimiento o galardón importante internacionalmente reconocido, o
- Al menos tres de:
  - recibo de premios o galardones por excelencia reconocidos nacional o internacinalmente en el área de trabajo
  - membresía en asociaciones en el campo que requieren de logros excepcionales, según lo juzguen los expertos reconocidos nacional o internacionalmente
  - material publicado sobre el extranjero en publicaciones profesionales o de negocios u otros medios
  - participación en un panel como juez del trabajo de otros en el campo o campo relacionado
  - contribuciones significativas científicas, escolásticas, artisticas, atléticas o de negocios
  - ser autor de libros o artículos escolásticos en el campo, en periódicos profesionales o escolásticos o publicaciones de negocios de circulación internacional u otros medios
  - exhibición del trabajo del extranjero en exhibiciones artísticas o vitrinas
  - evidencia de que el extranjero ha realizado actividades de liderazgo o de crítica para organizaciones o establecimientos que tienen una reputación distinguida
  - evidencia de que el extranjero ha recibido un salario alto u otra clase de remuneración por sus servicios, o
  - evidencia de éxitos comerciales en las artes comerciales, como muestren las ventas de boletos en taquillas, cassettes o discos compactos, o videos

Si los criterios arriba mencionados no aplican a la ocupación del extranjero, se debe presentar evidencia comparable para poder establecer la elegibilidad.

B) Profesores/Investigadores Sobresalientes (EB12)   *Ref: INA 203(b)(1)(B)*

Un empleador americano que desee emplear a un profesor o investigador sobresaliente en la Primera Preferencia B debe presentar esta petición.

El extranjero solicitante debe:
- Ser reconocido internacionalmente como sobresaliente en el área académica específica y haber presentado por lo menos dos de las evidencias siguientes:
  - premios o galardones importantes internacionales por logros

sobresalientes
- membresía en asociaciones en el campo académico que requiera que sus miembros tengan logros excepcionales
- material publicado en publicaciones profesionales escritas por otros acerca del trabajo del extranjero
- participación como juez del trabajo de otros en el mismo campo o en uno similar
- evidencia de contribuciones de investigación científica o escolástica, o ser autor de libros escolares o artículos de circulación internacional en el campo académico
- exhibición de trabajos en exhibiciones vitrinas
- rol de líder o crítico en organizaciones con reputación distinguida
- salarios altos en relación a otros en el mismo campo

Ref: 8 CFR 204.5(h)(3); TL: VISA-54; 2-28-92

Se debe presentar evidencia de al menos dos de los siguientes:
- Recibo de galardones por logros sobresalientes en el campo académico
- Membresía en asociaciones en el campo académico la cual exija a sus miebros logros excepcionales
- Material publicado en publicaciones profesionales escritas por otros acerca del trabajo del extranjero en el campo académico
- Participación en un panel, o individualmemte, como juez del trabajo de otros en el mismo campo académico o uno similar
- Contribuciones de investigación científica o escolástica al campo académico
- Ser autor de libros o artículos escolares, de artículos de periódicos de circulación internacional, o en el campo académico

Si las pautas de arriba no son aplicables, el solicitante debe presentar evidencia comparable a la establecida para elegibilidad.

Una universidad u otra institución de educación superior debe suministrar:
- Una carta que indique la intención de emplear al beneficiario en un puesto o puesto de trayectoria como maestro o en una posición permanente como investigador en el campo académico, o

Un empleador privado debe proporcionar:
- Una carta que indique la intención de emplear al beneficiario en una posición de investigación permanente en el campo académico, y
- Evidencia de que emplea al menos tres investigadores a tiempo completo y ha adquirido reconocimientos documentados en el campo

C) Ciertos ejecutivos y administradores multinacionales (EB13)
Ref: INA 203(b)(1)(C)

Un empleador americano que desea emplear ejecutivos y administradores multinacionales de Primera Preferencia C debe presentar esta solicitud con una declaración de parte del extranjero en la categoría de Primera Preferencia para demostrar que:
- Si el extranjero está fuera de EE.UU., ha sido empleado fuera de EE.UU. por

lo menos un año en los últimos tres años en capacidad de administrador o ejecutivo por una compañía u otra entidad legal, o por su afiliada o subsidiaria, o

- Si el extranjero ya está en EE.UU. trabajando para el mismo empleador o subsidiairia o afiliada de la compañía o corporación u otra entidad legal por la cual el extranjero fue empleado en el exterior, fue empleado por la entidad en el exterior en capacidad de administrador o ejecutivo por lo menos un año en los tres años precedentes a su entrada como no inmigrante
- El futuro empleador en EE.UU. es el mismo empleador o una subsidiaria o afiliada de la compañía o corporación u otra entidad legal por la cual el extranjero fue empleado en el exterior
- El futuro empleador en EE.UU. ha estado haciendo negocios por lo menos un año, y
- El extranjero será empleado en EE.UU. en capacidad de administrador o ejecutivo, describiendo las funciones a realizar

Capacidad Ejecutiva
Si está entrando en capacidad ejecutiva, el extranjero debe:
- Dirigir la administración de la organización o sus componentes mayores
- Establecer las metas y políticas de la organización, componentes o funciones
- Ejercer discreción amplia en la toma de decisiones
- Ser supervisado únicamente por ejecutivos de alto nivel, la junta de directores o accionistas de la organización

Capacidad Administrativa
Si está entrando en capacidad Administrativa, el extranjero debe:
- Administrar la organización, o su departamento, subdivisión, función o componente
- Supervisar y controlar el trabajo de otros empleados con cargos de supervisión, o empleados profesionales o administradores
- Administrar la función esencial dentro de la organización, o sus departamentos o subdivisión
- Tener la autoridad de emplear y despedir empleados directamente supervisados o recomendarlos, así como otras acciones del personal (tales como promociones y autorización de permisos), o
- Funcionar a nivel principal dentro de la jerarquía de la organización con respecto a la función administrada si no hay otro empleado que sea supervisado directamente
- Ejercer discreción en las operaciones diarias de la actividad o función para la cual el empleado tiene autoridad

Capacidad de Supervisión
Un supervisor de primera línea no es considerado con capacidad administrativa solamente por sus responsabilidades de supervisión, a menos que los empleados supervisados sean profesionales.   *INA 101(a)(44)(A); TL: VISA-54; 2-28-92*

Multinacional
Para calificar como multinacional, la entidad que califica, o su afiliada o subsidiaria debe hacer negocios en dos o más países, uno de los cuales sea EE.UU.

Subsidiaria
Una subsidiaria que califica es una compañía, corporación, u otra entidad legal de la cual una casa matriz es dueña de:
- directa o indirectamente, el 50% de una sociedad en participación de 50-50 y que tenga el mismo poder de control y prohibición sobre la entidad, o
- directa o indirectamente, menos de la mitad de la entidad, pero que de hecho controle la entidad   *Ref: INA 101(a)(44)(C) y 203(d); 9 FAM 42.31*

Paso 3 –Tramitación

Opción 1 - Ajuste de Estatus por el BCIS en EE.UU.

Si usted ha mantenido un estatus legal en EE.UU. y se le ha notificado que un número de visa está inmediatamente elegible, usted puede solicitar el ajuste de estatus para residente permanente en la oficina local del BCIS que tenga jurisdicción sobre el lugar donde el extranjero será empleado.

Los extranjeros que viven en EE.UU. que no han mantenido estatus legal, deben pagar una multa de US $1000 con el Suplemento A del Formulario I-485 para procesamiento en EE.UU. únicamente si estuvieron en EE.UU. para el 21 de Diciembre de 2000 y tenían una solicitud de la Tarjeta de Residencia en proceso para el 30 de Abril de 2001.

Documentación y Evidencias de Apoyo:
- *Formularios del BCIS*
  - I-485, Solicitud de Registro de Residencia Permanente o Ajuste de Estatus
  - I-765, Solicitud de Autorización de Trabajo, si se requiere
- *Tarifas*
  - US $255 para el I-485 si el solicitante tiene 14 años de edad o más
  - US $160 para el I-485 si el solicitante es menor de 14 años de edad
  - US $120 para el I-765, si se requiere
  - US $50 para huellas dactilares
- *Pasaporte y fotografías*
  - pasaporte válido por lo menos seis meses después de la estadía que se intenta
  - dos fotografías idénticas por lo menos 40 mm de alturapor 35 mm de ancho – a color ¾ de perfil frontal, mostrando la oreja derecha
- *Aprovación previa*
  - copia de la Notificación Aprobada de la petición del inmigrante, haciendo que un número de visa esté inmediatamente disponible
- *Estatus inmigratorio actual y previo*
  - copia del I-94, si aplica
- *Prueba de solvencia o apoyo económico*
  - I-864, Declaración Jurada de Apoyo Económico (introducida si un familiar o un representante de un familiar presentó la petición)

- *Documentos civiles*
  - acta de nacimiento del extranjero principal y de sus dependientes - formulario largo
  - acta de matrimonio, si aplica
- *Autorización de la policía*
- *Evidencia de apoyo a la solicitud del empleador*
  - carta de empleo

Opción 2 - Por el Departamento de Estado (DOS) en el Extranjero

Un solicitante puede realizar su trámite como inmigrante de Primera Preferencia basada en empleo en una embajada o consulado de EE.UU. en el extranjero después de recibir notificación de que la oficina consular haya recibido una petición del BCIS aprobada de acuerdo con el INA 204 y que haya un número de visa inmediatamente disponible.

El funcionario consular debe haber aprobado que el extranjero esté dentro de una de las categorías descritas en el INA 203(b)(1).   *Ref: INA 203(b)(1); 9 FAM 42.32*

Documentación y Evidencias de Apoyo:
- *Formularios del DOS*
  - paquete del Departamento de estado III & IV, incluyendo:
    - DS-230, Partes I y II
    - G-325A - Hoja de información biográfica
- *Tarifas*
  - US $335 para tramitación de visa
  - US $65 para revisión de declaración jurada de apoyo económico (si se requiere el I-864)
- *Pasaporte y fotografías*
  - pasaporte válido por lo menos seis meses después de la estadía que se intenta
  - dos fotografías idénticas cuadradas de 50 mm (2") de frente
- *Aprobación previa*
  - copia de la notificación de la petición del inmigrante, haciendo que un número de visa esté inmediatamente disponible
- *Estatus inmigratorio actual y previo*
  - copia del I-94, si aplica
- *Prueba de solvencia o apoyo económico*
  - oferta de empleo notariada
  - evidencia de sus propios activos
  - declaración jurada de apoyo económico I-864 (introducida si un familiar o un representante de un familiar presentó la solicitud) con US $65 para gastos de revisión
- *Documentos civiles*
  - certificado de nacimiento del extranjero principal y de sus dependientes - formulario largo
- *Autorización de la policía*
  - prueba de autorización de la policía

- *Autorización médica*
  - prueba de autorización médica I-693

Si el funcionario consular está satisfecho con la evidencia presentada, el extranjero recibirá una visa de trabajo de primera preferencia.

Paso 4 - Autorización del BCBP en un Puerto de Entrada

El BCIS tiene la autoridad final para revisar los documentos presentados que cumplan los requisitos y tomar una decisión en cuanto a la admisión del extranjero.

Segunda Preferencia (EB2)
Basada en Empleo

Profesionales con títulos Avanzados, Extranjeros con Habilidades Excepcionales, Exenciones de Interés Nacional

y

Tercera Preferencia (EB3)
Basada en Empleo

Trabajadores con habilidades, Profesionales, y Otros Trabajadores

Unicamente algunas Segundas Preferencias (EB2) y Terceras Preferencias Basadas en empleo (EB3) requieren Certificación Laboral permanente. Puesto que estas dos categorías preferenciales, los procesos de Certificación Laboral, y las agencias que las administran están tan interrelacionadas, las dos categorías de preferencias se presentan juntas en esta sección para que se entiendan más claramente.

Las sub-categorías de **Segunda Preferencia** son:

Segunda Preferencia (EB2): Profesionales con títulos avanzados, o personas con habilidades excepcionales en las artes, ciencias o negocios, que beneficiarán substancialmente la economía nacional, los intereses culturales o educacionales, o las exenciones de interés nacional.

Las sub-categorías de **Tercera Preferencia** son:

Tercera Preferencia (EB3): Trabajadores con habilidades con al menos dos años de entrenamiento especializado para el cual trabajadores calificados no están disponibles en EE.UU.
Miembros de Profesiones con un título de licenciatura

Otros trabajadores sin habilidades que realizan trabajos para los cuales trabajadores calificados no están disponibles en EE.UU. (Unicamente 10,000 están disponibles)   *Ref: INA 203(b)(3)*

Criterios de Entrada - Segunda Preferencia (EB2)

Para califificar para el estatus de Segunda Preferencia, usted debe cumplir con los criterios de entrada y ofrecer evidencia de apoyo en una de las tres sub-categorías:

A) Miembros de profesiones que tienen títulos avanzados o su equivalente

Título avanzado significa:
- Cualquier título adadémico o profesional, o título extranjero equivalente superior a uno de licenciatura

El reporte de la comitiva (H.R. Rep. No. 101-955) indica que un título académico, más cinco años de experiencia progresiva en la profesión, deberían ser considerados el equivalente de una maestría.

B) Extranjeros con habilidades excepcionales en las ciencias, artes o negocios que beneficien substancialmente la economía nacional, los intereses culturales o educacionales, o el bienestar público de EE.UU.

Habilidad excepcional significa:
- Un título de experiencia significativamente superior a uno ordinario
- Algo más que lo usual y que requiera un talento o habilidad inusual, o una habilidad extraordinaria
- Estatus en un área en donde los contemporáneos reconocen la habilidad excepcional individual

La posesión de un título de un colegio superior o universidad, diploma, certificado, o reconocimiento similar o certificación por sí sola no es considerada evidencia suficiente de tal habilidad excepcional individual.

C) Exención de Interés Nacional

Interés Nacional significa:
- Habilidad excepcional o persona con una profesión con un título avanzado y el registro previo del extranjero y el beneficio nacional esperado pesan más que el interés nacional del proceso de Certificación Laboral
- El extranjero busca empleo en un área de mérito intrínseco substancial
- El beneficio propuesto será de ámbito nacional
- Exenciones de oferta y certificación laboral por el Secretario de la Seguridad de la Patria serán de interés nacional
- El interés nacional estaría adversamente afectado si la exención fuese negada

En 1998 la Junta Directiva de Apelaciones de Inmigración ayudó a definir los criterios para la Exención de Interés Nacional (National Interest Waiver-NIW) como se indica:

- Un extranjero no puede establecer la importancia de un área o la urgencia de un tema como beneficio de interés nacional simplemente por trabajar en dicha área o por buscar una solución no descubierta
- Una carencia de trabajadores no da pié para un NIW

El NIW espera conocimientos únicos, habilidades o experiencia que será de beneficio significativo para EE.UU. y el área en cuestión.

Muchos casos exitosos tienen maestrías o doctorados, requieren de habilidades excepcionales y pueden requerir de una licencia y membresía profesional. También pueden reflejar un nivel y salario mayor que para muchos en el mismo campo y por lo menos diez años de experiencia y contribuciones significativas en el campo.

En una regulación del INS del 6 de Septiembre de 2000, un doctor que está dispuesto a practicar a tiempo completo en un área designada por el Secretario de Salud y Servicios Humanos (HHS) por existir una carencia de profesionales del cuidado de la salud o en una instalación operada por el Departamento de Asuntos para Veteranos (VA) puede solicitar un NIW. La práctica incluye solamente medicina familiar o general, medicina interna general, pediatría, obstetricia/ginecología y psiquiatría.

Ref: 65 FR 53889

El período fijado por el estatuto, en muchos casos, es de cinco años dentro de un período máximo de seis años. Las visas J-1 anteriores sujetas al HRR pueden contar como tiempo servido con una H-1B para el requisito de cinco años; sin embargo, el tiempo pasado con una J-1 no cuenta. En todos los casos, el extranjero debe obtener una determinación de que el trabajo es de interés público del HHS, VA, otra agencia federal, o un departamento estatal de salud. Los médicos no finalizarán su Ajuste de Estatus hasta que completen los cinco años de servicio.

Criterios de Entrada – Tercera Preferencia

Para solicitar un estatus de Tercera Preferencia (EB3), usted debe cumplir con los requisitos de entrada y ofrecer evidencia de soporte en una de las tres categorías:

A) Trabajadores con Habilidades

Trabajadores con habilidades son aquéllas personas:
- Capaces de realizar trabajos de habilidad, requiriendo por lo menos dos años de entrenamiento o experiencia
- Para las cuales la educación superior puede ser considerada de entrenamiento para los propósitos de esta provisión
- Cuyo trabajo no es de naturaleza temporal y que no existen trabajadores calificados disponibles en EE.UU. *Ref:TL:VISA-54,2-28-92*

B) Profesionales

Profesionales son aquéllas personas que tienen títulos universitarios y son miembros de una profesión.

La *profesión* incluye pero no está limitada a:
- Arquitectos
- Ingenieros
- Abogados
- Médicos y cirujanos
- Maestros de escuelas primarias o secundarias, colegios de educación superior, academias o seminarios

Una ocupación puede generalmente ser considerada como una profesión si el requisito mínimo es la obtención de un título universitario para entrar a dicha profesión.
Ref: INA 101(a)(32)

C) Otros trabajadores

Otros trabajadores son extranjeros calificados capaces de realizar trabajos de poca habilidad al momento de ser pedidos:
- Requieren menos de dos años de entrenamiento
- De naturaleza no temporal
- Para los cuales no existen trabajadores calificados disponibles en EE.UU.

Debido al límite anual de 10,000 visas para "Otros Trabajadores", existe un período de espera largo.
Ref: TL: VISA-54, 2-28-92

Proceso de Admisión

Paso 1 – Autorizando la Oferta Laboral en EE.UU.

Excepto en casos de exención de interés nacional, el posible empleador Americano debe presentar por escrito una oferta de trabajo que establezca que el extranjero sera empleado en EE.UU. dentro de la subcategoría escogida de preferencia. Se debe autorizar también una Certificación Laboral.

Paso 2 – Certificación Laboral o Exención de Interés Nacional

Las exenciones de Interés Nacional, como las de Primera Preferencia EB1, no requieren Certificación Laboral o una oferta de trabajo. Ambas son más rápidas que las clasificaciones que requieren autorización laboral y ambas le permiten al solicitante patrocinarse a sí mismo.

Aparte de los casos de Exención de Interés Nacional, todos los trabajos de EE.UU. que clasifican dentro de las Preferencias Laborales de Segunda (EB2) o Tercera (EB3) deben satisfacer el requisito de Certificación Laboral antes de que un I-140, Petición de Trabajador Inmigrante Extranjero, pueda ser tramitado. Los solicitantes de Exenciones de Interés Nacional van directamente al Paso 3.

La Certificación Laboral, o Certificación de Empleo para Extranjeros, como también se le conoce, sirve al Departamento de Trabajo (DOL) para saber que:
- No existen suficientes trabajadores americanos que son capaces, están dispuestos y calificados al momento de la solicitud

- El empleo del extranjero no afectará adversamente los salarios y condiciones laborales de trabajadores americanos o similarmente empleados
Ref: 20 CFR 656.1

La autorización de la Certificación Laboral puede tomar alguna de estas tres formas:
- Opción 1- una solicitud formal ante el BCIS para cumplir con los requisitos del Departamento del Trabajo
- Opción 2 – una solicitud formal ante el Departamento del Trabajo para:
  - una exención de sus pautas para permitir la entrada de un extranjero en donde suficientes trabajadores americanos están disponibles (Listado B), u
  - ocupaciones designadas para tramitación especial
- Opción 3 – una exención de Certificación Laboral por el Secretario de la Seguridad de la Patria en el interés nacional

Aunque la documentación de apoyoe varía dentro de estas tres opciones, lo siguiente es requerido en todas las solicitudes de certificación laboral.

Documentación y Evidencias de Apoyo:
- *Formularios del DOL*
  - ETA 750A, Solicitud de Certificación de Empleo para Extranjeros
  - ETA 750B, Declaración de Calificaciones del Extranjero
  - G-28, si está representado por un abogado
- *Tarifas*
  - no hay tarifa del DOL
- *Evidencia adicional – por el empleador*
  - descripción completa del trabajo
  - fondos disponibles para pagarle al extranjero
  - salario ofrecido y pagado igual o superior al salario prevaleciente para la ocupación en el área geográfica
  - el salario no está basado en comisiones, bonos u otros incentivos
  - el empleador puede colocar al extranjero en la nómina tan pronto éste se encuentre en EE.UU.
  - la oportunidad laboral no involucra discriminación ilegal
  - la oportunidad laboral no se relaciona a huelgas o disputas laborales
  - los términos no contradicen las leyes federales, estatales o locales
  - el trabajo está abierto a cualquier trabajador americano calificado
  - la notificación de solicitud se hace al representante o, en caso de que no haya, se publica por 10 días consecutivos en un lugar visible en el lugar de trabajo   *Ref: 20 CFR 656.20*
- *Evidencia adicional – por un solicitante extranjero*
  - oferta de trabajo
  - declaración firmada por el extranjero de la calificación del grupo ocupacional
  - cualquier documentación necesaria de apoyo
- *Evidencia adicional – médicos y cirujanos*
  - haber pasado las partes I y II del examen de la Directiva Nacional de

Examinadores Médicos (NMBMEE), o
- haber pasado por la Comisión Educacional para Médicos Extranjeros Graduados (ECFMG), o
- haber practicado en EE.UU. en 1978, o
- haberse graduado en una escuela de medicina acreditada por el Secretario de Educación

Después que la solicitud original es aprobada, las solicitudes para residencia permanente para los solicitantes y sus familias pueden ser presentadas y el permiso de autorización de trabajo debe ser recibido en dos meses. La aprobación de la residencia puede tomar varios meses.

Los formularios se pueden obtener a través de http://edc.dws.state.ut.us/forms.htm.

Opción 1 – Certificación Laboral por el BCIS

El BCIS maneja las peticiones de Certificación Laboral de extranjeros en el Listado A y ganaderos de acuerdo a las pautas del Departamento del Trabajo. Las solicitudes son enviadas al BCIS en el Paso 3 junto con el Formulario I-140, Petición de Trabajador Inmigrante Extranjero. Los ganaderos tienen la opción de presentar su solicitud de Certificación Laboral en una embajada o consulado americano en el extranjero antes de presentar su I-140.

Listado A – Ocupaciones

El Listado A contiene la lista de ocupaciones precertificadas del Departamento del Trabajo con poca oferta, las cuales no afectarán adversamente el empleo de los trabajadores americanos.

El Listado A se divide en dos grupos:
- Grupo I:
  - terapeutas físicos, y
  - enfermeras profesionales
- Grupo II:
  - extranjeros con habilidades excepcionales en las ciencias o artes, incluyendo profesores de colegios superiores o universidades con habilidades excepcionales que han estado en el campo de la ciencia o el arte durante el año anterior a la solicitud y quienes tienen intención de realizar la misma actividad en EE.UU.   *Ref: 20 CFR 656.10*

- *Evidencia Adicional – Listado A*
  - la experiencia laboral del extranjero en los últimos 12 meses y con intención de trabajar en EE.UU. en un puesto que requiera habilidades excepcionales
  - el extranjero tiene habilidad excepcional en las ciencias o artes
  - copia y detalles de por lo menos una publicación en un periódico nacional
  - sindicatos no capaces de referir trabajadores americanos no igualmente calificados, si aplica
- *Evidencia adicional – Listado A – Grupo I Terapeutas Físicos*
  - certificación de calificaciones profesionales y competencia en el idioma

Inglés por una organización designada
- *Evidencia adicional – Listado A- Grupo I Enfermeras Profesionales*
  - certificación de calificaciones profesionales y competencia en el idioma Inglés por la organización designada (Comisión de Graduados de Escuelas Extranjeras de Enfermería - CGFNS)
- *Evidencia adicional – Listado A – Grupo II Extranjeros con Habilidades Excepcionales en las ciencias o arte*
  - evidencia documentada testificando ampliamante reconocimiento internacional acorde al extranjero por expertos reconocidos en el área
  - documentación que muestre que el trabajo del extranjero en el área durante el año anterior requirió habilidad excepcional, así como lo requerirá el futuro trabajo del extranjero en EE.UU.
  - documentación de por lo menos dos de los siguientes siete grupos dentro del área para la cual se busca certificación:
    - premios o galardones por excelencia internacionalmente reconocidos
    - membresía en asociaciones internacionales
    - material publicado en publicaciones profesionales acerca del extranjero
    - participación en un panel o como juez del trabajo de otros
    - contribuciones de investigación científica de significado relevante
    - autor de artículos científicos publicados
    - exhibiciones del trabajo artístico del extranjero en más de un país

Un Oficial de Inmigración debe:
- Determinar si el empleador y el extranjero cumplen con los requisitos
- Revisar la solicitud
- Determinar si el extranjero está calificado y si tiene intención de trabajar en la ocupación del Listado A

Aunque el Oficial de Inmigración puede pedir consejo del Servicio de Empleo de EE.UU., la determinación final sobre el Listado A es del BCIS.

El Oficial de Inmigración debe enviar una copia del Formulario ETA 750 al Director del DOL sin anexos. En ese momento se puede procesar el I-140.

Ref: 20 CFR 656.22

Trabajadores del Cuidado de la Salud

La sección 343 de la Ley de Reforma de Inmigración Legal y Responsabilidad del Inmigrante de 1996 (IIRIRA96) creó una base de no admisión. Esta requiere que los extranjeros que deseen su residencia permanente o ajustar sus estatus en una categoría que involucre una ocupación del cuidado de la salud, obtengan primero un certificado emitido por una organización individual específica acreditada. Dicha verificación asegura que la educación, entrenamiento, licenciatura, experiencia y competencia en el idioma Inglés son comparables a las de los trabajadores de salud Americanos. Los solicitantes de Canadá (excepto Quebec), Australia, Nueva Zelandia, Irlanda, Inglaterra y EE.UU están exentos del requisito de competencia en el idioma Inglés. Desde el 24 de Febrero del 2003, otros tienen que pasar la prueba de inglés TOEIC o IELTS.

El BCIS ha modificado sus regulaciones para expandir la función de la Comisión de Graduados de Escuelas Extranjeras de Enfermería (CGFNS) para la emisión de certificados a extranjeros buscando ser admitidos o para ajustar sus estatus como residentes permanentes en base a las siguientes ocupaciones: terapeuta de lenguaje y audiólogo, médico técnico (científico de laboratorios clínicos), asistentes médicos, y medicos técnicos (técnicos bibliotecarios clínicos). El CGFNS ya estaba autorizado para emitir certificados para terapeutas ocupacionales, terapeutas físicos y enfermeras. Esta última regla asegura que los trabajadores de cuidados de la salud extranjeros tengan el mismo entrenamiento, educación y licenciatura que los trabajadores americanos similarmente empleados.   *Ref: INA 212(a)(5)(C); 66 FR 3440*

Ganaderos

Un empleador puede solicitar una certificación laboral para emplear a un extranjero que ha sido empleado legalmente como un ganadero no inmigrante por lo menos 33 de los 36 meses anteriores.   *Ref: 20 CFR 656.21 (b)*

Las peticiones de extranjeros que han sido empleados como ganaderos por lo menos 33 de los 36 meses anteriores son clasificados en el Paso 3 con el BCIS en EE.UU o en una embajada o consulado americano en el extranjero junto con un I-140, Petición de Trabajador Inmigrante Extranjero.

La determinación de un Oficial de Inmigración o Consular debe ser irrebatible y final. Ellos deben enviar una copia del Formulario ETA 750 al Director del DOL sin anexos. En este momento se puede tramitar el I-140.   *Ref: 20 CFR 656.21a*

Opción 2 – Certificación Laboral por el Departamento del Trabajo

Las oficinas de empleo estatales y del Departamento del Trabajo tienen la responsabilidad de certificar a estos tres grupos:
- Ocupaciones designadas como especiales
- Ocupaciones del Listado B
- Solicitantes de Reducción de los Esfuerzos de Reclutamiento (RIR)

Ocupaciones Designadas como Especiales

El DOL ha determinado que las pruebas especiales del mercado laboral y procesos abreviados son apropiados para ocupaciones que han sido designadas como especiales. Estas son:
- Profesores de colegios superiores o de universidades
- Extranjero representado con habilidades excepcionales en las artes escénicas   *Ref: 20 CFR 656.20*

Profesores de Colegios Superiores o Universidades

Un patron debe solicitar una certificación laboral para emplear a un extranjero como professor de colegio superior o de universidad representado y con habilidades excepcionales llenando el ETA 750, Formulario de Certificación Laboral, ante la oficina local de Servicios de Empleo que cubre el área donde el extranjero sera empleado.

El empleador debe presentar documentación que pruebe que:
- El extranjero fue seleccionado para la oportunidad laboral a través de un

reclutamiento competitivo
- El extranjero resultó ser más calificado que cualquier otro candidato americano
- Evidencia adicional:
  - declaración firmada de los pormenores del proceso de reclutamiento
  - número de solicitantes
  - razones por las cuales el extranjero está más calificado
  - copia de por lo menos un aviso de empleo en un periódico profesional nacional
  - todos los otros recursos utilizados para el reclutamiento
  - certificado de las habilidades educativas o profesionales del extranjero, así como de sus logros académicos

La solicitud debe hacerse 18 meses después de que la selección ha sido hecha.

Extranjero Representado con Habilidades Excepcionales en Artes Escénicas
Si la solicitud es para un extranjero con habilidades excepcionales en artes escénicas, el empleador debe probar:
- La experiencia laboral del extranjero en los últimos 12 meses
- Que el trabajo que desempeñará el extranjero en EE.UU. requiere habilidades excepcionales
- Evidencia adicional:
  - documentos que certifiquen que el extranjero es ampliamente aclamado e internacionalmente reconocido
  - recibo de galardones internacionales o reconocimientos de su excelencia
  - material publicado por o acerca del extranjero
  - evidencia documentada de sus ganancias acorde al nivel de sus habilidades
  - programaciones
  - documentos que certifiquen la reputación de los establecimientos en los cuales el extranjero ha actuado o actuará
- Compañías de repertorio, grupos de ballet, orquestas en donde el extranjero ha actuado con capacidad de liderazgo o como estrella
- Un aviso en una publicación nacional referente a la ocupación del extranjero

La solicitud debe hacerse en la oficina local de servicios laborales (Employment Service Office). Cuando la oficina local de servicios laborales recibe una solicitud para profesor universitario o de colegio superior o para un extranjero representado con habilidades excepcionales en artes escénicas, ésta debe:
- Sellar la solicitud y asegurarse de que está completa
- Calcular el salario prevaleciente del puesto, y
- Notificar al empleador que aumente la cantidad ofrecida si los salarios ofrecidos están por debajo del salario prevaleciente   *Ref: 20 CFR 656.21*

La oficina local de servicios laborales remitirá un archivo que contenga la solicitud, el salario oficial y cualquier otra información que se considere apropiada para la agencia estatal de servicios laborales, SWA (Agencia Estatal de Empleo) o para el Oficial de Certificación (Certifying Officer) si así lo señala la SWA.

La oficina de la SWA que reciba la solicitud puede agregar información o comentarios que considere pertinentes y remitirla rápidamente al oficial certificante para su aprobación final.

Al recibir la aprobación final, se debe presentar el Formulario I-140 en la oficina del BCIS.

Reducción en los Esfuerzos de Reclutamiento (RIR)

El oficial de certificación autoriza reducir los esfuerzos de reclutamiento del empleador si éste prueba satisfactoriamente que no ha tenido éxito al reclutar en el mercado laboral con el sueldo y condiciones laborales prevalecientes. No se conceden reducciones para ofertas laborales que involucren ocupaciones señaladas en el Listado B.

Para solicitar una reducción de los esfuerzos de reclutamiento, el empleador debe presentar una solicitud por escrito junto con el Formulario de Solicitud de Certificación de Empleo para Extranjeros, en la oficina local de servicios laborales. La solicitud debe contener:

- Evidencia documentada de que en los últimos seis meses el empleador ha hecho todos los esfuerzos posibles para reclutar trabajadores americanos para dicho puesto, por lo menos con el salario y condiciones laborales prevalecientes a través de recursos regulares, y
- Cualquier otra información que el empleador crea que sostenga el argumento de que cualquier reclutamiento adiciónal no tendría éxito

Al recibir el formulario, la oficina local debe sellar y fechar tanto la solicitud como el formulario de solicitud y debe revisar y procesar la solicitud sin requerir que:

- La oficina local prepare y procese una orden de servicios laborales
- El patrón publique dicha oportunidad de trabajo en un periódico de circulación masiva o profesional, o en publicaciones de negocios o étnicas
- El empleador suministre a la oficina local un reporte por escrito de los resultados de sus esfuerzos después de haberse introducido la solicitud durante el período normal de reclutamiento de 30 días

Después de revisar y procesar la solicitud, la oficina local (y la oficina estatal de servicios laborales) debe procesar la solicitud para la oficina estatal de servicios laborales si no tuviese éxito, o al oficial de certificación regional, si tuviese éxito.

El oficial de certificación debe revisar la documentación presentada por el empleador y los comentarios de la oficina local y notificar al empleador y a la oficina local o estatal de servicios laborales si los esfuerzos de reclutamiento pueden ser reducidos parcial o completamente o si la solicitud es negada. Si se decide reducir completamente los esfuerzos de reclutamiento, la solicitud será devuelta a la oficina local o estatal para que el empleador reclute trabajadores según lo indique la decisión del Oficial de Certificación.   *Ref: 20 CFR 656.21 (i)*

El 31 de Agosto de 2001 se publicó una nueva norma para acelerar el proceso de tramitación. El Departamento del Trabajo ahora permite que un empleador presente una solicitud ante la SWA para permitir que una petición presentada antes del 3 de Agosto de 2001 se convierta en una reducción en la requisición de reclutamiento sin perder su fecha de presentación.   *Ref: 66 FR 40584*

Listado B - ocupaciones

Las ocupaciones del Listado B son de Tercera Preferencia (EB3), aquéllas para las cuales el Departamento del Trabajo (DOL) ha determinado que por lo general existen suficientes trabajadores americanos que son capaces y están calificados, dispuestos y disponibles. Los salarios y las condiciones laborales de los trabajadores americanos empleados bajo condiciones similares estarán por lo general adversamente afectados por el empleo de extranjeros en ocupaciones del Listado B en EE.UU.

Referente a las ocupaciones del Listado B, el DOL dice:
- Requieren poca o ninguna educación o experiencia
- Los trabajadores pueden ser entrenados rápidamente para trabajar satisfactoriamente
- Los empleos se caracterizan por tener salarios relativamente bajos, horas largas e irregulares, malas condiciones laborales y despidos excesivos
- El empleo de extranjeros no ha resuelto el problema laboral
- Los extranjeros buscan rápidamente otros trabajos al obtener la Tarjeta de Residencia (Green Card)

Las 49 ocupaciones del Listado B van desde Ensambladores hasta Jardineros. Sus definiciones contienen palabras tales como repetitivo, rutina, servicio, asistir, empacar, mecanografiar, mantener, etc.

Un empleador o su agente o abogado pueden solicitar al oficial certificante regional, del área geográfica en la cual se ubica la oportunidad laboral, una exención al Listado B conforme al 20 CFR 656.23.

- *Evidencia adicional del Listado B*
  - solicitud por escrito de una exención al Listado B
  - publicación del aviso de trabajo en un periódico local o en diarios técnicos/académicos por tres días
  - traducción de documentos en idiomas extranjeros al Inglés
  - la oficina local de servicios laborales ha tenido la orden de trabajo en sus archivos por 30 días y no ha conseguido un trabajador americano calificado
  - instrucciones de reclutamiento de la agencia estatal de servicios laborales (SWA) llevadas a cabo
  - documentación adicional suministrada al DOL:
    - publicación del aviso de trabajo en el periódico enviado al DOL
    - resultados del reclutamiento con nombres y currícula
    - justificación de la selección de un solicitante extranjero
    - el empleador ha intentado reclutar trabajadores americanos antes de llenar la solicitud para la certificación
    - se ha intentado reclutar trabajadores americanos con esfuerzos razonables y de buena fé sin éxito a través del sistema de servicios de empleo o de referencias de trabajo y recursos de reclutamiento (listados)

- requisitos de trabajo descritos como normalmente requeridos para el trabajo en EE.UU. y no restrictivos
- notificaciones y otros esfuerzos de reclutamiento han sido y siguen siendo infructuosos
- los requisitos laborales son mínimos y los trabajadores no han sido empleados anteriormente para trabajos similares con menos entrenamiento y experiencia

El proceso requiere que la solicitud sea presentada en la oficina de la agencia estatal local de servicios laborales (SWA) que cubre el área geográfica donde se realizará el trabajo. La oficina estatal:

- Envía al empleador nombres y currícula de cualquier solicitud que reciba
- Envía la solicitud al oficial de certificación de la oficina regional del DOL

Después de 30 días, el oficial certificante regional concede una exención y emite una Certificación Laboral o emite una Notificación de los Resultados o una solicitud formal de documentación adicional. Si la documentación adicional no es satisfactoria, se niega la exención.

El oficial de certificación regional puede referir casos del Listado A o B al oficial certificante nacional para que éste decida. El empleador y el extranjero serán notificados por escrito sobre la determinación tomada acerca de su solicitud.

Al recibir la notificación de aprobación, se puede presentar un Formulario I-140, Petición de Inmigrante para Trabajador Extranjero, en el BCIS en el Paso 3.

Opción 3 - Exención de Interés Nacional (NIW)

El Secretario de la Seguridad de la Patria puede considerar de interés nacional eximir el requisito de que los servicios de un extranjero en el área científica, artes, profesiones o negocios sean buscados por un patrón en EE.UU. Los solicitantes que puedan probar que su trabajo será de interés nacional para EE.UU. reciben una exención de la Certificación Laboral.

Para calificar, un solicitante debe demostrar una "habilidad excepcional en el área científica, artes, o negocios que beneficiará substancialmente la economía nacional, los intereses culturales o educativos, o el bienestar de EE.UU."

Como el empleador no tiene que hacer la solicitud, no existe un requisito de salario prevaleciente; sin embargo, los solicitantes deben probar que poseen los recursos financieros personales necesarios para mantenerse y no ser una carga financiera para la sociedad. Las exenciones de Tercera Preferencia basada en Empleo (EB3) no están disponibles.

Un número mayor de casos aprobados se encuentra en las áreas de la salud e investigación relacionada con la energía, demostrando habilidad extraordinaria o que el trabajo de interés nacional.

Los solicitantes deben presentar sus peticiones de manera concisa y precisa.

Para solicitar una exención del requisito de una oferta de trabajo, y por consiguiente de una Certificación Laboral, usted debe presentar una exención de interés nacional (National Interest Waiver) al Buró de Servicios de Ciudadanía e Inmigración. (BCIS). Este proceso combina los Pasos 2 y 3.

Documentación y Evidencias de Apoyo:
- *Formularios del BCIS y DOL*
  - I-140 del BCIS, Petición de Trabajador Inmigrante Extranjero
  - ETA 750B del DOL, Declaración de las Calificaciones de Extranjero (por duplicado)
  - G-28, si está representado por un abogado
- *Tarifas*
  - US $135 para el I-140
  - US $50 para toma de huellas dactilares
- *Prueba de apoyo financiero*
  - prueba de la solvencia financiera del extranjero (casos de exención de interés nacional)
  - oferta de empleo como evidencia de apoyo financiero
  - prueba de la solvencia financiera del empleador
- *Evidencia adicional - extranjero*
  - evidencia de justificación del reclamo de que tal exención es de interés nacional   *Ref: BCIS Nebraska Service Center*
  - la importancia del programa o actividad para la economía, defensa, ambiente o condiciones laborales
  - comprobación por escrito de cómo su participación beneficiará al interés nacional de:
    - una agencia gubernamental interesada de EE.UU.
    - clientes
    - expertos nacionales reconocidos en el área
    - otros científicos/profesores/investigadores distinguidos en el área
  - sus credenciales académicas
  - un doctorado en su campo, o un diploma universitario o un doctorado en ciencias si el caso lo amerita
  - lo que usted ya ha logrado en su área
  - reconocimientos/premios en el área de su competencia
  - artículos publicados en periódicos
  - presentaciones en conferencias
  - membresía en asociaciones profesionales
  - membresías en comités en el área de competencia
  - las consecuencias si usted no es capaz de comenzar o continuar participando

Paso 3 - Entrada Autorizada por el BCIS en EE.UU. - Petición Inicial

Cualquier empleador americano puede presentar una Petición de Trabajador Extranjero Inmigrante I-140, en el Centro del BCIS regional que tenga jurisdicción en el lugar donde el extranjero será empleado bajo la clasificación Segunda o Tercera

Preferencia basada en Empleo.   *Ref: INA 203(b) (2); TL:VISA-54;2-28-92*

Los casos que involucren las ocupaciones del Listado A y ganaderos de ovejas, la solicitud formal para Certificación Laboral descrita en el Paso 2 se introduce en el BCIS junto con el Formulario de petición I-140 y toda la documentación necesaria de apoyo requerida en este paso.

En los casos que involucren ocupaciones del Listado B y que sean de tramitación rápida, la Certificación Laboral debe obtenerse antes que la solicitud de Tercera Preferencia Basada en Empleo pueda ser presentada al BCIS.

Los hijos y el cónyuge, aunque no aparezcan en la solicitud, tienen derecho a un estatus derivativo correspondiente a la clasificación y fecha de prioridad del beneficiario de la petición.   *Ref: 9 FAM 42.32*

Documentación y Evidencias de Apoyo a la Preferencia Basada en Empleo:
- *Formulario del BCIS*
  - I-140, Petición de Trabajador Inmigrante Extranjero, o
- *Formularios del DOL (Listado A y ganaderos de ovejas únicamente)*
  - ETA 750, Parte A, Solicitud para Certificación de Empleo para Extranjeros
  - ETA 750, Parte B, Declaración de las Habilidades del Extranjero
- *Tarifas*
  - US $135 para el I-140
  - US $50 para toma de huellas dactilares
  - no hay tarifa por presentación de solicitud al DOL
- *Documentos civiles*
  - no se requiere acta de nacimiento (puesto que usted no se está basando en una conexión familiar)
- *Evidencia de apoyo a la solicitud el empleador*
  - todos los documentos de soporte y cartas de empleo
  - toda la documentación de apoyo del Paso 2
- *Prueba de solvencia o apoyo económico*
  - toda la prueba necesaria de apoyo económico
  - declaración Jurada de Apoyo Financiero, I-864 (si la entidad familiar hizo la petición)
- *Credenciales profesionales*
  - toda la evidencia profesional necesaria, como sea requerida

Documentación adicional se requiere para el catagories siguiente:

A) Miembro de Profesiones con un Título Avanzado
La evidencia para establecer que un extranjero es miembro de una profesión y que tiene un título avanzado debe ser en la forma de:
- Un record académico oficial que muestre posesión de un título avanzado (o equivalente extranjero), o
- Un record académico official que muestre posesión de un título de licenciatura (o equivalente extranjero) y una carta de l patrón actual o anterior que muestre por lo menos cinco años de experiencia en la

especialidad
- Si las pautas de arriba no son aplicables, el solicitante debe presentar evidencia comparable para establecer la elegibilidad del beneficiario

Aunque el BCIS no evaluará la equivalencia de la educación y la experiencia de un doctorado, si la especialidad requiriese un doctorado (o un título extranjero equivalente), entonces el extranjero debe poseer un título de esa categoría.

Ref: TL: VISA54; 2-28-92

B) Extranjeros con habilidades excepcionales en las ciencias, artes, o negocios que beneficiarán substancialmente la economía nacional, los intereses culturales o educativos, o el bienestar de EE.UU.

Para establecer evidencia de habilidad excepcional, la petición debe estar acompañada por al menos tres de los siguientes puntos:
- Un record académico que muestre el título, diploma, certificado, o premio similar de un colegio superior, universidad, escuale u otra institución de aprendizaje relacionada con el área de la habilidad excepcional
- Cartas del empleador actual que muestren evidencia de por lo menos 10 años de experiencia a tiempo completo en la ocupación
- Una licencia para practicar la profesión o certificación para una profesión u ocupación particular
- Evidencia de que el extranjero tiene un salario u otras remuneraciones que muestren habilidad excepcional
- Evidencia de membresía en asociaciones profesionales, o
- Evidencia de reconocimientos por logros y contribuciones significativas a la industria o área por colegas, entidades gubernamentales, u organizaciones profesionales o de negocios

C) Exención de Interés Nacional por el Secretario de la Seguridad de la Patria

Un Formulario I-140, Petición de Inmigrante para exención de Segunda Preferencia en base al empleo puede ser presentada por el extranjero sin Certificación Laboral u oferta de trabajo en el Centro de Servicios regional del BCIS que tenga jurisdicción sobre el lugar donde el extranjero será empleado.

Ref: INA 203(b)(2); TL: VISA-54; 2-28-92

Aunque el "interés nacional" no está definido, algunos de los factores que han sido vistos como de interés nacional para EE.UU. son:
- Mejoras en la economía de EE.UU.
- Creación de oportunidades de trabajo
- Mejoras en los salarios y condiciones de trabajo de los trabajadores americanos
- Mejoras en la educación y programas de entrenamiento para los niños de EE.UU. y trabajadores no calificados
- Mejoras en los Servicios Médicos
- Suministro de viviendas económicas para los residentes jóvenes, ancianos o más pobres de EE.UU.
- Mejoras en el ambiente, utilizando productivamente los recursos naturales

- Habilidades de investigación que superen a otras en el área
- Mejoras en la conciencia cultural y diversidad a través de esfuerzos artísticos y contribuciones científicas significativas
- Una solicitud de una agencia gubernamental o compañías de EE.UU. que estén interesadas y que se beneficien de la investigación o de dicho trabajo   *Ref: INS Administrative Appeals Unit*

Una Notificación de Acción (Notice of Action) I-797 sirve como una acción del BCIS en estos casos. El recibo de la Certificación Laboral por sí solo no cambia el estatus de un extranjero.

Paso 4 – Tramitación

Los extranjeros que viven en EE.UU. que no han mantenido estatus legal pagan una multa de US $1000 junto con el Formulario I-485 solamente para tramitación si éstos estuvieron en EE.UU. para el 21 Diciembre de 2000 y tenían una solicitud de Tarjeta de Residencia (Green Card) en proceso para el 30 de Abril de 2001; de otra forma, éstas deben ser procesadas en su país de residencia y usted se arriesgaría a que se le impida entrar a EE.UU. de 3 a 10 años.

Si usted no está fuera de estatus y ya está a punto de obtener la Tarjeta de Residencia, para solicitar un cambio de estatus, puede obtener un permiso de trabajo basado en su ajuste de estatus pendiente.

Cuando los extranjeros con estatus H-1B válido presentan los I-485 y I-765, Solicitud de Autorización de Trabajo (EAD), pueden permanecer pero no trabajar hasta que reciban su EAD.

Opción 1 – Ajuste de Estatus por el BCIS en EE.UU.

Si usted ha mantenido un estatus legal en EE.UU. y es elegible inmediatamente, usted puede solicitar para un ajuste de estatus de una clasificación de no inmigrante a estatus de residente permanente en la oficina del BCIS que tenga jurisdicción sobre el lugar de su residencia.

Después de recibir una Notificación de Estatus I-797C y aprobación de la solicitud, un solicitante puede presentar un I-485 para Ajuste de Estatus.

Documentación y Evidencias de Apoyo:
- *Formularios del BCIS*
  - I-485, Solicitud de Registro de Residencia Permanente o Ajuste de Estatus
  - I-765, Solicitud de Autorización de Trabajo, si requerida
- *Tarifas*
  - US $255 para el I-485 si el solicitante tiene 14 años de edad o más
  - US $160 para el I-485 si el solicitante tiene menos de 14 años de edad
  - US $120 para el I-765, si es pedida
  - US $50 para huellas dactilares

- *Pasaporte y fotografías*
  - pasaporte válido por lo menos seis meses después de la estadía que se intenta
  - dos fotografías idénticas por lo menos 40 mm de altura por 35 mm de ancho a color – ¾ de perfil frontal, mostrando la oreja derecha
- *Aprobación previa*
  - copia de la Notificación de Acción aprobada para petición de inmigrante que suministra inmediatamente un número de visa
- *Estatus inmigratorio actual y previo*
  - copia del I-94, si aplica
- *Prueba de solvencia o apoyo económico*
  - I-864, Declaración Juramentada de Ayuda (si la petición fue introducida por un familiar)
  - evidencia de sus activos
- *Documentos civiles*
  - acta de nacimiento del extranjero principal y de sus dependientes – formulario largo
  - acta de Matrimonio, si aplica
- *Autorización de la policía*
- *Evidencia del empleador de solicitud de ayuda económica*
  - carta del empleador

Opción 2 – Por el Departamento de Estado (DOS) en el Extranjero

Un solicitante puede ser procesado en una embajada o consulado de EE.UU. en el extranjero después de haber recibido notificación de que un número de visa está inmediatamente disponible.

El oficial consular no emitirá una visa de inmigrante a ningún inmigrante de Segunda o Tercera Preferencia Basada en Empleo hasta que reciba:

- Del BCIS, una petición de Trabajador Inmigrante aprobada de acuerdo con el INA 204, o notificación oficial de tal aprobación
- Del Departamento del Trabajo, una petición aprobada acompañada por una Certificación Laboral
- Confirmación de CGFNS u otra certificación para enfermeras

Ref: 67 FR 77158

Documentación y Evidencias de Apoyo:

- *Formularios del DOS*
  - Departamento de Estado, Paquete III & IV que incluye:
    - DS-230 Partes I y II
    - hoja de información biográfica G-325A
- *Tarifas*
  - US $335 para procesamiento de visa
  - US $65 para Declaración Juramentada de revisión de ayuda financiera (si el I-864 es requerida)

- *Pasaporte y fotografías*
  - pasaporte válido por lo menos seis meses después de la estadía que se intenta
  - dos fotografías cuadradas idénticas de 50 mm (2") de frente
- *Aprobación previa*
  - copia de la Notificación de Acción aprobada de la petición de inmigrante haciendo inmediatamente disponible un número de visa
- *Estatus inmigratorio actual y previo*
  - copia del I-94, si aplica
- *Prueba de solvencia o apoyo económico*
  - oferta notariada de empleo
  - evidencia de sus activos o ayuda económica
  - I-864, Declaración Juramentada de ayuda económica (si la petición fue presentada por un familiar)
- *Documentos civiles*
  - acta de nacimiento del extranjero principal y de sus dependientes – formulario largo
- *Autorización de la policía*
  - prueba de autorización de la policía
- *Autorización médica*
  - I-693, prueba de autorización médica

Si el oficial consular está satisfecho con la evidencia presentada, el extranjero recibirá una visa de Segunda o Tercera Preferencia basada en empleo, como sea apropiado.

Paso 5 – Autorización del BCBP en un Puerto de Entrada

El BCIS tiene la autoridad final de revisar los documentos presentados para aprobación y tomar la decisión de admitir o no al extranjero.

Cuarta Preferencia (EB4)
Basada en Empleo

Inmigrantes Especiales
Asiático-americanos,
Viudos(as),
Trabajadores Religiosos,
Menores de Edad bajo proteccción de la Corte,
Reporteros Internacionales

Los solicitantes del estatus de Cuarta Preferencia Basada en Empleo pertenecen a un grupo diverso y están exentos de Certificación Laboral (DOL).

Las sub-categorías son:
Cuarta Preferencia (EB4):   *Inmigrantes especiales*
A   Asiático-americano (AM2)
B   Viudo(a) (IW1)
C   Trabajadore religioso tales como sacerdotes (SD1)
D   Menor bajo protección de la Corte (SL1)
E   Empleado de la Radiodifusión Internacional (BC1)

Criterios de Entrada

Para el estatus de cuarta preferencia, usted debe calificar en una de las muchas categorías. Vea 22 CFR 42.11 para una lista completa. Ejemplos:

A) Asiático-americano

Un asiático-americano es un extranjero que:
- No se ha casado y que nació en Korea, Vietnam, Laos, Kampuchea, o Thailandia después del 31 de Diciembre de 1950 y antes del 22 de Octubre de 1982, y
- Era hijo de un ciudadano americano

B) Viudo(a)

Una viuda o viudo es un extranjero que:
- Estuvo casada(o) por al menos dos años con un ciudadano americano que está muerto ahora, y
- Ha sido un ciudadano americano por lo menos por dos años al momento de la muerte de su cónyuge, y:
  - el cónyuge americano murió hace menos de dos años
  - no estaba legalmente separado del cónyuge ciudadano americano al momento de su muerte
  - no se ha casado nuevamente

C) Trabajador Religioso

Un trabajador religioso es un extranjero que:
- Ha sido miembro de una congregación religiosa sin fines de lucro en EE.UU, y
- Ha estado realizando el trabajo vocacional y profesional u otro trabajo descrito abajo continuamente en los últimos dos años, y
- Busca entrar a EE.UU. solamente para trabajar:
  - como ministro de religión, o
  - trabajar para la organización en capacidad profesional en una vocación religiosa (se exige título de licenciatura), o
  - trabajar para la organización o companía relacionada a ésta, exenta de impuestos en otra capacidad no profesional en una vocación o profesión religiosa

Este es un programa temporal que se renueva en intervalos de tres años. Actualmente está extendida hasta el 30 de Septiembre de 2003. Cinco mil visas están disponibles para esta sub-categoría cada año.   *Ref: H.R. 4068*

D) Menor Bajo Protección de la Corte

Un menor bajo protección de la corte es un extranjero:
- Que no está casado
- Que ha sido de procesos administrativos o judiciales
- Que todavía es un menor dependiente de la ley del estado en el cual está ubicada la corte de menores
- Para quien se ha determinado que:
  - no sería de interés ser regresado a:
    - su país de nacionalidad, última residencia, o
    - el país de nacionalidad o de última residencia de sus padres
  - es elegible para ser cuidado a largo plazo en una casa de crianza de menores
- Que no ha otorgado beneficios derivativos de inmigración a sus padres naturales debido a su estatus especial de inmigración

E) Empleado de la Radiodifusión Internacional

Un empleado de la radiodifusión internacional es un extranjero que es:
- Empleado de la División Internacional de la Radiodifusión de la División de la Radiodifusión de Gobernadores o concesionarios de esa División
  Ref: INA 203(b)(4)

Cien visas están disponibles cada año sin límite numérico para cónyuges e hijos.

Proceso de Admisión

Paso 1 – Autorizando la Oferta de Trabajo en EE.UU.

Revise si se requiere una oferta de trabajo por escrito de un posible empleador en EE.UU.

Paso 2 – Autorización de Entrada del BCIS a EE.UU. – Petición Inicial

El BCIS es responsable de certificar la elegibilidad de un extranjero para estatus de inmigrante con preferencia.   *Ref: INA 212(a)(5)(A)*

El lugar en donde presentar la petición varía de acuerdo a la sub-categoría. Las peticiones de parte de esposas maltratadas son presentadas en el Centro de Servicios de Vermont. Puede tomar hasta ocho semanas para recibir la Notificación de Acción I-797 del BCIS.

Debido a la naturaleza diversa de esta categoría de Preferencia, existen requisitos muy precisos y diferentes en cuanto a la documentación y prueba de apoyo.

Hay un gran número de documentos de apoyo que son requeridos de estos extranjeros y los cuales son communes a las diferentes subcategorías. Los requisitos adicionales que son únicos a una subcategoría individual son explicados más tarde.

Si su nombre está o no en la petición, el hijo o cónyuge tienen derecho a us estatus derivativo correspondiente a la clasificación con fecha de prioridad del beneficiario de la petición.   *Ref: 9 FAM 42.32*

Documentación y Evidencias de Apoyo para todas las Sub-categorías:
- *Formulario del BCIS*
  - I-360, Petición de Asiático-americano, Vuida(o), o Inmigrante Especial
- *Tarifas*
  - US $130
  - no hay tarifa para los asiático-americanos
  - US $50 para huellas dactilares, si aplica
- *Documentos civiles*
  - no se requiere del acta de nacimiento (a menos que se dependa de una conexión familiar)

- *Evidencia de apoyo a la solicitud del empleador*
  - todos las cartas de empleo necesarias, si involucran empleo
- *Prueba de solvencia o apoyo económico*
  - todas las pruebas necesarias de ayuda financiera
  - I-864, Declaración Juramentada de Ayuda (si se presenta la petición de un familiar) con US $65 para su revisión
- *Credenciales profesionales*
  - todas las credenciales profesionales necesarias, si aplica

La documentación única y los requisitos de solicitud para cada categoría se exponen a continuación.

A) Asiático-americano

Cualquier persona que tenga más de 18 años de edad, que sea un menor independiente o una corporación americana, puede presentar esta petición. Si usted está solicitando clasificación como asiático-americano y la persona para la cual usted está presentado la solicitud está fuera de los EE.UU., usted puede presentar esta petición en la oficina local del BCIS que tenga jurisdicción sobre el lugar de residencia.

Documentación y Evidencias de Apoyo:
- Copias de evidencia que el beneficiario cumple con los criterios del país y fecha de entrada, incluyendo:
  - nombre completo, fecha y lugar de nacimiento
  - dirección actual o permanente de la madre o representante
  - la firma de la madre o representante en la forma de liberación autentificada en un registro local, corte de menores, o un oficial o cónsul de inmigración
- Si nació en Vietnam, una copia de su tarjeta de identificación vietnamita, o una declaración juramentada explicando por qué no está disponible
- Copias de la evidencia que establece el parentesco de la persona y de la evidencia que establece que el padre biolólico era un ciudadano americano, tales como:
  - registros de nacimiento o de bautismo u otros documentos religiosos
  - registros civiles locales
  - una declaración jurada
  - correspondencia o evidencia de ayuda económica del padre
  - fotografías del padre con el hijo
  - declaraciones juradas de testigos conocidos que detallen el parentesco del niño con su madre o representante legal y cómo conocen los hechos
- Una fotografía de la persona
- Copia de su acta de matrimonio, si la persona está casada, y
- Prueba de cualquier matrimonio anterior
- Si la persona tiene menos de 18 años de edad, un parentesco con su madre o representante legal, la cual:
  - lo libera irrevocablemente para emigrar y autoriza a las agencias de colocación para hacer las decisiones necesarias para cuidado inmediato hasta que un patrocinador reciba la custodia

- muestre que la forma de liberación está entendida
- declare si se pagó dinero o se usó la fuerza para obtener dicha liberación

Los siguientes documentos de patrocinio también son requeridos y deben ser presentados con la petición para evitar aumentar el período de tramitación:

- Una declaración jurada de apoyo económico de parte del patrocinador, con la evidencia requerida de capacidad financiera anexa (el patrocinador original es económicamente responsable si el patrocinador subsecuente falla)
- Copias de evidencia de que el patrocinador tiene por lo menos 21 años de edad y es ciudadano americano o residente permanente
- Certificados de autorización de la policía, si son requeridos
- Si la petición es para una persona menor de 18 años, se deben presentar los siguientes documentos emitidos de un agencia de colocación:
  - una copia de la licencia de la agencia privada, pública o estatal para colocar niños en EE.UU.
  - prueba de la experiencia reciente de la agencia en la colocación de niños y de la habilidad de la agencia de hacer los arreglos de colocación
  - un estudio favorable del hogar del patrocinador conducido por una agencia legalmente autorizada
  - un reporte de pre-colocación de la agencia, incluyendo información referente a cualquier separación familiar o dislocación en el extranjero que podría resultar de la colocación
  - una descripción por escrito de la orientación dada al patrocinador y al padre o representante de los aspectos legales y culturales de la ubicación
  - una declaración de la agencia que muestre que se le ha suministrado un reporte de la precolocación y de la evaluación del niño
  - un plan por escrito de la agencia para suministrar servicios de seguimiento, incluyendo orientación y consejería, y que describa los planes de contigencia de la colocación si el plan original falla

B) Viuda(o)

Una persona viuda puede presentar esta petición por sí misma. La petición debe ser presentada al Centro de Servicios del BCISque tenga jurisdicción en su lugar de residencia.

Documentación y Evidencias de Apoyo:

- *Documentos civiles*
  - copia de su acta de matrimonio con el ciudadano americano
  - prueba de terminación de matromonios anteriores de cualquiera de ustedes
  - copias de evidencia de que su cónyuge era un ciudadano americano, tal como:
    - acta de nacimiento si nació en EE.UU.
    - acta de naturalización o de ciudadanía emitida por el BCIS
    - Formulario FS-240, Reporte de Nacimiento en el Extranjero de un ciudadano americano

- pasaporte americano válido al momento de la muerte del ciudadano americano
- copia del acta de defunción de su cónyuge americano que está muerto y quien era ciudadano americano

C) Trabajador Religioso

Cualquier persona, incluyendo el extranjero que presenta esta petición con el Formulario I-360, Petición de Asiático-americano, Vuida(o), o Inmigrante Especial.

Documentación y Evidencias de Apoyo:
- *Evidencia de apoyo a la solicitud del empleador*
  - carta del oficial autorizado de la organización religiosa
    - estableciendo que los servicios propuestos y el extranjero califican como arriba se menciona
    - atestiguando la membresía del extranjero en la denominación religiosa y explicando en detalle:
      - el trabajo religioso de la persona
      - todo el empleo durante los últimos dos años
      - el empleo propuesto
- *Evidencia adicional*
  - la organización religiosa, y cualquier afiliado que empleará a la persona:
    - es una organización religiosa americana sin fines de lucro
    - está exenta de impuestos bajo la sección 501(c)(3) del Internal Revenue Code de 1986

D) Menores bajo protección de la Corte

Cualquier persona, incluyendo el extranjero, puede presentar esta petición con el Formulario I-360, Petición de Asiático-americano, Vuida(o), o Inmigrante Especial, para un menor bajo portección de la corte.

Documentación y Evidencias de Apoyo:
- Copias de los documentos de la corte sobre los cuales se basa la solicitud de elegibilidad

E) Empleado de la Radiodifusión Internacional

La solicitud para un empleado de la radiodifusión internacional puede ser presentada con el Formulario I-360, Petición de Asiático-americano, Vuida(o), o Inmigrante Especial con una prueba del estatus de calificación para el empleo.

Paso 3 – Procesamiento de la Tarjeta de Residencia (Green Card)

Opción 1 – Ajuste de estatus por el BCIS en EE.UU.

Si usted ha mantenido estatus legal en EE.UU. y su petición I-360 ha sido aprobada, haciéndolo inmediatamente elegible, usted puede presentar una solicitud en la oficina local del BCIS que tenga jurisdicción sobre su lugar de residencia para ajustar su estatus.

Los extranjeros que viven en EE.UU. que no han mantenido estatus legal deben pagar una multa de US $1000 junto con un Formulario I-485 para su tramitación si usted estaba en EE.UU. para el 21 de Diciembre de 2000 y tenía en proceso una solicitud de Tarjeta de Residencia para el 30 de Abril de 2001; de otro modo, usted debe procesarla en su país de residencia y arriesgarse a que se le impida entrar a EE.UU. de 3 a 10 años.

Documentación y Evidencias de Apoyo:
- *Formularios del BCIS*
  - I-485, Solicitud de Registro de Residencia Permanente o Ajuste de Estatus
  - I-765, Solicitud de Autorización de Trabajo, si es requerida
- *Tarifas*
  - US $255 para el I-485 para solicitantes de 14 años de edad o más
  - US $160 para el I-485 para solicitantes menores de 14 años
  - US $120 para el I-765, si es requerida
  - US $50 por huellas dactilares
- *Pasaporte y fotografías*
  - pasaporte válido por lo menos seis meses después de la estadía que se intenta
  - dos fotografías idénticas por lo menos 40 mm de altura por 35 mm de anchos a color – ¾ de perfil frontal, mostrando la oreja derecha
- *Aprobación previa*
  - copia de la notificación de petición de inmigrante que suministra inmediatamente un número de visa
- *Estatus inmigratorio actual y previo*
  - copia del I-94, si aplica
- *Prueba de solvencia o apoyo económico*
  - I-864, Declaración jurada de apoyo económico (si la petición fue presentada por un familiar)
  - evidencia de sus propios activos
- *Documentos civiles*
  - acta de nacimiento del extranjero principal y dependientes – formulario largo
  - acta de matrimonio, si aplica
- *Autorización de la policía*
- *Evidencia de solicitud de apoyo económico del empleador*
  - carta de trabajo, si aplica

Opción 2 – Por el Departamento de Estado (DOS) en el extranjero

Los extrajeros que viven fuera de EE.UU. pueden realizar el trámite en una embajada o consulado de EE.UU en el extranjero después de haber recibido notificación de que un número de visa está inmediatamente disponible.

El oficial consular no emitirá una visa de inmigrante a ningún inmigrante de Cuarta Preferencia basada en empleo hasta que reciba del BCIS:

- Una petición de Trabajador Inmigrante aprobada de acuerdo al INA 204, o
- Una notificación oficial de tal aprobación

Documentación y Evidencias de Apoyo:

- *Formulario del DOS*
  - Departamento de Estado, Paquetes III & IV que incluyen:
    - DS-230 partes I y II
    - G-325A – Hoja de información biográfica
- *Tarifas*
  - US $335 para tramitación de visa
  - US $65 para revisión de declaración jurada de ayuda económica, si se requiere el I-864
- *Pasaporte y fotografías*
  - pasaporte válido por lo menos seis meses después de la estadía que se intenta
  - dos fotografías idénticas cuadradas de 50 mm (2") de frente
  - *Aprobación previa*
    - copia de la notificación de petición de inmigrante que suministra inmediatamente un número de visa
- *Estatus inmigratorio actual y previo*
  - copia del I-94, si aplica
- *Prueba de solvencia o apoyo económico*
  - I-864, declaración jurada de apoyo económico (si la petición fue presentada por un familiar)
- *Documentos civiles*
  - acta de nacimiento del extranjero principal y dependientes – formulario largo
  - acta de matrimonio, si aplica
  - evidencia de sus propios activos
- *Autorización de la policía*
  - prueba de autorización de la policía
- *Autorización médica*
  - I-693, prueba de autorización médica

Si el oficial consular está satisfecho con la evidencia presentada, el extranjero recibirá una visa de Cuarta Preferencia basada en Empleo.

Al beneficiario se le suministra un paquete sellado de documentos para llevar y entregar al Inspector de Inmigración del BCBP en el puerto de entrada de EE.UU.

Paso 5 - Autorización del BCBP en un Puerto de Entrada

El BCIS tiene la autoridad final de revisar los documentos presentados para su aprobación y tomar la decisión de admitir o no al extranjero.

Quinta Preferencia (EB5)
Basada en Empleo

Creación de Empleo
(Inversionistas)

Esta preferencia es para el uso de un empresario extranjero que desea establecer una empresa commercial nueva en EE.UU. y solicitar estatus de inmigrante con Quinta Preferencia basada en Empleo.

Los solicitantes están exentos de los siguientes requisitos:
- Obtener una Certificación Laboral del Departamento de Trabajo
- Presentar una oferta de trabajo al BCIS

La Quinta Preferencia permite la entrada de extranjeros para establecer sus nuevas empresas en:
- Areas de bajo desempleo, o
- Areas de alto desempleo

Las sub-categorías son:

Quinta Preferencia (EB5)	Creación de empleo (Inversionistas)
	Creación de empleo (Inversionistas en centros rurales o con alto desempleo)

Tres mil visas están disponibles para inversionistas en áreas rurales o con alto desempleo. Trescientas visas están disponibles para centros regionales.

Criterios de Entrada

Ambas sub-categorías requieren de inversiones substanciales con el monto requerido en un área en particular establecido por las leyes. A menos que sean disminuídos para áreas asignadas o aumentadas para áreas de alto desempleo, la cifra debe ser US $1,000,000. Se pueden obtener detalles específicos en un buró del BCIS o embajada o consulado de EE.UU. en el extranjero.

El establecimiento de una nueva empresa comercial puede incluir cualquiera de lo siguiente:
- Creación de un nuevo negocio
- Compra de un negocio existente a ser simultánea o subsecuentemente restructurado o reorganizado, resultando en una nueva empresa comercial
- Expansión de un negocio existente invirtiendo la cantidad requerida, resultando en un cambio sustancial (de al menos 40%) en su valor neto, número de empleados o ambos resultados

Se requiere prueba de que usted ha establecido una nueva empresa commercial:

- En la cual usted trabajará en calidad de director o administrador
- En la cual usted ha invertido o está activamente en el proceso de invertir la cantidad requerida para el área en la cual la empresa está ubicada
- Que beneficiará la economía nacional de EE.UU., y
- Que creará empleo de tiempo completo por lo menos a 10 ciudadanos americanos, residents permanentes, u otros inmigrantes autorizados para trabajar, aparte de usted mismo, su cónyuge, sus hijos, o cualquier extranjero no inmigrante

Se considera tiempo completo si se tiene, por lo menos, 30 horas de servicio por semana.   *Ref: INA 203(b)*

Las siguientes páginas tratan acerca del proceso de solicitantes empresariales.

Proceso de Admisión

Paso 1 – Autorización del BCIS en EE.UU – Petición Inicial

El BCIS es responsable de certificar la elegibilidad de un extranjero para estatus de inmigrante por preferencia.   *Ref: INA 212(a)(5)(A)*

Mientras que a los solicitantes de Quinta Preferencia no se les exige una Certificación Laboral o una oferta de trabajo por escrito puesto que son empleadores, existe un requisito para prueba acerca de la nueva empresa comercial y su función en ella.

Un empresario puede presentar una solicitud de estatus de inmigrante a EE.UU. en el Centro de Servicios regional del BCIS en Texas o en California, dependiendo de dónde funcionará la empresa principalmente.

Si está nombrado o no en la petición, el hijo o cónyuge tienen derecho a un estatus derivativo correspondiente a la clasificación y fecha prioritaria del beneficiario de la solicitud.   *Ref: 9 FAM 42.32*

Documentación y Evidencias de Apoyo:
- *Formulario del BCIS*
  - I-526, Petición de Inmigrate por un Empresario Extranjero
- *Tarifas*
  - US $400 para el I-526
  - US $50 para huellas dactilares
- *Evidencia adicional*
  - creación de un nuevo negocio o la expansión de un negocio existente que incluye:
    - evidencia que usted ha creado una entidad de negocios legal, o
    - evidencia de que su inversión en un negocio existente ha generado al menos 40% de aumento en el valor neto del negocio:
      - copias de artículos de incorporación

- copias de una fusión o consolidación
- acuerdo entre socios o certificado de sociedad limitada
- acuerdo de sociedad participativa
- acuerdo de fideicomiso comercial
- certificado de autoridad para hacer negocios en el estado o municipio
- certificado de autoridad resultante en un incremento sustancial en el valor neto o número de empleados tales como:
- acuerdo de compra de acciones
- certificado de reportes financieros
- registros de nómina
- acuerdos o documentos como evidencia de la inversión y cambio sustancial resultante
- si es applicable, evidencia del establecimiento de su empresa en un área de empleo determinada, tal como:
  - un área que ha experimentado alto desmepleo de por lo menos 150% de la tasa promedio nacional, o
  - un área rural:
    - fuera de un área estadística metropolitana, o
    - fuera de los límites de cualquier ciudad o pueblo que tengan poblaciones de 20,000 personas o más
  - evidencia de que usted ha invertido o está activamente en el proceso de invertir la cantidad requerida para el área en la cual está ubicado el negocio:
    - estados de cuenta bancarios
    - activos comprados para uso de la empresa
    - dinero y propiedad transferida del extranjero
    - acuerdos de préstamos, hipotecas o de seguridad u otra evidencia de préstamos asegurados con activos
  - evidencia de que se obtuvo capital a través de medios legales, tales como:
    - control de registros de negocios extranjeros
    - pagos de impuestos de los últimos cinco años dentro o fuera de EE.UU.
    - evidencia de otras fuentes de capital
    - copias certificadas de cualquier juicio, acciones civiles o gubernamentales pendientes de cualquier corte contra el solicitante en los últimos 15 años
  - evidencia de que la empresa creará por lo menos 10 empleos de tiempo completo para ciudadanos americanos, residentes permanentes, o extranjeros legalmente autorizados para trabajar, tales como:
    - registros de impuestos
    - Formulario I-9 o documentos similares, si los empleados ya están contratados, o
    - un plan de negocio que indique cuándo serán contratados los

empleados en los próximos dos años
- evidencia de que usted estará administrando la empresa:
  - a través del control diario, o
  - a través de formulación de políticas:
  - declaración del título de su puesto
  - descripción completa de sus deberes
  - si usted es un oficial corporativo o tiene un posición en la Junta Directiva
- si la nueva empresa es una asociación:
  - evidencia de que usted está involucrado directamente en la administración o actividades de formulación de políticas

Paso 2 – Tramitación

Opción 1 – Ajuste de Estatus por el BCIS en EE.UU.

Si usted ha mantenido estatus legal en EE.UU. y su petición I-526 ha sido aprobada, haciéndolo inmediatamente elegible, usted puede solicitar ajuste de estatus a residente permanente a la oficina local del BCIS que tenga jurisdicción sobre el lugar donde se encuentra el empleo.

Los extranjeros que viven en EE.UU. y han mantenido estatus legal, solamente deben pagar una una multa de US $1000 junto con el Formulario I-485 para su tramitación únicamente si estaban en EE.UU. el 21 de Diciembre de 2000 y tenían en procoeso una solicitud de Tarjeta de Residencia (Green Card) para el 30 de Abril de 2001; de otro modo, deben tramitarlas en su país de residencia y arriesgarse a no poder entrar a EE.UU. de 3 a 10 años.

Documentación y Evidencias de Apoyo:
- *Formularios del BCIS*
  - I-485, Solicitud de Registro de Residencia Permanente o Ajuste de Estatus
  - I-765, Solicitud de Autorización de Trabajo, si es requerida
- *Tarifas*
  - US $255 para el I-485 para solicitantes de 14 años de edad o más
  - US $160 para el I-485 para solicitantes menores de 14 años
  - US $120 para el I-765, si es requerida
  - US $50 para toma de huellas dactilares
- *Pasaporte y fotografías*
  - pasaporte válido por lo menos seis meses después de la estadía que se intenta
  - dos fotografías por lo menos 40 mm de altura por 35 mm de anchos a color – ¾ de perfil frontal, mostrando la oreja derecha
- *Aprobación previa*
  - copia de la notificación de petición de inmigrante que suminista inmediatamente un número de visa
- *Estatus inmigratorio actual y previo*
  - copia de el I-94, si aplica

- *Prueba de solvencia o apoyo económico*
  - I-864, Declaración jurada de apoyo económico (si la petición fue presentada por un familiar) con US $65 de tarifa de revisión
  - evidencia de sus propios activos
- *Documentos civiles*
  - acta de nacimiento del extranjero principal y dependientes – formulario largo
  - acta de matrimonio, si aplica
- *Autorización de la policía*
- *Evidencia de solicitud de apoyo económico del empleador*
  - carta de trabajo

Opción 2 – Por el Departamento de Estado (DOS) en el Extranjero

Un solicitante puede realizar el trámite en una embajada o consulado de EE.UU. en el extranjero después de recibir notificación de que un número de visa está inmediatamente disponible.

El oficial consular no emitirá una visa de inmigrante a ningún inmigrante de Quinta Preferencia basada en Empleo hasta que reciba del BCIS una petición de Trabajador Inmigrante aprobada de acuerdo con el INA 204, o notificación oficial de tal aprobación.

Documentación y Evidencias de Apoyo:
- *Formularios del DOS*
  - Departamento de Estado, Paquetes III & IV que incluyen:
    - DS-230, partes I y II
    - G-325A – Hoja de información biográfica
- *Tarifas*
  - US $335 para tramitación de visa
  - US $65 para revisión de declaración jurada de apoyo económico, si se requiere el I-864
- *Pasaporte y fotografías*
  - pasaporte válido por lo menos seis meses después de la estadía que se intenta
  - dos fotografías idénticas cuadradas de 50 mm (2") de frente
- *Aprobación previa*
  - copia de la notificación de petición de inmigrante que suministra inmediatamente un número de visa
- *Estatus inmigratorio actual y previo*
  - copia del I-94, si aplica
- *Prueba de solvencia o apoyo económico*
  - I-864, declaración jurada de apoyo económico (si la petición fue presentada por un familiar)
  - oferta de empleo notariada
  - evidencia de sus propios activos

- *Documentos civiles*
  - acta de nacimiento del extranjero principal y dependientes – formulario largo
- *Autorización de la policía*
  - prueba de autorización de la policía
- *Autorización médica*
  - I-693, prueba de autorización médica

Si el oficial consular está satisfecho con la evidencia presentada, el extranjero recibirá una visa de Quinta Preferencia basada en Empleo.

Paso 3 – Autorización del BCBP en un Puerto de Entrada

El BCIS tiene la autoridad final de revisar los documentos presentados para autorización y tomar una decisión de admitir o no al extranjero.

Paso 4 – Terminación del Estatus Condicional

La ley ha creado un período de prueba de dos años durante el cual la residencia permanente es condicional. Dentro de los 90 días de terminación de este período, el inversiónista debe solicitar la terminación del estatus condicional. La solicitud se hace con el Formulario I-829 y un honorario de $395.

El inversionista debe manejar la inversión personalmente.

Capítulo 11

Lotería de Diversidad (Diversity Lottery – DV)

Una visa de Inmigrante de Diversidad o programa de Lotería de Diversidad para la Tarjeta de Residencia (Green Card) se realiza cada año por el Departamento de Estado bajo el INA 203 (c) para seleccionar al azar y suministrar 50,000 Tarjetas de Residencia (Green Cards) para nativos de países con tasas bajas de inmigración a EE.UU. No hay visas disponibles para paises que hayan enviado más de 50,000 inmigrantes en los últimos cinco años. Otras 5000 visas están actualmente reservadas para ser usadas bajo la Ley de Beneficencia para Nicaraguenses y Centroamericanos (NCARA).

Sub-categorías:
- DV-1 – Inmigrante de Diversidad
- DV-2 – Cónyuge del DV-1
- DV-3 – Hijo del DV-1

En años recientes, el período de registro de un mes se realiza en Octubre. Las entradas recibidas antes o después de este período son descalificadas sin importar la fecha en que fueron enviadas. Para la DV-2004 el período de registro por correo se estableció desde el mediodía del 7 de Octubre hasta el mediodía del 6 de Noviembre de 2002.   *Ref: 67 FR 54251*

El período de registro de Octubre concede tiempo extra que se necesita para que el Centro Consular de Kentucky en Williamsburg, Kentucky y consulados y embajadas en el extranjero puedan procesar las entradas calificadas y notificar puntualmente a los participantes ganadores. Por ley, las visas de diversidad solo pueden ser emitidas desde el 1° de Octubre al 30 de Septiembre del año fiscal que comienza 11 meses después de que el período de registro por correo termina.

En la DV-2003, más de 6.2 millones de entradas calificadas fueron recibidas y otros 2.5 millones más fueron descalificados por no acatar las reglas. Aproximadamente 87,000 participantes se registraron y se les notificó que podían participar para las 50,000 visas disponibles puesto que muchos ganadores no reclamaron sus visas.

En este capítulo, la lotería DV-2004 sirve como una indicación de cómo se pueden estructurar loterías futuras.

Elegibilidad

Las INA 201(a)(3), 201(e), 203(c) y 204(a)(1)(G), juntas, establecen una limitación numérica anual de 50,000 visas para ser distribuídas entre seis regiones geográficas de todos los continentes.

La ley provee una formula matemática para que el BCIS pueda determinar qué nativos de otros países pueden competir para estas visas.

En la DV-2004, las visas de inmigrantes fueron distribuídas de manera que:
- Ningún país recibirá más del 7% de las visas de diversidad disponibles dentro de su región en cualquier año
- Regiones de alta y baja admisión y estados extranjeros de alta admisión fueron identificados de acuerdo a una formula basada en el número total de admisiones en el período más reciente de cinco años, con:
  - una repartición mayor de número de DV para países de "baja admisión"
  - no repartición de visas de diversidad para países de "alta admisión"

En la DV-2004, los nativos de los siguientes países no fueron elegibles para solicitar: Canadá, China (excepto Hong Kong, Macau y Taiwan), Colombia, República Dominicana, El Salvador, Haiti, India, Jamaica, México, Pakistán, Filipinas, Corea del Sur, Inglaterra y sus territorios dependientes (excepto Irlanda del Norte) y Vietnam. Esta lista ha tenido algunas modificaciones en los últimos años.

Información acerca del Programa

Como las reglas están sujetas a modificaciones cada año, es aconsejable revisar antes de hacer la solicitud; por ejemplo, se hicieron algunos cambios en el 2001. En un esfuerzo por aclarar los procedimientos y combatir las prácticas fraudulentas, se introdujeron tres cambios en las reglas del DV-2003:
- Las definiciones del Departamento de Trabajo de EE.UU., como se indican en la base de datos del O*Net Online, deben ser usadas para determinar la experiencia laboral
- Los solicitantes deben firmar su solicitud con su firma usual en su alfabeto nativo
- Se deben presentar fotografías más grandes con el nombre y la fecha de nacimiento del participante y sus dependientes escritos en el reverso

Las fuentes de información sobre la Lotería de Visas incluyen:
- **Instrucciones por escrito de cómo participar en la Lotería de Visas**
  - llame al Departamento de Asuntos Consulares de EE.UU. a través del servicio de fax al (202) 647-3000 (Código 1103) desde su máquina de fax
- **En el Extranjero**
  - contacte a la embajada o consulado de EE.UU. más cercano
- **Instrucciones por Internet sobre la DV-2003**
  - www.travel.gov/visa_services.html

Paso 1 – Calificación

Requisitos de Educación o Trabajo

- Al menos educación bachiller o su equivalente al sistema de 12 años de EE.UU.
- Dos años de experiencia laboral en una ocupación que requiere por lo menos dos años de entrenamiento o experiencia – Vea la base de datos del U.S. DOL O*Net OnLine en http://online.onetcenter.org y www.travel.state.gov/ONET.html.

Requisitos de Edad

La DV-2004 no tiene un mínimo de edad para presentar una solicitud; sin embargo, el requisito de haber estudiado bachillerato o experiencia laboral descalifica a los participantes menores de 18 años.

Nacionalidad

Un participante debe ser capaz de reclamar su nacionalidad de un país elegible. La nacionalidad en muchos casos se determina por el lugar de nacimiento del particitante. De acuerdo al INA 202(b)(2), una persona nacida en un país no elegible puede reclamar el país de nacimiento de su cónyuge o el de sus padres, si ninguno de los padres nació en un país no elegible o residió en un país no elegible al momento del nacimiento del participante.

Paso 2 – Solicitud de Registro

En la DV-2004, se requirió que las solicitudes fueran dirigidas a una dirección específica del Centro Consular de Kentucky, en Lexington, Kentucky, relacionadas con su país de nacionalidad. Todas las solicitudes tenían que ser recibidas entre el mediodía hora del Este del 7 de Octubre de 2002 y el mediodía del 6 de Noviembre de 2001. Todas las solicitudes que llegaron fuera de este período fueron descalificadas; sin embargo, como los ganadores no son seleccionados hasta el cierre de cada período de registro, no hay ninguna ventaja al enviar una solicitud con anticipación. Cualquier solicitud recibida dentro del mes del período de solicitud tuvo el mismo chance de ser seleccionada dentro de su región.

La ley exige que se presente una solicitud por separado por cada Lotería DV anual; sin embargo, las personas que ya estaban registradas para una visa de inmigrante en otra categoría deben hacer otra solicitud durante el registro de la DV actual.

Sólo se permite una solicitud por persona y descalifica a la persona que haya hecho varias solicitudes durante el mismo período; sin embargo, un esposo puede hacer una solicitud por separado a la de su esposa y, si uno de los dos queda clasificado, el otro obtiene un estatus derivativo y pueden entrar simultáneamente a EE.UU. Cada participante debe listar a su cónyuge e hijos naturales o adoptivos menores de 21 años de edad.

Cada solicitud debe estar firmada personalmente por el participante en su alfabeto nativo.

La única tarifa que se cobra es por estampillas; sin embargo, se cargará US $100 por cada caso especial de DV, el cual es pagadero al momento de procesar la visa.

Formato de la Solicitud

La DV-2004 requirió que la información se registrara en el siguiente formato:

- Mecanografiada o en letra de imprenta en un papel simple y en el idioma Inglés
- Enviada por correo normal dentro o fuera de EE.UU.
- Enviada en un sobre (no postales):
  - entre 6" y 10" ó 15cm y 25cm medido de lado a lado
  - entre 3½" y 4½" ó 9cm y 11cm medido desde arriba hasta abajo
  - marcado en frente y en la esquina de la izquierda:
    - el país de origen del participante
    - el nombre del participante
    - la dirección completa del participante

1. Nombre Completo del Participante
- Apellido, primer nombre y nombre intermedio
- Con el apellido y nombres subrayados

2. Fecha y Lugar de Nacimiento del Participante
- Fecha: Día, Mes, Año (Ejemplo: 15 Noviembre 1961)
- Lugar: Ciudad/Pueblo, Distrito/Condado/Provincia, País
- (Ejemplo: Munich, Bavaria, Alemania) (Use el nombre actual del país)

3. País Nativo del Participante si es Diferente al del País de Nacimiento
- Nativo significa alguien que nació dentro de un país en particular
- Este renglón debe ser completado por participantes que reclaman nacionalidad de un país nativo diferente al país en que nacieron, incluyendo:
  - país de nacimiento de su cónyuge
  - país de nacimiento de un familiar (sólo menores de edad)
  - país de nacimiento del padre (si nació en un país de donde ninguno de los padres era nativo o residente al momento de su nacimiento)
- Esta información debe ser igual a la que se escribió en la esquina de arriba a la izquierda del sobre

4. Nombre, Fecha y Lugar de Nacimiento del Cónyuge del Participante e Hijos Naturales o Legalmente Adoptados o Hijastros Menores de 21 Años de Edad

Liste la fecha y lugar de nacimiento (incluyendo la ciudad y el país del cual el extranjero reclama ser nativo, si es diferente a su país de nacimiento) de cada dependiente sin importar si residen con usted o si inmigrarán con usted o lo harán luego. Los hijos casados de 21 años o más no califican.

5. Dirección de Correo Completa del Participante

La dirección actual de correo debe ser clara y completa puesto que las comunicaciones se enviarán allí. El número telefónico es opcional, pero de utilidad.

6. Fotografías

Pegue una fotografía en blanco y negro del participante, su cónyuge y cada hijo natural o legalmente adoptado o hijastros menores de 21 años con sus nombres y fechas de nacimiento escritas al reverso de cada foto. Cada foto debe ser tomada con un fondo neutro, viendo directamente a la cámara, sin sombrero o anteojos oscuros. La cara no debe estar tapada. Se perminten prendas de vestir religiosas que cubran la cabeza. En Octubre de 2001, se cambiaron las reglas para permitir un rango de 37 mm (1½") a 50 mm (2") de fotografías cuadradas.

7. Firma del Participante

El participante debe firmar la solicitud usando su firma acostumbrada y en su alfabeto nativo. La firma del cónyuge y de los hijos no es necesaria.

Una falla en el suministro de la información requerida descalificará al participante.

Envío de solicitudes

Todas las solicitudes deben ser enviadas al Centro Consular de Kentucky en vez de al Centro Nacional de Visas en Portsmouth, New Hampshire como en años anteriores.

Si la solicitud es enviada a una dirección incorrecta, el participante queda descalificado. Las solicitudes deben ser enviadas a la dirección exacta incluyendo el año del programa de la DV, dirección postal y zona postal (Zip Code) de acuerdo al país de nacionalidad del participante.

Asia:	DV Program Kentucky Consular Center 2002 Visa Crest Migrate, KY 41902-2000 U.S.A.	Africa:	DV Program Kentucky Consular Center 1001 Visa Crest Migrate, KY 41901-1000 U.S.A.
North America:	DV Program Kentucky Consular Center 6006 Visa Crest Migrate, KY 41906-6000 U.S.A.	South & Central América & Caribbean	DV Program Kentucky Consular Center 4004 Visa Crest Migrate, KY 41904-4000 U.S.A.
Europe:	DV Program Kentucky Consular Center 3003 Visa Crest Migrate, KY 41903-3000 U.S.A.	Oceanía:	DV Program Kentucky Consular Center 5005 Visa Crest Migrate, KY 41905-5000 U.S.A.

Recapitulando, las solicitudes están sujetas a descalificación si:
- El participante suministra más de una solicitud
- Hay más de una solicitud en un mismo sobre
- Si la solicitud se entrega a mano, por fax, por correo registrado, certificado o expreso

- Si se requiere de algún correo especial
- La solicitud es recibida en una postal
- La solicitud es enviada a otra dirección direfente a la especificada para su país
- La solicitud es recibida fuera del mes de recepción

La Comisión Federal de Comercio de Protección al Consumidor (The Federal Trade Commissión's Bureau of Consumer Protection) ha emitido un alerta a los consumidores por el www.ftc.gov/bcp/conline/pubs/alerts/lottery.htm para advertir acerca de negocios y abogados que, por una tarifa, dicen que aumentarán sus posibilidades de ganar la lotería de Tarjetas de Residencia (Green Card Lottery). Se les advierte sobre declaraciones como las siguientes:

- Están afiliados al gobierno de EE.UU.
- Tienen experiencia o existe un formulario de solicitud especial
- Nunca le han rechazado una solicitud para entrar en la lotería
- Les pueden aumentar sus probabilidades de ganar

El Departamento de Estado advierte que si usted piensa que una compañía americana o consultor lo ha engañado en cuanto a la lotería, usted puede contactar la Comisión Federal de Comercio (Federal Trade Commission) al www.ftc.gov o al (877) FTC-HELP o por correo al Consumer Response Center, 600 Pennsylvania Avenue, Washington, DC 20580.

Paso 3 – Selección de "Ganadores"

En la DV-2002, aproximadamente 90,000 participantes se registraron y se les notificó que podían hacer una solicitud para las 50,000 visas de diversidad anuales. Como se indicó anteriormente, estuvieron disponibles 5000 visas adicionales para ser usadas por la Ley de Beneficencia Nicaraguense y de América Central (NCARA).

Cada año, todo el correo recibido es separado por región geográfica y enumerada individualmente. Al final de cada período de solicitud, una computadora del Centro Consular de Kentucky en Williamsburg, Kentucky, selecciona al azar los "ganadores" de entre toda la correspondencia recibida para cada región geográfica. Dentro de cada región, el primer participante seleccionado al azar se registra primero, y así sucesivamente.

De acuerdo al DOS, los números registrados en cada región para la DV-2003 fueron:

- Africa   39,138
- Asia   14,169
- Europa   29,226
- América del Norte   13
- Oceanía   1,401
- América del Sur, América Central y el Caribe   3,407
  Total   87,354

Como se espera que alrededor de 90,000 personas se registren para las 50,000 visas disponibles ubicadas de acuerdo con el INA 203(c)(1) cada año, es importante actuar rápidamente cuando se le notifique que ha ganado, puesto que las visas son procesadas según van llegando; consecuentemente, cada año existe un riesgo de que algunas queden fuera.

A cada participante "seleccionado" o "registrado" se le envía una carta de notificación, la cual provee instrucciones apropiadas para la solicitud de visa y les indica su lugar en la lista. Las cartas son enviadas entre los meses de Mayo y Julio del año siguiente al período de registro.

Los cónyuges e hijos solteros menores de 21 años de edad también pueden solicitar visas de acompañante o se unen al solicitante principal. Los participantes no seleccionados no son notificados y solamente se envía una carta de notificación para cada caso registrado, a la dirección indicada en la solicitud. Por consiguiente, si un "ganador" se muda, es importante que avise a los administradores del programa por medio de carta o fax, de acuerdo a las instrucciones del DOS.

El derecho a obtener un estatus de inmigrante en la categoría de la DV dura solamente desde el 1° de Octubre hasta el 30 de Septiembre del año fiscal (año de la visa) para el cual el participante ha sido seleccionado. Los participantes ganadores de la DV-2004 deben hacer el trámite y recibirán sus visas durante el año fiscal 2004 (1° de Octubre de 2003 hasta el medianoche del 30 de Septiembre de 2004).

Paso 4 – Tramitación

El Centro Consular de Kentucky continuará procesando los casos hasta el punto en que a los "ganadores" se les indique que hagan la solicitud formal en una oficina consular de EE.UU. o hasta que aquéllos que estén en una posición legal para hacerlo puedan solicitar ajuste de estatus en un buró del BCIS en EE.UU.

Se debe enfatizar que los "ganadores" deben completar y presentar sus solicitudes de visa más rápido possible puesto que no existen garantías de la emisión de una visa porque el número de solicitudes seleccionadas y registradas excede al número de visas de inmigrantes disponibles.

Todos los participantes registrados son informados con celeridad acerca de sus números en la lista. Las visas están disponibles para ser emitidas solamente a aquéllas personas que tengan números de clasificación de la lotería DV regional por debajo del límite de números emitidos cada mes. Los ganadores tiene que ser procesados antes de que el año fiscal termine en el 30 de Septiembre. Una vez que los 50,000 números de visas son usados para el año fiscal actual, el programa termina.

Durante la entrevista para la visa, los solicitantes principales deben suministrar prueba documentada de bachillerato o su equivalente o dos años de experiencia laboral en un trabajo que requiere por lo menos dos años de extrenamiento o experiencia en los últimos cinco años.

Los participantes están sujetos a inegibilidad según lo especifique el BCIS sin ninguna provisión en especial para la exención de inegibilidad de una visa excepto lo que esté contemplado en la ley.

Opción 1 – Ajuste de Estatus por el BCIS en EE.UU.

Una vez que se comprueba que los solicitantes son elegibles para ajustar su estatus, aquéllos que estén registrados y se encuentren en EE.UU. pueden solicitar al BCIS un ajuste de estatus para la residencia permanente. El BCIS debe completar todo el trámite de sus casos antes del 30 de Septiembre del año fiscal en cuestión, cuando el registro para el programa anual de DV termina.

Ref: INA 245; DOS Instructions for 2004 Diversity Immigrant Visa Program

Los extranjeros que viven en EE.UU. y que no han mantenido estatus legal deben pagar US $1000 junto con el Formulario I-485 por el proceso, únicamente si estuvieron en EE.UU. el 21 de Diciembre de 2000 con una solicitud de Tarjeta de Residencia (Green Card) en proceso para el 30 de Abril 30 de 2001; de otro modo, deben tramitarla en su país de origen y arriesgarse a que se les impida entrar nuevamente a EE.UU. de tres a diez años.

Opción 2 – Por el Departamento de Estado (DOS) en el Extranjero

Los extranjeros que viven fuera de EE.UU. deben hacer el trámite en una embajada o consulado de EE.UU. en el extranjero según instrucciones del Centro Consular Kentucky.

Los ganadores de la DV, como todos los solicitantes de visas de inmigrantes, tienen que suministrar la documentación requerida y realizar el pago de la visa aparte de la tarifa especial de trámite de visa de DV de US $100, pagaderos al momento de procesamiento de la visa (conjuntamente con el Formulario DSP-122). *Ref: IIRIRA96.636*

Capítulo 12

Refugiado/Asilado

Muchos de los primeros pobladores que vinieron a EE.UU. eran refugiados religiosos o políticos; como consecuencia, muchos americanos aceptan las peticiones por asilo.

EE.UU. ofrece protección para asilados y refugiados en base a la creencia en los derechos humanos y en la terminación y persecución de individuos. Las solicitudes por persecución deben estar basadas por lo menos en una de las cinco causales siguientes: raza, religión, nacionalidad, membresía en un grupo social particular y opinión pública. Algunos programas de control forzoso sobre la población están constituídos por persecución por opiniones políticas y se pueden admitir hasta 1000 extranjeros por año fiscal.

Los terminos "refugiado" y "asilado" se refieren a una persona que se atribuye persecución o miedo de persecución en su país de origen y desea refugio en EE.UU. Dicho de una manera más simple, un refugiado está fuera de EE.UU. y desea venir, mientras que un asilado ya está dentro de EE.UU. o en sus fronteras y desea quedarse.

Los procedimientos de asilo fueron modificados el 6 de Diciembre 6 de 2000.
Ref: 65 FR 76121

Un solicitante será considerado refugiado en base a persecusiones anteriores, que el miedo ya no existe o que se pueda mudar a un lugar seguro en su país de origen. Los casos están sujetos a revisión y acuerdo por parte de los oficiales de asilo, jueces de inmigración y la Administración de Apelaciones de Inmigración.

El Presidente de EE.UU., con la ayuda y consentimiento del Congreso, establece el número de refugiados que serán admitidos en un año determinado más el límite numérico aplicable a países o secciones del mundo.

En 1992, el Presidente George Bush aprobó 144,000 admisiones para refugiados. Para el año fiscal 2003 su hijo, el Presidente George W. Bush, ha aprobado la admisión de 70,000 refugiados, la misma cantidad que en el año anterior.

La Ley de Protección del Estatus del Niño, convertida en ley el 6 de Agosto del 2002, encaró el problema de los niños que van alcanzado los 21 años, un paso importante para mantener a las familias unidas.

Anteriormente un dependiente perdía el estatus de niño al llegar a los 21 años. Ahora, un joven soltero que era menor de 21 años en la fecha de solicitud de asilo o estatus de refugiado del padre, seguirá siendo clasificado como niño en cuando al propósito de elegibilidad.
Ref: Pub. L. 107-208

Establecimiento de Elegibilidad

Para establecer elegibilidad para refugiado de estatus de asilado, el extranjero:
- Debe estar fuera de su país de nacionalidad o residencia habitual anterior
- Ser incapaz o no estar dispuesto a aceptar la protección de ese país debido a persecución o miedo de persecución bien fundamentado en base a cinco factores:
  - raza
  - religión
  - nacionalidad
  - membresía en un grupo social particular
  - opinión política

El hogar del extranjero debe también:
- Ubicar al extranjero para su castigo
- Estar al tanto de la creencia o característica del solicitante
- Tener la capacidad de castigar al solicitante
- Tener la inclinación de castigar al solicitante

Una persona que ordenó, incitó, asistió, o participó en la persecución de cualquier persona en base a su raza, religión, nacionalidad, membresía en un grupo social particular o de opinión política, no es elegible. Negación de empleo no es una razón válida.

A. Refugiado

Un refugiado es una persona que está físicamente fuera de EE.UU.

En circunstancias especiales el Presidente, después de haber consultado y estar de acuerdo con el INA 207(e), puede designar a cualquier persona como refugiado que esté en su país de origen o, si no tiene la nacionalidad, donde resida, siempre y cuando cumpla con los criterios de miedo de persecución bien fundamentado. Los cónyuges e hijos solteros menores de edad de los refugiados pueden también entrar como refugiados.

Normalmente, los solicitantes de refugio son entrevistados en un tercer país después de haber salido del país en donde estaban siendo perseguidos. Las personas que se consideran estar en peligro deben contactar la oficina más cercana del Alto Comisionado para Refugiados de las Naciones Unidas.

La elegibilidad para la entrevista de refugiado está gobernada por la nacionalidad del solicitante y por si clasifica en una de las prioridades de procesamiento usadas para administrar el programa de refugio. La designación de nacionalidades elegibles y prioridades de procesamiento se decide anualmente como parte del proceso de consulta.

Adicionalmente, los siguientes miembros de la familia de las personas a quien se les concedió estatus de refugiado pueden solicitar libertad bajo palabra en EE.UU.:
- Miembros de la familia que residen en la misma vivienda y forman parte de la misma unidad económica del refugiado
- Hijos solteros, sin importar su edad o lugar de residencia

Proceso de Admisión

Paso 1 – Tramitación

La solicitud puede ser hecha en el extranjero, en una embajada o consulado de EE.UU. El BCIS también mantiene oficinas para refugiados en embajadas y consulados tales como:

Atenas, Grecia	Moscú, Rusia
Bangkok, Tailandia	Nairobi, Kenya
Ciudad Juarez, México	Nueva Deli, India
Ciudad de México, México	Puerto Prínce, Haití
Frankfurt, Alemania	Roma, Italia
Hong Kong, Japan	Seul, Corea
Islamabad, Pakistán	Singapur
Londres, Inglaterra	Tegucigalpa, México
Manila, Filipinas	Tijuana, México
Monterrey, México	Viena, Austria

El antiguo INS tenía Oficinas de Distrito en Ciudad México, Roma y Bangkok.

Documentación y Evidencias de Apoyo:
- *Formulario del BCIS*
  - I-590, Registro para Clasificación como Refugiado

Si es aprobada, al solicitante se le emite un Formulario I-571, Documento de Viaje para Refugiados (Refugee Travel Document), la cual debe ser presentada en un puerto de entrada. Después de entrar, el refugiado puede pedir a su cónyuge e hijos solteros menores de 21 años llenando el Formulario I-730, Petición de Familiar de un Refugiado/Asilado (Refugee/Asylee Relative Petition). Después de la aprobación, el refugiado recibirá una Notificación de Aprobación y la información será enviada a la embajada o consulado de EE.UU. en el extranjero, la cual contactará a los dependientes para realizar el trámite.

Paso 2 – Autorización del BCBP en un Puerto de Entrada

El BCIS tiene la autoridad final de revisar los documentos y admitir al extranjero. Los extranjeros que son admitidos, son elegibles para estatus legal de residencia permanente en un año. Vea Asilados, Paso 5, para más detalles.

B. Asilo

El Secretario de la Seguridad de la Patria puede conceder asilo si el extranjero es un refugiado dentro de las pautas del INA 208; sin embargo, la concesión de asilo no significa que se ha obtenido la residencia permanente, la cual es un paso posterior. Para ser considerado para asilo, usted debe:
- Estar físicamente presente en EE.UU. o en una frontera o puerto de entrada
- Haber estado interdicto en aguas de EE.UU. o internacionales

- Pagar la tarifa que establezca el Secretario de la Seguridad de la Patria
Ref: IRIRA96.604

Las dos formas principales de obtener asilo en los Estados Unidos son:
- El Proceso Afirmativo
- El Proceso Defensivo

Proceso Afirmativo

Sin tener en cuenta la forma en que entren a los Estados Unidos, las personas tienen la libertad de presentar un Formulario I-589 en el BCIS, solicitando asilo. Usualmente son citados por un Oficial para Asilo del BCIS dentro de los 43 días posteriores a la solicitud, en una de las ocho Oficinas para Asilo a través de los EE.UU. Si el solicitante vive lejos de estas oficinas, la entrevista puede efectuarse en una Oficina de Distrito ante un Juez de Inmigración. Si el BCIS puede aprobar la solicitud en la Oficina para Asilo, las decisión es emitida usualmente dentro de los 60 días después de la solicitud.

Los solicitantes de Asilo Afirmativo casi nunca son detenidos y pueden vivir libremente en culaquier parte de los EE.UU. hasta que se resuelva su caso. Durante este tiempo a la mayoría no se les permite trabajar.

Si no son aprovados, son remitidos a un Juez de Inmigración de la Oficina Ejecutiva de Revisión de Inmigración (EOIR) para más evaluciones. No son detenidos.

Proceso Defensivo

Los aplicantes son puestos en un proceso de Asilo Defensivo si fueran:
- Referidos a un Juez de Inmigración del EOIR por un Oficial de Asilo de la BCIS que no le concedió el asilo
- Puestos en un proceso de expulsión porque fueron:
  - capturados tratando de entrar a los EE.UU. sin la documentación apropiada y demostraran un temor creible de persecución o tortura ante un Oficial de Pre-escrutinio de Asilo (APSO) (la mayoría son entregados a los familiares, grupos comunitarios o liberados bajo responsabilidad propia)
  - que de otra manera fueran indocumentados o en violación de sus estatus migratorio)

La solicitud debe ser presentada en un año de la fecha de llegada a EE.UU; sin embargo, un oficial de asilo, juez de inmigración o la Administración de Apelaciones de Inmigración pueden conceder una extensión por circunstancias extraordinarias creadas sin intención por el extranjero tales como enfermedades agudas, efectos de persecución desde su llegada, incapacidad legal, o que el solicitante haya mantenido estatus de protección temporal (Temporary Protected Estatus), u otro estatus legal, o que la solicitud haya sido negada y presentada de nuevo.

Si usted está haciendo la solicitud en un puerto de entrada en la frontera canadiense, el Inspector de Inmigración del BCIS acepta el I-589 y la Tarjeta de Huellas Dactilares FD-258, las cuales son enviadas al Centro de Servicios de Vermont y el asilado permanece en Canadá hasta que el puerto de entrada reciba la autorización.

La ley IIRIRA de 1996 ordenó que los extranjeros que llegan a EE.UU. a un puerto de entrada sin documentos de viaje o que cometen fraude o manejo ilícito de fondos, deben ser detenidos y son coplocado en expulsión acelerada. Sin embargo, a los extranjeros que expresan tener miedo de persecución durante el período de expulsión acelerada se les concede una entrevista de "credibilidad de miedo" con un oficial de asilo del INS. A los extranjeros que se les compruebe sufrir de dicho miedo son detenidos y referidos a un proceso de transferencia ordinaria en el cual solicitan asilo ante un juez de inmigración. En el 2002, el INS dijo tener 19,000 detenidos.

La Retención de Expulsión es similar al asilo pero se rige por criterios más estrictos, requiriendo del solicitante la prueba de que serían perseguidos. Sin embargo cuando se prueba este criterio no pueden regresar a su país.   *Ref: INS 10/29/98*

Los Directores de Distrito tiene autoridad para liberar condicionalmente o impedir que un extranjero sea detenido si su transferencia es por una necesidad humanitaria o de beneficio público significativo al considerar que el extranjero establece su identidad, significa un peligro para la comunidad, demuestra que tiene lazos fuertes con la comunidad, presenta evidencia de un reclamo de asilo creíble o presenta un riesgo de volar.

El asilo no está disponible si el extranjero:
- Puede ser transferido a un tercer país más seguro (exceptuando a Canadá)
- Se ha reestablecido firmemente en otro país
- Ha estado en EE.UU. por más de un año
- Le ha sido negado anteriormente para asilo (a menos que las circunstancias hayan cambiado)
- Haya participado en la persecusión de cualquier persona en base a raza, religión, nacionalidad, membresía en un grupo social particular u opinión política
- Ha sido culpable de un crimen grave que constituya un peligro para la comunidad de EE.UU.
- Ha cometido un crimen grave no político fuera de EE.UU.
- Es un peligro para la seguridad de EE.UU. (no sujeto a revisión judicial)
- No es admisible porque realiza actividades terroristas
- En un ciudadano americano
- Es un residente permanente
- Es un residente condicional

Otras condiciones:
- Huellas dactilares y fotografía que el Secretario de la Seguridad de la Patria requiera
- No se puede conceder asilo hasta que la identidad del solicitante sea revisada en las bases de datos del BCIS y del DOS
- Una solicitud fraudulenta de asilo resultará en la inegibilidad permanente para beneficios bajo esta ley

Si usted sale de EE.UU. bajo libertad condicional concedida bajo el 8 CFR 212.5(e), se presumirá que usted ha abandonado su solicitud si usted regresa al país en el cual usted declaró que estaba siendo víctima de persecución, a menos que dé razones precisas de su regreso.   *Ref: IIRIRA96.604*

El tiempo que estuvo en EE.UU. no es tomado en contra del extranjero que cuenta con una solicitud de asilo pendiente al determinar su obligación de abstención de entrada de 3 a 10 años. Los refugiados y los asilados pueden ser elegibles para asistencia complementaria.

Paso 1 – Presentando la Solicitud en el BCIS en EE.UU.

Extranjero Principal

Si usted no está en proceso de deportación o de exclusión, usted debe enviar por correo su solicitud de asilo al Centro de Servicio regional del BCIS que tenga jurisdicción sobre el lugar de su residencia a menos que tenga el consentimiento expreso de un oficial o Director de Asilo para presentar la solicitud en una oficina con jurisdicción.

Detrás del paquete original, anexe dos copias de todos los documentos del paquete original, excepto de las fotografías. La documentación requerida debe ser colocada de tal manera que sea fácil de separar. Usted debe responder todas las preguntas. Si alguna pregunta no aplica a su caso, responda "ninguno" (none) o "no aplica" (not applicable).

Si usted está actualmente en proceso de deportación o de exclusión, usted debe presentar su solicitud en la oficina del Juez de Inmigración que tenga jurisdicción sobre su caso.

Documentación y Evidencias de Apoyo:

- *Formularios del BCIS*
  - I-589 original firmado, Solicitud de Asilo y Detenimiento de Deportación (Application for Asylum and Witholding of Deportation)
  - G-28 si está representado por un abogado
- *Pasaporte y fotografías*
  - copia de cada página del pasaporte y cualquier otro documento de inmigración para cada familiar incluído en su solicitud
  - dos fotografías ADIT suyas y una de cada familiar incluído, tomadas dentro de los 30 días de haber hecho la solicitud:
    - ¾ perfil frontal, mostrando la oreja derecha
    - cabeza descubierta (excepto para religiosos)
    - fondo blanco, en papel fino lustroso
    - máximo 50 mm (2") cuadradas
    - aproximadamente 1¼" desde el tope de la cabeza hasta el final de la barbilla
    - nombre y número impreso en el reverso
- *Estatus inmigratorio actual y previo*
  - copia de documentos de Inmigración de EE.UU. que usted posea, tales como el I-94

- *Evidencia adicional*
  - detalles de su experiencia y/o de su familia que ilustre por qué usted tiene un miedo fundamentado de persecusión, tales como:
    - artículos de periódicos, revistas, libros
    - declaración juramentada de un testigo
    - documentos oficiales
    - otras declaraciones y evidencia tales como detalles de sus experiencias, eventos y fechas que lo relacionan a su reclamo de asilo
  - originales y dos copias de cualquier hoja adicional y declaraciones complementarias
  - cualquier otro documento de apoyo
- *Documentos civiles*
  - copia de su acta de nacimiento adecuadamente traducida
  - tres copias de cualquier evidencia documentada que lo relacione con su cónyuge e hijos solteros, tales como:
    - un acta de nacimiento del hijo que muestre los nombres de uno o de los dos padres si usted está solicitándolo como el padre(s), más:
    - acta de matrimonio (si está pidiendo a su cónyuge)
  - prueba de terminación del matrimonio

Si no es posible obtener cualquiera de los documentos, registros secundarios tales como registros de escuelas, declaraciones juramentadas, fotografías y cartas, pueden ser presentadas para su consideración.

Usted debe establecer por qué esos incidentes u otra información son relevantes para sus circunstancias específicas y por qué usted tiene un miedo bien fundamentado de persecusión.

Dependientes Acompañantes

El cónyuge o hijos solteros menores de 21 años del asilado pueden ser elegibles para asilo, tener el mismo estatus del asilado, si lo acompañan o se unen luego a éste. Sin embargo, los dependientes pueden escoger el presentar la solicitud por separado.

Si un cónyuge dependiente e hijos solteros están incluídos en su solicitud de extranjero principal, anexe un paquete adicional detrás de su solicitud y un paquete de las respectivas copias. En 1998, el BCIS emitió las pautas para evaluar reclamos de los hijos de asilados.

Después de que se les concede asilo en EE.UU., un asilado puede pedir a su cónyuge e hijos solteros menores de 21 años que se unirán a éste mediante la presentación del Formulario I-730, Petición de Refugiado/Asilado (Refugee/Asylee Relative Petition).

Lleve una solicitud completa a la oficina del BCIS que tiene jurisdicción sobre el lugar de su residencia. Si está presentando la solicitud de parte de un hijo menor de 21 años, asegúrese de presentar la solicitud con suficiente tiempo para que se complete la acción y el hijo reciba una autorización de viaje a tiempo para que pueda llegar a EE.UU. antes de cumplir 21 años.

Cada dependiente casado debe presentar un Formulario I-589 por separado.

Paso 2 – Procesamiento del BCIS en EE.UU.

EL solicitante es entrevistado por un oficial de asilo.

Si se prueba en la entrevista que el solicitante tiene un miedo creíble de persecusión o de tortura, la solicitud será remitida directamente a un juez de inmigración sin hacerle una entrevista de miedo creíble por separado.

Si se comprueba que el solicitante no tiene un miedo creíble, un oficial de asilo conducirá una entrevista de miedo creíble y el solicitante estará sujeto a un proceso de miedo creíble.

Si la solicitud es negada por un oficial de asilo, se le dará al solicitante una decisión por escrito en persona, a menos que el director de la oficina de asilo autorice que sea enviada por correo. El Formulario I-863, Notificación de Referencia a un Juez de Inmigración (Notice of Referral to Inmigration Judge) es presentado en los procedimientos de asilo y detención de transferencia y el solicitante es enviado a un juez de inmigración, quien decidirá el caso. Si el solicitante no se presenta, la solicitud le será negada a menos que se introduzca una petición con el juez en 90 días.

Un oficial de asilo puede remitir o negar el caso si las circunstancias cambian y el extranjero no tiene un miedo bien fundamentado de persecución o el solicitante podría evitar la persecución al mudarse a otra parte del país de residencia. En ausencia de un miedo bien fundamentado de persecución, se le puede conceder asilo a un extranjero demostrando razones precisas de no regresarse al país de residencia o si existe una posibilidad razonable de peligro grave al ser transferido.

Paso 3 – Solicitud de Dependientes por un Asilado en EE.UU.

Después de ser aprobado, el extranjero principal puede pedir a sus dependientes, quienes recibirán una Notificación de Aprobación (Notice of Approval). La información es remitida a una embajada o consulado de EE.UU. en el extranjero, el cual contactará a los dependientes.

Después de ser procesada por el consulado, los miembros de su familia pueden proceder al puerto de entrada donde deben solicitar entrada al BCBP.

Documentación y Evidencias de Apoyo:
- *Formularios del BCIS*
  - I-730, Petición de Familiar del Refugiado/Asilado
  - copia del Formulario G-28 , si está representado por un abogado
- *Fotografía*
  - una segunda fotografía de cada miembro de la familia engrapada a la hoja que contenga su información
- *Evidencia adicional*
  - copia de todas las hojas adicionales y de evidencia de apoyo presentadas con la petición original

Paso 4 – Reconsideración Judicial

Con la evidencia de soporte relevante, un juez de inmigración de la Dirección de Apelaciones de Inmigración puede reabrir un caso preaprobado para propósitos de terminar una concesión de asilo o detención de deportación o transferencia.

Un juez de inmigración puede negar si las circunstancias cambian y el extranjero no tiene un miedo bien fundamentado de persecución o el solicitante evitaría la persecución al mudarse a otra parte del país de residencia.

Un juez de inmigración tiene la jurisdicción exclusiva sobre una solicitud de detención presentada por un extranjero sujeto a una orden de rehabilitación o transferencia administrativa.

Cuando el estatus de asilo del extranjero o detención de transferencia se termina, el BCIS inicia los procesos de translado a menos que el extranjero tenga otro estatus de inmigrante.

Paso 5 – Solicitud de Autorización de Empleo

Usted debe presentar el Formulario I-765, Petición de Autorización de Trabajo (Request for Employment Authorizatión), el cual está disponible en la oficina local del BCIS 150 días después de que haya presentado su petición de asilo. Sin embargo, la autorización de empleo no sera concedida hasta 180 días después de haber presentado su petición de asilo. Si usted no ha recibido una respuesta sobre su caso para ese momento, entonces se le enviará una autorización de empleo. No obstante, cualquier demora que usted pida o cause no será contada como parte del lapso de 150 ó 180 días.

No existe tarifa por presentar una solicitud inicial de autorización de empleo.

Paso 6 – Procesamiento de Residencia Permanente

Opción 1 – Ajuste de Estatus por el BCIS en EE.UU.

En muchos casos usted es elegible después de estar físicamente presente en EE.UU. por un año después de habérsele concedido asilo si usted todavía califica como refugiado o cónyuge o hijo de un refugiado. Aunque no existe un límite para el número de personas a quien se les puede conceder asilo en un año dado, solamente 10,000 pueden ajustar su estatus a residente permanente en un año. Sin embargo, 2000 nacionales judíos de Siria que hicieron su solicitud antes del 26 de Octubre de 2001, pudieron ajustar su estatus.   *Ref: Pub. L. 106-378*

Los extranjeros que viven en EE.UU. que no han mantenido estatus legal deben pagar una multa de US $1000 junto con el Formulario I-485 para trámite en EE.UU. únicamente si estuvieron en EE.UU. para el 21 de Diciembre de 2000 y tenían en proceso una solicitud de Tarjeta de Residencia (Green Card) para el 30 de Abril de 2001; de otro modo, deben realizar el trámite en sus países de residencia y arriesgarse a que se les niegue entrada a EE.UU. de 3 a 10 años.

Los asilados y refugiados deben presentar un Formulario I-485, Solicitud de Ajuste de Estatus (Applicatión to Adjust Status) a residente permanente con el Centro de Servicios regional del BCIS en Lincoln, Nebraska si:
- Usted vive en EE.UU., y
- Se le ha concedido estatus de asilo o refugiado, y
- Es elegible para ajuste de asilo o refugiado

Documentación y Evidencias de Apoyo:
- *Formulario del BCIS*
  - I-485, Solicitud de Registro de Residente Permanente o Ajuste de Estatus
- *Tarifas*
  - US $255 si el solicitante tiene 14 años de edad o más
  - US $160 si el solicitante tiene menos de 14 años de edad

Usted podría tener que:
- Presentar una hoja de información
- Ser investigado por antecedentes criminales
- Ser investigado para saber si todavía es un refugiado

El cónyuge e hijos menores califican para una Tarjeta de Residencia (Green Card) con el solicitante mientras que:
- Tengan una visa válida en EE.UU.
- No estén sujetos al requisito del HHR de dos años de una J-1 o J-2
- Pueden ser procesados con el solicitante principal

Opción 2 – Por el Departamento de Estado (DOS) en el Extranjero

Documentación y Evidencias de Apoyo:
- *Formularios del DOS*
  - Departamento de Estado, Paquete III & IV, o
  - DS-230 – Partes I y II
  - G-325A – Hoja de información biográfica
- *Pasaporte y fotografías*
  - pasaporte válido por lo menos seis meses más allá de la fecha establecida para entrar
  - dos fotografías idénticas cuadradas de 50 mm (2") de frente
- *Aprobación previa*
  - copia de la notificación de aprobación para petición de inmigrante, haciendo que esté inmediatamente disponible un número de visa
- *Estatus inmigratorio actual y previo*
  - copia del Formulario I-94
- *Evidencia de apoyo a la solicitud del empleador*
  - carta del empleador
- *Prueba de solvencia o apoyo económico*
  - evidencia de ayuda
- *Documentos civiles*
  - acta de nacimiento

Paso 7 – Ausencias de EE.UU.

El habérsele concedido asilo no previene que un extranjero vaya a su país de residencia; sin embargo, puesto que dentro de los criterios para la concesión de asilo está un miedo bien fundado de persecución, estadías largas en el país de residencia tienden an rechazar esta premisa.

Puesto que el BCIS codifica la Tarjeta de Residencia (Green Card) que demuestra que se ha concedido asilo, los titulares a veces piensan que es prudente dejar sus Tarjetas de Residencia en sus países de residencia. Sin embargo, esto entra en conflicto con la obligación del extranjero de presentar su Tarjeta de Residencia cuando entra a EE.UU. después de haber viajado por el extranjero.

Programas Especiales

Refugiados Cubanos

Junto con programas similares en Vietnam y en Rusia, EE.UU. opera un programa de refugiados dentro de la Habana, Cuba. En el año fiscal 1999, un total de 3406 documentos de viajes para refugiados fueron emitidos a refugiados cubanos y a sus familiares dependientes.

Los solicitantes potenciales deben contactar a la Sección de Intereses de EE.UU. en la embajada Suiza en la Habana para solicitar un cuestionario de trámite de refugiados para comenzar el proceso. A aquéllos que cumplen con los criterios, se les enviará una carta para una cita para la entrevista de pre-revisión. Si se encuentra que la persona está potencialmente calificada, se mantendrá una entrevista subsecuente con un oficial del BCIS para determinar si el refugiado es aceptado.

También, EE.UU. periódicamente opera el programa especial de inmigración cubana (SPCM), el cual es comúnmente llamado Lotería de Visas Cubanas. Adicionalmente a la Lotería de Visas de Diversidad para la cual los cubanos también son elegibles, las personas en Cuba que no califican como refugiados o patrocinados por sus familiars inmigrantes pueden entrar al SPCM. La lotería de 1998 recibió 541,500 solicitudes.

El SPCM es operado en base al acuerdo de inmigración entre EE.UU. y Cuba de 1994, el cual estipula que EE.UU. autoriza a no más de 20,000 Cubanos inmigrantes a entrar a EE.UU. cada año. El número exacto está basado en estimados del número de inmigrantes aprobados necesario para completar el límite de 20,000 al final del año fiscal.

Las personas interesadas pueden enviar una carta a la Sección de Intereses de EE.UU. durante un período específico. Las solicitudes son enviadas a Washington y los ganadores potenciales son seleccionados al azar. Aquéllos seleccionados reciben formularios e instrucciones por correo y la Sección de Intereses de EE.UU. los contacta para ser entrevistados.

Los ganadores deben establecer que no son ineligibles para ser admitidos y que cumplen con dos de las tres calificaciones – bachillerato, tres años o más de experiencia laboral y familiares que vivan en EE.UU. El Formulario I-134, Declaración Jurada de

Apoyo Financiero, es usado por los patrocinadores en EE.UU.

La decisión final en todos los casos queda en manos del INS. Los ganadores no son tratados como inmigrantes y no se les emiten visas; a cambio, reciben cartas de autorización de transporte para entrar a EE.UU. bajo libertad condicional con la autorización del Secretario de la Seguridad de la Patria.

Los cubanos que entran a EE.UU. ilegalmente están sujetos a ser regresados a su país de residencia a menos que puedan probar que son víctimas de persecusión o que tengan reclamos válidos de asilo o que el gobierno cubano los maltrarará si son devueltos a Cuba.

La Ley de Inmigración Ilegal y Equidad Familiar del 2000 (LIFE), reformada por la Ley Nicaraguense de Ajuste y Beneficio para Centroamericanos (NCARA) y la Ley de Inmigración Justa de Refugiados de 1998 (HRIFA) proveen que los extranjeros elegibles que son nacionales de Cuba, Nicaragua o Haití pueden solicitar Ajuste de Estatus bajo la NCARA o la HRIFA sin ser sujetos a ciertas barreras que existían anteriormente. La regulación del INS del 31 de Mayo de 2001 incorpora las exenciones, excepciones y mociones que reabren las provisiones de la Ley LIFE y sus modificaciones.   *Ref: 66 FR 29449*

EL acuerdo del ABC de 1990 estableció diferentes procedimientos para ciertos Salvadoreños y Guatemaltecos.

El Estatus de Protección Temporal y la autorización de empleo están disponibles para nacionales de estados extranjeros designados por el Secretario de la Seguridad de la Patria debido a conflicto armado, desastres en el ambiente y otras condiciones extraordinarias y temporales que impiden el regreso seguro de nacionales a sus tierras de origen. El estatus de naciones participantes cambia frecuentemente. Los nativos de tales países como Angola, Bosnia-Herzegovina, Burundi, El Salvador, Honduras, Liberia, Monserrat, Nicaragua, Sierra León, Somalia y Sudán que estaban viviendo en EE.UU. han sido elegibles, aunque los procedimientos de elegilidad varían en cada país. Los solicitantes presentan el Formulario I-821, Solicitud de Estatus de Protección Temporal junto con US $50 para gastos de presentación y el Formulario I-765, Solicitud de Autorización de Trabajo junto con US $120 para gastos de presentación si se requiere autorización de empleo.

Parte IV

Ciudadanía Americana

Un elemento fundamental en el proceso de inmigración es la realización del sueño de obtener la ciudadanía americana. La Parte IV trata sobre este importante tema.

De acuerdo a la Constitución de EE.UU., todas las personas nacidas en EE.UU. y sus territorios son ciudadanos americanos; sin embargo, los hijos de diplomáticos extranjeros nacidos en EE.UU. están excluídos.

Todas las personas naturalizadas en EE.UU. son ciudadanas; también, los niños nacidos en el extranjero que tienen al menos un padre americano pueden ser elegibles para reclamar la ciudadanía americana en forma de herencia o derivada.

Cualquier persona en EE.UU. que no es ciudadana es extranjera y clasifica dentro de las tres categorías siguientes de extranjeros:
- **Extranjeros ilegales o no autorizados** que han entrado ilegalmente y *no tienen estatus*
- **No inmigrantes** que han entrado legalmente con visas temporales con derechos limitados
- **Extranjeros residentes o residentes permanentes** que han recibido Tarjetas de Residencia (Green Cards) y pueden vivir y trabajar permanentemente en EE.UU.   *Ref: INS ER 806 3-8-94*

Puesto que el último paso del proceso de establecimiento en EE.UU. es la ciudadanía americana, la Parte IV le ofrece tres capítulos sobre los temas complejos que involucran la obtención de la ciudadanía, así como la preparación para la prueba de naturalización.

En el Capítulo 35 se habla sobre el pasaporte americano.

Capítulo 13 – Estatus Derivativo
- Un análisis acerca de cómo los dependientes nacidos en el extranjero de padres americanos califican para la ciudadanía

Capítulo 14 – Doble Nacionalidad
- Un análisis de los temas acerca de tener ciudadanía de dos países al mismo tiempo

Capítulo 15 – Naturalización con Preguntas del Examen
- Una examinación acerca de la conversión de residente extranjero a ciudadano, con una lista detallada de las preguntas que le pueden hacer en la entrevista de naturalización

Calificando para la ciudadanía americana

Los ciudadanos americanos generalmente clasifican en una de estas cinco categorías:
- Nacidos y viviendo en EE.UU. o en sus territorios
- Nacidos en EE.UU. y viviendo en el extranjero por cualquier período de tiempo
- Nacidos en el extranejro con padres americanos y subsecuentemente naturalizados
- Viviendo en el extranjero y sin reclamar la ciudadanía americana

EE.UU. incluye:
- Los 50 estados y el Distrito de Columbia
- Guam
- Puerto Rico y Las Islas Vírgenes de EE.UU.
- El Estado libre de las Islas Marianas para propósitos de determinar ciudadanía americana al momento de nacer
- Las Islas del Pacífico de Samoa Americana e Isla Swain:
  - una persona nacida en cualquiera de estas islas en el momento o después de la fecha de la adquisición formal por parte de EE.UU. como "nacional"

Un niño puede terner ciudadanía americana si nació en el extranjero de ambos padres americanos o con un padre americano que haya vivido por lo menos cinco años en EE.UU. antes de su nacimiento y si por lo menos dos de esos años fueron después del 14° cumpleaños de uno de los padres. La ciudadanía puede también ser adquirida a través de un abuelo en las mismas circunstancias.

Un niño nacido en EE.UU. de padres diplomáticos extranjeros y los padres extranjeros de un niño nacido en EE.UU. no califican para la ciudadanía.

Ha habido un incremento drástico en las solicitudes de naturalización debido a un número de factores, tales como:
- Los tres millones de inmigrantes ilegales que fueron legalizados a través de la ley de amnistía de 1986 y que habían sido elegibles para solicitar la ciudadanía
- El vencimiento de Tarjetas de Residencia (Green Cards) de antes del año 1978
- Preocupación por la pérdida de beneficios por la creación de la ley de reforma de bienestar de Agosto de 1996, la cual prohibió a los no ciudadanos recibir bonos de ayuda alimentaria e ingresos garantizados suplementarios (Supplemental Security Income)

Derechos, Beneficios y Responsabilidades de la Ciudadanía Americana

Derechos
- Votar
- Pasaporte americano

Beneficios
- Desempeñar cargos en puestos del gobierno federal, estatal, y de seguridad nacional, los cuales requieren de ciudadanía americana
- Trabajar como agente del FBI o como juez federal
- Trabajar como un policía o maestro del estado, en algunos estados
- Solicitud de Tarjetas de Residencia (Green Cards) para padres, hijos casados, hermanos y hermanas
- Evitar ser deportados o excluídos
- Ciertas becas y otras ayudas estudiantiles con fondos Federales
- Cargos políticos

Responsabilidades
- Ser jurado

Renunciando a la Ciudadanía Americana

No existe una pérdida automática de la ciudadanía americana; sin embargo, el INA identifica maneras en las cuales los nacidos en EE.UU. o los ciudadanos naturalizados ponen su nacionalidad americana en riesgo:
- Obteniendo naturalización extranjera después de los 18 años de edad
- Jurando o haciendo una declaración formal de fidelidad en un estado extranjero
- Sirviendo en una milicia extranjera o como oficial en contra de EE.UU.
- Trabajando para el gobierno de otro país que requiera un juramento de afirmación o una declaración de fidelidad a ese país
- Renunciando formalmente a la ciudadanía americana ante una oficina consular en el extranjero
- Renunciando formalmente a la ciudadanía americana en EE.UU. en tiempo de guerra
- Cualquier acto e traición o atentado a derrotar el gobierno   *Ref: INA 349*

Salir de EE.UU. para evitar servicio militar hace que la persona sea permanentemente inelegible para la ciudadanía.

Se emitirá un Certificado de Pérdida de la Nacionalidad a dichos ciudadanos para confirmar que han renunciado a su ciudadanía americana. Información acerca de cómo renunciar voluntariamente a la ciudadanía americana puede ser obtenida en las embajadas y consulados de EE.UU. en el extranjero o en:

Office of Citizens Consular Services   (CA/OCS/CCS)
Room 4811 NS
Department of State
Washington, DC 20520-4818   *Ref: INA 349(5); 8 USC 1481(a)(5)*

Las personas que deseen obtener la ciudadanía perdida pueden contactar a la misma oficina para obtener información acerca de sus circunstancias específicas. Este puede ser un proceso difícil.

Capítulo 13

Estatus Derivativo

No es necesario nacer en EE.UU. para obtener ciudadanía americana. Este capítulo ofrece detalles acerca del concepto de estatus derivativo.

Cualquier persona que viva fuera de EE.UU, y que piense que tiene derecho a la ciudadanía americana debe contactar la embajada o consulado de EE.UU. que tenga jurisdicción sobre el lugar donde resida o revisar las opciones aquí descritas.

Las personas nacidas en el extranjero pueden calificar para estatus derivativo si tiene uno o dos padres ciudadanos americanos. Puesto que las reglas para obtener estatus derivativo son explicadas en detalle, es importante que siga cuidadosamente todos los pasos.

Reportando un Nacimiento en el Extranjero

Puesto que muchos niños nacidos fuera de EE.UU. de padre(s) Americano(s) son considerados ciudadanos de nacimiento, es importante que se reporte su nacimiento en la embajada o consulado de EE.UU. más cercano tan pronto sea possible. Se debe presentar el Formulario FS-579/SS-5, Solicitud de Reporte Consular de Nacimiento de un ciudadano de EE.UU. en el Extranjero (Consular Report of Birth Abroad of a Citizen of the United States of America), más una tarifa de US $10. La evidencia requerida incluye:
- El acta de nacimiento del niño
- Evidencia de ciudadanía americana de uno o de ambos padres
- Evidencia del matrimonio de los padres, si aplica
- Delcración jurada de la presencia física de uno o ambos padres en EE.UU.

Al momento de su aprobación, se le suministra al solicitante un Formulario FS-240, el cual sirve de prueba de ciudadanía como el Certificado de Ciudadanía emitido por el BCIS. El Departamento de Estado ha eliminado la tarifa de US $100 para la abjudicación de ciudadanía en casos de personas nacidas en el extranjero sin documentación anterior de su ciudadanía americana.   *Ref: 66 FR 17360*

Calificando para un Estatus Derivativo

Ley de Ciudadanía de Niños de 2000 (CCA)

Esta ley fue firmada el 30 de Octubre de 2000 y se hizo efectiva el 27 de Febrero de 2001. Trata sobre los procedimientos de solicitud para la ciudadanía americana para niños menores de 18 años nacidos en el extranjero, incluyendo los hijos adoptivos.

Niños Nacidos en el Extranjero que Residen Permanentemente en EE.UU.

Dichos niños reciben la ciudadanía americana automáticamente si:
- Tienen por lo menos un padre americano de nacimiento o por naturalización
- Tienen actualmente menos de 18 años de edad
- Han sido admitidos y su domicilio está en EE.UU., y:
  - están bajo custodia legal y física de un representante americano
  - son residentes permanentes legales en cualquiera de la clasificaciones de inmigrantes

Si es adoptado, el niño debe cumplir con estos requisitos, más la existencia de una sentencia defifitiva de adopción. Los niños que residen permanentemente en EE.UU. son automáticamente ciudadanos americanos si cumplen con dichas condiciones.

Los padres pueden solicitar un Certificado de Ciudadanía en la oficina o sub-oficina Distrital del BCIS o que tenga jurisdicción sobre el lugar de residencia de los padres e hijos. También pueden solicitar un pasaporte en el Departamento de Estado, si así lo prefieren.

Los padres de hijos biológicos deben presentar un Formulario N-600, Solicitud de Certificado de Ciudadanía, junto con US $185 y fotografías del niño. Los padres de niños adoptados deben presentar un Formulario N-643, Solicitud de Certificado de Ciudadanía de Parte de un niño Adoptado, con US $145 de tarifa de presentación y fotografías del niño. El BCIS está considerando unir estas formas y el Suplemento A en un formulario nuevo, el N-600, en el futuro. Asegúrese de revisar antes de hacer la solicitud.

Niños Nacidos en el Extranjero que Residen Fuera de EE.UU.

Dichos niños adquieren la ciudadanía americana al aprobarse la solicitud de un Certificado de Ciudadanía y después de haber jurado fidelidad , a menos que el juramento sea desistido de acuerdo a la sección 337(a) de la ley si:
- El niño tiene por lo menos un padre ciudadano americano por nacimiento o por naturalización
- El padre ciudadano americano ha estado físicamente presente en EE.UU. o en sus territorios por lo menos cinco años, de los cuales por lo menos dos después de los 14 años de edad, o
- El padre americano tiene un padre americano que ha estado físicamente presente en EE.UU. o en sus territorios por lo menos cinco años, de los cuales por lo menos dos después de los 14 años de edad (N-600, Suplemento A)
- El niño tiene actualmente menos de 18 años de edad
- El niño está residiendo actualmente fuera de EE.UU. bajo la custodia legal y física de un representante con ciudadanía americana, y
- El niño está temporalmente presente en EE.UU. con miras a ser admitido legalmente y está manteniendo su estatus legal

Si es adoptado, el niño debe cumplir con estos requisitos, más la existencia de una sentencia de adopción.

Los padres de los niños que residen fuera de EE.UU. deben presentar un Formulario N-600 con la tarifa requerida de US $185 si están haciendo la petición de un hijo biológico, o el Formulario N-643 con US $145 si están haciendo la petición de niños adoptivos. La solicitud debe hacerse en cualquier oficina distrital del BCIS. El representante debe incluir las fechas preferidas para la entrevista con por lo menos 90 días de anticipación. Como se dijo anteriormente, es aconsejable revisar si la futura consolidación de estos formularios del BCIS ha tomado lugar.

También se requiere que se suministre para niños que viven en el extranjero:
- Fotografías del niño
- Acta de nacimiento del niño
- Evidencia de la ciudadanía americana de uno de los padres
- Acta de matrimonio, si aplica
- Evidencia de terminación de matrimonios anteriores, si aplica
- Evidencia de la presencia física en EE.UU. de uno de los padres o de algún abuelo
- Evidencia de la admisión legal del niño en EE.UU. y permanencia de dicho estatus
- Evidencia de la adopción completa y final de los niños adoptivos
- Evidencia de todos los cambios legales en los nombres, si aplica
- Cualquier otra evidencia que las circunstancias dicten

Todas las solicitudes presentadas en esta sección (322) requieren de una entrevista con el representante americano y el niño.

El BCIS tiene intenciones de eliminar el Formulario I-864, Declaración Jurada de Apoyo Económico, que se requiere para niños adoptados en el extranjero y quienes recibirán la ciudadanía al momento de entrar como residentes permanents legales. Sin embargo, los niños nacidos que residen fuera de EE.UU. que no serán adoptados hasta después que entren a EE.UU. necesitan una Declaración Jurada de Apoyo Económico. Alternativamente, los representantes pueden solicitar un pasaporte americano al Departamento de Estado y esperar hasta que el BCIS haya completado el procesamiento de la solicitud.

Huérfanos

Las solicitudes presentadas para niños que inmigraron como IR-3s, Huérfanos Adoptados por un Ciudadano Americano, pueden ser abjudicados sin una entrevista si la oficina tiene la solicitud del niño. Las entrevistas de IR-4s, Huérfanos que vienen a EE.UU. como Residentes Permanentes Legales a ser Adoptados por padres Americanos, pueden ser eliminadas si el oficial de abjudicación tiene la solicitud administrativa y evidencia de la adopción final o el reconocimiento de una adopción extranjera por el estado de residencia. Ellos obtienen la ciudadanía únicamente después de que se hayan completado los requisitos de la adopción o reconocimiento.

Capítulo 14

Doble Nacionalidad

Doble nacionalidad significa tener dos ciudadanías al mismo tiempo.

Como cada país tiene sus propias leyes referentes a la ciudadanía, la doble nacionalidad es un tema bastante complejo. Como lo que se expone a continuación es una visión global del tema, le aconsejamos que discuta temas específicos sobre ciudadanía con un consejero legal.

En EE.UU., la doble nación̄alidad no es vista con mucho agrado por algunos oficiales del BCIS o del Departamento de Estado, puesto que el aceptar los derechos y responsabilidades de la ciudadanía americana implica el renunciar a otras lealtades y responsabilidades que le acompañan. Los oficiales prefieren el término de nacional dual a ciudadano dual.

No obstante, muchas regulaciones de la Corte Suprema de EE.UU. apoyan la habilidad de una persona de retener doble estatus, incluyendo:

- Mandoli v. Acheson,   344 U.S. 133 (1952)
- Kawakita v. U.S.,   343 U.S. 717 (1952)
- Afroyim v. Rusk,   387 U.S. 253 (1967)
- Terrazas v. Vance,   444 U.S. 252 (1980)

Como resultado de estas regulaciones y una ley de 1990, EE.UU. no objeta la doble nacionalidad de extranjeros que aprovechan su ciudadanía original después de haberse naturalizado en EE.UU. Sin embargo, EE.UU. observa que los nacionales duales :

- No tienen estatus extra en EE.UU.
- Le deben fidelidad a EE.UU.
- Están obligados a obedecer las leyes de EE.UU.
- Que están obligados a renunciar a la ciudadanía americana, como parte de un proceso de naturalización de un país extranjero, pueden todavía retener su ciudadanía americana después de:
  - hacer una declaración de lealtad rutinaria con dicho país extranjero, y
  - haber sido empleados en un puesto gubernamental extranjero no político

Muchos países no reconocen el acto de renunciar a su ciudadanía aún cuando es parte del proceso de naturalización de EE.UU. El país anticuado todavía considera a un nacional doble como uno de sus ciudadanos.

La ley canadiense permite a los ciudadanos canadienses que son naturalizados en EE.UU. retener la ciudadanía canadiense. Algunos opinan que el 5% de los canadienses han reclamado la ciudadanía americana a través de sus ancestros americanos. En ciertos casos, la ciudadanía se puede extender automáticamente a sus hijos y posiblemente a sus nietos. Otros países, como India, no permiten la doble ciudadanía y, como resultado, la ciudadanía de los hijos de sus nacionales puede estar en duda.

Posible Pérdida de la Ciudadanía Americana

Antes que un ciudadano americano se naturalice en otro país, el posible ciudadano doble debe asegurarse de que el país adoptado no requerirá el renunciar a la ciudadanía americana. Desde el punto de vista de EE.UU., mientras que jurar lealtad a un país extranjero puede significar la pérdida de la ciudadanía , es difícil probar que una persona tiene la intención firme de renunciar a su ciudadanía americana.

Un nacional dual puede poner en peligro su ciudadanía americana cuando:
- Acepta un puesto político en un gobierno extranjero
- Es acusado de traicionar o actuar inconsistentemente en contra a su ciudadanía americana, concluyendo que su intención era el renunciar a su ciudadanía americana

La ciudadanía americana también se puede perder cuando una persona declara o actúa o firma un documento de renuncia. Esto se formalizó en una ley en 1986.

Los ciudadanos que adquieren doble estatus al nacer no arriesgan perder su ciudadanía americana si viven en el extranjero o con su ciudadanía extranjera cuando llegan a ser adultos. Estas leyes y regulaciones han sido rechazadas por el Congreso. La ciudadanía adquirida por nacimiento en EE.UU. es prácticamente imposible de perder.

Pasaportes

Si se puede documentar una solicitud de ciudadanía americana, se puede presentar una solicitud de pasaporte para un nieto en una oficina de pasaportes, en una embajada o consulado de EE.UU. en el extranjero.

La ley exige que usted muestre su pasaporte americano al entrar a EE.UU. No hay necesidad de mencionar el estatus doble puesto que ésto sólo conllevaría a preguntas innecesarias y demoraría el proceso. Similarmente, al salir, muestre su pasaporte americano a la línea aérea.   *Ref: 22 CFR 53*

Al momento de renovar su pasaporte, las oficinas consulares pueden exigir que un ciudadano dual complete un cuestionario para determinar si existe la intención de renunciar a la ciudadanía americana. Más información se encuentra disponible en la Oficina de Servicios Consulares a Ciudadanos del DOS al (202) 647-4000. No es aconsejable que los nacionales duales lleven los pasaportes de su país de origen u otros documentos de identificación cuando viajan a su país de origen si salieron para evitar reclutamiento, lo cual es ilegal. En estos y en muchos otros casos, su pasaporte americano es su mejor documento.Vea el Capítulo 35 para mayor información.

Capítulo 15

Naturalización
con Preguntas del Examen

Las personas de 18 años de edad o más, que son legalmente admitidas como extranjeros residentes permanentes y cumplen con ciertos requisitos, pueden solicitar la ciudadanía americana mediante un proceso llamado naturalización.

De acuerdo al INS, en el año fiscal 2002, el número de solicitantes para naturalización fué de 700,649 y 589,810 solicitantes hicieron el juramento de ciudadanía. Esto representó una disminución del 4% con respecto al Año Fiscal 2001. Durante el 2002, 139,779 solicitudes fueron denegadas y unas 623,304 estaban pendientes a finales del 2002. El BCIS ha estado tratando de reducir el tiempo de tramitación a seis meses.

Obteniendo la Ciudadanía

Paso 1 - Período de Calificación

Un inmigrante que no obtuvo estatus de residente permanente a través del matrimonio con un ciudadano americano, servicio militar en EE.UU. u otras circunstancias especiales, es elegible para naturalización cinco años después de la fecha de entrar como un residente permanente legal, siempre que haya estado presente en EE.UU. por lo menos la mitad de esos cinco años y sin ausencias contínuas por un año o más. Los solicitantes deben tener, por lo menos, 18 años de edad.

Un inmigrante que permanezca casado y que viva con un cónyuge americano, es elegible para la naturalización tres años después de la fecha de haberse convertido en residente permanente siempre y cuando haya estado en EE.UU. por lo menos un año y medio de esos tres años, y sin ausencias largas. Los cónyuges deben estar casados todavía y vivir juntos cuando se le conceda la ciudadanía.

Un inmigrante que ha completado tres años o más de servicio militar americano puede también calificar para la naturalización después de tres años de tener la Tarjeta de Residencia (Green Card) si hace la solicitud mientras todavía está en servicio o dentro de seis meses de una actuación honorable. En tales casos, se elimina el requisito de presencia física y residencia.   *Ref: INA 328*

El solicitante debe haber residido por lo menos los tres meses anteriores en el distrito del estado de servicio en el cual se presentó la solicitud.   *Ref: INS N-17*

Un inmigrante que residió contínuamente en EE.UU. por un año después de convertirse en un residente permanente legal y que luego trabajó en el extranjero para intereses de EE.UU., puede ser elegible para hacer ciertos arreglos especiales de solicitud de naturalización. Vea Paso 2, Formulario N-470.

Las personas que trabajan para la CIA pueden cumplir con el requisito de un año de presencia física contínua en cualquier momento.   *Ref: INA 316*

El Director de Inteligencia Central y el Secretario de la Seguridad de la Patria pueden permitir que una persona se naturalice después de un año de presencia física si contribuyó extraordinariamente a la seguridad nacional o realizó actividades para en servicio de inteligencia.

Un niño natural o adoptado nacido en el extranjero que tenga menos de 18 años de edad y que viva permanentemente en EE.UU., automáticamente se convierte en ciudadano si uno de los padres es ciudadano americano y cumple con las reglas de residencia.

El tiempo pasado en EE.UU. de cualquier manera con una visa temporal no cuenta para el período de espera para la naturalización. El único período que cuenta es el siguiente a haber obtenido la residencia permanente. El período de espera no puede ser reducido porque exista una necesidad de habilidades específicas.

La Ley de Naturalización de Veteranos Hmong de 2000, elimina los requisitos del idioma Inglés y reduce el conocimiento de civismo a tres años para hasta 45,000 titulares de Tarjetas de Residencia (Green Cards) y sus cónyuges que entraron como refugiados de Laos y sirvieron en guerrillas de Laos o fuerzas irregulares que ayudaban a las fuerzas americanas entre 1961 y 1978. Los cónyuges de veteranos muertos también califican.   *Ref: Pub. L. 106-207, as amended*

Paso 2 - *Ausencias Durante el Período de Calificación*

La continuidad de la residencia se rompe generalmente al ausentarse de EE.UU. por un período contínuo de un año o más después de convertirse en residente permanente. Esta interrupción puede ocurrir antes o después de haber solicitado la naturalización. En tales casos, el período de calificación usualmente comienza otra vez.

Con excepciones como personal militar, los solicitantes deben haber residido en el estado o distrito de servicio, en donde la solicitud fue presentada, en los tres meses anteriores.

Antes de salir por un período prolongado, es posible preservar el estatus de la Tarjeta de Residencia (Green Card) y/o la elegibilidad de naturalización al:
- No ausentarse por un período contínuo de seis meses o más
- No estar fuera de EE.UU. por un total de más de 30 meses durante los últimos cinco años
- Presentar un Formulario I-131 no renovable, Permiso de re-entrada que permite ausencias de hasta dos años sin proteger los créditos de residencia para naturalización

- Presentar el Formulario N-470, Solicitud para Preservar la Residencia para Propósitos de Naturalización, más una tarifa de US $95 si ha sido empleado en el extranjero por:
  - El gobierno de EE.UU., incluyendo las Fuerzas Armadas de EE.UU.
  - Un instituto de investigación americano reconocido por el Secretario de la Seguridad de la Patria
  - Una organización religiosa americana reconocida
  - Una institución de investigación de EE.UU.
  - Una compañía americana involucrada en el desaroollo del comercio exterior y de EE.UU., o
  - Ciertas organizaciones públicas internacionales que involucren a EE.UU. *Ref: INA 316; INA 319*

Una solicitud está sujeta a rechazo si el solicitante está bajo libertad condicional después de una condena y debe esperar hasta después de que dicho período haya sido completado.

Paso 3 - Proceso de Solicitud

La información de la solicitud para la naturalización y los Formularios N-400 pueden obtenerse al (800) 870-3676 o por el Internet al: www.immigration.gov/graphics/servies/natz/howapply.htm.

El BCIS presentó el Formulario revisado N-400, Solicitud de Naturalización (Rev. 05/31/01) la cual fue puesta en circulación en el 2001. El Formulario de 10 páginas reemplaza al N-400 anterior y debe ser usado desde el 1º de Enero de 2001. Incluye preguntas adicionales acerca de incapacidad, voto ilegal, terrorismo, persecución y procedimientos de transferencia. Tiende a ser más simple y con títulos y preguntas más específicas.

De acuerdo al BCIS, el nuevo formulario fue creado para hacer más fácil recopilar la información requerida al momento de la solicitud inicial, en lugar de hacerlo después durante el proceso.

Excepto por personal militar, la presentación se hace en el Centro de Servicios regional que tenga jurisdicción sobre el área de residencia. Luego se envía a la Oficina Distrital para futuro proceso. Si una pareja está temporalmente separada por razones de trabajo u otras razones válidas, la residencia permanente rige en el lugar donde se presentan las declaraciones de impuestos 316.5 (a), 316.5(b) (1) (ii). Personal militar debe presentar el Formulario N-400, Paquete de Naturalización Militar en el Centro de Servicios del BCIS en Lincoln, Nebraska.

La solicitud para Naturalización, Formulario N-400, puede presentarse hasta 90 días antes de cumplir con el requisito de residencia contínua. *Ref: 8 CFR 334.2*

La cuenta regresiva para elegibilidad comienza con la fecha en la cual una persona se convierte en un residente legal como se indica en su Tarjeta de Residencia (Green Card). Para una que está haciendo el trámite en un consulado de EE.UU en el extranjero, la fecha efectiva es la fecha de entrada por un puerto de EE.UU; sin embargo, cuando se obtiene una Tarjeta de Residencia (Green Card) a través del un Ajuste de Estatus en EE.UU., la residencia permanente comienza en la fecha de aprobación del BCIS. La estampilla en el pasaporte se coloca posteriormente.

El período de procesamiento es ahora de uno año en algunos estados.

Documentación y Evidencias de Apoyo:
- *Formulario del BCIS*
  - N-400, Solicitud de Naturalización
- *Tarifas*
  - US $260 para el N-400
  - US $50 para huellas dactilares
- *Fotografías*
  - dos fotografías idénticas por lo menos 40 mm de altura por 35 mm de ancho a color – ¾ de perfil frontal, mostrando la oreja derecha
- *Evidencia adicional*
  - copia del I-551, Tarjeta de Residencia Permanente
  - G-325B, evidencia de servicio militar, si aplica
  - N-426, Solicitud de Certificación de Servicio Militar o Naval, si la solicitud está basada en servicio militar
  - si la solicitud es para un niño:
    - copia del acta de nacimiento del niño
    - copia del acta de matrimonio de los padres
    - evidencia de ciudadanía americana de los padres

Se sugiere que las solicitudes sean enviadas por correo certificado y se pida una acuse de recibo. Para facilitar el proceso, el BCIS debe ser notificado sobre los cambios de dirección, los cuales se pueden hacer ahora llamando al (800) 375-5283.

Pague una tarifa adicional de US $50 para toma de huellas dactilares, las cuales no irán junto al Formulario N-400, sino que se tomarán posteriormente, cuando el BCIS le avise mediante una carta. Las huellas dactilares que son tomadas por el Servicio de Huellas Dactilares Designado, no se aceptan más. Para el año 1999, el BCIS estuvo operando 76 Centros de Apoyo para Solicitudes (ASCs), 54 lugares en oficinas del BCIS y 38 agencias de aplicación de leyes fueron autorizadas para tomar huellas dactilares de inmigración. Las preguntas acerca de toma de huellas dactilares pueden ser contestadas por un oficial del BCIS llamando al (888) 557-5398.

Para acelerar el proceso de solicitudes de naturalización, las solicitudes deben hacerse en el N-400 del Centro de Servicios regional del BCIS que cubra dicha área. Vea www.immigration.gov/graphics/services/natz/statemap.htm.

Estos cambios están diseñados para:
- Reducir el período de proceso de solicitudes aprobadas
- Permitir al Centro de Servicios suministrar más información a los solicitantes acerca de su estatus de una manera más eficiente y rápida
- Limitar el número de visitas en persona a las oficinas del BCIS
- Mejorar la habilidad del Centro de Servicios de ofrecer mejores servicios a sus clientes   *Ref: INS 1745-95*

No existen restricciones para viajar mientras está pendiente una solicitud de Naturalización N-400; sin embargo, no se debe ausentar por mucho tiempo de EE.UU., ni tampoco estar fuera por más de la mitad del tiempo después de haber obtenido la Tarjeta de Residencia (Green Card).

Algunos estados pueden exigir la presentación del Formulario N-300, Solicitud de Presentación de la Declaratión de Intención (para obtener la naturalización) si usted desea realizar ciertas actividades o profesiones y obtener licencias específicas.

Documentación y Evidencias de Apoyo:
- *Formulario del BCIS*
  - N-300, Solicitud de Presentación de la Declaratión de Intención
- *Tarifa*
  - US $60
- *Fotografías*
  - dos fotografías idénticas por lo menos 40 mm de altura por 35 mm de ancho a color – ¾ de perfil frontal, mostrando la oreja derecha con la firma del nombre completo al frente sin obstruir los rasgos de la cara
- *Evidencia adicional*
  - copia de la Tarjeta de Residencia (Green Card)
  - otra evidencia de estatus de residente permanente

Paso 4 – *Preparación para el Examen de Naturalización*

En Abril de 1996, había un acumulado de mas de 800,000 solicitantes esperando tomar el examen para la naturalización. Para acelerar el proceso e incrementar el número de solicitantes que podían ser procesados por un examinador, el BCIS autorizó a los contratistas privados suministrar un pre-examen sobre la historia y el gobierno de EE.UU. Sin embargo, el 31 de Agosto de 1998, el BCIS eliminó el examen privado y se ha encargado de todo lo referente al examen para la naturalización.

Los libros de texto están disponibles en:
Superintendent of Documents
Government Printing office
Washington, DC 20402

El Formulario M-132, Información Concerniente a la Educación para la Ciudadanía para Cumplir con los requisitos de Naturalización está disponible en las oficinas del BCIS y contiene más información acerca de los libros de texto y cursos disponibles por correo.

Usted podría revisar las preguntas del examen reproducidas aquí antes de decidir si se siente suficientemente seguro con las preguntas para ir directamente a la entrevista. Puesto que el BCIS está haciendo un esfuerzo serio para reducir el número acumulado de solicitantes, los examinadores tienen un número muy limitado de tiempo para estar con cada candidato y pueden, por consiguiente, preguntarle relativamente pocas preguntas.

El 13 de Marzo del 2003, el BCIS anunció el comienzo de un programa de prueba para desarrollar un examen uniforme para todos los solicitantes de ciudadanía. La meta del BCIS es la de tener el examen listo para finales del 2004. Hasta su puesta en práctica, las preguntas de las páginas siguientes permanecen como centrales para el examen de naturalizacicomo centrales para el examen de naturalización.

Después de leer las preguntas del examen en este capítulo, usted podría tomar una prueba elección múltiple por Internet: www.immigration.gov/graphics/exec/natz/natztest.asp.

Paso 5 - Examen

A muchos solicitantes se les exige que pasen un examen para la naturalización. El solicitante será notificado sobre cuándo y dónde presentarse. En ese momento, un entrevistador:

- Examinará al solicitante sobre su:
  - habilidad para entender, leer y escribir Inglés simple, y
  - conocimiento sobre historia de EE.UU. y forma de gobierno (al final de este capítulo aparecen 100 preguntas posibles)
- Se asegurará que el solicitante ha cumplido con los requisitos de:
  - duración de la residencia permanente:
    - cinco años en la mayoría de los casos, o
    - tres años con un cónyuge americano, o
    - tres años en la milicia de EE.UU., u
    - otros casos especiales
  - buena moral
  - registro de Servicio Selectivo (vea abajo)
  - tres meses de residencia en el estado o distrito del BCIS antes de hacer la solicitud

Esté preparado para preguntas acerca de la información que haya suministrado en su solicitud N-400 original. Refresque su memoria. Actualice su lista de viajes fuera del país desde que presentó su solicitud N-400, junto con las razones y fechas para cada uno. Asegúrese de que puede demostrar que ha estado en EE.UU. por lo menos la mitad del tiempo desde que obtuvo su estatus de residencia permanente.

En un estudio del BCIS sobre 7800 solicitudes para la ciudadanía, 48% fueron concedidas, 43% fueron ubicadas como pendientes debido por falta de documentos, y 8% fueron negadas. De aquéllas que fueron negadas, 44% no pasaron los examenes de Inglés o de civismo, 25% no cumplieron con los requisitos de residencia y 6% no cumplieron con el requisito de buena moral. A 13% se le negó debido a otras razones.

Todos los hombres que estén solicitando la naturalización y que hayan vivido en EE.UU como residentes permanentes que tengan entre 18 y 26 años de edad deben mostrar que se registraron con el Servicio Selectivo. Vea el Capítulo 21, Servicio Selectivo. Sin embargo, el BCIS ha dado instrucciones a sus oficiales de negarle la naturalización a un solicitante si éste no se registra, durante el período para el cual debe establecer buena moral, con pleno conocimiento y conciencia.   *Ref: INS memorandum*

Asegúrese de estudiar la lista de preguntas acerca de la historia y gobierno de EE.UU al final de este capítulo. Se debe responder correctamente un mínimo de seis preguntas durante la entrevista; sin embargo, no hay necesidad de sentirse intimidado. Como un entrevistador indica: Tratamos muy duro de ser compasivos con los solicitantes que tratan de jugar de acuerdo a las reglas.

El BCIS indica que está haciendo un gran esfuerzo. Como ejemplo, para poder lidiar con el incremento incesante en las solicitudes, Miami ha procesado solicitantes seis días a la semana en intervalos de 13 minutos y cada uno de los muchos entrevistadores tuvo aproximadamente 22 solicitantes por día. Las entrevistas fueron cortas y dejaron el tiempo para contestar las seis preguntas.

Los residentes permanentes que tienen por lo menos 50 años de edad con al menos 20 años de residencia permanente legal, o 55 años de edad o más con por lo menos 15 años de residencia permanente, pueden estar exentos del requisito del Inglés, pero no del requisito de la historia y gobierno de EE.UU. También, los solicitantes de 65 años de edad o más con al menos 20 años de residencia permanente legal, pueden ser tomados en consideración para el examen sobre el gobierno e historia y ser examinados con una lista de 20 preguntas.   *Ref: 316.5(b)(1)(2)*

La solicitud de naturalización puede ser rechazada por cualquiera de las siguientes razones:
- Membresía en una organización que predique y practique la anarquía
- Membresía en organizaciones comunistas
- Apoyo para eliminar al gobierno de EE.UU por la fuerza, violencia o terrorismo
- Publicación de material que apoye métodos de eliminación del gobierno
- Negación de servir en las Fuerzas Armadas de EE.UU (a menos que esté exento)
- Renuncia a las fuerzas militares y evasión de reclutamiento

Los inmigrantes que no pasen el examen de Inglés y el de civismo, pueden todavía ser elegibles para la naturalización si muestran un rendimiento satisfactorio en esos temas, lo cual puede ser demostrado con cualquiera de la siguiente evidencia:
- Un certificado de rendimiento satisfactorio de un programa de Inglés y Civismo de por lo menos 40 horas, aprobado por el BCIS
- Diploma de bachillerato en EE.UU.
- Un diploma con equivalencia general
- Un certificado de una institución reconocida por el estado de por lo menos un año
- Haber pasado una prueba de proficiencia que demuestre conocimiento equivalente a completar un curso de 40 horas

Ref: Florida Today, January 5, 1996

Paso 6 - Ceremonia de Naturalización

Es possible hacer el juramento de lealtad más rápidamente cuando existen circunstancias especiales, como, por ejemplo, una enfermedad, incapacidad, edad avanzada, viaje urgente o por empleo. En tales casos, el Certificado de Naturalización, N-550 se le enviará más adelante.   *Ref: 8 CFR 337.3*

Dependiendo del proceso que se siga en su área, a usted se le puede ofrecer la alternativa de hacer el juramento y recibir su Certificado de Naturalización varias semanas después de que presenta el examen en:

- Una ceremonia masiva para hacer el juramento en un centro regional, o
- En la corte de su país

En cualquier caso, dicha declaración de lealtad debe ser jurada.

El Juramento de Lealtad dice:

"Yo declaro y juro, que renuncio absoluta y totalmente a toda lealtad y fidelidad a cualquier príncipe, potentado, estado o soberanía extranjera, de la cual he sido sujeto o ciudadano, que apoyaré y defenderé la Constitución y las leyes de EE.UU contra todos los enemigos, extranjeros y domésticos; que le seré fiel y defenderé a EE.UU con armas cuando así lo exija la ley, que realizaré servicio de no combate en las Fuerzas Armadas de EE.UU cuando así lo exija la ley, que realizaré trabajos de importancia nacional bajo dirección civil cuando así lo exija la ley, y que tomo esta responsabilidad con libertad y sin ninguna reserva mental o propósitos de evasión, así que ayúdame Dios."

A aquellas personas cuyas creencias religiosas les impiden portar armas y realizar actividades para el servicio militar, se ofrece una ceremonia especial con un juramento modificado a fin de que no prometan portar armas y prestar servicio militar; sin embargo, al solicitante no se le puede excusar de hacer la promesa de prestar servicios civiles alternativos del gobierno que son importantes para la nación.

El Secretario de la Seguridad de la Patria puede hacer una exención del juramento si la persona no es capaz de entender, o de comunicar lo que entendió de éste, debido a que presenta un impedimento mental o de su desarroll.*Ref: Pub. L. 106-448;INA 337 (a)*

Si usted no puede ir a la ceremonia del juramento, usted debe regresar el N-455, Notificación de Ceremonia de Juramento de Naturalización, a la oficina local del BCIS. Incluya una carta explicando por qué no puede asistir a la ceremonia. Haga una copia tanto de la notificación como de la carta para sus registros. El BCIS le dará otra cita y le enviará un N-445 nuevo para hacerle saber cuándo será la nueva ceremonia.

Paso 7 – Naturalización de Hijos de Ciudadanos Naturalizados

Los niños menores de 18 años no pueden presentar un solicitud de naturalización. Sin embargo pueden tomar la ciudadanía cuando uno o ambos padres están naturalizados. Para calificar tienen que tener una Tarjeta Verde, ser solteros, ser menor de 18 años y vivir en los EE.UU. con uno o ambos padres con ciudadanía americana. Se puede obtener un pasaporte como prueba de ciudadanía. Si se necesita más evidencia, presente un Formulario N-600, Solicitud para Certificación de Ciudadanía con un honorario de $185.

Los hijos adoptado presentan el Formulario N-643, Solicitud para Certificación de Ciudadanía en nombre de un Hijo Adoptivo con un honorario de $145.

Paso 8 – Residencia después de la Naturalización

EE.UU ya no requiere que los nuevos ciudadanos naturalizados permanezcan en EE.UU por un año después de haberse nacionalizado. Esto fue revocado por el Congreso en Octubre de 1994.   *Ref: Pub. L. 103-416, 108 Stat. 4305*

Se puede obtener un pasaporte americano después de la naturalización. El Certificado de Naturalización debe estar anexo a la solicitud. Vea el Capítulo 35 para más detalles.

Examen para la Naturalización – Preguntas

La prueba de historia y acerca del gobierno está basada en lo que usted entienda de las respuestas de las siguientes preguntas. Si usted se siente cómodo con las respuestas, usted debe ser capaz de tomar el examen en frente a un examinador.

Estados

¿Cuántos estados hay en EE.UU.?	**Cincuenta (50)**
¿Cuál es el estado 49° y el 50° de la Unión?	**Alaska (49o) y Hawaii (50o)**
¿Cuál es la capital de su estado?	**La capital de su estado**
¿Cómo se le llama a el Director Administrativo de su estado?	**Gobernador**
¿Quién es el Gobernador actual de su estado?	**Su Gobernador**
¿Cómo se le llama al Director Administrativo de una ciudad?	**Alcalde**
¿Quién es el Director de su gobierno local?	**Su Alcalde**
¿Puede nombrar a dos Senadores de su estado?	**Sus dos Senadores**

Historia

¿Cuál es el nombre del barco que trajo a los Peregrinos a América?	**The Mayflower**
¿Por qué vinieron los Peregrinos a América?	**Para tener libertad de religión**
¿Quienes ayudaron a los Peregrinos en América?	**Los indios americanos (nativos americanos)**
¿Qué día festivo fue celebrado por primera vez por los colonizadores americanos?	**Día de acción de gracias**

¿Contra qué país peleamos durante la Guerra Revolucionaria?	**Inglaterra**
¿Qué proclamó la emancipación?	**Libertad a los esclavos**
¿Qué es el 4 de Julio?	**Día de la Independencia**
¿Cuál es la fecha del día de la Independencia?	**4 de Julio**
¿De quién nos independizamos?	**de Inglaterra**
¿Cómo se llamaban originalmente los 14 estados?	**Colonias**
¿Puede nombrar los trece estados originales?	**Connecticut, New Hampshire, New York, New Jersey, Massachussets, Delaware, Pennsylvania, Virginia, North Carolina, South Carolina, Georgia, Rhode Island y Maryland**
¿Qué países fueron nuestros enemigos en la Segunda Guerra mundial?	**Germany, Italy & Japan**
¿Quién dijo "Dénme libertad o dénme la muerte"?	**Patrick Henry**
¿Quién fue Martin Luther King, Jr.?	**Un lider en derechos civiles**

Declaración de la Independencia

¿Quién fue el principal escritor de la Declaración de Independencia?	**Thomas Jefferson**
¿Cuándo se adoptó la Declaración de Independencia?	**El 4 de Julio de 1776**
¿Cuál es la creencia básica de la Declaración de Independencia?	**Que todos los hombres fueron creados iguales**

La Constitución

¿Qué es la Constitución?	**La ley suprema de la tierra**
¿Qué derechos están garantizados por la Constitución y por la Declaración de los Derechos Individuales?	**Los de todas las personas(ciudadanos y no ciudadanos que viven en EE.UU.)**
¿En qué año se escribió la Constitución?	**En 1787**
¿Cómo se llama la introducción de la Constitución?	**El preámbulo**

¿Se puede cambiar la Constitución?

Sí

¿Cómo se llama un cambio hecho a la Constitución?

Modificación (Amendment)

¿Cuántos cambios o modificaciones se le han hecho a la Constitución?

27

¿Cómo se le llaman a los 10 primeros cambios de la Constitución?

Declaración de los Derechos Individuales (Bill of Rights)

Nombre un derecho garantizado por el primer cambio en la Constitución

Libertad de opinión, prensa, religión, asamblea pacífica, y solicitud de cambio pacífico de gobierno

¿De dónde viene Libertad de opinión?

De la Declaración de los Derechos Individuales

Nombre tres derechos de libertad garantizados por la Declaración de los Derechos Individuales

1) **El derecho a la libertad de opinión, prensa, religión, asamblea pacífica y solicitud de cambio de gobierno**

2) **El derecho a portar armas (derecho a tener armas o ser dueño de un arma, auqnue sujeto a ciertas regulaciones)**

3) **El gobierno no puede hospedar o mantener soldados en los hogares de personas durante tiempo de paz sin el consentimiento de esas personas**

4) **El gobierno no debe revisar o tomar pertenencias de una persona sin una orden**

5) **Una persona no puede ser enjuiciada dos veces por el mismo crimen y no tiene que atestiguar contra si mismo**

6) **Una persona acusada de un crimen tiene ciertos derechos, tales como el**

        derecho a juicio y a tener un abogado

7) **El derecho a juicio con un jurado, en muchos casos**

8) **Proteger a la gente contra multas excesivas o no razonables o contra castigos crueles e inusuales**

9) **La gente tiene otros derechos diferentes a los mencionados en la Constitución**

10) **Cualquier poder no dado al gobierno Federal por la Constitución es un poder del estado o de la gente**

¿Qué tipo de gobierno tiene EE.UU.?   **República**

¿Cuántos cuerpos hay en el gobierno?   **Tres**

¿Cuáles son los tres cuerpos de nuestro gobierno?   **Legislativa, Ejecutiva y Judicial**

Cuerpo Ejecutivo

¿Cuál es el cuerpo ejecutivo de nuestro gobierno?   **El Presidente, el gabinete, y los departamentos bajo los miembros del gabinete**

¿Quién fue el primer Presidente de EE.UU.?   **George Washington**

¿A cuál Presidente se le llama "Padre de nuestro País?   **George Washington**

¿Qué Presidente fue el Primer Comandante en Jefe de EE.UU.?   **George Washington**

¿Quién fue Presidente durante la Guerra Civil?   **Abraham Lincoln**

¿Cuál Presidente liberó a los esclavos?   **Abraham Lincoln**

¿En qué mes votamos por el Presidente?   **En Noviembre**

¿En qué mes comienza a gobernar el Presidente?   **En Enero**

¿Quién elige al Presidente de EE.UU.?   **El colegio electoral**

¿Quién es el Presidente de EE.UU. hoy? — **El Presidente actual**

¿Quién es el Comandante en Jefe de la milicia en EE.UU.? — **El Presidente**

¿Quién se convierte en el Presidente de EE.UU cuando el Presidente muere? — **El Vice-Presidente**

¿Quién se convierte en el Presidente de EE.UU. si el Presidente y el Vice-Presidente mueren? — **Presidente de la Casa de Representantes**

¿Por cuánto tiempo elegimos al Presidente? — **Por cuatro años**

¿Cuántos términos puede gobernar un Presidente? — **Dos**

De acuerdo a la Constitución, una persona debe cumplir ciertos requisitos para ser elegible para la Presidencia. Nombre esos requisitos. — **Debe haber nacido en EE.UU.; debe tener por lo menos 35 años de edad para el momento de su postulación, debe haber vivido en EE.UU. por lo menos 14 años**

¿Quién firma los proyectos de ley para convertirlos en leyes? — **El Presidente**

¿Qué grupo especial aconseja al Presidente? — **El Gabinete**

¿Qué es la Casa Blanca? — **La casa oficial del Presidente**

¿Dónde está localizada la Casa Blanca? — **En Washington, DC (1600 Pennsylvania Avenue N.W.)**

¿Quién es el Vice-Presidente de EE.UU.? — **Vice-Presidente actual**

Cuerpo Legislativo

¿Cuál es el cuerpo legislativo de nuestro gobierno? — **El Congreso**

¿Qué es el Congreso? — **El Senado y la Casa de Representantes**

¿Quién elige al Congreso? — **La gente**

¿Quién hace las leyes en EE.UU.? — **El Congreso**

¿Cuáles son las obligaciones del Congreso? — **Hacer las leyes de EE.UU.**

¿Cuántos Senadores hay en el Congreso? — **100**

¿Por qué hay 100 Senadores en el Senado?	**Dos de cada estado**
¿Por cuánto tiempo se elige cada Senador?	**Por seis años**
¿Cuántas veces puede ser re-elegido un Senador?	**No existe un límite**
¿Cuántos Representantes hay en el Congreso?	**435**
¿Por cuánto tiempo elegimos a los representantes?	**Por dos años**
¿Cuántas veces se puede re-elegir a un Congresista?	**No existe un límite**
¿Quién tiene el poder de declarar la Guerra?	**El Congreso**
¿Dónde se reúne el Congreso?	**En el Capitolio, en Washington**

Cuerpo Judicial

¿Cuál es el cuerpo judicial de nuestro gobierno?	**La Corte Suprema**
¿Cuál es la corte más importante en EE.UU?	**La Corte Suprema**
¿Cuáles son los deberes de la Corte Suprema?	**Interpretar las leyes**
¿Quién selecciona a los magistrados de la Corte Suprema?	**El Presidente**
¿Cuántos magistrados hay en la Corte Suprema?	**Nueve**
¿Quién es el Presidente de la Corte Suprema?	**William Rehnquist**

Ciudadanía

Nombre un beneficio de ser ciudadano americano	**Obtener empleos del gobierno federal; viajar con pasaporte Americano, petición de familiares cercanos para que vivan en EE.UU.**
¿Cuál es el derecho más importante que se les concede a los ciudadanos americanos?	**El derecho al voto**

Bandera

¿Cuáles son los colores de nuestra bandera?	**Rojo, blanco y azul**
¿Cuántas estrellas hay en nuestra bandera?	**50**
¿De qué color son las estrellas de nuestra bandera?	**Blanco**
¿Qué significan las estrellas en la bandera?	**Una por cada estado de la unión**
¿Cuántas franjas hay en la bandera?	**13**
¿De qué color son las franjas?	**Rojo y blanco**
¿Qué significan las franjas en la bandera?	**Los trece estados originales**

General

¿Cuáles son los dos principales partidos politicos en EE.UU hoy?	**Democrático y Republicano**
¿Cuál es el himno nacional de EE.UU.?	**La Bandera con estrellas brillantes**
¿Quién escribió el himno nacional de EE.UU.?	**Francis Scott Key**
¿Cuál es la edad mínima para votar en EE.UU?	**18 años**
¿Qué formulario del Servicio de Inmigración y Naturalización se usa para convertirse en un Ciudadano naturalizado ?	**El Formulario N-400, "Solicitud de Naturalización"**
Nombre el objetivo de las Naciones Unidas	**Que los países discutan y traten de resolver los problemas mundiales; proveer ayuda económica a muchos países**

Si usted desea prepararse para tomar el examen en Inglés, el examen típico de naturalización en Inglés puede encontrarse en: http://www.immigration.gov/graphics/services/natz/100q.pdf.

Parte V

Recursos para la Investigación

Ahora que usted está al tanto de las complejidades de muchas de las clasificaciones de inmigrantes y no inmigrantes que están disponibles para una persona que está considerando hacer una nueva vida en EE.UU., es posible que usted desee investigar más acerca del tema por su propia cuenta.

La Parte V se incluye como una oportunidad para el lector de explorar algunos de los recursos disponibles para ayudarlo a tomar una decisión sobre cómo proceder con su propio proyecto de inmigración.

Esta parte contiene tres capítulos que presentan algunos de los recursos que usted podría usar en su investigación.

Capítulo 16 – Asistencia Legal
- El papel de los abogados en el proceso de inmigración

Capítulo 17 – Nueva Legislación
- El impacto de la Inmigración ilegal, la Ley de Responsabilidad del Inmigrante de 1996 y la Ley de Competencia Americana y Mejoras en el Lugar de Trabajo de 1998 sobre la Ley de Inmigración y Naturalización de 1952

Capítulo 18 – Recursos del Gobierno de EE.UU.
- Una análisis de los recursos disponibles para estudio futuro del BCIS, el Departamento de Estado y el Departamento de Trabajo

Capítulo 16

Asistencia Legal

El tema de inmigración es complejo y está basado en la Ley de Inmigración y Naturalización de 1952 y todas las leyes subsecuentes que la modifican.

Muchos departamentos del gobierno están involucrados en este sistema y se ha creado una serie de clasificaciones de inmigración para cumplir con las diversas necesidades del extranjero, la industria y el sector gubernamental.

Debido a lo complejo de la ley y las diferentes aspiraciones y habilidades de los inmigrantes, muchos abogados americanos se están especializando en casos de inmigración. Si usted piensa que la cantidad de detalle y sensibilidad de su caso lo amerita, entonces considere obtener asistencia legal.

Seleccionando un Abogado de Inmigración

Cuando seleccióne un abogado de Inmigración en particular, considere si el abogado:
- Es miembro de la Asociación Americana de Abogados de Inmigración (AILA)
- Está activo en el comité de la asociación de abogados de Inmigración
- Tiene licencia en su estado
- No está autorizado para ejercer en ningún estado
- Recibe una opinión favorable del servicio local de referencias de abogados
- No tiene un buen registro en la oficina de Better Business Bureau local en los últimos años
- Tiene buena reputación (puede averiguar por el Internet)
- Tiene experiencia y éxito en casos como el suyo
- Lo hace sentir seguro desde la primera consulta

Un abogado de inmigración puede ser especialmente útil para preparar el caso que va a presentar a un oficial de inmigración si:
- El caso o las reglas son complicadas
- Usted no tiene claro qué hechos debe enfatizar
- Su presentación necesita estar organizada
- Existen problemas legales y complicaciones previas

Los abogados deben ser escogidos cuidadosamente. Los reportes sugieren que los clientes que pagan la tarifa completa antes de que le sean prestados los servicios, son a veces ignorados por el abogado. A algunos clientes les gusta recibir periódicamente reportes sobre cómo van sus casos, no todos los abogados suministran dicho servicio.

Usted no debe esperar que su abogado haga que su caso se procese más rápidamente de lo que permite el sistema, pero al mismo tiempo, tampoco debe dejar que se descuide. Asegúrese de que las cosas se hagan bien desde el primer momento.

Tampoco es indispensable que su abogado tenga una oficina en su ciudad. La mayor parte del trabajo es hecho por teléfono, fax, correo y correo electrónico.

Un abogado u otro representante debe llenar el Formulario G-28, firmado por el solicitante (8 CFR 103, February 3, 1994) para que sea reconocido por el BCIS; de otra manera, el BCIS considerará que el solicitante se representa a sí mismo y el abogado no será notificado de cualquier acción tomada.   *Ref: BCIS Nebraska Service Center*

Asociación Americana de Abogados de Inmigración

Un gran número de abogados de inmigración en EE.UU se han afiliado a la Asociación de Abogados de Inmigración (AILA). Esta asociación se incluye como referencia:

American Immigration Lawyers Association
1400 I Street N.W.
Suite 1200
Washington, DC 20005
Teléfono: (202) 371-9377
Fax: (202) 371-9449

En muchas ciudades hay miembros del AILA. Cada miembro puede tener una espcialización. Uno de esos abogados es Gene McNary, Comisionado del Servicio de Inmigración y de Naturalización que escribió el prefacio de este libro. El es un abogado de inmigración con mucha experiencia y se puede contactar al (314) 862-3576 o: gmcnary@ix.netcom.com.

C.C. Abbott es un miembro de la AILA que tiene mucha experiencia en el área internacional y ha sido admitido en la Asociación tanto en EE.UU. como en Canadá; se puede contactar al (904) 332-0656 o: ecls@fcol.com.

Asistencia Legal por Internet

Hay abogados de inmigración que responden preguntas generales en grupos de noticias de internet. Muchos ofrecen información y servicios por tarifas legales prevalencientes a través del Internet.

Capítulo 17

Nueva Legislación

EL Congreso decretó tres leyes relacionadas con inmigración entre los años 1996 y 2000.

En 1996, decretó la Ley de Reforma de Inmigración Ilegal y Responsabilidad del Inmigrante de 1996 (IIRIRA96). Luego en 1998, nació la ley de Competitividad Americana y Mejoras en el Campo Laboral de 1998 (ACWIA98); finalmente, para finales de Octubre de 2000, se agregá más flexibilidad a la clasificación H-1B, cuando el Presidente Clinton firmó la ley de Competitividad Americana en el Siglo XXI de 2000, y un proyecto de ley que incrementó la tarifa suplementaria de la H-1B a US $1000.

Los lectores deben tener en cuenta que los elementos de estas leyes son cancelados, reconsiderados o refinados y, en consecuencia, no todos se implementan.

Ley de Reforma de Inmigración Ilegal y Responsabilidad del Inmigrante de 1996 (IIRIRA96)

Después de muchas discusiones, muchos temas de inmigración legal e ilegal fueron incluídos conjuntamente en la Ley de Reforma de Inmigración Ilegal y Responsabilidad del Inmigrante de 1996, la cual fue firmada por el Presidente Bill Clinton el 30 de Septiembre de 1996.

La IIRIRA96 se divide en seis Títulos o partes que incorporan muchos cambios claves a la Ley de Inmigración y Naturalización (INA). Como estos cambios se hacen gradualmente, es aconsejable revisar si existen algunas provisiones que podrían afectar su caso. Los informes original para el INS son conservados como referencia.

Artículo I – Mejoras en Control Fronterizo, Facilitación de Entrada Legal, y Ejecución de Leyes Internas

Aumento del Personal en el Patrullaje Fronterizo   *Ref: IIRIRA96.101*
El número de empleados que ayudan a patrullar las fronteras en cada año fiscal 1997, 1998, 1999, 2000 y 2001, aumenta en 300
- Despliegue de agentes adicionales de patrullaje fronterizo alrededor de las fronteras en proporción al nivel de paso ilegal por las fronteras en cada sector

Instalación de Barreras Físicas Contra la Entrada Ilegal   *Ref: IIRIRA96.102*

- Instalación de barreras físicas adicionales y caminos en las vecindades de las fronteras de EE.UU para impedir el paso en áreas de mucha entrada ilegal
- Un máximo de US $12,000,000 para construir barreras y mejoras en las vías en el área de San Diego, California

Documentos Leíbles por Máquina en las Fronteras   *Ref: IIRIRA96.104*

El INA 101(a)(6) es modificado:

- Desde el 1º de Abril de 1997, los documentos para pasar por las fronteras se leen por máquinas identificadoras de características personales, tales como las huellas dactilares
- Desde el 1º de Octubre de 1999, a un extranjero que muestra una tarjeta de identificación de cruce fronterizo no se le permite entrar a EE.UU a menos que las características personales contenida en la base de datos de la máquina identificadora sean iguales a las del extranjero

Incremento de Penalidades por Entrar Ilegalmente   *Ref: IIRIRA96.105*

El INA 275 es modificado, y se añade:

- Desde el 1º de Abril de 1997, las penalidades por entrar ilegalmente son de:
  - entre US $50 y US $250 por cada entrada o intento de entrada
  - el doble de dicha cantidad si el extranjero ya ha sido pensalizado anteriormente

Penalidades por Huir de los Puestos de Revisión de Inmigración

El INA 241(a)(2)(A) es modificado, y se añade: *Ref:IIRIRA96.108*

- Cualquier extranjero acusado de huir o evadir un puesto de revisión de inmigración y hacer que los agentes de seguridad lo persigan, debe ser multado o encarcelado por hasta cinco años y está sujeto a deportación

Sistema de Entrada Automatizada y Control de Salida   *Ref: IIRIRA96.110*

- El 1º de Octubre de 1998, el Procurador General desarrolló un sistema de entrada automatizada y control de salida que:
  - graba la salida de cada extranjero y lo compara con el registro de entradas del extranjero en EE.UU.
  - identifica no inmigrantes legalmente admitidos que han perdido su estatus
  - integra la información de extranjeros que están fuera de estauts en bases de datos del INA en puertos de entrada y consulados del Departamento de Estado en el extranjero
  - es reportado anualmente a la Casa de Representantes y al Senado

Huellas Dactilares de Extranjeros Ilegales o Criminales   *Ref: IIRIRA96.112*

- Fondos adicionales para asegurar que el programa del INS "IDENT" aplica a la toma de huellas dactilares de extranjeros ilegales o criminales castigados en el país

Estaciones de pre-revisión en los aeropuertos extranjeros   *Ref: IIRIRA96.123*
El INA es modificado, y se añade la nueva sección 235A:
- Desde el 31 de Octubre de 1998 el BCIS, bajo la guía del Departamento de Estado, establece y mantiene estaciones de pre-revisión en al menos cinco de los 10 aeropuertos extranjeros que sirven como ultimo punto de salida para el mayor número de extranjeros inadmisibles

Incremento en el Contrabando de Extranjeros e Investigadores de Empleo Ilegal   *Ref: IIRIRA96.131*
El INA 275 y 275A son modificados:
- El BCIS está autorizado para contratar 300 empleados adicionales:
  - en cada uno de los años fiscales 1997, 1998 y 1999
  - para investigar el contrabando de extranjeros y violaciones de empleo ilegal

Incremento de Investigadores de Extranjeros que Permanecen más Tiempo del Permitido   *Ref: IIRIRA96.132*
- Contratar 300 empleados mas en el año fiscal 1997 para investigar a extranjeros que permanecen más tiempo del permitido

Acuerdos de Empleados del Estado para Realizar Funciones del INS
El INA 287 es modificado, y se añade: *Ref: IIRIRA96.133*
- Acuerdos por escrito con los estados para permitir que los empleados calificados del estado realicen actividades del INS de investigación, captura y detención

Ubicación de Agentes del INS en los Estados   *Ref: IIRIRA96.134*
El INA 103 se modifica al añadir:
- Ubicación de por lo menos 10 agentes de tiempo completo para cada estado para el 1° de Enero de 1997

Artículo II - Ejecución de las Leyes y Castigos contra el Contrabando de Extranjeros Ilegales; Documentos Falsos

Castigos Incrementados por Contrabando y Empleo de Extranjeros Ilegales
El INA 274A es modificado: *Ref: IIRIRA96.203*
- Multas aumentadas y encarcelamiento por contrabando y empleo de extranjeros ilegales

Incremento de Asistentes de Abogados Americanos para Castigar a Personas que Alberguen o Traigan Extranjeros Ilegales   *Ref: IIRIRA96.204*
- Incremento en el número de Asistentes de Abogados Americanos a 25 en el año fiscal 1997 para castigar a personas que alberguen o traigan al país extranjeros ilegales

Castigos Aumentados por Usar Documentos Falsos   *Ref: IIRIRA96.211*
El INA 1028(b) es modificado:
- Incremento en los castigos por fraude y mal uso de documentos de identificación del gobierno

Castigos aumentados por Presentación Impropia de Documentos
El INA 274C(a) es modificado, y se añade: *Ref: IIRIRA96.212*
- Los castigos se incrementan por:
  - presentar o ayudar a un extranjero a presentar documentos falsos
  - impropio uso de documentos antes de abordar un transporte común, o
  - no presentar documentos a un inspector de inmigración a la llegada

Solicitudes Falsas de Ciudadanía   *Ref: IIRIRA96.215*
- Una solicitud falsa de la ciudadanía americana es una actividad criminal si la intención es:
  - obtener un beneficio o servicio federal o estatal
  - obtener empleo ilegalmente
  - registrarse o votar en cualquier elección federal, estatal o local

Penalidad Criminal por Votar   *Ref: IIRIRA96.216*
El 18 USC 29 es modificado, y se añade:
- Multas y encarcelamiento de no más de un año para no ciudadanos que voten en una elección federal

Artículo III- Inspección, Arresto, Detención, Abjudicación y Transferencia de Extranjeros No admisibles y Deportables
El INA 101(a) es modificado: *Ref: IIRIRA96.301*
- El titular de una Tarjeta de Residencia (Green Card) no se considera que esté buscando entrar a EE.UU a menos que:
  - haya abandonado o rechazado ese estatus
  - haya estado ausente de EE.UU contínuamente por más de 180 días
  - haya hecho actividades ilegales después de salir de EE.UU.
  - haya salido de EE.UU mientras estaba en proceso legal de ser transferido
  - esté intentando en un momento y lugar diferente al designado por el BCIS o no ha sido admitido después de la inspección y autorización

EL INA 212(a) es modificado:
- Un extranjero es considerado estar ilegalmente presente en EE.UU.
  - después del vencimiento del período autorizado para su estadía
  - sin ser admitido o librado bajo palabra
- El extranjero está sujeto a las siguientes condiciones:
  - un extranjero que está ilegalmente presente por menos de 180 días debe solicitar en una oficina consular que sea responsable de su país de residencia
  - un extranjero que salió voluntariamente es:
    - inadmisible por tres años desde la fecha de salida si estaba ilegalmente presente entre 180 días y un año
    - inadmisible por 10 años desde la fecha de salida si estaba ilegalmente presente por un año o más
  - un extranjero con orden de ser transferido bajo el INA235 ó 240 es:
    - inadmisible por 5 años desde la fecha de transferencia

- inadmisible en cualquier momento si está acusado de un crimen grave
- un extranjero que salió del país mientras estaba pendiente una orden de transferencia es:
  - inadmisible por 10 años desde la fecha de salida
  - inadmisible por 20 años desde la fecha de salida después de ser transferido por segunda vez
  - inadmisible en cualquier momento si está acusado de un crimen grave
- las excepciones permitidas para determinar el período de presencia illegal incluyen los períodos en los cuales el extranjero:
  - tiene menos de 18 años de edad
  - tiene una solicitud de buena fé pendiente para asilo
  - es el beneficiario de protección de unidad familiar
  - es una mujer o un niño maltratado
  - está dentro de los 120 días de la presentación de una solicitud para un cambio o extensión de estatus antes que se venza el período autorizado de estadía

Polizones   *Ref: IIRIRA96.302*
El INA 235 es modificado:
- Un polizón:
  - no es elegible para admisión
  - será transferido al ser inspeccionado por un oficial de inmigración a menos que el extranjero indique su intención para solicitar asilo
  - será remitido por el oficial para una entrevista por un oficial de asilo
  - no es considerado un solicitante para admisión o elegible para una audiencia
  - cuando sea considerado inadmisible por un oficial de inmigración, el oficial:
    - ordenará que el extranjero sea transferido sin una audiencia o revisión adicional, o
    - remitirá al extranjero para una entrevista por un oficial de asilo, si es requerido
- Si el oficial de asilo determina que existe un miedo creíble de persecusión, el extranjero será retenido para futura consideración, o
- Si el oficial de asilo determina que no existe un miedo creíble de persecusión, el oficial ordenará que el extranjero sea removido sin una audiencia o revisión adicional, o
- Si es requerido, se hará una revisión rápida por un juez de inmigración en 24 horas, o no después de siete días, para determinar si existe un miedo creíble de persecusión

Arresto y Detención de un Extranjero con una Decisión de Transferencia Pendiente   *Ref: IIRIRA96.303*

El INA 236 es modificado:

- El Procurador General puede emitir un auto de detención para el arresto y detención de un extranjero con una decisión de transferencia pendiente
- Después del arresto y detención, el Procurador General puede:
  - dejar detenido al extranjero o dejarlo ir
  - establecer una fianza de por lo menos US $1500
  - aprobar libertad condicional sin autorización de trabajo a menos que el extranjero:
    - tenga estatus de residente permanente
    - tenga estatus de no inmigrante que le permita trabajar

Cancelación de la Transferencia de un Extranjero Inadmisible

El INA 239 es rediseñado como INA 234 y modificado: *Ref: IIRIRA96.304*

INA 240 es rediseñado como INA 240C y modificado:

INA es modificado al añadir la nueva sección 238:

- El Procurador General puede cancelar la transferencia de un extranjero inadmisible o deportable si el extranjero:
  - ha sido legalmente admisible para residencia permanente por cinco años
  - ha residido en EE.UU. contínuamente por siete años después de haber sido admitido en cualquier estatus, y
  - no ha cometido todavía ningún crimen grave
  - ha estado físicamente presente en EE.UU. por un período conínuo de no menos de 10 años inmediatamente antes de la fecha de tal solicitud
- El número de ajustes están limitados a 4000 en un año fiscal
- El Procurador General puede permitir a un extranjero salir voluntariamente por su propia cuenta en vez de estar sujero a procedimientos de transferencia si:
  - el extranjero ha estado físicamente presente por al menos un año
  - el extranjero ha tenido buen caracter moral por al menos cinco años
  - el extranjero no es deportable bajo el INA 237 (extranjeros excluídos de admisión o de entrar por violación a la ley)
  - el extranjero tiene los medios para salir e intenta hacerlo
  - el extranjero tenía permiso previo para salir después de ser inadmisible
- El permiso para salir voluntariamente es válido por un máximo de 60 días

Revisión Judicial y Multas – Ordenes de Transferencia   *Ref: IIRIRA96.306*

El INA 242 es modificado:

- La sección 306 incluye cambios como:
  - añadir restricciones significativas a la revisión judicial de ordenes de transferencia
  - establecimiento de multas tales como US $5000 por cada extranjero polizón no transferido

Toma de Huellas Dactilares y Autorización de Registro   *Ref: IIRIRA96.323*
El INA 263(a) es modificado:
- Los extranjeros bajo libertad condicional o bajo libertad bajo palabra por un crimen cometido dentro de EE.UU, son añadidos a la lista de grupos autorizados para toma de huellas dactilares y registro

Sistema de Identificación de Extranjeros Criminales   *Ref: IIRIRA96.326*
La sección 130002 de la Ley de Control de Crimenes Violentos y de Ejecución de la ley de 1994 es modificada:
- El Secretario es el encargado de operar un sistema de identificación de extranjeros criminales para asistir a las agencias federales, estatales y locales encargadas de la ejecución de las leyes a:
  - ubicar extranjeros sujetos a transferencia por cometer crímenes graves
  - proveer registros de huellas dactilares, en un sistema de identificación automatizado, de extranjeros que han sido arrestados y transferidos anteriormente

Prueba de Vacunas de Solicitantes de la Residencia Permanente
El INA 212(a) es modificado: *Ref: IIRIRA96.341*
- Los extranjeros que buscan un ajuste de estatus están excluídos por no presentar documentación de vacunación contra enfermedades preventibles con vacunas, incluyendo por lo menos papera, sarampión, rubeola, polio, tétano y difteria, tosferina, influenza del tipo B y hepatitis B, y cualquier otra vacuna contra enfermedades preventibles con vacunas recomendadas por el Comité Asesor de Vacunación
- Aplicable después del 30 de Septiembre de 1996

Exclusión de los que Violan la F-1   *Ref: IIRIRA96.346*
EL INA 212(a)(6) es modificado:
- Un extranjero que obtiene el estatus de no inmigrante con una F-1 y que viola el término o condición de dicho estatus, es excluíble hasta que haya estado fuera de EE.UU. contínuamente por cinco años después de la fecha de la violación

Exclusión de Extranjeros Votantes   *Ref: IIRIRA96.347*
El INA 212(a)(10) es rediseñado como Sección 301(b) de este Artículo y modificado:
- Cualquier extranjero que haya votado en cualquier provisión constitucional, federal, estatal o local, estatuto, o regulación, es excluíble

El INA 241(a) es rediseñado como Sección 305(a)(2) de esta división y modificado:
- Cualquier extranjero que haya votado violando cualquier provisión constitucional, federal, estatal o local, estatuto, o regulación, es deportable

Deportación de Extranjeros Culpables de Crímenes contra Cóyuges e Hijos
El INA 241(a) es modificado al añadir: *Ref: IIRIRA96.350*
- Cualquier extranjero que en algún momento después de entrar sea culpable de violencia doméstica, persecusión, abuso de niños, descuido o abandono de niños, es deportable

Tarifa incrementada por procesamiento de Solicitantes de Tarjetas de Residencia (Green Cards) Fuera de Estatus   *Ref: IIRIRA96.376*

El INA 245(i) es modificado para:

- Incrementar la tarifa a US $1000 para ajuste de estatus de un extranjero que está fuera de estatus y físicamente presente en EE.UU. (subsecuentemente transferido y reinstalado momentáneamente)

Artículo IV – Ejecución de Restricciones contra Empleo

Tres Programas Pilotos de Confirmación de Elegibilidad para Empleo
Ref:IIRIRA96.403

- El Procurador General conducirá los tres siguientes programas pilotos de confirmación de elegibilidad para empleo para ser usados al emplear, reclutar o referir para empleo en EE.UU.:
  - para el programa piloto básico en al menos cinco de los siete estados con el estaimado de población mas elevado de extranjeros ilegales al cual el extranjero suministrará:
    - número de cuenta de Seguridad Social
    - número de Identificación o autorización del INS
    - el Formulario original I-9 en la manera requerida para su inspección
  - el programa piloto de certificación para la ciudadanía en al menos cinco estados que emitan licencias de conducir o documentos de identificación similares que contengan una fotografía de la persona, y:
    - tenga características de seguridad
    - es suficientemente resistente a la corrupción y a uso fraudulento que es un medio confiable de identificación para esta sección
  - el programa piloto de documentos leíbles por máquinas en al menos cinco estados que emitan licencias de conducir y documentos similares de identificación, el cual incluye un número de Cuenta de Seguridad Social que es leíble por una máquina

Peaje-libre o Identificación Electrónica y Confirmación de Autorización de Empleo   *Ref: IIRIRA96.404*

El establecimiento de un programa piloto de un sistema de confirmación para recibir solicitudes en cualquier momento a través de una línea de discado directo gratuíto o un medio electrónico gratuíto que suministre:

- Dentro de tres días laborales, confirmación o no confirmación tentativa concerniente a la identidad de una persona y autorización para ser empleado
- Dentro de 10 días laborales después de la fecha de la no confirmación tentativa
- Verificación secundaria para confirmar la validez de la información suministrada, y
- Una confirmación o no confirmación final

Verificación de Empleo de Buena Fé   *Ref: IIRIRA96.411*
El INA 274A(b) es modificado:
- Se considera que una persona o entidad ha cumplido con el sistema de verificación de empleo aunque haya una falla técnica o en el procedimiento que impida cumplir con tal requisito si:
  - hubo buena fe al intentar cumplir, y
  - se han dado no menos de 10 días para corregir la falla
  - no existe un patrón o de violaciones

Reporte de Extranjeros que no Están Autorizados para Trabajar a la Seguridad Social   *Ref: IIRIRA96.414*
El INA 290 es modificado:
- Desde el 1º de Enero de 1997, si una persona no autorizada para trabajar tiene ganancias que son reportadas a la Seguridad Social, el Secretario de la Seguridad Social provee información en un formulario electrónico al Procurador General con:
  - el nombre y dirección del extranjero
  - el nombre y dirección de la persona que reporta las ganancias, y
  - el monto de las ganancias

Autorización de la Seguridad Social para obtener una Cuenta de Seguridad Social de un Extranjero para el Procurador General o el BCIS
El INA 264 es modificado: *Ref: IIRIRA96.415*
- Autorización para exigir a cualquier extranjero que suministre un número de Seguridad Social para inclusión en cualuquier record mantenido por el Procurador General o el BCIS

Limitación de Verificación de Prueba de Documentos de Empleo
El INA 274B(a)(6) es modificado: *Ref: IIRIRA96.421*
- Es injusto discriminar por:
  - solicitar más documentos de los necesarios para satisfacer los requisitos de verificación de empleo
  - rechazar la aceptación de documentos que parecen ser genuinos

Artículo V – Restricciones de Beneficios para Extranjeros

Programas Pilotos de Negación de Licencias de Conducir para Extranjeros Ilegales en el Estado   *Ref: IIRIRA96.502*
- Todos los estados pueden llevar a cabo programas pilotos acerca de la vialidad, conveniencia y de eficiencia en los costos de negar licencias de conducir a extranjeros que no están legales

Negación de Beneficios de Seguridad Social a Extranjeros Ilegales
La ley 202 de Seguridad Social es modificada: *Ref: IIRIRA96.503*
- No se pagará beneficio mensual de Seguridad Social a un extranjero por el cualquier mes que éste haya estado ilegal en EE.UU.

Prueba de Ciudadanía para Beneficios Públicos Federales   *Ref: IIRIRA96.504*

- El Procurador General, bajo la guía de el Secretario de Salud y Servicios Humanitarios, establecerá procedimientos justos y no discriminatorios para una persona que esté solicitando beneficios públicos federales que suministre prueba de ciudadanía

Elegibilidad de Extranjeros Ilegales para Beneficios de Educación Post-secundaria   *Ref: IIRIRA96.505*

- Desde el 1° de Julio de 1998, un extranjero que no está legalmente presente en EE.UU. no es elegible en base a su residencia dentro de un estado o subdivisión política para beneficios de educación post-secundaria, a menos que un ciudadano Americano o nacional sea elegible para tales beneficios similares sin importar su ciudadanía

Suministro de Información Personal al INS o al DOS   *Ref: IIRIRA96.531*
El INA es modificado:

Para ser considerado por el oficial consular en una solicitud de visa o por el Procurador General en una solicitud para admisión o ajuste de estatus, incluya los siguientes datos del extranjero:
- Edad y salud
- Estatus familiar
- Activos, recursos económicos y estatus financiero
- Educación y habilidades
- Declaración juramentada de ayuda económica

Declaración Jurada de Ayuda Económica – Cargo Público
El INA 212(a)(4) y el 213(A) son modificados: *Ref: IIRIRA96.551*

- Los términos de la Declaración jurada de ayuda económica para establecer que el extranjero no es un cargo público:
  - debe ser legalmente ejecutorio contra el patrocinador por el extranjero patrocinado, el gobierno federal, cualquier estado o subdivisión política del estado, o por cualquier otra entidad que suministre un beneficio público comprobado
  - no son ejecutorios con respecto a los beneficios suministrados después de que el extranjero:
    - se naturaliza o completa el período de empleo requerido
    - ha trabajado 40 trimestres con cobertura calificada de Seguridad Social
- El patrocinador debe:
  - mantener un ingreso promedio anual de por lo menos 125% de la línea de pobreza federal
  - ser el solicitante y puede incluir a un a persona que acepte responsabilidad compartida
  - estar de acuerdo en acogerse a la jurisdicción de cualquier corte federal o estatal
  - ser ciudadano, nacional o residente permanente legalmente admitido
  - tener por lo menos 18 años de edad estar domiciliado en un estado de EE.UU, distrito, territorio o posesión

- hacer la solicitud bajo el INA 204
- La línea de pobreza federal se define como el nivel de ingreso que es aplicable a una familia del tamaño involucrado
- El Procurador General asegurará que la información es suministrada para verificación de elegibilidad del extranjero (SAVE) en la Sección 1137(d)(3) de la Ley de Seguridad Social
- Cualquier persona que falle en notificar al Procurador General y al estado de la residencia actual o cualquier cambio de dirección en de 30 días, está sujeto a castigos civiles de:
  - no menos de US $250 y no más de US $2000, o
  - no menos de US $2000 y no más de US $5000 si el extranjero patrocinado ha recibido cualquier forma de beneficio público no siendo elegible a éste

Artículo VI – Disposiciones Misceláneas

Libertad Condicional por Razones Humanitarias o Beneficio Público
EL INA 212(d)(5)(A) es modificado: *Ref: IIRIRA96.602*
- La autorización para liberar bajo palabra en EE.UU. está basada en razones humanitarias urgentes o significativas para el beneficio público

Solicitud de Asilo   *Ref: IIRIRA96.604*
El INA 208 es modificado:
- Un extranjero puede solicitar para asilo si:
  - está físicamente presente o ha llegado a EE.UU.
  - ha estado interdicto en aguas internacionales o aguas de EE.UU.
  - paga una tarifa si así lo establece el Procurador General
- No se le concede asilo al extranjero que:
  - puede ser transferido a un tercer país para su seguridad
  - ha estado en EE.UU. por más de un año
  - se le ha negado asilo anteriormente (a menos que las circunstancias cambien) ha participado en la persecución de un a persona en base a su raza, religión, nacionalidad, membresía en un grupo social en especial o de opinión pública
  - ha sido culpado de un crimen grave que constituya un peligro para la comunidad de EE.UU.
  - ha cometido un crimen no político fuera de EE.UU.
  - es un peligro para la seguridad de EE.UU. (no sujeto a revisión judicial)
  - es inadmisible debido a que realice actividades terroristas
  - se ha establecido en otro país
- Otras condiciones incluyen:
  - no se le concederá autorización de empleo hasta 180 días después de haber presentado la solicitud de asilo (a menos que esté estipulado por el Procurador General)
  - el Procurador General puede exigir la toma de huellas dactilares y fotografías no se le concede asilo hasta que la identidad del solicitante haya sido revisada en la base de datos del INS y del Departamento de

Estado
- una solicitud fraudulenta de asilo causa la inelegibilidad para asilo
- En ausencia de circunstancias excepcionales:
  - la entrevista inicial o audiencia comenzará dentro de los 45 días de haber presentado la solicitud
  - la adjudicación final sera concluída entre 180 días después de haber presentado la solicitud

Extensión de los Términos de Exención y del HHR de dos Años

Ref: IIRIRA96.622

La Sección 220 (c) de la Ley de Correcciones Técnicas de Inmigración y Naturalización de 1994 es modificada en referencia al Programa Conrad 30:

- El mecanismo para una exención del requisito de dos años de residencia en un país extranjero para graduados médicos internacionales se extiende hasta el 2004
- Exenciones Federales solicitadas son extendidas para una agencia gubernamental interesada de EE.UU
- El Procurador General no concederá una exención solicitada a una agencia gubernamental de EE.UU., a menos que:
  - el gobierno del país de residencia del extranjero suministre una declaración por escrito de que no tiene objeción a tal exención
  - la concesión de una exención no debe exceder de 30 para ese estado durante ese año fiscal
  - el extranjero demuestra una oferta de empleo de buena fé en una instalación de servicios de salud u organización del cuidado de la salud, y
  - el empleo es del interés público
  - el extranjero acuerda comenzar tal empleo dentro de los 90 días de la exención
  - el extranjero acuerda continuar trabajando por un total de no menos de 3 años (a menos que existan circunstancias atenuantes)
  - aparte de investigación médica o entrenamiento a tiempo completo, el extranjero acuerda practicar medicina por no menos de tres años en áreas geográficas designadas por los Servicios de Salud y Humanitarios por tener una carencia de profesionales del ciudado de la salud
- El Procurador General puede cambiar el estatus de un extranjero que califica bajo esta sub-sección a la de H-1B no inmigrante
- La persona que tiene una exención y falló en cumplir con los terminos del contrato con la instalación de servicios de salud, es elegible para solicitar una visa de inmigrante hasta que resida o esté físicamente presente en el país de su nacionalidad o última residencia por al menos dos años después de salir de EE.UU.:
- El requisito de dos años de residencia extranjera aplica si:
  - el extranjero no cumple con el acuerdo que hizo, o
  - el empleo del extranjero termina para beneficio del interés público

Certificación Laboral – Atletas Profesionales   *Ref: IIRIRA96.624*

El INA 212(a)(5)(A) es modificado para atletas profesionales:

- Una certificación de empleo en una visa de inmigrante referente al atleta profesional permanecerá válida hasta después de que el atleta cambie de empleador, si:
    - el nuevo empleador es miembro del mismo deporte como el equipo que empleó al atleta cuando solicitó por primera vez la certificación
- Un atleta profesional es una persona que es empleada como atleta por un equipo que es miembro de una asociación que:
    - tiene seis o más equipos profesionales , cuyo totalde ingresos combinados exceden US $ 10,000,000 por año
    - gobierna la conducta de sus miembros
    - regula las competencias en los cuales participan sus equipos miembros
- Cualquier equipo de liga menor que esté afiliada con tal asociación

Estatus F-1 – Educación Pública Elementaria, Secundaria y para Adultos

El INA 214 es modificado: *Ref: IIRIRA96.625*

- Un extranjero que tenga una visa F-1 de estudiante no puede estudiar en una escuela pública elementaria, en un programa público de educación para adultos o en una escuela pública secundaria a menos que:
    - el período acumulado de dicho estatus no exceda 12 meses, y
    - la agencia pública educativa ha sido reembolsada
- Un extranjero admitido con estatus F para estudiar en una escuela primaria o secundaria privada o en un programa de aprendizaje de lenguage que no sea público viola dicho estatus y se le anula la visa F cuando termina o abandona los estudios para acudir a:
    - una escuela primaria pública
    - un programa público de educación para adultos o de aprendizaje de lenguage
    - una escuela secundaria pública

Incremento en el Período de Validez de una Visa de Inmigrante

El INA 221 (c) es modificado: *Ref: IIRIRA96.631*

- El período de validez de una visa de inmigrante es incrementado de cuatro a seis meses a partir de la fecha de su emisión por un oficial consular
- En el caso de extranjeros nacionales de un país extranjero y a quienes se les concede estatus de asilado o de residente permanente y se restablecieron en otro país en el extranjero, el Secretario de Estado puede establecer el período de validez de dicha visa basado en el tratamiento que ese otro país extranjero le de a los refugiados extranjeros y residentes permanentes en EE.UU.

Readmisión de Extranjeros Fuera de Estatus   *Ref: IIRIRA96.632*

EL INA 222 es modificado:

- Un extranjero que es admitido con una visa de no inmigrante y quien permanece en EE.UU. después del período de estadía autorizado por el Procurador General:
    - se le anulará su visa después de que se termine el período de estadía

- no es elegible para ser admitido en EE.UU. como no inmigrante a menos que la visa sea admitida en:
  - una oficina consular ubicada en el país de nacionalidad del extranjero, u
  - otra oficina consular según lo señale el Secretario de Estado en caso de que no existiera una oficina consular en el país de nacionalidad del extranjero

Formularios de Solicitud de Vidas de No Inmigrante DOS   *Ref: IIRIRA96.634*
El INA 222 (c) es modificado:
- A discreción del Secretario de Estado, los formularios de solicitud para las diferentes clases de admisiones para no inmigrantes pueden variar según la clase de visa

Extensión del Programa Piloto de Exención de Visas   *Ref: IIRIRA96.635*
El INA 217 es modificado:
- El Programa Piloto de Exención de Visas fue extendido hasta 1997 (y hecho permanente en el 2000) y queda bajo la responsabilidad del Procurador General, quien:
  - actúa bajo la guía del Secretario de Estado
  - pone a prueba a los paises de programas pilotos por dos años si:
    - la tasa de descalificación del programa del país es entre 2% y 3.5%
  - terminará la designación del programa del país como país de programa piloto si:
    - su tasa de descalificación es de 3.5% o más
    - después de un período de prueba de dos años:
      - su tasa de descalificación es mayor de 2%
      - ha fallado en desarrollar un programa de pasaportes leíbles por una máquina

Tarifa de Lotería DV   *Ref: IIRIRA96.636*
- El Secreterio de Estado puede establecer una tarifa a ser pagada por cada solicitante de visa de no inmigrante bajo los términos de la Lotería de Visas de Diversidad

Recopilamiento Electrónico de Datos del Estudiante Extranjero
Ref: IIRIRA96.641
- El Procurador General bajo la guía del Secretario de Estado y el Secretario de Educación, desarrollará y conducirá un programa para recopilar electrónicamente, de instituciones de educación superior aprobadas y programas de intercambio de visitantes en EE.UU., información del extranjero referente a:
  - su identidad y dirección actual en EE.UU.
  - su clasificación como no inmigrante
  - fecha de emisión o extensión de su visa o cambio de estatus
  - estatus académico actual y de estudiante a tiempo completo
  - cumplimiento de los términos y condiciones del programa
  - acción disciplinaria y cambio en la participación del programa como

resultado de una condena criminal

- La información será suministrada como una condición de aprobación contínua de la autoridad de la institución para emitir documentos que demuestren la elegibilidad de la visa
- Una institución aprobada impondrá y recopilará de cada extranjero, cuando dicho extranjero se registra por primera vez con la institución después de haber entrado a EE.UU., una tarifa establecida por el Procurador General que no exceda de US $100

Matrimonio Fraudulento   *Ref: IIRIRA96.652*

- El BCIS estima que la tasa de matrimonios fraudulentos entre extranjeros nacionales y ciudadanos americanos es de 8%, una porción que se origina en los matrimonios por correo
- Cada organización internacional de casamiento debe:
  - suministrar dicha información a los reclutadores, tal como el BCIS considera apropiado, en el lenguaje nativo del reclutador, incluyendo:
    - información referente a la residencia permanente condicional
    - la exención de cónyuge maltratado
    - estatus de residente permanente
    - penalidades de matrimonios fraudulentos
    - la naturaleza irregular del negocio
  - pagar una multa no mayor de US $20,000 por cada violación

La Ley de Competitividad Americana y Mejoras de la Fuerza Laboral de 1998

La ley, incluída en el proyecto de ley de Presupuesto Omnibus (the Omnibus Budget Bill) firmado por el Presidente Clinton el 27 de Octubre de 1998, estableció un juego de reglas más estricto para patrones de "dependientes de H-1B" con una participación proporcionalmente más grande de no inmigrantes con visas H-1B en su fuerza laboral a tiempo completo. Al mismo tiempo, incrementó temporalmente el número de no inmigrantes con visas H-1B que pueden ser admitidos.

Un empleador de dependientes de visas H-1B, se define como uno que tiene:
- 25 empleados o menos, de los cuales ocho o más tienen visas H-1B
- De 26 a 50 empleados a tiempo completo, de los cuales 13 o mas tienen visas H-1B, o
- 51 o más empleados a tiempo completo, de los cuales el 15% o más tienen visas H-1B

La Ley de Competitividad Americana y Mejoras de la Fuerza Laboral de 1998 se divide en subtítulos A, B y C. A la vez que se incluyen elementos fundamentales en la Ley de Inmigración y Nacionalidad, éstos están previstos a durar hasta el 30 de Septiembre de 2001 puesto que las provisiones son temporales hasta que se puedan encontrar para el déficit actual de trabajadores americanos con habilidades.

Subtítulo A – Provisiones relaciónadas a No Inmigrantes con visas H-1B

Incremento Temporal de Personal con Habilidades Bajo el Programa de Visas H1-B   *Ref: Sección 411*

El INA 214(g) se modifica:

Los números de visas H1-B en el año fiscal del INS se incrementan en los siguientes años fiscales:

- 115,000 en el año fiscal 1999
- 115,000 en el año fiscal 2000
- 107,500 en el año fiscal 2001
- 65,000 en cada año fiscal sucesivo

Protección Contra Reemplazo de Trabajadores Americanos por Empleadores de Dependientes de visas H1-B   *Ref: Sección 412*

El INA 212(n)(1) es modificado:

En las solicitudes presentadas entre la fecha en que las regulaciones de visas H-1B son promulgadas y el 1° de Octubre de 2001, los empleadores de dependientes de visas H-1B deben confirmar que ellos:

- No reemplazarán a un trabajador americano para el mismo trabajo o un trabajo equivalente en la misma área de empleo en 90 días de la presentación de la solicitud de la visa H1-B
- No colocarán la H-1B con otro empleador en el lugar de trabajo del otro empleador, a menos que le aseguren a las autoridades que las tareas no fueron realizadas anteriormente por un trabajador americano reemplazado, en 90 días de haber colocado la H1-B
- Aceptarán responsabilidad si el otro patrón reemplaza a un trabajador americano
- Actuaron de buena fé para reclutar en EE.UU, usando procedimientos convencionales usados ampliamente en la industria y han ofrecido remuneraciones similares a las ofrecidas a los americanos para el mismo trabajo
- Ofrecieron el trabajo a trabajadores americanos, igual o mejor calificados, que solicitaron dicho empleo
- Usaron criterios de selección no discriminatorios y legítimos

Cambios en la Ejecución de la Ley y Penalidades   *Ref: Sección 413*

El INA 212(n)(2)(c) es modificado:

Los empleadores dependientes de H1-B serán penalizados si el Secretario de Trabajo encuentra que dichos empleadores:

- No cumplen con una condición, o si existe hechos materiales errados en una solicitud. Por ésto, la penalidad máxima es de US $1000 y al empleador no se le aprobarán solicitudes de visas H1-B por lo menos por un año

- No cumplen con una condición o si existe la presentación premeditada de hechos materiales errados en una solicitud. Por ésto, el castigo máximo es de hasta US $5000 y al empleador no se le aprobarán solicitudes de visas H-1B por lo menos por dos años
- No cumplen con una condición o si existe la presentación premeditada de hechos materiales errados que conlleve al reemplazo de un trabajador americano dentro de los 90 días antes o después de la presentación de cualquier solicitud de visa, y si el empleador sabía del reemplazo. Por ésto, los empleadores serán penalizados con una multa que no exceda US $35,000, y no se les aprobarán solicitudes de visas H-1B por lo menos por tres años si el empleador:
    - discrimina en cualquier forma contra un empleado o empleado anterior que coopere en la investigación de una posible violación
    - le exige al no inmigrante con visa H1-B que le pague una multa por terminar su empleo antes de la fecha mutuamente acordada
    - le exige a un no inmigrante con visa H1-B que le reembolse la parte de la tarifa pagada por la solicitud de la visa. El empleador es penalizado con una multa máxima de US $1000 y al empleado se le devolverá el dinero que le pagó al empleador
    - coloca a un no inmigrante con visa H1-B designado a ser empleado a tiempo completo o a medio tiempo en un estatus no productivo o no le paga al no inmigrante el sueldo completo
    - no ofrece los mismos beneficios y elegibilidad para beneficios al no inmigrante con visa H1-B que se le ofrecen a los trabajadores americanos

Recaudo y Uso de Tarifas de No inmigrante H1-B para Becas Escolares

EL INA 214(c) es modificado: *Ref: Sección 414*

El Procurador General impondrá una tarifa de US $500 (incrementada a US $1000) a un empleador dependiente de visas H1-B por cada solicitud de visa H1-B hechas entre el 1° de Diciembre de 1998 al 1° de Octubre de 2001 para:

- Una concesión inicial de estatus H1-B
- Una extensión de la estadía
- Un cambio de estatus

Las tarifas se depositarán en una cuenta de solicitud de no inmigrantes, las cuales se usarán para becas escolares para estudiantes de matemáticas, ingeniería, computación, y trabajadores ciudadanos que estén en período de entrenamiento, poseedores de Tarjetas de Residencia o refugiados, los cuales reciban bajos ingresos. Dichas tarifas serán repartidas de la siguiente manera:

- Secretario de Trabajo - 56.3% para programas de demostración y proyectos que suministren programas de entrenemiento para trabajadores empleados y desempleados
- Director de la Fundación Nacional de la Ciencia: 28.2% para becas escolares de un máximo de US $2500 al año para estudiantes con bajos ingresos que cursen estudios superiores en matemáticas, ingeniería o computación
- Fundación Nacional de la Ciencia: 4% para concesiones basadas en mérito

para cursos de enriquecimiento en matemáticas, ingeniería o ciencia
- Fundación Nacional de la Ciencia: 4% para actividades de reforma sistemática
- Procurador General: 1.5% para tareas relacionadas con las solicitudes
- Secretario de Trabajo: 6% para disminuir el tiempo de tramitación

Cálculo del Nivel de Salario Prevalenciente   *Ref: Sección 415*
El INA 212 se modifica:

Al calcular el nivel de salario prevaleciente para una clasificación de una ocupación en una institución de nivel superior, una organización de investigación sin fines de lucro o una organización gubernamental de investigación, el nivel de salario prevalenciente solo tomará en cuenta a los empleados en dichas instituciones y organizaciones en el área de trabajo, Cuando la oportunidad de trabajo para un atleta profesional está cubierta por regulaciones y reglas de la liga deportiva, el salario establecido en esas reglas no será considerado como que está afectando adversamente los salarios de otros trabajadores en condiciones similares y se considerará como el salario prevaleciente.

Mejorando el Conteo de No inmigrantes con Visas H-1B y H-2B *Ref:Sección 416*
El INA 214(g)(1) se modifica:
El Procurador General tomará las medidas necesarias para:
- Mantener un conteo exacto de los no inmigrantes con visas H-1B y H-2B
- Revisar los formularios de solicitudes para permitir el conteo exacto de extranjeros que están sujetos a las limitaciones numéricas
- Proveer información estadística periódica y de antecedentes al Congreso

Reporte de Trabajadores más Antiguos en el Campo de la Tecnología de la Información   *Ref: Sección 417*

El Presidente de la Fundación Nacional de Ciencias debe conducir un estudio para el Congreso sobre las necesidades del mercado laboral de trabajadores con grandes habilidades tecnológicas para los próximos 10 años. El estudio incluirá las necesidades futuras de entrenamiento y educación en compañías con alta tecnología, mejoras en el nivel de enseñnza y educativo de los estudiantes americanos en matemáticas, ciencias, computación e ingeniería desde el año 1998, proyecciones de trabajadores americanos que trabajan en el extranjero, tasas relativas de logros de estudiantes americanos y extranjeros, análisis de beneficios de costos de trabajadores extranjeros en áreas de alta tecnología, necesidades de un sector de alta tecnología para adaptar los productos y servicios a mercados locales particulares en el extranjero.

Subtítulo B – Estatus Especial de Inmigrante para Ciertos Trabajadores Civiles de la NATO   *Ref: Sección 421*

Subtítulo C – Provisiones Misceláneas

Honorarios Académicos   *Ref: Sección 431*

Los gastos de honorarios pueden ser pagados a un extranjero admitido bajo el

INA101(a)(15)(B0 por actividades académicas usuales de no más de nueve días en una institución, para el beneficio de esa institución, si el extranjero no ha aceptado dicho pago o gastos de más de cinco instituciones durante los seis meses anteriores.

Le Ley de Competitividad Americana en el Siglo XXI de 2000
Ref: Pub. L. 106-313

Cuando se hizo aparente que la industria necesitaba más trabajadores extranjeros con habilidades y no habían suficientes números de visas H-1B disponibles, el Congreso consideró la oportunidad de desarrollar una nueva legislación para tratar de resolver, por lo menos temporalmente, algunos de los problemas con la oferta y la demanda temporal de trabajadores con habilidades.

El resultado fue la Ley de Competitividad Americana en el Siglo XXI de 2000. A continuación suministramos un resumen de las secciones de dicha ley.

Artículo I – Ley de Competitividad Americana en el Siglo XXI de 2000
Artículo Corto   *Ref: Sección 101*
- Ley de Competitividad Americana en el Siglo XXI de 2000

Incremento Temporal en la Repartición de Visas
El INA 214(g)(1)(A) es modificado:
El número total de extranjeros a quien se les puede emitir visas o conceder estatus de no inmigrante con visas H-1B:
- Año Fiscal 2003: 195,000
- Año Fiscal 2002: 195,000
- Año Fiscal 2001: 195,000
- Las solicitudes de años anteriores no serán cargadas contra la cuota de 2001
- Año Fiscal 2000: los casos aprobados después de que se alcanzó el límite, antes del 1° de Octubre de 2000, son contados en el año fiscal 2000 sin importar cuándo se hicieron efectivos
- Año Fiscal 1999: los casos aprobados después de que se llegó al límite, antes del 1° de Octubre de 1999, son contados en el año fiscal 1999 sin importar cuándo se hicieron efectivos

Regla Especial para Instalaciones Universitarias y de Investigación
El INA 214(g) es modificado: *Ref: Sección 103*
El límite numérico no aplica a ningún inmigrante a quien se le haya emitido una visa H-1B que esté empleado o haya recibido una oferta de empleo de:
- Una institución de educación superior o entidad similar sin fines de lucro
- Una organización gubernamental de investigación sin fines de lucro
- A menos que se cambie a una organización de investigación no educacional
- Si es cargado contra el límite durante los últimos seis años

Límites por País con Respecto a los Inmigrantes Basados en Empleo
El INA 202(g) es modificado: *Ref: Sección 104*

- Si existen más visas de trabajo disponibles en un trimestre de las que son usadas, entonces las visas se pondrán a la disponibilidad sin importar el país de origen o límites por países
- Los no inmigrantes con visas H1-B que lleguen al límite de seis años de estadía y que son beneficiarios de visas I-140 aprobadas o pendientes, y quienes son de países sujetos a límites, pueden recibir extensiones de estatus de H-1B hasta que se tome una decisión de su solicitud de Ajuste de Estatus

Portabilidad Incrementada del Estatus H-1B   *Ref: Sección 105*
El INA 212 es modificado:

- Se autoriza una visa H-1B al aceptar un nuevo empleo cuando el nuevo empleador presenta una nueva solicitud y si todavía está dentro del estatus y empleado con autorización
- El empleo continuará hasta que su nueva solicitud sea abjudicada
- La autorización se terminará si se niega la petición

Provisiones Especiales an Casos de Adjudicaciones Largas   *Ref: Sección 106*
El INA 214(g)(4) es modificado:

- Los inmigrantes con visas H-1B pueden extender su estatus después de seis años si la solicitud de Ajuste de Estatus ha estado pendiente por 365 días o más desde la presentación de la solicitud de Certificación Laboral o del INS
- Las extensiones se incrementan por un año hasta que se tome una nueva decisión
- Los no inmigrantes con visas H-1B pueden cambiar para un nuevo empleo o de empleador si el nuevo empleo está en la misma clasificación o similar y si sus Ajustes de Estatus han estado sin adjudicar por 180 días
- Las visas basadas en empleo que no son usadas, estarán disponibles para uso futuro

Extensión de Ciertos Requisitos a lo Largo del año 2002
El INA 212(n)(1)(E)(ii) es modificado: *Ref: Sección 107*

- Se extiende la autoridad del Departamento de Trabajo para implementación de atestaciones y autoridad investigativa del ACWIA hasta el 1° de Octubre de 2003

Recuperación de Visas Fraudulentas   *Ref: Sección 108*
El INA 214(g)(3) es modificado:

- Si una visa es anulada por fraude o por presentar hechos materiales engañosos, su número queda restablecido sin importar el año fiscal en el cual fue emitida

Estudio y Reporte del NSF acerca del "Digital Divide"   *Ref: Sección 109*

- La Fundación Nacional de Ciencias conducirá un estudio de las diferencias en el acceso a tecnologías avanzadas en EE.UU
- Debe reportar al Congreso en 18 meses

Modificación en las Provisiones de Cuentas de un Solicitante No inmigrante
El INA 286(s) es modificado: *Ref: Sección 110*

- Reubicación de los fondos recaudados de la tarifa de US $500 decretada en la ley de Competitividad Americana y Mejoras en la Fuerza Laboral (ACWIA)

Programas y Proyectos de Demostración que Proveen Entrenamiento Técnico para los Trabajadores   *Ref: Sección 111*

La sección 414(c) del ACWIA es modificado:

- El DOL puede usar fondos disponibles para establecer programas o proyectos de demostración para proveer entrenamiento técnico para los trabajadores
- Necesidad de entrenamiento justificado a través de datos regionales, estatales y locales que sean confiables
- 75% de las donaciones se destinarán a la investigación de la fuerza laboral
- El 25% de las donaciones irá a consorcios de al menos dos compañías
- 80% de las donaciones será asignado a entrenamiento en áreas de alta tecnología, tecnología de la información, y no más de 20% para entrenar a trabajadores en otras especialidades de tipo H-1B

Iniciativa de Prevención del Crimen y Educación Computarizada para Niños 2000   *Ref: Sección 112*

- Provee donaciones de tecnologías empleadas en los talleres después de las horas normales de escuela para el Club de Niños y Niñas de América
- Hasta US $20 millones pueden ser usados para donaciones en los años fiscales 2001 al 2006

Uso de Tarifas para Servicios relaciónados con las Solicitudes *Ref: Sección 113*

El INA 286(s)(5) es modificado:

Cambio en el porcentaje de asignación de la tarifa para solicitar una visa H-1B de no inmigrante a:

- 55% para programas de entrenamiento del DOL
- 22% para becas escolares del NSF
- 15% para programas educativos del NSF desde el grado K al grado 12
- 4% al DOL para ejecución y procesamiento deLCA
- 4% al INS para procesamiento de casos de H1-B y de reclamos relacionados con la certificación de reclutamiento de empleadores dependientes de trabajadores con visas H1-B

Exclusión de Ciertos no Inmigrantes con Visas "J" de Limitaciones Numéricas Aplicables a No inmigrantes con Visas "H-1B"   *Ref: Sección 114*

- Los médicos con visas J-1, que son beneficiarios de una exención de Conrad 30 del requisito de residencia de dos años, que cambien a estatus H-1B, no son contados para el límite aún si después cambian de empleadores o de empleo

Estudio y Reporte del "Digital Divide"   *Ref: Sección 115*

- El Secretario de Comercio revisará los programas públicos y privados existentes en EE.UU. para entrenamiento de la fuerza laboral en el campo de la alta tecnología

Divisibilidad   *Ref: Sección 116*
Si cualquier previsión o modificación de este artículo se considera inválido, entonces el resto no será afectado

Artículo II – Mejoras en los Servicios de Inmigración e Infraestructura

Artículo Corto   *Ref: Sección 201*
- Ley de Mejoras en los Servicios de Inmigración e Infraestructura de 2000

Propósitos   *Ref: Sección 202*
- Suministrar al INS los mecanismos necesarios para eliminar el acumulado actual del procesamiento de solicitudes de beneficios para inmigrantes entre un año y mantener la eliminación de acumulados en el futuro
- El Congreso opina que el procesamiento de todas las solicitudes de beneficios para inmigrantes debe estar completo en 180 días después de la presentación inicial
- Una solicitud para una visa de no inmigrante no debería ser procesada después de 30 días después de haber sido presentada

Definiciones   *Ref: Sección 203*
- Acumulado (backlog) se refiere a la solicitud de un beneficio de inmigración. Período de tiempo de más de 180 días que la solicitud ha estado pendiente en el BCIS
- Solicitud de Beneficio de Inmigración significa cualquier solicitud o petición que conceda, confiera, certifique, cambie, ajuste o extienda cualquier estatus concedido por el BCIS

Cuenta para Mejoras en los Servicios de Inmigración e Infraestructura
                                                                    Ref: Sección 204
- El Procurador General puede reducir el acumulado del procesamiento de solicitudes de beneficios de inmigración a un año después de la fecha de la promulgación de la ley
- Hacer otras mejoras para asegurar que no exista nuevamente un acumulado
- Autorizado para manejar cantidades de dinero necesarias para reducir tal acumulado

Reportes al Congreso   *Ref: Sección 205*
- En los 90 días de la fecha de la promulgación de la ley, el BCIS debe presentar un reporte a la Cámara de Representantes y al Senado con el plan para eliminar tales acumulados

Ley que Incrementa la Cantidad de Tarifas Cargadas a los Empleadores que Solicitan el Empleo de Trabajadores no Inmigrantes con visas H1-B, y para otros Propósitos

Ref: Pub. L. 106-311

Artículo Corto   *Ref: Sección 101*
El INA 214(c)(9) es modificado:
- Incrementos de tarifas de US $500 a US $1000 para peticiones de visas H1-B para extranjeros pagadas por el empleador
- Excluye a cualquier solicitud de un empleador, que sea una institución educativa primaria o secundaria, una institución de educación superior, una entidad relacionada sin fines de lucro, una entidad sin fines de lucro en cualquier institución o una organización gubernamental de investigación, que se sea presentada antes del 1° de Octubre de 2003

Acta de Seguridad de la Patria del 2002   *(Pub. L. 107-296)*

Título I – Departamento de Seguridad de la Patria

Departamento Ejecutivo: Misión   *Ref: 6 USC 111; Section 101*
Se ha establecido el Departmamento de Seguridad de la Patria como departamento ejecutivo de los Estados Unidos dentro del significado del título 5, Código de los Estados Unidos. La misión principal del Departamento es:
- Evitar ataques terroristas dentro de los Estados Unidos
- Reducir la vulnerabilidad de los Estados Unidos al terrorismo
- Llevar a cabo todas las funciones transferidas al Departamento
- Asgurar que las funciones de agencias y subdivisiones dentro del Departamento no sean limitadas o descuidadas
- Asegurar que la seguridad de la economía en general de los EE.UU. no sea disminuida por los esfuerzos de la seguridad nacional, actividades y programas
- Controlar y coordinar esfuerzos para cortar las conecciones entre el tráfico ilegal de drogas y el terrorismo

Secretario; Functiones   *Ref: 6 USC 112; Section 102*
El secretario es la cabeza del departamento y tendrá la dirección, autoridad y control sobre este.

Otros Oficiales   *Ref: 6 USC 113; Section 103*
Hay los siguientes oficiales, designados por el presidente y el Senado con el asesoramiento y aprovación de este último:
- Un Segundo Secretario que será el primer asistente del Secretario
- Un Vice Secretario para el Análisis de la Información y Protección de la Infraestructura
- Un Vice Secretario para la Ciencia y la Tecnología
- Un Vice Secretario para Preparación y Respuesta a Emergencias
- Un Director del Buró de Servicios de Inmigración y Ciudadanía
- No más de 12 Secretarías de Asistencia
- Un Consejo General

Título IV – Directorio de Seguridad de Fronteras y Transporte

Subtítulo A – Vice Secretario de Seguridad de Fronteras y Transporte

Vice Secretario de Seguridad de Fronteras y Transportes

Ref: 6 USC 201 Section 401

Habrá en el Departamento un Directorio de Seguridad de Fronteras y Transporte encabezado por el Vice Secretario de Seguridad de Fronteras y Transporte.

Responsabilidades
Ref: 6 USC 202; Section 402

El Secretario, a través del ViceSecretario de Seguridad de Fronteras y Transporte será responsable de:

- Evitar la entrada de terroristas e instrumentos de terrorismo
- Asegurar las fronteras – aguas territoriales, puertos, terminales, vias acuáticas y aereas, sistemas de transportación por tierra y mar, dirigir y coordinar las actividades guvernamentales en los puertos de entrada
- Llevar a cabo las funciones de cumplimiento de leyes de inmigración
- Establecer y administrar regulaciones que rigan el otorgamiento de visas y Libertad Condicional
- Establecer la política nacional obligatoria de inmigración y procedimientos
- Administrar las leyes de Aduana de los Estados Unidos
- Conducir la inspección y funciones administrativas del Departamento de Agricultura
- Asegurar la velocidad, orden y eficiencia del flujo de tráfico legal y del comercio

Funciones Transferidas
Ref: 6 USC 203; Section 403

Las siguientes agencias han sido incorporadas:

- Servicio de Aduana de los Estados Unidos (United States Customs Service)
- La Administración de la Seguridad del Transporte (Transportation Security Administration)
- El Servicio de Protección Federal (The Federal Protective Service)
- El Centro de Entrenamiento para el Cumplimiento de las Leyes Federales (Federal Law Enforcement Training Center)
- La Oficina para la Preparación Doméstica (The Office for Domestic Preparedness)

También han sido incluídos:

- El Servicio de Inmigración y Naturalización
- El Servicio de Inspección para la Salud de Animales y Plantas
- El Servicio de Guardacostas

Subtítulo C – Disposiciones miscelaneas

Emición de Visas
Ref: 6 USC 236; Section 428

El Secretario tendrá autoridad exclusiva a través del Secretario de Estado para emitir regulaciones con respecto a administrar y obligar a cumplir las disposiciones del Acta y todas las demás leyes de inmigración y nacionalización relacionadas con las funciones de los oficiales consulares de los Estados Unidos en conección con el otorgamiento o negación de visas de acuerdo a la ley. El Secretario está autorizado a asignar empleados del DHS a cada diplomático y puesto consular en el que se emitan visas a menos que dicha asignación no promueva la seguridad de la patria.

Información en la Negación de Visas *Ref: 6 USC 237; Section 429*
Cada vez un oficial consular le niega la visa a un solicitante, tiene que introducir los hechos, motivos para la negación y nombre del solicitante en le sistema de datos de operación combinada.

Subtítulo D – Funciones Ejecutivas de Inmigración

Transferencia de Funciones al Vice Secretario de Seguridad de Fronteras y Transporte *Ref: 6 USC 251; Section 441*
Los siguientes programas han sido transferidos:
- El programa de Patrulla Fronteriza
- Programa de Detención y Expulsión
- Programa de Inteligencia
- Programa de Investigaciones
- Programa de Inspecciones

Establecimiento del Buró de Seguridad Fronteriza *Ref: 6 USC 252; Section 442*
(Ahora nombrado Buró Ejecutivo de Inmigración y Aduana)
Sus funciones incluyen:
- Establecimiento de políticas
- Supervisar la Administración de dichas políticas
- Asesorar al Vice Secretario sobre cualquier asunto que pueda afectar al Buró de Inmigración y Ciudadanía
- Administración del programa para recopilar información relacionada con los estudiantes extranjeros no inmigrantes y otros visitantes participantes del programa de intercambio incluyendo los del Sistema de Información de Estudiantes y Visitantes por Intercambio (SEVIS) y usará esa información para llevar a cabo las funciones del Buró para el cumplimiento de la ley.

Subtítulo E – Servicios de Inmigración y Ciudadanía

Establecimiento del Buró de Servicios de Inmigración y Ciudadanía
Ref: 6 USC 271; Section 451
La cabeza del Buró Ejecutivo de Inmigración y Aduana (BICE) será el Director del Buró Ejecutivo de Inmigración y Aduana que responderó directamente al Segundo Secretario. El papel del Director es:
- Establecer políticas
- Supervisar la Administración
- Asesorar al Segundo Secretario en las políticas que afectan al Buró de Seguridad de la Frontera
- Establecer políticas de servicio de inmigración nacional y procedimientos
- Implementar iniciativas piloto para eliminar cualquier acumulación en el procesamiento de solicitudes de inmigració y evitar que ocurran de nuevo

La siguientes funciones son transferidas del INS:

- Adjudicación de las peticiones de visa de inmigración
- Adjudicación de las peticiones de naturalización
- Adjudicación de las solicitudes de asilo y refugio
- Adjudicaciones realizadas en los Centros de Servicio
- Todas las demós adjudicaciones realizadas por el INS en el momento de la transferencia

Defensor de Servicios de Inmigración y Ciudadanía *Ref: 6 USC 272; Section 452*
Sus funciones serán:

- Ayudar a las personas y empleadores a resolver problemas con el Buró de Servicios de Inmigración y Ciudadanía
- Identificar areas en las que las personas y los empleadores tengas problemas al tratar con el Buró de Servicios de Inmigración y Ciudadanía
- Proponer cambios en las prácticas administrativas del Buró de Servicios de Inmigración yCiudadanía para aliviar los problemas identificados

Aplicación de las Técnicas con base en el Internet   *Ref: 6 USC 278; Section 461*
No más de un año después de la fecha que en que se hace efectiva el Acta, El Comité de Asesoramiento de la Tecnología deberá establecer un sistema con base en el Internet que les permitirá a las personas, empleadores, inmigrantes o no inmigrantes que tienen peticiones con el Secretario para cualquier beneficio bajo el Acta de Inmigración y Naturalización, tener acceso a la información en-línea acerca del estatus del proceso que se trata.

Subtítulo F – Disposiciones Generales de Inmigración

Abolición del INS   *Ref: 6 USC 291; Section 471*
Al completarse todas las transferencias del Servicio de Inmigración y Naturalización como se establece en esta Acta, El Servicio de Inmigración y Naturalización queda abolido.

El Buró de Seguridad Fronteriza (ahora llamado Buró Ejecutivo de Inmigración y Aduanas) y el Buró de Servicios de Inmigración y Ciudadanía no será combinado en una agencia.

Sentir del Congreso   *Ref: 6 USC 294; Section 474*
Es el sentir del Congreso que las misiones del Buró de Seguridad Fronteriza (ahora llamado Buró Ejecutivo de Inmigración y Aduana) y el Buró de Servicios de Inmigración y Ciudadanía tienen la misma importancia.

Funciones de Inmigración   *Ref: 6 USC 298; Section 478*
Un año después de la promulgación de esta Acta y cada año subsiguiente, el Secretario deberá presentar un informe al Presidente y a varios cuerpos congresionales acerca de:

- Número de solicitudes de inmigraciones y peticiones recibidas y procesadas
- Estadística de cada región de las peticiones denegadas por categoría
- Cantidad de solicitudes acumuladas y peticiones procesadas, esperando procesamiento y un plan detallado para la eliminación de dichas acumulaciones

- El período promedio de procesamiento de solicitudes y peticiones
- La cantidad y tipo de quejas presentadas al Departamento de Justicia y las soluciones
- Planes para responder a las quejas y el mejoramiento de los Servicios de Inmigración
- Si las tarifas de inmigración fueron usadas de acuerdo a los requerimientos de su uso
- Si las preguntas relacionadas con inmigración fueron respondidas efectiva y eficientemente

Capítulo 18

Recursos del Gobierno de EE.UU.

Los "tres grandes" caracteres en el proceso de inmigración en EE.UU son el Departamento de Seguridad de la Patria, el Departamento de Estado, y el Departamento de Trabajo. Sin embargo, debe mencionarse que hay también otras agencias que tienen un papel significativo en el proceso de inmigración.

Este capítulo ofrece algunas guías para que usted pueda investigar por su propia cuenta. A medida que usted descubra los recursos disponibles por cada departamento, usted entenderá por qué el proceso de inmigración puede parecer tan complejo y por qué se tuvo que incorporar tantos detalles en este libro.

El Departamento de Seguridad de la Patria

Buró de Servicios de Ciudadanía e Inmigración (BCIS)

Formularios

El BCIS suministra muchos de los formularios requeridos para los pasos cubiertos en este libro, y se pueden ordenar sin costo alguno directamente del Centro de Formularios del BCIS (Eastern Form Center) en Williston, Vermont llamando al (800) 870-3676. El tiempo de entrega es de dos semanas. El mejor momento para llamar es a primera hora de la mañana. Si usted no puede contactar el servicio grabado para hacer su orden, trate las otras opciones que le ofrece este servicio grabado.

Usted también puede ordenar o tener acceso a los formularios de BCIS a través del Internet www.immigration.gov/graphics/exec/forms/index.asp.

Centro Nacional de Servicios al Cliente del BCIS

El BCIS ofrece información nacional automatizada y operadoras telefónicas en español cuando llama al número (800) 375-5283. Los servicios de información automatizada están disponibles las 24 horas del dia, los siete días de la semana.

Asistencia en vivo también está disponible en la oficina de inmigración desde las 8:00 am hasta las 6:00 pm, de Lunes a Viernes, excepto los dias festivos. Las horas varían un poco en Alaska, Hawaii, Puerto Rico y las Islas Vírgenes.

El menú de 24 horas contiene la siguiente información grabada:
- Para información sobre una solicitud que ha sido presentada con el BCIS:
  - para averiguar el estatus de su solicitud
  - para actualizar su dirección en una solicitud pendiente
  - para asistencia para hacer una cita
  - para preguntas referentes a notificaciones recibidas del BCIS
  - para otras preguntas sobre una solicitud pendiente
- Para información acerca de huellas dactilares, la ofinica local del BCIS, o para una lista de médicos autorizados
  - para información acerca de la ubicación de huellas dactilares ASC
  - para información de la oficina local del BCIS
- Para información sobre formularios o solicitudes
  - para ordenar una solicitud o formularios del BCIS
  - para tarifas de presentación de solicitudes
  - para información acerca de donde presentar una solicitud
  - si usted tiene la solicitud y todavía tiene preguntas
- Para información acerca de los beneficios y servicios de inmigración
  - para información sobre cómo un residente permanente puede solicitar la ciudadanía americana a través de la naturalización
  - para información acerca de cómo renovar o reemplazar su Tarjeta de Residencia (Green Card)
  - para información acerca de cómo traer a un familiar, novia(o) o huérfano para que viva permanentemente en EE.UU.
  - para servicios de inmigración para viajar fuera de EE.UU.
  - para información acerca de los beneficios de inmigración disponibles a titulares de visas de no inmigrante temporales en EE.UU.
  - para información sobre programas de Estatus Protegidos Temporalmente
- Para información acerca de cambios recientes o futuros en los programas y procedimientos de inmigración
  - para información acerca de cómo cambiar su dirección con el BCIS
  - para cambios en las tarifas para solicitudes o peticiones
  - para información acerca de cambios en Estatus Protegido Temporal
- Para información referente a otras agencias
  - seguridad Social
  - oficina de Pasaportes
    - para requisitos de visa o de entrada para viajar a otro país, contacte la embajada o consulado de dicho país

Servicio de Información por Internat

El BCIS tiene una página en el Internet, la cual contiene mucha información acerca de una variedad de temas con énfasis en los estatus de inmigrante y no inmigrante. El BCIS se puede encontrar en el www.immigration.gov.

Buró de Protección de Aduana y Frontera (BCBP)

Las funciones del INS de inspección en la frontera fueron transferidas al Departamento de Seguridad de la Patria y asignadas al Buró de Protección de Aduana y Fronteras. El objetivo del Buró es facilitar el flujo de personas legítimas y mercancías a través de la frontera con EE.UU. Hay más informació disponible en su página del internet: www.cbp.immigration.gov.

Departamento de Estado (DOS)

Visas
El Departamento de Estado de EE.UU. es responsable de la emisión de visas de inmigración a EE.UU. y de Pasaportes. Para información acerca de visas, llame a la oficina de visas del Departamento de Estado al teléfono: (202) 663-1225.

Lotería de Visas de Tarjetas de Residencia para Extranjeros
Para información específica acerca del programa de Lotería de Visas del Departamento de Estado, usted puede llamar a la línea directa de Lotería de Visas al (202) 331-7199, o a través del Internet al www.travel.state.gov/visa_services.html.

Adopción de Huérfanos
Para obtener información grabada acerca de la adopción de huérfanos, puede llamar al Departamento de Estado al (202) 647-3444 o por fax al (202) 647-3000.

Pasaportes
Para información sobre pasaportes puede llamar a la Agencia de Pasaportes de EE.UU. al (900) 225-5674. La tarifa es 55 céntimos por minuto para escuchar mensajes grabados, o US $1.50 por minuto para hablar con una operadora. Las operadoras están disponibles desde las 8:30 am hasta las 5:30 pm hora del Este, de lunes a viernes. También se puede usar una tarjeta de crédito por una tarifa fija de US $5.50 al llamar al (888) 362-8668.

Para la agencia de pasaportes mas cercana u oficina postal de EE.UU. autorizada para aceptar solicitudes de pasaportes, revise los listados del gobierno en el directorio local bajo servicios de pasaportes o bajo Departamento de Estado. Para más detalles, vea el Capítulo 35.

Servicios del Internet
Al igual que el BCIS, la Dirección de Asuntos Consulares del DOS tiene una página en el Internet, la cual se puede encontrar en www.travel.state.gov.

Departamento de Trabajo (DOL)

Formularios
Los formularios se pueden obtener llamando al (202) 219-4369.

Servicio de Internet
El Departamento de Trabajo también tiene una página en el Internet la cual contiene una gran cantidad de información sobre una variedad de temas relacionados al trabajo, con énfasis en la Administración de Empleo y Entrenamiento. Alguna de la información ofrecida no es válida. La página del DOL se puede encontrar en www.doleta.gov.

Centro de Información Federal
Si usted necesita información acerca de estas agencias u otros departamentos del gobierno de EE.UU., llame al Centro Federal de Información al (800) 688-9889. Los mensajes grabados están disponibles las 24 horas del día, siete días a la semana y son actualizados frecuentemente.

Los especialistas de información se pueden encontrar desde las 9:00 am hasta las 8:00 pm hora del Este, de lunes a viernes. Los empleados especialmente entrenados le contestarán sus preguntas o transferirán su llamada directamente a una persona en el gobierno federal de EE.UU.

La información está disponible sobre:
- Impuestos federales
- Empleos federales
- Seguridad Social
- Beneficios para los veteranos
- Ventas de propiedades ofrecidas por el gobierno federal
- Derechos de autor, patentes e información sobre marcas registradas
- Publicaciones del gobierno
- Servicios de comunicaciones de comisiones federales, reglas y regulaciones
- Información del gobierno acerca de viajes
  - pasaportes
  - visas
  - tarifas de viajes por día
- Bonos de ahorros o préstamos para estudiantes

Otras Agencias del Gobierno de EE.UU.

Las funciones y responsabilidades de las agencias principales del Gobierno de EE.UU. involucradas en el proceso de ajuste post-inmigratorio, se detallan en los capítulos que siguen en el Libro 2.

Libro 2

USA Orientación: Establecerse

Ajustándose a la vida en los Estados Unidos

Libro 2

Introducción

El libro 2, **USA Orientación: Establecerse** está dedicado a explicar el proceso para establecerse en EE.UU. Lo ayudará a afrontar las experiencias sociales y administrativas que lo esperan después de haber cumplido con los procesos de inmigración señalados en el Libro 1.

Como sus amigos americanos le contarán, la vida en EE.UU. es tanto una aventura como un reto. Para asistirlo en el proceso de adaptación a su nuevo ambiente, **USA Inmigración y Orientación** le ofrece 17 capítulos de orientación en una gran variedad de nuevas experiencias sociales y gubernamentales.

Los temas aquí tratados le ayudarán con el proceso de adaptación en su nueva casa americana.

Parte I - Procedimientos Gubernamentales

Tanto los niveles gubernamentales federales como los estatales tienen reglas que deben ser aprendidas y procedimientos a ser seguir.

Por el lado federal, se proporciona información sobre:
- Buró de Protección de Aduana y Frontera
- Seguridad Social
- Servicio Selectivo

A nivel estatal, se explica:
- Cómo adquirir un automóvil
- Privilegios y responsabilidades al conducir
- Beneficios y obligaciones de los empleados

Parte II – Asuntos Económicos

La Parte II incluye algunos consejos financieros al comenzar una nueva vida en EE.UU. El sistema de impuestos es complejo y se requiere estudiar para sacar provecho a su posición financiera.

La compra y financiamiento de una vivienda implica el aprender un nuevo vocabulario. Se le proporcionarán definiciones y explicaciones detalladas de los siguientes términos y muchos más:
- Seguro del Título – Title Insurance
- PITI
- Tarifas de registro – Recording Fees
- Tarifas para originar un préstamo – Loan Origination fee

- Puntos (porcentuales) - Points

El capítulo sobre la banca ofrece muchos consejos, incluyendo:
- Transferencia legal de fondos a EE.UU.
- Cómo establecer su línea de crédito
- Dónde guardar sus pertenencias

Parte III - Seguros

Tener seguro es muy importante.

Usted puede sorprenderse al saber que no hay un plan de gobierno nacional que satisfaga sus necesidades de salud. Para darle una mejor idea de cómo funciona el sistema de salud de EE.UU., lea el Capítulo 29, en el cual se describen muchas opciones en detalle.

Lea sobre una variedad de programas de seguros de salud, entre las cuales se encuentran:
- Medicare
- Medigap
- Managed Health Care (Programa de cuidado de la salud administrado)
- Tarifas por Servicio
- Seguro de Salud para Expatriados

Los seguros de viviendas y automóviles son también necesarios. Se le darán explicaciones y definiciones de muchos términos que son nuevos para usted.

Parte IV - Comunidad

Una escuela puede ser una de las primeras organizaciones que un extranjero encuentre en la comunidad. Infórmese acerca de:
- Documentos necesarios para registrar a sus hijos en la escuela
- Por cuánto tiempo puede un estudiante extranjero asistir a una escuela primaria pública

En casi todas las comunidades existen organizaciones que, una vez que usted se hace miembro, pueden orientarlo a establecerse más rápidamente. La institución matrimonial se explica en el Capítulo 33.

Parte V - Derechos de Post-Naturalización

La Parte V explica los beneficios a los que se tiene derecho después de convertirse en ciudadano americano, tales como:
- Quién puede y quién no debe votar
- Cómo y dónde obtener un pasaporte

Parte I

Procedimientos Gubernamentales

Después de haber aprobado las formalidades de inmigración, usted como extranjero recién llegado, puede encontrarse con una larga lista de lecciones que debe aprender y dependencias que conocer.

Con algunas excepciones, únicamente los extranjeros "calificados" (aparte de los ciudadanos americanos y nacionales) son elegibles para recibir beneficios públicos federales. Ciertos departamentos federales y estatales deben notificar al INS de cualquier extranjero que ellos sepan que no está legal en EE.UU.
Ref: Sec.404,Personal Responsibility and Work Opportunity Reconciliation Act of 1996

La Parte I del Libro 2 ofrece un estudio a profundidad de las regulaciones y objetivos de muchas de las dependencias que usted podría tener la necesidad de contactar. Los siguientes cinco capítulos incluyen información sobre:

Capítulo 19 – Importando Pertenencias
- Lo que usted puede y no puede traer al país

Capítulo 20 - Seguridad Social
- Quién participa
- Cómo obtener una tarjeta de Seguridad Social

Capítulo 21 - Servicio Selectivo
- Quién debe registrarse y cuándo

Capítulo 22 - Comprando o Alquilando un Automóvil - Licencia y Registro
- ¿ Alquilar un vehículo es más económico que comprar uno ?

Capítulo 23 - Compensación y Beneficios Laborales, Asistencia Social
- Lo que un empleado puede esperar

Capítulo 19

Importando Pertenencias

El Departamento de Seguridad de la Patria es responsable de la seguridad de las fronteras y del sistema de transporte. Para llevar a cabo su misión de asegurar las fronteras, fué creada la Directiva de Seguridad de Fronteras y Transporte (BTS) .

El Buró de Protección de Aduanas y Fronteras (BCBP) – supervisa el movimiento de mercancías y personas a través de la frontera. En el Buró convergen:
- La Patrulla Fronteriza (Border Patrol)
- Inspectores de:
  - Servicio de Inmigración y Orientación (INS)
  - Servicio de Aduana (Customs Service) (incluyendo regulación canina)
  - Salud de Animales y Plantas (Animal and Plant Health)

El **Buró para el Cumplimiento de la Ley de Inmigración y Aduana (BICE)** – une las siguientes funciones de hacer cumplir la ley e investigaciones dentro de los EE.UU.:
- Servicio de Inmigración y Naturalización
- Servicio de Aduana
- Servicio de Protección Federal (proporciona seguridad en las instalaciones federales

Aunque las nuevas oficinas fueron implementadas en Marzo 1ro del 2003, la completa integración de las agencias tomará meses. Mientras tanto los formularios y procedimientos seguirán iguales.

Todas las personas que llegan a un puerto de entrada de los EE.UU. son inspeccionadas por oficiales del Buró de Protección de Aduana y Frontera (BCBP). Cada persona que desea entrar a los EE.UU. tiene la responsabilidad de presentar suficiente documentación para establecer su identidad, ciudadanía y si es necesario, documentos que le permitan entrar a los EE.UU. Los inspectores tiene autoridad para decidir si un extranjeros y sus pertenencidas pueden o no entrar al país.

El Sistema de Información Avanzada del Pasajero (APIS) exige que todos los transportes aereos recogan información biográfica de los pasajeros y la tripulación antes de viajas hacia y desde los EE.UU. y localidades extranjeras. Los nombres son comparados con el banco de datos combinado del FBI, El Sistema de Inspección de Fronteras Inter-Agencia (IBIS) antes de la llegada del avión a su destino.

Ref: Pub. L. 107-71

Los oficiales seleccionan al azar a las personas para inspeccionarlas y asegurarse de que éstas están cumpliendo con las leyes de EE.UU. El Título 19, Sección 1582 del Código de EE.UU. autoriza a los oficiales aduanales para inspeccionar, registrar y/o examinar a todas las personas, equipaje y mercancía de países extranjeros que entran a EE.UU. Estos oficiales pueden estar asistidos por perros entrenados durante las inspecciones preliminares.

Los oficiales recomiendan que tome el tiempo suficiente para entrar oficialmente por la aduana y que tenga todos los documentos necesarios listos para la inspección antes de que usted llegue a donde está el oficial. Antes de que entre a EE.UU. como inmigrante, podría ayudarle el contactar del puerto por donde va a entrar para determinar con antelación si sus documentos son satisfactorios. Para una lista de puertos vea: http www.customs.gov/xp/cgov/toolbox/contacts/ports.

Hasta tanto el Buró de Protección de Aduana y Fronteras (BCBP) este operando completamente, también se pueden contactar al:

U.S. Customs Service
1300 Pennsylvania Avenue, N.W.
Room 5.4 D
Washington, DC 20229
www.customs.gov
http://cbp.customs.gov
www.dhs.gov

No existe un límite en cuanto a la cantidad de dinero que puede ser traído o sacado de EE.UU. sin embargo, si usted trae o saca más de US $10,000 en fondos monetarios, usted debe llenar un Formulario 4790 con el BCBP. Vea el Capítulo 25.

Todos los productos importados están sujetos a impuestos a menos que estén exentos por ley. También existen ciertas exenciones que permiten a las personas que se mudan a EE.UU., bien sea permanente o temporalmente, traer sus objetos personales y del hogar.

Trayendo Artículos del Hogar y Objetos Personales a Los EE.UU.

Usted puede importar artículos del hogar tales como muebles, equipos de cocina, aparatos eléctricos, vajillas, ropa de cama, bibliotecas, equipo de oficina, objetos de arte y objetos similares que sean para uso personal, sin pagar impuesto. Para ser elegible a una exención en los impuestos, dichos objetos deben haber estado disponibles para su uso o usados en una vivienda donde usted había residido por un año. El año de uso no tiene que ser continuo o inmediatamente anterior a la fecha de la importación.

Los artículos del hogar del país donde fueron usados y cumpliendo con los requisitos arriba mencionados, pueden introducirse a EE.UU. libres de impuestos por 10 años después de su entrada inicial en EE.UU. como residente legal.

Los objetos personales son artículos que pertenecen a una persona y son usados por ésta, tales como ropa, joyas, equipos de fotografía y deportivos (no armas de fuego). Los efectos personales le pueden ser enviados por correo en una fecha posterior. El paquete debe decir "Used Personal Effects" y deben haber estado con usted antes de su entrada a EE.UU. Cualquier cosa que sea incluida en el paquete que sea nueva, está sujeta a impuestos.

Equipo Profesional

Una persona que esté emigrando a EE.UU. puede introducir libros profesionales, implementos, instrumentos y herramientas de negocios, ocupacionales o de empleo, libres de impuestos, si los artículos fueron comprados y usados en el extranjero. Estos artículos no tienen por qué haber estado en su posesión un año antes de ser importados, pero deben ser importados para su uso y no para la venta. Se incluyen las computadoras (CPU, monitor, impresora, software, etc.), gabinetes de archivos, destructoras de papel, máquinas de fax, equipo telefónico, calculadoras, libros, etc. Materiales teatrales, propiedades o ropas y artículos para ser usados en establecimientos de manufacturación, no son elegibles para esta exención.

Alcohol y Armas de Fuego

El Acta de Seguridad de la Patria dividió el **Buró de Alcohol y Armas de Fuego** en dos nuevas agencias.

El **Buró de Alcohol, Tabaco, Armas de Fuego y Explosivos (ATF)** que pasó al Departamento de Justicia. El Buró supervisa armas de fuego, explosivos y programas de incendios provocados y tiene que ver con las leyes criminales federales relacionadas con el alcohol y el contrabando de tabaco y malversación.

El **Buró de Impuestos y Comercio (TTB)** permanecerá en el Departamento del Tesoro. La oficina maneja los aspectos de regulación e impuestos de las industrias del alcohol y el tabaco.

Las armas de fuego y las municiones están sujetas a restricciones y permisos de importación. La importación de armas automáticas y semi-automáticas de ataque están prohibidas. Generalmente, las armas de fuego y las municiones adquiridas en el extranjero pueden ser importadas, pero únicamente con permiso. Para más detalles vea:
www.atf.gov/firearms/faq/index.htm,
www.atf.gov/firearms/rules/foreign.htm
www.atf.gov/firarms/022002form6updates.htm.

Para más información, contacte a:
> Bureau of Alcohol, Tobacco and Firearms
> Firearms and Explosives Import Branch
> 650 Massachussets Avenue, N.W., Room 5300
> Washington, DC 20226
> Teléfono: (202) 927- 8330
> Fax: (202) 927-2697

Usted debe pagar impuesto por bebidas alcohólicas que sean importadas en cantidades mayores de las exenciones permitidas para cada categoría de personas que se mudan a EE.UU. Mientras no existe un límite federal a la cantidad de bebidas alcohólicas que usted puede traer, habrá un límite estatal. Este límite es establecido por el estado al que lleguen sus pertenencias y no por el estado al cual usted se está mudando. Debe señalarse que algunos estados prohiben el envío directo de bebidas alcohólicas a personas individuales. Cualquier persona interesada en importar bebidas alcohólicas para uso personal debe contactar a la agencia de control de bebidas alcohólicas de su estado.

Las personas que se mudan a EE.UU. con una reserva de vinos deben recordar que todo el licor que exceda la cantidad límite elegible para estar exenta de impuestos debe pagar impuestos en base a la tasa que se aplique y que debe pagar todos los impuestos federales, estatales y locales.

Para mayor información, contacte a:
> The Tax and Trade Bureau
> Office of Public and Governmental Affairs
> 650 Massachusetts Ave, N.W., Room 8290
> Washington, DC 20226
> Teléfono: (202) 927-8110
> Fax: (202) 927-8605
> www.ttb.gov

Productos que lo Acompañan

Objetos personales y artículos del hogar que lleguen a EE.UU. en el mismo barco, vehículo o avión y el mismo día que usted, son considerados como acompañantes. Usted debe completar el Formulario 6059B, disponible en el BCBP. Haga una lista con el valor de todos los artículos que está trayendo con usted a EE.UU. El BCBP piden que usted identifique aquellos que usted piensa que están libres de impuestos. Generalmente se basa en la información arriba mencionada, pero usted debe contactarlos antes de mudarse. Explique su estatus al inspector y haga cualquier pregunta que pueda tener antes que la inspección comience.

Productos Enviados por Separado

Efectos personales y artículos del hogar libres de impuestos no necesitan entrar con usted a EE.UU.; usted puede enviarlos posteriormente por separado a su dirección en EE.UU. Usted debe llenar el Formulario 3299, Declaración de Artículos Libres de Impuesto que no lo acompañan (Declaration for Free Entry of Unacccompanied Articles) y haga el inventario completo. El formulario está disponible por Internet en la página de las aduanas, en una oficina BCBP o en la compañía que le realizará la mudanza.

Su envío de objetos personales y artículos del hogar debe estar autorizado para pasar por el BCBP a su primera llegada al puerto, a menos que usted haya hecho los arreglos necesarios con un agente extranjero para que le envíe sus artículos por custodia aduanal desde el puerto de entrada a un puerto de entrada más conveniente. El BCBP no le notificarán que sus artículos han llegado; ésta es la responsabilidad de la compañía que los envía. Después de que reciba esta notificación, usted debe introducir la mercancía inmediatamente. De no hacerlo dentro de los 15 dias de la llegada de la mercancía al puerto, esta puede ser llevada a un almacén general. Si no recoge la mercancía del almacén general in seis mesas puede ser vendida. Si usted no puede ir a una oficina de BCBP, puede autorizar a un amigo o familiar para que lo represente. Dicha persona debe llevar una carta dirigida al "Oficial a Cargo del BCBP" (Officer in Charge of BCBP) por la cual usted la autoriza a representarlo como su agente para retirar sus artículos.

Si una compañía de mudanzas está manejando el transporte de Canadá, el conductor puede pasar sus artículos por el BCBP; éste necesitará todos los documentos necesarios tales como el Formulario completo 3299 y un poder que especifique que lo está representando.

está representando.

Servicio de Inspección de Salud de Animales y Plantas (APHIS)

El Departamento de Agricultura de EE.UU. puede exigir una inspección de ciertos artículos antes o después del envío, por ejemplo, las personas que se mudan de un área infectada con palomilla gitana o gypsy moth(lymantria dispar) a un estado que no está infectado, necesita saber que sus artículos del hogar pueden ser inspeccionados en caso que tengan huevecillos o larvas. El APHIS también tiene reglas para empaques de madera que vienen de China. Vea www.aphis.usda.gov/ppq.

Importando un Automóvil u otro Vehículo – Entrada Libre

Los no residentes e inmigrantes por primera vez pueden importar temporalmente un vehículo libre de impuesto para uso personal si el vehículo es importado en conexión a la llegada de su dueño. Los vehículos no necesitan estar acompañados por su dueño, pero deben llegar a EE.UU. casi al mismo tiempo, por lo menos con pocas semanas de diferencia. Si la demora es mayor, el importador debe probar que la demora tenía justificación. Un vehículo puede ser un automóvil, remolque, avión, motocicleta, bote o un vehículo similar.

A los vehículos hechos por fabricantes extranjeros que no están en su posesión antes de que usted deje su residencia extranjera e importados a EE.UU, usados o no, (por ejemplo, ordenados a ser entregados directamente a su residencia en EE.UU., para uso personal o para la venta), se les impone un impuesto. Las tasas de impuestos están basadas en el valor de mercado del vehículo y son aumentadas anualmente.

Es importante saber que cualquier vehículo importado, nuevo o usado, debe satisfacer los estándares de seguridad, ahorro de combustible y control de contaminación ambiental de EE.UU. Un vehículo debe ser importado como un vehículo que no conforma a los estándares, a menos que éste lleve la etiqueta del fabricante, certificando que reúne los requisitos de los estándares americanos.

Los vehículos que no conforman dichos estándares deben ser exportados en un año y no pueden ser vendidos dentro de EE.UU. No hay excepción o extension del requisito de exportación. Se debe pagar impuesto por vehículos que cumplen los estándares importados con la exención de impuestos y son vendidos al año de ser importados. Los impuestos se pueden pagar en la oficina de BCBP más cercana antes de que la venta se realice.

Estándares de Seguridad, Parachoques y Prevención de Robo

Los importadores de vehículos motores deben llenar el Formulario HS-7 al momento en que sus vehículos son importados para declarar que cumplen con los requisitos del Departamento de Transporte. Como regal general, todos los vehículos motores de menos de 25 años y sus equipos deben cumplir con los estándares Federales de seguridad de vehículos motores para poder ser importados a EE.UU. Los vehículos fabricados después del 1° de Septiembre de 1978, deben cumplir con los estándares de parachoques y los modelos de vehículos comenzando con el año 1987 deben cumplir con el estándar de prevención de robos.

usted compra un vehículo en el extranjero que tiene dicha certificación, usted puede acelerar su importación al hacer que en el contrato de venta esté indicada esta certificación y presentando dicho contrato a las aduanas de EE.UU. al momento de hacer la importación.

Estándares de emisión

La mayoría de los importadores de automóviles de pasajeros, camiones livianos, motocicletas y maquinaria pesada, deben completar y presentar el Formulario de registro 3520-1 de Protección Ambiental (Environmental Protection-EPA) en el BCBP del puerto de entrada. Este formulario puede obtenerse en las aduanas del puerto de entrada o por fax al (202) 564-9660. El sistema de fax trabajará también para llamadas internacionales, marcando antes el 011.

Automóviles y camiones del año 1971 o posteriores a éste que fueron fabricados cumpliendo los estándares de emission, pueden ser identificados por una etiqueta ubicada en un lugar visible en el área del motor. Dicha etiqueta indicará que el automóvil fue originalmente fabricado para cumplir con los estándares de emisión de EE.UU., para modelos anteriores a 1971, usted debe verificar con el fabricante.

Comenzando con modelos del año 1996, los requisitos de emisión federal también aplican a equipos de motor no transitables, tales como equipos de jardinería, de agricultura y construcción.

Puesto que los requisitos del EPA y del DOT están sujetos a cambios frecuentes, le recomendamos que contacte estas dependencias para enterarse de los requisitos más recientes. Los requisitos estatales individuales pueden exceder aquéllos del gobierno Federal, sin embargo, el EPA no aceptará requisitos estatales.

Muchos vehículos comprados en el exterior no son manufacturados para cumplir con los estándares americanos y requieren de ciertas modificaciones. Tanto el Departamento de Transporte como la Agencia de Protección Ambiental aconsejan que aunque un vehículo que no cumpla con los requisitos puede ser admitido condicionalmente, las modificaciones que se requieren para que cumpla con dichos requisitos pueden ser tan numerosas y costosas que resultaría poco práctico o imposible satisfacerlos. Usted debe investigar los procedimientos y modificaciones necesarias antes de realizar la importación

Para información más reciente acerca de la importación de vehículos, contacte:
U.S. Environmental Protection Agency
Investigation/Imports Section
1200 Pennsylvania Avenue, N.W.
Washington, DC 20460
Teléfono: (202) 564-9240
Fax: (202) 565-2057
Fax de respuestas: (202) 564-9660
www.epa.gov/otaq/imports/imptop.htm
www.epa.gov/otaq/imports/quiktext.htm

National Highway Traffic Safety Administration (NSA-32)
400 7th Street S.W.
Washington, DC 20590
Teléfono: (202) 366-4000
Línea de Seguridad de Automóviles: (888) 327-4236
Fax: (202) 366-1024
www.nhtsa.dot.gov/cars/rules/import

Para información del BCBP con respecto al proceso de entrada, llamar al (202) 927-1082 o ver: www.customs.gov, seleccione *Travel*, entonces *Leaving and Returning to the U.S.* En publicaciones seleccione *Importing or Exporting a Car.*

El Departamento de Agricultura también exige que el equipo que transporte los automóviles importados esté libre de tierra extranjera antes de entrar a EE.UU., esto puede hacerse aplicando vapor a alta presión o haciendo una limpieza profunda.

Para su propia seguridad y conveniencia, no use su automóvil como contenedor para objetos personales. El BCBP inspeccionarán todos los productos que estén adentro, lo que significa que no debe cerrar las puertas con seguro. Muchos transportistas no aceptarán un vehículo con objetos personales.

Registro e Impuestos

Es aconsejable investigar en su nuevo estado para determinar las regulaciones de registro de automóviles y obtención de licencias de conducir.

Para una lista de oficinas de licencias de conducir:
www.carbuyingtips.com/driver-licenses.htm

Para una lista de oficinas de registro de vehículos:
www.carbuyingtips.com/dmv.htm

Los motoristas que visitan los EE.UU. como turistas desde paises que han ratificado la Convención de Tráfico Internacional de Carretera de 1949 pueden conducir en los EE.UU. durante un año con su propia placa nacional (etiquetas de registro) en sus automoviles y con su propia licencia de conducir.

Los motoristas de Canadá y Méjico pueden recorrer los EE.UU. sin placa o licencia de los EE.UU., según un acuerdo entre los EE.UU. y estos paises.

Los motoristas de países que no participan en este acuerdo deber obtener un permiso para manejar después de pasar el examen.

Los nacionales extranjeros empleados en los EE.UU. pueden usar solamente placas extranjeras del puerto de entrada de su destino en los EE.UU.

Usted podría pagar impuestos por el carro cuando lo registra en el estado de su nueva residencia.

También podría pagarse un impuesto federal por el consumo de gasolina (Federal Gas Guzzler Tax) por ciertos automóviles de consumo de gasolina menor de 22.5 millas por galón. El impuesto aumenta a medida que el ahorro de gasolina disminuya de US $1000 a US $7000 y no haya variado desde el año 1991. El IRS recomienda que este impuesto sea pagado también sobre automóviles de inmigrantes cuando sean importados. El Formulario 6197 debe ser presentado con el pago del impuesto sobre el consumo de gasolina. Dicho impuesto no es applicable a los cambiones de carga, SUVs, vans o minivans.

Medicinas

Si usted requiere medicinas que contengan drogas o narcóticos que causan adicción (tales como medicinas para la tos, diurúticos, medicinas para el corazón, tranquilizantes, píldoras para dormir, antidepresivos, estimulantes), usted debe:

- Tener todas las medicinas y productos similares debidamente identificados
- Llevar sólo la cantidad que normalmente llevaría una persona con un problema de salud
- Tener una receta médica o una declaración por escrito de su médico particular la cual indique que las medicinas son necesarias para la salud.

La Administración de Alimentos y Medicinas (FDA) prohibe la importación, por correo o en persona, de prescripciones fraudulentas de drogas y aparatos médicos sin receta. Estos pueden incluir "curaciones" no ortodoxas para condiciones médicas. Sin embargo, la FDA podría permitir un abastecimiento de tres meses de medicinas no aprobadas para condiciones graves para las cuales no se existan tratamientos locales efectivos. El producto no debe representar ningún tipo de riesgo y el paciente debe indicar el nombre y dirección en EE.UU. del doctor con licencia que es responsable por el tratamiento o evidencie que el tratamiento comenzó en un país extranjero.

El Congreso aprobó una reforma de la Ley de Substancias Controladas. Esta reforma permite al residente en EE.UU. importar hasta 50 unidades de dosis de una medicina controlada sin receta válida en una frontera internacional. A su llegada, se debe declarar que estas medicinas son para uso personal y que se encuentran en su recipiente original. *Ref: 21 USC 956(a)*

Se necesita una receta médica de EE.UU. para comprar más de 50 unidades y no debe exceder cantidades personales, generalmente no más de 90 días de suministro.

Para información adicional, contacte la oficina de la FDA más cercana o al:

Food and Drug Administration
Division of Import Operations and Policy
Room 12-8 (HFC-170)
5600 Fishers Lane
Rockville, MD 20857
Teléfono: (301) 443-3852
          (888) 463-6332
Fax: (301) 594-0413
www.customs.gov/travel/med.htm
www.fda.gov/ora/import/traveler_alert.htm
www.aphis.usda.gov/ws/statereportindex.html

Mascotas

Existen controles, restricciones y prohibiciones a la entrada de animales, pájaros, tortugas y animales salvajes.

Está prohibida la importación y la exportación de especies en peligro de extinción y productos hechos de ellos. Esta lista incluye marfil, algunas pieles de animales y huesos y dientes de ballenas.

Para información, contacte al:
    U.S. Fish and Wildlife Service
    Office of Management Authority
    4401 N. Fairfax Drive
    Arlington, VA 22203-3247
    Teléfono: (800) 358-2104
               (703) 358-2093
    Fax: (703) 358-2281
    www.le.fws.gov

La importación de perros y gatos está regulada por el Departamento de Salud y Servicios Humanitarios de EE.UU., Centro para el Control de las Enfermedades (CDC) en Atlanta, Georgia. Por lo general, los perros y gatos no deben tener enfermedades y los perros deben tener un certificado que demuestre que han sido vacunados contra rabias si provienen de un país en donde existan rabias. Esta vacunación debe haber sido suministrada en los últimos 30 días y no después de un año, antes de la fecha de viaje. Los aerolíneas pueden exigir un certificado de salud. Los cachorros pueden ser importados sin prueba de vacunación y deben mantenerse en un lugar de resguardo a elección de su dueño hasta que cumplan tres meses de edad y luego ser vacunados; espués deben seguir guardados por 30 días más.

Para más información y listado de las zonas libres de rabias, contacte:
    Global Migration and Quarantine Division
    Center for Disease Control
    1600 Clifton Road, Mail Stop E-03
    Atlanta, GA 30333
    Teléfono: (404) 498-1670
    Fax: (404) 639-2599
    www.cdc.gov/travel/other/animal-importation.htm

Pájaros mascotas con dueño pueden introducirse, pero se deben cumplir los requisitos del Servicio de Inspección de Salud de Animales y Plantas (APHIS) y del Servicio de Salud Pública, entre los cuales está el cumplir cuarentena en una localidad específicas del APHIS, pagada por el dueño. Se requiere hacer reservaciones por anticipado.

Un pájaro mascota que entra a EE.UU. desde Canadá está exento de hacer la cuarentena pero debe ser revisado por un veterinario en un puerto de entrada designado por el USDA. Para información, llame al (301) 734-5097. Si los pájaros entran por un aeropuerto, se requiere un permiso de importación. Para más información llame al (301) 734-8364.

Primates, tales como monos, gorillas y animals similares no pueden ser importados como mascotas.

Cerciórese con las autoridades estatates, del condado y del municipio sobre cualquier restricción y requerimientos antes de importar una mascota.

Las horas de atención y disponibilidad de los inspectores variarán de acuerdo al puerto. Usted debe averiguar en su puerto de entrada antes de importar una mascota, para asegurarse de que llegará cuando el personal necesario esté de guardia para procesar su entrada.

Para información, contactar:
U.S. Department of Agriculture
Animal & Plant Health Inspection Service
National Import/Export Center
4700 River Road, Unit 40
Riverdale, MD 20737-1234
Teléfono: (301) 734-3277 o (800) 545-USDA
Fax: (301) 734-8226
www.aphis.usda.gov/NCIE
www.aphis.usda.gov/NCIE/portlist.html

El Acta de Seguridad de la Patria trasladó el Servicio de Inspección para la Salud de Animales y Plantas (APHIS) para el nuevo Buró de Protección de Aduana y Fronteras (BCBP).

Plantas

Todos los productos agrícolas y comida traídos a EE.UU. deben ser inspeccionadas para prevenir la entrada de insectos o enfermedades en las cosechas.

Las plantas, raíces, semillas, productos no procesados de plantas y ciertas especies en peligro de extinción requieren permiso de importación, de lo contrario su entrada al país será negada. Para información, contacte:
U.S. Department of Agriculture
APHIS Plant Protection and Quarantine
4700 River Road, Unit 60
Riverdale, MD 20737
Teléfono: (888) SAFGUARD
            (301) 734-8645
www.aphis.usda.gov/ppq

Alimentos

La entrada de carnes, ganado, cerdo y productos derivados de éstos (tales como jamón, salchichas, salsas y patés) a EE.UU. está prohibida o restringida, dependiendo de la condición del animal en el país de origen. La importación de carnes frescas de otros países está   prohibida. Se permiten las carnes enlatadas si el inspector puede determinar que están enlatadas para su comercio, cocinadas en el recipiente, herméticamente selladas, y pueden mantenerse sin refrigeración. La importación de carnes enlatadas, curadas, frescas, congeladas, cocinadas o secas de otros países está severamente restringida. Para obtener información, contacte a:

U.S. Dept. of Agriculture
USDA-APHIS Veterinary Service
National Center for Import/Export
4700 River Road, Unit 40
Riverdale, MD 20737
Teléfono: (301) 734-7830
   (301) 734-7834 (carnes y aves)
   (301) 734-4401 (productos de origen animal)
www.aphis.usda.gov/travel/index.html

Food Safety and Inspection Services
Import Inspection Division
Franklin Court
1099 14th Street, N.W.
Washington, DC 20250
Teléfono: (202) 501-7515
www.fsis.usda.gov

Tiendas "Exentas de Impuestos"

Los productos comprados en tiendas "Exentas de Impuestos" en países extranjeros están exentas de derechos e impuestos aduanales únicamente para el país en el cual dicha tienda está ubicada. Los productos son para la exportación y no deben ser devueltos al país en donde fueron comprados. Cuando se traen para EE.UU., están sujetos a las restricciones e impuestos de las aduanas americanas pero pueden ser incluidos en una exención personal.

Los productos comprados en las tiendas "Exentas de Impuestos" están sujetos a los derechos aduanales y a los impuestos del Internal Renevue Service al introducirlos nuevamente a EE.UU.

Capítulo 20

Seguridad Social

En el año 1935, el Presidente Roosevelt firmó el Acta del Seguridad Social para hacerlo ley. Actualmente el programa cubre a más de 141 millones de trabajadores. Es ilegal que su empleador no reporte las ganancias al Servicio Interno de Contribuciones (IRS) y es ilegal que usted y su empleador no paguen los impuestos de sus ganancias al Seguro Social.

Administración de la Seguridad Social

Concepto

Los empleados y empleadores pagan impuestos al sistema durante los años de trabajo de los empleados y los empleados y los miembros de sus familias reciben mensualmente beneficios cuando el empleado se retira o está incapacitado. Los sobrevivientes también reciben beneficios al morir el empleado. La Seguridad Social también se creó para complementar el pago de pensiones, seguros, ahorros y otras inversiones.

Históricamente, las personas son elegibles para beneficios de la Seguridad Social en su totalidad cuando lleguen a la edad de 65 años. Sin embargo, desde el año 2003, la edad en la cual las prestaciones completas son pagadas aumentará gradualmente de 65 a 67 años.

Los beneficios reducidos están disponibles a la edad de 62 años, mientras se otorga créditos a las personas que demoran su jubilación.

No se pagan beneficios a ninguna persona que esté ilegalmente en el país.

Impuesto de Seguridad Social

Los impuestos de Seguridad Social son usados también para pagar una parte de la cobertura de Medicare.

La tasa de impuestos en el año 2003, para empleados y empleadores fue de 7.65% para salarios hasta de US $87,000 al año. La parte para Seguridad Social es el 6.2% para salarios hasta de US $87,000; la parte para Medicare es el 1.45% de todas las aportaciones.

La deducción en la nómina puede estar clasificada "FICA" en un recibo de pago. FICA es el Acta Federal de Contribuciones al Seguro, la ley que autorizó el impuesto en la nómina de Seguridad Social.

En el año 2003, un empleado ganará un crédito por cada US $890 en ganancias hasta un máximo de cuatro créditos por año. Muchas personas necesitan 40 créditos (10 años de trabajo) para recibir prestaciones.

La persona que está auto empleada paga 15.3% del ingreso sujeto a impuesto para Seguridad Social, hasta US $87,000. Aquéllas personas que ganen más de US $87,000 en el año 2003 continuarán pagando 2.9% para la parte de Medicare del impuesto de la Seguridad Social por el resto de sus ganancias.

Número de Seguridad Social (SSN)

El Número de Seguridad Social se usa para registrar las ganancias durante los días laborales y las prestaciones una vez que comienzan los cheques de Seguridad Social. Algunos proveedores de servicios médicos y dependencias gubernamentales usan el número para propósitos de mantener los registros.

El número de Seguridad Social de nueve cifras está dividido en tres partes. Los primeros tres números están determinados por el código de area del aplicante. Los números del medio no tienen un significado especial y los cuatro últimos representan una progresión numérica de cifras asignadas.

Tarjeta de Seguridad Social

Los servicios de la Seguridad Social son gratuítos. Para obtener una tarjeta, se debe llenar el Formulario SS-5 en la oficina local de Seguridad Social o por el Internet: www.ssa.gov/online/ss-5.html o llamando al (800) 772-1213. La tarjeta será enviada al solicitante en aproximadamente dos semanas.

Es aconsejable llamar al número 800 o a la oficina local para confirmar que usted tiene los documentos correctos. Usted necesita tener pruebas de su edad, identidad, ciudadanía americana o estatus de residencia legal.

Se emiten tres tipos de tarjetas de Seguridad Social.

Una ha sido emitida desde 1935 y muestra el nombre de la persona y su número de Seguridad Social y le permite a la persona trabajar sin restricción. Es emitida a los ciudadanos americanos y residentes extranjeros permanentes.

Las personas que tienen Tarjeta de Residencia para extranjeros que aplican para una tarjeta de Seguridad Social deben asegurarse que el agente de Seguridad Social que acepta la solicitud pone una "Y" en el cuadro marcado PRA (Residente Extranjero Permanente). Esto asegurará que se emita una tarjeta de Seguridad Social sin restricciones. Si el agente no está familiarizado con este cuadro, entonces se recurrirá a lo que así se dispone en el *Manual de Seguridad Social POMS RM00203.570C.2B.*

La Seguridad Social comenzó a emitir un segundo tipo de tarjeta en 1992. Muestra las palabras "VALIDO PARA TRABAJAR UNICAMENTE CON LA AUTORIZACION DEL SERVICIO DE INMIGRACION Y NATURALIZACION (INS)" y es emitida a personas que son admitidas en EE.UU. temporalmente y quienes requieren autorización del INS para trabajar.

El tercer tipo de tarjeta muestra las palabras "NO VALIDO PARA TRABAJAR." La Seguridad Social asigna esta tarjeta a personas de otros países que son admitidas en EE.UU. temporalmente sin permiso para trabajar y quienes necesitan un número de seguridad social para obtener beneficios o servicios, según los dispone la Ley Federal. Una vez que el INS le ha otorgado el permiso de trabajo, usted necesita solicitar un reemplazo de su tarjeta sin esa restricción. Dicha tarjeta tendrá el mismo número.

El Acta de Seguridad Social permite a los gobiernos estatales y locales usar el SSN para administrar leyes relacionadas con impuestos, asistencia al público, licencias de conducir o registro de vehículos. A partir del 2002, el Seguro Social está:

- Ensayando un systema en el internet que le permite a los empleadores verificar los nombres y SSN de los nuevos empleados
- Verificando con el INS, todos los documentos de inmigración de los no ciudadanos que están solicitando un SSN
- Verificando con las oficinas estatales de estadísticas la información sobre el nacimiento de los nacidos en EE.UU. de un año en adelante que estén solicitando un SSN

El Seguro Social continua otorgando SSNs a extranjeros que de otro modo no serían elegibles cuando un estatuto federal, regulación o ley estatal o local exigue un SSN para que alguien tenga derecho a beneficios. En estos casos la solicitud SSN debe estar acompañada de la documentación del departamento de gobierno explicando la necesidad del SSN. Esta carta debe esta fechada y con encabezamiento oficial. Debe señalar al no ciudadano, la razón, que no sea de trabajo, por la que es necesario el SSN, el estatuto pertinente o regulación y el nombre y número de teléfono de la persona a llamar para la verificación. También debe señalar que el no ciudadano califica para recibir el beneficio o servicio si tiene el SSN. Si el extranjero lo usa para trabajar, la Administración de Seguridad Social puede informar al BCIS.

Las escuelas no están autorizadas para usar los números de Seguridad Social de los estudiantes y asignarán números internos. Un estudiante que esté aplicando para el SAT, ACT, GRE u otras pruebas no necesita un número de Seguridad Social para hacer la prueba.

El Servicio de Ingresos Internos asigna números individuales para pagos de impuestos (ITIN) para pagos de impuestos a los no ciudadanos que no califican para números de Seguridad Social. Extranjeros que necesitan números para pago de impuestos pueden solicitar un Formulario W-7 en la oficina local del IRS, www.IRS.gov o escribir al IRS, Philadelphia Service Center, ITIN Unit, P.O. Box 447, Bensalem, PA 19020 o llamar al (800) 829-3676.

Cuando usted da su número a otras personas

Si una compañía u otra empresa le pide su número de seguridad social, usted puede rehusar darlo, sin embargo, eso podría significar quedarse sin la compra o servicio para el cual su número fue solicitado. Por ejemplo, las compañías de servicios le pueden pedir su SSN pero no necesitarlo y pueden hacer una revisión de su crédito o identificar sus clientes de manera alterna. Los proveedores de servicios médicos pueden negarse a atenderlo.

El dar su número es voluntario aún cuando se le pide el número directamente. Usted puede preguntar:

- Por qué se necesita su número
- Cómo será usado
- Qué sucede si usted se niega a darlo
- Qué leyes exigen que usted de su número

Las respuestas a estas preguntas lo ayudarán a decidir si usted desea dar su SSN. La decisión es suya.   *Ref: SSA Publication No. 05-10001 May 2001*

Ingreso de Seguridad Complementario (SSI)

EL SSI es manejado por la Seguridad Social pero es financiado por los ingresos de impuestos del Tesoro de los Estados Unidos. Generalmente, se pagan cheques mensuales a personas con bajos ingresos y pocos activos y que:

- Tienen 65 años de edad o más o son ciegos o están incapacitados
- Están viviendo en EE.UU. o en las Islas Northern Mariana
- Son ciudadanos americanos
- No son ciudadanos pero están legalmente en EE.UU. o reciben SSI desde el 22 de Agosto de 1996 o
- Son refugiados o asilados políticos no ciudadanos por 7 años o
- Son residentes permanentes legales con 40 horas de crédito de trabajo o
- Son no ciudadanos que han estado en el servicio militar o
- Son indios americanos o
- Son no ciudadanos a los que se les ha otorgado permiso especial de entrada

Para información específica visite www.ssa.gov/pubs/11051.html.

Usualmente las personas que califican para recibir SSI pueden obtener Medicaid para ayudarlas a pagar visitas médicas y gastos de hospital. Podrían obtener también cupones de alimento para comprar comida.

La oficina local de Seguridad Social determina la eligibilidad para el SSI.

Los servicios sociales locales u oficinas de bienestar público tienen información sobre todos los servicios disponibles en la comunidad. Algunas dependencias sin fines de lucro pueden suministrar asistencia sin importar la ciudadanía.

Empleados Domésticos

En el año 2002 un trabajador del hogar podría ganar un crédito de Seguridad Social únicamente para salarios de por lo menos US $1300 de cualquier empleador.

El empleador debe deducir los impuestos de Seguridad Social y de Medicare de los salarios, pagar los impuestos al IRS y reportar los salarios a la Administración de Seguridad Social. Si estos salarios no son reportados, podría no haber crédito suficiente para otorgar beneficios a los empleados, o los beneficios podrían ser menores.

Las ganancias de empleados domésticos (tales como niñeras) menores de 18 años están exentos de los impuestos de Seguridad Social a menos que esa sea su ocupación principal. Usted no paga impuestos por trabajadores contratados que reciben sus salarios de la compañía empleadora.

Seguridad Social y Visas

Estudiantes extranjeros con visas F, J o M no están sujetos a impuestos de Seguridad Social si están trabajando dentro de la institución educativa o con un arreglo especial con la escuela o que están trabajando en áreas relacionadas con sus estudios. El Formulario 843 debe ser presentado para un reembolso del FICA (impuesto de Seguridad Social) retenido mientras se estaba con visa de estudiante.

Igualmente, los turistas con visas Q-1 no están sujetos a impuestos de Seguridad Social, sin embargo, el impuesto aplica a titulares de visas H-1.

Beneficios de Seguridad Social Fuera de EE.UU.

No es necesario residir en EE.UU. o tener una visa americana para obtener beneficios. La prestación de Seguridad Social se puede pagar a la edad de 65 años para cualquier persona que haya pagado el monto de los impuestos requeridos de Seguridad Social cada año, por lo menos durante 10 años.

Una persona que mantiene Residencia Permanente por 10 años, luego sale de EE.UU. y resigna al estatus de Residente Permanente, puede todavía ser eligible para un beneficio de jubilación de Seguridad Social. Para más información, contacte el folleto de Seguridad Social "Sus cheques de Seguridad Social mientras usted está fuera de EE.UU."

Acuerdos Internacionales

Acuerdos Bilaterales

Desde los años 70's, EE.UU. ha establecido una red de acuerdos bilaterales de Seguridad Social que coordinan el programa de Seguridad Social de EE.UU. con programas comparables en otros países.

Programas recíprocos aplican a países tales como Alemania, Austria, Bélgica, Canadá, Corea del Sur, España, Finlandia, Francia, Grecia, Luxemburgo, Netherlands, Noruega, Portugal, Reino Unido, Suiza y Suecia.

Estos acuerdos eliminan la necesidad de un trabajador empleado en otro país de pagar impuestos de Seguridad Social en ambos países. Los trabajadores que están exentos de impuestos americanos o extranjeros bajo un acuerdo deben documentar su exención obteniendo un certificado de cobertura del país que continuará cubriéndolos.

Los trabajadores que han dividido sus carreras entre EE.UU. y un país extranjero a veces no califican para beneficios de jubilación, sobrevivencia o incapacidad de uno o ambos países. Es posible que no hayan trabajado lo suficiente para cumplir con los requisitos mínimos de elegibilidad. Bajo un acuerdo, tales trabajadores pueden calificar para beneficios parciales americanos o extranjeros basados en una cobertura de créditos combinada o totalizada de ambos países.

Los acuerdos permiten a la Seguridad Social totalizar la cobertura de créditos americanos y extranjeros únicamente si el trabajador tiene por lo menos seis cuartos de cobertura americana. Igualmente, una persona puede necesitar una cantidad mínima de cobertura bajo el sistema extranjero para tener cobertura americana contable para cumplir con los requisitos de elegibilidad extranjeros.

Para mayor información, contacte:
Social Security Administration
Office of International Programs
P.O. Box 17741
Baltimore, MD 21235-7741
Teléfono: (410) 966-7808
Fax: (410) 965-6539
www.ssa.gov/foreign

También se puede obtener información de las embajadas y consulados americanos en el extranjero.

Reducciones Potenciales de las Prestaciones

Si usted ha ganado suficientes créditos laborales en EE.UU. para calificar para beneficios de Seguridad Social de EE.UU. y también califica para beneficios gubernamentales regulares de otro país, la cantidad de su beneficio americano puede ser reducida. Este es el resultado de una estipulación en una ley de EE.UU. que puede afectar la manera en que su prestación es calculada si usted también recibe una pensión laboral que no fue cubierta por la Seguridad Social de EE.UU. Esta es llamada "Windfall Elimination Provision." La fórmula usada para calcular su prestación se modificó y le proporciona una prestación de Seguridad Social menor. Es importante tomar esto en cuenta cuando usted solicite su jubilación.

Esta disposición también afecta los beneficios del conygue pero no afecta su elegibilidad para obtener Medicaid.

Para más información, llame al número de abajo y pregunte por la hoja de hechos "A pension from work not covered by Social Security" (Publicación No. 05-10045) o escriba a la dirección de arriba o visite la página de Internet www.ssa.gov/foreign.

Información

Usted puede visitar la oficina de Seguridad Social local o llamar al (800) 772-1213 para hablar con un representante en días hábiles entre las 7:00 am a las 7:00 pm, hora del este. También está disponible por Internet información sobre Seguridad Social: www.ssa.gov/immigration o http://best.ssa.gov.

Capítulo 21

Servicio Selectivo

El Sistema del Servicio Selectivo es una agencia gubernamental que suministra personal para las Fuerzas Armadas en caso de una emergencia nacional.

Durante el tiempo de paz, solamente los ciudadanos y residentes permanentes pueden ser voluntarios para el servicio militar, sin embargo, el registro para el Servicio Selectivo es obligatorio para todos los hombres que califiquen y que tengan entre 18 y 26 años de edad.

Sistema de Servicio Selectivo

Servicio Militar Obligatorio

El reclutamiento obligatorio en las fuerzas armadas se denomina Servicio Militar Obligatorio.

El Congreso emitió el Acta de Servicio Selectivo en 1948, instituyendo así una forma de Servicio Militar Obligatorio de paz para mantener el poder de las fuerzas armadas. Desde 1973, con la creación de la Fuerza Todos Voluntarios, el Acta ha estado pendiente. El propósito del registro es tener una respuesta inmediata en tiempo de guerra o emergencia nacional.

Pudieran haber sanciones legales para aquellos que no se registren. Dichas sanciones puede ser el encarcelamiento de hasta 5 años y/o multas de no más de US $250,000.

Requisitos para registrarse

Todos los hombres que sean ciudadanos americanos, residentes permanentes extranjeros, ciudadanos con doble nacionalidad, refugiados, en libertad bajo palabra y extranjeros asilados y extranjeros ilegales indocumentados deben por ley registrarse en el Sistema de Servicio Selectivo dentro de los 30 días después de haber cumplido los 18 a 26 años de edad o después de su llegada a EE.UU. Nadie se puede registrar después de los 26 años de edad.

El BCIS envía un registro con todos los titulares de nuevas Tarjetas de Residencia (Green Cards) al Servicio Selectivo para que éste pueda contactar a hombres de 18 a 26 años de edad. Todos los hombres dentro de este grupo deben registrarse con el Servicio Selectivo.

Cuando un hombre solicita la ciudadanía americana después de haber tenido la Tarjeta de Residencia (Green Card) por cinco años, debe proporcionar prueba, durante la entrevista de naturalización, de que ha estado registrado en el Servicio Selectivo, de lo contrario, su ciudadanía podría presentar demoras o puede ser negada. Un hombre que no se registre debe mostrar evidencia suficiente de que no se registró porque no tenía conocimiento de ello o que no lo hizo intencionalmente.

A los hombres no registrados se les podría negar beneficios tales como ayuda federal financiera para los estudios, entrenamiento laboral federal o empleo federal. Algunos estados impiden que dichos hombres reciban ayuda estatal y de empleo así como licencias de conducción.

No es obligatorio el registro con el Servicio Selectivo para aquellos hombres que son:

- Miembros de las Fuerzas Armadas y que están en servicio activo
- Estudiantes en ciertas escuelas militares
- Extranjeros que están legalmente admitidos con estatus de no inmigrante
- Personal diplomático o consular (incluyendo sus familias)
- Estudiantes extranjeros con estatus de estudiante válidos
- Turistas con visas no vencidas o documentos de cruce de frontera
- Trabajadores agrícolas especiales con documentos EAD
- Presidiarios
- Pacientes en hospitales o en instituciones por razones médicas

Cuando un hombre sale de una institución a de las Fuerzas Armadas, se debe registrar dentro de los 30 días o antes de tener la edad de 26 años, lo que sea primero.

Para permitir que las mujeres se registren en el Servicio Selectivo, el Congreso debe reformar la ley que se refiere a "hombres." Actualmente, las mujeres están exentas por el Departamento de Defensa de ser reclutadas o de ir a la guerra y por la policía de acudir a la línea de combate.

Procedimiento para registrarse

Los hombres que son elegibles se pueden registrar llenando un Formulario 1M de SSS en cualquier oficina de correos americana y enviándolo al Servicio Selectivo para que sea tramitado. Los estudiantes se pueden registrar en sus escuelas.

Ciudadanos americanos y titulares de Tarjetas de Residencia (Green Card) que estén viviendo o visitando otros países en el momento que sean llamados para registrarse pueden así hacerlo en la embajada americana u oficina consular más cercana. También se puede registrar por Internet: www.sss.gov.

La persona que se va a registrar debe recibir un Aviso de Registro en 90 días y mantenerlo como evidencia de su registro. Cualquier cambio en el nombre legal, dirección, número telefónico, etc. debe ser reportado dentro de 10 días por el Internet o completando el Formulario SSS 2 de Cambio de Información (Change of Information Form) disponible en cualquier oficina de correos, embajada o consulado de EE.UU.

Inducciones Militares

Puesto que no se han emitido ordenes de inducción de reclutamiento desde 1973, no existen clasificaciones de elegibilidad para las personas que se registran u oficinas locales que tratan con aclaraciones de reclasificación o postergación. El único requisito es registrarse.

Si el Presidente y el Congreso autorizan inducciones al servicio militar, el Secretario de Defensa solicitará hombres para las Fuerzas Armadas. El Servicio Selectivo:

- Hará una lotería para determinar la orden de selección de registrantes para inducción comenzando con hombres cuyo 20° cumpleaños caiga dentro del año calendario
- Asignará a cada registrante el Número de Secuencia al Azar (RSN) sacado por la lotería para su fecha de nacimiento
- Seleccionará y ordenará a las personas para que sean examinadas e inducidas comenzando con el RSN 1

Postergación o Reclasificación

Si a una persona registrada se le ordena reportarse para inducción, ésta debe tramitar una postergación o reclasificación.

Un extranjero cuyo país de nacionalidad tiene un acuerdo recíproco con EE.UU. puede estar exento de inducción o recibir crédito por servicio militar en ese país. Un extranjero o persona con doble nacionalidad que ha estado en servicio activo en ciertos países puede calificar para reclasificación con la documentación apropiada. Este debe primero revisar todas las regulaciones con el Servicio Selectivo para asegurarse que la reclasificación será para su beneficio.

Una palabra de alerta para los extranjeros que son nacionalizados en otros países. Es importante entender que, si una solicitud para exención de entrenamiento y servicio militar en las Fuerzas Armadas de EE.UU. es concedida, la persona registrada será clasificada como un Extranjero de Tratado y se le negará la ciudadanía americana.
Ref: SSS, Information For Registrants Oct. 1988, Part II, Section B, Classifications, 14

Si una persona sale de EE.UU. para evadir el servicio militar, o se retira de éste, no será elegible para la ciudadanía.

Información

Para mayor información, contacte:

Selective Service System
Registration Information Office
P.O. Box 94638
Palatine, IL 60094-4638
Teléfono: (847) 688-6888
www.sss.gov

Capítulo 22

Comprando o Alquilando un Automóvil - Licencia y Registro

Si a usted le gusta negociar, entonces le encantará comprar o alquilar un automóvil. Algunos comerciantes establecen un precio y no aceptan negociaciones pero la mayoría espera un poco de regateo.

Comprando un automóvil

Para comprar un automóvil hay que investigar mucho. Las bibliotecas tienen revistas como Motor Trend y Consumer Reports, las cuales proporcionan datos acerca de las características, funcionamiento y precios de los nuevos modelos. Los compradores están utilizando el Internet más y más para localizar y comprar el automóvil que necesitan. Algunas áreas que le pueden ayudar son: www.edmunds.com, www.carpoint.com, www.carsdirect.com, www.nhtsa.dot.gov, www.cars.com, www.nada.com, www.consumerreports.org and www.kbb.com. Para el historial de un carro pruebe www.carfax.com (Se requiere honorario).

Los compradores de automóviles recomiendan saber tanto como sea posible acerca del automóvil que desean adquirir. Trate de determinar el precio del automóvil, las opciones de pago y por cuánto puede negociar.

También se recomienda hablar con los dueños del tipo de automóvil que usted quiere comprar y preguntarles cuán satisfechos están con su automóvil.

Si usted tiene un automóvil que desea cambiar por otro, trate de averiguar cuánto vale antes de negociarlo con el distribuidor. Muchas de las ganancias de los distribuidores provienen de las ventas de automóviles usados en vez de las de los nuevos, así que obviamente éstos le ofrecerán mucho menos por su automóvil de lo que éste realmente vale.

La Comisión de Comercio Federal le aconseja que lea cuidadosamente los anuncios de venta y que llame o visite al distribuidor para conocer los términos y las condiciones de la oferta. Al comparar entre varios distribuidores, usted terminará haciendo la mejor negociación.

Los expertos dicen que usted debe negociar primero el precio del automóvil, luego discutir el valor del automóvil que se dará como parte de pago y por último discutir el financiamiento. Haga cada trato por separado. Antes de firmar, esté seguro de si quiere o no tener garantías o contratos de servicio.

La demanda de carros usados ha aumentado bastante al igual que los precios. La depreciación más rápida ocurre en los dos primeros años de vida de un automóvil (aproximadamente 50%) y luego se estabiliza. Un auto de uso, certificado, ha pasado una inspección detallada y está usualmente respaldado por una extensa garantía del fabricante.

Comprar un carro usado a un particular por lo general resulta menos costoso que comprárselo a un distribuidor. Sin embargo, el distribuidor ofrece ciertos servicios. Usted debe decidir qué es lo más importante para usted, si el precio o el servicio.

Préstamos para la compra de automóviles

Si usted está considerando comprar un vehículo, es muy probable que necesite obtener un préstamo. Los distribuidores de automóviles harán todo lo posible para asegurarse de que usted reciba financiamiento. Sin embargo, el préstamo que éstos le ofrezcan puede no ser que más le convenga. Averigüe primero en uniones de crédito (de las cuales tiene que ser miembro), instituciones financieras y compañías prestamistas o busque en las páginas del internet relacionadas con "compra de autos"

Alquilando un automóvil

Algunas personas prefieren alquilar un automóvil nuevo o usado a invertir una gran cantidad de dinero en la compra de uno. Usted no es dueño del automóvil que alquile. Alquilar un automóvil le concede el derecho a usar el automóvil por un período de tiempo determinado. Los pagos del alquiler cubren el costo de la depreciación del automóvil durante el período tiempo del alquiler en vez de sobre el precio de compra. Vea los sitios del internet en las páginas anteriores.

Los costos a corto plazo son bajos. Sin embargo, si usted desea mantener un automóvil de cinco a diez años, los costos de alquiler serán más elevados a largo plazo. También, si usted maneja muchas millas al año (más de 15,000), alquilar podría no ser una buena alternativa puesto que tiene que pagar extra (aproximadamente de 10 a 15 centavos por milla) cuando usted excede el límite de millas.

Alquilar le permite manejar un automóvil más costoso que si comprase uno y, si lo usara para negocios, tendría que pagar menos impuestos que los que pagaría si fuera suyo.

Usted puede pagar por el uso del automóvil de 24 a 60 meses, luego devolverlo al distribuidor y alquilar un modelo nuevo. El alquiler puede incluir una opción a compra del automóvil al final de ese período. Sin embargo, alquilarlo es más costoso que financiarlo.

Lea las letras pequeñas que generalmente aparecen al final del contrato y vea si existen otros costos. Pueden existir detalles que usted debe entender antes de firmar el contrato de alquiler, tales como:

- Pagos mensuales y cómo calcularlos
- Precio del automóvil al detalle
- Depósito de seguridad
- Pago inicial

- Cargos de alquiler
- Cargos moratorios
- Cargos por terminación del contrato antes de su vencimiento
- Límite de millas
- Precio de millas extras
- Opción a compra al final del alquiler
- Garantías
- Definición de deterioro natural por uso para saber cuánto es lo normal
- Permiso para transferir el alquiler a otra persona
- Impuestos de venta y uso
- Cargos de adquisición - cargos por alistar el automóvil y tramitar su alquiler
- Cargos de disposición - cargos por alistar el automóvil para su reventa al final del alquiler
- Valor residual - valor proyectado del automóvil al final del alquiler

Usted es responsable del seguro y de regular el mantenimiento mecánico del automóvil, ya sea que lo haya comprado o lo esté alquilando.

Los expertos recomiendan negociar el precio del automóvil antes de negociar el contrato de alquiler. Algunas partes del contrato pueden ser negociables. Visite otras agencias y asegúrese de comparar el alquiler del mismo modelo de automóvil con las mismas opciones. Un buen agente le explicará todo lo concerniente al alquiler y le contestará sus preguntas.

Otra alternativa es alquilar automóviles usados con opción a compra.

Registro del Vehículo

Un vehículo debe estar registrado y autorizado en el estado de residencia. El costo de la placa depende del año, tipo, peso o costo del vehículo, dependiendo de la ley del estado. El vehículo siempre debe tener la placa vigente y su conductor mantener los documentos de registro dentro de éste. Algunos estados también cobran un impuesto anual hasta de cientos de dólares. Adicionalmente, muchos estados requieren una inspección anual de todos los vehículos. Deberá mostrar los documentos del seguro de su vehículo.

Cualquier vehículo importado a EE.UU. deberá cumplir con los estándares de seguridad vial y emisión de EE.UU. Se debe investigar con anticipación si se piensa importar un vehículo. (ver Capítulo 19).

Licencia de conducir

Usted debe poseer una licencia de conducir para manejar legalmente un vehículo en las calles o autopistas públicas. Si vá a conducir un vehículo comercial, como por ejemplo un autobús o un camión, usted necesitará tener una licencia de conducir comercial.

Si usted es un residente temporal y ya tiene una válida de otro estado o país, entonces no necesita tener una licencia nueva si usted es residente temporal podría no tener que obtener una licencia nueva si la que tiene, de otro estado, está vigente. La mayoría de las oficinas de licencias de conducir proporcionan identificaciones con fotos para los no choferes.

Es conveniente averigüar con las oficinas de tránsito y licencias de conducir cuáles son las regulaciones del estado en donde usted vive. Si necesita una licencia de conducir nueva, pregunte cuáles son los documentos que debe presentar así como las tarifas a pagar y su forma de pago. Si tiene una licencia de conducir de otro estado, debe entregarla al momento de obtener la nueva.

La mayoría de los estados requieren un Número de Seguridad Social (SSN). El Seguro Social dejó de entregar números a los no ciudadanos con el fin de obtener una licencia de conducción pero lo reanudó al perder un caso en la corte. Hay que presentar la documentación. Vea Tarjeta de Seguro Social en el Capítulo 20.

Para asegurar que los solicitantes tengan estatus legal, los estados están restringiendo los procedimientos. Por ejemplo los extranjeros pueden obtener permisos temporales de 30 días mientras la policía verifica sus documentos y los verifica contra los records del FBI y el BCIS. Estas licencias caducan cuando caduca el estatus migratorio. Algunos estados exigen que los no ciudadanos soliciten sus licencias en centros de procesamiento especiales.

La oficina de licencias de conducir tiene folletos que dan consejos acerca de conducir con seguridad y que indican cuáles son las regulaciones de tránsito del estado en donde usted vive. También están disponibles manuales y pruebas interactivas en muchas de las páginas de Internet de las oficinas de licencias de conducir. Algunos estados ofrecen manuales en español y otros idiomas.

La prueba de conducir puede incluir lo siguiente: pruebas de vista y oído, prueba escrita acerca de las regulaciones de tránsito, identificación de las señales de tránsito, inspección del automóvil y prueba de manejo Algunos estados proporcionan examenes en español y se requiere inglés básico para el examen de manejo.

Cuando solicite una licencia de conducir por primera vez, usted debe mostrar el registro de su automóvil del estado en donde vive. También, debe asistir a un curso sobre leyes de tránsito y de abuso de drogas y alcohol antes de que le emitan su licencia.

Antes de que usted aprenda a conducir, usted debe hacer una prueba para obtener una licencia de conducir restringida (licencia de aprendiz). Las restricciones pueden ser el manejar únicamente durante la luz del día y estar acompañado por un conductor que tenga licencia de conducir y que tenga más de 18 años de edad (o 21 en algunos estados). Este acompañante debe sentarse a la derecha del conductor.

En un intento por reducir la tasa de muertes de adolescentes que conducen, muchos estados han creado una licencia para graduados. Los adolescentes deben tomar cursos de manejo en sus escuelas o a través de compañías privadas. Después, al contar con los requisitos que se les exigen, podrían ser candidatos para una licencia sin restricciones a la edad de 17 años, siempre y cuando hayan pasado todos los cursos y pruebas, completado las horas de manejo supervisado y no haber cometido infracciones por un período determinado.

Algunos estados exigen que las personas que tienen de 15 a 17 años de edad muestren una constancia de inscripción de la oficina de administración de su escuela o un certificado de graduación de la escuela secundaria. Se les suspenderá la licencia de conducir a aquéllos adolescentes que se retiren de la escuela antes de cumplir los 18 años de edad.

La licencia de conducir tiene una función patriótica. La Ley Nacional de Registro de Electores o "Motor Voter Law", le permite a los ciudadanos a registrarse para votar cuando obtienen su licencia de manejo. También, las listas de licencia de manejo se usan como fuente principal en la selección de jurados.

Oficinas del Listado de Registro Estatal de Vehículos y Licencias de Manejo

Consulte: www.sasnet.com/bro/states/1national/dmv.html

Capítulo 23

Compensación y Beneficios Laborales, Asistencia Social (Welfare)

Los diferentes niveles de gobierno aseguran que existan estándares uniformes de beneficios para los empleados en EE.UU. Este capítulo provee un resumen de algunos de los aspectos más importantes.

Beneficios Laborales

Días Festivos Nacionales

Los siguientes son días festivos para empleados del gobierno federal. Los negocios particulares pueden escoger qué días serán tomados como no laborales.

Año Nuevo	1º de Enero
Nacimiento de Martin Luther King, Jr.	Tercer lunes de Enero
Día del Presidente	Tercer lunes de Febrero
Memorial Day	Ultimo lunes de Mayo
Día de la Independencia	4 de Julio
Día del Trabajador	Primer lunes de Septiembre
Día de Cristóbal Colón	Segundo lunes de Octubre
Día de los Veteranos	11 de Noviembre
Día de Acción de Gracias	Cuarto jueves de Noviembre
Navidad	25 de Diciembre

Licencia Familiar

California es el primer estado en ofrecer Licencia Familiar pagada, financiada mediante descuentos voluntarios del pago del empleado. Los empleados elegibles reciben aproximádamente la mitad de sus salaries por un período de hasta seis semanas para que puedan cuidar de los niños recien nacidos o adoptados o de familiares enfermos.

Vacaciones

Muchos negocios permiten a sus empleados por lo menos una semana pagada de vacaciones después de cumplir un año de trabajo. El derecho a esta semana generalmente aumenta progresivamente con los años hasta un máximo, mientras el empleado trabaje con la compañía. El tiempo de vacaciones tiende a ser más corto en

EE.UU. que en muchos otros países.

Seguro de Salud
Los empleadores generalmente pagan todo o parte de las primas del seguro de salud de sus empleados. Más información acerca de las alternativas de seguros de salud se puede encontrar en el Capítulo 29.

Seguridad Social
Los empleadores y los empleados comparten los pagos de la Seguridad Social. Vea el Capítulo 20.

Seguro de Desempleo
El seguro de desempleo es un ingreso temporal para trabajadores que son elegibles y que están desempleados por causas ajenas a su voluntad y quienes están listos, dispuestos y tienen la capacidad de trabajar y ha cotizado las suficientes semanas de salario en la cobertura del empleo anterior.

Cada estado administra, separadamente, un programa de seguro de desempleo siguiendo las pautas federales. El empleador debe proporcionar seguro con cobertura de desempleo para la mayoría de los tipos de trabajo y algunos estados requieren una contribución minima del empleado.

Para ser elegible para beneficios de desempleo, usted debe estar disponible para trabajar y estar buscando empleo activamente mientras está obteniendo beneficios. En general, estos beneficios imponibles están basados en un por ciento del ingreso del trabajador durante el período de las últimas 52 semanas. Cada estado tiene una cantidad límite de subsidio, que puede ser pagado hasta un máximo de 26 semanas. Las Oficinas estatales de Servicio de Empleo/One Stop proveen gratuitamente, servicio de re-empleo tales como consejería, exámenes de evaluación y referidos a otras agencies.

Compensación Laboral
Este fondo estatal se paga por el empleador y está designado a los trabajadores que han sufrido un accidente en el lugar de trabajo.

Seguro de incapacidad
Este seguro está designado para sustituir una parte o todo su ingreso, si usted está incapacitado y no puede trabajar. El nivel de cobertura depende del plan y de la prima. El seguro a largo plazo por incapacidad, ayuda a suplementar ingresos por un tiempo considerable.

Compensación

Salario Mínimo
El Congreso ha fijado en $5.15 el salario mínimo por hora. Un proyecto de ley fue aprobado por el Congreso el 2 de Agosto de 1996, para incrementar el salario mínimo de US $4.25 por hora a US $4.75, haciéndose efectivo el 1° de Octubre de 1996 y a US $5.15 el 1° de Septiembre de 1997.

Los trabajadores que reciben propinas tienen un salario mínimo de US $2.13 por hora. El empleador debe pagar más si los empleados no reciben suficientes propinas para ganar el sueldo mínimo. El "salario por entrenamiento" para los primeros 90 días en el trabajo es de US $4.25 por hora para empleados menores de 20 años. El tiempo extra debe pagarse, por lo menos, al equivalente de tiempo y medio del salario regular, después de 40 horas de trabajo dentro de una misma semana. Algunas ciudades han adoptado leyes mandatorias que obligan a que se les pague a los empleados un salario mínimo muy por encima del salario federal mínimo. Vea www.dol.gov/esa/minwage/america.htm.

Pensiones

En los últimos años, los planes de ahorro 401(k) han ido reemplazando los planes tradicionales de pension. Estos planes proveen cuentas separadas de impuestos diferidos a las que contribuyen los empleados y a veces los empleadores. Los empleados seleccionan el tipo de inversion y pueden llevarse los dividendos si dejan el plan. Con los giros negativos de la economía el plan 401(k) es menos atractivo y los empleadores están buscando nuevos planes de pension menos costosos.

Asistencia Social (Welfare)

El proyecto de ley de asistencia social de EE.UU., firmado por el presidente Clinton en Agosto de 1996 y efectivo en Junio de 1997, establece un límite de por vida, de cinco años de asistencia social por familia. Los beneficiarios deben encontrar empleo como máximo en dos años. El financiamiento del programa de sellos de alimento ha sido reducido y el Medicaid le será negado a los adultos que pierdan la Asistencia Social por rechazar un trabajo. Los centros One-Stop proveen entrenamiento y asistencia para buscar empleo. Vea www.doleta.gov/programs/adtrain.asp.

El Programa de Sellos de Alimentos ayuda a las familias de bajos ingresos a comprar comida. Desde Abril del 2003, la asistencia con sellos de alimentos según el proyecto de hacienda, restituyó los beneficios a algunos refugiados e inmigrantes legales que hayan vivido en los EE.UU. al menos cinco años. En Octubre del 2003 estos beneficios fueron restituidos a los niños inmigrantes legales y personas desabilitas sin requerimiento de residencia. Llame al (800) 221-5689 o visite www.fns.usda.gov/fsp.

La "Balanced Budget Act" restablece los beneficios por incapacidad y Medicaid para los inmigrantes legales. Los inmigrantes que estuvieron en EE.UU. cuando la Ley de Bienestar Social fue firmada en agosto de 1996, serán elegibles para recibir SSI si estuviesen incapacitados. Los inmigrantes ilegales no son elegibles para una amplia gama de beneficios públicos. Sin embargo, las agencias locales sin fines de lucro, pueden brindar ayuda.

El 23 de junio de 1998, el Presidente Clinton firmó un proyecto de ley para restablecer los beneficios de subsidio de alimentación a inmigrantes que legalmente residieron en EE.UU. a partir del 22 de Agosto de 1996 y quienes tienen por lo menos 65 años de edad o que están incapacitados o que tienen menos de 18 años de edad.

La Ley de Mejora de Salud de Niños Inmigrantes Legales de 2001, permite a los estados la cobertura a inmigrantes legales, sin importar su fecha de entrada, bajo el programa Medicaid y el programa estatal Seguro de Salud. La Ley de Asistencia de Nutrición para Familias Trabajadoras y Personas Mayores de 2001, restablece los beneficios para los inmigrantes legales presentes, sin importar su fecha de entrada.

Parte II

Asuntos Económicos

La segunda parte del Libro 2 trata acerca del dinero. Tal como fue el caso en la primera parte del libro, cuando usted se establezca en EE.UU., se dará cuenta que en sus finanzas estarán involucradas muchas agencias e instituciones.

USA Orientación: Establecerse le ofrece una introducción a estos temas financieros. Mucha información contenida en los siguientes capítulos puede ser nueva para usted. En algunos casos, es la terminología, en otros, el proceso es diferente a la manera en que las cosas se hacen en su país. Así que respire profundamente y lea cuidadosamente. Esperamos que los siguientes cuatro capítulos le ayuden a entender cómo y por qué se hacen las cosas en este país.

Los cuatro capítulos tratan sobre:

Capítulo 24 – Impuestos
  • Algunos principios básicos, ventajas y responsabilidades del sistema tributario americano.

Capítulo 25 - Banca y Transacciones Financieras
  • Una introducción breve a los bancos y créditos en EE.UU.

Capítulo 26 – Compra o Arrendamiento de un Inmueble
  • Introducción al proceso de compra o alquiler

Capítulo 27 – Hipotecas
  • Programas de hipotecas de casas y terminología

Capítulo 24

Impuestos

Este capítulo describe algunos temas sobre impuestos que Usted debe tomar en cuenta antes de salir de su país de origen y proporciona un breve resumen de algunos de los aspectos del impuesto sobre ingresos en EE.UU. y el sistema de transferencia de impuestos. En los EE.UU. hay algunas regulaciones para los ciudadanos que no aplican para los no ciudadanos. Si no se indica lo contrario, las regulaciones aquí descritas aplican a los no ciudadanos aunque también podrían aplicar a los ciudadanos, dependiendo de las circunstancias.

Antes de partir de su país de origen debe buscar información sobre las implicaciones que tiene este paso, tanto en su país como en los EE.UU., de manera que pueda seguir de antemano el procedimiento necesario para sus impuestos mientras este se encuentra disponible.

Planeamiento De Sus Impuestos Antes de Viajar

Para convertirse en un no residente de su país de origen

Cada país tiene su propio conjunto de regulaciones para determinar cuando Usted es residente o no residente de ese país para los propositos de su declaración de impuestos. Ya que las leyes de cada país son diferentes, esto le dá la posibilidad de ser residente de dos o más paises simultáneamente. Por lo tanto, sería de gran ayuda que Usted consultara con un consejero de impuestos para comprender a cabalidad las circunstancias bajo las cuales su país de origen aceptaría su transformción en un no residente.

Por ejemplo, las leyes internas de Canadá pueden considerarlo como residente en tanto que Usted tenga un residencia de Canadá que esté a su disposición ininterrumpidamente. Para una lista de factores que Canadá podría considerar, puede revizar el Formulario NR 73 emitido por la Agencia de Ingresos y Aduana de Canadá en www.ccra-adrc.ge.ca/E/pbg/tf/nr73/nr73-02e.pdf. Sin embargo aún si Canadá lo considera residente de acuerdo a sus leyes internas podría considerarlo no residente bajos los terminos del tratado sobre impuestos entre Canadá y los EE.UU., ya que dicho tratado puede anular la ley interna de Canadá.

Para convertirse en un no residente de Canadá

"Impuesto de Partida" canadiense

Los individuos que se convierten en no residentes de Canadá están sujetos al llamado impuesto de partida. Bajo esta regulación se considera que Usted haya vendido (a un precio de mercado justo) algunas de sus propiedades globales inmediatamente antes de su salida de Canadá. Por lo tanto usted puede estar sujeto a un impuesto por ganancia de capital con respecto a esta supuesta venta de propiedades aún cuando no las haya vendido en realidad.

Ejemplos de propiedades sujetas al impuesto de partida incluyen: valores en compañías negociables en bolsa , acciones de corporaciones canadienses privadas y bienes raíces en EE.UU. Se excluyen los bienes raíces en Canadá, valores relacionados con pensiones en Canadá, y algunas propiedades de negocio canadienses.

La planificación de los impuestos antes de cruzar la frontera puede ayudarle a disminuir el impacto de la combinación que crea la interacción entre el impuesto de partida de Canadá y el llamado "costo básico histórico" para propósitos del impuesto a la renta en los EE.UU. (descrito a continuación). Este doble impuesto puede ser evitado hasta cierto punto. Por lo tanto el consultar con un asesor de impuestos puede ayudarle.

Planes Certificados de Ahorro para el Retiro canadiense, etc.

El impuesto de partida de Canadá no aplica, generalmente, a los Planes Certificados de Ahorro para el Retiro, Fondos Certificados de Ingresos para el Retiro y cuentas similares. Sin embargo, al estar sujetas a un acuerdo especial de impuestos, estas cuentas no son reconocidas como medio de impuesto diferido bajo la ley interna de EE.UU. sino como cuentas de banco normales o cuentas comerciales, de acuerdo al caso. Por lo tanto es a menudo recomendable que revise estas cuentas antes de decidir si se debe emprender alguna transacción para aumentar su "costo básico" en dichas cuentas para sus objetivos en EE.UU.

Regulaciones del "Costo Básico Histórico" en EE.UU.

La ley de impuestos sobre ingresos en Estados Unidos generalmente proporciona el llamado "costo básico histórico" de su propiedad cuando usted viene a vivir a los EE.UU.. En otras palabras, si Usted viene a vivir a los EE.UU. y más tarde vende una propiedad, sus ganancias o pérdidas son calculadas, en lo que a EE.UU. se refiere, de acuerdo con lo que usted pagó originalmente por la propiedad y no al valor de dicha propiedad en la fecha en que usted vino a vivir a EE.UU.. Es aconsejable por lo tanto determinar si debiera vender algunas de sus propiedades antes de venir a vivir a EE.UU. La misma planificación aplica, en algunos casos, a las cuentas de pensión y otras propiedades.

Regulaciones de EE.UU. para las Corporaciones, Asociaciones y Fideicomisos

Si usted viene a vivir a los EE.UU. y conserva intereses en una corporación no estadounidense, una asociación o un Fideicomiso (excluyendo, generalmente, inversiones negociadas públicamente) es muy posible que tenga complicados requerimientos para rendir sus reportes (Vea "Requisitos para presentar en los EE.UU."). Por lo tanto es aconsejable que determine si es justificable la reorganización de la entidad antes de convertirse en residente de EE.UU.

Impuesto de EE.UU. sobre Regalos y Patrimonio

Antes de venir a vivir a los EE.UU. usted debe tener en cuenta la ley de regalos y patrimonios de los EE.UU. (descrita a continuación) ya que después de hacerlo la flexibilidad para re-estructurar sus propiedades globales se reduce significativamente.

Impuesto sobre Ingresos en EE.UU. - ¿Quién lo Paga?

Los ciudadanos y residentes de EE.UU. están sujetos al Impuesto de Ingresos sobre sus poseciones globales. Los no residentes de los EE.UU. que no son ciudadanos (extranjeros no residentes) están sujetos a pagar impuestos sólo sobre su fuente de ingresos en los EE.UU. y algunos algunos ingresos relacionados directamente con comercio o negocio de EE.UU.

¿Quién es "residente" de los EE.UU.?

La definición de "residente" es diferente para la ley de impuestos y para la ley de inmigración de EE.UU. De acuerdo a la ley de impuesto usted es clasificado como residente si reune una de las condiciones siguientes:

- Tiene su Tarjeta de Residente (ej: si se hizo residente legal permanente de los EE.UU. o

- Prueba de presencia sustancial (a menos que califique para la "exención de conección más cercana")

Usted cumple con la prueba de presencia sustancial a traves del año en el que está tratando de adquirir su residencia (ej: el año en curso) si usted pasa un cierto número de días acumulativamente en los EE.UU. después de un período de tres años finalizando en el año en curso. Puede usar la siguiente lista para determinar si usted reune las condiciones para la prueba de presencia sustancial para el "año en curso".

Número de días en los EE.UU. durante el año en curso	_____
1/3 de los días en los EE.UU. en el año precedente	_____
1/6 de los días en los EE.UU. en el año antepasado	_____
Total	_____

Si el total es de 183 días o más y usted ha estado presente en el país por más de 30 días del año en curso, usted reune las condiciones de la prueba de presencia sustancial para el año en curso. Al contar los días, usted podría excluir los días en que estaba presenta como "persona exenta", tales como los que se deban a una condición médica que se origina en los EE.UU., viajar a los EE.UU. para trabajar, o estar de transito a través de los EE.UU.

Excepciones por Relación Cercana

Aún si usted reune los requisitos de la prueba de presencia sustancial, usted podría evitar ser residente de EE.UU. para propósitos de impuestos para el año en curso presentando el Formulario 8840 de IRS, (Declaración de Excepción por Relación Cercana) antes de la fecha límite de presentación, asumiendo que usted está calificado para presentarla. Usted no califica para esta excepción si tiene su tarjeta de residente (o tiene una solicitud pendiente) o si pasa más de 182 días en los EE.UU. en el año que corre, o si usted es ciudadano de los EE.UU. Se aplican requerimientos adicionales.

Anulación del Tratado sobre Impuestos

Si usted cumple con una de las pruebas de residencia descritas anteriormente no es elegible para la excepción de relación cercana aunque podría calcular su responsabilidad de impuesto sobre ingreso como un no residente de EE.UU. si usted califica como residente, para propósitos de impuestos, en otro país que tiene un tratado sobre impuestos con EE.UU.

Requerimientos para llenar Declaración de Impuestos en EE.UU.

Devolución de Impuestos
Si usted es ciudadano o residente de los EE.UU.(para proposito de Impuestos) tiene que llenar anualmente su declaración de impuestos federales (generalmente en base a un año) si sus ingresos sobrepasan el límite permitido. Dependiendo del estado en que resida, pueden exigirle una declaración estatal. Algunas municipalidades también exigen impuestos.

Información sobre de Declaración de Impuestos
Residentes y ciudadanos americanos tiene que presentar anualmente numerosos reportes relacionados con sus contactos y transacciones fuera de los EE.UU. Por ejemplo, si usted tiene cierto grado de intereses en una corporación, sociedad, fideicomiso, cuenta de banco, cuenta en la bolsa de valores o una cuenta para retiro no estadounidenses, o si usted tiene transacciones con estas entidades o cuentas se le podrían pedir algunos reportes. De no cumplir podría ser penalizado con $10,000 o más.

Para poder hacer su declaración de impuestos tiene que tener un número de indentificación. Individualmente se usa el Número de Seguro Social que se obtiene de la Administración del Seguro Social con el Formulario SS-5 o el Número de Identificación Individual de Impuestos (ITIN) que se obtiene del IRS usando el Formulario W-7. Generalmente, si usted tiene la tarjeta verde, o si se le permite trabajar en los EE.UU. usted puede obtener un Número de Seguro Social. Sino debe obtener un ITIN. Declaración de Impuestos en EE.UU. ¿Cúanto usted paga?

Declaración de Impuestos

La declaración de Impuestos federales en los EE.UU. se impone de acuerdo a una tarifa gradual dependiendo del nivel ingresos sobre los que deba pagar impuestos. Algunas exenciones y deducciones están disponibles para determinar esa cantidad.

En realidad hay cuatro tables de tarifas de impuestos dependiendo de la forma en que usted hace su declaración:
- Individuos casados presentadolo en conjunto (en EE.UU. es muy común que personas casadas lo hagan)
- Los llamados "cabeza del hogar"
- Individuos solteros que no sean viudo(a) o cabeza del hogar
- Personas casadas presentando su declaración por separado

Las tasas de impuestos cambian regularmente. Al tiempo de la edición de este libro la tabla deimpuesto sobre ingreso federal contiene seis categorías para cada grupo enumerado arriba. Las tasas van desde el 10% hasta un máximo del 38.6%.

Además del impuesto federal pueden existir impuestos estatales y municipales dependiendo del estado que usted viva.

La tabla a continuación da sólo algunos ejemplos de los impuestos federales sobre ingresos son en el 2003 para algunos niveles de ingresos, teniendo en cuenta creditos sobre ingresos en el extranjero, alternativa de impuesto mínimo y otros temas especiales sobre impuestos no aplican.

Impuesto Federal sobre Ingresos

Cantidad Sujeta a Impuesto	Casado o conjunto	Cabeza del Hogar	Soltero	Casados por Separado
US $50,000	US $7,206	US $8,434	US $9,792	US $10,353
US $100,000	US $20,706	US $21,987	US $24,228	US $25,766
US $150,000	US $35,267	US $36,987	US $39,553	US $43,266
US $200,000	US $51,531	US $52,032	US $54,228	US $62,351

Impuesto sobre Seguridad Social y "Medicare"

Además del impuesto sobre ingresos, los EE.UU. impone impuestos federales sobre el seguro social y el Medicare en ingresos "ganados" (por ejemplo salarios y ingresos de empleos por cuenta propia). La tarifa de impuesto sobre seguro social es del 12.4% y el de Medicare es de 2.9%. Si usted es empleado el patrón, generalmente, paga la mitad del impuesto.

Para el año 2003 el impuesto sobre seguro social se aplica solamente a los primeros $87,000 de ingreso. Esta cantidad cambia anualmente. El impuesto sobre Medicare se aplica a todo el ingreso.

Impuesto sobre Obsequios y Patrimonio (Muerte) - ¿Quién debe pagar?

EE.UU. impone, potencialmente, impuestos sobre obsequios y patrimonio (conocido como impuestos transferibles) de acuerdo al precio justo de la propiedad en el mercado que usted transfiere a otra persona o entidad. Este impuesto se aplica si la transferencia se produce en vida o después de su muerte.

Si usted es ciudadano de EE.UU. o domiciliado en EE.UU. usted está sujeto a este impuesto sobre cualquier propiedad que usted transfiera en cualquier parte del mundo, con alguna exepciones.

Si usted no está domiciliado, ni es ciudadano de los EE.UU. está sujeto a este impuesto sólo en algunas propiedades en EE.UU.

El concepto de "domicilio" es diferente al de "residencia" en lo que se refiere al impuesto. El primero está considerado como un estatus más permanente para los efectos del impuesto.

Impuesto sobre Obsequios

Para impuestos sobre obsequios hay una exención anual cuyo índice depende de la inflación. Para el año 2003 la exención es de $11,000 por cada persona. De esta manera usted puede hacer un número ilimitado de regalos de $11,000 libres de impuestos cada año siempre que sea a diferentes personas. En algunos casos su cónyuge puede unirse a usted para duplicar la cantidad a $22,000 (año 2003).

Si el donatario es su cónyuge y no es ciudadano(a) de los EE.UU. la excensión anual es de $100,000 (determinado por la inflación). Si el cónyuge del donatario es ciudadano(a), la excensión de regalos es potencialmente ilimitada.

Impuesto sobre patrimonio (Muerte)

Para propositos de impuestos estatales, en los años 2002 y 2003 hay un crédito sobre impuestos que les da a ciudadanos y domiciliados de EE.UU. una exención de impuestos estatales del primer $1,000,000 sobre la propiedad en el momento de la muerte siempre que no haya impuestos sobre obsequios anteriores. Si los hay son tomados en consideración al determinar la cantidad de exención.

La exención aumentará gradualmente a $3,500,000 en el 2009. Bajo la presente ley, el impuesto sobre patrimonio será revocado en el 2010 por, al menos, un año.

Si usted no es ciudadano de los EE.UU. y no está domiciliado en los EE.UU. está sujeto al impuesto sobre patrimonio sólo en sus propiedades en EE.UU. al momento de su muerte. En este caso hay una exención general de los impuestos sobre patrimonio equivalente a los primeros $60,000 sobre la propiedad en EE.UU. al momento de la muerte, o, como alternativa, un exención calculada bajo el tratado de impuestos con su país, si es que existe.

Si el heredero de su propiedad es su cónyuge y no es ciudadano(a) de los EE.UU., habrá, generalmente, impuestos sobre la transferencia, sujeto a ciertas modificaciones si el cónyuge contribuyo en la compra de la propiedad o si la propiedad califica como propiedad comunitaria. Sin embargo, un aplazamiento del impuesto sobre el patrimonio en una transferencia a un cónyuge no ciudadano está disponible si la transferncia se realize mediante una via especial de fideicomiso llamada "Fideicomiso Doméstico Calificado", o si hay una disposición en el tratado sobre impuesto con el país donde usted reside.

Si el heredo(a) es el cónyuge sobreviviente y ciudadano de los EE.UU. hay una exención ilimitada del impuesto sobre el patrimonio, siempre que dicho patrimonio reuna ciertos requerimientos.

Omisión de Impuestos Generacional

Una omisión adicional de Impuesto Generacional puede ser aplicable además del impuesto sobre patrimonio si la propiedad se transfiere a una persona exenta.

Impuesto sobre Ingresos a Extranjeros (Non-U.S.) - ¿Quién debe pagar?

Como regla general, los paises imponen un impuesto retenido en la fuente de ingreso cuando los pagos por intereses, dividendos, rentas, etc, son pagados desde ese país a los no residentes. Por lo tanto cuando usted se convierte en un no-residente de su país de origen puede que aún esté sujeto al impuesto retenido en la fuente de ingreso en ese país sobre el ingreso recivido desde ese país.

Por ejemplo, su usted recibe intereses o dividendos de entidades localizadas en Canadá puede que haya una retención de la fuente en Canadá.

Una variedad de exenciones puede existir de acuerdo a la ley nacional de su país de origen. Por ejemplo, el interes recibido por concepto de inversions federales y provinciales en Canadá está, generalmente, exento de impuestos canadienses cuando se pagan a no residentes de Canadá. Una exención se aplica, potencialmente, a los intereses recividos por "Certificados de Inversion Garantizados" que son emitidos por bancos canadienses y que tienen una madurez de cinco años o mas. Existen otro ejemplos.

Adicionalmente, si hay un tratado sobre impuestos entre los EE.UU. y su país de origen, la tasa normal de retención de impuestos puede ser reducida o eliminada. Por ejemplo, mientras que la tasa del impuesto de retención en Canadá es del 25%, bajo el actual tratado sobre impuestos esta tasa se reduce para los ciudadanos de EE.UU. al 10% por intereses, y al 15% o 5% sobre dividendos dependiendo de las circunstancias. La tasa canadiense sobre pensiones periódicas pagadas por planes canadienses se reduce al 15%, lo que tambien se aplica a casos especiales de ciertos pagos limitados del Fondo de Ingresos del Retiro Certificado canadiense. Los pagos hechos por el Plan de Pensión canadiense y los Pagos de la Seguridad de Personas Mayores están exentos de impuestos canadienses bajo el tratado si usted es residente Americano.

Para más información sobre asuntos canadienses puede visitar www.ccra-adrc.gc.ca y presionar "Forms and Publications".

Más información sobre asuntos estadounidenses esta disponible en su oficina local del IRS o en www.irs.gov presionando "Contents" para individuos y luego "Resources" (Forms and Publications), o puede llamar al (800) 829-1040 o escribir al IRS a:

Internal Revenue Service
1111 Constitution Avenue S.W.
Washington DC 20024

Como el sistema de impuestos de EE.UU. es tan complicado es vital una planificación de antemano. El consejero sobre impuestos S.L. Richard Brunton accedió a ofrecer su experta opinion sobre este articulo sobre impuestos. El señor Brunton puede ser contactado en www.taxintl.com o en el teléfono (561) 241-9991.

Capítulo 25

Banca y Transacciones Financieras

La banca y las transacciones financieras pueden ser complicadas y perplejas. En este capítulo se explicarán algunas de las decisiones monetarias que usted tendrá que tomar.

Servicios bancarios

Cuentas Bancarias

Existen muchos tipos de cuentas en las cuales usted puede depositar su dinero. Por ejemplo, algunas no cobran cuotas pero tampoco pagan intereses. Otras pagan intereses y le permiten hacer un cierto número de cheques. En algunas cuentas se le cobra cierta multa si el balance mensual es menor de cierta cantidad. Hay cuentas con ciertos privilegios especiales para ancianos. Los empleados bancarios le ayudarán a seleccionar el tipo de cuenta que más le convenga.

Credit Unions ofrece muchas de las mejores tarifas del pais para préstamos, tarjetas de crédito y productos de ahorro. Para saber como hacerse miembro, revise la Información al Consumidor en http://cuna.org/data/index.html.

Los bancos en EE.UU. son locales, estatales o federales y tratar con ellos le parecerá lento o complicado, especialmente si usted es de un país en donde existen grandes instituciones nacionales. Es posible que no pueda depositar fondos electrónicamente de un banco a una cuenta de una sucursal del mismo banco en un estado vecino.

Algunos depósitos de efectivo o de alguna otra naturaleza que son hechos después de las 2:00 pm no son depositados en su cuenta sino hasta el siguiente día comercial. Cheques de otros estados o países tienen un período de compensación más largo.

Si usted retira o deposita una cantidad grande de dinero en su banco, debe explicar el motivo de dicha transacción. A los bancos se les exige, por ley federal, reportar todas las transacciones en efectivo mayores de US $10,000 al Servicio de Rentas Internas.

El Federal Deposit Insurance Corporation (FDIC) protege sus depósitos por hasta un máximo de US $100,000 por institución.

Hágase conocer por los empleados de su banco

Cuando usted es atendido por un cajero, éste le pedirá una identificación con foto cada vez que haga una transacción hasta que lo conozca bien. De esta manera, los empleados del banco se cercioran de que otra persona no esté haciendo transacciones con su cuenta. Una vez que usted se hace cliente de un banco, sus empleados le proporcionarán ayuda con sus asuntos financieros, como por ejemplo, establecer crédito. Los cajeros automáticos (ATM) son muy convenientes, pero no le permiten hacerse conocer por los empleados del banco.

Pagando por productos y servicios

Usted puede hacer arreglos con algunos negocios, tales como las compañías de servicios y de tarjetas de crédito para que retiren automáticamente de la factura la cantidad que usted debe. Antes de retirarle el dinero de su cuenta, dichas compañías generalmente le envían la factura para su información. Dependiendo de las políticas de las compañías, muchas de las facturas mensuales pueden ser pagadas con cheques, tarjetas de crédito, por teléfono o por Internet.

Además de pagar una compra en efectivo, con tarjeta de crédito o con cheque, usted también puede pagar con **tarjeta de débito** a través de un terminal de punto de venta (POS). Si usa la tarjeta de cheques como tarjeta de crédito, debe firmar un comprobante pero si le dice al dependiente *"debit card"* debe introducir su Número de Identificación Personal (PIN) en vez de firmar. El dinero por la cantidad de la compra es retirado inmediatamente de su cuenta bancaria. El límite estándar puede ser de US $300 por día. Usted puede digitar una cantidad mayor para que le devuelvan el resto en efectivo. También puede obtener directamente de las máquinas ATM.

Una **tarjeta ATM** puede usarse solamente en las máquinas ATM y en algunos establecimientos. Una **tarjeta de cheque** se puede usar en cualquier establecimiento de venta al por menor donde se acepten tarjetas de crédito y también en las máquinas ATM.

Hay varias clases de tarjetas de efectivo disponibles, tal como un tipo de tarjeta de dinero disponible con una banda magnética o microchip cargado con un valor pre-determinado para compras pequeñas. Algunas son recargables cuando se termina el valor pre-determinado. Otro tipo de tarjetas de efectivo le permite enviar o recibir dinero de cualquier persona en cualquier parte del mundo. Los fondos se pueden accesar inmediatamente desde cualquier ATM compatible y se convierten en moneda local.

Transferencia de fondos fuera de EE.UU.

Se pueden hacer retiros instantáneos de una cuenta bancaria extranjera mediante la utilización de telecajeros automatizados (ATMs). Dependiendo de la naturaleza de la cuenta extranjera y los límites del ATM en EE.UU. usted generalmente puede retirar entre US $300 y US $1000 por día, luego se le cargará una cuota por la transacción en uno o en ambos países. Usted también puede abrir una cuenta en dólares americanos en su país de residencia, la cual puede accesar desde EE.UU. con cheques y tarjetas de débito o crédito.

Para cantidades más grandes, su banco en el extranjero puede enviarle fondos electrónicamente a una cuenta específica en un banco de EE.UU. u otra institución financiera. El dinero debería estar disponible en un día. Pueden existir cuotas de US $30 a US $65 por ambos lados y le podría costar menos si usted es cliente del banco.

Un banco extranjero puede preparar y enviar un depósito a su banco en EE.UU. por lo cual se le carga una cuota, pero no se le garantiza cuándo llegará el dinero. Giros postales desde un país extranjero hechos en un banco EE.UU. llegarán mucho más rápido que aquellos hechos en un banco extranjero. Normalmente, usted no puede retirar ese dinero hasta que su banco haya recibido los fondos.

Transferencia de fondos de transacciones de bienes raíces

Usted puede evitar demoras al comprar bienes raíces determinando con antelación de qué forma el agente de cierre desea los fondos. Un cheque de gerencia o giro postal de otro país podría causar un retraso en las operaciones de cierre. Pregúntele a su banco en cuánto tiempo llegarán los fondos desde su país. Si el dinero es transferido y depositado en su cuenta bancaria en EE.UU. con anticipación, entonces el proceso de cierre será más fácil y los fondos estarán disponibles más rápidamente.

Depósitos automáticos

Muchos empleadores y agencias gubernamentales le depositarán automáticamente sus cheques en su cuenta bancaria. También, los pagos del Gobierno Federal pueden ser directamente depositados en Cuentas de Transferencia Electrónica (ETA), evitando que se le cargue una cuota al cambiar un cheque por dinero en efectivo.

Tarjetas de Pago de Salarios

Algunos empleadores ofrecen la opción de transferir el salario a tarjetas recargables de acumulación de valor. Cada dia de pago, los salarios aparecen en las tarjetas de los empleados y estos pueden extraer dinero de las máquinas ATM o hacer compras, como si fueran tarjetas de débito.

Cuotas de cambio de cheques por efectivo

Si usted no es cliente de un banco y desea cambiar un cheque por efectivo, se le cobrará una cuota por ello y esté listo para que le tomen sus huellas dactilares, requeridas en el reverso del cheque. Los bancos se protegen porque, en caso de que el cheque resulte falso, la huella impresa puede ser usada por la policía para identificar a la persona que cambió el cheque. Las agencias de cambio de cheques, también cobran una tarifa.

Transferencias Bancarias a través la Computadora Personal (PC Banking)

Muchos bancos están ofreciendo muchos servicios a través de la computadora personal usando programas que ellos mismos ofrecen. Con una computadora, modem y el software, usted puede accesar información bancaria, pagar cuentas, transferir fondos y mucho más y es probable que le cobren una cuota por ello.

Cajas de Seguridad

Los bancos tienen bóvedas con una gran cantidad de cajas de seguridad. Por una cuota anual, usted puede alquilar una caja en donde guardar sus documentos importantes, joyas u otros objetos de valor. Tanto su llave como la del banco deben ser usadas para poder abrir la caja.

Retención de Impuestos para No Residentes

Si usted no es residente, usted puede presentar al banco el Formulario W-8, éste le hará saber que usted es un extranjero no residente y que, por consiguiente, está exento de retención de impuestos sobre los intereses ganados en su cuenta bancaria.

Si ya se le ha retenido impuesto, usted puede pedir un reembolso presentando el Formulario 1040NR (U.S. Nonresident Alien Income Tax Return) hasta el 15 de Abril al: Internal Revenue Service
              Philadelphia, PA 19255

Transacciones Financieras

Estableciendo crédito

Establecer crédito toma tiempo. Cuando solicite un préstamo y si le fuese posible, obtenga reportes crediticios de su país de residencia. Las cartas de crédito del banco podría ser de ayuda.

Si está planificando estar en EE.UU. por un período de tiempo largo, es importante que tenga una buena reputación crediticia y una manera de obtenerla es solicitando una tarjeta de crédito con un límite de crédito bajo en una tienda. Las tiendas tienen más tolerancia de riesgos altos, pero cargan tasas de interés altas por cantidades no pagadas a tiempo cada mes.

Si usted paga sus cuentas a tiempo y pareciera tener estabilidad, por ejemplo al tener una casa, un trabajo, una familia, entonces las compañías de crédito y los prestamistas pueden considerar mejor su solicitud.

Puede depositar varios cientos de dólares para obtener un crédito de US $500 con un banco o compañía de tarjetas de crédito. Si usted hace los pagos mensuales de su tarjeta de crédito a tiempo, eventualmente su límite de crédito le será incrementado. También puede hacer un depósito en el banco para ser anexado como colateral para un préstamo que será reportado como un préstamo normal a las agencias de crédito.

Las agencias de crédito independientes suministran reportes crediticios a organizaciones que desean saber su historial de crédito; sin embargo, es probable que su reporte crediticio no esté disponible hasta que usted haya tenido su tarjeta de Seguridad Social por un tiempo y haya solicitado un préstamo o usado el crédito completo en su tarjeta de crédito. Las evaluaciones de las agencias de crédito pueden ser afectadas por situaciones como por ejemplo, dudas acerca de compras hechas, muchas tarjetas de crédito con una deuda acumulada muy elevada, no hacer un pago de un préstamo y estar atrasado con los pagos mensuales. Revise su crédito (las tarifas varían según el Estado).

Equifax	(800) 685-1111	www.equifax.com
Experian	(800) 397-3742	www.experian.com
Transunion	(800) 888-4213	www.transunion.com

Sea precavido con respecto a "agencias de consejería de crédito sin fines de lucro". Consejos para chequear el crédito están disponibles en www.creditcourt.com. No gaste más dinero del que tiene en su cuenta bancaria. Si su cuenta tiene un balance negativo, el banco podría reportar ésto a ChexSystems, lo cual dañaría su crédito por cinco años.

Entrada legal de fondos a EE.UU.

No existe un límite en la cantidad de dinero que puede ser traída a o sacada de EE.UU. Sin embargo, si usted en cualquier momento recibe u origina una transferencia de dinero u otro instrumento monetario cuyo total sea más de US $10,000 en un momento determinado dentro o fuera del país, usted debe reportar este hecho en BCBP. Una "Persona" incluye entidades tales como un individuo, una corporación, una organización no incorporada, una sociedad, un sindicato y demás entidades legales.

Por instrumento monetario, como se define en el Formulario 4790, se incluye:
- Monedas o moneda corriente de EE.UU. o cualquier otro país
- Cheques de viajero de cualquier forma
- Instrumentos negociables (incluyendo cheques, notas promisorias y giros postales) al portador, endosados sin restricciones, hechos a una persona ficticia o en cualquier otra forma que el título sea transferible
- Instrumentos incompletos (incluyendo cheque, notas promisorias y giros postales) que están firmados pero que no muestren el nombre del beneficiario
- Garantías o acciones al portador de tal forma que sean transferibles

Los instrumentos monetarios no incluyen:
- Cheques o giros postales pagaderos a una persona que no los ha endosado o que presenten endosos con restricciones.
- Recibos de bodega o documento de conocimiento de embarque

Cada persona que recibe moneda corriente u otros instrumentos monetarios (definidos anteriormente) en EE.UU., debe presentar el Formulario 4790, Reporte de Transportación Internacional de Moneda Corriente o Instrumentos Monetarios, durante los siguientes 15 días de haberlos recibido, con un Oficial de BCBP a cargo en cualquier puerto de entrada o por correo a la dirección que se indica en el formulario.

Las personas que lleven moneda corriente u otros instrumentos monetarios (definidos anteriormente) pueden presentar el Formulario 4790 al momento de entrar o salir de EE.UU. con el Oficial a cargo en el puerto de entrada o salida. El Formulario 4790 está disponible en la página web: www.customs.gov o en cualquier oficina de BCBP.

Si usted no presenta un reporte o presenta un reporte fraudulento, podría ser penalizado con una multa no mayor de US $500,000 o encarcelamiento por no más de 10 años. El dinero puede ser decomisado.

Las transferencias de fondos a través de procedimientos bancarios normales que no involucren el transporte físico de moneda corriente o instrumentos monetarios, no tienen que ser reportadas. Otras excepciones incluyen ciertos bancos y negocios involucrados en el transporte de dinero.

No es necesario que los ciudadanos no residentes o residentes reporten monedas corrientes u otros instrumentos monetarios que son enviados desde el extranjero directamente a un banco, corredor o comerciante de garantías a través del servicio postal o por una empresa de transporte común. *Ref:31 CFR 103; 31 USC 5316*

Financiamiento para la Educación

Money Smart es un programa que provee financiamiento para la educación a personas con bajos ingresos y está disponible a través de los centros One-Stop.

Notarios Públicos

Muchos documentos en EE.UU. deben ser notariados. Los notarios pueden autentificar papeles legales, financieros, etc. rápidamente y a un bajo costo. Algunos bancos ofrecen este servicio sin costo alguno. Usted debe tener una identificación con foto.

Muchos negocios tienen personal con licencia para notariar documentos para miembros del personal mientras que otros firman y sellan papeles al público por un costo de varios dólares. Busque la señal de "Notaría" al frente del almacén.

El requisito para notariar puede ser más complicado y costoso si los documentos se deben firmar en un país donde no existen notarios, para lo cual se podría contratar a un abogado para que de fe de su firma.

Contadores

Para planificación de impuestos y de bienes, usted puede contactar un contador público certificado (CPA). Hable con varios de ellos y escoja al que usted sienta que le puede proporcionar el mejor enfoque a sus finanzas. Pida referencias de gente en quien usted tenga confianza o contacte la organización CPA local para que le suministren nombres de contadores en su área que se especialicen en el tipo de servicio que usted requiere, o contacte a:

American Institute of Certified Public Accountants
1211 Avenue of the Americas
New York, NY 10036
Teléfono: (201) 938-3000 ó (800) 862-4272

Planificadores Financieros

Si usted necesita asistencia con asuntos financieros, especialmente de dos países, asegúrese de encontrar un planificador que tenga conocimientos de los procedimientos de ambos países y en los servicios que usted está interesado. No contrate un planificador financiero que vaya a aprender a expensas de usted.

Pida referencias o contacte el FPA, quien lo referirá a planificadores miembros existentes en su área. Para contactar al FPA:

Financial Planning Association
5775 Glenridge Dr. NE, Suite B-300
Atlanta, GA 30328
Teléfono: (404) 845-0011 ó (800) 322-4237

Capítulo 26

Compra o Arrendamiento de un Inmueble

Comprar una casa en algo complicado puesto que las normas y procedimientos pueden ser diferentes a los de otros países.

Este capítulo expone algunos de los términos empleados en bienes raíces y al aprenderlos, usted se sentirá más seguro y evitará confusiones al momento de comprar o arrendar un inmueble.

Visión General

Antes de firmar algún contrato, léalo por completo hasta que lo entienda y esté conforme con todas las condiciones. Haga ésto siempre, aunque tenga experiencia en esta área incluso aunque usted conozca al agente de bienes raíces y al abogado, sólo usted conoce sus propios deseos.

La literatura sobre bienes raíces y mudanzas muestra una lista de los puntos que usted debe considerar cuando está buscando casa. A continuación le proporcionamos algunos adicionales que debe tener en cuenta:

- Cercanía a negocios, centros de recreación, lugares de adoración religiosa, estación de bomberos, policía, ambulancias, hospitales y otras instalaciones médicas, oficina de correo, escuelas y guarderia
- Calidad de las escuelas (vea: www.schoolmatch.com)
- Acceso a autopistas, centro de la ciudad, aeropuerto
- Atractivo del vecindario
- Futuro uso de terrenos baldíos en el área
- Inconvenientes (ruido, humo, hollín, polvo, olores y otros riesgos)
- Transporte público
- Terrenos o suelos propensos a inundaciones
- Índice delictivo
- Terrenos en áreas que califican para tener pólizas de seguro sobre la vivienda
- Protección contra la erosión (revise los registros de los índices anuales de erosión y conozca qué tipos de protección son permitidos por las agencias gubernamentales)
- Servicio de recolección de basura
- Alcantarillas y otros servicios públicos disponibles
- Restricciones locales en el diseño de las viviendas, uso de los terrenos, etc.
- Impuestos

Páginas web de utilidad: www.realtor.com, www.homeadvisor.msn.com, y www.owners.com

Comprando un Inmueble Nuevo

Sugerencias

Investigue acerca del constructor, hable con el Better Business Bureau y cualquier otra organización que mantenga registros de los constructores en su área. Fíjese si lo han demandado en contra del constructor y si ese fuese el caso, vea cómo el constructor respondió a esas quejas.

Un representante del U.S. National Association of Home Builders sugiere que visite comunidades en donde la compañía ha construido viviendas similares en las cuales usted está interesado. Es preferible que vaya un sábado por la mañana, cuando muchas personas están trabajando en sus jardines. Hable con varios dueños de las viviendas y pregúnteles cuál ha sido su experiencia con el constructor. Pregúnteles también si han tenido problemas y si fueron resueltos rápida y apropiadamente.

También es aconsejable que lea el contrato cuidadosamente. Si usted no entiende alguna de sus partes, consulte con un abogado o experto en bienes raíces. El constructor puede decirle que es un contrato estándar, pero cualquier cláusula dentro de un contrato es negociable y puede ser modificada si ambas partes están de acuerdo. Sólo porque un contrato ya está impreso no quiere decir que no se le puedan hacer modificaciones.

Los expertos en bienes raíces le advierten que ponga por escrito todo aquello que es importante para usted. Lo que se dice verbalmente es difícil de probar y hacer cumplir. Usted debe poner por escrito y mantener copias de todos los reclamos o problemas que se presenten durante y después de la construcción.

Los métodos más comunes de comprar un inmueble son:
- Pagarlo en su totalidad, o
- Haciendo un pago inicial con una **hipoteca** sobre la cantidad restante (algunas personas califican para no hacer pagos iniciales)

Cuando se paga en efectivo, se evitan los costos involucrados en un préstamo, pero aún tiene que pagar los gastos de cierre, los cuales son bastante considerables. Usted puede negociar quién paga los costos involucrados.

Condominios - Puntos a Considerar al Comprar

- Construcción resistente y unidades a prueba de ruido
- Asociación de vecinos - condiciones financieras - **fondos de reserva**
- Contribuciones especiales - historial y predicción de gastos para reparaciones de las áreas comunes, mejoras, mantenimiento
- Gastos de mantenimiento - buen valor, muy bajo o excesivo
- Construcción a prueba de ruidos
- Reglas tolerables, restricciones y normas
- Las áreas recreativas, tales como piscinas y canchas de tenis pueden pertenecer a los dueños de los inmuebles o pueden ser comprados al constructor en el futuro

- Administración - administrado profesionalmente
- Arrendatarios - los prestamistas hipotecarios se interesan en el porcentaje de arrendatarios comparado con los residentes permanentes en un complejo

Casas Prefabricadas

Las casas prefabricadas se construyen en fábricas para cumplir con las Regulaciones Federales de Construcción y Seguridad de Casas Prefabricadas (HUD Code). Estas casas se fabrican en una variedad de estilos, tamaños y diseños y los precios fluctuan entre $15,000 y más de $100,000, sin el lote de tierra. Pueden ser instaladas en el lote de su propiedad, en una comunidad que pague alquileres o en una subdivision planeada.

Comprando Casas Usadas

Los procedimientos varían a lo largo del país pero básicamente los siguientes pasos son comunes al comprar una casa:
- Investigue las areas
- Seleccione un prestamista, si es necesario y obtenga una carta con crédito preaprobado
- Indague y seleccione el agente de bienes raíces
- Busque casas a la venta
- Seleccione una casa
- Revise las cláusulas del vendedor
- Firme una oferta de compra; incluye cualquier contingencia para cancelación de la compra
- Pague el dinero de entrada
- Coordine una inspección y evaluación de la casa
- Cierre el trato

Servicios de Arrendamiento

Las oficinas de bienes raíces usualmente manejan el arrendamiento de casas y condominios. Los apartamentos normalmente tienen una oficina de arrendamiento dentro del mismo complejo.

Algunos arrendamientos de apartamentos pueden ser a corto plazo, pero los condominios y las casas tendrán un período de arrendamiento mínimo más largo. Muchas de las unidades no están amuebladas.

Una vez que usted selecciona el tipo de arrendamiento, se le pedirá que llene un formulario de solicitud. Podría existir una cuota de solicitud de alrededor US $25. El agente verificará sus antecedentes e historial de crédito.

Por ley, ninguna persona puede ser discriminada en base a su raza, religión, origen nacional, sexo, incapacitación o por tener niños.

Usted debe firmar un contrato y pagar la primera y quizás la última renta al comienzo del alquiler. También se le exigirá un depósito que le será devuelto después de que usted se mude al final del período de arrendamiento, siempre y cuando no haya causado daños que excedan a un deterioro normal. Si hay daños, la cantidad de dinero que se pague para hacerlo le será deducida antes de que se le devuelva el depósito.

Muchos complejos de apartamentos ofrecen comodidades tales como piscinas, saunas, canchas de tenis y gimnasios.

Cada apartamento debe tener una cocina y un refrigerador. Podría tener también un lavaplatos y un contenedor para la basura. Es necesario que también existan sistemas de calefacción y de aire acondicionado en el sur de EE.UU.

Pueden haber cuartos de lavandería locales ubicados en el centro del complejo, cuyas máquinas se operan con monedas y pueden ser usadas por todos los arrendatarios del complejo. Algunas unidades tienen sus propias conexiones para lavadora y secadora u otros aparatos eléctricos.

Las mascotas son prohibidas o están limitadas a su tamaño. Podría haber un peso máximo que el animal puede tener, tal como 20 o 50 libras. También es probable que se deba hacer un depósito por mascota (que puede ser no reembolsable) y un pago mensual. Por ejemplo un complejo cobra US $500 de depósito más US $30 por mes.

Puntos a Considerar Cuando se Arrienda:

- Inspeccione la unidad cuidadosamente y reporte cualquier daño pre-existente
- Lea todas las reglas y regulaciones aplicables a la unidad
- Sepa con cuántos días de anticipación debe avisar que se mudará
- Conozca la obligación del dueño de hacer reparaciones que sean necesarias
- Los arrendatarios de algunas casas deben hacer el mantenimiento de sus jardines
- Determine cuáles son los requisitos de limpieza cuando usted se vaya a mudar. Muchos gastos de limpieza pueden ser deducidos del depósito de seguridad si no se siguen las instrucciones
- Revise las prohibiciones contra sub-arrendar si usted quiere mudarse antes de que la renta haya expirado
- Determine qué servicios públicos están incluidos en la renta, tales como recolección de basura, control de insectos y agua
- Es importante que siempre pague la renta a tiempo
- El arrendador y el arrendatario deben tener siempre un contrato por escrito
- Acuerdos verbales deben estar indicados en el contrato y firmado por ambas partes
- Mantenga una copia del arrendamiento o del acuerdo

Gastos

Servicios Públicos

Antes de mudarse a una casa, se deben hacer los arreglos necesarios con las compañías de servicios públicos para tener todo el equipo funcionando al momento que usted se mude. Algunos servicios públicos tienen una lista de espera, así que le recomendamos que los contacte con anticipación.

Una vez que los gastos iniciales son pagados, usted es responsable por los cargos mensuales que serán facturados a su nombre.

Los requisitos de los servicios públicos varían según el área. El siguiente es un ejemplo de una ciudad:

Servicio Público	Depósito	Cargo de Conexión	Notificación por adelantado
Electricidad	US $125 - US $250*	US $16	1 día comercial
Gas natural	US $75 *	US $20	2 días comerciales
Teléfono	**	US $42.75 - 1 línea	3 días comerciales
Cable TV	-	US $15-US $ 85 para instalar	4-7 días comerciales
Agua y alcantarillado	US $120	US $103	2 días comerciales

*   Reembolsables con intereses después de 23 meses con un buen registro de pago
**   Puede ser eximido con buen crédito

Impuestos sobre bienes

Los impuestos sobre bienes son recaudados cada año para proveer servicios municipales tales como escuelas, policía, incendios, alcantarillas, recolección de basura, alumbrado de las calles, reparación de las vías y centros para ancianos y para el resto de la comunidad.

Los impuestos se basan en un porcentaje del valor de la propiedad. En al menos un estado (Florida) una exención de impuesto sobre viviendas familiares (Homestead Tax Exemption) de US $25,000 puede ser deducida del valor de la propiedad. Para calificar, el dueño debe:

- Estar viviendo en la propiedad
- Tener un título de propiedad
- Ser un residente permanente legal del estado y de EE.UU.

Usted puede revisar si en su estado existen exenciones similares.

Términos Empleados en la Compra de Vivienda

Las siguientes definiciones están incluidas como una guía para ayudar al comprador a enfrentar las complejidades del proceso de compra de vivienda. Antes de firmar algún documento o depositar algún dinero, debe consultar con un abogado para asegurarse de que sus derechos como comprador están apropiadamente protegidos.

Nota:
- Una palabra escrita en negrillas que aparece dentro de una definición indica que la palabra aparece en la lista de definiciones en este capítulo o en el Capítulo 27, Hipotecas
- Algunos términos pueden tener significados diferentes en otro contexto.
- Las definiciones son generales, no técnicas y cortas
- Las leyes estatales pueden tener significados diferentes en varias regiones

Extracto del título (Abstract Of Title) Un resumen de los registro públicos del título de una parcela particular de terreno. Un abogado o compañía aseguradora de títulos revisa un extracto del título para determinar si existen problemas que deben ser resueltos antes que un comprador pueda adquirir un título limpio, negociable y asegurable.

Arreglos entre el Comprador y el Vendedor (Adjustments between Buyer and Seller) Al momento del traspaso, es necesario proratear todas las cuentas tales como el seguro, los impuestos y los servicios públicos, para así poder determinar los ajustes que sean necesarios hacer entre el comprador y el vendedor. Por ejemplo, si los impuestos han sido pagados con antelación por un año por el vendedor, entonces se le otorga un crédito al vendedor por el período del año que éste no esté ocupando la vivienda.

(Acuerdo) Contrato de Venta (Agreement of Sale) Conocido con varios nombres, tales como **contrato de compra**, **acuerdo de compra** o **acuerdo de venta**, de acuerdo a la ubicación o jurisdicción, es un contrato en el cual el vendedor acuerda vender y el comprador acuerda comprar. Ciertos términos y condiciones específicas son establecidos por escrito y firmadas por ambas partes. El acuerdo debe incluir el precio de venta de la vivienda, el método de pago, la fecha del traspaso, qué arreglos, aparatos y propiedad personal se venderá con la vivienda. También se debe especificar quién pagará por ciertos costos específicos de establecimiento, inspecciones de la vivienda y otros procedimientos involucrados en la venta. Se debe poner atención a las fechas límites establecidas en el contrato para cualquier acción sobre la cual se haya acordado, tales como reparaciones a ser hechas por el vendedor. Las modificaciones que se propongan en cuanto al precio y otros detalles pueden estar escritos a mano y firmadas en el contrato con las iniciales de ambas partes hasta que ambas partes estén satisfechas. Si los corredores de bienes raíces están involucrados, éstos usualmente llevan las **contraofertas** entre el comprador y el vendedor. Antes de firmar, ambas partes podrían querer que sus abogados revisen el acuerdo. Si una de las partes no conoce un abogado local, debería consultar con el servicio de referencia de la asociación de abogados o con una oficina local de servicios legales del área. Tenga cuidado. En algunas áreas, el contrato obliga al comprador y al vendedor.

Tasador (Appraiser) opinion del tasador sobre el valor de la casa basado en el area, caracteristicas y condiciones de la residencia en relación con el precio de casas similares en el area

Apreciación (Appreciation) Incremento en el valor de la propiedad

Valor Fiscal (Assessed value) El valor de la propiedad basado en el recaudo de **impuestos sobre la propiedad**

Honorarios de abogados (Attorney's fees) Honorarios que pueden ser pagados por servicios legales tales como estudio del título o suministro de servicios de cierre

Baños - Descripciones numéricas
- Baño completo - toilet, lavamanos y bañera
- Medio baño - toilet y lavamanos
- Tres cuartos de baño - toilet, lavamanos y ducha

Resguardo provisional (Binder) oferta de compra Un acuerdo preliminar acompañado por un pago de un **depósito de dinero en garantía** entre un comprador y un vendedor como una oferta para la compra de un inmueble. Un resguardo provisional asegura el derecho a compra de un inmueble bajo términos acordados por un período de tiempo. Si el comprador cambia de parecer o no es capaz de comprar, el dinero en garantía puede ser decomisado a menos que el resguardo provisional expresamente provea que debe ser reembolsado

Corredor de bienes raíces (Broker) Persona licenciada por el estado para representar a otra en transacciones de bienes raíces por una cuota

Código de edificación (Building Code) Regulaciones del gobierno local que establecen normas estándares de la construcción

Línea de edificación (Building line or setback) Distancias desde el principio y/o lados de un terreno más allá del cual no se puede construir. La línea de edificación puede ser establecida por una subdivisión, **pactos restrictivos** en los traslados de dominio o alquileres, por códigos de edificación o por **ordenanzas zonales**

Título de propiedad (Certificate of Title) Certificado emitido por una compañía o una opinión personal de un abogado de que el vendedor tiene un título negociable y asegurable de la propiedad que está ofreciendo para la venta. Un título de propiedad no ofrece protección contra defectos escondidos en el título que no sean revelados en una examen de los registros. El emisor de un título de propiedad es responsable únicamente por negligencia.

Bienes muebles y enseres (Chattel)

Cierre (Closing) Procedimiento que ocurre al final del proceso de compra del inmueble cuando el título de propiedad es transferido formalmente del vendedor al comprador. En algunas áreas, el comprador y el vendedor se reúnen con el agente de cierre y firman los papeles. En otros casos, firman los papeles por adelantado y luego un agente pone todo en orden.

Agente de cierre (Closing Agent) Los procedimientos de cierre varían según el área. Pueden ser llevados a cabo en instituciones financieras tales como compañías prestamistas, compañías aseguradoras del título, corredores de bienes raíces o abogados.

Costos de cierre (Closing costs) Los numerosos gastos en los cuales los compradores y vendedores incurren para completar una transacción en la transferencia de pertenencia de bienes raíces. Un día comercial antes del cierre, el formulario de cierre debería estar listo para ser inspeccionado y contener una lista detallada de los servicios y honorarios que están siendo cobrados. Estos costos son adicionales al precio de la propiedad y son pagados el mismo día del cierre.

El acuerdo de venta negociado previamente entre el comprador y el vendedor puede indicar por escrito quién ha acordado pagar cada uno de los siguientes costos:

Cuota de cierre al **agente de cierre**	**Preparación del documento**
Notario	**Inspección de la vivienda**
Honorarios de plica	**Avalúo**
Estudio catastral	Honorarios del abogado
Búsqueda del título y examen	**Comisión**
Seguro del Título	**Inspección de termitas**
Cargos de registro y transferencia	**Sellos de los documentos**

Día de Cierre (Closing Day) Día en el cual se concluyen las formalidades de la venta del inmueble. El cierre final confirma solamente el acuerdo original alcanzado en el **acuerdo de venta**.

Duda en el Título (Cloud on Title) Cualquier demanda, impedimento o **gravamen** no pagado que afecte negativamente **la negociabilidad del título**.

Comisión (Commission) Dinero pagado por el vendedor a un agente o corredor de bienes raíces como compensación por encontrar un comprador y completar la venta. Usualmente es un porcentaje sobre el precio de venta, por ejemplo 6% a 7% sobre viviendas y de 6% a 10% sobre terrenos. Los porcentajes pueden ser negociados en algunos casos.

Oferta Condicional (Conditional Offer) Oferta de compra en la cual el comprador propone comprar únicamente después de ciertos eventos, tales como la venta de otra vivienda o aseguramiento de la financiación.

Condominio (Condominium) La titularidad absoluta de una unidad en un proyecto de unidades múltiples y acceso a áreas e instalaciones comunes que abastecen al proyecto.

Contingencias (Contingencies) Razones para cancelar la venta tales como demandas no declaradas, falta de financiamiento, la casa del comprador no se ha vendido, no pasa satisfactoriamente la inspección.

Contratista (Contractor) En la industria de la construcción, un contratista es uno que emplea y coordina subcontratista para cada fase de la construcción tales como calefacción, electricidad, plomería, aire acondicionado, techos y carpintería.

Cooperativa (Cooperative Housing) Un edificio o grupo de unidades residenciales cuyo título está en poder de una asociación de inquilinos los cuales son residentes de dichas unidades y es operada por una junta directiva elegida por sus mismos residentes. Los gastos son pagados por los accionistas en proporción al número de acciones de las cuales sean dueños y pueden incluir una porción de pagos de la hipoteca, mantenimiento e impuestos.

Contraoferta (Counteroffer) Modificación u oferta nueva hecha en respuesta a una oferta.

Escritura (Deed) Un documento formal escrito por el cual el **título** de una propiedad real es transferido de un dueño a otro. La escritura debe contener una descripción exacta de la propiedad que está siendo comprada y debe ser firmada ante un testigo de acuerdo a las leyes del estado en donde la propiedad está ubicada y debe ser entregado al comprador el día del cierre. Existen dos partes en una escritura, el vendedor o **enajenante** y el comprador o **adquiriente**.

Escritura de Fideicomiso (Deed of Trust) Es como una hipoteca, es un instrumento para garantizar el pago de una deuda. Sin embargo, en una escritura de fideicomiso existen tres partes el deudor, el fiduciario, el prestamista (o beneficiario).

En dicha transacción el deudor transfiere el título legal de la propiedad al fiduciario quien retiene la propiedad en fideicomiso como garantía. Si el dudor paga la deuda como se acordó, la escritura del fideicomiso se anula. Si el deudor no paga la deuda, el fiduciario puede vender la propiedad en una subasta pública. En muchas jurisdicciones en donde la escritura de fideicomiso esta vigente, el deudor está sujeto a que se venda su propiedad sin tener derecho a beneficios de procedimientos legales. Recientemente algunos estados han comenzado a tratar la escritura de fideicomiso como una hipoteca.

Pacto Restrictivo (Deed Restriction) Disposición en una escritura para controlar el uso y ocupación de la propiedad por dueños futuros.

Depreciación (Depreciation) Disminución en el valor de una casa debido al uso y desgaste natural, cambios adversos en el vecindario o cualquier otra razón.

Honorarios de Preparación de Documentos (Document Preparation Fee) Honorarios que cubren la preparación de documentos legales finales tales como hipotecas, escrituras de fideicomiso, vales o escrituras de propiedad inmobiliaria.

Sello Documental (Documentary Stamps) Impuesto estatal, en la forma de sellos, requeridos para las escrituras de propiedad inmobiliaria e hipotecas cuando un título de bienes raíces pasa de un dueño a otro. La cantidad varía en cada estado.

Pago inicial (Down payment)   Cantidad de dinero que debe ser pagada por el comprador al vendedor cuando se firma el **acuerdo de venta**. El pago inicial puede no ser reembolsable, si el comprador incurre en comprar la propiedad sin una buena causa. Si el comprador desea que se le reembolse el pago inicial, éste debe asegurarse que exista una cláusula en el acuerdo de venta que especifique las condiciones bajo las cuales el depósito le será devuelto. Si el vendedor no puede proveer un título limpio, el acuerdo de venta obliga al vendedor a devolver el pago inicial y pagar intereses y los gastos incurridos por el comprador. Si el vendedor se esfuerza por superar el problema, la fecha límite se extenderá.

Duplex Estructura con dos unidades conjuntas.

Depósito de garantía (Earnest money) Dinero depositado por un comprador y dado al vendedor o a su agente bajo los términos del contrato para mostrar que tiene intenciones serias de comprar la propiedad. Si la venta se lleva a cabo, el depósito de garantía se aplica al **pago inicial**. Si la venta no se lleva a cabo, el depósito puede ser confiscado o perdido a menos que el **resguardo provisional** o la oferta de compra provea expresamente que es reembolsable.

Derechos de servidumbre (Easement rights) Derecho de paso dado a una persona o compañía autorizando el acceso a/o sobre los terrenos del dueño, por ejemplo, una compañía de electricidad o de teléfono con derecho de paso a través de una propiedad privada.

Invasión (Encroachment) Una obstrucción, un edificio o parte de un edificio que se extiende más allá de un límite legal hacia un terreno vecino privado o público o un edificio que se extiende más allá de la línea de construcción.

Gravamen (Encumbrance) Un derecho legal o interés en un terreno que afecta un título limpio y disminuye el valor del terreno. Puede tomar muchas formas, tales como ordenanzas locales, **derechos de servidumbre**, reclamos, **hipotecas**, cargos, acciones legales pendientes, impuestos no pagados o **pactos restrictivos**. Un gravamen no previene la transferencia legal de la propiedad a otra persona. Una **investigación de título** es lo que usualmente se hace para revelar la existencia de tales gravámenes y el comprador debe determinar si desea comprar con el gravamen o lo que se puede hacer para eliminarlo. El prestamista puede no permitir la venta con gravamen.

Las Leyes de Justicia de la Vivienda (Fair Housing Laws) prohiben la discrimicación en la venta, renta, financiamiento y otras transacciones relacionadas con la vivienda basadas en raza, color, origen, religión, género, estatus familiar o incapacidad.

Fiduciario (Fiduciary) Persona en quien se deposita confianza y buena fe con deberes específicos que actúa en el mayor interés del cliente.

Escritura con garantía general de título (General Warranty Deed) Escritura que traspasa no solamente todos los intereses del vendedor y el título de la propiedad al comprador, sino que también garantiza que si el título está defectuoso o tiene una "deuda" (como hipoteca, gravámenes de tributación, demanda de título, sentencias o gravámenes de una constructora o de un constructor) el comprador puede demandar al vendedor.

Adquiriente (Grantee) La parte en la escritura de propiedad inmobiliaria que es el comprador o el que recibe.

Enajenante (Grantor) La parte en la escritura de propiedad inmobiliaria que es el vendedor o concedente.

Póliza de Seguro de un propietario de vivienda (Homeowner's Insurance) Ayuda a pagar por el daño causado a la propiedad por incendios, huracanes y otros riesgos communes.

Inspección de viviendas (Home Inspection) Los inspectores de viviendas determinan si los elementos básicos de una vivienda, tales como el sistema de calefacción y de aire acondicionado, tuberías, artefactos eléctricos, pisos, techos y el sistema eléctrico están en buenas condiciones. Vea www.ashi.com.

Garantías sobre la vivienda (Home Warranties)

Garantías sobre viviendas nuevas (New Home Warranties)
Las garantías sobre las viviendas nuevas, generalmente complementan la garantía del constructor y tienen un deducible y son pagadas por el dueño de la casa cuando se hace uso de las garantías.

Típicamente, las garantías sobre viviendas nuevas cubren:
- Mano de obra y materiales por un año
- Sistemas mayores, tales como calefacción, aire acondicionado, electricidad y plomería por dos años
- Base de la vivienda por 10 años

Las garantías sobre viviendas nuevas no cubren:
- Aparatos eléctricos (cubiertos por la garantía del fabricante)
- Desastres naturales, como huracanes, inundaciones y terremotos

Garantías sobre viviendas existentes (Existing Home Warranties)
Una garantía por tiempo limitado, puede ser vendida por los agentes de bienes raíces, usualmente a los vendedores como incentivo para atraer compradores. Las garantías para viviendas existentes cubren:
- Aparatos eléctricos, tales como lava platos, calentadores de agua, estufas
- Sistemas mayores, tales como calefacción, aire acondicionado, electricidad y plomería

Las garantías sobre viviendas existentes no cubren:
- Desastres naturales
- Sistemas de aire acondicionado y piscinas (puede ser opciónal)

Asociación de Propietarios de Casas (Homeowner's Association - HOA)
Honorarios y Amillaramiento. Fondos pagaderos a organizaciones comunitarias para el mantenimiento de la propiedad común y tal vez algunos servicios públicos.

Póliza de Seguro de un Propietario de Vivienda (Homeowner's Insurance)
Muchos tipos de seguros juntos en un solo paquete – robo, daños, responsabilidad civil

Viviendas HUD (U.S. Department of Housing and Urban Development)
Propiedades que son traspasadas al HUD/FHA (Federal Housing Administration) por compañías hipotecarias que ejecutan (privar al propietario de redimir la hipoteca) en préstamos hipotecarios asegurados del FHA. El HUD debe vender estas viviendas rápidamente. El precio en lista de una propiedad del HUD está basado en un estimado de su valor justo de mercado. Cualquier persona que tenga el dinero o que puede calificar para el financiamiento de la hipoteca puede comprar una vivienda del HUD. Estas viviendas son negociadas competitivamente con ofertas selladas que se tramitan a través de cualquier agente de bienes raíces con licencia. El período de oferta usualmente consta de 10 días. Al final de ese período, todas las ofertas recibidas por la vivienda serán abiertas en un evento público. Cuando una oferta es aceptada, se le notifica al corredor de bienes raíces en 48 horas. Algunas veces el HUD acepta ofertas que están por debajo del precio de lista y a veces los compradores hacen ofertas que están por encima del precio en lista, dependiendo de las condiciones del mercado.

Co-propietario (Joint Tenancy) Titularidad de una propiedad entre dos o más personas, cada una con una titularidad indivisible, si uno muere, la propiedad automáticamente es del sobreviviente.

Alquilar o Rentar (Lease) Un acuerdo que transfiere el derecho de uso de la propiedad por un período de tiempo determinado.

Harrendamiento con Opción a compra (Lease to Own) Método de renta que acredita una cantidad sustancial hacia el pago de entrada. Con el tiempo el inquilino tiene sufuciente crédito para un pago de entrada hacia la compra de la casa.

Inquilino (Lessee)

Arrendador (Lessor)

Gravamen (Lien) Demanda de una persona sobre la propiedad de otra como por una deuda de dinero que se debe. Tales demandas pueden incluir deudas no pagadas, sentencias, impuestos no pagados, materiales, mano de obra (Vea también gravamen especial y gravamen de una constructora)

Contrato de venta (Listing agreement) Contrato entre el dueño de una propiedad y un corredor de bienes raíces en donde se autoriza al corredor para que encuentre un comprador.

Gastos de Mantenimiento (Maintenance Fees) Gastos que el dueño de una propiedad debe pagar en propiedades múltiples que cubren tales gastos como de mantenimiento y reparación de edificios y propiedades en común.

Valor de Mercado (Market value) El precio más alto que un comprador pagaría y el precio menor que un vendedor aceptaría por la propiedad.

Título Comerciable (Marketable Title) Título que está libre de gravámenes, deudas u otros defectos y que le permite a su dueño vender su propiedad libremente a otras personas, quienes lo aceptarán sin ninguna objeción.

Gravamen de una constructora o de un constructor (Mechanic's Lien) Demanda contra el propietario por trabajadores o proveedores a los que no se les pago.

Casa Rodante (Mobile Home) Casa fabricada que es movida por un camión y establecida en una base permanente, usualmente en un parque de casas rodantes donde están disponibles servicios públicos, seguridad y áreas de recreación.

Servicio Múltiple de Ventas (Multiple Listing Service (MLS)) Organización de muchas compañías de bienes raíces que trabajan juntas en un área para vender propiedades y compartir las comisiones que resulten de dichas ventas.

Notario (Notary) Una persona con licencia que firma y sella documentos y verifica la firma de las partes.

Plano (Plat) Mapa de un terreno, subdivisión o comunidad, dibujado por un perito, que muestra las líneas fronterizas, las construcciones, reformas de la tierra y sus derechos de servidumbre.

Poder Legal (Power of Attorney) Documento legal que autoriza a una persona actuar de parte de otra.

Impuestos sobre la Propiedad (Property Taxes) Impuestos en base al valor de la propiedad. Estos fondos se usan para mantener escuelas, calles, estaciones de bomberos, estaciones de policía, etc.

Contrato de Compra (Purchase Agreement) Vea **contrato de venta**

Escritura de Finiquito (Quitclaim Deed) Escritura que transfiere cualquier interés que el vendedor tenga en una parcela de tierra y que se da para limpiar el título cuando el interés del dueño de una propiedad es dudoso. Al aceptar tal escritura, el comprador asume todos los riesgos, puesto que la escritura no ofrece garantías con respecto al título, sino que únicamente transfiere al comprador cualquier interés que el otorgante tenga (vea Escritura de Propiedad Inmobiliaria - Deed). Una póliza de **seguro de título** puede darle tranquilidad al comprador.

Corredor de Bienes raíces (Real Estate Broker) Persona con licencia para actuar independientemente en negociaciones de bienes raíces.

El Agente del Vendedor
- Está obligado de comunicarle al vendedor cualquier cosa que sepa sobre el comprador que beneficiará al vendedor
- Aconseja al vendedor a cerca de cómo hacer que la propiedad sea más atractiva para la venta
- Investiga el mercado para ayudar al vendedor a establecer el precio de venta
- Puede poner la propiedad en el **Servicio Múltiple de Ventas** (Multiple Listing Service - MLS)
- Publica que la propiedad está en venta
- Muestra la propiedad a los clientes interesados y hace arreglos para que otros agentes hagan lo mismo
- Aconseja y asiste en las negociaciones del contrato
- Usualmente asiste al cierre
- Cobra honorarios predeterminados de la venta de la propiedad

El Agente del Comprador
- Representa los intereses del comprador al buscar una propiedad
- Muestra propiedades disponibles al comprador
- Asiste y aconseja en las negociaciones del contrato
- Comparte la comisión predeterminada con el agente del vendedor, pagada por el vendedor
- Puede ayudar al comprador a encontrar un prestamista para la hipoteca

Vendedor de bienes Raíces (Real Estate Salesperson) Persona empleada por un corredor de bienes raíces para que publique y negocie la venta, alquiler del inmueble bajo la guía del corredor de bienes raíces.

Agente Inmobiliario (Realtor) Nombre registrado de un miembro de la Asociación Nacional de Realtors (National Association of Realtors), quienes juran regirse por el código de ética.

Asociado al Agente Inmobiliario (Realtor Associate) Vendedor asociado con un corredor de bienes raíces quien es miembro de la Junta de Realtors.

Cargos de Registro (Recording Fees) Dinero pagado por el registro de una vivienda con las autoridades locales, haciéndola parte de los registros públicos.

Fondo de reserva (Reserve Fund) Cantidad especial para una reparación mayor, reemplazo o renovación o propiedad en común.

Pactos de Restricción (Restrictive Covenants) Cláusulas publicadas en escrituras y contratos de arrendamientos para controlar cómo los dueños e inquilinos puedan o no usar la propiedad. Por ejemplo, los pactos restrictivos pueden limitar el número de edificaciones por acre, tamaño regular, estilo o rango de precio de edificaciones a ser erigidas o prevenir que se manejen negocios dentro de viviendas en un área determinada.

Declaración del Vendedor (Seller's Disclosure) Lista de los problemas físicos y los defectos de la casa que el dueño conoce.

Contrato de Venta (Sales Agreement) vea **contrato de venta**

Agente/Pago de Liquidación (Settlement Agent/Cost) vea **Agente/costo de cierre (Closing Agent/Cost)**

Valuación Especial (Special Assessments) Impuesto especial impuesto sobre una propiedad, lotes individuales o todas las propiedades en el área inmediata por construcción de calles o banquetas, alcantarillado o iluminación pública.

Gravamen Especial (Special Lien) Gravamen que retiene un pedazo específico de propiedad opuesto al gravamen general, el cual retiene todos los activos. Crea un derecho a retener algo de valor que pertenece a otra persona como compensación por un trabajo, materiales o dinero gastado de parte de esa persona. En algunos lugares es llamado gravamen "particular" o gravamen "específico".

Escritura de Garantía Especial (Special Warranty Deed) Escritura en la cual el vendedor (dueño) le cede el título al comprador y acuerda proteger al comprador contra defectos del título o reclamos, de parte del vendedor o de aquellas personas con derecho a reclamar, que surgieron durante el período en el cual el vendedor tenía el título de la propiedad. En una escritura de garantía especial, el vendedor garantiza al comprador que no ha hecho nada, durante el tiempo que tuvo el título que haya o que pudiera impedir que el comprador sea dueño del título.

Sello del Estado (State Stamps) vea **Sello Documental**

Estudio Catastral (Survey) Mapa o plano hecho por un perito con licencia que muestra los resultados de las medidas del terreno con sus elevaciones, mejoras, límites y su relación con los terrenos adyacentes. El Estudio catastral es usualmente requerido por el prestamista para asegurarse que la edificación está ubicada en el terreno de acuerdo con su descripción legal. En algunas áreas el comprador puede contratar al perito anterior y pedir una actualización. El comprador es quien usualmente paga este gasto.

Garantía contra Termitas (Termite Guarantee or Bond) Existen anexos disponibles para el control de plagas. En áreas propensas a tener termitas, los técnicos de control de insectos tratan la base de la vivienda en construcción y luego hacen una inspección anual fuera de la vivienda y hacen un tratamiento adicional si fuese necesario. Una cuota anual más elevada incluye una inspección anual, tratamiento necesario y una garantía limitada de reparaciones por cualquier daño a la madera causado por termitas.

Tiempo Compartido (Timesharing) Método de dividir y vender unidades de vivienda por períodos de tiempo específicos cada año. El comprador puede ocupar una unidad por un cierto número de días al año. El tiempo compartido debe ser pagado por adelantado y se requiere de una cuota de mantenimiento anual.

Título (Title) Como es generalmente usado, los derechos de propiedad y posesión de una propiedad en particular. En bienes raíces, un título se refiere a los instrumentos o documentos por los cuales el derecho a la posesión es establecido (documentos de título) o puede referirse el interés de apropiación que alguien tenga en bienes raíces.

Compañías de Título (Title Company) Realiza investigaciones sobre problemas escondidos que podrían afectar al título y provee una póliza de seguro. También pueden hacer **cierres**.

Seguro del Título (Title Insurance) Una forma de póliza de seguro que protege contra pérdidas si ocurre un problema que resulte en una demanda contra la propiedad. Ejemplos de defectos del título incluyen un testamento o traslado de dominio falso, herederos no presentados, divorcios inválidos. Si una demanda es hecha contra la propiedad, la compañía puede pelear el reclamo en la corte o pagar la pérdida. Si la compañía de seguros decide pelear el seguro del título asegurarado, de acuerdo a los términos de la póliza, una defensa legal y pagará todos los gastos legales e incurridos en corte. También, si se prueba que la demanda es válida, se le devolverá al dueño los gastos de las pérdidas hasta el valor nominal de la póliza. Algunos aseguradores ofrecen coberturas con reembolsos por la inflación. La cobertura puede ser comprada a las Compañías Aseguradoras de Títulos o a abogados.

La prima se paga solamente una vez (usualmente 0.5 al 1.0% del costo de la propiedad). No existen ni primas de renovación ni fecha de vencimiento en la póliza. La cobertura dura tanto como el dueño o sus herederos mantengan interés por la propiedad.

En algunas áreas, puede no haber necesidad de investigar la historia completa del título si la propiedad ha cambiado de dueño recientemente. Algunas compañías aseguradoras de títulos puede emitir nuevamente una póliza a una prima más baja.

Investigación de Título (Title Search) Examen detallado del historial de una propiedad, generalmente en los registros públicos, para asegurarse de que el comprador está comprando una vivienda del dueño legal y que no hay gravámenes, valuaciones especiales pendientes por pagar u otras demandas o pactos restrictivos pendientes archivados en el registro, lo cual podría afectar negativamente el derecho del vendedor de transferir la propiedad.

Townhouse Fila de unidades conjuntas con paredes compartidas.

Cargos por transferencias (Transfer Charges) Cuotas de registro por documentos, incluyendo traslados de dominio o escrituras fiduciarias.

Triplex   Estructura que contiene tres unidades conjuntas

Fiduciario (Trustee) Persona a quien se le otorga responsabilidad legal para tener una propiedad en el mejor interés de o "para el beneficio de otra persona. La responsabilidad del fiduciario es ejecutable en una corte. Vea Escritura de Fideicomiso (deed of trust).

Inspección Final (Walk-through) Inspección final de la propiedad antes del finiquito.

Ordenanzas de Zona (Zoning Ordenances) Actas de un gobierno local autorizado que establecen códigos de construcción y regulaciones que controlan el uso específico de un terreno.

Capítulo 27

Hipotecas

Un agente de bienes raíces debería saber cuáles programas financieros están disponibles en su área y podrían ser un buen recurso. Los agentes aconsejan que usted comience el proceso de financiación de su vivienda mucho antes de que haga su oferta de compra mediante la obtención de una pre-aprobación de hipoteca. Sin embargo, usted no puede solicitar la hipoteca hasta que haya firmado un contrato de venta. Para información: www.fhatoday.com y www.hud.com.

Prestamistas Hipotecarios

La información financiera que un prestamista necesita es:
- W-2's de años anteriores
- Lista de activos y pasivos
- Lista de todo el ingreso ganado
- Prueba de empleo
- Recibos de un año de nómina
- Estados de Cuenta Bancarios
- Contrato de venta firmado
- Verificación de la fuente del pago inicial

Muchos prestamistas hipotecarios le ayudarán a determinar cuánto dinero puede usted pagar.

Los expertos sugieren que compare varios prestamistas y sus tarifas. Información disponible por Internet: http://homeadvisor.msn.com, www.mortage-net.com y www.lendingtree.com. Si usted está planeando quedarse en una vivienda por dos o tres años, ponga atención a sus costos de corto plazo, como costos de cierre (incluyendo puntos), pago inicial, avalúos y honorarios de abogados. Si usted va a ser un dueño a largo plazo, entonces ponga atención al interés total sobre la vida del préstamo. Usted también podría considerar pagos quincenales sobre la hipoteca.

Los prestamistas basan su decision al hacer un préstamo en el ingreso, duedas, propiedades, historial crédito y estabilidad. Las leyes federales prohiben que los prestamistas discriminen contra solicitantes por razones de género o raza. Vea www.ftc.gov/bcp/online/pubs/credit/ecoa.htm

Algunos prestamistas pueden permitirle a extranjeros que califiquen recibir préstamos de hasta el 75-80% del precio de compra. Los no inmigrantes pueden calificar también para un préstamo hipotecario. Para ser elegible pueden exigirle un número mínimo de años con visado y altas probabilidades de empleo durante ese tiempo.

Adicionalmente a su información personal y reporte crediticio (vea el Capítulo 25 bajo Estableciendo Crédito), los prestamistas también pueden comprar un puntaje de crédito basado en su reporte. Muchos de los puntajes de las instituciones de crédito de EE.UU. son producidos del software por la Compañía Fair, Isaac and Company (FICO). Los puntajes del FICO evalúan su historial de pagos, cantidades debidas, duración de la historia crediticia, créditos nuevos y tipos de crédito usados. Mientras más elevado sea el puntaje, el riesgo es menor.

Para calcular un puntaje de FICO, su reporte debe contener por lo menos una cuenta que haya sido abierta por lo menos hace seis meses y una cuenta que haya sido actualizada en los últimos seis meses. Para obtener un reporte de crédito y puntaje, vea www.myfico.com.

Si usted no tiene una puntución FICO, los prestamistas aceptan cartas de referencia de su banco. Se cobra un honorario si se requiere una traducción. También necesitarán documentos tales como una licencia de negocio para probar que existe la fuente de ingreso.

Puntos adicionales a considerar cuando busque una hipoteca, incluyen:

- Una selección de proveedores de hipotecas tales como bancos, entidades de ahorro y préstamo, compañías hipotecarias, corredores de hipotecas, uniones de crédito, vendedores de viviendas, Internet
- Tipos de préstamos y límites exactos de hipotecas para las cuales usted califica
- Duración del préstamo que es más conveniente para usted tal como una tasa fija a 30 años, fija a 15 años y un ARM de un año
- El pago inicial requerido por el prestamista - mientras más largos sean los términos y más grande el pago inicial, los pagos mensuales serán más pequeños
- La tasa de interés - en muchos casos la cantidad del pago inicial influirá en la tasa de interés - mientras más grande sea el pago inicial, la tasa de interés será menor
- Las tasas de interés y las cuotas varían entre los prestamistas - diferencias de un .25% pueden significar miles de dólares en la diferencia de pagos totales en la vida del préstamo
- Se puede aplicar multas por refinanciar la hipoteca o pagarla más pronto
- La duración del período de aprobación - en algunos casos, esté preparado para esperar de 30 a 45 días o más desde la fecha en que el prestamista recibe la información con la solicitud
- Los pagos de intereses sobre la hipoteca son deducibles del impuesto federal sobre los ingresos

Algunos prestamistas ofrecen préstamos hipotecarios asegurados por una agencia federal tales como el Federal Housing Administration (FHA) o el Department of Veterans Affairs (VA). Los préstamos que no están asegurados por el gobierno son llamados hipotecas convencionales. Hipotecas aseguradas pueden ser más atractivas que las hipotecas convencionales en algunos casos tales como cuando se requieren pagos iniciales más bajos. Estos pueden ser más restrictivos en otras maneras, por ejemplo, pueden estar disponibles únicamente para ciertos tipos de viviendas o para propiedades cuyo valor está por debajo del precio específico.

Los prestamistas generalmente cargan tasas de interés más bajas inicialmente para **hipotecas ajustables** de hipotecas (ARMs) (identificadas como tasa **LIBOR o T-Bill** más el margen) que para las hipotecas de tasas fijas. Existe el riesgo de que las tasas de interés aumentarán, conllevando a mayores pagos mensuales. Si usted no planea mantener la propiedad por muchos años entonces no debe preocuparse si las tasas de interés están aumentando.

Con muchos ARMs, la tasa de interés y el pago mensual cambian cada año, cada tres años o cada cinco años. El tiempo en que un período para una tasa de interés cambia a otro es llamado el período de ajuste.

Para escoger entre préstamos sobre hipotecas de tasa fija, usted debe comparar las tasas de interés, los pagos mensuales, honorarios, multas por prepago y cláusulas pagaderas a la venta.

Si un prestamista rechaza un préstamo, la ley federal exige que el prestamista le indique al solicitante, por escrito, las razones específicas de la no aprobación. Algunas compañías tienen estándares crediticios más estrictos que otras. Vale la pena seguir viendo.

Gastos relacionados con los préstamos:

. **Cuota para originar un préstamo**	. **Cuota de Solicitud de Seguro de la Hipoteca**
. **Puntos**	
. **Cuota de asunción**	. **Reporte Crediticio**
. **Avalúos**	

Gastos que pueden ser exigidos por el prestamista a ser pagados por el deudor por adelantado:

. Intereses diferidos	. Impuestos
. **Seguro contra riesgos**	. **Seguros Privados para Hipotecas**

Definiciones de Hipoteca

Los siguientes son algunos términos que usted puede encontrar cuando está solicitando una hipoteca para comprar una propiedad. Aquellas palabras en negrillas están definidas en otras partes de la lista siguiente o en el Capítulo 26, Comprando o alquilando un inmueble. La interpretación de los términos y su uso pueden variar de región en región.

Cláusula de Anticipación (Acceleration Clause) Condición en una hipoteca que puede requerir el balance del préstamo que se debe inmediatamente, si no se hacen los pagos regulares de la hipoteca o no se cumplen otras condiciones de la hipoteca.

Interés diferido (Accrued Interest) Interés desde la fecha del acuerdo al comienzo del período cubierto por el primer pago mensual.

Prestamo hipotecario (Adjustable Mortgage Loan) vea **hipoteca de tasa ajustable (Adjustable-rate mortage)**

Hipotecas ajustables (Adjustable-rate mortgage - ARM) La tasa de interés fluctúa con cambios en las tasas prevalecientes a través de la vida del préstamo. Inicialmente la tasa de interés puede ser más baja que una hipoteca a una tasa fija. Los ARMS más comunes se reevalúan una vez al año, basados en un índice de tasas de bonos del gobierno.

Intervalo de Ajuste (Adjustment Interval) Tiempo entre los cambios en la tasa de interés y/o pago mensual, es típicamente uno, tres o cinco años, dependiendo del índice.

Amortización (Amortization) Proceso gradual que le permite al deudor reducir su deuda gradualmente a través de pagos mensuales que cubren tanto el interés como el capital. A medida que se hacen los pagos al prestamista cada mes, el tamaño de la deuda por la hipoteca o por el capital, en muchos casos se reduce.

Tarifa Anual porcentual (APR) (Annual Percentage Rate) Medida del costo del crédito expresado como una tasa anual. Incluye el interés y otros cargos. Puesto que todos los prestamistas siguen las mismas reglas para asegurar la exactitud del porcentuaje anual, éste provee una buena base de comparación el costo de los préstamos, incluyendo los planes de hipotecas.

Avalúos (Appraisals) Opinión o estimado de un experto acerca de la calidad o valor de la propiedad en una fecha determinada.

Hipoteca asumible (Assumable Mortage) Hipoteca que es transferible del vendedor al comprador.

Cuota de Asunción (Assumption Fee) Cuota que se carga por procesar papeles para casos en los cuales el comprador se hace responsable de hacer los pagos del préstamo anterior del vendedor.

Asunción de la Hipoteca (Assumption of Mortgage) Responsabilidad asumida por el comprador de la propiedad para ser personalmente responsable de pagar una hipoteca existente. En una asunción, el deudor hipotecario original no tiene más responsabilidad sobre la hipoteca y para esto, se requiere el consentimiento del prestamista.

El deudor hipotecario original debe obtener siempre por escrito una exención de responsabilidad futura.

Pago mayor de la hipoteca (Balloon Mortgage) Pagos de tasas fijas bajas tales como para un término de 30 años, pero que tiene un término corto como de 5 a 7 años al final del cual es un pago simple grande.

Pagos de la hipoteca quincenales (Biweekly Mortgage Payments) Los pagos se hacen quincenalmente en vez de mensualmente (éstos pueden ser retirados automáticamente de la cuenta del propietario de la vivienda). Hay 26 medios pagos o el equivalente a 13 pagos mensuales. El pago extra sirve para crear equidad más rápidamente y reducir los costos de interés. Los pagos están fijados para un préstamode 30 años, pero el pago extra significa que el préstamo será pagado en su totalidad en sólo 20 años.

Límite (Cap) Límite por el cual una tasa ajustable de hipoteca puede ser elevada en cualquier momento. Por ley, casi todos los ARMs deben tener un límite global. Muchos tienen un límite periódico de tasas de interés. Los límites periódicos restringen el incremento de las tasas de interés de un período de ajuste al próximo. Los límites globales restringen el incremento de las tasas de interés en la vida del préstamo. Los límites en los pagos no restringen la cantidad de interés que el prestamista gane y por consiguiente pueden causar una amortización negativa.

Tope (Ceiling (Lifetime Cap)) Límite más allá del cual no puede pasar una tasa ajustable de hipoteca.

Ley de Inversión en la Comunidad (Community Reinvestment Act (CRA)) Ley federal que le exige a los bancos que hagan préstamos a consumidores con ingresos modestos.

Préstamo para la Construcción (Construction Loan) Préstamo a corto plazo para financiar el costo de la construcción. El prestamista adelanta fondos al constructor periódicamente a medida que el trabajo avanza.

Hipoteca Convencional (Conventional Mortgage) Hipoteca no asegurada por el HUD o garantizada por el VA. Está sujeta a las condiciones establecidas por la institución de crédito y los estatutos del estado. Las tasas hipotecarias pueden variar según el tipo de institución y entre diferentes estados (los estados tienen varios límites de intereses).

Cláusula de Conversión (Conversion Clause) Determinación a algunos ARMs que le permite cambiar el ARM a un préstamo a tasa fija en algún momento durante el término.

Reporte Crediticio (Credit Report) Resumen de lo que ha averiguado una agencia de reporte crediticio al prestamista. El reporte muestra el historial de crédito del comprador y su reputación. Esta cuota es pagada generalmente por el comprador.

Cociente Deuda-Ingreso (Debt-to-Income Ratio) El cociente, expresado como un porcentaje, que se origina cuando el pago mensual de una obligación de un deudor es dividido por su ingreso neto (préstamos del FHA/VA) o su ingreso bruto mensual (préstamos convencionales). Vea Housing expenses-to-income ratio.

Escritura de fideicomiso (Deed of Trust) Vea **Hipoteca**.

Incumplimiento (Default) Omisión de pagos de hipotecas acordados en un compromiso basado en los términos y en un momento determinado, establecido en la hipoteca o la **escritura de fideicomiso**. En caso de omitir los pagos, la hipoteca puede conceder al prestamista el derecho de acelerar los pagos, tomar posesión y recibir las rentas y empezar un juicio hipotecario. Las omisiones pueden conllevar a el no cumplimiento de otras condiciones en la hipoteca o en la escritura de fideicomiso.

Interés diferido (Deferred Interest) Vea **amortización negativa**.

Morosidad (Delinquency) Omisión de pagos hipotecarios a tiempo. Esto puede conllevar a un juicio hipotecario.

Departamento de Asuntos para personas de tercera edad (VA) (Department of Veterans Affairs) Agencia independiente del gobierno federal que garantiza pagos hipotecarios a largo plazo o que no impliquen un pago inicial a personas de la tercera edad que sean elegibles.

Puntos de descuento (Discount Points) Vea **Puntos**

Tasa de descuento (Discounted rate) Algunos prestamistas ofrecen tasas iniciales de ARM que están por debajo de la suma del Índice y del Margen. Las tasas de descuento son a veces combinadas con grandes cuotas de préstamos iniciales (puntos) y con tasas de interés más elevadas después del vencimiento del descuento.

Pago inicial (Down payment) Cuando un comprador está usando una hipoteca para la compra de una propiedad, el pago inicial es el dinero pagado por la diferencia entre el precio de compra y la cantidad de la hipoteca. Los pagos iniciales usualmente son de 10 % a 20 % del precio de venta para préstamos convencionales, para préstamos de FHA y VA, no se requiere pago inicial hasta un 5 %.

Cláusulas de pagdaras a la venta (Due-on-sale-Clause) Disposición en una hipoteca o escritura de fideicomiso que permite al prestamista exigir el pago inmediato del balance de la hipoteca, si el poseedor de la hipoteca vende la vivienda.

Ley de Igualdad de Oportunidades para obtener créditos (Equal Credit Opportunity Act (ECOA)) Prohíbe a los prestamistas el discriminar por raza, color, religión, nacionalidad, sexo, estado civil, edad o recibo de ingresos de programas de asistencia gubernamentales al momento de examinar solicitudes de crédito.

Equidad (Equity) El valor del interés no gravable del dueño de una vivienda en un pedazo de terreno de bienes raíces. La equidad es calculada sustrayendo del valor justo de mercado de la propiedad, el total del balance de la hipoteca no pagado y cualquier deuda pendiente en contra de la propiedad. La equidad del dueño de una propiedad aumenta a medida que éste paga su hipoteca y/o la propiedad aumente de valor. Cuando la hipoteca y todas las otras deudas contra la propiedad son pagadas en su totalidad, el dueño de la vivienda tiene el 100 % de equidad en su propiedad.

Depósitos de garantía (Escrow) Fondos pagados por el comprador a un tercero (el agente de depósitos en garantía) que son retenidos hasta que suceda un evento específico, después de que los fondos son emitidos a una persona en particular. En las transacciones de hipotecas FHA, un depósito en garantía se refiere a los fondos que el deudor hipotecario paga al prestamista al momento de hacer los pagos hipotecarios periódicos. El dinero es retenido en un fondo fiduciario suministrado por el prestamista para el comprador. Tales fondos deben ser adecuados para cubrir gastos anuales anticipados, para primas de seguros hipotecarios, impuestos, primas de seguro de riesgos y gravámenes especiales.

Fannie Mae Vea **Asociación Nacional Hipotecaria Nacional** Hipotecas de Fannie Mae del con un bajo % de pago inicial están disponibles para compradores de vivienda de bajos ingresos y para las minorías.

Corporación Federal de Préstamos Hipotecarios para Viviendas (Federal Home Loan Mortgage Corporation (FHLMC)) También llamado **"Freddie Mac"**, es una agencia cuasi-gubernamental que compra hipotecas convencionales de instituciones de depósitos asegurados y banqueros hipotecarios aceptados por el HUD.

Administración Federal de Viviendas (Federal Housing Administration (FHA)) División del Departamento de Viviendas y Desarrollo Urbano. Su actividad principal es el asegurar préstamos hipotecarios residenciales hechos por prestamistas privados. El FHA también establece los estándares para garantizar hipotecas.

Asociación Nacional Hipotecaria Federal (Federal National Mortage Association (FNMA)) También conocida como "Fannie Mae," una corporación de pago de impuestos creada por el Congreso, la cual compra y vende hipotecas residenciales convencionales, así como aquellas aseguradas por el FHA o garantizadas por el VA. Esta institución provee fondos para cada una de siete hipotecas, hace más disponible el dinero para hipotecas.

Préstamo FHA (FHA Loan) Préstamo asegurado por la Administración Federal de la Vivienda (Federal Housing Administration) abierto a todos los compradores de viviendas calificados. Mientras que existen límites en cuanto al tamaño de los préstamos FHA, éstos son lo suficientemente generosos para manejar viviendas de precios moderados en casi todo el país.

Hipotecas de tasas fijas (Fixed-rate mortgage) La misma tasa de interés con el mismo pago mensual para el término del préstamo. Mientras más largo sea el término, más bajo es el pago mensual, pero el costo final será mayor.

Juicio Hipotecario (Foreclosure) También conocido como lanzamiento de la propiedad. Proceso legal por el cual el prestamista o el vendedor forza la venta de una propiedad hipotecada, porque el acreedor no ha cumplido con los términos de ésta.

Freddie Mac Vea **Corporación Federal de Préstamos Hipotecarios para Viviendas (Federal Home Loan Mortgage Corporation - FHLMC).**

Ginnie Mae Vea **Asociación Gubernamental Hipotecaria Nacional (Government National Mortgage Association - GNMA).**

Estimado de Buena Fe (Good Faith Estimate) Cuando uno presenta una solicitud para un préstamo, el prestamista debe proveer un Estimado de Buena Fe por interese y cargos de servicios por lo menos tres días antes de cerrar el préstamo.

Asociación Gubernamental Hipotecaria Nacional (Government National Mortgage Association (GNMA) También conocida como Ginnie Mae, la cual provee fondos para hipotecas residenciales, aseguradas o garantizadas por el FHA o el VA.

Cargos Gubernamentales de Registro y Transferencia (Government Recording and Transfer Charges) Cargos por registrar legalmente los nuevos traslados de dominio y de hipoteca. Se deben comprar sellos por impuestos de la ciudad, el condado y/o del estado.

Hipoteca con Pagos Graduados (Graduated Payment Mortgage (GPM)) Tipo de hipoteca de pago flexible en la cual los pagos se incrementan por un período de tiempo específico y luego se nivelan. Este tipo de hipotecas se amortiza negativamente.

Ingreso Bruto Mensual (Gross Monthly Income) Cantidad total que el acreedor gana al mes, antes de que los gastos sean deducidos.

Garantía (Guaranty) Promesa de pagar una deuda o cumplir con una obligación contraía por otra persona si la primera no cumple o actúa de acuerdo al contrato.

Cociente Gastos de Vivienda sobre Ingresos (Housing Expenses-to-Income ratio) El cociente, expresado como un porcentaje que resulta cuando los gastos de vivienda de un titular de hipoteca son divididos por su ingreso efectivo (préstamos de FHA/VA) o ingreso bruto mensual (préstamos convencionales). Vea Cociente Deuda sobre Ingreso.

Departamento de Vivienda y Desarrollo Urbano (Department of Housing and

Urban Development (HUD))

Depósito Vea **Reservas – Impound Reserves**

Índice (Index) Tasa de interés publicada contra la cual los prestamistas miden la diferencia entre la tasa de interés actual en una tasa hipotecaria ajustable y aquella ganada en otras inversiones (tales como U.S. Treasury security yields a uno, tres y cinco años, la tasa de interés promedio mensual en préstamos de instituciones de ahorro y préstamo y el costo promedio de los fondos mensuales incurridos por ahorros y préstamos), la cual es luego usada para ajustar la tasa de interés de hipotecas ajustables.

Interés (Interest) Cargo pagado por hacer préstamos monetarios (vea Vale Hipotecario)

Instituciones de Crédito (Lending Institutions) Prestar dinero al comprador a tasas de interés fijas o fluctuantes. Las instituciones de crédito incluyen bancos comerciales, bancos de ahorros comunes, asociaciones de ahorro y préstamo y compañías hipotecarias. Los cargos y cuotas de establecimiento varían entre éstas. Algunos periódicos locales publican semanalmente una guía de tasas de interés hipotecarias para los compradores.

LIBOR (Tarifa Ofrecida por el Inter Banco de Londres) **(London Interbank Offered Rate)** Referencia de tasa usada ampliamente para la tasa de préstamos a corto plazo.

Solicitud de préstamo (Loan Application) Solicitud que pide información como el lugar de trabajo del propietario, sus activos y deudas. Información falsa puede llevar a sanciones severas y pérdida de la propiedad.

Compromiso de Préstamo (Loan Commitment) Promesa de la institución de crédito de hacer un préstamo disponible en una cantidad específica en un tiempo futuro.

Descuento de Préstamo Vea **Puntos (Loan Discount)**

Cuota para originar un Préstamo (Loan Origination fee) Cuota que cubre los costos administrativos del prestamista al procesar un préstamo. Usualmente se expresa como un porcentaje del préstamo y varía según los prestamistas y la región. Podría llegar del 1% al 2 % del préstamo.

Cociente Préstamo sobre Valor (Loan-to-Value Ratio) Relación entre la cantidad del préstamo hipotecario y el valor estimado de la propiedad, expresado como un porcentaje.

Lock-in Promesa de un prestamista de mantener una cierta tasa de interés y un cierto número de puntos para un período de tiempo determinado, mientras se procesa el préstamo.

Margen (Margin) Número de puntos en porcentaje que el prestamista agrega a la tasa del índice para calcular la tasa de interés del ARM en cada ajuste por ejemplo, si la tasa del índice es 6% y el margen es 2%, entonces de la tasa del índice en tu totalidad es 8 %.

Escritura de Fideicomiso (Mortgage (Deed of Trust or Security Deed)) Préstamo de dinero que le permite al comprador comprar la propiedad. El comprador le otorga al prestamista un gravamen o reclamo contra la propiedad para asegurar el dinero prestado. Bajo disposiciones de garantía de préstamos o seguros gubernamentales, los pagos pueden incluir depósitos de garantía que cubren impuestos, seguros contra riesgos y transacciones fiscales especiales. Existen muchos tipos de hipotecas que usualmente varían entre 10 y 30 años, período durante el cual el préstamo debe ser pagado en su totalidad.

Banquero de Préstamo Hipoticario (Mortgage Banker) Prestamista que prestan sus fondos propios y venden el préstamo en el **mercado hipotecario secundario**.

Agente Hipotecario (Mortgage Broker) Agente que representa a muchos prestamistas hipotecarios

Compromiso Hipotecario (Mortgage Commitment) Nota escrita del banco u otra institución financiera que especifica que adelantará fondos por una cantidad específica para permitirle al comprador adquirir una vivienda.

Cuota de Solicitud de Seguro (Mortgage Insurance Application Fee) Cuota que cubre el trámite de la solicitud para seguro hipotecario privado, que puede ser requerido en ciertos préstamos. Puede cubrir tanto el avalúo como la cuota de solicitud.

Seguro de Vida Hipotecario (Mortgage Life Insurance) Seguro para el pago de la hipoteca en caso de incapacidad física o muerte del comprador.

Cuota de Préstamo Hipotecario Vea **Cuota para Originar un Préstamo (Mortgage Loan Fee)**

Vale Hipotecario (Mortgage Note) Acuerdo por escrito de pagar otra vez un préstamo. El acuerdo es asegurado por una hipoteca y sirve como prueba de una deuda y especifica la manera en la cual será pagado. El vale señala la cantidad actual de la deuda que la hipoteca asegura y hace al deudor hipotecario personalmente responsable de pagarla otra vez.

Hipoteca Abierta (Mortgage - Open-end) Hipoteca con una determinación que permite adquirir dinero prestado en el futuro mediante el refinanciamiento del préstamo o pagando cargos adicionales de financiamiento. Determinaciones abiertas usualmente limitan la adquisición de tal préstamo a no más de lo que incrementaría el balance de la cantidad original del préstamo.

Acreedor Hipotecario (Mortgagee)

Deudor Hipotecario (Mortgagor) El acreedor en un acuerdo hipotecario.

Amortización Negativa (Negative Amortización) Ocurre cuando los pagos mensuales no son lo suficientemente grandes como para pagar todo el interés que se debe por el préstamo. Este interés no pagado se agrega al balance no pagado del préstamo. El peligro de la amortización negativa es que el comprador de vivienda termina debiendo más de la cantidad original del préstamo.

Hipoteca a no Costo (No Cost Mortgage) La primera cuota es incluida a una tasa de interés mayor. Este préstamo es usualmente usado por compradores que planean mantener su casa por pocos años.

Cláusula de No Asunción (Non-assumption Clause) Declaración en el contrato de hipoteca de la prohibición de la asunción de la hipoteca sin la aprobación previa del prestamista.

Cuota de Originación (Origination Fee) Cuota cargada por el prestamista para preparar los documentos del préstamo, hacer revisiones del crédito, inspeccionar y a veces valorar la propiedad, usualmente calculada como un porcentaje del valor nominal del préstamo

PITI Abreviación para principal, interés, impuestos y seguros, elementos que comúnmente conforman el pago de un préstamo del acreedor

Puntos (Points) A veces llamado "puntos de descuento." Un punto es el 1% de la cantidad del préstamo hipotecario. Los prestamistas frecuentemente cargan puntos tanto en hipotecas a tasa fija como en hipotecas a tasa ajustable para poder incrementar el rendimiento sobre la hipoteca y para cubrir los costos de cierre. Estos puntos usualmente son pagados en el cierre. A los compradores les está prohibido pagar puntos por préstamos garantizados HUD o VA (los vendedores si pueden pagar). En una hipoteca convencional, los puntos pueden ser pagados tanto por el comprador como por el vendedor o compartirse entre ellos.

Carta Preaprobada (Preapproval Letter) Carta del prestamista dando su aprobación para la hipoteca hasta una cierta cantidad, supeditada al avalúo de la propiedad.

Prepago (Prepayment) Pago del préstamo hipotecario, o parte de éste, antes de la fecha de su vencimiento. Los acuerdos hipotecarios usualmente restringen el derecho de prepago mediante la limitación de la cantidad que puede ser prepagada en cualquier año o cargando una multa por el prepago. La Administración Federal de Vivienda (Federal Housing Administration) no permite tales restricciones en hipotecas aseguradas de FHA.

Carta de Preclasificación (Prequalification Letter) Estimado de prestamistas o acreedores potenciales de que si el comprador califica para un préstamo, antes de que éste compre la propiedad, éste no es necesariamente un compromiso seguro para conceder un préstamo.

Mercado Hipotecario Primario (Primary Mortgage Market) Los prestamistas hacen los préstamos hipotecarios directamente a los acreedores, tales como asociaciones de ahorro y préstamo, bancos comerciales y compañías hipotecarias. Estos prestamistas a veces venden sus hipotecas a mercados hipotecarios secundarios tales como FNMA o GNMA.

Principal o Capital (Principal) La cantidad básica de dinero prestado, en otras palabras, el principal es la cantidad sobre la cual el interés es pagado.

Seguro Hipotecario Privado (Private Mortgage Insurance - PMI) Requerido en todos los préstamos mayores de 80 %. No son necesarios cuando usted tiene 20% de equidad de vivienda. Con esta protección de seguro, el prestamista puede estar dispuesto a hacer un préstamo más grande, reduciendo así los requisitos del pago inicial.

Refinanciamiento (Refinancing) Proceso del acreedor hipotecario pagando un préstamo con las especificaciones de otro préstamo.

Cuota Hipotecaria Renegociable (Renegotiable Rate Mortgage) Vea **Cuota Hipotecaria** Ajustable **(Adjustable Rate Mortgage)**

Reservas depositadas con el Prestamista (Reserves deposited with Lender) (Reservas, depósitos de garantía, cuentas de depósito) Fondos retenidos en una cuenta por el prestamista para asegurar pago futuro de gastos recurrentes tales como impuestos de bienes raíces y seguro contra riesgos, seguro hipotecario o cuotas de los propietarios de viviendas. En el acuerdo, se puede pagar al comprador una cantidad inicial para comenzar a reservar. Una porción de los pagos mensuales regulares será añadida a la cuenta de reserva.

Mercado Hipotecario Secundario (Secondary Mortgage Market) Agencias a las cuales los prestamistas hipotecarios primarios venden las hipotecas que ellos mismo hacen para obtener más fondos y poder originar más préstamos.

Seguro del Traslado de Dominio (Security Deed) Vea **Hipoteca**

Descuento de Intereses (Seller Buydown) El vendedor paga una cantidad al prestamista para que éste le pueda ofrecer una tasa más baja y pagos más pequeños al comprador al comienzo del término de la hipoteca. El vendedor puede incrementar el precio de venta de la vivienda para cubrir el costo del descuento de intereses.

T-Bill (Cuenta del Tesoro) Treasury Bill) Indicadores basados en tasas a corto plazo que emite el Tesoro de los EE.UU. por orden del governo para pagar la deuda nacional y otros gastos.

Término Hipotecario Vea **Pago Mayor de la Hipoteca**

Seguro de Título (Title Insurance) El seguro del título puede ser emitido tanto al deudor hipotecario en forma de una póliza de título de posesión o al acreedor hipotecario en forma de una póliza de título de prestamista. Los beneficios del seguro serán pagados únicamente al asegurado en la póliza de título. Si el comprador está satisfecho con el título, éste puede escoger no comprar una póliza para sí mismo, sin embargo, se le exigirá que pague por la póliza del prestamista.

Truth in Lending Declaración preparada por el prestamista para establecer la tasa del porcentaje anual, cuotas y otros costos del crédito.

Aseguramiento (Underwriting) Decisión de hacer un préstamo a un comprador de vivienda potencial basado en crédito, empleo, activos y otros factores y el apareamiento de éste riesgo con una tasa, término o cantidad del préstamo apropiados.

Préstamo VA (VA Loan) Préstamo a largo plazo, con bajo o ningún pago inicial, garantizado por el Departamento de Asuntos de personas de la tercera edad (Department Of. Veterana Affaire) y restringido a personas que califican por prestar servicio militar o con otros derechos.

Cuota Hipotecaria Variable (Variable Rate Mortgage - VRM) - Vea **Tasa Hipotecaria Ajustable**

Verificación de Depósito (Verification of Deposit - VOD) Documento firmado por la institución financiera del acreedor que verifica el estatus y balance de sus cuentas financieras.

Verificación de Empleo (Verification of Employment - VOE) Documento firmado por el empleador del acreedor que verifica su puesto y salario.

Parte III

Seguros

Los seguros son considerados de mucha importancia en EE.UU. La parte III explora el complejo tema de los seguros para vivienda, salud y automóviles.

La parte de seguros para viviendas cubre la estructura, su contenido y responsabilidad civil y la de seguros para los arrendatarios cubre el contenido. Vea Capítulo 28.

La parte de seguro de salud examina muchos tipos de coberturas médicas en EE.UU., millones de residentes de EE.UU. no están asegurados o están sub-asegurados, millones de otros están cubiertos porque reciben bajos ingresos, están afiliados a dependencias gubernamentales o tienen acceso a seguros a través de sus empleadores o por sus propios recursos. El Capítulo 29 provee una visión más amplia de éste aspecto tan importante de establecerse en EE.UU.

Tal como ocurre con los seguros de vivienda, existe una necesidad de protección al conducir un automóvil o un camión en EE.UU. EL Capítulo 30 ofrece una introducción a este tipo especial de seguro.

Las clasificaciones de las compañías de seguros pueden encontrarse en publicaciones de las bibliotecas locales o por Internet, las cuales incluyen: A.M. Best (www.ambest.com), Standard and Poor's (S&P): (www.standardandpoors.com), Weisss Research (www.weissratings.com) y Moody's Investors Service (www.moodys.com). Las oficinas de seguro estatales se encuentran en www.pueblo.gsa.gov/crh/insurance.htm.

Capítulo 28 – Póliza de Seguro para Propietarios de Viviendas
- Programas de seguros que proveen compensación por daños o pérdidas de su vivienda y reemplazo de pertenencias personales.

Capítulo 29 – Seguro de Salud
- Programas de seguros que proveen compensación por enfermedades o heridas que requieren tratamiento en hospitales y/o asistencia médica.

Capítulo 30 – Seguro de Automóviles
- Programas de seguros que proveen compensación para pérdidas debido a accidentes automovilísticos.

Capítulo 28

Póliza de Seguro para Propietarios de Viviendas

Las pólizas de seguro para propietarios de vivienda ayudan a pagar las reparaciones o remodelaciones hechas a su vivienda y reemplazar objetos personales afectados por riesgos tales como robo, incendio u otros desastres. La póliza puede incluir también cobertura como responsabilidad por daños corporales y pagos médicos que ofrecen protección contra un reclamo o demanda resultante de heridas corporales o daños a la propiedad de otros. Para más información visite www.iii.org.

Vista General

Tener pólizas de seguro para propietarios de vivienda y contra responsabilidad civil no es un mandato por ley a menos que el gobierno local así lo exija, sin embargo, se recomienda que todos los propietarios de viviendas compren una póliza.

La cantidad de seguro necesaria debería ser suficiente para proteger la estructura y las pertenencias personales, sin proteger el terreno en donde la vivienda está ubicada. Una compañía de seguros estándar emite pólizas de seguros para propietarios de vivienda por lo menos del 80 % del costo de reemplazo.

Los agentes aseguradores en su área tienen disponibles pólizas de seguro para propietarios de viviendas. Obtenga precios de, por lo menos, tres compañias. Usted puede reducir su prima incrementando su deducible. Expertos aconsejan no hacer muchas reclamaciones pequeñas.

Infórmese con su compañia de seguros sobre descuentos al instalar detectores de humo, alarmas contra robo, ventanas contra tormentas y otros elementos de seguridad.

Algunas compañias de seguro revisan su puntaje de crédito. También revisan el reporte de Intercambio de Seguro de Perdidas Contra Todo Riesgo (CLUE). Este es un banco de datos de reclamaciones de dueños de casa.

Examine las limitaciones para determinar si es necesaria una cobertura adicional para daños potenciales que no están cubiertos por la póliza de seguros para propietarios de viviendas, por ejemplo, artículos tales como joyas y antigüedades tienen límites en los valores dentro de la póliza. Esta cobertura puede ser añadida por un costo extra.

La póliza puede proveer una cobertura de "reemplazo" o de "valor efectivo", por ejemplo, suponga que usted compró una silla por US $200. Diez años más tarde fue destruida en un incendio. Si usted estaba asegurado por valor efectivo actual, la compañía de seguros no le pagaría a usted US $200, sino una cantidad más baja que reflejaba el valor depreciado de la silla, tal como US $50. Si usted estaba asegurado por costo de reemplazo y si la reparación de la silla costaba US $250, entonces la compañía de seguros le tendría que haber reembolsado US $250.

Una póliza de seguro para propietarios de viviendas puede cubrir daños causados por lluvias con vientos fuertes y otros daños causados por el agua pero no por daños causados por inundación. Si usted vive en un área propensa a inundaciones, hable con su agente acerca de seguros contra inundaciones.

Esté alerta de los cambios hechos a las ordenanzas locales o códigos de edificación que afectan su vivienda. Consulte con su agente porque la compañía de seguro puede no ser responsable por el pago del costo de apreciación de la vivienda para cumplir con dichos cambios.

Muchas pólizas de seguros para propietarios cubren daños causados por huracanes y granizo, sin embargo, en algunas áreas, mayormente en las zonas costeras, ésta cobertura está excluida. En estos casos, la cobertura puede ser comprada a través de una agencia por separado tal como la Asociación Aseguradora Florida Windstorm, la cual asegura propiedades en ese estado. Contacte a un agente local o a la oficina en su estado para mayor información.

Como resultado del crecimiento de moho tóxico en madera dañada por la humedad en las casas, las reclamaciones relacionadas con el moho se han incrementado grandemente. Muchas compañías de seguro han restringido las reclamaciones relacionadas con el moho, han dejado de ofrecer pólizas en algunos estados o han incrementado los precios. En algunos estados se requieren pagos adicionales para los propietarios que desen protección contra el moho y los precios pueden ser muy caros.

Muchos de los prestamistas hipotecarios requieren coberturas de pólizas de seguros para propietarios de viviendas en el contrato del préstamo para proteger su interés en la propiedad.

Antes de comprar una propiedad, especialmente en áreas de alto riesgo, asegúrese que podrá encontrar un seguro apropiado.

Después de varios años de desastres mayores, muchas compañías de seguros en Florida dejaron de emitir o redujeron el número de pólizas. Las primas aumentaron dramáticamente, algunas por tanto como 100 % en un año. Los dueños de viviendas de Florida tienen acceso al Plan de Asistencia del Mercado (Market Assistance Plan) para obtener ayuda para encontrar un seguro disponible, el cual a veces resulta costoso. Para más información llame al Market Assistance Plan (MAP) al (800) 524-9023.

Florida tiene un grupo privado de compañías que todavía emiten seguros, es un programa autorizado por la Legislación del Estado de la Florida para proveer seguro residencial para personas que no son capaces de encontrar cobertura para sus viviendas en ninguna otra parte. Esta cobertura es vendida por agentes aseguradores regulares. La cobertura cuesta mucho más que el costo promedio de otros corredores en la Florida y es una solución a corto plazo a las crisis causadas por desastres naturales.

El seguro del arrendatario está disponible para las pertenencias personales dentro de la propiedad arrendada. También hay otras opciones para asegurar la estructura de la vivienda arrendada.

Si usted es un residente de un condominio, debe encontrar qué proporción exactamente está cubierta por el seguro de la asociación del condominio y qué porción es responsabilidad del dueño de la propiedad.

Haga una lista de sus pertenencias. Guarde los recibos que muestran el año en que el artículo fue comprado y la cantidad pagada. También es una buena idea tomar fotografías o video tapes fechados de sus pertenencias. Guarde todos los registros en una caja de seguridad u otro lugar seguro.

Informe al agente de cualquier construcción adicional o mejoras hechas a su vivienda. Cada año, consulte con su agente para asegurarse de que las pólizas proveen una Buena cobertura.

Definiciones de Seguro de Propietario de Viviendas

La siguiente es una lista de términos que usted encontrará cuando esté solicitando seguro para su vivienda:

Gasto de subsistencia adicional (Additional Living Expense - Loss of Use) Cobertura que paga por los gastos extras que están por encima de lo normal, tales como gastos de comida y alojamiento en los que se incurrió mientras la vivienda del titular de la póliza estaba siendo reparada.

Ajustador (Adjuster) Persona con licencia y con entrenamiento profesional que evalúa el daño.

Póliza contra todo riesgo (All-risk Policy or Special Form) Póliza que cubre la pérdida de la propiedad o daño que resulta de cualquier riesgo, excepto aquellos daños que están específicamente excluidos del contrato.

Cancelación (Cancellation) Terminación de una póliza de seguros por la compañía aseguradora o el titular de la póliza antes de que expire.

Solicitud de Reembolso de Gastos Médicos (Claim) Petición de reembolso por una pérdida cubierta por la póliza.

Seguro de condominio (Condominium Insurance) Seguro de un propietario que cubre cualquier objeto no asegurado por la póliza de asociación de condominios.

Deducible (Deductible) Cantidad que el tenedor de la póliza debe pagar por reclamo o pérdida aantes de que la compañía comience a pagar. Es una cantidad fija establecida en la póliza. Mientras el deducible sea mayor, la prima será mas baja.

Reembolso (Endorsement) Cambio añadido a una póliza de seguro que altera los términos originales.

Flotante (Floater) Cobertura agregada a una póliza de seguros para cubrir ciertos objetos especiales.

Resguardo contra la Inflación (Inflation Guard) El límite de la cobertura aumenta anualmente en un porcentaje que refleja las variaciones de la inflación.

Pérdidas aseguradas (Insured Loss) Pérdidas (robo, daño) que la póliza de seguro pagará en parte o en su totalidad.

Responsabilidad Civil (Liability) Obligación legal de compensar por lesiones de accidentes o daños a la propiedad de otros.

Agente sy Compañías Autorizadas (Licensed Agents and Companies) Agentes y compañías que están autorizadas y supervisadas por el departamento de seguros del estado.

Límite (Limit) Cantidad máxima que la póliza de seguros pagará en caso de una pérdida.

Pagos Médicos (Medical Payments) Pagos por gastos médicos de visitantes que se lesionan accidentalmente en su vivienda.

Seguro de casas rodantes (Mobile home Insurance) Póliza similar a la póliza de seguros de propietarios de viviendas pero que es específicamente para una casa rodante.

Seguro Hipotecario (Mortgage Insurance) Pago total de la hipoteca de su vivienda en caso de que usted muera.

Riesgo (Peril) Causante de una pérdida para el tenedor de la póliza (robo, incendio, huracanes)

Responsabilidad por daños corporales (Personal liability) Protege contra un reclamo o demanda originada en lesiones corporales (diferentes a accidentes automovilísticos) o daños a la propiedad de otras personas.

Prima (Premium) Pagos regulares periódicos hechos por el titular de la póliza para la cobertura del seguro.

Seguro de Arrandatarios (Renters' Insurance) Asegura pertenencias personales de los arrendatarios contra riesgos

Riesgo (Risk) Probabilidad de pérdidas de personas aseguradas.

Capítulo 29

Seguro de Salud

En muchos países el gobierno provee programas nacionales de seguros de salud para todos los residentes, sin embargo, en EE.UU., más de 1500 compañías aseguradores ofrecen coberturas.

Debido a las diferencias existentes en cuanto al enfoque dado a este tema, este capítulo incluye una visión global de las diferentes opciones de seguros de salud. Los siguientes individuos tendrán que enfrentar dificultades particulares para el pago o la obtención de un seguro de salud:

- Trabajan por su propia cuenta
- Se jubilan más temprano
- Trabajan medio tiempo
- Están desempleadas (incluyendo a los que están entre empleos)
- Pierden la cobertura cuando se divorcian o muere su cónyuge
- Cuyos empleadores no ofrecen cobertura
- Inmigrantes
- Tienen condiciones pre-existentes

De acuerdo al censo de 2001, tomado antes de la recesión económica, 41.2 millones de personas no estaban aseguradas. Si no fuera por el Medicare y programas para infantes, la situación hubiera sido mucho peor. De las casas con ingresos por debajo de los $25,000 anuales, el 23% carecía de seguro de salud. De la población de hispano-parlantes solo el 66.8% tiene seguro. Un reporte de Families U.S.A. encontró que 74.7 millones de personas de menos de 65 años no estaban aseguradas en algún momento durante el 2001-2002, la mayoría por, al menos, 6 meses.

Muchas otras no son lo suficientemente pobres como para calificar para Medicaid y no lo suficientemente ricas para adquirir seguros de salud. Esto es algo que se debe considerar seriamente cualquier persona que esté pensando en mudarse a EE.UU.

Usted encontrará inestabilidad en el campo de los seguros de salud. Usted puede sentir que el cuidado de su salud está fuera de su control la mayoría del tiempo, usted no puede estar seguro de que tendrá acceso continuo a una compañía de seguros o a doctores específicos. Los costos también parecen estar fuera de control. Las pólizas de seguro, aún Medicare, parecen muy complicadas.

Para entender mejor cómo funciona el sistema, examinemos las cuatro secciones de este capítulo:

- Legislación acerca del cuidado de la salud
- Puntos a considerar al escoger un seguro de salud
- Opciones para cobertura de seguros de salud
- Resumen de los términos de seguros de salud

Legislación Acerca del Ciudado de la Salud

Ley de Transferencia y Responsabilidad del Seguro de Salud

En 1996, el Congreso intentó analizar algunas de las preocupaciones concernientes al cuidado de la salud con una nueva legislación, la Ley de Transferencia y Responsabilidad del Seguro de Salud.

La ley ordena que:

- Se permitan deducciones en los impuestos por cuidado a largo plazo
- Los aseguradores vendan a compañías que tengan entre dos y 50 empleados (se les prohibe a los empleadores el excluir empleados en base sus condiciones de salud)
- Las excepciones de impuestos sobre la renta para los que trabajan por cuenta propia sean aumentandas a un 80% para el año 2006
- Se conduzca un experimento de cuatro años para probar el funcionamiento de las cuentas para gastos médicos (MSAs) que sean deducibles de impuestos
- Exista una cobertura privada de seguros de salud, para ciertos empleados e individuos, que esté disponible y sea renovable.
- Los empleados no sean excluídos de un nuevo plan de grupo por más de 12 meses (18 meses para los que se suscriben tarde) por condiciones pre-existentes diagnosticadas dentro de los 6 meses de la suscripción (en algunos estados este período puede ser menor)
- O bien:
  - que los estados creen leyes que permitan a las personas elegibles que se retiran de los planes de cobertura de grupo comprar pólizas de seguro individuales o
  - que todos los aseguradores del mercado individual ofrezcan coberturas individuales para todas las personas que son elegibles que se puedan transferir de coberturas de grupo para coberturas individuales después de haber usado su cobertura bajo programas de COBRA u otros programas estatales
- Los empleados pueden transferir su elegibilidad de seguros de salud a otros empleos, siempre y cuando el nuevo empleador ofrezca una cobertura. La elegibilidad es la que es transferible, no el seguro en sí.
- Para las personas que se transfieren dentro de coberturas de grupo o de coberturas individuales a una de grupo, el período de exclusión de la condición pre-existente es reducido por el número total de períodos de cobertura reconocible que dicho individuo tenía

La ley no limita las restricciones de condiciones pre-existentes en las pólizas individuales, excepto para personas elegibles que se transfieren de una cobertura de grupo a una individual, tampoco limita los períodos de espera que los planes imponen antes de que un individuo sea elegible para la cobertura, aunque cualquier período de espera debe pasar concurrentemente con el período de restricción de la condición pre-existente.

La ley no limita las primas. No se les garantiza la cobertura a personas que no puedan pagar las primas.

Otras Leyes

En 1996, el Congreso emitió otras dos reformas a las medidas de salud. Una requiere que las compañías de seguro cubran por lo menos estadías en el hospital del 48 horas, cuando sean solicitadas, para madres y recién nacidos (96 horas después de una cesárea).

La otra medida requiere que los negocios con más de 50 trabajadores tengan límites anuales y de por vida, para enfermedades mentales y que sean iguales a los límites para enfermedades físicas.

La Ley de Presupuesto Ajustado (the Balanced Budget Act) de 1997 creó el Medicare+Choice, el cual provee muchas opciones de cuidado de salud adicionales para los beneficiarios de Medicare; sin embargo, no todas las opciones son ofrecidas en todo el país.

La Ley de Mejoras en la Salud de los Hijos del Inmigrante Legal (Legal Immigrant Children's Health Improvement Act of 2001) de 2001, le permite al estado la opción de cubrir a los inmigrantes legales, sin importar su fecha de entrada, bajo el programa de Medicaid y el programa estatal de seguro de salud.

La Ley de Asistencia Alimenticia para Familias Trabajadoras y Personas de la Tercera Edad de 2001 (Nutrition Assistance for Working Families and Seniors Act of 2001) restableció los beneficios para representar legalmente a inmigrantes elegibles sin importar su fecha de entrada.

Seguro de Salud para Niños

El gobierno federal creó el Programa Estatal de Seguro de Salud para Niños (State Children's Health Insurance Program - SCHIP) en 1997 para ayudar a los niños cuyas familias ganan ingresos superiores a los requeridos para calificar para Medicaid pero que no pueden pagar un seguro privado. La elegibilidad y la cobertura varía entre los estados.

Para más información, llame al (877) 543-7669, o:
www.insurekidsnow.gov/states.htm.

Puntos a Considerar al Escoger Proveedores de Seguros de Salud

Visión General

Sin seguro, una enfermedad o accidente podrían arruinar su vida.

Las coberturas de seguros de salud están disponibles para grupos o individuales.

Los seguros de "grupo" proveen cobertura para un grupo de personas bajo una misma póliza emitida a su empleador u organización con la cual están afiliados.

Las pólizas de seguro "individuales" son vendidas a particulares y a familias.

Los planes de seguro pueden variar substancialmente en su estructura organizacional, dependiendo de quién patrocina el plan, qué leyes estatales los gobiernan y qué estipulan sus contratos individuales. Las reglas pueden ser interpretadas de manera diferente, de paciente a paciente, de compañía a compañía, y de estado a estado.

Seguro de Grupo

Algunas compañías ofrecen beneficios a sus empleados que incluyen seguros de salud de grupo; un inmigrante que trabaje para compañías como esas es muy afortunado. El empleador puede pagar por una parte de o por todas las primas. Debido a las crecientes tasas, muchas compañías están transfiriendo muchos de los pagos a sus empleados. Los deducibles y los co pagos estan incrementandose.

La persona que trabaja por cuenta propia, algunas con un empleado, pueden ser capaces de encontrar una póliza de grupo. Aunque el costo de estas primas es exhorbitante, un crédito de impuestos podría estar disponible. Las compañías de seguro exigen prueba de que es un negocio legal y querrán ver un Formulario 1040 del IRS de Ganancias y Pérdidas del Negocio (IRS Schedule C, Profit or Loss from Business).

Usted puede calificar para obtener un seguro de grupo al ser miembro de un club u organización. Las compañías de Seguro no pueden negar covertura o incrementar los precios a individuos en grupos.

Por varias razones, su empleador puede cambiar de compañía de seguro. No se le garantiza que su doctor u hospital participen en el nuevo plan escogido por la compañía. Usted puede buscar nuevas compañías de seguro.

Muchos jubilados de compañías continúan teniendo cobertura de grupo después de su jubilación; sin embargo, en un esfuerzo por ahorrar dinero, existe una tendencia de patronos a reducir o terminar los beneficios de salud de los pensionados. Aquéllas personas que deben buscar su propio seguro tendrán una experiencia difícil. Aquéllos que son mayores pero que no califican para Medicare, tendrán una experiencia aún peor. Si encuentran una cobertura, ésta será muy costosa. Una ley federal hace posible para algunas personas el continuar su cobertura de salud de grupo por un período de tiempo después de que han dejado su trabajo. Para el COBRA (por la Ley de Reconciliación Consolidada de 1985 - Consolidated Reconciliation Act of 1985), la ley exige que si usted trabaja para una compañía de más de 20 empleados y deja su trabajo o es despedido, usted puede continuar recibiendo cobertura de salud por al menos 18 meses. A usted se le cargará una prima mayor. Usted también puede recibir seguro del COBRA si su cónyuge estaba cubierto pero ahora usted es una persona viuda o divorciada. Si usted estaba cubierto en el plan de su padre/madre mientras estaba en la escuela, usted puede continuar en el plan por hasta 18 meses por el COBRA.

Seguro Individual

Antes que usted busque un seguro de salud individual, llame a su departamento de seguros para determinar qué compañías en su comunidad ofrecen pólizas para individuos.

Los corredores independientes de seguros deberían ser capaces de ofrecer opciones que se ajusten a su situación particular. Usted puede averiguar con más de uno de ellos siempre y cuando éstos no representen la misma compañía.

Cualquier persona con un problema de salud grave, y que no tiene posibilidad de encontrar cobertura de aseguradores privados, debe averiguar si existe un fondo estatal que garantice la membresía. Sin embargo, estas pólizas pueden ser costosas.

Buscar una compañía de seguros tomarle cierto tiempo. Muchos aseguradores exigen pagos con las solicitudes y puede tomar semanas para procesarlas para su aprobación o rechazo. Cuando se solicita una cobertura para seguro de salud, haga una lista de todas las condiciones pre-existentes, tal como se le pida. Si la compañía encuentra que dicha información es incorrecta, entonces podría negar una solicitud de bonificación de gastos y podría cancelar la póliza. Usted puede ser un solicitante de seguro de salud no deseable si usted tiene problemas médicos pre-existentes, tales como:
- Enfermedades cardíacas
- Cancer
- Diabetes
- Epilepsia
- Depresión
- Presión alta

Aún si una compañía de seguros acepta asegurar a una persona, la puede excluir de la cobertura por cierto período de tiempo por una condición pre-existente. Las condiciones pre-existentes representan algunas de las preocupaciones más grandes para aquéllos que buscan seguros de salud individual. Un extranjero menciona que nunca se hubiera mudado a EE.UU. si hubiera sabido lo devastador de sus problemas con su seguro de salud.

Aún cuando existe una condición que no es de riesgo para la salud, cualquier alergia podría resultar en rechazo para una cobertura o plan individual con cobertura limitada para alergias. Algunas pólizas restringen la cobertura de una condición si la dosis de la medicina recetada para esa condición ha cambiado recientemente.

Como un agente menciona "las compañías de seguro no quieren comprar problemas." Prefieren asegurar a alguien que está apto para hacer un reclamo. La gente que necesita mas una cobertura son aquéllos que están menos aptos para calificar. Por otro lado, un ejecutivo de seguros aconseja no perder las esperanzas al recibir una respuesta negativa de un asegurador y seguir tratando. Algunas compañías tratarán de trabajar con usted para darle respuestas a sus problemas de seguro.

Esté alerta de que casi cualquier seguro podría ser terminado en cualquier momento. Su asegurador podría ir a la bancarota o dejar de hacer pólizas en su estado. Si usted es un emplelado y está en una póliza de grupo, su patrono encontrará un nuevo asegurador. Si es una póliza individual, usted tendrá que encontrar una nueva.

Usted debe escoger un plan que satisfaga sus necesidades y su presupuesto y necesita comparar cuidadosamente los planes en lo que respecta a costo y a cobertura. Asegúrese que provea el tipo de cobertura que es el adecuado para usted. muchas compañías le darán al menos diez dias para revisar la póliza. Si usted decide que no es la mejor para usted, entonces la puede devolver y obtener el rembolso de la prima.

Considere sus Prioridades

Al escoger un proveedor de seguros de salud, considere sus prioridades teniendo muy en claro cuál es la importancia de lo siguiente:
- Acerca de la compañía de seguros:
  - reputación
  - nivel de satisfacción de sus clientes
  - rapidez con que la aprobación es obtenida
  - categorización financiera de la compañía
  - estado en el cual la compañía está autorizada para conducir sus negocios
  - acreditación de organizaciones que analizan compañías

- Acerca de los doctores participantes:
  - cuál de los doctores o listas de seguros están aceptando nuevos pacientes
  - porcentaje de planes de doctores certificados
  - método de pago a los doctores (tarifas por servicio o por paciente)
  - acceso al doctor (mucho de los chequeos de rutina pueden ser hechos por enfermeras practicantes, no por doctores)
  - procedimiento y costo de ver un especialista dentro y fuera del plan
  - período de espera para contactar una oficina u obtener una cita

- Tratamiento médico preventivo
  - exámenes físicos
  - cuidado prenatal
  - vacunación

- Cobertura adicional
  - Medicinas con receta médica
  - salud mental
  - lesiones por hacer deportes

Escogiendo un Plan

Cuando esté en la búsqueda, asegúrese de que:

- La comparación de las primas de seguros está basada en los mismos beneficios (el más económico no es siempre el mejor)
- Los doctores, hospitales y otras instalaciones son convenientes para usted
- La cobertura también es aplicable fuera de su pueblo, ciudad, estado o país
- Usted sabe si su plan le permite usar cualquier hospital en una emergencia
- Qué síntomas originan una situación de emergencia
  Suponga que usted tiene dolores en el pecho, sospeche que tiene un infarto y acude a la sala de emergencias, en donde le diagnostican que sólo tiene una indigestión. Averigüe si el pago de la compañía estará basado en el diagnóstico final o en el hecho de que una persona prudente tiene síntomas reales
- Usted entienda la póliza del plan acerca de los tratamientos o procedimientos que son considerados como experimentales y por consiguiente, no cubiertos
- Usted conoce los procedimientos del plan para hacerle seguimiento a su tratamiento
- Usted conoce los procedimientos del plan para apelar a decisiones acerca de su tratamiento y si hay una junta externa de consulta disponible
- No se sobre asegure porque usted no puede obtener reembolso dos veces por el mismo servicio
- Usted determina el copago, coaseguro y los deducibles
- Usted sabe si las condiciones pre-existentes están cubiertas
- Usted determina cualquier límite anual o de por vida por cobertura de servicios
- El período de espera empieza antes de que comience la cobertura
- Usted determina el máximo que usted tendrá que pagar cada año

Para información adicional, contacte: www.ahcpr.gov, www.ama-assn.org/aps, www.healthinsurance.com, www.healthgrades.com, www.insure.com, http://hprc.ncqa.org y www.abms.org.

Encontrando un Doctor o un Dentista

Contacte la asociación dental local o médica. Usted también podría encontrar algunas agencias de referencia que solamente lo refieran con profesionales que pagan por el servicio. Asegúrese de que entiende si el servicio provee los nombres de todos los practicantes adecuados o únicamente aquellos que se suscriben al servicio de referencia.

Trate de determinar los nombres de aquellos que se especializan en el área de su interés. Pregúntele a los profesionales de salud tales como enfermeras o farmaceutas cuáles doctores o dentistas visitan. Los amigos, vecinos o compañeros de trabajo también pueden hacerle sugerencias. Aproveche su primera visita para probar cómo son las oficinas, el personal y los profesionales médicos.

Opciones de Cobertura de Seguros de Salud

Aparte de pagar por servicios médicos por su propia cuenta, usted tiene tres opciones básicas para seguro de salud en EE.UU.
- Opción 1: Medicare
- Opción 2: Compañías Aseguradoras Privadas
- Opción 3: Compañías Aseguradoras que ofrecen cobertura a personas que no son ciudadanas y a aquellas que son residentes

Opción 1 - Medicare

Medicare es un programa Federal de dos partes para:

- Personas de 65 años de edad o más
- Personas de cualquier edad con fallas permanentes en los riñones
- Algunas personas incapacitadas de menos de 65 años de edad

Medicare es administrado por los Centro de Medicare y Servicios de Medicaid (CMS), una agencia Federal del Departamento de Salud y Servicios Humanitarios.

La Administración de Seguridad Social suministra información, recauda primas y se encarga de las suscripciones. Varias compañías aseguradoras comerciales son contratadas para procesar y hacer reembolsos de Medicare.

Los extranjeros deben ser residentes permanentes totalmente aceptados y deben haber vivido en EE.UU. por cinco años antes de que puedan suscribirse a Medicare.

Estructura del Medicare

Medicare - Parte A

La parte A es un seguro de hospital que provee cobertura de tratamiento médico de un paciente en un hospital, instalaciones con enfermeras expertas, hospicios y algunas viviendas.

Medicare provee cobertura dentro de EE.UU. únicamente, excepto en emergencias específicas en donde un hospital Canadiense o Mexicano está más cerca que un hospital de EE.UU.

Medicare - Parte B

La parte B es un seguro médico que paga una porción de los servicios suministrados por doctores, servicios para pacientes que no residen en los hospitales, tratamiento médico en algunas viviendas, provisiones para diabéticos, vacunas contra la gripe, mamografías y papanicolaos, chequeo de cáncer en la próstata y colorectal, rayos X de diagnóstico, pruebas de laboratorio y otros, cuando son médicamente necesarios.

Medicare - Elegibilidad y Suscripción

Aquéllas personas elegibles para recibir beneficios de la Seguridad Social son automáticamente inscritas en el Medicare cuando cumplen los 65 años de edad. La parte B puede ser declinada. La parte B inicial de la matriculación es siete meses comenzando tres meses antes de cumplir 65 años de edad. Aquéllos que no están automáticamente inscritos deben saber que pueden ser sujetos a castigos y demoras si dejan pasar la fecha límite. La Seguridad Social ayudará a clasificar las regulaciones.

Así como los empleados trabajan y pagan sus impuestos, éstos también ganan créditos de Seguridad Social. Muchas personas necesitan 40 créditos para calificar por beneficios tales como parte A del Seguro de hospitalización libre de primas. En el 2003, los empleados ganarán un crédito por cada US $890 en ingresos - hasta un máximo de cuatro créditos por año.

Aquellos que no tengan los 40 créditos laborales pueden todavía calificar para seguro de hospitalización si pagan una prima mensual. Si el empleado o su cónyugue tiene de 30 a 39 créditos, la prima para la Parte A en el año 2003 es de US $174 por persona. Para alguien con menos de 30 créditos de Seguridad Social, la prima mensual para la Parte A en el año 2003 es de US $316. La prima en el 2003 para la Parte B es de US $58.70 al mes para todos los solicitantes.

Si usted tiene bajos ingresos y activos limitados, usted puede calificar para ayuda en sus pagos de tratamiento médico.

Escogiendo entre los Planes de Medicare

Los beneficiados de Medicare pueden escoger entre recibir servicios de hospitalización, doctores y otros cuidados de la salud cubiertos por el programa, tanto a través de cuotas tradicionales por servicios o a través de alguna forma de cuidado dirigido. El plan original de Medicare es ofrecido por el gobierno federal, mientras que los planes de Medicare dirigidos (Medicare managed Care plans) y los planes de cuotas de servicios privados son ofrecidos por compañías privadas.

Una compañía puede decidir que un plan estará disponible para todo el mundo con Medicare en un estado o solamente en ciertos condados. Cada año las compañías pueden decidir si unirse o dejar el Medicare. Los doctores también pueden unirse o dejar los planes de cuidado dirigidos en cualquier momento.

Plan de Medicare Tradicional con Tarifa por Servicios

Este plan tradicional, disponible en toda la nación, permite que los pacientes sean tratados por cualquier doctor u hospital, sin embargo, el paciente debe preguntar si el proveedor acepta Medicare y si fuese así, la cantidad que Medicare apruebe para un servicio particular será aceptado. Si no aceptaran Medicare, usted pagaría más. Existe un límite en la cantidad por la que un doctor puede facturarle, pero no existen límites para los abastecedores de equipos médicos.

Medicare no limita las primas cargadas por planes privados con tarifas por servicios. Esto significa que algunos asegurados pueden estar pagando una prima adicional a la prima estándar de Medicare.

Con el plan de tarifa por servicios, el paciente debe hacer la solicitud de bonificación de gastos médicos, pagar el deducible y el coaseguro, así como pagar cualquier prima de Medigap.

Gastos que contiene el plan:

Parte A (Hospital) Deducible y coaseguro – En el 2003 el paciente pagará:

- De 1 a 60 días, un deducible simple de US $840
- De 61 a 90 días, un coaseguro de US $210 por día
- Más de 90 días, un coaseguro de US $420 por día (con una reserva de tiempo de vida máximo de 60 días)
- Después de que la reserva de 60 días se agota, todos los costos

Parte B (Médico) Deducible y coaseguro – El paciente paga:

- Un deducible simple de US $100 al año
- La cantidad restante después que Medicare paga el 80% de una tarifa por servicios médicos (coaseguro).

Seguro Medigap

Muchas personas en el plan de Medicare con cuota por servicios, también compran un seguro privado que se llama "Medigap" para complementar la cobertura con el Medicare. El Medigap está designado a cubrir lo que Medicare no cubre y fue creado porque Medicare generalmente paga menos del 100% del costo de los servicios cubiertos, pero no cubre otros servicios.

Medicare a través de la Asistencia Administrada (Managed Care)

En algunos estados, muchos beneficiarios del Medicare se afilian a planes de cuidados médicos dirigidos, muchos de los cuales son organizaciones de mantenimiento de la salud (HMOs). El Medicare prepaga los HMOs y las personas aseguradas deben pagar a los HMOs una prima mensual nominal y/o un copago y continuar pagando las primas de Medicare de la Parte B.

En muchos casos los inscritos al HMO no necesitan seguro complementario del Medigap porque su plan puede ofrecer todos o la mayoría de los beneficios de Medigap. Algunos planes también proveen beneficios más allá de los servicios regulares cubiertos por el Medicare, tales como las medicinas con receta, algunos lentes y cobertura por emergencias al viajar fuera de EE.UU.

Muchos de los HMOs de Medicare se han establecido en áreas donde Medicare paga las tasas más elevadas a sus afiliados. Consecuentemente, estos planes no están disponibles en todos los estados.

Plan Privado con Tarifa por Servicio

Esta es una forma más flexible de cuidado médico dirigido disponible en algunas áreas. Se puede cobrar una prima mensual y muy probablemente será mayor que la prima de un HMO.

Medicare paga una cantidad establecida cada mes a la compañía de seguros privada. Usted paga y la compañía de seguros paga una cuota por cada visita al doctor o servicio que usted reciba. Usted también puede ir a cualquier doctor u hospital que acepte esta forma de pago del plan. Usted puede obtener beneficios extras, tales como cobertura por días adicionales en el hospital.

Los beneficios pueden variar según el plan y los pacientes deben considerer costos personales y comparar las opciones cuidadosamente.

Para obtener información sobre Medicare, contacte a:
Centers for Medicare and Medicaid Services
7500 Security Boulevard
Baltimore, MD 21244-1850
Teléfono: (800) 633-4227
(410) 786-3000
Internet: http://cms.hhs.gov y www.medicare.gov

También se puede obtener información a través de las oficinas locales de la Seguridad Social y (800) 772-1213.

Opción 2 – Planes de Seguro Privado de EE.UU.

Planes de Seguro Comunes

Algunos planes de seguro comunes que están disponibles para ciudadanos americanos y para algunos extranjeros legales son:
- Sistema de Pago Tradicional con tarifa por Servicio
- Asistencia Administrada -
  - Organización del Cuidado de la Salud (Health Maintenance Organization - HMO)
  - Plan de Punto de Servicio (Point of Service Plan - POS)
  - Organización de Proveedores Preferentes (Preferred Provider Organization - PPO)
- Cuenta de Ahorros Médicos (Medical Savings Account - MSA)
- Plan de un sólo empleador

Sistema de Pagos Tradicional con Tarifa por Servicios

Estas compañías de seguros recaudan primas (pagos) de los clientes y colocan el dinero en un fondo para pagar los gastos médicos de los pacientes elegibles y emiten una tarjeta de identificación e instrucciones sobre cómo hacer una solicitud de reembolso.

Si una enfermedad o lesión es cubierta por la póliza, la compañía evalúa la solicitud de bonificación, revisa el cargo usual por el servicio en el área donde el paciente reside y luego determina cuánto pagará. En algunos casos la compañía paga directamente al proveedor médico y en otros casos, reembolsa al paciente de manera parcial o total. El paciente debe llenar muchos formularios después de que se hace la solicitud de reembolso.

El paciente puede escoger entre una variedad de deducibles anuales. Después de pagar el deducible anual, el paciente por lo general debe pagar una porción del coaseguro de los cargos elegibles a un máximo establecido (límite de pérdida). Una vez que se alcanza el límite máximo, el asegurador paga el límite de la póliza. El paciente es responsable por cargos extras que el asegurador no cubre.

Con este plan tradicional, el paciente puede acudir a casi cualquier proveedor médico, sin embargo, estos planes tradicionales de seguro de salud están siendo menos populares porque los costos son muy elevados.

Organización del Cuidado de la Salud (Health Maintenance Organization - HMO)

La red del HMO consiste en doctores, hospitales y otros proveedores de cuidado de la salud que se han unido y ubicado en un área geográfica para ofrecer un servicio unificado.

El paciente o empleador paga una prima fija y por anticipado. Usualmente no existe un deducible. La cantidad del deducible (usualmente de 10 a 25 dólares), si existe alguno, dependerá del plan y de la prima escogidos. No hay que llenar formularios.

El paciente debe escoger un médico de cuidado primario (gatekeeper) que es responsable de dirigir y coordinar el cuidado médico completo por servicios cubiertos. Algunos planes pueden permitirle seleccionar un especialista como un médico de cuidado primario. Cuando el doctor lo crea conveniente, el paciente será referido a otros proveedores participantes para rayos X, pruebas de laboratorio y hospitalización. Generalmente el médico de cuidado primario da referencias de especialistas. Solamente se pueden usar los servicios de los proveedores médicos de la lista del HMO. Los doctores pueden afiliarse o dejar un HMO en cualquier momento.

El cuidado preventivo, tal como exámenes físicos anuales y cuidado prenatal, está incluido. Un plan adecuado debería proveer cuidado médico preventivo satisfactorio y preciso.

La compañía puede tener un arreglo para cuidado médico de emergencias para pacientes que se enferman fuera del área del HMO local. Usted debe asegurarse de ésto antes de hacer los trámites para viajar.

Usted puede cambiarse de médico de cuidado primario, pero si le preocupa el tener que escoger entre un limitado número de doctores y el no tener control sobre las decisiones en los tratamientos, entonces no es conveniente que opte por un HMO.

Algunos HMOs están eliminando las restricciones de accesibilidad al cuidado médico; algunos PPOs están poniendo más restricciones. Al menos un HMO no requiere que sus miembros pasen por un doctor "gatekeeper" para referencias. La diferencia entre las primas de un PPO y de un HMO es cada vez menor.

El Comité Nacional de Aseguramiento de la Calidad (National Committee for Quality Assurance - NCQA) ha acreditado muchos HMOs y han examinado las calificaciones de los médicos y el trámite para solicitudes de reembolso de gastos médicos y suministro de servicios de los HMOs.

Plan de Punto de Servicio (Point of Service Plan – POS)

Son HMOs que permite a los suscriptores el recibir servicios fuera de la red de los HMOs mediante el pago de una cantidad adicional (usualmente un deducible y un copago). Si un doctor da una referencia, el plan puede pagar la mayor parte de la cuenta. Estas primas mensuales de los planes usualmente cuestan más que las primas mensuales de los HMOs, pero son más flexibles.

Organización de Proveedores Preferentes (Preferred Provider Organization – PPO)

Las PPOs son cadenas de médicos y otros proveedores de cuidado de la salud que se asocian con empleadores, compañías de seguros u otras organizaciones y acuerdan dar descuentos cuando están suministrando sus servicios a los miembros del plan. Si los pacientes usan estos proveedores, una gran parte del costo del cuidado de salud será cubierto por el plan que si usarán otros proveedores fuera de esta cadena.

Pueden haber deducibles y coaseguro que son similares al plan médico. Si usted acude a un doctor fuera de la cadena y si las facturas médicas son mayores que los establecidos por la compañía de seguros, usted debe pagar el excedente.

Las PPOs le dan a los pacientes la libertad de ir a cualquier proveedor sin necesidad de ser referidos.

Cuenta de Ahorros Médicos (Medical Savings Account – MSA)

La MSA es una cuenta especial en la cual el trabajador o un empleador de su parte, aparta dinero libre de impuestos para costos médicos ordinarios mientras que cubre gastos mayores con un plan con un deducible elevado.

Plan de un solo empleador (Single Employer Plan)

Bajo las normas de la Ley Federal de Seguridad de los Ingresos de Empleados Jubilados (Federal Employee Retirement Income Security Act – ERISA), un empleador establece un plan de salud y paga el cuidado y/o prestaciones médicas de los empleados.

El empleador que está auto-asegurado podría contratar una compañía de seguros para que administre el plan, pero el empleador es responsable de pagar las solicitudes de reembolso. El plan puede estar totalmente asegurado por el agente de seguros.

Opción 3 – Proveedores de Seguros para los no Ciudadanos y Residentes

Los canadienses que están en EE.UU. menos días que el número de días por año permitidos por el plan de seguros de su país, reciben cobertura parcial por servicios médicos para emergencias. Para ayudarlos a pagar la diferencia, ellos deben obtener seguro complementario de las compañías de seguro en su país.

Cualquier persona que califique para Medicare de EE.UU. y cobertura de salud canadiense que permanezca la mitad del año en cada país, podría considerar la posibilidad de usar ambos planes.

La ley en EE.UU. requiere que las universidades se cercioren de que los estudiantes internacionales con visas J-1 (y sus dependientes con visas J-2) tengan seguros de salud que acaten las leyes de EE.UU. Los estudiantes con visa F-1 no están obligados por ley a tener seguro de salud, pero la escuela puede tener sus propias normas.

Puesto que puede ser difícil para los no ciudadanos americanos el obtener seguro de salud, hemos incluido descripciones breves de programas de seguros de salud ofrecidos por las compañías más prominentes especializadas en la comunidad extranjera. Muchas de estas pólizas no cubrirán gastos incurridos como resultado de cualquier acto que sea parte de una guerra declarada o no declarada. Algunas sólo cubren tratamientos de emergencia.

Algunas pólizas están limitadas a un corto plazo para aquellas personas cuya intención sea la de retornar a su país de residencia, mientras que otros planes son renovables por un número de años. Algunas están disponibles para ciudadanos americanos únicamente si éstos viven fuera de EE.UU.

Para información y asistencia sobre las leyes de seguros, derechos y compañías, contacte a la oficina local de su estado o al: www.ahcpr.gov.

The British United Provident Association Ltd. – BUPA
La BUPA es una asociación internacional con base en Inglaterra que ofrece planes de seguro de salud a cualquier expatriados que viven fuera de su país de residencia.

BUPA puede ser encontrado en: www.bupa.com o a el teléfono: +44 (0) 1273 208 181.

International Health Insurance Danmark a/s (IHI)
IHI es una compañía Danesa que:
- Se especializa en seguro de salud mundial
- Cubre deportes, vacaciones, studio y trabajo

El IHI puede ser contactado al: +45 33 15 30 99 y http://travel.ihi.dk

International Medical Group, Inc (IMG)
Seguro de salud de largo y corto plazo vendido a través de agentes independientes a particulares, familias y grupos de personas que están viviendo o viajando en el exterior. Para más detalles, por favor contacte: www.imglobal.com

Petersen International Insurance Brokers
Petersen ofrece cobertura de seguro médico internacionalmente sin límite de tiempo para los nacionales extranjeros que están visitando o viviendo temporalmente en EE.UU.

También ofrecen el Plan Bridge, el cual es un plan individual de salud para personas de la tercera edad mientras se encuentran en EE.UU. Este cubre:
- Nuevos residentes permanentes en EE.UU. que están esperando elegibilidad para Medicare
- Ciudadanos y residentes de EE.UU. que están esperando para elegibilidad para Medicare (quienes perdieron la oportunidad de inscribirse y deben esperar para la próxima oportunidad de inscripción)
- Ciudadanos de EE.UU. sin la Parte A o la Parte B del Medicare

Petersen puede ser contactado al: (800) 345-8816, (661) 254-0006 o al: www.piu.org.

Speciality Risk International, Inc (SRI)
El programa SRI para el Inmigrante Recién LLegado está diseñado especificamente para los inmigrantes que permanecen en los EE.UU. por un período de hasta cinco años. Se pueden contactar por los teléfonos: (800) 335-0611, (317) 575-2652 o al www.specialtyrisk.com.

Trent Health Insurance
Este tipo de seguro para expatriados es ofrecido a los canadienses menores de 80 años de edad que no son elegibles para cobertura en su país de origen porque están residiendo en otro país. Puede contactar a: (800) 216-3588, ó (416) 340-8115 y www.trenthealth.com.

Definiciones de Seguros de Salud

Agente Exclusivo (Exclusive Agent) Vende seguros para una compañía por una comisión.

Agente Independiente (Independent Agent): Representa a varias compañías de seguro las cuales le pagan una comisión a dicho agente.

Apelación (Appeal) Una declaración firmada de los acontecimientos que una compañía de seguros emplea para determinar la emisión de una cobertura. Puede contener preguntas acerca de la edad del paciente, historial médico y será parte del contrato de seguro de salud.

Asistencia Médica a Domicilio (Home Health Care) Cuidado intermedio o custodiado, por una enfermera, terapeuta o asistente médico supervisado por un doctor, recibido en el hogar.

Asistente del Doctor (Physician's Assistant) Tiene entrenamiento médico avanzado pero no es un doctor con licencia. Puede ordenar exámenes, escribir prescrpciones y realizar exámenes físicos.

Asociación de Médicos Independientes (Independent Physician Association (IPA)) Organización que maneja la contratación y trámite de solicitudes de reembolso para un grupo médico que está organizado en grupos médicos simples o múltiples. El IPA contrata varios planes de seguro para los servicios médicos suministrados por estos grupos.

Capitación (Capitation) Método de pago por servicios de salud mediante el cual se le paga una cantidad fija a un hospital o médico por cada persona atendida, sin importar el número de veces que cada persona ha sido atendida.

Cesión (Assignment) Documento firmado por el titular de la póliza que autoriza a una compañía a pagar beneficios directamente al hospital del titular de la póliza, el doctor u otro proveedor de cuidado médico.

Cesión de Medicare (Assignment (Medicare)) Acuerdo por el cual un doctor u otro proveedor médico acepta la cantidad que el Medicare aprueba para un servicio en particular en la Parte B y no cobrará más del 20% de coaseguro después de que se ha pagado un deducible de US $100.

Cláusula Adicional (Rider) Anexo a una póliza de seguros que especifica las condiciones o beneficios cubiertos por la póliza adicionalmente a los beneficios del contrato original.

Cláusula Adicional de Exclusión (Exclusion Rider) La póliza excluye cobertura para ciertos padecimientos o bien por un período específico, o por el tiempo en que la póliza esté en vigencia.

Coaseguro (Co-insurance) Porcentaje de gastos cubiertos (adicionalmente al deducible) que un paciente debe pagar. Muchas pólizas exigen que el paciente pague desde 20 % hasta una cierta cantidad.

COBRA (Consolidated Omnibus Budget Reconciliation Act) Bajo ciertas circunstancias, después de haber dejado un trabajo, el COBRA le permite a un empleado continuar su cobertura por un período de tiempo con el plan anterior del empleado cuando éste paga todas las primas y un gasto administrativo por su propia cuenta.

Compañía Aseguradora (Underwriter) Compañía que recibe primas y cumple con el contrato o una compañía que decide qué solicitantes serán asegurados.

Condición pre-existente (Pre-existing condition) Condición en la salud que existía por un período de tiempo específico antes que comenzara la cobertura de seguro. Las compañías pueden rechazar el cubrir tal condición y sus consecuencias o puede exigir un período de espera antes de cubrir dicha condición.

Contrato de Costo (Cost Contract) Al paciente de Medicare se le permite ir a proveedores fuera del plan de cuidado dirigido pero debe pagar por el coaseguro de Medicare y los deducibles y otros cargos, similar al de cuota por servicio.

Contrato de Riesgo (Risk Contract) Generalmente el paciente de Medicare no recibe todo el cuidado por el cual está cubierto a través de un plan de cuidado médico dirigido o por referencias suministradas por el plan. Las únicas excepciones son para gastos de emergencia o de servicios del POS.

Copago (Co-payment) Cantidad específica que el paciente paga, al estar suscrito a un plan de cuidado dirigido por servicios de cuidados de la salud. Se paga al proveedor médico al momento que se suministra el servicio.

Corredor (Broker) Agente de ventas que vende productos de seguro de más de una compañia.

Cuidado a largo plazo (Long-term Care) Cuidado que una persona necesita en caso de una enfermedad crónica o incapacidad – los servicios pueden ser de paciente interno, paciente externo o en el hogar.

Cuidado Ambulatorio (Ambulatory Care) servicios médicos suministrados en pacientes no hospitalizados.

Cuidado de una Enfermera Experta (Skilled Nursing Care) Cuidado diario y de rehabilitación suministrado las 24 horas por una enfermera o bajo la supervisión de una enfermera registrada o un doctor.

Cuidado Tutelar (Custodial Care) Cuidado que no requiere una enfermera porque es suministrado en un sanatorio particular o en una casa privada. Este cuidado debe ser recomendado por un doctor e incluye ayuda en actividades como bañarse, comer, vestirse o tomar medicinas.

Cuota por Servicio (Fee for Service (Traditional)) El paciente o el asegurador le paga al proveedor por cada servicio.

Deducible (Deductible) Cantidad específica que el paciente debe pagar por enfermedad o por año antes que la compañía de seguros comience a pagar, a mayor deducible escogido, la prima será menor.

Emergencia (Emergency) Condición médica, manifestada por síntomas o señales graves, que podría seriamente poner en peligro la salud de una persona asegurada si no se suministra atención médica inmediata (dicha interpretación varía según las pólizas).

Enfermera Practicante (Nurse Practitioner) Enfermera registrada con adiestramiento adicional y que es capaz de realizar actividades tales como ordenar exámenes y prescribir medicinas.

Evacuación de Emergencia (Emergency Evacuation) Transportación prestada a un hospital apropiado si no existe localmente un tratamiento rápido para una enfermedad o lesión grave.

Exclusiones (Exclusions) Condiciones, servicios o tratamientos para los cuales la compañía de seguros no proveerá beneficios.

Expatriado (Expatriate) Persona que ha dejado su país de residencia y vive en otro país por un período de tiempo corto o largo.

Gastos Cubiertos (Covered Expenses) Servicios listados en la póliza que el asegurador esta de acuerdo en pagar.

Gastos Elegibles (Elegible Expenses) Procedimientos que son cubiertos por la póliza de seguros y costos que se encuentran dentro de los límites establecidos por la compañía de seguros – no necesariamente la cantidad total de la factura médica.

Gastos usuales, razonables y habituales (Usual, Reasonable and Customary Expenses) El cargo más común por servicios similares, medicinas o abastecimientos dentro del área en la cual se incurre en el cargo, tal como lo determine el Administrador del Plan.

Gatekeeper Vea **Primary Care Physician (PCP)**

Grupo Estatal de Seguros (State Insurance Pool) Organización patrocinada por el estado que provee cobertura de salud para residentes del estado quienes, por razones de existencia o de historial de una condición médica, son incapaces de adquirir o pagar cobertura para dicha condición.

Límite de Pérdidas (Stop Loss Limit) Provisión que limita la cantidad del coaseguro a una cantidad definida por persona o por familia.

Límites de las Pólizas (Policy Limits) Límites específicos en la cantidad de dinero que la compañía pagará por cada servicio, por período de póliza o de por vida.

Medicaid Plan de asistencia estatal para pacientes de Medicare con ingresos bajos y pocos recursos.

Médicamente Necesario (Medically Necessary) Procedimiento o tratamiento médico necesario para mantener o recobrar la buena salud. Muchas pólizas no pagarán por procedimientos que no sean esenciales, tales como cirugías plásticas de belleza.

Medicare Programa nacional de salud para personas de 65 años de edad o más y ciertas personas jóvenes que estén incapacitadas.

Médico de Cuidado Primario (Primary Care Physician (PCP)) Doctor del HMO seleccionado por un suscriptor para proveer o autorizar todos los tratamientos y referencias médicas.

Organización de Médicos/Hospitales (Physician/Hospital Organization (PHO) Organización formal a la cual un grupo de médicos se afilia con un hospital para suministrar servicios médicos de forma amplia.

Paciente Externo (Outpatient) Persona que recibe el tratamiento necesario por una herida o enfermedad y que no requiere pasar la noche en una habitación del hospital.

Paciente Interno (Inpatient) Paciente que pasa la noche en una habitación de un hospital y a quien se le carga el uso de dicha habitación.

País de residencia (Home Country) País donde una persona tiene residencia permanente y a la cual tiene intención de regresar.

Período de Beneficio (Benefit Period) Período durante el cual es cubierta una enfermedad o lesión antes de que el paciente se haga responsable por todos los costos.

Período de Eliminación (Elimination Period) Tiempo que el titular de la póliza debe esperar antes de recibir los beneficios después que comienza una enfermedad cubierta por la póliza.

Período de Espera (Waiting Period) Período de tiempo que una persona asegurada debe esperar desde la fecha de suscripción a la fecha en que el seguro se hace efectivo.

Plan Odontológico Prepagado (Prepaid Dental Plan) Sistema de cuidado dirigido que requiere pagos periódicos de primas. Involucra una combinación de copagos y beneficios sin cargo. Los exámenes de rutina, limpiezas y radiografías se realizan sin costo alguno. Servicios mayores tienen copagos determinados.

Póliza de Catástrofes (Catastrophic Policy) Paga los gastos cubiertos desde una enfermedad o accidente extremadamente costosos después de que el paciente haya pagado un deducible alto.

Póliza de Conversión (Conversion Policy) Póliza individual que reemplaza una póliza de grupo cuando el tenedor de una póliza no es elegible para cobertura de grupo.

Póliza de Indemnización Hospitalaria (Hospital Indemnity Policy) Cubre un límite fijo de gastos de hospital diario o semanalmente.

Póliza de Invalidez Temida (Dread Disease Policy) Paga beneficios únicamente por enfermedades específicas, tales como cáncer.

Póliza de Seguro Complementaria (Supplemental Insurance Policy) Provee cobertura más allá o adicionalmente a lo que ya está provisto por una póliza básica – no es un substituto de un seguro médico básico.

Póliza Médica Mayor (Major Medical Policy) Cubre estadías en el hospital como paciente interno o externo así como servicios suministrados por doctores. El paciente paga un deducible y un coaseguro. Las pólizas son más costosas y suministran más beneficios que la póliza básica.

Portador (Carrier) Compañía de seguros responsable de procesar los reclamos.

Precertificación (Precertification) Antes que el paciente reciba tratamiento médico, la compañía de seguros debe ser contactada para clarificar y aprobar qué gastos médicos está preparada para pagar.

Prima (Premium) Pago periódico que el titular de la póliza debe hacer por cobertura de seguro. Las primas ayudan a la compañía de seguros pagar los reembolsos a los titulares de las pólizas y otros gastos, tales como comisiones de los agentes, impuestos y gastos administrativos.

Protección contra la inflación (Inflation Protection) Beneficios que son aumentados automáticamente cada año en un porcentaje específico para estar a la par con el costo creciente de cuidados médicos a largo plazo.

Proveedor (Provider) Cualquier doctor, hospital o institución, persona u organización que suministra servicios de cuidado medico y tiene licencia o está autorizado para ejercer en el estado.

Renuncia (Waiver) Acuerdo anexo a una póliza que renuncia a ciertas condiciones de la cobertura.

Repatriación (Repatriation) Retorno del cadáver o de las cenizas al país de residencia.

Revisión de la Utilización (Utilization Review) Proceso por el cual se decide si se aprueba un tratamiento o referencias que recomiende un doctor.

Riesgo (Risk) Probabilidad de solicitar un reembolso.

Seguro Amplio de Gastos Médicos Mayores (Comprehensive Major Medical Insurance) Plan básico más seguro médico mayor.

Seguro de Hospitalización (Hospital Insurance) Usualmente paga una parte de la habitación, gastos de alimentación y algunos servicios dentro del hospital tales como sala de operaciones y rayos X.

Seguro Medigap (Medigap Insurance) Pólizas vendidas por compañías privadas de seguros que ayudan a pagar gastos de cuidado de la salud que no están totalmente cubiertos por Medicare.

Seguro por Invalidez (Disability Insurance) Reemplaza una parte del ingreso del empleado si éste se incapacita y no puede trabajar.

Solicitud de Reembolso de Gastos Médicos (Claim) Reporte de los gastos médicos a una compañía de seguros por la persona asegurada para exigir un reembolso.

Transferencia (Portability) Le permite a una persona cubierta cumplir con el período de espera por una condición pre-existente solamente una vez, aún si la persona cambia de empleador o de asegurador.

Traslado de Costos (Cost Shifting) Ocurre cuando los hospitales cobran a los pacientes dinero extra por su estadía en el hospital. Esto equilibra el costo de servicios suministrados a pacientes que no pueden pagar.

Capítulo 30

Seguro de Automóviles

El seguro de automóviles ayuda a pagar los gastos médicos y reparaciones de un automóvil causadas por accidentes. Provee protección económica para demandas legales y pérdidas causadas por conductores no asegurados o subasegurados. También ayuda a pagar por daños debido a robos, vandalismo y desastres naturales. Vea www.quotesmith.com.

Usted deber determinar los requisitos del seguro de automóvil de su estado. Asegúrese de comprar por lo menos los límites mínimos de cobertura requeridos por la ley estatal.

Factores que Deben Considerarse al Comprar Seguro de Automóviles

La probabilidad de lesionar o matar a otra persona es el riesgo más grande que los conductores encuentran. Asegúrese de tener suficiente cobertura de seguro contra daños a terceros.

Aunque no todas las compañías usan el mismo criterio, muchos factores comunes pueden afectar su prima, los cuales incluye: el fabricante del automóvil, la edad del conductor, registros de manejo, equipos de seguridad del automóvil, su ubicación geográfica y la cantidad deducible.

Cuando usted adquiere un automóvil, tenga en mente que las primas usualmente son más elevadas para automóviles cuya reparación es costosa, como carros deportivos y de lujo o para automóviles que tienen menos protección contra accidentes para sus pasajeros. Así mismo, los seguros para los automóviles que son más atractivos para los ladrones, estos son más elevados.

Es aconsejable comparar diferentes coberturas y precios. Lo más barato no es siempre lo mejor. Pregunte a amigos de confianza o a la oficina de seguros de su estado para obtener nombres de agentes de seguros. Obtenga presupuestos por Internet y también de agentes. Las tasas pueden variar considerablemente.

Algunos aseguradores pueden ofrecer descuentos por automóviles con cinturones de seguridad automáticos, equipos anti-robo y frenos de seguridad.

Considere aumentar el deducible para reducir las primas.

Los conductores precavidos pueden ahorrar tanto como el 20% en las primas. Las definiciones de conductores precavidos varían de acuerdo a la compañía de seguros pero incluyen factores como violaciones de tránsito menores, no más de una violación menor o accidentes a terceros en los últimos tres años, cinco años conduciendo en EE.UU., etc.

Otros descuentos en los seguros pueden variar, como por ejemplo, para las personas de la tercera edad, automóviles nuevos o buenos estudiantes. El asegurar su vivienda, bote, etc. con la misma compañía de seguros reduce las tarifas.

Podría no ser rentable tener cobertura por choques si su automóvil vale menos de US $2000.

Pregúntele a su agente acerca de la póliza de la compañía en lo que respecta a renovación e incrementos en las primas después de un accidente.

El agente debe suministrarle un folleto con el nombre del agente y la compañía de seguro, el titular de la obligación (si existe alguno), fecha en que la póliza se hace efectiva y la cobertura comprada. También debería estar firmado por el agente. Lea los detalles y haga preguntas.

Trate de pagar las primas de seguro con cheques o giros postales. Siempre obtenga un recibo detallado. La póliza debe estar emitida dentro de los 60 días de su fecha en que se hace efectiva.

Mantenga copias de todos los documentos del seguro en un lugar seguro. Tenga en su automóvil los papeles del seguro en todo momento.

Si no se mantiene la cobertura en un automóvil financiado, la institución financiera puede comprar un seguro para proteger su propio interés. La cobertura puede ser más costosa e inadecuada, pero el dueño tendrá que pagar las primas.

Al cambiarse de cobertura o de compañía, asegúrese de que su nueva cobertura está en efecto antes de que la nueva póliza sea cancelada.

Mantenga records de los nombres del agente, de la compañía de seguros y de la agencia aseguradora, éstos pueden ser diferentes.

Seguro de Automóviles para Visitantes Extranjeros

Si usted no tiene una licencia de EE.UU, la mayoría de las compañías aseguradoras americanas no le venderán un seguro de automóviles, sin embargo, pocas compañías que venden conductores con riesgos pueden emitir cobertura a corto plazo para alguien que tenga una licencia de conducir extranjera. Ejemplos de ésto son las compañías "Progressive Insurance Company" y la "Orion Insurance Company." Las primas son mucho mayores que para conductores con licencia de conducir de EE.UU y con un buen record de conducir.

Si usted va a estar en EE.UU por más de seis meses, sería conveniente obtener una licencia de conducir americana, si el estado donde usted reside se lo permite.

Si usted va a permanecer como huésped en EE.UU, su nombre se podría agregar en las pólizas de sus anfitriones.

Si usted va a arrendar un vehículo, puede comparar el precio del alquiler del vehículo (exención de daños por choques) con una cobertura regular de una compañía de seguros.

Definiciones en Seguros de Automóviles

A continuación le suministramos una breve descripción de algunos términos encontrados durante el proceso de búsqueda de una póliza de seguros para automóviles:

Agente (Agent) Representante local que vende y presta servicios de pólizas de seguro.

Agentes y Corredores con licencia (Licensed Agents and Brokers) Certificación emitida por el Departamento de Seguros que verifica que una compañía está calificada para vender seguros en un estado.

Ajustador (Adjuster) Persona licenciada y profesionalmente entrenada que evalúa los daños.

Asegurado (Insured) Las personas y objetos cubiertos por una póliza de seguros.

Asegurador (Insurer) Compañía que provee el seguro.

Choque (Collision) Cobertura de reparaciones de un automóvil si choca contra otro automóvil, contra otro objeto o se voltea. Los gastos son cubiertos sin importar quién es culpable.

Cobertura de Arrendamiento de Automóviles (Rental Car Coverage) La cobertura contra choques o daños a la propiedad puede aplicar también a arrendamiento de automóviles, dependiendo de los términos y condiciones de la póliza.

Cobertura de Reembolso de Arrendamiento (Rental Reimbursement Coverage) Reembolso por automóviles arrendados si el automóvil arrendado tiene un accidente y no está en condiciones para ser manejado.

Comprensivo (Comprehensive) Cobertura de algunas pérdidas de incidentes diferentes a choques. Ejemplos de ésto podrían ser incendios, robo, ruptura de vidrios, huracanes, vandalismo, inundaciones o chocar contra un animal. Los seguros de los dueños de viviendas pueden cubrir objetos personales tales como teléfono celular y cámara dentro de un automóvil robado.

Con Culpa (At fault) La persona que es acusada causar el accidente es considerada con culpa.

Daños Corporales a Terceros (Bodily Injury Liability) Cobertura de lesiones graves y permanentes o muerte causada a otros cuando el automóvil del asegurado está involucrado en un accidente en el cual es culpable.

Deducible (Deductible) Cantidad que el titular de una póliza debe pagar por solicitud de reembolso de gastos o por accidente antes de que la compañía de seguros pague su parte. A mayor deducible, más baja es la prima.

Exclusión (Exclusion) Determinación dentro de una compañía de seguros que niega la cobertura por ciertas pérdidas.

Límite (Limit) Beneficio máximo que la compañía de seguros pagará en caso de una pérdida.

Motorizado no Asegurado/ Subasegurado (Uninsured/Underinsured Motorist) Beneficios por lesiones o muerte causadas por un conductor no asegurado o subasegurado causante de los daños.

Muerte y Pérdida de Extremidades Accidental (Accidental Death and Dismemberment) Cobertura hasta por el límite de la póliza por muerte o pérdida de órganos (extremidades) en un accidente automovilístico.

Pagos de Gastos Médicos (Medical Payments) Cobertura por gastos médicos que resultan de lesiones accidentales, hasta por el límite de la póliza.

Pérdida (Loss) Evento que resulta en daño o pérdida de propiedad, lesiones o muerte.

Pérdida de Extremidades (Dismemberment) Pérdida de un brazo o una pierna.

Póliza (Policy) Contrato escrito entre la compañía de seguros y la persona asegurada.

Póliza de Cobertura Amplia Personal (Personal Liability Umbrella Policy - PLUP) Provee protección a viviendas, automóviles, botes y otras áreas en riesgo.

Prima (Premium) Cantidad pagada por cobertura. Está basada en el tipo y la cantidad de la póliza escogida.

Protección contra Lesiones Personales (Personal Injury Protection - PIP) (sin culpa) Sistema en el cual el asegurado es compensado por su pérdida de acuerdo a los términos de la póliza, sin importar quién es responsable por la causa del accidente.

Resguardo (Binder) Contrato que el titular de la póliza recibe una vez que la solicitud del seguro es firmada y que sirve de prueba de seguro hasta que se emita la póliza permanente.

Responsabilidad (Liability) Cualquier responsabilidad que es legalmente ejecutable.

Responsabilidad contra Daños causados a la Propiedad de Terceros (Property Damage Liability) Cobertura contra choques o daños causados a la propiedad de otras personas.

Seguro contra Responsabilidad Civil (Liability Insurance) Seguro que cubre la responsabilidad legal del titular de la póliza por daños causados a otras personas o a su propiedad.

Servicio de Grúas (Towing) Servicio de grúas y de vías hasta cierto límite.

Solicitud de Reembolso de Gastos (Claim) Solicitud de reembolso en una pérdida asegurada.

Tarifa de Vehículo Motor no Asegurado (Uninsured Motor Vehicle Fee) No provee cobertura de seguro pero le permite a un conductor operar un automóvil por un cierto período de tiempo.

Tarjeta de Identificación (Identification Card) Tarjeta del tamaño de una billetera que es emitida por una compañía de seguros y que indica el número de la póliza y la cobertura.

Servicio de Emergencia en la Vías

Los servicios de emergencia en las vías ofrecen protección para problemas que no son normalmente cubiertos por un seguro normal para automóviles. Esta cobertura está disponible en varias compañías de seguro tales como Allstate y clubes de viajeros tales como American Automobile Association (AAA).

Entre los beneficios, usted recibe:
- Un cierto número de millas de servicio gratuito de grúas hasta un taller mecánico
- Abastecimiento de gasolina para emergencias
- Servicio para abrir un automóvil en caso de que se dejen las llaves dentro de éste
- Cambio de llantas rotas
- Cargo de baterías
- Indicación de vías y mapas

Parte IV

Comunidad

La Parte IV explora algunos encuentros sociales importantes que tienden a ser ignorados.

Los siguientes capítulos suministran una explicación básica de algunos temas sociales con los que usted tratará al establecerse en su nueva comunidad en EE.UU.

Capítulo 31 - Educación Primaria y Secundaria
- Una breve introducción del proceso educativo en las universidades y colegios de educación superior de EE.UU.

Capítulo 32 - Actividades Sociales
- Visión global de algunas costumbres, organizaciones y actividades esperando por el nuevo residente

Capítulo 33 - Procedimientos Matrimoniales
- Una breve introducción a las leyes matrimoniales de EE.UU, costumbres y procedimientos

Capítulo 31

Educación Primaria y Secundaria

Cada estado gobierna su propio sistema educativo y la junta directiva escolar local están a cargo de las escuelas en su área. Por consiguiente, las regulaciones y tradiciones pueden variar dentro del país.

Asistencia Escolar

Cuando usted reside en un distrito escolar, los impuestos sobre la propiedad que usted o el dueño de la propiedad paga, le otorga el derecho a enviar a sus hijos a una escuela pública sin costo adicional. Si usted escoge enviar a sus hijos a escuelas públicas, usted debe pagar por dicha educación pero aún así usted o el dueño de la propiedad deben pagar impuestos para el sistema de escuelas públicas.

Generalmente, la escuela es obligatoria para todos los niños de cinco a 16 años. Las escuelas dentro del hogar son permitidas siempre y cuando estén disponibles una instrucción competente y un establecimiento adecuado.

Para información acerca de las escuelas dentro del hogar, vea: http://hslda.org/laws/default.asp y www.learninfreedom.org/hsguides.html.

Cada distrito tiene sus propias normas en cuanto a la edad del niño y el grado que cursará. Por ejemplo, para algunas juntas directivas escolares un niño debe tener cinco años de edad al 1° de Septiembre o antes de esa fecha para entrar al Kinder para ese año escolar.

La competencia en el idioma Inglés de un niño es evaluada, también, se impartirán clases gratuitas de Inglés para Personas que Hablan Otros Idiomas (ESOL) para personas que lo necesiten.

Para registrar a un niño en una escuela, es necesario:
- Acta de Nacimiento (para la inscripción por primera vez)
- Prueba de residencia - documentos sugeridos:
  - Licencia de Conducir
  - Estados de Cuenta de Servicios Públicos
  - Tarjeta de Elector del Condado
  - título de propiedad o contrato de arrendamiento
- Prueba de vacunas y exámenes médicos requeridos (a menos que esté exentos por razones médicas o religiosas)

- Toda la información que documente educación previa (si se está transfiriendo)

El número de seguridad social no es requerido, aunque algunas escuelas lo pueden exigir.

Los estudiantes deben ir a la escuela diariamente y llegar a ésta a tiempo. Si se quedasen en casa por enfermedad o por emergencias familiares, deben presentar una nota por escrito del representante, guardián o doctor, que explique su ausencia.

Los horarios escolares están organizados de tal manera que los mismos transportes escolares pueden transportar a los estudiantes de todas las escuelas.

Ejemplo de horario escolar en un distrito:
- Elementary   - 9:00 am - 3:30 pm
- Junior High   - 7:55 am - 2:45 pm
- High   - 7:15 am - 2:05 pm

A pesar de estos horarios, estudios han demostrado que los adolescentes rinden más académicamente al final del día y que los niños más jóvenes rinden más en horas más tempranas. Como resultado, algunos distritos escolares han cambiado sus horarios para que los estudiantes de escuelas elementary comiencen sus clases más temprano.

Los siguientes son dos métodos para dividir los niveles:
- Elementary   - kinder hasta quinto grado
- Middle   - sexto hasta octavo grado
- High   - noveno hasta doceavo

- Elementary   - Kinder hasta sexto grado
- Junior High   - séptimo hasta noveno
- High   - primero hasta doceavo

Período Escolar

Los períodos escolares varían de un condado a otro, por ejemplo, un grupo puede tener clases desde el 12 de Agosto al 23 de Mayo, mientras que otro grupo puede tenerlas desde Septiembre hasta Junio. Muchas escuelas también están experimentando con clases durante todo el año.

Políticas y Procedimientos Escolares

Normalmente, los libros de texto son abastecidos sin costo alguno pero el estudiante se hace responsable de traer lápices, bolígrafos y cuadernos. Las actividades después de la escuela tienen un costo.

El Departamento de Agricultura de EE.UU. (USDA) regula el programa de servicios alimenticios, el cual suministra comidas a precios razonables o reducidos o gratuitamente, dependiendo del tamaño de la familia del estudiante y de su ingreso. Los estudiantes pueden también traer el almuerzo de sus casas.

A los estudiantes no se les permite ir a sus casas para almorzar, a menos que sean recogidos por el representante o el guardián. Las escuelas se preocupan por la salud y la seguridad de sus estudiantes.

La Promesa de Fidelidad a la bandera de EE.UU. puede efectuarse diariamente, sin embargo, los estudiantes de otros países no están obligados a hacerla.

Se ha declarado como inconstitucional el orar en las escuelas, pero algunos estudiantes pueden hacer una reflexión silenciosa dentro de la escuela u orar fuera de ésta. Escuelas parroquiales ofrecen preparación religiosa y está permitido orar dentro de ellas.

Código de Vestir - Dress Code

Las escuelas generalmente tienen estándares de apariencia para los estudiantes. Algunos estilos de ropa no están permitidos. Algunas escuelas están usando uniformes.

Asociación de Padres y Representantes - Parent/Teacher Association (PTA)

Usted puede aprender más sobre la escuela de su hijo cuando pertenece a la PTA. Esta organización ayuda a las escuelas en actividades tales como colecta de fondos, asistencia en las clases, etc.

Estudiantes Extranjeros

Un extranjero con estatus de estudiante, tal como visas F, J o M de no inmigrante puede atender escuelas públicas primaria (elementary) o secundaria (secondary) o programas para educación de adultos hasta un máximo de 12 meses. El estudiante debe pagar los costos de su educación. Se permite la asistencia a escuelas privadas, pero no se permite el transferirse de una escuela privada a una pública. Para más detalles, vea el Capítulo 17, Nuevas Leyes.   *Ref: IIRIRA96.625*

Escogiendo una Comunidad

Los siguientes son temas que deben ser considerados al escoger un área en la cual va a vivir.

Límites

Los límites de la escuela pueden no ser los mismos para los tres niveles, así que usted no debe asumir que si vive en un área de una escuela primaria estará automáticamente dentro de los límites de un distrito escolar de Junior High o High School.

Las directivas de algunas escuelas permiten que los estudiantes asistan a otras escuelas en otras áreas y podría haber un cargo por ésto.

Transporte Escolar

Las directivas de las escuelas tienen diferentes reglas sobre el transporte. Una puede suministrar transporte gratuito a todos los estudiantes que vivan a dos millas o más de la escuela. Otra puede insistir que todos los estudiantes sean transportados gratuitamente sin importar en donde vivan. Las escuelas se preocupan por que los niños no crucen calles muy transitadas cerca de las escuelas o que los automóviles no se estacionan en dichas calles para recoger a los niños.

•

Las escuelas públicas en algunas zonas del país tienen demasiados estudiantes o desigualdades raciales, por lo que las directivas escolares redistribuyen la población. Para tal fin, un número de estudiantes es asignado a escuelas fuera de su distrito de residencia. Otra alternativas es que los padres tienen la opción de enviar a sus hijos a escuelas privadas a un costo elevado. Es conveniente investigar las políticas escolares para asegurarse que usted estará cómodo con la asignación de sus hijos en una escuela antes de que se establezca en un área determinada.

Diferentes Opciones de Escuelas

Las escuelas que tengan más solicitantes que espacio pueden hacer un sorteo para seleccionar sus estudiantes. Para más información, vea www.schoolmatch.com y www.nces.ed.gov.

Escuelas Privadas

Adicionalmente a la educación pública, existen muchas escuelas privadas en todo el país. Estas cubren diferentes niveles de educación y especialización. Muchas están afiliadas a grupos religiosos. Vea www.nais.org.

Escuelas Charter

Son escuelas públicas independientes diseñadas y operadas por educadores, representantes y empresarios educativos, etc. Vea www.uscharterschools.org.

Escuelas Magnet

Son escuelas públicas que se especializan en el enriquecimiento de áreas académicas tales como tecnología y ciencias o artes escénicas. Vea www.magnet.edu.

Vouchers Para las Escuelas

En algunos estados existen programas gubernamentales que distribuyen vouchers a niños en la edad escolar, usualmente en los distritos más pobres de las ciudades. Los representantes pueden usar esos vouchers para pagar la educación de sus hijos en escuelas privadas, incluyendo aquéllas escuelas religiosas. Vea www.schoolchoices.org.

Créditos en Impuestos para la Educación y Deducciones de Impuestos

En algunos estados, las leyes permiten ciertos créditos en impuestos para la educación y deducciones de impuestos para familias que califiquen. Estos créditos pueden también ser para la educación en escuelas privadas.

Programas de Preparación Escolar

Proporcionan programas infantiles de desarrollo para las mujeres embarazadas y de bajos recursos, para los niños de esta cinco años de edad y sus familias. Vea: www.headstartinfo.org y www.ehsnrc.org.

Capítulo 32

Actividades Sociales

El lado social del modo de vivir en EE.UU. es muy variado. Este capítulo le ofrece una pequeña visión de lo que usted puede esperar.

Costumbres Sociales en EE.UU.

Costumbres y Comportamiento Social

Muchas costumbres y tradiciones pueden ser diferentes de las de otros países, por ejemplo, éstas son algunas situaciones comunes que podrían preocupar a los recién llegados.

El hacer una línea o cola es muy común para ser atendido. Pararse delante de otros que ya están en cola es mal visto.

Igualmente, es costumbre el llegar a tiempo a todas las reuniones de negocios.

Es muy normal decir señor (sir) o señora (ma'am) en el sureste. De hecho, se espera que usted use esos términos.

Usted encontrará libros en las bibliotecas sobre costumbres sociales; de todas maneras, sus nuevos conocidos también le pueden ayudar con sus preguntas.

Aún si usted habla Inglés, usted encontrará que algunas de las palabras que use no son conocidas en EE.UU. Trate de usar otras palabras o frases con significados parecidos hasta que se haga entender.

Hay algunas diferencias sutiles en el significado de las palabras; por ejemplo, "vacation" es una ausencia del trabajo que se hace anualmente. "Holiday" es un día como Navidad, Día del Presidente o Día de Acción de Gracias cuando los bancos y oficinas gubernamentales cierran mientras que los comercios permanecen abiertos. En otros países, "holiday" significa un período de vacaciones.

El fumar se esta tornando socialmente inaceptable y está prohibido o restringido en escuelas, aviones, en la mayoría de edificios de oficina, la mayoría de los lugares públicos y en las casas. Muchos estados han aumentado los impuestos sobre el tabaco para desalentar a los fumadores.

Promesa de Fidelidad a la Bandera (The Pledge of Allegiance)

Muchas actividades comienzan de pie, dándole la cara a la bandera, con la mano derecha sobre el corazón y recitando la Promesa de Fidelidad.

Los no ciudadanos pueden pararse y poner atención, pero no están obligados a recitarla. La promesa dice: "Yo prometo fidelidad a la bandera de EE.UU. y a la República que representa, una nación con Dios, indivisible, con libertad y justicia para todos." El uso de la palabra "Dios" ha sido questionado en corte.

Actividades en la Comunidad

Deportes, Servicios Públicos y Sociales

Muchas comunidades tienen centros deportivos y organizan actividades deportivas para niños y adultos.

Las organizaciones sociales también le ofrecen una oportunidad para involucrarse con la comunidad. Algunos ejemplos:

- Las iglesias generalmente tienen grupos de adolescentes y de adultos así como actividades de adoración
- Clubes privados de tenis, golf y de salud están disponibles por una cuota mensual
- Grupos étnicos representan nacionalidades tales como la indú, alemana, griega y muchas otras
- Organizaciones de servicio social existen para toda clase de objetivos. Algunos ejemplos son la Cruz Roja, la Sociedad Anticancerosa y los Hermanos y Hermanas Mayores
- Los clubes de servicio público como los Kiwanis y los Lions proven confraternidad para sus miembros y beneficios sociales para la comunidad
- Los centros de la comunidad ofrecen clases y clubes

Servicio Voluntario

Millones de personas trabajan voluntariamente en sus comunidades. Los voluntarios son de todos los ambientes sociales y económicos y de todas las edades en todo el país.

Si su visa no le permite trabajar por un sueldo, considere trabajar de voluntario. Es una oportunidad para conocer personas, obtener experiencia laboral y satisfacción personal. A usted le pagarán, pero tendrá la oportunidad de conocer la sociedad americana y tener la satisfacción de ayudar a otros.

Usted también conocerá personas que podrían ayudarle a conseguir empleo una vez que su estatus cambie y se le permita trabajar.

Sin embargo se requiere paciencia, flexibilidad, independencia y un gran sentido del humor.

Ejemplos de trabajos voluntarios:

- Voluntarios en hospitales abasteciendo bibliotecas mobiles, dándole soporte moral a los pacientes u ofreciendo ayuda en las oficinas.
- Voluntarios de oficiales de policía involucrados en trabajo administrativo o en las fuerzas de ciudadanos entrenados por la policía
- Asociaciones de padres y maestros que ayudan a las escuelas y con las actividades escolares

Ejemplos de otras áreas donde se requieren voluntarios:
* Adicción al alcohol o a la droga
* Asistencia para personas de la tercera edad
* Cuidado de animales
* Donaciones de sangre, órganos y tejidos
* Organizaciones juveniles
* Grupos de apoyo para enfermos e incapacitados
* Ayuda durante tragedias
* Alimentación y refugio para los pobres
* Asuntos de los Veteranos
* Museos
* Galerías de Arte
* Zoológicos
* Teatros
* Bibliotecas
* Organizaciones políticas

Usted puede contactar una organización de voluntarios directamente o consultar en la guía telefónica para información sobre la Oficina de Voluntarios o Información sobre Voluntarios o servicios de referencia. Estas oficinas tienen información acerca de organizaciones que necesitan voluntarios.

Organizaciones de Bienvenida para los Recién Llegados

No se sorprenda si encuentra que algunas organizaciones comunitarias son más acogedoras que otras. Existe una organización que, para darle la bienvenida a los recién llegados, exigen que cada miembro tenga su tarjeta de registro de elector, lo que significa que deben ser ciudadanos de EE.UU. y tener pruebas de residencia. Esto elimina a personas provenientes de otros países. El saber esto con anticipación le ahorra tiempo y le evita pasar un mal rato.

Capítulo 33

Procedimientos Matrimoniales

Las leyes sobre el matrimonio están establecidas por el estado en donde usted se desea casar. Para más información: www.usmarriagelaws.com/search/united-states.htm.

Contrayendo Matrimonio

Edad

La mayoría de los estados requieren que tanto la novia como el novio tengan por lo menos 18 años de edad para poderse casar sin el consentimiento de sus padres o guardianes. En Nebraska y Wyoming, usted debe tener más de 19 años de edad. Mientras que en Mississippi usted debe tener por lo menos 21 años de edad. Pocos estados le permitirán casarse antes de los 16 años de edad, con el consentimiento de los padres.

Usted necesitará probar su edad mostrando uno de los siguientes documentos: Acta de nacimiento, registro de inmigración, registros de adopción o pasaporte.

Licencia

Usted debe tener una licencia de matrimonio. La cuota varía según el estado. Algunos estados requieren un período de espera de tres a cinco días entre la solicitud de una licencia y el matrimonio. En muchas áreas, usted debe también hacerse un examen medico y una prueba de sangre antes de obtener la licencia. Algunos estados exigen educación prematrimonial.

Ceremonia

El matrimonio puede ser una ceremonia religiosa, realizada en una vivienda o lugar de adoración o puede ser una ceremonia civil realizada en cualquier lugar por un oficial civil tal como un juez.

Algunos estados exigen a las parejas que anuncien su intención de casarse en un día determinado con anticipación. Muchas parejas siguen esta práctica, la cual comenzó con la Iglesia Católica Romana, haciendo que el noviazgo sea anunciado en la iglesia por varios domingos. Estos anuncios son llamados carteles matrimoniales.

Otras Leyes Matrimoniales

Algunos estados prohíben casarse a personas con ciertas limitaciones físicas o mentales.

Si usted no nació en EE.UU., prepárese para mostrar prueba de su estatus de inmigración.

Un requisito común es que ambas partes consientan el matrimonio libremente. Si se puede comprobar que la novia o el novio fueron forzados a casarse, el matrimonio se puede anular.

Las leyes estatales no permiten que una persona que ha estado casada una vez se vuelva a casar mientras el primer matrimonio es todavía efectivo. Casarse por segunda vez de ésta manera es un delito llamado bigamia; el segundo matrimonio sería anulado. Usted necesitará copia de su sentencia de divorcio, si se aplica al caso.

Algunos estados aceptan leyes comunes de matrimonio. Estos son matrimonios informales en los cuales las partes no han cumplido con los requisitos legales para una licencia o ceremonia; ellos simplemente hacen un acuerdo de vivir como marido y mujer. La comunidad los reconoce como una pareja de casados. En algunos estados donde lo único que se necesita es un acuerdo de estar viviendo juntos, el matrimonio se puede realizar por correo o por teléfono.

En algunos países es común casarse mediante un poder y éste puede ser aceptado en algunos estados. En este tipo de ceremonias, una de las partes no está presente y alguien más sustituye a la persona ausente mediante un poder.

Se considera que un matrimonio es válido si cumple con los requisitos del estado donde fue realizado. Dos personas que no están calificadas para casarse por las leyes de un estado, pueden ir a otro estado donde las leyes son diferentes, realizar la ceremonia y luego regresar, sin embargo, el estado de residencia de la pareja generalmente rechaza la validez de dicho matrimonio.

Uniones entre el Mismo Sexo

En Diciembre de 1999, la Corte Suprema de Vermont estableció que las parejas de homosexuales tienen los mismos derechos, protecciones y responsabilidades que el estado otorga a las parejas de heterosexuales casados. La ley estatal se hizo efectiva el 1° de Julio de 2000, permitiendo las "uniones civiles" de parejas del mismo sexo.

A pesar de los esfuerzos para asegurar el reconocimiento de sindicatos del mismo sexo, muchos estados han incrementados sus esfuerzos para ilegalizarlos y otros han emitido leyes para prohibirlos.

En Septiembre de 1996, el Congreso aprobó la Ley de Defensa del Matrimonio, la cual permite a los estados la opción de legalizar matrimonios entre personas del mismo sexo, sin embargo, los estados no están obligados a reconocer tales uniones realizadas en otros estados. La mayoría de los estados han definido el matrimonio como la unión exclusiva de un hombre y una mujer. Las uniones civiles en Vermont están ganando aceptación fuera de las cortes y legislaciones. Algunas parejas encuentran que el certificado ayuda para obtener cobertura de seguros o ciertos privilegios en visitas a hospitales.

Uniones del mismo sexo, aún si son válidas por ley estatal, no serán reconocidas por las leyes federales tales como aquéllas que gobiernan la Seguridad Social e Inmigración.

Muchas compañias están introduciendo políticas anti-discriminatorias y ofreciendo beneficios de salud a las parejas de empleados homosexuales y lesbianas.

California concede derechos legales a parejas del mismo sexo inscritas con el estado en areas tales como tomar decisiones médicas, utilización del formulario legal para testamentos, beneficios medicos para empleados, adopción del hijo de la pareja, y el derecho de demanda por muerte por negligencia.

Divorcio

Las leyes sobre el divorcio varían según el estado. Existen varias razones para divorciarse, tales como diferencias irreconciliables, adulterio o crueldad extrema.

Es necesario tener prueba de una sentencia de divorcio definitiva antes de volverse a casar.

Es recomendable que usted encuentre un abogado que sea competente en leyes de divorcio y familia para que lo ayude.

Visite www.abanet.org/family/familylaw/tables.html.

Parte V

Derechos de
Post-Naturalización

Como fue explicado en el Libro 1, Ajustándose, el paso final del proceso de inmigración, es convertirse en un ciudadano de EEUU.

Junto con las responsabilidades de ciudadanía vienen ciertos beneficios.

Claramente el derecho al voto es el mayor privilegio de la ciudadanía americana. Después de pasar varios años al margen de la sociedad americana, muchos titulares de la Tarjeta de Residencia (Green Card) esperan el paso final de su transición – la ciudadanía y el derecho de participar totalmente en la sociedad americana.

Capítulo 34 – Votación, Jurados y Cargos Políticos
- Detalles acerca de los derechos más apreciados de la ciudadanía americana

Capítulo 35 – Pasaporte
- Viajando al exterior como ciudadano americano

Capítulo 34

Votación, Jurados y Cargos Políticos

Para poder participar en cualquier elección en EE.UU., los votantes en todos los estados excepto en North Dakota, deben registrarse con anticipación.

Registro de Votantes

La Ley de Registro Federal de 1995, regula todos los estados. Cada estado tiene sus propias leyes acerca del registro y fechas límites, pero deben ser aprobadas por Ley para poder hacer las determinaciones del acta aplicables a elecciones federales, estatales y locales.

La ley exige que los votantes se registren en tres maneras específicas aparte de los otros procedimientos que el estado tenga para registro de votantes:

- Solicitud simultánea para licencia de conducir y registro de voto
- Solicitud por correo para el registro de voto
- Solicitud hecha en persona en agencias gubernamentales designadas, incluyendo agencias de asistencia pública y agencias que ayudan a personas con incapacidades

Adicionalmente, muchos estados ofrecen oportunidades de registro en las bibliotecas públicas, oficinas de correo, escuelas secundarias (high schools) públicas y universidades. Usted puede dejar el formulario lleno en la agencia estatal u oficina pública y se presentará la solicitud por usted. O usted puede enviarla por correo o entregarla personalmente a la oficina local de registros. En muchos estados la fecha límite es de 30 días antes de la elección.

Para registrarse en muchos estados, usted debe:
- Ser ciudadano de EE.UU. (existen muchos castigos para extranjeros que votan ilegalmente)
- Tener por lo menos 18 años de edad al momento de la próxima elección
- Ser residente del estado en donde se registra
- No tener incapacidad mental
- No estar castigado por cometer un delito sin que sus derechos civiles sean restablecidos
- No reclamar el derecho al voto en otro estado o país

Vea www.fec.gov/pages/faqs.htm o www.fec.gov.

Si usted vive fuera de EE.UU., usted encontrará Tarjetas de Solicitudes Federales para registro en bases militares, embajadas o consulados americanos.

No existe un requisito establecido por ley para probar la edad, ciudadanía o residencia, pero el Supervisor de Elecciones tiene el derecho de preguntar, si éste tuviese dudas. Por consiguiente, es aconsejable llevar pruebas al hacer la solicitud en persona.

En casi la mitad de los estados, usted debe registrarse con un partido si desea formar parte de la elección primaria, de la junta o convención de ese partido. Usted también puede votar en las elecciones generales y elecciones primarias que no son de los partidos aún si no tiene preferencias por un partido político.

Si usted no desea registrarse en un partido, escriba "no party" "ningún partido" o deje el espacio en blanco. No escriba en la palabra "independiente" si usted quiere decir "ningún partido" porque ésto podría confundirse con el nombre de un partido político en su estado.

La solicitud debe estar firmada como juramento de que toda la información es verdadera, si no es verdadera, usted puede ser acusado de cometer un delito de tercer grado.

Usted debe recibir su tarjeta de registro de votación por el correo a las dos semanas de haber hecho la solicitud.

Si usted se muda de un estado a otro, se debe registrar en ese nuevo estado.

Al dirigirse a su colegio electoral para votar se le puede pedir una identificación con foto y firma tal como la licencia de conducción.

En algunos estados Usted tiene que votar (e.g. cada dos años) para mantener su registro activo.

Las boletas para votar para los ausentes están disponibles para votantes que estarán fuera de la ciudad el día de las elecciones o están físicamente incapacitados para acudir al lugar de votación.

La oficina del condado de la Supervisor Electoral responderá preguntas acerca del proceso de registro. También se dará asistencia a cualquier persona que tenga problemas para entender las boletas o procedimientos de votación el día de las elecciones.

Algunos municipios pueden permitir a los no ciudadanos votar en áreas relacionadas con la junta directiva de las escuelas. No existe prohibición legal contra un ciudadano americano para votar en una elección extranjera. Esto fue derogado por Afroyim v.Rusk, 387 U.S. 253 en 1980 y en 1986 fue abrogado por el Congreso.

Para información sobre la decision de su voto visite www.votesmart.org.

Jurado

El derecho a ser enjuiciado es un privilegio para toda persona en EE.UU. Este es un derecho garantizado por la Constitución de EE.UU. Por consiguiente, los jurados son esenciales para la administración de la justicia.

Los métodos de selección del jurado varían según el estado. Las fuentes más comunes para escoger miembros de un jurado son las listas de registro de votación y de licencias de conducir.

Los oficiales locales utilizan un proceso computarizado de selección al azar para escoger nombres de la lista que será presentada en la corte. Las notificaciones son enviadas por correo a los hogares de las personas.

Los miembros del jurado deben tener por lo menos 18 años de edad y ser ciudadanos americanos. Ciertas personas tales como aquellas perseguidas por crímenes, que hayan cometido delitos y abogados, son descalificadas.

Generalmente, por lo menos en un estado, las siguientes personas pueden estar exentas de ser jurado, si así lo desean:
- Personas que han sido citadas para ser miembros de un jurado en un mismo año
- Mujeres embarazadas
- Representantes con custodia de un niño, que cumplan condiciones específicas
- Personas de 70 años de edad o más
- Personas que son responsables del cuidado de alguien que está mentalmente enfermo o que es físicamente incompetente
- Personas con impedimentos físicos o médicos

Postulándose para Cargos Políticos

Una vez que usted está calificado para votar, podría estar interesado en postularse para un cargo político. Sin recursos económicos significativos o una organización política que lo ayude con este proceso, es difícil ganar una elección.

A pesar del stress que se lleva, puede todavía ser una vida excitante, retante y gratificante. Muchos cargos políticos requieren que usted sea un votante registrado de más de 18 años de edad.

Para postularse para el Senado, el requisito mínimo es tener 30 años de edad, nueve años como ciudadano americano y tener residencia del estado. Un candidato para la Cámara de Representantes debe tener por lo menos 25 años de edad, ser ciudadano por lo menos por 7 años y ser residente del estado. Usted debe haber nacido en territorio americano para poder postularse para Presidente.

Una declaración de candidatura es el documento que usted firma para comenzar el proceso de convertirse en candidato. Usted "declara" que es un candidato para un cargo político en particular y que desea ser un candidato de un partido, usted "declara" ser miembro de éste.

Postularse para un cargo político estatal o nacional requiere de trabajar con un partido político. Revise los detalles con el nivel gubernamental apropiado donde usted está considerando postularse.

Capítulo 35

Pasaporte

Los pasaportes son emitidos a ciudadanos americanos y nacionales por la Oficina de Pasaportes del Departamento de Asuntos Consulares y la División Estatal. Ellos son el símbolo del gobierno y una prueba excelente de ciudadanía e identidad.

Con ciertas excepciones, es contra la ley de EE.UU. que los ciudadanos americanos entren o salgan del país sin un pasaporte americano válido. Aquellas excepciones incluyen viajes a corto plazo entre los EE.UU. y México, Canadá y algunos países del caribe, en donde se puede aceptar un certificado de nacimiento de los EE.UU. más una prueba de identificación o cualquier otra prueba de ciudadanía.

Ref: Department of State Publication 10542, April 1998

Debido a la intensificación de la tensión en la seguridad, el INS recomendo que los ciudadanos de los EE.UU. presenten sus pasaportes aún si viajan a Canadá o México.

Personas con doble ciudadanía deben mostrar el pasaporte de su país de ciudadanía al entrar y salir del país. El uso de un pasaporte extranjero no pone en peligro la ciudadanía americana, sin embargo, documentos de EE.UU. deben ser usados al entrar a EE.UU. Personas con doble ciudadanía pueden ser multados al entrar a EEUU con un pasaporte extranjero. *Ref: www.travel.state.gov/tips_canada.html*

Si el Departamento de Salud y Servicios Humanitarios de EE.UU. (HHS) certifica al Servicio de Pasaportes que usted debe pagos de pensión alimenticia de más de US $5000, usted no recibirá un pasaporte americano. Una vez que se pague la deuda pendiente, su nombre será eliminado de la lista del HHS en dos o tres semanas.

Ref: 22 FR 51.70(a)(8)

El Departamento de Estado no reembolsará la cuota pagada por solicitud de pasaporte cuando ha sido tramitado o se determina que no se le emitirá un pasaporte al solicitante.   *Ref: 65 FR 14212*

Algunos países exigen que su pasaporte esté válido por lo menos seis meses después de la fecha en que viaje. Antes de viajar al exterior, haga una copia de las páginas con su identificación en caso de que extravíe su pasaporte y tenga que sacar uno nuevo.

Ciertas leyes o condiciones deben ser explicadas como parte de su solicitud. Por ejemplo, si al adquirir ciudadanía americana usted había estado trabajando para un gobierno extranjero o alistado en las fuerzas armadas de un país extranjero, usted debe rendir una explicación adicional bajo juramento. La información se encuentra detrás de la solicitud.

Solicitudes para Niños

Los niños menores de 14 años de edad no necesitan firmar y generalmente no tienen que ir personalmente, sin embargo, todas las personas, incluyendo los recién nacidos, deben obtener sus pasaportes con sus propios nombres. Ambos padres o guardians tienen que comparecer con los documentos requeridos. Si comparece uno solo debe mostrar consentimiento del otro, por escrito o evidencia de que es la única autoridad.

Los menores entre 14 y 17 años deben ir personalmente y llevar un permiso de sus padres.

Los padres podrían pedir que los nombres de sus hijos sean registrados en el sistema de revisión de nombres de las oficinas de pasaportes americanos. El Programa de Alerta al Emitir Pasaportes para Niños (The Children's Passport Issuance Alert Program - CPIAP), suministra:
- Notificación a los padres de solicitudes de pasaportes hechas de parte de sus hijos menores
- Niega la emisión de pasaportes si existe alguna orden de una corte registrada en el CPIAP

Contacte al (202) 736-7000 para información sobre el CPIAP. *Ref: 22 CFR 51-70*

Solicitud (en persona)

Usted debe hacer la solicitud en persona si:
- Usted está solicitando su primer pasaporte
- Su pasaporte anterior fue robado, dañado o extraviado
- Su pasaporte anterior se ha vencido y fue emitido hace más de 15 años
- Su pasaporte vencido fue emitido cuando usted tenía menos de 16 años de edad
- Su nombre ha cambiado desde que su pasaporte fue emitido y usted no posee un documento legal de cambio de nombre
- Usted tiene 14 años de edad o más

Muchas de las agencias de pasaportes tienen un sistema automático de citas por teléfono y aceptarán únicamente a aquéllas personas con citas que viajarán dentro de 14 días comerciales o quienes necesitan tiempo extra porque necesitan visas. Adicionalmente a los documentos normalmente requeridos, usted debe suministrar prueba de que va a viajar (boleto aéreo, itinerario de vuelo confirmado por una agencia de viajes o una carta escrita por su empleador que indique que usted realizará un viaje de negocios).

Las personas solicitando pasaportes por primera vez pueden también hacer la solicitud en una oficina de correos asignada, oficinistas de las cortes, oficinas municipales o bibliotecas públicas autorizadas para recibir solicitudes de pasaportes. Vea http://iafdb.travel.state.gov para encontrar un centro local donde usted puede entregar su solicitud. Normalmente, su pasaporte le llega por el correo en aproximadamente seis semanas. Pero si paga US $60 adicionales por servicio rápido y usa el servicio de correo expreso, usted puede recibir su pasaporte en aproximadamente dos semanas.

Uno o dos días de servicio están disponibles de compañias privadas tales como: www.americanpassport.com, (800) 841-6778.

Es una buena idea llamar a su agencia local para confirmar que todavía están aceptando solicitudes de pasaportes. También pregunte por la forma de pago.

Documentión y Evidencia de Apoyo para Solicitar Pasaportes:
- *Formularios*
    - DS-11, Solicitud de Pasaporte (llénela pero no la firme hasta que el agente que acepta los pasaportes le indique)
- *Prueba de ciudadanía - cualquiera de lo siguiente:*
    - Pasaporte americano anterior
    - Acta de Nacimiento emitido por el estado, condado o ciudad de nacimiento (un certificado de nacimiento tiene un sello multicolor del registro impreso en relieve, con la firma del oficial del registro y la fecha en que el certificado fue presentado en las oficinas del registro, la cual debe ser dentro del año de haber nacido).
    - Reporte Consular de Nacimiento en el Extranjero (Formulario FS-240) o Acta de Nacimiento
    - Certificado de Ciudadanía
    - Certificado de Naturalización (Nota: no se aceptan testificantes de naturalización)
    - un acta de nacimiento presentada después del año de nacimiento puede ser aceptable si:
        - muestra la documentación que la originó y
        - está firmado por el médico que asistió en el parto o una partera o muestra una declaración jurada y firmada por los padres o muestra registros públicos anteriores
    - si usted no posee un pasaporte americano anterior o un acta de nacimiento de nacimiento certificada entonces necesitará:
        - carta emitida por el estado de que no existen registros con su nombre, fecha de nacimiento, en qué años se buscó el nacimiento y que compruebe que no existen registros de su nacimiento en los archivos y tantos como se pueda de lo siguiente:*
            - acta de bautismo
            - acta de nacimiento en un hospital
            - registro del censo
            - certificado de circuncisión
            - registros de escuela primaria
            - registros de biblia familiar
            - registros médicos de cuidado post-natal

* Nota: Estos documentos deben ser registros originales y mostrar la fecha y el lugar de nacimiento, preferiblemente originados dentro de los primeros cinco años de su vida. Usted también puede presentar una declaración jurada de nacimiento, Formulario DSP-10A, de un familiar directo mayor, por ejemplo, el padre, la madre, una tía, un tío o un hermano que tenga conocimiento de su nacimiento. Debe estar notariado o tener un sello y firma del agente que lo acepta.

- *Prueba de identidad*
  - cualquiera de lo siguiente si usted es reconocido:
    - Pasaporte americano anterior
    - Certificado de Naturalización o de Ciudadanía
    - Licencia de conducir, identificación militar o gubernamental: ciudad, estado o federal
  - si ninguno de éstos está disponible:
    - una combinación de documentos firmados tales como Tarjeta de Seguridad Social, tarjeta de crédito, tarjeta bancaria o bibliotecaria,
    - y una persona que pueda atestiguar por usted debe:
      - haberlo conocido por lo menos dos años
      - Ser ciudadano americano o residente permanente legal
      - tener una identificación válida
      - llenar un Formulario DSP-71 enfrente al agente de pasaportes
- *Fotografías*
  - dos fotografías cuadradas idénticas de 50 mm (2") a color o en blanco y negro tomadas en los últimos seis meses (que muestren su apariencia actual)
  - vista frontal completa de la cara en un fondo blanco entre 1 y $1^{3/8}$ pulgadas desde la mejilla hasta la cabeza
  - tomadas con ropa casual:
    - no debe vestir uniforme excepto atuendos religiosos que use diariamente
    - no use sombreros o bandas en la cabeza que impidan ver el cabello
    - si usa lentes, un aparato de audición, peluca o artículos similares, debe usar los en este momento
    - no se aceptan lentes oscuros a menos que sean necesarios por razones médicas (para ésto, tiene que traer un certificado médico)
  - nota:
    - los fotógrafos para pasaportes deben tener las especificaciones
    - no se aceptan genermente fotos de periódicos, revistas
    - usted debe ser capaz de encontrar información de fotografía digitalizada en: www.travel.state.gov/digitized_photos.html
    - los servicios de pasaportes sugieren que las fotos muestren solicitantes relajados y contentos
- *Tarifas*
  - US $55 para un pasaporte de 10 años (más US $30 adicionales para honorarios de procesamiento)
  - US $40 para un pasaporte de 5 años para personas menores de 16 años de edad (más US $30 adicionales para honorarios de procesamiento)
  - US $60 para procesamiento rápido
  - esta cuota de servicio de US $30 se paga por separado en las Agencias de Aceptación de Pasaportes
  - verifique el método de pago requerido por la agencia de solicitud que usted escoja
- *Número de Seguridad Social*
  - Usted debe suministrar su número de Seguridad Social

De acuerdo a la Solicitud de Pasaporte, 26 USC 6039E, el Código de Rentas Interiores exige que el solicitante del pasaporte proporcione su nombre y número de Seguridad Social. A cambio, los Servicios de Pasaportes le suministran esta información al Servicio de Rentas Interiores (IRS). De acuerdo a un vocero del IRS, el IRS desea asegurarse de que cada persona que pruebe estar viviendo y trabajando legalmente en EE.UU. también pague impuestos. Cualquier solicitante que no proporcione la información requerida está sujeto a multas de US $500 ejecutables por el IRS. Cualquier pregunta sobre este tema debe ser referida a la oficina del IRS más cercana.

Solicitud en una Oficina Oficial de Pasaportes (excepto en Honolulu)

Cuando usted llega a su cita hecha con antelación:
- Necesitará tener su número de Seguridad Social y todos los documentos requeridos
- Llegue no más tarde de 15 minutos antes de la hora de su cita
- Si llega 15 minutos más tarde, debe poner otra cita
- Usted podría pasar a traves de seguridad incluyendo detector de metales
- Verifique su cita en la oficina de recepción/información de la Oficina de Pasaportes
- Tome un ticket enumerado que indica el tiempo aproximado de espera
- Cuando su número es llamado o aparece en una pantalla de televisión, diríjase a la ventana indicada

Solicitud (por correo)

Usted puede solicitar la renovación de su pasaporte por correo si usted:
- Es un ciudadano de EE.UU. con un pasaporte que no esté dañado y emitido en los últimos 15 años
- Tenía más de 16 años de edad en el momento en que le fue emitido el pasaporte
- Tiene el mismo nombre en el pasaporte más reciente o ha cambiado su nombre por matrimonio o por una orden de una corte y puede proporcionar documentación que lo compruebe (si su nombre ha cambiado por alguna otra razón, usted debe hacer la solicitud en persona)

Los pasaportes pueden solamente ser enviados por correo dentro de EE.UU.

Documentación y Evidencias de Apoyo:
- *Formulario*
  - DS-82, Solicitud de Pasaporte por Correo
- *Tarifas*
  - US $55 en cheque personal u orden de pago a nombre del Departamento de Estado de EE.UU.
  - US $60 por servicio rápido
- *Fotografías*
  - dos fotos para pasaporte idénticas, tomadas dentro de los últimos 6 meses

- *Anexos*
  - su pasaporte más reciente (le será devuelto junto con su nuevo pasaporte)

La solicitud completa DS-82 y sus anexos deben ser enviados por correo en un sobre con acolchado a:
National Passport Center
P.O. Box 371971
Pittsburgh, PA 15250-7971

Los ciudadanos americanos que residen en el extranjero no pueden entregar éste formulario a dicha dirección y deben contactar la embajada o consulado americano más cercano para mayor información.

Si desea usar un servicio de correos que no entrega a cajas postales, envíelo a:
Passport Services - Lockbox
Attn: Passport Supervisor 371971
500 Ross Street, Room 154-0670
Pittsburgh, PA 15262-0001

Incluya un sobre prepagado de retorno. El servicio de correos expreso no acelerará el tiempo de procesamiento a menos que se incluyan US $60 por servicio rápido. Escriba EXPEDITE en el sobre.

Información

Usted puede escribir a:
Bureau de Asuntos Consulares
Passport Services, Room 6811
Washington, DC 20520

Los formularios de solicitud se pueden encontrar en: www.travel.state.gov/get_forms.html, Información marcando el número 900, una oficina de correos o tribunales designados, una agencia de pasaportes o en un consulado o embajada americana en el extranjero.

El Centro Federal de Información suministra información sobre pasaportes por el número: (800) 688-9889.

Para información general sobre pasaportes, saber sobre el estatus de una solicitud o para emergencias de vida o muerte, llame al Centro Nacional de Información Sobre Pasaportes (The National Passport Information Center – NPIC) al número (900) 225-5674. A las personas que llamen al número 900 se les hará un recargo de 55 centavos por minuto por escuchar los mensajes automatizados y US $1.50 por minuto por hablar con una operadora. Las operadoras están disponibles desde las 8:30 am hasta las 5:30 pm, hora del Este, de lunes a viernes. Se puede hacer una llamada con una tarjeta de crédito telefónica por una tarifa fija de US $5.50 al (888) 362-8668.

Las Agencias de Pasaportes están ubicadas en:

Boston Passport Agency**
Thomás P. O'Neill Federal Building
Room 247, 10 Causeway Street
Boston, MA 02222-1094
Citas: (617) 878-0900*
Regiones: ME, MA, NH, RI
Interior NY, VT

Los Angeles Passport Agency**
11000 Wilshire Blvd., Suite 1000
Los Angeles, CA 90024-3615
Citas: (310) 575-5700*
Regiones: CA (todos los condados del sur
incluyendo San Luis Obispo, Kern, San
Bernardino & NV)
Condado de Clark únicamente

Chicago Passport Agency**
18th Floor
Kluzcynski Federal Office Bldg.
230 South Dearborn Street
Chicago, IL 60604-1564
Citas: (312) 341-6020*
Regiones: IL, MI

Miami Passport Agency**
3rd floor, Claude Pepper
51 S.W. 1st Avenue
Miami, FL 33130-1680
Citas: (305) 539-3600*
Regiones: FL, SC, USVI

Connecticut Passport Agency**
50 Washington Street
Norwalk, CT 06854
Citas: (203) 299-5443*
Regiones: CT, Westchester Co. (NY)

New Orleans Passport Agency**
One Canal Place
365 Canal Street, Suite 1300
New Orleans, LA 70130-6508
Citas: (504) 412-2600*
Regiones: AL, AR, GA, IA, IN, KY, LA,
MS, MO, NC, OH, PR, TN,
VA (excepto en las afueras de DC), WI

Honolulu Passport Agency***
300 Ala Moana Boulevard
Suite 1-330
Honolulu, HI 96850
Información: (808) 522-8283
Regiones: American Samoa,
Guam, HI, North Mariana Islands,
various U.S. Pacific Islands

New York Passport Agency**
Federal Office Building
376 Hudson Street
New York, NY 10014
Citas: (212) 206-3500*
Regiones: New York City y Long Island

Houston Passport Agency**
Suite 1400
Mickey Leland Federal Building
1919 Smith Street
Houston, TX 77002-8049
Citas: (713) 751-0294*
Regiones: KS, OK, NM, TX

Philadephia Passport Agency**
U.S. Custom House
200 Chesnut Street, Room 103
Philadelphia, PA 19106-2970
Citas: (215) 418-5937*
Regiones: DE, NJ, PA, WV

San Francisco Passport Agency**
95 Hawthorne St., 5th floor
San Francisco, CA 94105-3901
Citas: (415) 538-2700*
Regiones: AZ, CA (todos los
condados del norte incluyendo
Monterey & Kings, Oulare & Inyo,
NV (excepto el condado de Clark),
UT

Washington Passport Agency**
1111 19th St. N.W.
Washington, DC 20524
Federal Office Building
Citas: (202) 647-0518*
Regiones: Washington, DC, MD, VA,
Contados de Alexandria, Arlington,
Fairfax, Loudon, Stafford, Prince William.
También acepta solicitudes para
pasaportes diplomáticos, oficiales y sin
costo.

Seattle Passport Agency**
Henry Jackson Federal Bulding
915 2nd Avenue, Room 992
Seattle, WA 98174-1091
Citas: (206) 808-5700*
Regiones: AK, CO, ID, MN, MT,
NE, ND, SD, OR, WA, WY

*   Citas automatizadas

**   Los clientes deben hacer una cita automatizada y viajar en 14 días calendar
o necesitarán visas extranjeras para viajar. Se requiere prueba de que viajará.

*** Esta es una línea de información que incluye información general sobre
pasaportes, agencias locales de pasaportes y 24 horas de operación e información
registrada en lo que respecta a servicios de emergencia de pasaportes durante horas
laborales.

Apéndice A

BCIS Inmigración - Formularios y Tarifas

Efectivas a partir del 27 de enero del 2003 (Tarifas reestablecidas del 2002)

Formulario	Nombre de la Formulario/ Descripción	Tarifa (US $)
I-17	Petición de Aprobación de Asistencia a una Escuela por Estudiantes no Inmigrantes	230
I-68	Permiso Terrestre para Barcos Canadienses	16
I-90	Solicitud de Reemplazo de Tarjeta de Residencia Permanente	130
I-94	Registro de Llegadas/Salidas	6
I-94W	Registro de Llegada/Salida de Visa en Exensión-No inmigrante	6
I–102	Solicitud de Reemplazo de Documento Inicial de Llegadas/ Salida del No immigrante	100
I-129	Petición de un Trabajador No Inmigrante	130
I-129F	Petición de una Novia(o) Extranjera(o)	110
I-130	Petición de un Familiar Extranjero	130
I-131	Solicitud de un Documento de Viaje	110
I-140	Petición de Trabajador Inmigrante Extranjero	135
I-191	Solicitud de Permiso Adelantado para Regresar al Domicilio no abandonado	195
I-192	Solicitud de Permiso Adelantado para Entrar como un No inmigrante	195
I-193	Solicitud de Exención de Pasaporte y/o Visa	195
I-212	Solicitud de Permiso para Resolicitar Admisión a EE.UU después de Deportación o Remoción	195
I-246	Solicitud para Estadío de Deportación o Expulsión	155
I-360	Petición de Asiático-americano Viudo(a) o Inmigrante Especial (no honorario para Asiático-americanos)	130
I-485	Solicitud de Registro de Residencia Permanente o Ajuste de Estatus	
	Si tiene 14 años de edad o mas	255
	Si tiene menos de 14 años de edad	160
I-485A	Suplemento A – Solicitud de Registro de Residencia Permanente	1000
I-526	Petición de Inmigrante por un Empresario Extranjero	400
I-539	Solicitud de Extensión/Cambio de Estatus de No Inmigrante	140

I-600	Petición para Clasificar a un Huérfano como un Familiar Directo	460
I-600A	Solicitud de Procesamiento Rápido de Petición de un Huérfano	460
I-601	Solicitud de Exención en Base a Exclusion	195
I-612	Solicitud de Exención del Requisito de Residencia Extranjera	195
I-690	Solicitud de Exensión de Exclusión	35
I-698	Solicitud de Ajuste de Estatus de Residencia de Temporal a Permanente	120
I-751	Petición de Remoción de las Condicions de Residencia	145
I-765	Solicitud de Autorización de Trabajo	120
I-817	Solicitud de Salida Voluntaria Según el Programa de Unidad Familiar	140
I-821	Solicitud de Estatus de Protección Temporal	50
I-821A	Estatus de Protección Temporal - Autorización de Trabajo	120
I-823	Solicitud de Servicios Alternativos de Inspección – SENTRI	129
	Solicitud de Servicios Alternativos de Inspección – PACE	25
I-824	Solicitud de Acción en una Petición o Solicitud Aprobada	140
I-829	Solicitud de Empresario para Eliminar Condiciones	395
I-881	NACARA – Suspensión de Deportación o Cancelación de Expulsión	215
I-907	Solicitud de Procesamiento Premium	1000
I-914	Solicitud de Estatus de No Inmigrante T – Extranjero Principal	200
	Solicitud de Estatus T – Cada miembro de familia	50
N-300	Solicitud de Presentación de la Declaración de Intención	113
N-400	Solicitud de Naturalización	260
N-470	Solicitud para Conservar la Residencia para Propósitos de Naturalización	95
N-565	Solicitud de Reemplazo de Documento de Naturalización/ Ciudadanía	155
N-600	Solicitud de Certificado de Ciudadanía	185
N-643	Solicitud de Certificado de Ciudadanía – para un Niño Adoptado	145

Apéndice B

Declaración Jurada de Nacimiento

Si no es posible obtener un certificado de nacimiento que satisfaga los criterios de entrada, es necesario presentar otros documentos. En tales casos, se puede presentar una declaración jurada de nacimiento como se indica en el siguiente ejemplo.

Una declaración jurada debe ser llenada y firmada ante un notario público. La siguiente declaración es solo un ejemplo.

Declaración Jurada de Nacimiento

Yo, (nombre del familiar), juro, declaro y digo que:
(1) Actualmente resido en _____.
(2) Soy ciudadano de _____.
(3) Nací en _____ a _____.
(4) Soy el/la (escriba su relación con la persona cuyo nacimiento está siendo verificado) _____.
(5) Sé que (nombre de la persona) nació el _____ a las _____.
(6) Se ha hecho una solicitud con las autoridades competentes para el certificado de nacimiento de (nombre de la persona)_____.

_____
Firmado

Juramentó y se presentó ante mí en este día _____ del (año), a las _____.
_____.

_____

Notario Público

Mi comisión vence: _____

Apéndice C

Números Telefónicos de Información

Instituto Americano de Contadores Públicos Certificados	(888) 777-7077
Asociación de Abogados Americanos de Inmigración	(202) 216-2400 (800) 954-9254
Programa para Compradores de Casas en la Comunidad – Información (Community Homebuyer's Program)	(800) 732-6643
Buró de Servicios de Ciudadanía e Inmigración (BCIS)	
Centro Nacional del Cliente	(800) 375-5283
TTY	(800) 767-1833
Información sobre Huellas Digitales	(800) 375-5283
Solicitud de Planillas	(800) 870-3676
Departamento de Estado	
Línea de Información Consular para Ciudadanos Americanos	(202) 647-4000 (800) 529-4410
Centro Nacional de Visas (Preguntas sobre Visas de inmigrante)	(603) 334-0700
Citas para Visas de No Inmigrante	(888) 840-0032
Cancelación de citas para Visas de No Inmigrante	(888) 611-6676
Oficina de Servicios Consulares para Ciudadanos	(202) 647-4000
Información Pública	(202) 647-6575
Información sobre Visas	(202) 663-1225
Oficial de Información de Visas (2 a 4 pm tiempo del Pacífico)	(202) 663-1213

Línea de Lotería de Visas	(202) 331-7199
Información sobre fechas prioritarias de visas	(202) 663-1541
Equifax – Reporte Crediticio	(800) 685-1111
Experian – Reporte Crediticio	(888) 397-3742
Prestamistas de Freddie Mac	(800) 373-3343
Prestamistas de Fannie Mae	(800) 732-6643
FBI – huellas digitales	(304) 625-5590
Comisión de Elecciones Federales	(800) 424-9530
Centro de Información Federal	(800) 688-9889
Oficina - Imprenta Gubernamental Superintendencia de Documentos Fax:	(202) 512-1800 (800) 669-9777 (202) 512-2250
HUD Línea de Viviendas – Leyes de Igualdad de Préstamos	(800) 669-9777
Asociación Internacional de Planificación Financiera	(800) 945-4237
Servicio de Rentas Interiores (IRS) Información Planillas de Impuestos	(800) 829-1040 (800) TAX-FORM
Medicare	(800) 633-4227
O*Net-Centro Nacional para el desarrollo del O*Net	(919) 733-7917
Programa Nacional de Seguros contra Inundaciones	(800) 638-6620
Centro de Información sobre Pasaportes (honororio)	(900) 225-5674 (888) 362-8668
Servicio Selectivo	(847) 688-6888
Seguridad Social	(800) 772-1213

Apéndice D

Evaluadores de Credenciales

Las visas de trabajo generalmente requieren un análisis de la experiencia educativa y laboral para probar que los antecedentes del solicitante son relevantes para el trabajo ofrecido.

El BCIS puede pedirle a un servicio de consultores una evaluación de los credenciales académicos para determinar el nivel de educación equivalente.

Muchas instituciones de estudios post-secundarios y asociaciones profesionales preparan sus propias pruebas.

La siguiente es una lista de algunas organizaciones que evalúan credenciales. Ellas son miembros de la Asociación Nacional de Servicios de Evaluación de Credenciales (NACES) y miebros afiliados de la Asociación Americana de Oficiales de Registro y Admisiones de Estudiantes (AACRAO). Para obtener una lista completa de los miebros del NACES, vea www.naces.org. Sería conveniente consultar con el BCIS para asegurarse de que requiere una evaluación professional y que aceptará la evaluación de la compañía que usted escogerá para tal fin.

Center for Applied Research, Evaluation and Education, Inc.
P.O. Box 20348
Long Beach CA 90801
Teléfono: (562) 430-1105
e-mail: evalcaree@earthlink.net

Education Evaluators International, Inc.
P.O. Box 5397
Los Alamitos CA 90720-5397
Teléfono: (562) 431-2187
Fax: (562) 493-5021
e-mail: garyeei@ix.netcom.com

Education International, Inc.
29 Denton Road
Wellesley MA 02482
Teléfono: (781) 235-7425
Fax: (781) 235-6831
e-mail: edint@gis.net

Educational Credential Evaluators, Inc.
P.O. Box 514070
Milwaukee WI 53203
Teléfono: (414) 289-3400
Fax: (414) 289-3411

Foundation for International Services, Inc.
21540 30th Drive. S.E., Suite 320
Bothell, WA 98021
Teléfono: (425) 487-2245
Fax: (425) 487-1989
e-mail: info@fis-web.com

International Consultants of Delaware, Inc.
109 Barksdale Professional Center
Newark DE 19711
Teléfono: (302) 737-8715
Fax: (302) 737-8756
e-mail: icd@icdel.com

International Education Research Foundation, Inc.
P.O. Box 3665
Culver City, CA 90231
Teléfono: (310) 258-9451
Fax: (310) 342-7086
e-mail: info@ierf.org

World Education Services, Inc.
P.O. Box 745
New York, NY 10113-0745
Teléfono: (800) 937-3895
              (212) 966-6311
e-mail: info@wes.org

Los documentos que presente deben estar en Inglés o traducidos lo mas exacto possible. El traductor no tiene que ser un professional, pero debe tener perfecto conocimiento de los dos idiomas.

El traductor debe anexar la siguiente declaración:

"Certifico que soy competente para traducir este documento del (indique el idioma extranjero) al Inglés y que esta traducción está completa, exacta y hecha con lo mejor de mis conocimientos y habilidades."

Firma   Fecha

Apéndice E

Base de Datos de O*Net por Internet

En Julio 31 del 2001, el Departamento de Estado dió a conocer los reglamentos de la Lotería anual de Tarjetas de Residencia para Extranjeros (DV Green Card Lottery) y anunció que está modificando los reglamentos sobre el uso del Diccionario de Títulos Ocupacionales, el cual no está vigente. Los Oficiales Consulares son quienes ahora tomarán las determinaciones respecto a la experiencia laboral basados en los datos del O*Net por Internet del Departamento de Trabajo, los cuales están alineados al Nuevo Sistema Estandar de Clasificación de Ocupaciones (Standard Occupational Classification System – SCO). Este apéndice está incluído como una introducción a O*Net.   *Ref: 66 FR 39435*

El Departamento de Trabajo señala que la red de información de O*Net, es una base de datos de las habilidades del trabajador y las características del trabajo. O*Net está reemplazando al Diccionario de Títulos Ocupacionales, y será la fuente principal a nivel nacional sobre información acerca de las definiciones y descripciones de diferentes ocupaciones.

La base de datos contiene información acerca de los conocimientos, habilidades (KSAa), intereses, actividades generales de los trabajos (GWAs) y contexto laboral.

El O*Net puede ser usado por la industria y el gobierno para:
- Alinear la educación y experiencia laboral con las necesidades actuales en el campo laboral
- Crear grupos ocupacionales basados en la información del KSA
- Desarrollar descripciones o especificaciones laborales, órdenes de trabajo, y hojas de vida
- Facilitar el entrenamiento de los empleados y desarrollo de actividades
- Desarrollar y complementar las herramientas de evaluación que identifiquen los atributos del trabajador
- Estructurar sistemas de compensación y de reconocimientos
- Evaluar y predecir la demanda de recursos humanos
- Diseñar e implementar iniciativas de desarrollo organizacional
- Identificar los criterios de las evaluaciones de trabajo y los sistemas administrativos
- Identificar los criterios que guíen la selección y las decisiones de colocación
- Explorar opciones de estudios que vayan acorde a los perfiles individuales del KSA
- Centralizar los esfuerzos de reclutamiento para maximizar la utilización del personal dentro de la organización
- Mejorar los esfuerzos de consejería vocacional y educativa

El O*Net por Internet es fácil de usar y ofrece lo siguiente a sus usuarios:
- Explorar diferentes ocupaciones
- Buscar ocupaciones en donde se utilicen sus habilidades
- Ocupaciones relacionadas a su campo
- Ver los requisitos de diferentes ocupaciones, incluyendo características del trabajador y de la ocupación
- Ver detalles sobre las ocupaciones, tales como habilidades, conocimiento, intereses y actividades
- Usar diferentes maneras de encontrar ocupaciones en otros sistemas de clasificación, y
- Conectarse con otros servicios de información ocupacional

En resumen, el objetivo del O*Net es el de usar language común y directo diseñado a mejorar la calidad del diálogo entre diferentes personas acerca de trabajos, generación de estadísticas de empleo, y desarrollar programas de educación y de entrenamiento. Los requisitos de reclutamiento de los patronos tendrán el mismo significado para los reclutadores, trabajadores, educadores y entrenadores, programadores y estudiantes.

Dado el papel que desempeña el Departamento de Trabajo en el proceso de certificación laboral, es natural que éste utilice la base de datos de O*Net, su herramienta mas reciente y detallada de descripción ocupacional.

Ocupaciones del O*Net –SOC – con Ocupaciones Seleccionadas como Ejemplos
11-0000 Ocupaciones Administrativas
- Ejecutivo, official elegido, mercadeo, relaciones públicas, sistemas de información, recursos humanos, compras, agricultura, construcción, ingeniería, alimentos, medicinas, ciencias naturals, bienes raíces, servicios comunitarios, juegos, funerarias

- Presidente, directores, administradores, legisladores, agentes de compra, administradores de negocios, evaluadores, ajustadores, especialistas

13-0000 Ocupaciones de Administradores de Operaciones de Negocios y Financieras
- Reclamos, seguros, administración de emergencies, administradores financieros, impuestos, recursos humanos
- Agentes, administradores de negocios, evaluadores, ajustadores, especialistas, analistas, contadores, auditors

15-0000 Ocupaciones en Computación y Ciencias Matemáticas
- Computadoras, sistemas de informática, matemáticas, investigación
- Científicos, programadores, ingenieros, especialistas de soporte, analistas, administradores, actuaries, matemáticos, estadistas.

17-0000 Ocupaciones en Arquitectura e Ingeniería
- Arquitectura, desarrollo urbano, ingeniería, salud y seguridad, ciencias marinas, minería, petróleo
- Arquitectos, topógrafos, ingenieros, dibujantes, técnicos, cartógrafos

19-0000 Ocupaciones en Ciencias Físicas y Sociales
- Animales, alimentos, agricultura, biología, forestación, astronomía, ambiente, investigación de Mercado, psycología, ciencias nucleares y sociales
- Científicos, guardabosques, astrónomos, físicos, economistas, analistas, técnicos, planificadores, geógrafos, historiadores, sociólogos

21-0000 Ocupaciones en Servicios Comunitarios y Sociales
- Abuso de drogas, desórdenes de comportamiento, familia, infancia, salud mental y social, educación religiosa
- Consejeros, terapostas, trabajadores sociales, educadores, asistentes, clérigo

23-0000 Ocupaciones Legales
- Cortes, compañías de títulos
- Abogados, juices, árbitros, reporteros, oficinistas, examinadores de títulos, trabajadores de soporte, asistentes para-legal

25-0000 Ocupaciones en Educación, Entrenamiento y Bibliotecas
- Post-secundaria, secundaria, primaria, pre-escolar, museos, bibliotecas
- Maestros, asistentes de maestros, instructors, archivistas, curadores, bibliotecarios

27-0000 Ocupaciones en Artes, Diseño, Entretenimiento, Deportes y Medios de Comunicación
- Escenario, películas, televisión, radio, arte, modas, deportes, interiors
- Directores, artistas, animadores, diseñadores, bailarines, actors, fotógrafos, productores, técnicos, escritores, anunciadores, músicos

29-0000 Ocupaciones en Cuidado de la Salud y Técnicos
- Médicos, doctores, dentistas, quiropráctivos, terapostas, patólogos, enfermeras, técnicos, higienistas, audiólogos, veterinarios, optometristas, entrenadores

31-0000 Ocupaciones de Soporte en el Cuidado de la Salud
- Cuidaco del hogar, crianza, terapia, massages, dental, medicos, veterinarios
- Terapistas ocupacionales y físicos, ayudantes, farmaceutas ayudantes

33-0000 Ocupaciones de Servicios de Protección
- Instituciones correccionales, incendios, policías, pesca y juegos, estacionamientos, animals
- Administradores, supervisors, oficiales, detectives, bomberos, guardias, salvavidas, patrulleros, guardias de seguridad, investigadores de juegos por dinero

35-0000 Ocupaciones en Preparación de Alimentos y relacionadas con Servicios
- Preparación de alimentos y bebidas, trabajadores relacionados con servicios
- Administradores, supervisors, cocineros, cantineros, anfitriones, mesoneros, servidores

37-0000 Ocupaciones en Construcción, Limpieza y Mantenimiento de Pisos
- Limpieza de casas, conserjería, control de insectos, jardinería
- Administradores, supervisores, conserjes, empleadas domésticas, mantenimiento de suelos

39-0000 Ocupaciones en Cuidado y Servicio Personal
- Apuestas, funerarias, entretenimiento, cuidado personal, viajes, gimnasios, cuidado de niños
- Administradores, supervisors, entrenadores, barberos, guías, asistentes

41-0000 Ocupaciones en Ventas y afines
- Venta al detal, otras ventas, publicidad, seguros, surtidos, servicio, partes, modelos
- Administradores, supervisores, telecajeros, entrevistadores, operadores, oficinistas, asistentes

45-0000 Ocupaciones en Agricultura, Pesca, y Bosques
- Agricultura, horticultura, corte y transporte de madera, cacería, pesca
- Administradores, supervisores, inspectores, trabajadores, cazadores de pieles

47-0000 Ocupaciones en Construcción y Extracción
- Edificación y construcción de autopistas, gasolina y gas
- Administradores, supervisors, instaladores, pintores, obreros, taladradores

49-0000 Ocupaciones en Instalaciones, mantenimiento y reparaciones
- Telecomunicaciones, aviación, automotriz, calentamiento, industrial, cámaras
- Administradores, supervisors, mecánicos, técnicos, instaladores, reparadores

51-0000 Ocupaciones en Producción
- Aire, alimentos, electricidad, ensamblaje, operadores de maquinarias, imprenta, textiles, trabajos en Madera, agua, químicos, gas, medicina, pintura
- Administradores, supervisors, inspectors, operadores, ensambladores, obreros

53-0000 Ocupaciones en Transporte y Movimiento de Materiales
- Aire, mar, carretera, tren, gas
- Administradores, supervisors, pilotos, ingenieros, conductors, capitanes, marineros, tripulación, obreros, empaquetadores, operadores

55-0000 Ocupaciones Militares Específicas
- Aire, armada, infantería, radars, fuerzas especiales
- Oficiales, tripulación

Se pueden obtener mas detalles por el internet en la página web de O*Net al http://online.onetcenter.org/database.html o llamando al National Center of O*Net Development: (919) 733-7917.

Apéndice F

Departamento de Trabajo – Administración de Empleo y Entrenamiento (ETA)
Contactos de Certificación Laboral Extranjeros - Oficinas Regionales

Región 1   J.F. Kennedy Federal Building
(Oficina   Room E-350
Regional   Boston, MA 02203
de Boston)   Teléfono: (617) 788-0152
                  Información: (617) 788-0171
Sirviendo a: Connecticut, Maine, Massachusetts, Maine, New Hampshire, Rhode
Island y Vermont.

Región 1   201 Varick Street
(Oficina   Room 755
Regional   New York, NY 10014-4811
de New York)   Teléfono: (212) 337-2184
                  Información: (212) 337-2193
Sirviendo a: New York, New Jersey, Puerto Rico, e Islas Vírgenes

Región 2   The Curtis Center
(Oficina   1705 Independence Mall West
Regional)   Suite 825 East
                  Philadelphia, PA 19106-3315
                  Teléfono: (215) 861-5200
                  Fax: (215) 861-5262
Sirviendo a: Delaware, Maryland, Pennsylvania, Virginia, West Virginia, y el Distrito
de Columbia.

Región 3   Atlanta Federal Center
(Oficina   61 Forsyth Street, S.W.
Regional)   Suite 6M12
                  Atlanta, GA 30303
                  Teléfono: (404) 562-2092
                  Fax: (404) 562-2149
                  Información: (404) 562-2131
Sirviendo a: Alabama, Florida, Georgia, Kentucky, Mississippi, North Carolina,
South Carolina, y Tennessee.

Región 4   525 Griffin Street
(Oficina   Room 317
Regional)   Dallas, TX 75202
                  Teléfono: (214) 767-4989
                  Fax: (214) 767-4788
                  Información: (214) 767-4975

Sirviendo a: Arkansas, Colorado, Lousiana, Montana, New Mexico, North Dakota, Oklahoma, South Dakota, Texas, Utah y Wyoming.

Región 4   1999 Broadway
(Oficina   Suite 1780
Afiliada)   P.O. Box 46550
                  Denver, CO 80202-5716
                  Teléfono: (303) 318-8831
                  Fax: (303) 318-8930

Nota: Funciones de Oficina Regional atendido ahora por Dallas, Texas

Región 5   230 South Dearborn Street
(Oficina   Room 605
Regional)   Chicago, IL 60604
                  Teléfono: (312) 596-5400
                  Fax: (312) 596-5410
                  Información: (312) 353-1059

Sirviendo a: Illinois, Indiana, Michigan, Minnesota, Ohio, y Wisconsin.

Región 5   1100 Main Street
(Oficina de   Suite 1050
Kansas City)   Kansas City, MO 64105
                  Teléfono: (816) 502-9000
                  Fax: (816) 502-9002
                  Información: (816) 426-3880

Sirviendo a: Iowa, Kansas, Missouri, y Nebraska.

Región 6   Dirección de correos: P.O. Box 193767
(Estados   Dirección de correo expreso: 71 Stevenson Street
del Sur)   Room 820
                  San Francisco, CA 94119-3767
                  Teléfono: (415) 975-4601
                  Fax: (415) 975-4660
                  Information: (415) 975-4617

Sirviendo a: Arizona, California, Guam, Hawaii, Nevada, American Samoa, Guam, Marshall Islands, Micronesia, Saipan.

Región 6   1111 Third Avenue
(Estados   Suite 815
del Norte)   Seattle, WA 98101-3212
                Teléfono: (415) 975-4601
                Fax: (415) 975-4660
                Información: (415) 975-4617
Serviendo a: Alaska, Idaho, Oregon, y Washington.

Notas : La Oficina Regional del Sistema de Recuperación de Información está disponible en las oficinas ETA.

Una lista completa de las oficinas ETA se encuentra en:
www.doleta.gov/regions

Las LCAs pueden ser presentados en:
www.lca.doleta.gov/

Glosario

Abdujicado (Adjudicate) Juzgar legalmente un documento o caso

Admisión/Admitido (Admission/Admitted) Entrada legal de un extranjero a los EE.UU después de la inspección y autorización de un official de inmigración

Alta Comitiva (High Commission) Oficina del representante de un gobierno de estados libres asociados en la ciudad capital de otro país de estados libres asociados.

Apelar (Appeal) Requerir una nueva audiencia en una corte superior

Asilado (Asylee) Extranjero que solicita y recibe asilo dentro de los EE.UU y debe probar que está siendo perseguido o que estaría en peligro cuando regrese a su pais de residencia

Asilo Político (Political Asylum) Estatus concedido a alguien que ha entrado a EE.UU. como no inmigrante o como extranjero ilegal y tiene un miedo de persecución bien fundamentado en su país de residencia.

Atestación (Attestation) Declaración juramentada hecha por un patrono que asegure al Departamento de Trabajo de los EE.UU que el trabajo cumple con las especificaciones del DOL para proteger la fuerza laboral de los EE.UU.

Atestación de Ciudadanía (Attestation of Citizenship) Documento temporal que muestra que el extranjero ha jurado ser ciudadano; no reemplaza al Certificado de Ciudadanía.

Beneficiario (Beneficiary) Persona que está siendo patrocinada y a quien le ha sido solicitada una Tarjeta de Extranjero o visa

Centro Nacional de Visas (National Visa Center - NVC) Unidad del Departamento de Estado que recibe y tramita solicitudes para Tarjeta de Residencia (Green Card) y envía formularios.

Certificación Laboral (Labor Certification) Aceptación oficial por el Departamento de Trabajo de que no hay residentes americanos disponibles para el trabajo ofrecido a un extranjero.

Ciudadanos (Citizens) De acuerdo a la Constitución de los EE.UU, todas las personas nacidas en los EE.UU y sus territories son ciudadanos Americanos excepto los hijos de diplomáticos extranjeros nacidos en los EE.UU que están excluídos. Todas las personas naturalizadas en EE.UU. son ciudadanas. También, los niños nacidos en el extranjero que tienen al menos un padre ciudadano americano pueden ser elegibles para la ciudadanía americana por herencia o por derivación.

Cónsul (Consul) Representante del Departamento de Estado en el extranjero, responsable de procesar formularios de inmigrante y no inmigrante. Un Cónsul también representa los intereses de los ciudadanos en el extranjero que están actualmente dentro de su jurisdicción

Consulado (Consulate) Oficina del Cónsul y representantes del gobierno (oficina sucursal de la embajada de EE.UU.).

Cuota (Quota) Número de inmigrantes que pueden entrar a EE.UU. en un año, incluyendo cierto número de cualquier país en particular.

Doble Nacionalidad (Dual National) Una persona que es ciudadana de dos países al mismo tiempo.

Embajada (Embassy) Oficina del Embajador y representantes de un gobierno en un país en el extranjero, ubicada en una ciudad capital.

ESL (English as a Second Language) Inglés Como Segunda Lengua. A los estudiantes se les enseña el idioma Inglés, desde lo básico hasta lo más avanzado. En el nivel avanzado, los estudiantes deberían ser capaces de hacer presentaciones orales en universidades y escribir composiciones y reportes.

Estatus (Status) Privilegios dados a extranjeros a quienes se les permite entrar a EE.UU.

Exclusión (Exclusion) Condición que impide que al solicitante se le permita entrar a EE.UU.

Extranjero (Alien) Cualquier persona en los EE.UU que no es ciudadano o nacional

Las tres clasificaciones mas amplias de extranjeros incluyen:
- **Extranjeros ilegales (illegal immigrants)**, no autorizados e indocumentados que han entrado ilegalmente o violado los plazos de sus visas
- **no inmigrantes (nonimmigrants)** que han entrado con visas temporales con derechos limitados. residentes extranjeros o residents permanents que han recibido
- **Tarjetas de Residencia (Green Cards)** y que pueden vivir y trabajar permanentemente en los EE.UU.   *Ref: INS ER 806 3-8-94*

Extranjero Calificado (Qualified Alien) Categoría creada por la reforma de bienestar de 1996 que consiste en residentes permanentes legales, refugiados (incluyendo los que entran condicionalmente), asilados, y personas cuyas deportaciones han sido retenidas, personas en libertad condicional admitidas por lo menos un año y ciertos extranjeros maltratados y padres extranjeros de niños maltratados; todas las otras categorías son consideradas "extranjeros no calificados."

Extranjero inadmisible (Inadmissible Alien) Un extranjero presente en EE.UU. sin ser admitido o con libertad condicional o que llegue a EE.UU. en cualquier momento o lugar diferente al designado por el Procurador General.

Extranjero Indocumentado (Undocumented alien) Extranjero cuya visa ha vencido o que ha entrado ilegalmente al país.

Extranjero Legal (Legal Alien) Extranjero que tiene permiso para vivir o trabajar en EE.UU.

Extranjero no Inmigrante (Nonimmigrant alien) Extranjero que tiene permiso de tener visa para viajar, estudiar o trabajar por un período de tiempo determinado.

Familiares Acompañantes (Accompanying Relatives) Cónyugue e hijos solteros menores de 21 años que vienen con un tenedor de una visa

Fecha de prioridad (Priority Date) Fecha de la primera presentación de una solicitud para una Tarjeta de residencia (Green Card).

Inmigrante (Immigrant) Extranjero que tiene una visa permanente que le permite vivir en EE.UU. permanentemente (Residente Permanente Extranjero).

Intento preconcebido (Preconceived Intent) Proceso de solicitar una visa pero con la intención de cambiar el estatus en el futuro para uno mejor.

Libertad Provisional Avanzada (Advance Parole) Una persona se le concede libertad provisional avanzada si necesita salir de los EE.UU temporalmente antes de obtener una Tarjeta de residencia (Green Card)

Nacional Extranjero (Foreign National) Persona que es ciudadana de un país diferente a donde reside.

Nacional (National) Puede ser ciudadano americano o una persona, que aunque no es ciudadana de los EE.UU., todavía tiene lealtad permanente para con el país.

Naturalización (Naturalization) Proceso que convierte a residentes permanentes extranjeros en ciudadanos.

Oficial Certificador Regional (Regional Certifying Officer) Oficial (en la Administración de Empleo y Entrenamiento) (ETA), en una oficina regional del Departamento de Trabajo, que está autorizado para actuar en certificaciones laborales y atestiguaciones de empleo de parte del Secretario de Trabajo.

Patrocinador (Sponsor) (en relación al extranjero patrocinado), persona que ejecuta una Declaración Juramentada de Apoyo Económico para el extranjero patrocinado, que sea ciudadano o nacional de EE.UU. o un residente permanente admitido legalmente y quien cumple con todos los requisitos para el patrocinio

Persona en libertad condicional: Alguien que no cumple con los requisitos técnicos para la visa, pero a quien se le permite venir a EE.UU., sin visa, para propósitos humanitarios.

Petición (Petition) Prueba de elegibilidad para una Tarjeta de Residente (Green Card) o una visa.

Peticionante (Petitioner) Persona que patrocina un nacional extranjero para una Tarjeta de Residente o una visa.

Preferencia (Preferences) Visas patrocinadas por familiares y por empleo que tienen varias categorías de preferencia, teniendo mayor preferencia aquellos extranjeros que tienen familiares cercanos americanos o que poseen calificaciones extraordinarias.

Programa de Exención de Visas (Visa Waiver Program) Los turistas de ciertos países pueden venir por 90 días sin visa.

Recibo de Registro de Tarjetas de Extranjero (Alien Registration Receipt Card) Nombre original de la Tarjeta de Extranjero

Refugiado (Refugee) Persona que tiene un miedo de persecución bien fundamentado en su país de residencia y recibe un permiso para venir a EE.UU. con estatus de refugiado antes de su llegada.

Registro (Registration) Entrada seleccionada en un programa de loterías de diversidad de Tarjetas de Residentes (Green Cards)

Residente Permanente Extranjero (Permanent Resident Alien) Extranjero que ha recibido una visa de inmigrante del BCIS y a quien se le ha concedido permiso para vivir y trabajar permanentemente en EE.UU.

Solicitud (Application) Petición formal para estatus de admisión de inmigrantes o para permisos o consentimiento en conexión con un reglamento gubernamental

Tarjeta de Residencia (Green Card) anteriormente llamada Tarjeta de Recibo de Registro de Extranjeros. Término usado para describir una Tarjeta de Residencia Permanente I-551 emitida a residentes permanentes extranjeros.

Tarjetas de Cruce de Frontera (Border Crossing Cards) Aprobación especial y limitada para Canadienses y Mejicanos que tienen permiso legal para cruzar fronteras regularmente

TOEFL Prueba de Inglés como idioma extranjero (Test of English as a Foreign Language) Examen que mide habilidades en la lectura y escritura y el entendimiento del idioma Inglés

TSE (Test of Spoken English) Prueba de Inglés hablado

TWE (Test of Written English) Prueba de Inglés escrito

Visa de Inmigrante (Immigrant visa) Permiso de entrada emitido a un residente permanente extranjero. La Tarjeta de Residencia (Green Card) no es emitida hasta después de haber entrado a EE.UU.

Visa Temporal (Temporary Visa) (visa de no inmigrante), le permite a un extranjero entrar a los EE.UU. con un propósito específico y por un período de tiempo determinado

Visa (Visa) Documento de entrada, en un papel por separado o en un pasaporte, emitida fuera de EE.UU.

Número de Visa (Visa Number) Número que está inmediatamente disponible para una persona con intenciones de entrar a EE.UU. en una categoría de preferencia seleccionada.

Referencias

Libros

Carroll, Andrew. *Volunteer USA.* New York: Ballantine Books, 1991.

Cutright, Melitta J. *The National PTA Talks to Parents: How to Get the Best Education for Your Child.* New York: Doubleday, 1989.

Daughters of the American Revolution. *DAR Manual for Citizenship.* rev. ed. Washington, DC: National Society, Daughters of the American Revolution, 1993.

Dresser, Norine. *Multicultural Manners.* New York: John Wiley & Sons, 1996.

Harwood, Bruce M. *Real Estate Principles.* 4th ed. Englewood Cliffs, NJ: Prentice-Hall, 1986.

Hogue, Kathleen; Jensen, Cheryl; and McClurg Urban, Kathleen. *The Complete Guide To Health Insurance: How to Beat the High Cost of Being Sick.* New York: Walker Publishing, 1988.

Publicaciones Gobernamental

Code of Federal Regulations. Title 8. Aliens and Nationality. Washington, DC, 1997.

_____. Title 20. Employees' Benefits. Washington, DC, 1996.

_____. Title 22. Foreign Relations. Washington, DC, 1996.

Federal Register. Vol. 57, No. 181. 20 CFR Part 655, September 17, 1992.

_____. Vol. 59, No. 243. 20 CFR Part 655. 29 CFR Part 507, December 20, 1994.

_____. Vol. 60, No. 12. 20 CFR Part 655, 29 CFR Part 506, January 19, 1995.

Florida Department of Insurance. Consumer Outreach and Education. *Automobile Insurance Consumers' Guide.* Tallahassee, FL, 1997.

_____. *Health Insurance Consumers' Guide.* Tallahassee, FL, 1997.

_____. *Health Maintenance Organization Consumers' Guide.* Tallahassee, FL, 1997.

_____. *Insuring Your Home Consumers' Guide.* Tallahassee, FL, 1997.

Public Law. *Health Insurance Portability and Accountability Act.* (PL 104-191, August 21, 1996).

_____. *Illegal Immigration Reform and Immigrant Responsibility Act of 1996.* (PL 104-208, September 30, 1996).

_____. *Immigration and Nationality Act of 1952.* (PL 82-414, 1952).

_____. *Immigration Act of 1990.* (PL 101-649, November 29, 1990).

_____. *International Organizations Immunities Act.* (PL 79-291, 1946).

_____. *North American Free Trade Agreement Implementation Act.* (PL 103-182, December 8, 1993).

Selective Service System. *Information for Registrants.* Fort Worth, TX, 1988.

U.S. Code, Title 8. Aliens and Nationality. Washington, DC, 1994.

_____. Title 22. Foreign Relations and Intercourse. Washington, DC, 1994.

_____. Title 29. Labor. Washington, DC, 1994.

U.S. Department of Health and Human Services. Health Care Financing Administration. *Managed Care Plans.* Washington, DC. Publication No. CDFA-02195.

_____. *Your Medicare Handbook.* Baltimore, MD. Publication No. HCFA-10050, 1996.

U.S. Department of Health and Human Services. Health Care Financing Administration and the National Association of Insurance Commissioners. *Guide to Health Insurance for People with Medicare.* Baltimore, MD. Publication No. HCFA-02110, 1996.

_____. Social Security Administration. Agreement on Social Security Between the U.S. and *Canada.* Washington, DC. Publication No. 05-10198, 1990.

_____. *Medicare.* Baltimore, MD. Publication No. 05-10043, 1996.

_____. *Social Security–Household Workers.* Washington, DC. Publication No. 05-10021, 1997.

_____. *Social Security–How You Earn Credits.* Washington, DC. Publication No. 05-10072, 1997.

_____. *Social Security Numbers for Newborns.* Washington, DC. Publication No. 05-10023, 1995.

_____. *Social Security Retirement Benefits.* Washington, DC. Publication No. 05-10035, 1997.

_____. *Social Security–Understanding the Benefits.* Washington, DC. Publication No. 05-10024, 1997.

_____. *Social Security: When You'll Get Your Benefit.* Washington, DC. Publication No. 05-10031, 1997.

_____. *Your Social Security Number.* Washington, DC. Publication No. 05-10002, 1993.

_____. *Your Social Security Payments While You Are Outside The United States.* Washington, DC. Publication No. 05-10137, 1995.

U.S. Department of Housing and Urban Development. *The HUD Home Buying Guide.* Washington, DC. Publication No. HUD-1507-SFPD, 1997.

_____. Office of Housing. *Settlement Costs.* Washington, DC. Publication No. HUD-398-H(3), 1997.

U.S. Department of Justice. Immigration and Naturalization. *Service Law Books.*

_____. *Naturalization Requirements and General Information.* Form N-17, 1992.

_____. Eastern Regional Office. *Basic Guide to Naturalization and Citizenship.* Burlington, VT. Publication No. ER 721.

_____. *Guide to the Immigration & Naturalization Service.* Burlington, VT. Publication No. ER 806. March 8, 1994.

U.S. Department of Labor. Employment and Training Administration. *Policy Guidance on Alien Labor Certification Issues.* Field Memorandum 48-94. May, 1994.

_____. *Instructions for Filing Applications for Alien Employment Certification for Permanent Employment in the United States.* Washington, DC.

_____. Pension and Welfare Benefits Administration. *Health Benefits Under the Consolidated Omnibus Budget Reconciliation Act (COBRA).* Washington, DC.

U.S. Department of State. Bureau of Consular Affairs. *Passports: Applying for them the Easy Way.* Washington, DC. Publication No. 10049.

_____. *Foreign Affairs Manual.* 22 CFR, Vol. 9, Sub chapter E - Visas, April 1, 1997.

U.S. Department of the Treasury. U.S. Customs Service. *Importing A Car.* Washington, DC. Publication No. 520, 1995.

_____. *Know Before You Go.* Washington, DC. Publication No. 512, 1994.

_____. *Pets and Wildlife.* Washington, DC. Publication No. 509, 1995.

_____. *Tips for Visitors.* Washington, DC. Publication No. 521-A, 1993.

U.S. Federal Reserve Board. Office of Thrift Supervision. *Consumer Handbook on Adjustable Rate Mortgages.* Washington, DC. Publication No. FRB9-200,000-0892-C.

_____. *A Consumer's Guide to Mortgage Lock-Ins.* Washington, DC. Publication No. FRN 5-30,000-0993-C.

_____. *Home Mortgages: Understanding the Process and Your Right to Fair Lending.* Washington, DC. Publication No. FRB 2-250,000-493C.

U.S. Federal Trade Commission. *Buying A Used Car.* Washington, DC.

_____. *Facts for Consumers–Solving Credit Problems.* Washington, DC. Publication No. F002472, 1994.

Indice

Planilla de Orden
USA Inmigración y Orientación

Ordenes por teléfono (tenga lista la tarjeta de crédito)	(888) US-VISA9, (888) 878-4279 (321) 779-9999
Fax:	(321) 779-3333
Ordenes por el internet:	orders@wellesworth.com
Página Web:	www.wellesworth.com
Dirección Postal	Wellesworth Publishing P.O. Box 372444 Satellite Beach, FL, 32937-2444

Incluya: US $39.95 por libro _____

Impuesto a la venta   US $2.40   _____
(6% direcciones en Florida solamente)

Envío rápido (Priority Mail y Global Priority Mail)
    Ponga el costo del flete (vea la página
    siguiente para cargos de flete a su destino   _____

                                            Total: _____

Efectivo _____ Cheque _____

American Express ____ Discover ____ Mastercard ____ Visa _____

Número de Tarjeta: _____

Nombre en la Tarjeta: _____ Fecha de Exp. ____/____

Firma: _____

Nombre: _____

Dirección: _____

_____

Ciudad/Estado/Provincia: _____

Código Postal: _____

Pais: _____

Teléfono: _____

E-mail: _____

Cargos de Flete
(Sujetos a cambio)

Envío rápido (Priority Mail) dentro de los EE.UU. es de US $3.85

Envío Rápido Global (Global Priority Mail) a Canadá y México (Guadalajara, Ciudad de Méjico y Monterrey) es de US $7.00

Envío Rápido Global (Global Priority Mail) para las siguientes ciudades y paises es de US $9.00

Africa del Sur	Corea del Sur	Isla del Turco	Portugal
Alemania	Costa Rica	e Isla de Cacos	Reino Unido
Arabia Saudita (e)	Dinamarca	Israel (d)	Republica
Aruba	España	Jamaica	checa
Australia	Filipinas	Japón	Santa Luia
Austria	Finlandia	Liechtenstein	Singapor
Bahamas	Francia	Luxemburgo	Suecia
Barbados	Guyana	Malasia	Suiza
Bélgica	Hong Kong	Mónaco	Tailandia
Brasil (a)	Hungría	Netherlands	Taiwan
Chile (b)	Iceland	Noruega	Trinidad y
China (c)	India	Nueva Zelandia	Tobago
Colombia	Irlanda	Polonia	Vietnam

(a) Sólo Sao Paulo y Río de Janeiro
(b) Sólo Santiago, Valparaiso y Viña del Mar
(c) Revise www.usps.gov para lista actual de ciudades
(d) Incluye Córsega
(e) Sólo Haifa, Jerusalén, y Tel Aviv
(f) Incluye las Isla Cook y Niue
(g) Incluye las Isla Azores y Madeira
(h) Sólo Riyadh, Jeddah y Damman
(i) Incluye las Isla Canarias

Para cargos de envío a otros destinos, contacte a Wellesworth Publishing al (888) USVISA9, (321) 779-9999 o info@wellesworth.com.